Cría de ganado

La guía definitiva para la cría de caballos, burros, ganado vacuno, llamas, cerdos, ovejas y cabras

Índice

Primera Parte: Crianza de caballos

La guía definitiva para la cría, el entrenamiento y el cuidado de los caballos

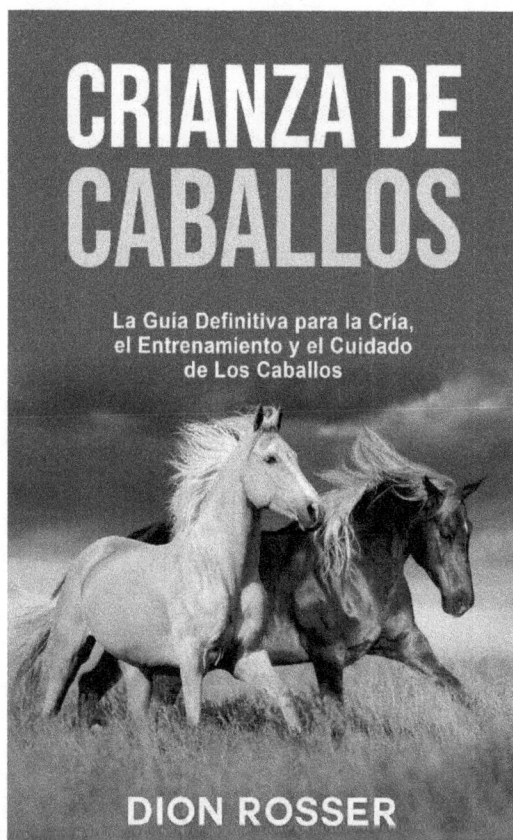

Introducción

El caballo es una de las criaturas más versátiles y hermosas del reino animal. Ha sido un fiel compañero del hombre durante siglos y seguramente seguirá siéndolo. Este majestuoso animal sirve para tantos propósitos importantes, y hoy en día, no es raro encontrar personas que los crían.

Si usted tiene el más mínimo interés en criar uno, este libro es definitivamente para usted. Todo lo que necesita saber sobre los caballos, entrenarlos, entender su comportamiento, cuidarlos y crear una relación de por vida con ellos está escrito aquí.

Cualquiera que sea la razón por la que usted quiera ser propietario de un caballo, encontrará que esta guía es el libro perfecto para ayudarle en su viaje.

¡Cójalo, léalo y compártalo con otros amigos de los caballos!

Capítulo 1: ¿Por qué criar caballos?

La relación entre los caballos y los hombres comenzó hace más de 3.000 años. Sorprendente, ¿verdad? La domesticación de los caballos data del 3.500 a. C. Los caballos han sido criaturas tan versátiles que criarlos proporciona muchos beneficios —la compañía es uno de ellos. Es interesante notar que el caballo no siempre ha sido el animal robusto, grande y con pezuñas que se ve y conoce hoy en día. Hace 50 millones de años, era un pequeño mamífero de múltiples dedos, no más grande que un cachorro de tamaño medio. Desde su evolución, los humanos han reconocido y aprovechado el gran poder y fuerza que posee el caballo, utilizándolo para varios propósitos.

Razones para criar caballos

El montar a caballo es uno de los usos más antiguos de los caballos desde su domesticación. Los caballos también se usaban para tirar de las ruedas de los carros, carretas y carretones en la época medieval. Los caballos eran un medio de transporte y comunicación predominante en la antigüedad. También se usó comúnmente en la guerra y tuvo una creciente relevancia en la sociedad al convertirse en un estándar de riqueza.

En el pasado, el movimiento a pie era el único medio de transporte de recursos y de comunicación con otras personas. Por lo tanto, puede imaginar lo revolucionario que fue cuando apareció el montar a caballo. Los bienes y lugares, que antes eran inaccesibles o demasiado lentos de transportar, rápidamente se hicieron disponibles, ya que los jinetes pueden moverse más fácilmente y más rápido que las personas a pie.

Avanzando rápidamente hasta el día de hoy, y el montar a caballo sigue siendo muy relevante. Puede que no tengan tanta importancia social como en aquel entonces, ya que eran el único medio de transporte, y oh, tenemos varios vehículos y maquinaria para reemplazarlos. Sin embargo, todavía hay muchos usos para los caballos que la tecnología aún debe reemplazar. Por ejemplo, la policía montada sigue siendo utilizada por varios países del mundo. Aunque su trabajo es a veces ceremonial, a menudo son utilizados por la policía para otras funciones como control de multitudes o patrullaje en lugares inaccesibles para los vehículos de la policía.

Es posible que haya visto a uno o más policías montados en sus cercanías o en un evento. Durante el control de multitudes, los policías montados son más visibles que los que están en el suelo o en los automóviles e informan a la gente de la presencia de la policía. Esto ayuda a disuadir los delitos y ayuda a los agentes a detectar fácilmente a los delincuentes, ya que la altura del caballo permite a la policía ver más lejos.

En el mundo actual, el deporte ecuestre es quizás la aplicación más notable de los caballos. Hay dos estilos principales de montar a caballo: el estilo de montar inglés y el estilo de montar occidental. Se preguntará qué los hace diferentes. Bueno, la historia ayuda a proporcionar una respuesta.

La equitación del Oeste se originó en los ranchos y fue practicada por los vaqueros del centro y suroeste de los Estados Unidos. Los ganaderos usaban caballos para controlar el ganado, y esto requería que el jinete fuera hábil para controlar y maniobrar el caballo mientras cabalgaba a alta velocidad. Se crearon sillas de montar pesadas y especializadas para que los jinetes ayudaran a repartir su peso sobre el caballo y les permitieran cabalgar durante mucho tiempo y atravesar caminos desiguales sin sentirse incómodos.

Las riendas atadas alrededor de su cuello y un poco en la boca del caballo permitían al jinete controlar el caballo con una sola mano. Algunas disciplinas ecuestres que requieren un estilo de conducción occidental incluyen la cuerda, el freno, la conducción por senderos, el corte, los juegos de velocidad, etc.

El estilo de montar inglés, por otra parte, se originó en Inglaterra y tiene su raíz en el entrenamiento militar y de caballería. Al comenzar las competiciones deportivas ecuestres, este estilo de equitación fue transmitido y adoptado con fines deportivos. A lo largo de los años, ha habido cambios en el estilo, pero los principios básicos siguen siendo los mismos.

Dado que el propósito principal del estilo de equitación inglés son las competiciones, las sillas de montar están diseñadas para ayudar a la movilidad tanto del caballo como de su jinete. Son más ligeras y pequeñas que las sillas del oeste. Las riendas están directamente conectadas a la boca del caballo y deben ser sujetadas con ambas manos. Ejemplos de competiciones ecuestres en las que se utiliza este estilo de montar son la doma, el salto de obstáculos, la caza, el polo, los juegos a caballo y muchos más.

Uso de los caballos por sus beneficios terapéuticos

La equitación no solo es divertida, sino que se ha demostrado que es terapéutica. Es una forma de terapia recreativa destinada a mejorar la salud mental, física y emocional del individuo a través de diferentes técnicas de equitación.

Dado que montar a caballo solo se puede hacer en un entorno al aire libre, es inevitable pasar más tiempo al aire libre, respirando el aire fresco de la naturaleza. La sensación de libertad e independencia que acompaña a la equitación en la naturaleza es estimulante y sin igual. Montar a caballo es una forma creativa y útil de tomar un descanso de la típica rutina diaria.

Junto con esto, los caballos son criaturas inteligentes y emocionales capaces de desarrollar un vínculo con sus dueños y cuidadores. Criar, montar y cuidar un caballo le da la oportunidad de formar un vínculo puro y no adulterado con él. Estas gentiles, pero majestuosas, criaturas son fieles y confiables, y pueden convertirse fácilmente en el mejor amigo del hombre.

Beneficios adicionales para la salud asociados a la equitación

Fortalecimiento de los músculos centrales

Montar a caballo constantemente es una forma de ejercicio para los músculos centrales. El pecho, el abdomen y la parte baja de la espalda forman los músculos centrales. Al comprometerlos mientras cabalga, usted está fortaleciendo los músculos que están presentes allí. Esto le ayuda simultáneamente a mantenerse equilibrado sobre el caballo.

Flexibilidad y equilibrio

El equilibrio es una de las primeras habilidades a dominar si quiere montar un caballo correctamente y evitar caídas. Cuanto más acostumbrado esté a montar su caballo, más fácil le resultará equilibrarse sobre una silla de montar o a pelo. Este equilibrio suele ser evidente en la mejora de la postura corporal. El ejercicio continuo del galope ayuda a mejorar la flexibilidad de su cuerpo, incluso cuando no está montando.

Mejora de la coordinación

Los jinetes novatos tendrán dificultades para mover o dirigir el caballo a voluntad debido al alto nivel de coordinación requerido. Necesitará aplicar presión en las piernas, reiniciar la presión y mover el cuerpo —todo al mismo tiempo— cuando monte y dirija su caballo. Cuanto más consistentemente monte, más mejorarán sus habilidades de coordinación. Pronto aprenderá a utilizar simultáneamente partes individuales de su cuerpo para mover su caballo en cualquier dirección, y esto puede aplicarse también a otras actividades.

Mejora la fuerza mental

Montar a caballo es extremadamente beneficioso para su salud mental. Para empezar, es un ejercicio calmante y relajante que despeja la mente y mejora el estado de ánimo. Los caballos son criaturas emocionales con habilidades para aliviar el estrés. Además, interactuar con el caballo requerirá que usted aprenda diferentes claves que le ayuden a dirigir y entender a su caballo. Su nivel de confianza puede mejorar significativamente con solo ganar maestría sobre este enorme y hermoso animal. Además de todo esto, criar un caballo es una gran hazaña y le da una sensación de realización.

Tono muscular y fuerza estable

Mientras se monta a caballo, la parte interna de los muslos y la pelvis están más ocupadas, ya que hay que posicionarse constantemente al ritmo de la cadencia del caballo. Cuidar del caballo en los establos requiere que levante objetos pesados, lo que puede ser inicialmente laboriosos. Sin embargo, al realizar estas actividades, puede aumentar su capacidad cardiovascular y construir lo que se conoce popularmente como *fuerza estable*.

Mejora las habilidades de resolución de problemas

La resolución de problemas es otra habilidad asociada con la crianza de caballos. Esto se debe a que los caballos pueden ser bastante desafiantes e impredecibles a veces, especialmente si se trata de un territorio desconocido. Como jinete, debe aprender a pensar de forma crítica y encontrar soluciones que le permitan protegerse y mantener a su caballo bajo control. Cada problema que pueda resolver con su caballo le ayuda a desarrollar una reserva de habilidades que pueden ser útiles pronto.

Uso de los caballos para el trabajo de la granja

En algunas partes del mundo, los caballos se crían estrictamente para trabajos de granja. Aunque la maquinaria y otras formas de equipamiento se han apoderado de gran parte del trabajo agrícola y relacionado con la agricultura, los caballos siguen siendo el medio de trabajo preferido en ciertos lugares. Una razón común para esto es el tipo de tierra o suelo presente. Algunos terrenos pueden ser fácilmente destruidos por el uso de máquinas o vehículos; para preservar tales reservas naturales se utilizan animales.

Además, en los casos en que el terreno es demasiado escarpado para el paso de vehículos, se emplean caballos u otros animales de granja. Por último, las prácticas agrícolas específicas, como el cultivo y la tala, se llevan a cabo mejor con caballos u otros animales de trabajo para evitar la pérdida de hábitat natural por el uso de combustibles fósiles.

Históricamente, los animales de granja se han utilizado durante siglos. Mucho antes de que se hiciera cualquier avance tecnológico en la agricultura, los animales se usaban para realizar el trabajo de la granja. Debido a la dura labor que se requiere en las tierras de cultivo, se deseaba una raza de caballo específica para esta causa. Mientras que los caballos más ligeros y briosos eran adecuados para montar, los más voluminosos y pacientes eran preferidos por los granjeros para ser usados en ranchos y tierras de cultivo. Estos caballos se llaman *caballos de tiro*. El arado y el transporte de cargas pesadas son algunas de las tareas de un caballo de tiro.

La cría y el cuidado de los caballos de tiro difiere un poco de la cría de un caballo de recreación. Debido a que son animales de trabajo, su principal objetivo será prepararlos para que trabajen de manera eficiente. El herrado y la alimentación son esenciales y costosos porque, a diferencia de los caballos de montar, los caballos de tiro requieren sus herraduras para el trabajo. Los caballos de tiro tienen un metabolismo más lento en comparación con los caballos de montar, pero necesitan una gran cantidad de comida debido a su tamaño voluminoso.

Fertilizante

Aquí hay un hecho fascinante sobre los caballos que probablemente no conocía. El caballo promedio come el 2 por ciento de su peso corporal y excreta alrededor de 50 libras de estiércol húmedo entre 4 y 13 veces al día. Sume todo eso, y en un año, tendrá alrededor de 9,1 toneladas de estiércol. Sin embargo, el producto de desecho de su caballo no necesariamente tiene que ir a la basura.

Las heces del caballo contienen muchos nutrientes beneficiosos para el crecimiento de las plantas. Como propietario de un caballo, no tiene que preocuparse mucho por la compra de fertilizante para su césped. ¡Su caballo es una fuente conveniente de fertilizante! Los caballos son herbívoros, por lo que su estiércol contiene los nutrientes necesarios y la materia orgánica que las plantas requieren para su crecimiento. Es una forma económica de obtener fertilizantes para las plantas, y también puede producir lo suficiente para vender.

El compostaje del estiércol ayuda a mantener los nutrientes y deshacerse de las bacterias o semillas de malas hierbas presentes. Compostar el estiércol simplemente significa dejar que se asiente por un tiempo antes de usarlo, lo que asegura la adecuada descomposición de la materia orgánica presente en él.

El estiércol de caballo está compuesto de nitrógeno, fósforo y potasio, siendo el nitrógeno el que se produce en mayor cantidad. Aunque estos nutrientes son extremadamente beneficiosos para el suelo y la producción de cultivos, si no se gestionan adecuadamente, también pueden tener efectos adversos en el medio ambiente.

Como propietario de un caballo, deberá familiarizarse con las normas estatales que rigen la gestión adecuada del estiércol de caballo para garantizar su uso óptimo y reducir la contaminación. La mejor manera de hacerlo es tener un plan de gestión del estiércol de caballo. Considere el número de caballos que tiene por acre de tierra, la cantidad estimada de estiércol que se produce anualmente y los medios de almacenamiento o eliminación del estiércol.

Caballos para entretenimiento y usos ceremoniales

Los caballos también se utilizan para el entretenimiento, en forma de espectáculos y para retratar acontecimientos históricos o pasados. Se trata de criaturas regias y guapas cuya gracia no tiene parangón con ningún otro animal, con una apariencia majestuosa que los hace muy adecuados para las ceremonias y funciones reales u oficiales.

Un carruaje de caballos y los caballos de montar son especialmente útiles para estas ocasiones. Las bodas, inauguraciones y atracciones turísticas constituyen algunas de las funciones en las que se utilizan los caballos en la sociedad actual. En algunas otras culturas, los caballos suelen ser los principales eventos en los desfiles y festivales. Los circos y los espectáculos teatrales también hacen uso de los caballos en algunas de sus actuaciones. Estos caballos son a menudo entrenados para realizar diversos trucos únicamente para entretenimiento.

Las películas y la literatura ambientada en tiempos históricos o medievales a menudo hacen uso de los caballos mientras tratan de recrear la forma en que la gente vivía en tiempos pasados. Los caballos fueron el medio de transporte más común durante muchos siglos, por lo que su presencia en las películas históricas es fundamental. No es sorprendente que la guerra también haya sido testigo de la singularidad del caballo con respecto a otros animales. Al igual que otras actividades humanas en las que el caballo ha participado, jugó un papel muy importante en los frentes de guerra, transportando tanto mercancías como hombres e incluso participando en la amarga rivalidad y el derramamiento de sangre.

Los caballos como compañeros y mascotas

De los diferentes papeles que los caballos juegan en la vida del hombre, ser un compañero es una de las posiciones más veneradas. Cuando se monta un caballo con frecuencia, con el tiempo, a medida que se acostumbran el uno al otro, hay una gran tendencia a apegarse al caballo y formar un vínculo. A menudo, este vínculo se basa en la confianza. El caballo es un animal inteligente con mente propia, así que para entrenarlo, controlarlo y montarlo, se requiere la confianza mutua de ambas partes.

Junto con esto está la calidad emocional que poseen los caballos. Si usted pasa tiempo acariciando y estando cerca de su caballo, puede mejorar su salud emocional y ser un alivio para el estrés. Los caballos tienen una asombrosa habilidad para reconocer las emociones y empatizar con usted.

Los caballos son animales sociales, por lo que no es raro encontrarlos moviéndose en tropillas, especialmente los caballos salvajes. Si usted está criando un caballo de trabajo solo en un granero o establo, hay una tendencia a que su caballo se sienta solo o aislado. Como propietario de un caballo, puede intentar recrear esta necesidad de una estructura social criando lo que comúnmente se conoce como caballos de compañía. Los caballos de compañía no necesariamente necesitan ser montados, ya que principalmente proporcionan compañía y socorro al caballo de trabajo. El caballo de compañía también sirve como mascota.

Caballos para el ocio y el deporte

Hay muchas actividades de ocio y deportivas en las que los caballos juegan un papel primordial y fundamental. Las actividades ecuestres son bastante comunes hoy en día y sirven como una razón importante para criar caballos. Hay diferentes actividades deportivas ecuestres, cada una con su raza específica de caballos. Algunos de los deportes ecuestres de competición incluyen eventos, carreras de caballos, doma clásica, rodeo, polo, doma vaquera, clavado de tiendas de campaña y muchos más. Estos deportes son muy diferentes y requieren un número variable de habilidades técnicas y especializadas para cada uno, por lo que se utilizan diferentes razas de caballos en los distintos deportes.

Le sorprenderá saber que la mayoría de las razas de caballos de hoy en día surgieron debido a una crianza específica bien ordenada. Para criar un caballo de deporte, hay tantas razas para seleccionar. A medida que lea más en el libro, conocerá más sobre las diferentes razas de caballos.

También hay deportes no competitivos en los que puede entrenar a su caballo para que participe y, si no es un deportista, simplemente montar su caballo en el campo o en un rancho es aventurero y estimulante.

Consideraciones importantes antes de comprar un caballo

La gente cría caballos por una o más de las razones enumeradas anteriormente, pero cualquiera que sea su razón, tendrá que considerar factores importantes antes de comprar un caballo. Un caballo es una gran inversión que probablemente no pueda devolver, por lo que es prudente que sopese cuidadosamente sus opciones antes de hacer una selección.

1. **Costo:** Cuidar de los caballos es una gran responsabilidad. Antes de comprar un caballo, necesita considerar los costos totales requeridos para criarlo —y no solo el costo inicial de la compra. El caballo promedio tiene una vida útil de unos 20 a 30 años, y por lo tanto usted estará cuidando del caballo por mucho tiempo. La alimentación, el refugio, la atención médica, el equipo de equitación, el cuidado de los cascos, el equipamiento y los suministros, el entrenamiento y las clases de equitación, los gastos de emergencia y muchos más constituyen el costo a largo plazo que necesitará gastar para cuidar y criar un caballo.

2. **Compromiso:** Como se ha dicho anteriormente, los caballos son una gran responsabilidad, por lo que criar uno requerirá cuidado y atención. Esté preparado para comprometerse a dedicar el tiempo suficiente para cuidar del caballo. Montar, asear, alimentar y entrenar a su caballo es parte de sus deberes como propietario de un caballo, y deben hacerse a menudo. No debe dejar a su caballo sin atención durante más de un día, ya que requieren ejercicio frecuente.

3. **Refugio:** Dependiendo del número de caballos que planee comprar (y su propósito), necesitará proporcionarle un refugio adecuado. Alojar a su caballo en su propia tierra le da la ventaja de un fácil acceso a la alimentación y al aseo diario, pero el mantenimiento diario del cuidado del caballo es una tarea desalentadora que viene con esta elección. Los establos locales ofrecen facilidades de alojamiento a los propietarios de caballos que ayudan en el cuidado de los mismos y ofrecen otras comodidades. También existe la

ventaja añadida de conocer a otros propietarios de caballos en el establo. Considere cuál es la mejor opción para usted antes de comprar el caballo.

4. El caballo: Los caballos vienen en varias razas, tamaños, edades, pedigrí y niveles de entrenamiento, y cada característica debe ser considerada antes de hacer su compra. El propósito de usar su caballo le ayudará a reducir sus opciones. Para montar a caballo, necesitará ser más específico, ya que hay varios estilos de montar adecuados para diferentes razas. Preferiblemente, compre un caballo que tenga un nivel de entrenamiento significativo, a menos que planee hacerlo usted mismo. Los caballos tienen diferentes personalidades, así que seleccione un caballo que se adapte a su preferencia temperamental.

Una vez que pueda seleccionar el caballo más adecuado a su gusto, lo siguiente que debe hacer es asegurarse de que un veterinario certificado realice un examen de salud completo y exhaustivo. El veterinario debe estar bien familiarizado con la raza específica y el propósito designado. Este examen es muy importante, ya que se le proporcionará un conocimiento profundo de la historia médica del caballo. Esta información le ayudará a tomar su decisión final.

Criar un caballo es una tarea gratificante y a la vez desafiante. Como propietario de un caballo, usted tiene la responsabilidad de asegurarse de que lo cuida adecuadamente. Los caballos pueden ser enormes y obstinados a veces, pero aun así necesitan un dueño seguro, cariñoso, pero firme, que los dirija y los cuide. Este libro está enfocado en hacer de usted ese tipo de dueño.

Capítulo 2: Selección de la raza adecuada

Hay alrededor de 400 razas de caballos conocidas por el hombre, cada una con sus propias singularidades y especializaciones. Las competiciones ecuestres capitalizan estas diferencias y pueden por lo tanto dedicarse a una variedad de actividades deportivas. Como propietario de un caballo, debe conocer las diferencias entre las razas y sus especializaciones. En este capítulo, describiremos algunas de las razas de caballos más populares, sus cualidades y su uso.

Árabe

Con su exclusivo cuello en forma de arco y su alto y elegante porte de cola, se puede identificar fácilmente el caballo Árabe en cualquier lugar. Es originario de Arabia y es una de las razas más antiguas cuyo linaje data de hace más de 4.000 años. Es versátil, tiene una fuerte resistencia y es popularmente conocido por su resistencia en la equitación.

El Árabe tiene una altura de 14 a 16 manos, (56 pulgadas - 64 pulgadas), y un peso corporal ligero de 800 - 100 libras. Los árabes también son conocidos por su temperamento amigable, que los hace rápidos para aprender y fácilmente apegados a los humanos. Se utilizan ampliamente en muchas actividades ecuestres como las carreras de caballos, la doma, el salto, la equitación de resistencia y muchas más. Son ideales para la equitación de ocio y se pueden encontrar en ranchos, cuando no en las competiciones deportivas.

Pura Sangres

¿Ha notado una raza muy popular, rápida y específica usada en varias competencias ecuestres? Es muy probable que sea un feroz y ágil Pura Sangre. Los caballos Pura Sangre vienen de un linaje de sementales ágiles y rápidos como el Árabe y el Turco. Se considera parte de la raza de caballos de "sangre caliente" por su fuerza, agilidad y velocidad. La mayoría de ellos vienen en colores oscuros o grises y tienen un rango de altura de alrededor de 15,2 manos (62 pulgadas) a 17,0 manos (68 pulgadas).

Algunos rasgos fácilmente reconocibles del Pura Sangre incluyen una cabeza bien cincelada, cuello largo, pecho profundo, espalda corta, cuerpo delgado y piernas largas. El Pura Sangre es un caballo muy brioso y atlético, lo que lo hace perfecto para varias competencias de deportes ecuestres. También se utiliza comúnmente para criar caballos para otros deportes ecuestres como el polo, la doma, el salto y otros.

Appaloosa

Más conocido por su cuerpo manchado y de colores brillantes, el Appaloosa es una raza muy popular en América del Norte con una herencia única. Originalmente domesticada por los nativos de Nez-Perce, fue usada en la caza y como animal de guerra. Sus manchas distintivas y su color son el resultado de diferentes cruces de razas a lo largo de los siglos. El color desigual de la piel, las pezuñas rayadas y la esclerótica blanca visible en los ojos son rasgos que identifican a un Appaloosa.

Hay varios tipos de cuerpo atribuidos a una raza Appaloosa debido a las diferentes otras razas que componen su linaje. Aun así, el tamaño promedio es usualmente entre 950 - 1250 libras y 14 manos (56 pulgadas) a 15 manos (60 pulgadas) de altura. Se usa comúnmente como caballo para controlar el ganado en el rancho, y también aparece en varias competiciones de equitación del oeste. La equitación de ocio, la equitación de senderos y la distancia media son algunos otros usos para los que este versátil e inteligente caballo es excelente.

Morgan

El caballo Morgan es un caballo fino y peculiar con un porte real que lo hace adecuado para varias funciones ceremoniales y como caballo de carruaje. Fue nombrado en honor a su primer propietario, Justin Morgan, y ha sido utilizado para la cría de otros caballos. Se puede reconocer un caballo de Morgan por su andar seguro, su estructura refinada y musculosa, sus fuertes cuartos traseros y su porte de cola alta. Las razas Morgan son muy fuertes y tienen una altura estándar de 14,1 manos (57 pulgadas) a 15,2 manos (62 pulgadas). El Morgan se usa comúnmente para los deportes de equitación ingleses y occidentales, para la equitación de ocio y también en las competiciones de deportes ecuestres. Es conocido por su personalidad distintiva, su disposición tranquila, su inteligencia y su audacia.

Caballo Cuarto de Milla Americano

El caballo cuarto de milla es una de las razas de caballo más populares de América. Fue criado a partir del caballo de Pura Sangre y es muy versátil. Se le puede reconocer en los rodeos o en las carreras de caballos por su habilidad para moverse rápidamente en distancias cortas. Tiene una cabeza corta, pero refinada, una estructura corporal robusta y cuartos traseros redondeados. La altura de un típico caballo de cuarto de milla varía entre 14 manos (56 pulgadas) y 16 manos (64 pulgadas). Es más conocido en el campo de deportes como un velocista, superando a otras razas en carreras de un cuarto de milla de distancia o menos. También se utiliza comúnmente como caballo de rancho, y su cuerpo pequeño lo hace muy adecuado para actividades técnicas y de habilidad como las carreras de barriles, la cuerda de terneros y otras competiciones de equitación del oeste.

Standardbred

Un caballo Standardbred es una versátil raza de caballo norteamericana cuya destreza es evidente en la equitación y en otras disciplinas ecuestres. Al igual que otras razas de caballos, proviene de un linaje de otras razas de sementales, en particular el Pura Sangre y Morgan, entre otros. Es ágil, veloz y tiene una complexión musculosa y fuerte, ligeramente más pesada que la del Pura Sangre.

Los sementales tienen una altura promedio de 14 manos (56 pulgadas) a 17 manos (68 pulgadas) y pesan entre 800 y 1000 libras. Los encontrará fácilmente en las competiciones de carreras de arneses, ya que son la raza de caballo de trote más rápida conocida por el hombre. Otros usos de los Standardbred incluyen paseos de ocio, espectáculos ecuestres, caballos de rancho y, lo más importante, se utilizan para la cría de otros caballos.

Percherón

El Percherón es un caballo francés que pertenece a una raza popular de caballos conocidos como razas de tiro. Son peculiares por su constitución robusta y resistente. Han servido como caballos de guerra, diligencias y animales de granja debido a su gran fuerza y volumen muscular. Se puede distinguir fácilmente un caballo Percherón por sus voluminosas y musculosas patas, su amplio pecho, su enorme tamaño y su dócil personalidad. Comúnmente se les llama "de sangre fría" por su disposición tranquila.

La altura y el peso del Percherón difieren en varios países, y son ampliamente utilizados como caballos de trabajo. Se utilizan en desfiles, con fines agrícolas, para arrastrar cargas pesadas y se cruzan con otros caballos más ligeros para mejorar la resistencia y producir caballos de tamaño mediano para otros fines.

Poni Galés

La mayoría de la gente sabe lo que es un poni, al menos por su descripción. Los ponis son caballos en miniatura. Son una clase de razas de caballo con una altura que no supera las 14.2 manos (58 pulgadas) en su madurez. Por lo tanto, son más bajos que el caballo promedio y preferiblemente la mejor opción para los niños y jinetes de baja estatura. Tienen su origen en Gales, con los caballos de pura sangre y árabes como parte de su linaje.

Existen cuatro tipos que se distinguen por su altura, siendo el más bajo de unos 11 brazos (44 pulgadas) y el más alto de 16 brazos (64 pulgadas). Sus movimientos de andar fuertes y fáciles los caracterizan a menudo. Los ponis galeses son animales muy inteligentes con gran velocidad y resistencia. Se utilizan para muchos propósitos, tales como animales de trabajo, para paseos de ocio y en competiciones deportivas ecuestres. Son especialmente buenos en la doma, las carreras de resistencia y la conducción.

Caballo Tennessee Walking

También conocido como el *Tennessee Walker*, esta raza de caballos única pertenece a una clase de razas de caballos comúnmente conocidas como razas con cebo. La raza de gaite es una clase distinta de caballos criados por su habilidad para ir a un ritmo fácil con un ritmo de cuatro tiempos. Su andar a paso ligero los hace ideales para jinetes mayores o para cualquiera que busque un paseo suave.

El Tennessee Walker es un animal elegante y robusto con una altura promedio de 14.3 manos (59 pulgadas) a 17 manos (68 pulgadas) y un peso de alrededor de 900 a 1200 libras. Son más populares por su naturaleza tranquila y su habilidad para correr y caminar. Se utilizan comúnmente en espectáculos ecuestres, eventos de equitación en senderos y para montar a caballo por placer.

Hannoveriano

El caballo Hannoveriano pertenece a la categoría de las razas de caballos de "sangre caliente". Generalmente se desarrollan criando un tipo de "sangre caliente" con un semental de "sangre fría". El Hannoveriano es un caballo especial de sangre caliente originario de Alemania. Fue refinado con sangre de pura sangre para hacerlo más ágil y atlético. El resultado fue un éxito rotundo.

Elegante, fuerte y atlética, la raza Hannoveriana es un caballo versátil, brioso y con un carácter agradable. Fue usado anteriormente en el ejército y como caballo de entrenamiento. Hoy en día, es uno de los caballos de deporte más populares y ampliamente utilizados ya que tiene medallas en todos los deportes olímpicos ecuestres. La altura media de una raza hannoveriana está entre 15,3 manos (63 pulgadas) y 17,2 manos (70 pulgadas). Se utiliza principalmente como un animal deportivo, pero también puede ser montado por placer.

Mustang

Los Mustangs son razas de caballos que se encuentran principalmente en la naturaleza. Son caballos que vagan libremente y fueron traídos originalmente a Norteamérica por los españoles. Puede reconocerlos sin esfuerzo por su corta, pero robusta, estructura, su amplia cabeza y su pequeño hocico. El Mustang típico tiene una altura de unas 14 manos (56 pulgadas) a 15 manos (60 pulgadas). Son más conocidos por su resistencia, fuerza y seguridad. Se utilizan en las competiciones de carreras de caballos, paseos a caballo, paseos de placer, y también como animales de granja.

Caballo American Paint

Una de las primeras cosas que notarán sobre el Caballo American Paint es su rico y colorido pelaje. Cada caballo tiene un color único de blanco y otro color equino. Su linaje se remonta a la raza de caballos pura sangre y cuarto de milla.

Un típico American Paint tiene una altura promedio de 14 a 16 manos (56 a 64 pulgadas) y un peso de alrededor de 950 a 1,200 libras. Algunas de sus otras características distintivas incluyen un cuerpo musculoso, un centro de gravedad bajo que permite maniobrar fácilmente y unos fuertes cuartos traseros para un movimiento rápido. Se utiliza con frecuencia en las competiciones ecuestres del oeste, como el salto y el reinado.

Haflinger

Si ve un grupo de caballos algo bajos, todos castaños, probablemente sean de la raza de caballos Haflinger. Originalmente de Austria, la historia de los Haflinger se remonta a la Edad Media. Son de constitución fuerte, elegantes y tienen una hermosa yegua rubia.

La altura media de los Haflinger es de 13,2 a 15 manos (54 a 60 pulgadas, respectivamente), y existe principalmente en color castaño. Tiene un andar suave y rítmico que le permite proporcionar un paseo enérgico y a la vez relajante.

Es adecuado para las actividades bajo la silla de montar y también puede ser utilizado como un caballo de tiro o de carga. Algunas de las competiciones ecuestres en las que encontrará un Haflinger incluyen salto de obstáculos, doma clásica, resistencia y equitación de senderos. También es adecuado para la equitación terapéutica y de ocio.

Saddlebred Americano

Otro miembro de los caballos de silla, el Saddlebred Americano, es una brillante raza de caballo que se originó en los Estados Unidos. Su linaje se remonta a los caballos de paseo de las Islas Británicas. Tiene la sangre de

Morgan y Pura Sangre como parte de su ascendencia. El Saddlebred se caracteriza por el porte real de su estructura muscular y delgada.

Un caballo muy hermoso y vivaz, el típico Saddlebred tiene una altura promedio de 15 a 17 manos (60 a 68 pulgadas, respectivamente). Suave y elegante, se puede distinguir claramente un Saddlebred por su movimiento superior y su suave andar. Se utiliza mejor como caballo de exhibición, pero también aparece en otras competiciones ecuestres como la conducción combinada, la doma y la equitación en silla de montar.

Caballo Hackney

La raza de caballo Hackney tiene sus raíces en Gran Bretaña y se desarrolló para ser un caballo de montar con un trote perfecto. Tiene una fuerte resistencia y una estructura atractiva. Es popularmente usado como caballo de carruaje debido a su movimiento elegante y superior.

La altura de un típico caballo Hackney está entre 14. 2 a 16,2 manos (58 a 64 pulgadas respectivamente), y pesan alrededor de 1000 libras. Su trote de alta velocidad y su elegante apariencia suelen caracterizarlo.

Se puede diferenciar un caballo Hackney de otras razas similares por sus rasgos bien definidos, orejas atentas, ojos y un porte de cola naturalmente alto. Se utiliza principalmente como caballo de carruaje y en los deportes de competición, se puede encontrar en carreras de arneses y eventos de conducción. Sus poderosos cuartos traseros ayudan a proporcionar una zancada cómoda y rítmica que permite el placer y la conducción terapéutica.

Selección de la raza de caballo adecuada

Los caballos son criaturas emocionales e inteligentes con personalidad y mente propias. Cuando se selecciona un caballo, hay que tener en cuenta sus preferencias junto con el temperamento y la disposición del caballo. El propósito para el que usted quiere criar al caballo, su nivel de habilidad y su experiencia en la equitación deben ser considerados.

Si usted es un principiante que acaba de empezar con los caballos, necesitará un caballo paciente y dispuesto; uno que sea inteligente, que aprenda con facilidad y que tenga un carácter agradable. El Americano de Cuarto de Milla, el Tennessee Walker el Shire y el Morgan entran en esta categoría. Los ponis también son grandes caballos para principiantes, para niños o para menores de 5,5 pies.

Las razas de caballos de sangre fría son tranquilas, accesibles y amigables. A menudo son muy grandes y carecen de la emoción que normalmente se encuentra entre los caballos de deporte. Su gentil disposición los hace ideales para el trabajo en la granja y el trabajo. Ejemplos de razas de sangre fría incluyen el trotador de sangre fría, el Percherón, el caballo de Tiro Belga y el Clydesdale.

Las razas de caballos de sangre caliente son animales versátiles y vivaces. Son una combinación de razas de sangre fría y de sangre caliente, con el carácter amistoso y accesible de los de sangre fría y la fuerza y agilidad de los de sangre caliente. Se pueden entrenar y utilizar para competiciones deportivas con poca dificultad. El Americano Cuarto de Milla, Appaloosa, Tennessee Walker, Mustang y Cleveland Bay son ejemplos de sangre caliente.

Si usted busca caballos energéticos y de ritmo rápido, vaya a las razas de sangre caliente. Se utilizan frecuentemente como caballos de deporte debido al alto nivel de energía y agilidad que poseen. Son difíciles de controlar, muy temperamentales, y son más adecuados para propietarios experimentados. Entre los ejemplos de sangre caliente se incluyen el Árabe, el Pura Sangre y el Morgan. A menudo se utilizan en la cría sistemática para producir otras razas de caballos con características específicas.

Puede consultar el Hannoveriano, el Saddlebred Americano, el Paint Horse, el Árabe y el Morgan, si busca razas de caballo con aplomo y elegancia. Estas razas tienen una estructura musculosa y bien definida, tienen un porte majestuoso y son ideales para la equitación de placer.

Capítulo 3: Llevando el caballo a casa

Habiendo completado la primera etapa de la selección y compra del caballo de sus sueños, es hora de comenzar su papel como propietario de un caballo. Es comprensible que se sienta nervioso y emocionado por el prospecto, así que la mejor manera de tratar con esos nervios es mediante una planificación adecuada. En este capítulo, aprenderá sobre las tareas necesarias para llevar su caballo a casa y qué hacer una vez que llegue. Recuerde que su caballo se está trasladando a un entorno nuevo y desconocido, por lo que debe asegurarse de que se sienta seguro y cómodo.

Qué hacer antes de que su caballo llegue a casa

Antes de que llegue su caballo, prepare una forma de refugio para él. Puede albergar el caballo en su propiedad si tiene suficiente tierra o en un establo local cercano. Si tiene el establo en su propiedad, tendrá que limpiarlo e inspeccionarlo antes de que llegue el caballo. La valla, las paredes del establo y las puertas deben estar en buenas condiciones y libres de cualquier elemento peligroso. El establo no debe estar demasiado apretado o acorralado para no hacer que su caballo se sienta atrapado. Es un nuevo ambiente, y es importante disminuir la ansiedad de su caballo. Haga las reparaciones necesarias y asegúrese de que las vallas sean visibles y de una altura adecuada para el caballo, especialmente si se trata de un recinto al aire libre. Su caballo puede intentar saltar la valla, por lo que debe tomar todas las precauciones. La puerta del establo debe ser lo suficientemente fuerte y resistente para retener al caballo. Si planea alojar a su caballo en un establo local, haga las averiguaciones pertinentes para asegurarse de que su caballo se mantenga seguro y cómodo.

Lista de comprobación del establo listo

✔ Seleccionar refugio apropiado

✔ Limpiar e inspeccionar los estables

✔ Hacer reparaciones necesarias

✔ Comprar el equipo necesario

La frase *"equipo necesario"* varía según su propósito de criar el caballo, pero hay elementos esenciales que todo propietario de un caballo debe tener.

● Cubeta de alimentación y agua.

● Cuerda principal y collar de cabeza.

● Silla, brida y bocado.

● Protector y botas de tendón.

● Kit de aseo para caballos. Esto debe incluir una rasqueta, los cascos, repelente para moscas y raspador de sudor. Puede ponerlos todos en una sola caja por comodidad.

● Botiquín de primeros auxilios. En caso de cualquier lesión o emergencia, esté listo para atender a su caballo antes de que llegue el veterinario. Su botiquín de primeros auxilios debe contener vendas, algodón, pinzas, limpiador de heridas, tijeras, spray antibiótico, termómetro y números de emergencia del veterinario.

Vacunas

Antes de llevar su caballo a casa, asegúrese de que un veterinario certificado lo examine a fondo, preferiblemente uno familiarizado con la raza. Hay diferentes vacunas disponibles para los caballos para ayudarles a mantener una buena salud. Como propietario de un caballo, debe asegurar la protección de su caballo manteniéndolo al día con las vacunas, incluso antes de que llegue a su casa. Los caballos, si no se les cuida bien, pueden enfermar debido a infecciones o enfermedades. Su caballo dependerá de usted para mantenerlo en buena forma.

Actualice la lista de vacunas

✔ Averigüe la información necesaria sobre la vacunación de caballos

✔ Haga que su caballo sea examinado a fondo

✔ Vacune a su caballo

Alimentación

Si su caballo tiene un dueño anterior, será prudente obtener toda la información sobre su nuevo caballo de él/ella. Descubra qué tipo de alimento prefiere su caballo y cuánto heno y alimento consume diariamente. Compre el heno y el alimento para su caballo antes de llevarlo a casa. Si tiene un alimento en particular que quiere que su caballo coma, no lo fuerce. En cambio, introduzca gradualmente el alimento, y con el tiempo, se lo ganará.

El agua es esencial para los caballos de todas las razas. El caballo promedio consume alrededor de siete galones de agua cada día. Por lo tanto, es imperativo que le proporcione acceso a agua fresca y limpia a su caballo. Debido a que su caballo es nuevo en su entorno, tiene tendencia a reaccionar negativamente al beber agua ajena. Una forma de solucionarlo es usando la misma o una cuenca similar con la que su caballo esté familiarizado. Si su establo o cuadra tiene un sistema de agua automatizado, su nuevo caballo podría no estar familiarizado con él, y puede tardar un tiempo en entenderlo. Durante ese período, tendrá que proporcionar agua limpia en un medio que su caballo conozca, como un cuenco o una bañera.

Lista de control de la alimentación

✔ Preguntare al anterior propietario de la preferencia de alimentación

✔ Comprar suficiente heno y alimento

✔ Proporcionar acceso al agua dulce

✔ Poner agua fresca en un cuenco familiar para el caballo

Transporte del caballo

Así que ha montado el establo, ha comprado el equipo, ha vacunado a su caballo y ha comprado alimentos esenciales. Ahora, es hora de llevar el caballo a casa. Dependiendo de la distancia entre el lugar donde se encuentre el caballo y su casa, puede transportarlo por tierra o por aire. Cualquiera que sea el medio de transporte que utilice, trate de tomar la ruta más corta posible para que el viaje sea menos extenuante. La mejor manera de transportar su caballo por tierra es usando un remolque para caballos. Siempre puede alquilar uno si no tiene uno propio. Emplear los servicios de una empresa profesional de transporte de caballos ayudará a reducir el estrés de su caballo durante el viaje.

Revise el remolque antes del día de viaje para asegurarse de que esté en buenas condiciones y sea cómodo para su caballo. El tamaño del remolque debe ser lo suficientemente grande para que su caballo baje la cabeza, y el suelo debe ser antideslizante. Detenga el vehículo a intervalos para que el caballo se alimente y descanse si es una distancia larga. Por seguridad y para ayudarle a cargar el caballo, utilice una rienda o un cabestro para atar al caballo, pero no demasiado apretada, para que no se sienta incómodo. Llevar un caballo en un vehículo de transporte puede ser realmente estresante, ya que los caballos son cautelosos con los espacios confinados. Para evitarlo, entrene a su caballo para que suba y baje del remolque antes del día de viaje.

Lista de control de transporte

✔ Investigar el mejor modo de llevar el caballo a casa

✔ Contratar un servicio profesional de mudanza de caballos

✔ Inspeccionar el vehículo de transporte

✔ Planificar el viaje tomando la ruta más corta posible

✔ Llevar suficiente agua y alimento para el caballo

✔ Conseguir botas de viaje para el caballo

✔ Entrenar el caballo para entrar y salir del remolque antes del día del traslado

Instalando el caballo en su nuevo hogar

Después de un largo viaje (o tal vez uno corto), finalmente ha llegado a su casa de destino, con su caballo. Los primeros días y semanas de la llegada de su caballo son importantes para ayudarle a adaptarse a su nuevo hogar y familiarizarse con usted. Aquí hay pasos importantes que pueden ayudarle a establecer su caballo en su nuevo hogar.

Paso 1: Sacar a su caballo del remolque puede ser una tarea desalentadora, ya que el caballo debería estar nervioso y reacio. Si ha entrenado a su caballo en cómo entrar y salir de un remolque, puede que no sea tan difícil. Preferiblemente, y especialmente si es su primer caballo, tenga una persona experimentada cerca para guiarle y ayudarle.

Paso 2: Suavemente y pacientemente guíe a su caballo hasta el establo y quítele las botas de viaje. Proporcione agua limpia y heno en su establo. Si tiene otros caballos, coloque a su nuevo caballo de manera que pueda ver a los otros caballos.

Si va a colocar su nuevo caballo en un pastizal cerrado, considere caminarlo alrededor de la cerca, para que se acostumbre a los límites y sepa dónde encontrar comida y agua.

Paso 3: Cuando quiera sacar a su caballo por primera vez, protéjalo con botas, para que no se lastime o sea lastimado por otros caballos. Mantenga a su caballo en un establo cerrado o en un pasto, de cara a otros caballos. Esto le ayudará a interactuar con los otros caballos.

Deje su nuevo caballo en su establo durante los primeros días. Esto le ayudará a relajarse y a sentirse seguro. Asegúrese de que se alimente y beba el agua correctamente. Compruebe su temperatura regularmente y si tiene alguna preocupación, consulte a un veterinario. Ya que no está haciendo ejercicio, puede reducir su alimentación para evitar que tenga cólicos.

Paso 4: Mientras esté en su establo, puede familiarizarse con él, aseándolo y pasando tiempo con él. Después de unos días, puede llevar a su nuevo caballo a dar un paseo por los terrenos. Use una cuerda y una brida para guiarlo. Permítale explorar su nuevo entorno mientras lo vigila.

Si tiene más de dos caballos, es aconsejable no presentar su nuevo caballo a toda la tropilla de una sola vez. Más bien, a medida que pasen las semanas, preséntelos uno tras otro. Manténgalo alejado de los demás, pero no totalmente aislado, ya que los caballos son criaturas sociales y también necesitan compañía.

Paso 5: Una vez que esté seguro de que su nuevo caballo ha pasado un tiempo considerable con usted y está más familiarizado con el terreno y los otros caballos, puede considerar dejarlo salir con toda la tropilla. Antes de hacerlo, asegúrese de que haya suficiente pasto para que todos los caballos pasten cómodamente. Si el pasto es demasiado pequeño, es probable que haya una lucha por el espacio y el pasto entre los caballos —¡no quiere eso! La regla general es tener un acre de pasto por caballo.

Paso 6: Cuando decida dejar salir a su nuevo caballo con toda la tropilla, tendrá que estar cerca y observar cuidadosamente, para que no haya peleas o lesiones. No hay necesidad de apresurarse con las presentaciones. Observe a su nuevo caballo por cualquier signo de estrés o maltrato por parte de los caballos más viejos.

Pase tiempo con el nuevo caballo, cepillándolo y familiarizándose con lo que le gusta.

Paso 7: Montar su nuevo caballo por primera vez es una experiencia emocionante para cualquier propietario de un caballo. Antes de empezar a montar, su caballo ya debe sentirse cómodo con usted y el entorno. No lo fuerce, pero sea lento y suave con el caballo.

Esto es todavía parte del proceso de conocer a su caballo y viceversa para él. Cabalgue una distancia corta las primeras veces, haciendo lo posible por mantenerlo simple. Con el tiempo, ambos se acostumbrarán el uno al otro.

Paso 8: Ser dueño de un caballo crea una vía para hacer nuevos amigos, ¡compañeros dueños de caballos! Conozca a otros propietarios de caballos, intercambie historias y obtenga consejos e ideas sobre cómo cuidar mejor a su caballo. Aproveche la experiencia de jinetes experimentados en el entrenamiento y mantenga su caballo a salvo.

Puede aprender mucho escuchando las historias y experiencias de otras personas.

Paso 9: Lo más importante es que se mantenga en contacto con el anterior propietario o vendedor de su caballo. Hágale saber las mejoras que el caballo está haciendo y pregúntele cuando no esté seguro de ciertos rasgos de comportamiento.

Vigile de cerca la salud de su caballo y consulte a un veterinario cuando sea necesario.

Capítulo 4: Manejo y vinculación con el caballo

Antes de ir más lejos, es primordial que entienda la mentalidad y los patrones de comportamiento del caballo para mejorar y desarrollar su relación con él. Como se dijo antes en el libro, los caballos son animales muy inteligentes con una mente propia. Cuando se puede comprender la forma en que un caballo piensa, se puede modificar su comportamiento y entrenarlo.

La primera y más importante cosa que debe saber sobre el caballo es que es un *animal de presa*. Esto significa que sus acciones y patrones de pensamiento se basan en mantenerse vivo. Considere otros animales de presa que conoce, conejos, ovejas, etc.; todos ellos poseen un instinto común para sobrevivir, y esto se ve a menudo en su comportamiento y reacción a lo que consideran como amenazas.

El caballo, al igual que estos animales, entiende que para mantenerse vivo, tiene que estar alerta y vigilante de amenazas o peligro percibido. Por eso puede encontrar a su caballo ansioso por cosas aparentemente sin importancia, como caminar por un pequeño charco de agua, subir a un remolque, estar en una situación novedosa o escuchar sonidos inesperados en el entorno. Su primer instinto es huir para protegerse. Este es un ejemplo de las habilidades de autopreservación que han adquirido a lo largo de los años.

Para el caballo, el humano es un depredador, a menos que se demuestre lo contrario. Los depredadores, a diferencia de las presas, están menos enfocados en sobrevivir y más en lograr su objetivo. La presa (el caballo), por otro lado, solo quiere vivir. Huye, no necesariamente por miedo a ser herido, sino para salvar su vida. Saber esto sobre su caballo puede ayudarle a relacionarse mejor con él. Ahora que sabe cómo le ve el típico caballo, su objetivo debe ser ganar su confianza construyendo una relación con él. Este suele ser el primer paso para entrenar a su caballo.

Los caballos son animales sociales que viven en manadas y tienen una estructura jerárquica. Esta estructura es fundamental porque permite un líder dominante y confiable que hace que el caballo se sienta seguro. Todos respetan al líder porque proporciona comida, guía y seguridad para todos. Come y bebe primero, mientras los demás esperan, y ejerce su dominio de forma asertiva reclamando su espacio. Los demás caballos entienden esta afirmación y se someten a la autoridad. Si tiene más de un caballo, puede tomarse el tiempo de estudiar su tropilla y tratar de identificar al dominante.

Debe saber que los caballos desean naturalmente el liderazgo, ya sea solos o en tropilla. Como propietario de un caballo, debe proporcionar ese liderazgo, o el caballo tomará las riendas. La base de una relación exitosa entre caballo y humano comienza con usted tomando el liderazgo. Cuando el caballo le ve como un líder confiable, respeta su autoridad y sigue su dirección, al igual que la jerarquía social de las tropillas. Afirmando el dominio es como se convierte en el líder de la tropilla. Esta afirmación no se hace con violencia, sino con calma y firmeza. La mayoría de las veces se hace inhibiendo o permitiendo el movimiento. Por ejemplo, si su caballo quiere moverse en cierta dirección, puede detener su movimiento aplicando presión con sus riendas y soltándola cuando lo desee. Debe ser usted quien controle su movimiento y no al revés.

Cuanto más dominio usted ejerza, más dispuesto estará su caballo a seguir su liderazgo. Cuando su caballo esté dispuesto a seguirle, entrenarlo para cualquier propósito no será difícil. Su caballo debe verle como un líder seguro y consistente. Tome el mando cuando las situaciones se presenten y dele dirección a su caballo. Los caballos tienen dos necesidades principales: seguridad y comodidad. La falta de comodidad para el caballo puede variar desde cosas leves como un pedazo de plástico en movimiento hasta situaciones peligrosas como la amenaza de un depredador; ambas son igualmente aterradoras para él. Si se siente seguro, buscará deshacerse de la incomodidad. Pero cuando hay un líder claramente definido, el caballo se siente seguro y protegido. Como propietario de un caballo, apunte a hacer que su caballo se sienta seguro.

Manejo seguro de los caballos

El manejo seguro de los caballos se refiere a las directrices y reglas. Cada propietario de un caballo debe saber, por su propia seguridad y la del caballo. El caballo es físicamente más fuerte que un humano, por lo que es muy importante tomar medidas de seguridad mientras se le cuida. Como se ha dicho antes, los caballos son animales de presa cuyo primer instinto ante un estímulo desconocido (charco, espacio cerrado, ruido inesperado) o la incomodidad es defenderse y huir. Por lo tanto, deben ser manejados con calma y suavidad. Estas directrices de seguridad ayudan al propietario de un caballo a atenderlo de la mejor manera posible para no ser herido por el caballo. Puede parecer demasiado al principio para el propietario de un caballo principiante, pero no hay que preocuparse; se acostumbrará rápidamente a ellas con el tiempo.

1. Acercarse siempre al caballo desde un punto visible, preferentemente por delante, para que no sea sorprendido sin darse cuenta de su presencia. Evite tocarle o palmearle por detrás, ya que esto puede asustarle fácilmente, haciendo que reaccione de forma agresiva.

2. Lleve un calzado duro y protector mientras atiende a su caballo para evitar que se lastime si le pisa. Los zapatos causales, abiertos o delgados no deben usarse en el establo o alrededor de su caballo.

3. Cuando limpie el establo de su caballo, lo asee o lo prepare para un paseo, manténgalo atado. Es peligroso dejarle vagar libremente por el establo.

4. Los caballos son muy diferentes de los perros u otras mascotas que se pueden alimentar con las manos. Pueden confundir sus manos con comida y morderle, junto con lo que le dé de comer. Para alimentar a su caballo con golosinas, hágalo desde un cubo.

5. Nunca debe pararse directamente detrás de un caballo. Tiene poderosos cuartos traseros que pueden noquearle con una sola patada. Para limpiar su cola, párese a un lado, y cuidadosamente tire de la cola hacia usted.

6. Si está limpiando los cascos de su caballo o quiere ponerle vendas, no se arrodille ni se ponga en cuclillas; en su lugar, agáchese. Si el caballo hace algún movimiento, puede salir rápidamente del peligro.

7. Ate a su caballo con nudos simples y fáciles de quitar como el nudo de liberación rápida para que si su caballo se siente incómodo o amenazado, pueda liberarse rápidamente. Los nudos duros o complicados pueden hacerle sentir restringido, y él podría reaccionar negativamente.

8. Utilice una rienda y un cabestro para guiar y dirigir a su caballo de forma segura. No coloque sus manos o dedos a través de ninguno de los equipos de aparejo, ya que puede lesionarse fácilmente con los movimientos bruscos del caballo.

9. No se quede al lado de su caballo sin ser visto. Asegúrese siempre de que su caballo vea y sepa quién es usted mientras lo cepilla o simplemente hable con él.

10. No limpie el establo de su caballo mientras este esté dentro. Póngalo en otro establo o llévelo a pastar.

11. Comprenda el lenguaje corporal de su caballo mientras interactúa con él. Los caballos se comunican con sus ojos, orejas y cola. El movimiento continuo de sus orejas indica nerviosismo, mientras que las orejas planas indican molestia o ira, lo que puede llevar a un ataque. Si sus orejas están relajadas, él también lo está.

12. Los caballos aprenden mucho del comportamiento abierto y encubierto de su dueño. Son buenos jueces del estado de ánimo y pueden detectar el miedo y la ansiedad. Mientras maneje su caballo, debe ser confiado y audaz.

13. No ate la cuerda o las riendas alrededor de sus manos o parte del cuerpo. Puede ser desastroso si el caballo se mueve repentinamente sin dirección. Nunca se ate de ninguna manera a un caballo.

14. Las puertas de los establos deben ser lo suficientemente anchas para que su caballo pueda pasar sin sentirse apretado. Si tiene que pasar por una puerta estrecha con su caballo, dirija el camino entrando primero, luego párese a un lado y déjelo pasar.

Vinculándose con los caballos

Los caballos son excelentes compañeros. Son emocionales, terapéuticos y fáciles de hablar. Mientras que esta fácil camaradería parece encantadora, no viene con poco esfuerzo. Para el propietario de un caballo, el vínculo con su caballo comienza con una confianza mutua de ambas partes. Su caballo tiene que aprender a confiar en usted para mantenerse seguro y cómodo. Usted, el dueño del caballo, tiene que manejar su caballo de una manera suave, cuidadosa y sincera.

Si usted es un principiante con los caballos y se está preguntando por qué no parece que usted se vincula con su caballo, tal vez usted no está haciendo las cosas correctamente. Mientras usted interactúa y pasa tiempo con su caballo, hay consejos y trucos que puede emplear para ayudar a fomentar la relación entre ambos. Estos consejos, cuando se ponen en práctica, le ayudan a usted y a su caballo a desarrollar una relación estrecha y duradera.

Sea un líder firme, de mente abierta y asertivo

La importancia de que sea un líder para su caballo ya ha sido explicada anteriormente, así que no debería sorprenderle lo importante que es esto. Ser un líder firme y asertivo hace que su caballo respete su autoridad y dominio. Le tratará como el jefe de la manada y seguirá su ejemplo. No obstante, sea abierto y justo. Trate bien a su caballo usando claves consistentes que pueda entender y seguir. Los caballos no son pensadores lógicos, así que no tenga expectativas poco realistas de ellos. Los caballos tienen buena memoria y pueden saber cuándo no se les trata bien. Pueden volverse resistentes y obstinados en tales casos. Es mejor comenzar la relación con buen pie.

Pase tiempo de calidad con ellos

Su relación con su caballo debe ir más allá de las horas de trabajo o de entrenamiento. Para desarrollar un vínculo con su caballo, debe demostrarle que está interesado en él y no solo en el trabajo que puede hacer. Visítelo en el establo a menudo y llévelo a pasear a entornos serenos. Los caballos se relajan y pasan tiempo juntos cuando salen a pastar. También puede recrear esta práctica sentándose en el pasto con él mientras pasta tranquilamente a su lado. Esto es similar a dos amigos relajándose juntos. Combine su ritmo con el suyo, y no tenga miedo de hablar con él. Deje que escuche su voz a menudo para que se acostumbre a oírle y pueda reconocerle. Ejercicios como este reducen la tensión entre ustedes y también son beneficiosos para la salud de ambos.

Participe en el entrenamiento de rutina

Los caballos son criaturas aventureras que disfrutan de los desafíos. Participar en un entrenamiento riguroso y rutinario con ellos le ayuda a desarrollar el proceso de unión. Debe tener cuidado de no trabajar demasiado o de no agotar a sus caballos con demasiado entrenamiento. Tome descansos cuando sea necesario y esté atento a la salud de su caballo. En otros días, puede simplemente hacer maniobras de trabajo con su caballo. Es necesario tener una rutina de entrenamiento equilibrada, y a veces, puede añadir una nueva actividad para desafiar a su caballo.

Cepille su caballo con regularidad

El aseo es una forma importante de vincularse con su caballo. Los caballos en libertad también se dedican a una práctica similar; se acicalan unos a otros. Esto, por supuesto, no se hace con cepillos, sino acariciando sus cuellos uno contra otro. Es una muestra de afecto, y más importante, ayudan a cada uno a rascarse las partes que de otra manera no podrían alcanzar por sí mismos. Así que, cuando cepille a su caballo, no solo lo mantiene limpio, sino que también le rasca partes de su cuerpo que no habría podido alcanzar por sí mismo. Los caballos tienen "puntos dulces", y el aseo regular le ayuda a descubrirlos. A algunos caballos les gusta rascarse mientras que otros prefieren un toque suave. Descubrir la preferencia de su caballo es útil cuando quiere recompensarlo o ayudarlo a sentirse menos ansioso.

Masaje con la mano

Si usted ha estado en un spa o en un masaje, entonces sabe lo relajantes que pueden ser los masajes. Una buena idea para relajar a su caballo es usar sus manos para masajearlo suavemente, preferiblemente en uno de los lugares dulces que ha descubierto recientemente. Los masajes equinos son muy beneficiosos y terapéuticos para los caballos, especialmente cuando se sienten nerviosos o agitados. Esto también ayuda a desarrollar un vínculo más fuerte porque, con el tiempo, su caballo asociará sentimientos positivos con usted. Él esperará su llegada porque su caballo sabe que cuando esté con usted, se sentirá bien y relajado.

Comprenda las claves físicas de su caballo

Los caballos, como los humanos, se comunican de forma no verbal. Como no pueden hablar, expresan sus sentimientos y emociones con señales no verbales. A menudo, su caballo se comunica con usted de esta manera, y por lo tanto, como propietario de un caballo, usted necesita leer el lenguaje corporal de su caballo para saber lo que está tratando de decirle. Sus orejas, ojos y cola indican cuando el animal está tenso o asustado, feliz o relajado, cansado o enfermo. También hay momentos en los que su caballo quiere jugar, y eso se expresa frecuentemente en el lenguaje corporal. Cuanto más tiempo pase con su caballo, más fácil le resultará leer su lenguaje corporal y atender sus necesidades.

Exploren y experimenten cosas juntos

Compartir una experiencia con alguien tiene una manera de acercarle, es lo mismo con los caballos. A medida que explora con su caballo, cabalgando o compitiendo, enfrentando diferentes desafíos y triunfos, usted construye un estrecho vínculo. Así que no tema compartir sus emociones con su caballo. El vínculo que puede crear con su caballo puede durar mucho tiempo.

Respete el espacio de su caballo

Los caballos son animales sociales que prosperan cuando están juntos. Si solo tiene una hora, debes permitir que su caballo se mezcle y se reúna con otros caballos. Si tiene una tropilla, cree tiempo suficiente para que cabalguen y exploren juntos. Esto ayudará a mejorar el humor, la disposición y la salud general de su caballo. Los caballos solo tienen interés en la seguridad (comida y refugio), la comodidad y la compañía. Cuando usted pueda proporcionar todo esto a su caballo, él aprenderá a confiar y depender de usted.

Capítulo 5: Alojamiento y cercado

Antes de que lleve su caballo a casa, tendrá que decidir el lugar para que viva. A menos que tenga la intención de alojar a su caballo en un establo, debe tener un establo construido en sus instalaciones. El albergue es una opción más costosa, aunque algunas personas podrían encontrarlo más conveniente. También extrañará el placer de tener su caballo a su alrededor. Dependiendo del servicio de establo que elija, puede gastar entre $200 y $450 por mes para mantener a su caballo en un albergue. Incluso puede gastar más en cuidados y entrenamiento adicionales. Sin embargo, se liberará del estrés de las tareas diarias al elegir esta opción. ¿Pero qué tiene eso de divertido?

Si prefiere tener su caballo cerca de usted en casa, entonces debe construir un alojamiento para caballos y una valla alrededor de su propiedad. Necesitará mucho espacio para esto. Este proyecto también llevará algo de tiempo y, por supuesto, dinero. Tener su caballo en casa también significa que dependerá de usted para el cuidado diario, y necesitará un amplio conocimiento del cuidado de los caballos. Eventualmente, el costo de mantener su caballo en casa es más probable que sea más barato que alojarlo en un establo. Por lo tanto, un proyecto de alojamiento y vallado de la casa es una buena inversión. Aun así, necesitará planear cuidadosamente el refugio, las cercas, el equipo, el almacenamiento, la cama, el heno, la eliminación del estiércol y la administración de la instalación.

En general, prepárese para gastar unos 1100 dólares anuales en el mantenimiento de un caballo maduro en su propiedad. Esto es significativamente más bajo que el costo del alojamiento. Puede gastar más si tiene la intención de criar, entrenar o competir con su caballo.

Alojamiento del caballo

La construcción de una instalación de alojamiento para caballos implica proporcionar todo lo que su caballo necesita para estar seguro y cómodo. Esto incluye refugio del clima y el viento, un lugar para comer, e instalaciones para dormir. Las necesidades básicas de un caballo difieren de las de los humanos. Debe comprender esto al planificar el alojamiento de su caballo.

La mayoría de las veces, estas necesidades básicas dependen de lo que intente hacer con su caballo. Si tiene la intención de ir a espectáculos, por ejemplo, entonces necesitará un lugar para montar el caballo construido en su instalación de alojamiento. Pero si tiene un caballo solo para montarlo de manera casual o para el ocio, entonces un establo o un cobertizo de tres lados puede ser suficiente.

La verdad es que puede gastar todo lo que quiera para construir un alojamiento para caballos, dependiendo de su presupuesto. Puede estimar al menos 7 dólares por cada metro cuadrado de espacio si está construyendo un establo cerrado. Puede gastar aún más dependiendo de los lujos que pretenda instalar.

Por lo general, necesita construir un refugio interior, una unidad exterior y un área de paseo o de pastoreo. También necesitará uno o dos almacenes para la comida, los medicamentos y otras necesidades equinas. Finalmente, necesitará instalar una cerca para mantener a su animal encerrado apropiadamente. Repasemos el proceso de construcción de cada uno de estos en mayor detalle.

Refugio interior

Su caballo necesita un lugar para dormir y descansar (normalmente de 8 p. m. a 7 a. m.). Generalmente, cada caballo necesitará hasta 16 metros cuadrados (o 170 pies) de espacio para quedarse. Este refugio interior también tiene que tener instalaciones de cama (normalmente de aserrín), acceso constante a agua fresca y heno, buena ventilación, y una limpieza y mantenimiento adecuados. Aunque los diseños pueden variar ligeramente, este establo tendrá generalmente la puerta principal, con una mitad superior, que se abre como una ventana. Esto le permite mirar dentro del establo sin dejar salir al caballo.

Tamaño del establo

El tamaño de su establo depende en gran medida del tamaño de su caballo, entre otros factores. Para un caballo en miniatura, el establo puede tener una dimensión de 6' x 8' por caballo. Para los caballos y ponis pequeños que pesan menos de 900 libras, una caseta con una dimensión de 10' x 10' es buena. Por supuesto, necesitará más espacio para los caballos más grandes. Un tamaño de 12' x 12' es el estándar de la industria. Necesitará mucho más para un caballo de tiro más grande (tanto como 16' x 16'). Para un establo destinado a parir, necesitará un tamaño dos veces mayor que el de un establo.

Tipos de refugios interiores

Los establos para caballos pueden ser diseñados de varias maneras, dependiendo de sus preferencias y necesidades. Algunos refugios interiores comunes para caballos son los siguientes.

Establos de amarre

Este es el tipo más básico de refugio interior. En un establo de pie, el caballo es simplemente atado hacia adelante usando una cuerda o cadena. A veces, el caballo puede estar suelto con cadenas en los extremos abiertos del establo. Los caballos alojados de esta manera deben haber sido entrenados para estar de pie en silencio. Un establo de amarre debe tener al menos 3 metros de largo y 5 metros de ancho.

Los establos de los caballos no son muy cómodos, ya que proporcionan un espacio muy limitado para el movimiento, aunque pueden servir para acomodarse en los casos en que se disponga de un espacio limitado. Los establos de amarre son menos populares hoy en día de lo que solían ser en el pasado.

Caballerizas

Otra opción para alojar a los caballos es una caballeriza abierta o libre. Esto proporciona una forma de protección y refugio para su caballo, también le permite mantenerlo en un área al aire libre. Este tipo de alojamiento se utiliza comúnmente para albergar a un grupo de caballos que se llevan bien entre sí.

Establo de cobertizo abierto

Estos son similares a las caballerizas, pero diseñados en una fila con puertas que se abren al aire libre. Las puertas son típicamente del tipo de puerta holandesa con una mitad superior abierta para la ventilación. Los establos de cobertizos abiertos funcionan mejor en áreas con condiciones climáticas suaves.

Materiales de construcción de viviendas para caballos

Para todos los tipos de establos, la madera dura es el material común utilizado en la construcción. Esta madera dura es comúnmente tratada para desalentar al caballo de masticar la madera. Aunque se pueden utilizar pinos y otras maderas blandas, lo más probable es que el caballo las mastique rápidamente.

El suelo del establo puede estar compuesto por una base de roca triturada, que suele estar cubierta de cal o arcilla. Las superficies duras como el asfalto o el cemento pueden ser utilizadas para el suelo de los establos. El suelo también puede ser de arena. Esta última opción es menos estable y duradera que la cal o la arcilla compactada, aunque permite un mejor drenaje y es más cómoda para el caballo que las superficies más duras que son resbaladizas y duras para las patas del caballo.

Sin embargo, el suelo duro es más fácil de limpiar que la arena. Puede usar el suelo duro junto con suficiente ropa de cama y algún tipo de alfombra, lo que ayuda a aliviar algunos problemas asociados con las opciones de suelo duro.

Techo y puertas de los establos

Un establo debe proporcionar suficiente espacio libre desde el suelo. Necesita una altura de al menos 3 metros o incluso más para una buena circulación de aire y seguridad. Las puertas del establo deben tener al menos un metro de ancho. Necesitará puertas más grandes para un caballo de tiro.

Generalmente, tiene dos opciones para las puertas de los establos. Puede tener puertas holandesas o puertas correderas. Si hay una puerta holandesa, debe abrirse hacia el pasillo y no hacia el establo. Las puertas correderas son generalmente más fáciles de maniobrar, pero son generalmente más caras.

Debe elegir entre encerrar a su caballo o tener una ventana superior sobre la que el caballo pueda colgar su cabeza. Los caballos que no están encerrados son generalmente más felices, aunque esto también conlleva el riesgo de morder a los transeúntes.

Las puertas pueden estar hechas de una amplia gama de materiales (comúnmente madera). Pero las puertas de acero o malla de alambre son populares en lugares con climas cálidos, ya que esto promueve una mejor circulación de aire. Sin embargo, la malla puede permitir que parte de la cama se derrame en el pasillo. En general, su establo de caballos debe estar bien construido, robusto y asegurado con un pestillo "a prueba de caballos" sin bordes peligrosos o salientes.

Cama

Una de las consideraciones finales para el alojamiento en interiores son las opciones de cama. Se pueden utilizar varios tipos de materiales para la cama, desde paja hasta virutas de madera. Cuál de ellos se elija dependerá de la disponibilidad de material en su área, el costo y la adecuación a sus necesidades. La paja y las virutas de madera pueden ser compradas de los fabricantes locales de madera o de los fabricantes de muebles de su entorno. Otras opciones posibles para la cama incluyen cáscaras de arroz, aserrín, cáscaras de maní, pulpa de papel y musgo de turba.

El grosor de la cama depende, en gran medida, del suelo. Para un suelo de tierra, es bueno tener solo 3 o 4 pulgadas de lecho. Para suelos más duros hechos de cemento o asfalto, la cama debe tener al menos de 8 a 10 pulgadas de profundidad.

Viviendas al aire libre

Debería ser suficiente con un simple refugio de tres lados con un techo robusto. Un refugio al aire libre alberga a su caballo en días calurosos o lluviosos. En promedio, apunte a un tamaño de al menos 170 pies cuadrados por caballo para su refugio al aire libre.

El costo de construcción de un refugio al aire libre es generalmente más bajo que el de un refugio interior. Vienen en diferentes diseños, desde graneros de tres lados hasta barras abiertas. Se recomienda alimentar a su caballo en su refugio al aire libre en lugar de en el establo. Esto reducirá el estiércol en el establo, y es menos probable que sus caballos se peleen por la comida en un área abierta que en un espacio cerrado.

El área exterior de pastoreo/caminata

Parte de su vivienda al aire libre es un área de pastoreo o de paseo. Los expertos recomiendan que permita que su caballo paste o camine para mejorar su salud y bienestar. Se recomienda un espacio de al menos 6.000 metros cuadrados por caballo para el pastoreo al aire libre. No hay reglas estrictas sobre cómo debe ser diseñado. Sin embargo, asegúrese de retirar los objetos extraños y las rocas de esta área para evitar que su caballo se lastime.

Almacenamiento del alimento

También tendrá que considerar la posibilidad de almacenar en su granero el heno, los alimentos comerciales, las drogas y otros botiquines de salud. Necesita una habitación seca y a la sombra, diseñada para mantener el alimento de su caballo fresco y libre de plagas. El cuarto de almacenamiento de alimento también debe estar fuera del alcance de los caballos. Su tamaño y el método de almacenamiento dependen de la cantidad de caballos que tenga que alimentar. También necesitará planear un espacio para almacenar paja y materiales de cama.

Necesitará un cuarto especial para guardar el equipo valioso que utilice en sus instalaciones de forma segura y sin polvo. También puede agregar algunas otras características a su almacén que lo hagan más habitable, como una silla cómoda, un armario de almacenamiento o incluso una pequeña nevera. Dependiendo de sus necesidades y preferencias, puede que incluso se vaya con algunas características de lujo adicionales como una cafetera, una lavadora o secadora, un horno microondas y un calentador de agua.

Valla para caballos

Otro componente vital del alojamiento de los caballos es la valla. En la antigüedad, los propietarios de caballos se limitaban a piedras y palos como materiales para hacer vallas. Hoy en día, gracias a la tecnología moderna, las cercas modernas se hacen con una amplia gama de materiales. Aun así, es imposible afirmar que un tipo de valla sea el único perfecto. La elección del material ideal para las vallas implica un equilibrio entre la estética, el coste y la seguridad.

Consideraciones de seguridad de la cerca para caballos

La cerca para los caballos tiene peculiaridades que no pueden ser ignoradas. Aunque es posible mantener los pastos del ganado y otros animales de granja encerrados con una cerca de alambre de púas, esto no puede hacerse con los caballos.

El cercado de caballos está sujeto a varios factores, incluyendo el código de construcción del lugar en el que se vive. Sin embargo, todavía hay consideraciones importantes que se aplican a los cercados para caballos en todas partes. Por ejemplo, se recomienda generalmente que los cercados para caballos tengan al menos de 54 a 60 pulgadas de altura. Es posible que deba ser más alto dependiendo de la raza de los caballos o si su propiedad está junto a una carretera, o en cualquier otro lugar en el que una fuga de sus instalaciones pueda ser una preocupación importante. Aquí, se recomienda una altura mínima de 5 pies para una cerca de campo mientras que se recomiendan al menos 6 pies para los corrales de los establos y las pistas.

Los expertos también recomiendan que la parte inferior de la valla tenga una abertura de 8 a 12 pulgadas. Esta abertura debería tener la dimensión adecuada para evitar que las patas de su caballo queden atrapadas bajo la valla o que los potros salgan rodando. La abertura debería ser lo suficientemente amplia para evitar que el casco quede atrapado o simplemente demasiado pequeña para que el casco pueda pasar.

Con las cercas de alambre, la visibilidad es una de las principales consideraciones. Una valla de madera o una hecha con material PVC es fácilmente distinguible para un caballo. Pero las cercas de alambre son casi invisibles, y en caso de pánico, su caballo podría chocar con la cerca y arriesgarse a lesionarse. La visibilidad de una valla de alambre puede mejorarse añadiendo un riel superior hecho de otros materiales como el PVC o la madera. Las cercas de alambre también tienden a estar electrificadas, lo que ayuda a crear una barrera psicológica que mantiene a los caballos bajo control.

No importa el tipo de material utilizado y cómo se construye, presente un lado liso del material al caballo. Además, las tablas y otros materiales de la valla deben montarse dentro y no fuera de los postes de la valla, ya que esto hace más difícil que el caballo los suelte. También hay que tener en cuenta el ángulo de las esquinas de la valla, sobre todo cuando se tienen caballos que no se llevan bien. Con un ángulo de esquina agudo, un caballo acosado es probable que quede atrapado. Una forma sencilla de resolver esto es hacer que las esquinas de la valla sean curvas o simplemente bloquear las esquinas completamente.

Postes de la valla

Tal vez la parte más importante de una valla es el poste. Esto determina la integridad y la fuerza de la valla, ya que la puerta y otras partes del conjunto de la valla se sujetan contra ella.

Postes de madera

Tradicionalmente, la madera es el material más utilizado para hacer postes de cercas. La elección de la madera en todos los casos depende en gran medida de la disponibilidad local de materiales. Por ejemplo, en la mayor parte del oeste de los Estados Unidos, la madera blanda es la más abundante. Del mismo modo, la madera dura se utiliza más comúnmente para hacer postes de cercas en el Este, Medio Oeste y Sureste.

Algunas de las maderas blandas comunes que se pueden utilizar para los postes de las cercas son la secoya, el cedro y el ciprés. Sin embargo, son muy caras, por lo que la mayoría de la gente simplemente opta por el abeto o el pino tratados, que cuestan menos y han sido impregnados con productos químicos que evitan el óxido y los daños causados por insectos u hongos.

Los postes de madera son más comúnmente clavados en el suelo. Esta es una técnica más confiable que produce resultados más fuertes que la excavación y el relleno. Los postes de madera se utilizan comúnmente combinados con materiales de alambre (como alambre de malla en V, alambre de alta resistencia, alambre tejido, etc.) para reducir el costo total de la cerca. Otros materiales como los productos de alambre cubiertos de vinilo y las planchas de PVC de vinilo y alambre también pueden utilizarse en combinación con postes de madera.

Postes metálicos en T

Los postes de las cercas para caballos también pueden estar hechos de materiales metálicos. Estos son generalmente más baratos y fáciles de instalar en comparación con los postes de madera. Sin embargo, el poste T de metal ofrece poco en términos de atractivo estético.

Si elige postes metálicos en forma de T, hágalos lo más seguros posible para su caballo. Para minimizar el riesgo de que su caballo sea empalado por el poste, cúbralos con tapas de plástico. Las tapas que se instalen en su poste T de metal deben permitir la instalación de una cinta de malla electrificada. Esto ayuda a aumentar la visibilidad de la valla y a prevenir la socialización o el pastoreo sobre la valla, que es una causa común de daños en la misma.

Barreras de valla

La parte funcional de una valla para caballos es la barrera, y la calidad de la misma determina cuán robusta será su valla. En última instancia, ninguna barrera es impenetrable, especialmente si su caballo está empeñado en escapar. Sin embargo, el objetivo es crear una barrera de valla que sea lo suficientemente fuerte para mantener a su caballo contenido sin causar daño al animal si se carga en la valla. La barrera de valla también debe servir como un disuasivo psicológico que ayude a evitar que el caballo se escape. Las barreras de la valla pueden ser hechas de una amplia gama de materiales, y esto incluye:

Tablas de madera: La madera es un material muy deseado para las vallas, principalmente por su estética, su fuerza y su mayor visibilidad. Sin embargo, la madera es más cara y de alto mantenimiento, ya que son propensos a la intemperie o a que los caballos los mastiquen. Los caballos asustados también pueden romper las barreras de madera, y las astillas o los clavos pueden causar lesiones. Si elige una barrera de madera, puedes esperar gastar entre 4 y 5 dólares por pie lineal de valla.

Valla de tablas de PVC: Otra opción visualmente atractiva para el cercado de caballos es una tabla de PVC. Es tan estéticamente agradable como la madera, pero sin el dolor de cabeza del mantenimiento. Pero una barrera de PVC es aún más costosa. Puede gastar hasta 10 dólares por pie lineal de valla.

Un material de PVC (incluso cuando está reforzado con nervaduras internas) se romperá bajo presión. Por lo tanto, comúnmente se equipan con electricidad para mantener al animal bajo control dentro del recinto.

Tubería de acero: Este es un material excepcionalmente fuerte para hacer vallas para caballos. Sin embargo, su limitación también está en su fuerza. Los tubos de acero raramente ceden, lo que significa que su caballo corre el riesgo de sufrir lesiones graves si se topa con este tipo de cerca. Sin embargo, como las cercas de acero tubular son muy visibles, el riesgo de que esto ocurra es mínimo. Los tubos son generalmente más baratos de comprar, pero difíciles de instalar. Por lo tanto, los costos de mano de obra pueden hacer que el precio sea alto, ya que debemos contratar a un instalador profesional. Modificar esta barrera de valla será difícil. Por lo tanto, deben ser planificadas e instaladas correctamente.

Alambre de alta tensión: Esto se refiere al alambre bajo tensión, y es uno de los materiales más utilizados para las barreras de cerco. Hay diferentes cercas de alambre de alta tensión, que incluyen cercas de alambre liso y alambre tejido. En estos tipos, el alambre se tensa contra postes y esquinas colocados de forma intermitente a lo largo de las líneas de la valla para contrarrestar las fuerzas de tracción.

Las barreras de alambre tensado de alquiler suelen instalarse profesionalmente, ya que requieren el conocimiento de diversas técnicas profesionales que mantienen la cerca bien sujeta. También se pueden instalar muelles y tensores en la valla para asegurar que mantiene la tensión correcta a pesar de los cambios de temperatura y de estiramiento.

Alambre liso: Esta cerca de alambre es como el alambre de púas, pero sin las púas. Son la barrera de alambre más barata. Los alambres no solo son más baratos, sino que también pueden abarcar una mayor distancia y por lo tanto pueden tener un amplio espacio entre los postes de hasta 20 pies, lo que ayuda a reducir aún más los costos. La visibilidad es un gran problema con este alambre. Para resolver este problema, normalmente están envueltos en una capa de PVC que viene en una amplia gama de colores. También se recomienda que estén equipados con electricidad para disuadir a los caballos de tratar de atravesarlos o de correr contra ellos.

Valla de campo tejida: Este es otro material de cercado de alambre de uso común que encuentra aplicación en varias formas de manejo de ganado. Es barata y eficaz para mantener a los caballos bajo control y al mismo tiempo mantener fuera a la fauna silvestre no deseada. Las barreras de campo tejidas están hechas de materiales baratos que han sido soldados para crear un efecto de tejido. Los mejores tipos usan nudos en la intersección de los alambres. Debido a su diseño, son más visibles que los alambres lisos, y la visibilidad se puede mejorar aún más teniendo una tabla superior instalada o electrificando la cerca.

Barrera de malla V: Este es un tipo de material de cercado de alambre compuesto por mallas de alambres diagonales y horizontales tejidos para crear un patrón de tejido en forma de diamante o en forma de V. Al igual que la cerca tejida, no solo mantienen a los caballos bajo control, sino que también bloquean la vida silvestre no deseada y los depredadores de manera efectiva. Por lo tanto, son la mejor opción para las instalaciones de cría y los pequeños recintos de paddock. Pero son más caros con un costo similar al de las cercas de madera tradicionales.

Cercado eléctrico

Las cercas para caballos están diseñadas para disuadir físicamente a los caballos de escapar y también presentan una forma de barrera psicológica que los mantiene a raya haciéndoles pensar que escapar es demasiado difícil o imposible de lograr. Aunque los materiales de cercado discutidos hasta ahora ayudan a lograr lo primero, un sistema de cerco eléctrico proporciona el efecto disuasivo psicológico.

Las cercas eléctricas pueden combinarse con todo tipo de materiales convencionales para cercas, incluyendo madera, PVC, y cercas de alambre. Ayudan a reducir el riesgo de daños y a mejorar la eficacia de su barrera. El coste de añadir un cercado eléctrico a la barrera de la valla es de unos 15 céntimos por cada pie lineal de cercado.

Típicamente, una cerca eléctrica dispensa una corriente de alto voltaje, pero de bajo amperaje. Esto choca de forma segura al caballo cuando se apoya, choca o intenta pastar sobre la valla y sirve como disuasión psicológica. El sistema consiste típicamente en un cargador que dispensa la corriente, materiales de alambre conductor, y los postes hundidos en el suelo que completa el circuito. El sistema debe ser instalado correctamente y bien mantenido para evitar fallos en el circuito debido a la rotura del cable o a una mala conexión a tierra. Además de la instalación profesional, deben realizarse regularmente inspecciones rutinarias y reparaciones de daños para mantener el sistema eléctrico en condiciones de funcionamiento.

Capítulo 6: Nutrición y alimentación de los caballos

Como todos los seres vivos, los caballos comen. ¡¡Esto es obvio!! Si usted va a ser un propietario de caballos consciente y cuidadoso, es esencial que se familiarice con la nutrición y la alimentación de los caballos. Para mantenerse sano y fuerte, su caballo debe ser alimentado con el suplemento adecuado y las opciones de heno necesarias para mantener una buena salud.

Hay varios mitos y opiniones diferentes sobre cómo se debe alimentar a los caballos y con qué se les debe alimentar. Esto dificulta aún más la decisión sobre la nutrición y las opciones de alimentación correctas. En este capítulo, discutiremos todo lo que usted necesita saber sobre la nutrición y la alimentación de los caballos, desde los requerimientos nutricionales básicos de los caballos hasta algunas de las pautas comunes con las que usted debe estar familiarizado para cumplir con esos requerimientos.

Entendiendo el sistema digestivo de un caballo

Es necesario entender completamente la nutrición y la alimentación de los caballos; esto significa aprender cómo funciona el sistema digestivo de un caballo. Los caballos se diferencian de otros animales de granja y no deben ser tratados de la misma manera en términos de alimentación.

Un caballo es un herbívoro, pero son fermentadores de intestino posterior en lugar de animales multi gástrico no rumiantes. Esto significa que solo tienen un estómago. Los caballos tienen una pequeña capacidad estomacal (normalmente de 2 a 4 galones para un caballo de tamaño medio). Debido a este pequeño tamaño, el alimento que su caballo puede consumir en cualquier momento es limitado. El hecho de que no sean rumiantes también afecta a su hábito de alimentación.

Los équidos son animales que pastan naturalmente. Pueden pasar hasta 16 horas del día pastando en pastizales. Su estómago puede secretar enzimas digestivas como la pepsina y el ácido clorhídrico, que descompone la comida en sus estómagos. No regurgitan la comida, por lo que comer en exceso no es realmente una opción para los caballos, y comer algo venenoso puede ser fatal, ya que no pueden vomitar lo que sea que coman.

Otra peculiaridad del sistema digestivo de un caballo es la ausencia de una vesícula biliar. Esto dificulta la digestión y la utilización de alimentos con alto contenido de grasa. Solo digieren alrededor del 20% de la grasa de sus comidas, y esto puede tardar hasta 3 o 4 semanas. Debido a esto, se espera que la alimentación normal de los caballos contenga solo una cantidad limitada de grasa (alrededor del 3 a 4%).

En los caballos, la mayoría de los nutrientes se absorben en el intestino delgado, que puede contener de 10 a 24 galones de comida. Después de que las proteínas, grasas, carbohidratos, vitaminas y minerales son absorbidos aquí, la mayor parte de la porción líquida de la comida será pasada al intestino grueso donde se produce la desintoxicación. Esto también es responsable de la digestión de los carbohidratos solubles y la fibra.

Esta es una visión general de cómo funciona el sistema digestivo de un caballo. Al entender las peculiaridades de estos sistemas, es más fácil entender algunos de los requerimientos nutricionales básicos de los caballos y cómo manejarlos adecuadamente.

Requerimientos nutricionales del caballo

Los caballos requieren seis clases principales de nutrientes para sobrevivir y mantener una buena salud. Estos nutrientes incluyen agua, carbohidratos, grasa, vitaminas, proteínas y minerales. Estos nutrientes deben combinarse en la cantidad y proporción adecuadas para una dieta equilibrada del caballo.

Agua

El agua es el nutriente más vital requerido para la supervivencia de un caballo. Debe mantener un suministro de agua limpia para su caballo en todo momento. En promedio, necesitan hasta 2 cuartos de galón de agua con cada libra de heno que comen. Necesitarán aún más bajo condiciones especiales como altas temperaturas, períodos de alta actividad o trabajo duro, y para las yeguas lactantes.

Cuando se priva a los caballos de agua, puede llevar a la reducción de la ingesta de alimentos y a la disminución de las actividades físicas. Si su caballo está pasando heces secas o nota que las membranas mucosas de su boca están secas, puede estar deshidratado. Mantenga un suministro saludable de agua limpia y asegúrese de que el agua sea apetecible y accesible para su caballo.

Carbohidratos

La principal fuente de energía en la nutrición de los caballos son los carbohidratos. El componente básico de los carbohidratos es la glucosa. Los almidones y azúcares se descomponen en glucosa y se absorben en el intestino delgado del caballo. Los carbohidratos no solubles pasan al intestino grueso, donde son fermentados por microbios para liberar su componente energético. La mayoría de los alimentos para caballos contienen carbohidratos solubles en cantidades variables. El maíz es la mayor fuente de carbohidratos para caballos. La avena y la cebada son también grandes fuentes, y los forrajes pueden contener alrededor de un 8% de almidón.

Los caballos necesitan la energía suministrada por los carbohidratos para vivir. Todas las actividades funcionales básicas de sus caballos requieren un suministro de energía que es más comúnmente suministrada por los carbohidratos solubles y las fibras. Los signos de deficiencia energética en los caballos incluyen pérdida de peso, baja tasa de crecimiento, baja actividad física, baja producción de leche en las yeguas lactantes, etc. El consumo excesivo de alimentos con alto contenido energético puede conducir a la obesidad y aumentar el riesgo de afecciones como la laminitis y los cólicos.

Grasa

Esta es otra fuente vital de energía en la dieta de un caballo. La grasa suministra hasta 9 MCal de energía por kg de alimento. Esto es hasta tres veces más alto que lo que obtiene cuando alimenta a su caballo con carbohidratos. Sin embargo, los caballos tienen dificultades para digerir y absorber la grasa. Por lo tanto, solo entre el 2 y el 6% de grasa se encuentra en los alimentos premezclados para caballos, ya que mayor cantidad puede ser difícil de digerir y causar problemas eventualmente.

Proteína

Este nutriente es crucial para el crecimiento y el desarrollo muscular de los caballos. Las proteínas comprenden aminoácidos y se obtienen de alimentos como la alfalfa y la harina de soja, que son partes esenciales de la dieta de un caballo. Las proteínas se incorporan fácilmente, y la mayoría de los caballos adultos solo necesitan alrededor de 8 a 10% de la proteína en su ración. Sin embargo, los potros y las yeguas lactantes pueden requerir más que esto.

La deficiencia de proteínas en los caballos puede llevar a la pérdida de peso, a un crecimiento reducido, a una baja producción de leche y a un pelaje áspero o grueso. También puede afectar al rendimiento de su caballo. El consumo excesivo de proteínas puede causar desequilibrios electrolíticos y deshidratación en los caballos.

Vitaminas

Las vitaminas son partes vitales de la dieta de mantenimiento de un caballo. Están en dos categorías principales. Las vitaminas solubles en grasa incluyen las vitaminas K, E, D y A. La vitamina C y el complejo B son las vitaminas solubles en agua. Las vitaminas pueden ser suministradas por raciones premezcladas o en forraje verde fresco. También se pueden administrar suplementos vitamínicos a los caballos directamente durante los períodos de alta actividad o de estrés prolongado, o cuando los caballos no se están alimentando bien debido a enfermedad o a cualquier otra condición.

Las diferentes vitaminas pueden obtenerse de diversas fuentes naturales, especialmente en forrajes verdes y frondosos. Si su caballo se mantiene en un establo durante todo el día, deberá recibir un suplemento de vitamina D, ya que la fuente principal de este nutriente es la luz solar. La vitamina K, el complejo B y la C se producen en el cuerpo del caballo, pero también se encuentran en las verduras y frutas frescas. Estas vitaminas no son requisitos esenciales en la dieta del caballo, excepto en condiciones como el estrés severo.

Minerales

Este grupo de nutrientes es necesario para el mantenimiento de una estructura corporal saludable, la conducción de los nervios y el equilibrio de los fluidos en las células del cuerpo. Requieren pequeñas cantidades de la mayoría de los minerales como el calcio, el sodio, el fósforo, el magnesio, el cloruro y el azufre diariamente. Si su caballo es alimentado con raciones premezcladas de buena calidad o con un pasto verde y fresco, obtendrá todo el suministro de minerales que necesita para la salud y el crecimiento. Sin embargo, la suplementación puede requerir bajo condiciones especiales como la restauración del balance de electrolitos en caballos que sudan excesivamente —y en caballos jóvenes.

Requisitos de alimentación del caballo

En esta sección, discutiremos qué alimentar a los caballos para obtener el suministro necesario de comida que cumpla con sus requerimientos nutricionales.

Forrajes

Esto incluye pastos o legumbres y constituye una gran proporción de la dieta de un caballo. Es difícil predecir la composición nutricional exacta de los forrajes, ya que esta tiende a variar según la madurez de las hierbas, las condiciones ambientales y el manejo de los forrajes. Solo un análisis de laboratorio detallado puede determinar con precisión la composición nutricional exacta de los forrajes. A continuación se examinan los diversos tipos de alimentos para caballos en esta categoría.

Leguminosas

Las leguminosas tienen una alta proporción de proteínas en su composición. También sirven como un buen suministro de energía y minerales como el calcio. Para suministrar los nutrientes necesarios, las legumbres necesitan condiciones de crecimiento óptimas, como un buen suelo y un clima cálido. Las legumbres más populares utilizadas en la alimentación de los caballos son la alfalfa y el trébol.

Heno

Esto se refiere a los forrajes cosechados y secados para su posterior uso en la alimentación de los caballos. Puede ser en forma de legumbres o hierbas como la hierba del huerto, la hierba azul, el fleo y la festuca. El heno de leguminosas contiene más proteínas que la hierba, pero tienden a ser más caras. Los henos de hierba tienen hojas y tallos más largos que las legumbres y son más nutritivos si se cortan antes en su etapa de crecimiento. Aunque no es un signo seguro de calidad, la apariencia es uno de los principales indicadores de buena nutrición en el heno. Por eso debe evitar alimentar a su caballo con heno mohoso o polvoriento.

Concentrados

La Asociación de Funcionarios Estadounidenses de Control de Alimentos (AAFCO) define el alimento concentrado como aquel que se utiliza junto con otro para mejorar el equilibrio nutricional del alimento total. Típicamente, un concentrado está destinado a ser diluido o mezclado para producir un alimento completo. Mientras que los forrajes/hierbas son la fuente natural más común de nutrición para los caballos, los concentrados especialmente formulados suministran nutrientes específicos como proteínas, carbohidratos y vitaminas y están destinados a ser mezclados con otros ingredientes del alimento según la recomendación del fabricante.

Granos

Esto constituye otra categoría de ingredientes utilizados en la alimentación de los caballos. Los granos pueden ser dados solos o mezclados con alimento concentrado. Algunos de los granos más populares utilizados en la alimentación de los caballos se enumeran en detalle a continuación.

Avena: Esta es posiblemente el grano más popular usado en la alimentación de los caballos. Sin embargo, la avena es bastante cara. Típicamente es rica en fibra, pero tiene un valor energético digerible menor que la mayoría de los otros granos. Los caballos también encuentran la avena más apetecible que la mayoría de los granos y es fácilmente digerible por los équidos.

El maíz: Este es otro grano popular usado en la alimentación de los caballos. Contiene el doble de valor energético digerible, pero es típicamente bajo en fibra. Debería alimentar a sus caballos solo con la cantidad adecuada de maíz. Es sabroso, y dado que tiene un alto contenido de energía, es fácil sobrealimentarlo, lo que puede llevar a la obesidad. Nunca debe alimentar a su caballo con maíz mohoso, ya que puede ser letal.

Sorgo (Milo): Este es un grano de alta energía y baja fibra para alimentar a los caballos. Típicamente se encuentra en un pequeño grano duro que tiene que ser procesado para hacerlo apetecible para alimentar a los caballos y para una digestión eficiente. El sorgo es difícilmente comestible como grano por sí solo y es más comúnmente mezclado con otros granos.

Cebada: La cebada tiene un contenido moderado de energía y fibra, y es un grano apetecible para la alimentación de los caballos. Al igual que el sorgo, tiene que pasar por algún tipo de procesamiento para una digestibilidad más fácil.

El trigo: Aunque el trigo es un grano de alta energía que los caballos pueden comer, rara vez se sirve como alimento debido a su alto costo. También tiene granos duros y debe ser procesado para una fácil digestión y debe ser mezclado con otros granos para hacerlo más sabroso.

Suplementos

Los suplementos nutricionales no son los alimentos principales. En su lugar, se dan como una adición o reemplazo de nutrientes que pueden no estar disponibles en cantidad suficiente en la dieta regular de su caballo. Hay varios suplementos para los caballos.

Suplementos de proteínas: El suplemento proteínico más común es la harina de soja. Contiene proteína de alta calidad y se administra típicamente para suministrar aminoácidos esenciales. La harina de semillas de algodón y la harina de cacahuete son otros ejemplos de suplementos proteicos. Contienen alrededor de un 48% y un 53% de proteína cruda, respectivamente. El grano de cerveza (un subproducto de la producción de cerveza) es otro suplemento proteínico nutritivo y muy apetecible. El grano de cerveza también se utiliza comúnmente como suplemento de grasa y vitamina B.

Suplementos de grasa: Los suplementos de grasa también se pueden añadir a los alimentos para caballos para proporcionar una fuente adicional de grasa en los alimentos para caballos. El aceite vegetal es el suplemento de grasa más comúnmente utilizado para la alimentación de los caballos. El salvado de arroz es otro ingrediente que se ha popularizado en los últimos tiempos como suplemento alimenticio.

Las reglas de la alimentación de su caballo

No basta con saber qué alimentar a su caballo; hay reglas y consideraciones básicas para la alimentación de los caballos para asegurar resultados óptimos en lo que respecta a la nutrición y la salud de su caballo. El entender estas reglas es crucial para su conocimiento general del cuidado de los caballos. A continuación se presentan algunas de las cosas más importantes que debe recordar cuando alimente a su caballo.

Alimente a su caballo con mucho forraje

El grueso de la ingesta diaria de calorías de su caballo debe provenir de los forrajes. Mientras que el grano puede ser dado como alimento adicional para su caballo, heno de buena calidad o legumbres de pasto y el pasto es suficiente y debe ser lo principal para alimentar a su caballo. El sistema digestivo de un caballo es el más adecuado para digerir los forrajes. Asegúrese siempre de tener un buen suministro de forraje disponible y solo sirva granos como alimentación suplementaria.

Generalmente, un caballo necesitará entre 1 y 2% de su peso corporal en forraje por día. Los caballos de pastoreo normalmente se alimentan hasta 16 horas al día. Si mantiene a su caballo en un establo la mayor parte del día, puede intentar replicar este patrón de alimentación natural teniendo heno disponible delante de ellos la mayor parte del día. Esto mantendrá un suministro de forraje para su sistema digestivo.

Alimente con granos a menudo, pero en pequeñas cantidades

Como ya se ha explicado, el grano no debe ser el alimento principal de sus caballos. En su lugar, puede alimentarlos con pequeñas cantidades de granos varias veces al día. La harina de grano pequeña y frecuente replica el patrón natural de alimentación de los caballos mejor que darles grandes cantidades de grano a la vez. Su caballo puede digerir mejor de esta manera, y usted obtiene resultados mucho mejores.

Cambie el alimento y los horarios de alimentación gradualmente

Si está cambiando lo que alimenta a su caballo, debe hacerlo gradualmente en lugar de hacerlo de repente. Los cambios repentinos en el suministro de nutrientes pueden causar condiciones como la depresión o el cólico. Lo mismo se aplica si está cambiando la cantidad de alimento que le da a su caballo. Aumente o disminuya su comida poco a poco durante un período de varias semanas, no de forma repentina. Una técnica simple para cambiar la alimentación de su caballo es reemplazar solo el 25% del alimento actual con el nuevo alimento cada dos días. Esté atento a los cambios serios y a los efectos adversos para que pueda hacer los ajustes correspondientes.

Alimentar con una medición exacta y consistente de la alimentación

Una de las reglas más importantes de la alimentación de los caballos es asegurarse de que se alimente a su caballo de forma consistente con una medida exacta de la alimentación. En promedio, un équido de mil libras necesitará de 15 a 20 libras de heno diariamente. Aunque el heno se dispensa típicamente en copos, la cantidad de heno en un copo puede variar considerablemente. Todo depende del tipo de heno y del tamaño de las escamas. Debe medir la porción de heno que pretende alimentar a su caballo y solo alimentar la porción que su caballo necesita.

No alimente a su caballo justo antes o después del ejercicio.

Los caballos son animales activos, y hacen muchas actividades físicas diariamente. Si tiene planes de montar su caballo, espere una hora o más después de que haya terminado su comida antes de proceder. Para actividades aún más extenuantes, se recomienda una espera de tres o cuatro horas. Además, permita que su caballo se enfríe después del trabajo (con la frecuencia respiratoria totalmente restablecida) antes de alimentarlo. Con el estómago lleno, los pulmones de su caballo (que son esenciales para todas las actividades físicas rigurosas) tendrán menos espacio para expandirse, y esto hará que el ejercicio sea mucho más difícil para ellos. Además, durante las actividades rigurosas, el flujo sanguíneo se desviará de los órganos del sistema digestivo, y esto puede ralentizar el movimiento intestinal.

Cumpla con una rutina

A los caballos les va mejor cuando se alimentan con una rutina. Tienen un asombroso reloj interno que se ajusta a la hora de comer. Por lo tanto, recomendamos que mantenga un horario de alimentación consistente para su caballo a la misma hora todos los días. Un cambio abrupto en el horario de alimentación puede ser molesto y puede desencadenar serias condiciones de salud como el cólico.

Reglas adicionales para la alimentación del caballo

☐ Las necesidades de cada caballo son diferentes. Por lo tanto, considere el tamaño, la edad y otras peculiaridades de su caballo para decidir con qué alimentarlo.

☐ Considere el equilibrio de heno o pasto: si su caballo está pastando, con acceso a buenos pastos, entonces ya no necesita alimentarlo con tanto heno. Del mismo modo, los caballos que no tienen suficientes buenos pastos necesitarán más heno.

☐ Alimente solo una mínima cantidad de grano.

☐ Ajuste la alimentación de su caballo según la cantidad de trabajo que haga y el nivel de actividad física.

Capítulo 7: Salud del caballo y prevención de enfermedades

Los caballos son animales fuertes, pero no son impenetrables. Pueden sufrir varios tipos de enfermedades o una lesión u otra cosa. Incluso con los mejores cuidados, no pueden evitarse del todo los ocasionales ataques de mala salud.

Su papel como cuidador de caballos es reducir los riesgos y la aparición de estas dolencias. E incluso cuando se producen, debe ser capaz de reconocer los signos de mala salud, atender las lesiones o enfermedades a tiempo y asegurarse de que su caballo reciba el tratamiento que necesita.

Cómo reconocer cuando su caballo necesita cuidados

Como propietario de un caballo, reconocer si su caballo necesita cuidados es una habilidad esencial. Aunque un caballo no puede hablar para decirle cuando está enfermo, conociendo las señales que debe vigilar y observando cuidadosamente a su caballo en busca de estas señales, debe ser capaz de identificar cuando su caballo no está en buenas condiciones y aprender las formas correctas de cuidarlo. Los siguientes son signos de que algo puede estar mal con su caballo.

☐ Fiebre

☐ Respiración y frecuencia cardíaca irregulares (demasiado lenta o demasiado rápida)

☐ Pérdida de apetito

☐ Calor excesivo en las patas o las extremidades

☐ Secreción de la nariz, la boca o los ojos

☐ Hinchazón en varias partes del cuerpo

- ☐ Sensibilidad e intolerancia al ejercicio
- ☐ Cólico
- ☐ Fosas nasales acampanadas o una apariencia aterrada
- ☐ Dificultades respiratorias
- ☐ Tos crónica y sonidos inusuales
- ☐ Cojera
- ☐ Llagas en el cuerpo
- ☐ Estreñimiento y diarrea
- ☐ Espasmos musculares

Estas son algunas de las señales que hay que tener en cuenta. Aunque tener estos signos no confirma positivamente que su caballo esté enfermo, es razón suficiente para invitar a un veterinario a que eche un vistazo a su caballo y realice un diagnóstico completo.

Condiciones de la piel

Tiña

La tiña es un tipo de infección cutánea por hongos que se produce en varios animales, incluidos los caballos. Recibe este nombre debido a las lesiones de forma circular que se producen en la piel. Estas lesiones varían en su densidad y tamaño y pueden aparecer en varias partes del cuerpo del caballo como el cuello, la región de la silla de montar, el cuello o la circunferencia. Inicialmente, la infección puede mostrarse como mechones de pelo, que eventualmente se caen y dejan atrás lesiones supurantes.

La tiña es una infección cutánea contagiosa que puede propagarse por contacto directo con un animal infectado. También puede propagarse indirectamente, ya que el entorno inmediato de un caballo infectado puede resultar infectado.

Cómo prevenir y controlar la tiña: si observa un brote de tiña en su caballo, debe aislar al animal infectado tanto como sea posible. También deben eliminarse artículos como los materiales de cama utilizados por el caballo infectado. Es importante una higiene estricta para evitar la propagación de la tiña. Además, busque la ayuda de un veterinario para tratar la infección.

Escaldadura de lluvia

Se trata de una infección cutánea que se produce por un ablandamiento de la piel debido a la persistente saturación de agua. Se caracteriza por la pérdida de pelo en parches junto con los cuartos traseros y el lomo del caballo. El pelo en el lugar de la infección puede enmarañarse, y pueden aparecer lesiones y llagas.

Los caballos con un sistema inmunológico ya debilitado sufren más de esta condición. También puede ocurrir en caballos que carecen de una lubricación natural que mantenga su pelaje seco y tibio.

La escaldadura por lluvia también puede ser causada por mantas no transpirables o con fugas, que pueden exponer la espalda del caballo a una humedad constante.

Cómo prevenir y manejar la escaldadura por lluvia: mantener la humedad lejos de su caballo es la forma más efectiva de prevenir la escaldadura por lluvia. Asegúrese de tener un refugio para su caballo lejos del campo y asegúrese de usar el tipo correcto de mantas para caballos. Mantenga el establo de su caballo en buen estado, limpio y tan seco como sea posible.

Fiebre de barro y grietas en el talón

Las condiciones fangosas o húmedas causan esta condición de la piel, caracterizada por la inflamación de la piel en las patas y el estómago de los caballos infectados. El área inflamada también puede ser escamosa. Los casos graves de fiebre del barro también pueden causar fiebre o alta temperatura. La fiebre de barro es una infección bacteriana. La bacteria puede entrar debajo de la piel cuando esta está fangosa o anegada. El talón agrietado es similar a la fiebre de barro, ya que los mismos factores causan ambas condiciones.

Cómo prevenir y controlar la fiebre de barro y el talón agrietado: para prevenir esta enfermedad, debe limpiar las patas de su caballo siempre que lo traiga del campo. Para deshacerse del barro, puede dejar que se seque antes de cepillarlo o simplemente lavar el barro mojado con agua y secarlo. También puede aplicar una crema protectora, que ayude a evitar que la piel del caballo se empape.

Picor dulce

También conocida como Dermatitis Estacional Recurrente de Verano (SSRD), el *picor dulce* es un tipo de reacción alérgica caracterizada por la inflamación de la piel. A menudo, la zona afectada de la piel también puede producir picor. El lomo, la crin y la cola del caballo son las zonas más comúnmente afectadas. Un tipo de bicho ("no-see-ums" o mosquito) llamado Culicoides lo causa, provocando irritación y una reacción alérgica a la saliva del mosquito. En casos graves, el caballo puede frotarse contra las superficies de otros para aliviar el picor.

Aunque la aparición de los síntomas de esta condición depende en gran medida de las condiciones ambientales, un caballo que desarrolla esta condición cuando es joven la padecerá continuamente.

La forma más eficaz de prevenir el picor dulce es deshacerse de los mosquitos o evitar el pastoreo de su caballo en las zonas donde es probable que los encuentre. Los mosquitos son atraídos por áreas con mucha vegetación en descomposición, típicamente en bosques o áreas cercanas al agua. Evite estas áreas por completo. Evite el pastoreo a ciertas horas del día (los mosquitos son más comunes al atardecer o al amanecer) también puede ayudar a manejar y limitar los encuentros con este insecto.

Condiciones respiratorias

Resfriado común

Los caballos pueden sufrir un resfriado común, caracterizado por una secreción blanca o amarillenta de la nariz del caballo. Esto también puede venir con una ligera fiebre y glándulas inflamadas en la nariz del caballo. La gripe es una infección viral que puede propagarse fácilmente a través del contacto con una persona infectada. Los caballos mantenidos en un establo mal ventilado durante un largo período de tiempo tienen más probabilidades de contraer una infección. Si lleva a sus caballos a espectáculos, su proximidad con otros caballos puede aumentar el riesgo de contraer un resfriado.

Cómo prevenir/manejar el resfriado común: si su caballo se resfría, aíslelo de los demás animales y llame inmediatamente a un veterinario. Mantenga a su caballo en un área bien ventilada en todo momento. Alimente a los caballos infectados con heno suave y fácil de tragar (preferiblemente empapado). Cuando esté en competiciones o espectáculos públicos, limite el contacto de su caballo con otros caballos e intente evitar que el caballo beba de los abrevaderos públicos.

Tos

Varios factores pueden causar tos. La tos más común se asocia típicamente con el resfriado común y se caracteriza por la secreción acuosa de la nariz del caballo. Este tipo de tos puede durar unas dos semanas, y la frecuencia de la tos aumenta gradualmente. Una reacción alérgica es también otra causa probable de tos, así como de bacterias y virus.

Cómo tratar/manejar la tos: si su caballo tiene tos, haga que el animal deje de trabajar o cualquier otra actividad rigurosa y llame a un veterinario inmediatamente. Trate una infección viral o bacteriana si es la causa. Si la tos es causada por reacciones alérgicas, asegúrese de que el entorno inmediato de su caballo esté limpio y bien ventilado. La cama y otros materiales del establo deben estar libres de polvo, y el heno debe ser remojado en agua para limitar el polvo. Siempre se recomienda mantener al caballo alejado de otros animales hasta que se haya determinado la causa exacta de la tos.

Otras condiciones

Cólico

Es un término que se utiliza para describir la incomodidad y el dolor abdominal en los caballos. El cólico es una indicación de un problema en el intestino o en cualquier otro órgano abdominal. Los síntomas del cólico incluyen inquietud, patadas en el suelo o intentos excesivos de rodar, respiración dificultosa o rápida, irritabilidad inusual, intento fallido de pasar el estiércol y pulso elevado. El cólico puede ser causado por una amplia gama de factores, que pueden ser tan simples como la indigestión o, en casos más graves, un intestino retorcido. Llame a un veterinario inmediatamente si nota cualquier signo de molestia o sospecha que su caballo puede estar sufriendo de dolor abdominal.

Laminitis

También llamado infosura, la laminitis es una inflamación, debilitamiento, hinchazón o incluso la muerte de los tejidos blandos del casco del caballo. Es un problema serio que suele ser muy doloroso y debilitante. Es mejor prevenir la laminitis, ya que puede ser difícil de curar. La laminitis puede estar relacionada con una amplia gama de causas, entre las que se incluyen la obesidad, la resistencia a la insulina, la mala nutrición, el síndrome metabólico, el exceso de peso, el clima frío y los casos graves de cólicos, entre otras. Se puede notar una mayor amplitud del pulso digital en el miembro inferior del caballo. Este es un indicador temprano de laminitis. Otros signos a los que hay que estar atento son el desplazamiento del peso de un pie al otro, la incapacidad o la reticencia a moverse, las extremidades extendidas cuando se está de pie, etc. Si nota alguno de estos signos, llame a un veterinario inmediatamente.

Artritis

La artritis ósea o la enfermedad degenerativa de las articulaciones es una condición bastante común que afecta a los caballos. Es una razón común por la que los caballos tienen que ser retirados o incluso sacrificados. Las articulaciones afectadas por la artritis pueden hincharse y parecer más grandes de lo que se supone que son, lo que causará un dolor serio y hará que el caballo actúe con rigidez. Desafortunadamente, no hay realmente una cura para la artritis. Por lo tanto, es mejor prevenirla por completo en lugar de dejar que suceda. Tomar medidas preventivas tan pronto como sea posible es la mejor manera de mantener la artritis bajo control. Las precauciones básicas a tomar incluyen asegurar que su caballo siempre haga suficiente calentamiento antes de cualquier actividad, evitar las superficies dañinas, duras y desiguales para montar, y vigilar el peso de su caballo, ya que esto puede ejercer mucha presión sobre las articulaciones.

Mala atención dental

Los caballos también pueden sufrir problemas dentales, muchos de los cuales se asocian comúnmente con un cuidado dental deficiente. Un olor fétido de la boca de su caballo es una clara indicación de problemas dentales. Si nota que su caballo se comporta de forma anormal (especialmente durante la alimentación), el problema pueden ser sus dientes. Tomar precauciones y asegurar un cuidado dental adecuado desde una etapa temprana es la mejor manera de prevenir problemas dentales en su caballo más adelante. Programe exámenes orales y dentales anuales para los caballos mayores de cinco años. Si se dejan sin atender, los problemas bucales pueden provocar otros problemas graves para su caballo más adelante.

Problemas de espalda

La espalda de un caballo comprende un complicado sistema de huesos, músculos, nervios y tendones. Es crucial para la comodidad, la actividad y el bienestar general del caballo. Los problemas de espalda son uno de los mayores problemas que se encuentran frecuentemente en los caballos de competición. Si su caballo compite a menudo, es probable que desarrolle problemas de espalda. Para los caballos de competición, una caída repentina en el rendimiento es un indicador probable de problemas de espalda. A menudo, un simple descanso durante unos días debería ser capaz de solucionar el problema y aliviar el dolor de espalda. En casos extremos, debe acudir un veterinario para tratar el problema de la espalda mediante mesoterapia u otras formas de intervención médica. Se pueden administrar inyecciones, espumas o aerosoles para ayudar a relajar los músculos cansados de su caballo y para obtener un efecto fresco y calmante. También se pueden poner refuerzos en su caballo para acelerar la recuperación.

Parásitos de los caballos

Los caballos pueden verse afectados por una amplia gama de parásitos. Pueden ser parásitos internos como los gusanos pulmonares, los ascáridos, los estróngilos, los gusanos filamentosos, las tenias y los oxiuros, o parásitos externos como las garrapatas, los mosquitos, los piojos o la sarna de los caballos. Estos parásitos son organismos causantes o vectores de varias enfermedades comunes de los caballos. Para tratar los parásitos de los caballos, la prevención y el tratamiento deben ir de la mano. Ningún caballo en el mundo evita ser plagado por un tipo de parásito u otro. Los controles regulares a intervalos y los cuidados estacionales o diarios son necesarios para mantener estos parásitos bajo control y prevenir varios problemas de salud que pueden estar asociados con ellos.

La desparasitación regular de los caballos es una forma de tratar con varios parásitos de lombrices. Hable con su veterinario para que le ayude a desarrollar un plan de desparasitación para su caballo. Todos los caballos en sus instalaciones deben ser desparasitados simultáneamente y a intervalos regulares. Se debe apuntar a una sola especie de gusano a la vez para que sea eficaz, y se debe utilizar una dosis correcta de antiparasitario. Los recién llegados a sus instalaciones deben ser puestos en cuarentena y desparasitados antes de que se les permita unirse a los otros caballos en sus instalaciones.

El control ambiental es una forma efectiva de cuidar de los parásitos de insectos en sus instalaciones. Esto implica mantener sus instalaciones limpias y deshacerse de las condiciones que pueden facilitar el desarrollo de los parásitos de insectos. También pueden llevarse a cabo controles de insectos y fumigaciones con insecticidas y pesticidas para eliminar especies específicas de insectos que pueden atacar a los caballos. Como cuidador de caballos, familiarícese con los diversos parásitos de insectos de su zona y aprenda a tratarlos eficazmente y a prevenir las enfermedades que propagan.

Capítulo 8: El aseo y el cuidado diario de los caballos

Para mantener a su caballo sano y fuerte, el cuidado regular es vital. Usted no está listo para ser propietario de un caballo si no está dispuesto —o no tiene suficiente tiempo— a llevar a cabo las estresantes y potencialmente largas tareas del cuidado de su caballo. Las tareas de cuidado del caballo pueden clasificarse como diarias, semanales, mensuales o estacionales, necesarias para mantener a su caballo sano y feliz. Si se retrasa o no realiza alguna de estas tareas puede hacer que su caballo se quede en el establo de forma insegura e insalubre para los caballos, lo que provoca una amplia gama de problemas de salud.

Tareas diarias básicas

Algunas de las tareas diarias básicas que debe llevar a cabo el propietario de un caballo incluyen:

☐ Alimentar: Lo ideal sería que su caballo se alimentara con una dieta basada en forraje al menos dos veces o más a lo largo del día, con el tipo de alimento adecuado y la cantidad medida con precisión. Véase en el capítulo anterior las directrices sobre las prácticas de alimentación adecuadas.

☐ Abastecimiento de agua: Su caballo debe tener siempre un suministro saludable de agua disponible. Los caballos necesitan alrededor de 10 galones de agua por día en clima cálido. Más o menos puede ser requerido dependiendo de la actividad y las condiciones climáticas generales.

☐ Limpieza: Limpieza regular de los establos de los caballos, incluyendo la retirada de la cama mojada o sucia del establo y la eliminación de los montones de estiércol de las zonas de los paddocks.

☐ Ejercicio: Los caballos son animales de gran actividad. Necesitan al menos 30 minutos de ejercicio diario.

Esté atento a su caballo y busque cualquier signo de lesión o enfermedad para que pueda ser identificado y tratado inmediatamente.

Tareas semanales

Estas tareas deben realizarse al menos una vez por semana o más veces en una semana, según su horario y las necesidades específicas de su caballo.

☐ Bañar y cepillar la crin, la cola, los cascos y otras partes del cuerpo del caballo.

☐ Limpiar el abrevadero o los cubos de agua.

☐ Varias horas de ejercicio o entrenamiento.

☐ Recorte de mantenimiento.

Otras tareas periódicas

Otras tareas importantes deben ser programadas y llevadas a cabo periódicamente, ya sea en una estación específica, después de un cierto período de tiempo, o según lo requiera su caballo. Estos pasos generales de cuidado preventivo ayudan a prevenir una amplia gama de condiciones y enfermedades prevenibles. Estas incluyen:

☐ Control de plagas y control rutinario de parásitos internos y externos.

☐ Vacunación.

☐ Chequeos dentales y cuidado oral general.

☐ Mantenimiento y control de los refugios para caballos y las cercas.

☐ Lavado profundo de las paredes y el suelo del establo.

Estas son algunas de las actividades que deben llevarse a cabo para mantener sus instalaciones en funcionamiento y mantener la salud y el bienestar de sus caballos. Aunque estas pueden parecer muchas tareas, la mayoría de los propietarios de caballos encuentran estas actividades agradables, incluso terapéuticas. Si el trabajo requerido es mayor que el tiempo que tiene en sus manos, puede considerar la posibilidad de contratar manos adicionales para ayudarle. No críe caballos si no tiene planes para manejar estas responsabilidades.

El aseo de los caballos

El aseo implica una serie de actividades destinadas a cuidar el pelaje, los cascos y el pelo del caballo. Proporciona una oportunidad para crear un vínculo con su caballo. El aseo también le permite mirar de cerca y revisar a su caballo para ver si tiene heridas o signos de irritación. Por lo tanto, es una tarea que debe realizarse regularmente. Lo ideal es cepillar a su caballo diariamente. Sin embargo, incluso si el aseo diario es imposible, debería al menos pasar algún tiempo aseando a su caballo antes de montarlo. Tomarse el tiempo necesario para cepillar a su caballo le ayudará a deshacerse de la arenilla en el lomo. Tener arena debajo de la silla de montar será muy incómodo para su caballo y le producirá llagas.

Herramientas de aseo

Hay varias herramientas que necesitará para el aseo de los caballos. Siempre debe tenerlas disponibles y dispuestas en un refugio conveniente. Algunas herramientas y materiales que necesitará para el aseo de los caballos incluyen:

☐ Rasqueta.

☐ Cepillo para el cuerpo (con cerdas duras).

☐ Peine de cola o de crin (el plástico es preferible al metal).

☐ Cepillo de acabado (debe ser suave y fino).

☐ Cortadoras o tijeras (no es obligatorio).

☐ Limpiacascos.

☐ Un paño suave o una esponja limpia.

☐ Spray de aseo (no obligatorio).

☐ Pomada para cascos (no es obligatoria, pero puede ser recomendada por su herrero).

Puede reunir todas sus herramientas de aseo en un cubo ancho o comprar una caja de aseo para mantenerlas todas organizadas.

Instrucciones para el aseo

Antes de empezar, ate a su caballo de forma segura con un nudo de liberación rápida o con lazos cruzados. A continuación encontrará una guía básica para el aseo de su caballo.

Cómo limpiar los cascos de su caballo

Comience deslizando su mano por la pata delantera izquierda de su caballo y apriete la parte trasera de la pierna a lo largo de los tendones. Instruya a su caballo para que levante las patas diciendo "pezuña", "arriba" o cualquier palabra a la que su caballo responda. Cuando su caballo levante su casco, levántelo y quite cualquier arenilla, suciedad o estiércol que pueda estar alojado en la planta de la pata del caballo. Mientras hace esto, también compruebe si hay lesiones, grasa en el talón o mugre. Preste atención a las grietas en el casco y consulte a un herrador si nota algún problema. Una vez que haya terminado de limpiar e inspeccionar el casco de la pata delantera izquierda, puede repetir lo mismo para las tres patas restantes.

Cómo cepillar su caballo

La próxima tarea será cepillar su caballo. Empezando por el lado izquierdo (offside) de su caballo, use suavemente su guante de cepillado o su rasqueta para aflojar y quitar cualquier suciedad del pelaje del caballo. La rasqueta también ayuda a eliminar cualquier arenilla, barro y otros residuos. Cepille suavemente el pelaje del caballo con barridos circulares sobre el cuerpo del caballo. Tenga mucho cuidado al cepillar las zonas óseas de las caderas, hombros y piernas del caballo. También tenga cuidado al cepillar el vientre y las patas traseras del caballo. Algunos caballos son sensibles a esto y pueden reaccionar violentamente al cepillado riguroso. Si nota que su caballo mueve la cola de forma agitada o que pone las orejas hacia atrás, entonces el cepillado es probablemente demasiado riguroso.

El cepillado es una oportunidad para inspeccionar la piel de su caballo en busca de signos de lesiones, heridas y lesiones cutáneas. Tenga cuidado con ellas mientras cepilla el pelaje de su caballo, y si nota alguna, compruebe la lesión y decida si es algo que puede tratar por su cuenta, o debe invitar al veterinario.

Cómo peinar los enredos

Peinar los enredos de su caballo ayuda a darle una melena fluida y brillante y a darle un aspecto completo y saludable. Para peinar la melena, comience con un cepillo de melena o peine y cepillo en la parte inferior de las hebras de la melena. Cepilla hacia abajo hasta que la melena se desenrede, y podrá peinarla suavemente de arriba a abajo.

Tenga cuidado al hacer esto y colóquese correctamente. Por seguridad, párese a un lado de su caballo y tire de la cola suavemente hacia su lado. De esta manera, usted se mantiene completamente alejado en caso de que su caballo decida patear. Tener un spray de aseo como parte de su colección de aseo es una buena idea. Esto ayuda a desenredar el pelo de manera efectiva y hace que cepillar los hilos de la crin sea mucho más fácil.

Usando el cepillo para el cuerpo

Cuando termine de cepillar, use el cepillo corporal para eliminar la suciedad del cuerpo de su caballo. Un cepillo corporal es un cepillo rígido con cerdas solitarias que le ayudará a deshacerse de la suciedad y la arenilla que se perdió con su rasqueta. Empiece desde un lado de su caballo con suaves golpes hacia el crecimiento del pelo. El cepillo corporal se considera generalmente más efectivo para limpiar partes del cuerpo como las piernas que la rasqueta. Mientras usa el cepillo corporal en su caballo, compruebe si hay signos de irritación de la piel y lesiones en las rodillas y las piernas. Además, tenga cuidado con las pequeñas mellas y cortes, y evalúe la gravedad de las lesiones.

Usando el cepillo de acabado

El cepillo de acabado tiene cerdas más suaves y blandas y ayuda a que el pelaje de su caballo sea suave y brillante. La mayoría de la gente también usa un cepillo de acabado para limpiar la cara de su caballo si no tienen un cepillo específico para eso.

Con el cepillo de acabado, elimina suavemente el polvo que podría haber pasado desapercibido por el cepillo de cuerpo. Utilice suavemente este cepillo para eliminar el polvo de áreas como la garganta, la cara o las orejas del caballo que probablemente no hayan sido tocadas por los otros cepillos. Las cerdas finas y suaves del cepillo de acabado ayudarán a alisar el pelo y a dejar a su caballo con un pelaje brillante y lustroso.

Cuando termine, puede aplicar un spray de aseo. Esto no es obligatorio, pero puede ayudar a dar brillo al pelaje de su caballo y también puede servir como una forma de protección solar. Algunos sprays de aseo pueden hacer que el pelo del caballo sea resbaladizo. Evite el uso de productos como este en la zona de la silla de montar, especialmente si piensa montar pronto.

Limpieza de las orejas, el hocico, los ojos y la cadera

Cuando termine con el resto del cuerpo de su caballo, es hora de una limpieza más detallada. Usando un paño suave o una esponja húmeda suave, limpie suavemente el área alrededor de los ojos y el hocico de su caballo para deshacerse de cualquier suciedad que pueda estar presente. Hacer esto también le permite observar los ojos de su caballo de cerca y comprobar si hay signos de lesión o infección. Esté atento a síntomas como enrojecimiento, hinchazón o lagrimeo excesivo.

Haga esto en las orejas, pero tenga cuidado. Algunos caballos son quisquillosos con el hecho de que se les manipulen las orejas. Tenga cuidado de no pellizcar o tirar de los pelos cuando los limpie. Con el tiempo y un cuidado especial, a su caballo le puede llegar a encantar que le limpien las orejas.

Capítulo 9: Cría de caballos

Si cría caballos, una de las principales cosas con las que tendrá que estar familiarizado es la reproducción de los caballos. Aunque algunas partes del proceso de reproducción dependen del veterinario que lo atiende, la eficiencia de una operación de cría de caballos depende en gran medida de su comprensión y manejo del proceso.

La reproducción de caballos tiene como objetivo producir potros sanos después de cada apareamiento exitoso. Hay un proceso elaborado que conduce al parto, y el éxito de la etapa de reproducción depende de su comprensión del rendimiento reproductivo de su yegua y semental. En este capítulo, discutiremos algunos aspectos esenciales de la cría y reproducción de caballos con los que se espera que esté familiarizado como propietario de un caballo. Aunque usted puede simplemente tener un veterinario a cargo o aconsejarle sobre algunos de los procesos de reproducción, será mejor si también tiene algo de la información necesaria para la cría exitosa de caballos. Esto le ayudará a tomar las decisiones correctas y obtener los mejores resultados.

Selección de caballos

Uno de los aspectos más cruciales de la cría de caballos es elegir un caballo para la reproducción. Por lo general, este es uno de los principales factores que determinará el éxito del proceso de reproducción. La probabilidad de conseguir un potro sano y fuerte también está sujeta al proceso de selección de su caballo.

Vale la pena tener la información sobre la progenie de sus caballos, ya que esto ayudará a identificar a los mejores reproductores. Su veterinario puede ayudarle a seleccionar un semental y una yegua sanos para la cría. Cuando esto se hace correctamente, el proceso de cría es probable que dé mejores resultados que lleven a un embarazo exitoso y a un potro sano.

El examen reproductivo de la yegua

Un examen reproductivo es necesario para determinar el estado reproductivo de su yegua. Este proceso implica la palpación rectal y el examen de ultrasonido. En un examen reproductivo, la vagina, el cuello del útero y el vestíbulo de la yegua son examinados por su veterinario para determinar si están en buen estado reproductivo.

Los exámenes reproductivos se hacen mejor en un establo o en la entrada del establo que en un campo abierto. Esto ayuda a mantener al caballo restringido y también proporciona cierto grado de protección al veterinario y al personal que lo manipula. Si su yegua tiene un potro, no deben ser separados, ya que esto solo hará que la yegua se agite y dificulte el examen. Además de tener el caballo debidamente sujeto, también será útil tener una persona más disponible para ayudar al veterinario.

Para evitar la propagación de enfermedades de una yegua a otra, se debe utilizar equipo desechable. La yegua debe ser lavada para eliminar la materia fecal y la suciedad de la vulva antes del examen. Con un examen de ultrasonido, es mejor hacerlo en el interior, lejos de la luz del sol, para que el veterinario pueda leer fácilmente la pantalla del aparato de ultrasonido.

Comprendiendo el ciclo estral de la yegua

Como todos los animales, una yegua pasa por un ciclo de fertilidad mensual en respuesta a las fluctuaciones en la producción de hormonas. Este ciclo reproductivo se completa en unos 21 días. En los caballos, el ciclo reproductivo tiene lugar en dos fases. Hay un ciclo continuo durante el cual la yegua está en celo (o en temporada), que suele durar unos 5 a 7 días. También existe el ciclo de dioestría, que es el período entre los sucesivos períodos de celo, que dura alrededor de 14 a 16 días).

En las yeguas no embarazadas, el ciclo estral se estimula típicamente mediante el aumento de la luz del día. Por lo tanto, coincide con el comienzo de la temporada de primavera. Suele haber una fase de transición que puede persistir durante algunas semanas y que puede caracterizarse por ciclos cortos e irregulares. Sin embargo, después del primer período de ovulación, el ciclo estral se volverá más equilibrado y regular hasta el otoño, cuando la yegua entrará de nuevo en un ciclo anestro, y la ovulación se detendrá.

Los cambios hormonales en la yegua provocan el ciclo estral. Las hormonas producidas durante las diferentes etapas del ciclo estral incluyen la progesterona, la prostaglandina (PG), la hormona luteinizante, el estrógeno y la hormona folículo estimulante (FSH). La producción de estas hormonas determina la progresión del ciclo estral, y algunas son necesarias para el mantenimiento del embarazo.

Manejo de la yegua

La cría de caballos es relativamente ineficiente en comparación con la cría de otros animales domésticos. Generalmente, alrededor del 50 por ciento de las yeguas enviadas a un semental llegan a producir un potro. Este es un proceso enormemente ineficiente y derrochador. Un factor que probablemente afecte el éxito de la cría de caballos es un pobre proceso de selección de yeguas para la cría. Como criador de caballos, usted debe identificar algunas de las posibles razones y factores que contribuyen al despilfarro en la cría de caballos y trabajar en torno a ellas.

Una evaluación efectiva de la fertilidad de las yeguas es importante para el éxito de la cría. Esta práctica se utiliza para determinar si una yegua es apta para el servicio. La evaluación de la fertilidad también ayudará a identificar los factores que pueden contribuir a la reducción de la fertilidad. Se clasificarán las yeguas y se las colocará en orden de prioridad según la probabilidad de éxito del proceso de cría.

Una evaluación adecuada de la fecundidad también garantizará que una yegua se sirva solo cuando esté en período estral, ya que esto le da una mejor oportunidad de concepción. Al final de cada temporada de cría, se debe realizar una inspección veterinaria detallada y una serie de exámenes para sus yeguas. Las yeguas que no conciben deben ser evaluadas e identificar y rectificar los problemas antes del comienzo de la siguiente temporada de cría.

Manejo de sementales

El manejo de un semental depende en gran medida del propósito con el que se cría. Los sementales pueden ser criados para el espectáculo, las carreras o la cría. Esto determinará cómo se manejará el semental en términos de manejo, ejercicio, cuidado de la salud y, por supuesto, evaluación de la fertilidad.

Si está criando su semental para la cría, entonces se requiere una comprensión básica del sistema reproductivo. El sistema reproductivo de un semental consiste en el escroto, los testículos, el pene, las glándulas accesorias, el epidídimo y el cordón espermático. Estos órganos deben estar en condiciones saludables para un semental que se cría para la reproducción.

Provocación del caballo

Una de las etapas esenciales de la cría de caballos es el proceso de provocación. Será casi imposible que su yegua conciba si no tiene un programa de provocación eficiente. La efectividad de este proceso depende en gran medida de lo bien que usted pueda determinar si la yegua está en celo y será receptiva al servicio del semental. Típicamente, una vez que la temporada de cría comienza, usted tiene una ventana estrecha de 5 a 7 días dentro de un ciclo mensual de 21 días. Los restantes 14 a 16 días del ciclo estral son días libres durante los cuales la concepción es improbable.

Aunque algunas yeguas muestran signos de estar en temporada de celo en ausencia de un caballo macho, la mayoría de las yeguas deben ser estimuladas por un semental o potro antes de mostrar que están en celo. Las provocaciones pueden hacerse de varias maneras. Sin embargo, no importa cómo se haga, debe tener un enfoque flexible y sistemático, ya que cada yegua es única, y el mismo enfoque no puede funcionar para todas las yeguas.

Algunas señales de que una yegua está en período estral incluyen:

☐ Aceptar al provocador

☐ Levantar de la cola

☐ Orinar

☐ Guiño

☐ En cuclillas

Si una yegua no está en estral, mostrará los siguientes signos:

☐ Rechazo del provocador

☐ Patear al provocador

☐ Tirar hacia atrás las orejas

☐ Apretar su cola hacia abajo

Interfiriendo en el proceso de cría de caballos

A veces, puede ser necesaria la intervención humana para lograr algún control y mejorar las posibilidades de éxito de un programa de cría de caballos. Esto puede ser en forma de terapia hormonal y programas de iluminación artificial.

Terapia hormonal

La producción de hormonas es uno de los factores críticos que influyen en el proceso de cría de caballos. La terapia hormonal se lleva a cabo generalmente como una forma de manipular yeguas estériles o solteras para mejorar sus posibilidades de concepción. Las yeguas de cría también pueden someterse a la terapia hormonal. Cuando se hace correctamente, la terapia hormonal puede mejorar el rendimiento reproductivo de su yegua de forma bastante significativa.

Mantenimiento de registros

Otro aspecto esencial de un programa de cría de caballos es el mantenimiento de registros. Mantener un registro completo y exhaustivo de sus caballos jugará un papel importante para ayudarle a tomar decisiones educadas sobre las posibilidades de un intento de reproducción. Además del registro de la progenie de cada semental y yegua, también debe llevar un registro de provocación de todas sus yeguas y tenerlo a disposición del veterinario durante la evaluación de la fertilidad de la yegua.

Programas de iluminación artificial

La luz juega un papel importante en el ciclo estral de los caballos. El inicio de la temporada de cría está típicamente determinado por períodos más largos de luz solar. Por lo tanto, un programa de iluminación artificial correctamente implementado puede mejorar el rendimiento de las yeguas, ya que el ciclo de cría está influenciado por los períodos de luz del día. Aumentando la duración de la luz del día con luz artificial, se puede alentar a las yeguas a que entren en la estación antes de lo que normalmente lo harían. La iluminación artificial también puede ayudar a mejorar la productividad en las yeguas de cría.

Ayudas de laboratorio para mejorar el rendimiento reproductivo

Además de simples evaluaciones y pruebas de fertilidad, se pueden realizar varias pruebas de laboratorio para comprender la fertilidad de sus caballos, diagnosticar problemas y tratar cuestiones médicas. Algunas de las pruebas que pueden realizarse incluyen exámenes bacteriológicos, biopsias, citología, ensayos hormonales y exámenes endoscópicos.

Sirviendo a la yegua

Ahora que entiendes los principios básicos de la cría de caballos y los factores que determinan el éxito de un ejercicio de cría, puede proceder con el apareamiento de los caballos. Recuerde que el éxito de esta etapa depende de la eficiencia de su proceso de selección y de la provocación del caballo. Las cuatro formas principales de conseguir que su yegua se preñe incluyen el servicio de mano, el apareamiento en el paddock, la inseminación artificial y la transferencia de embriones.

Capítulo 10: Parto y destete

Una vez que una yegua se ha preñado con éxito, el embarazo dura aproximadamente de 330 a 342 días. Usted debe entender cómo diagnosticar con precisión el embarazo temprano, ya que esto asegurará que usted no devuelva una yegua preñada para su servicio. El embarazo puede ser diagnosticado manualmente, usando un examen ultrasónico, o por una prueba de laboratorio.

Una yegua preñada requiere una buena calidad de cuidados, ya que esto puede influenciar significativamente si la preñez será llevada a término y la salud del potro producido. Los cuidados básicos para una yegua embarazada incluyen:

☐ Provisión de forraje nutritivo

☐ Reducción de la exposición a otros caballos para reducir el riesgo de lesiones y enfermedades

☐ Vacunación y desparasitación

☐ Cuidado adicional por un veterinario

☐ No transporte su yegua durante el embarazo a menos que sea absolutamente necesario.

La concepción de gemelos es típicamente problemática para las yeguas. Esta es una de las razones por las que la detección temprana del embarazo es importante. Se debe realizar un examen de ultrasonido unos 14 a 16 días después de la ovulación, y uno de los embriones debe ser eliminado para permitir que el otro se desarrolle normalmente.

Signos de un nacimiento inminente

Típicamente, el embarazo durará entre 330 y 342 días. Se acerca un nacimiento, hay algunas señales que hay que vigilar los cuales indican que el nacimiento es inminente. Aunque el marco temporal de estas señales varía de una yegua a otra, prepárense para un parto inminente. Algunas de las señales más obvias y confiables a las que hay que estar atentos incluyen:

☐ Hinchazón de la ubre (se produce entre 2 y 4 semanas antes del parto)

☐ Distensión de los pezones (esto ocurre aproximadamente 4 a 6 días antes del parto)

☐ Encerado de los pezones (ocurre de 1 a 4 días antes del parto)

☐ El evidente goteo de leche

☐ Aumento del contenido de calcio de la leche (esto puede ser detectado con un kit de prueba de establo)

Otros signos menos obvios incluyen la relajación de la vulva, cambios en la posición del potro y el ablandamiento de los músculos de la grupa.

Es difícil determinar con precisión el día exacto del parto. Sin embargo, durante la etapa final del embarazo, la yegua comenzará a mostrar algunos signos de parto. Los signos a los que hay que estar atento al comienzo del parto incluyen:

☐ Inquietud

☐ Pararse y recostarse

☐ Enroscado del labio superior

☐ Desplazamiento de peso y levantamiento de las patas traseras

☐ Orinar y defecar con frecuencia

☐ Movimiento de la cola

Parto

Cuando una yegua está lista para parir, será ventajoso tener un asistente presente. Por lo general, la yegua tendrá poca o ninguna asistencia. Pero aun así será beneficioso tener a alguien a mano que ofrezca asistencia si es necesario.

Durante el nacimiento, el corioalantois se rompe, y el potro comienza a moverse a través del canal pélvico. El potro debe presentar dos patas delanteras con su nariz descansando entre ellas. Las contracciones uterinas y abdominales lo empujarán hacia afuera, y esto debe tomar unos 10 a 20 minutos.

Normalmente, la yegua debe ser capaz de tener su potro sin ayuda. Si se va a dar asistencia, entonces tiene que ser en la forma de sostener suavemente las patas del potro y dejar que la yegua empuje por sí misma. Se *requiere* la atención de un veterinario solo en casos de presentación anormal del potro.

Cuidado del potro recién nacido

A los 30 minutos de su nacimiento, un potro sano debería ser capaz de ponerse de pie después de algunos intentos fallidos. Una vez que esté firme, buscará las tetillas de la yegua para amamantarse. Esto es algo aleatorio, pero con la suave ayuda de la yegua, el potro eventualmente encontrará la ubre y amamantará por instinto.

A continuación se muestran los comportamientos esperados en las dos primeras horas del nacimiento de un potro:

- ☐ El potro respira (inmediatamente después del nacimiento)
- ☐ Levanta la cabeza (en cinco minutos)
- ☐ Intenta levantarse en 10 minutos y lo hace con éxito en 55 minutos.
- ☐ Vocaliza (dentro de 45 minutos)
- ☐ Defeca (dentro de 30 minutos)
- ☐ Succiona (Dentro de una hora)
- ☐ Empieza a caminar o a correr (en 90 minutos)
- ☐ Duerme una siesta (dentro de las 3 horas)

Entender el comportamiento normal de un potro es esencial para diagnosticar posibles problemas y buscar ayuda si la necesita.

En las primeras semanas de su nacimiento, el potro se amamantará con bastante frecuencia en un rango estimado de una o dos sesiones de 3 minutos en una hora. Con el tiempo, la duración y frecuencia de la lactancia disminuirá, y comerán más otros alimentos. El potro permanecerá cerca de su madre durante las primeras semanas, pero gradualmente explorará su entorno inmediato.

Justo después del parto, lo primero que hay que hacer es asegurarse de que el potro esté respirando. Acérquese a la zona de parto en silencio para comprobar si el potro está respirando y retire el saco de nacimiento de la cabeza del potro si es necesario. Una vez que haya confirmado que el potro está respirando, su trabajo está hecho por el momento. Abandone el área de partos y solo observe a distancia.

Sin embargo, si el potro no respira por sí mismo inmediatamente, puede hacerle cosquillas en la nariz con un trozo de paja o hierba o soplar en su boca. Si esto no funciona, sacuda y frote al potro vigorosamente, apriete sus costillas suavemente, o levántelo del suelo ligeramente y déjelo caer.

No corte el cordón umbilical inmediatamente después del nacimiento. Más bien, espere a que la yegua o el potro lo rompan mientras se mueven. Una vez que el cordón se rompa, añada de 1 a 2% de yodo suave al muñón para secarlo y prevenir una infección bacteriana, que puede llevar a una enfermedad grave o incluso la muerte del potro. Continúe observando este muñón durante unos días para asegurarse de que se cierre, y si no lo hace, llame a un veterinario.

Por lo general, el potro debería ser capaz de mantenerse en pie por sí mismo dentro de una hora de su nacimiento. Los primeros intentos pueden ser infructuosos, pero con el tiempo, el potro se acostumbrará a él y se estabilizará. Deje que el potro se pare por sí mismo, ya que levantarlo sobre sus pies antes de que esté listo puede llevar a una tensión en los tendones y ligamentos.

El potro debe buscar instintivamente la ubre a la hora de nacer. De nuevo, este es un proceso exploratorio al que el potro puede tardar un tiempo en acostumbrarse. Resista el impulso de intervenir, ya que esto puede afectar la unión entre la yegua y el potro. Una intervención será necesaria solo si el potro no se ha amamantado en las dos horas siguientes a su nacimiento —o si nota que la yegua rechaza el intento de amamantamiento del potro.

Ayude suavemente al potro a ponerse de pie y guíelo hacia la ubre. A veces, una yegua con la ubre hinchada o una yegua joven e inexperta con pezones sensibles debe ser sujetada antes de permitir que el potro se amamante. En casos extremos, la yegua puede tener que ser tranquilizada por un veterinario si rechaza continuamente el intento de amamantamiento del potro.

Calostro

La primera forma de fluido producida por la yegua inmediatamente después del nacimiento del potro se conoce como calostro. Esta leche contiene anticuerpos para la protección contra enfermedades y otros nutrientes esenciales. Por lo tanto, es vital que su potrillo reciba calostro poco después de nacer. La habilidad del potro para absorber estos anticuerpos esenciales se reducirá drásticamente después de 12 horas de nacido. Asegúrese de que su potrillo se amamante de la madre dentro de este tiempo.

Puede aumentar el número de anticuerpos presentes en el calostro de la yegua vacunándola unos 30 días antes del parto. Si esto no se hace, entonces tiene que vacunar al potro contra el tétanos al nacer. Esto ayudará a proteger al potro durante dos o tres semanas mientras se cura el muñón umbilical.

El calostro también tiene efectos laxantes, y ayudará al potro a pasar el excremento fetal (también conocido como meconio) poco después de tomarlo (normalmente en cuatro horas). Puede producirse estreñimiento si el potro no puede defecar en el tiempo estipulado.

Problemas comunes de salud de los potros

Diarrea: es un problema poco común en los potros y puede indicar una condición subyacente más seria. Los casos graves de diarrea por chorros pueden causar deshidratación, debilidad o incluso la muerte de un potro recién nacido. Los potros mayores (de una o dos semanas de edad) pueden experimentar casos leves de diarrea. La insolación de los potros también puede causar diarrea. Esto es causado por un parásito conocido como Strongyloides westeri, que puede ser transmitido de una madre infectada a un potro a través de la leche materna. Para un potro sano, un caso leve de insolación de potro raramente causa daños graves. Sin embargo, si nota que el potro está deshidratado o débil, entonces debe llamar a un veterinario inmediatamente.

Debilidad y deformidades de las extremidades: los potros pueden nacer con deformidades en las extremidades como piernas torcidas, nudillos, pastillas débiles y debilidad general de las extremidades. Aunque la mayoría de estas condiciones probablemente se corregirán a medida que crezca, puede llamar a un veterinario para que lo revise solo para estar seguro y recomendar un tratamiento si es necesario.

Hernias: las hernias son defectos en la pared del cuerpo, lo que lleva a la extrusión de parte del intestino del caballo bajo su piel. Este defecto puede ocurrir alrededor del área escrotal o naval del caballo. Los casos leves de hernia se autocorrigen; en los casos graves puede ser necesaria la cirugía.

Entropión: se refiere a una condición en la que el potro nace con los párpados y las pestañas mal puestas. Esto puede causar lagrimeo o irritación. A menudo, es posible enrollar el párpado afectado con las manos. Pero a veces, puede ser necesario un tratamiento ocular especial para corregir el defecto.

Potro con ictericia

La ictericia es una rara condición causada por una incompatibilidad en el grupo sanguíneo de la yegua y el potro que lleva a la formación de anticuerpos en la leche materna de la yegua. Cuando el potro se amamanta, estos anticuerpos pueden pasar a su cuerpo, y esto puede tener efectos debilitantes —e incluso puede ser fatal sin un tratamiento rápido. Llame a un veterinario para que le ayude inmediatamente si sospecha que el potro puede tener ictericia. Además, interrumpa la lactancia de su madre hasta que se le administre el tratamiento.

Cuidado de los potros huérfanos

En el desafortunado caso de que una yegua muera después de parir (o debido al rechazo materno), un potro puede requerir cuidados extra de usted. Los potros huérfanos aún pueden ser criados con éxito cuando usted sabe qué hacer. En ausencia de una madre, una de las primeras cosas que hay que hacer es asegurarse de que el potro reciba el calostro poco después de su nacimiento. Puede comprar calostro congelado en una granja de cría o con un veterinario cerca de usted. Descongele la leche congelada (no la caliente ni la ponga en el microondas) y alimente a su potrillo con ella. Un veterinario también puede administrar calostro oral o realizar una transfusión de plasma como reemplazo del calostro regular.

La forma más fácil de cuidar a un potro huérfano es transferirla a una yegua lactante. Pero debe disfrazar al potro usando cualquier líquido de olor fuerte como el whisky, la leche, la orina o el aceite de linaza. También puede tener que restringir o tranquilizar a la yegua hasta que acepte voluntariamente al potro huérfano. Una alternativa es permitir que el potro se amamante con leche de cabra, aunque será difícil encontrar cabras que puedan producir suficiente leche para satisfacer las necesidades nutricionales de un potro. Alimentar al potro con biberón es la mejor alternativa si las otras opciones no están disponibles. Puede encontrar leche de reemplazo de yegua nutricionalmente balanceada en las tiendas de alimentación y alimentar a su potrillo.

Si alimenta a un potro huérfano con biberón o cubo, intente presentarlo pronto a otros caballos para que aprenda un comportamiento equino normal y no se encariñe con usted. Puede colocar a su potrillo huérfano junto a un castrado tranquilo o simplemente en un corral si se puede confiar en que el caballo mayor no le hará daño al potrillo.

Antes de ver cómo destetar a un potro, aquí hay una lista de las cosas que debe hacer justo después del nacimiento:

1. Asegurarse de que el potro está respirando.

2. Poner yodo en el muñón del cordón umbilical.

3. Asegurarse de que el potro reciba calostro lo antes posible.

4. Poner al potro la vacuna antitetánica si no hay calostro disponible de inmediato.

5. Asegurarse de que el potro pase el meconio y tratar la diarrea si la hay.

6. Revisar el muñón umbilical para asegurarse de que se cierra.

7. Revisar continuamente al potro durante varios días para detectar signos de infección y llamar a un veterinario inmediatamente, si es necesario.

Destete del caballo

En los primeros meses de su vida, un potro pasará la mayor parte de su vida cerca de su madre y dependerá totalmente de la yegua para su alimentación. Al final del tercer mes, solo el 60% de su tiempo lo pasará con la yegua. La producción de leche en la yegua continuará típicamente hasta que el potro tenga de cinco a siete meses de edad. En este punto, el 70% de los nutrientes del potro vendrán de fuentes no lácteas. En esta etapa (alrededor de cinco meses), debe comenzar a planear el destete de su caballo. Aquí hay una lista de cosas que hay que hacer:

1. Aumentar gradualmente la ración de alimento del potro durante un período de dos a tres semanas.

2. Aunque la leche de la madre comenzará a perder su valor nutritivo a los tres meses, puede reducir aún más la producción de leche reduciendo la ración de alimento de la yegua.

3. Vigile a su potrillo de cerca durante el período de destete. No destete al potrillo si está enfermo o no prospera bien, si todavía está unido a su madre, o si no come lo suficiente de la ración de comida.

4. Su potro tiene que usar ronzal para que el destete sea exitoso.

El destete de un potro puede hacerse gradualmente o abruptamente, dependiendo de factores como el temperamento de la yegua, las instalaciones de las que disponga y la presencia de otros caballos.

Capítulo 11: Entrenamiento básico del caballo

Uno de los aspectos más interesantes de la cría de caballos es el entrenamiento de los mismos. Puede ser un desafío, especialmente para un principiante. El entrenamiento de caballos (especialmente para los caballos jóvenes) es mejor dejarlo en manos de entrenadores experimentados, ya que los caballos jóvenes tienden a ser impredecibles, y se necesitan las habilidades y la experiencia adecuadas para manejarlos.

Este entrenamiento requiere tiempo y paciencia, y también se trata de crear un vínculo con el caballo; aun así, es una experiencia gratificante. A medida que entrena a su caballo para hacer algo nuevo, usted también aprende algo. ¡No es todo ese estilo de doma de caballos vaqueros que se ve en las películas del viejo oeste!

El entrenamiento básico de un caballo consiste en enseñar a montarlo de la *manera correcta*, y no es tan peligroso como se suele representar. No se puede apurar; tampoco puede entrenar a su caballo todas las habilidades que necesita para aprender de una sola vez. A continuación, encontrará los pasos sencillos del entrenamiento básico de caballos.

Tómese su tiempo para crear un vínculo

El primer paso, y quizás el más importante, del entrenamiento básico de un caballo: tomarse el tiempo para crear un vínculo con su caballo. Si un caballo no se siente cómodo a su alrededor o no confía lo suficiente en usted, será difícil, si no imposible, enseñarle algo. Necesita darle tiempo a su caballo para que se acostumbre a usted para una comunicación efectiva entre ambos. Construir un vínculo con su caballo implica pasar tiempo con él, crear una asociación positiva y aprender cómo se comunica con usted.

Pase más tiempo con su caballo

Para desarrollar un vínculo sólido con su caballo y entrenarlo eficazmente, debe pasar más tiempo con él. Los caballos aprenden mejor con la rutina y la repetición. Cuanto más tiempo dedique a la vinculación, más probable es que el caballo se sienta cómodo a su alrededor. Pasa más tiempo con su caballo cuando lo cepilla, lo baña o le trenza la crin. También puede pasear a su caballo a mano por su propiedad.

Creación de asociaciones positivas

Para entrenar a su caballo, tiene que enseñarle a asociar su presencia con la positividad. Si su caballo está siempre agitado en su presencia, no podrá enseñarle nada. Al comienzo del entrenamiento, comience con actividades de bajo estrés y placenteras. Esto ayudará al caballo a asociar su presencia con una sensación de calma. Mantener una actitud positiva y recompensar a su caballo cuando hace bien las cosas más pequeñas ayudará a asociar el entrenamiento con la positividad.

La mayoría de los entrenadores de caballos cambian subconscientemente al modo de entrenamiento cuando instintivamente exigen demasiado a su caballo. Al hacer esto, no solo se estresa al caballo, sino que tampoco se le permite disfrutar de su presencia. El enfoque debe ser el construir una relación con el caballo en lugar de simplemente entrenarlo para que haga su voluntad. Tanto usted como su caballo se frustrarán si hace esto.

Aprenda cómo se comunica su caballo

Tomarse el tiempo para vincularse con su caballo le ayudará a aprender más sobre su caballo y cómo se comunica. No se trata de decirle a su caballo lo que tiene que hacer. A medida que se comunica con su caballo, este se comunicará de nuevo, y usted debe aprender a tener cuidado con estas señales. Cada caballo es único, por lo que incluso un entrenador de caballos experimentado aprenderá cosas nuevas cuando entrene a un caballo nuevo.

Aprender sobre su caballo implica sus gustos y disgustos, lo que le teme y lo que le anima a aprender mejor. Hacer esto le ayudará a aprender a manejar a su caballo de la manera correcta.

El tiempo que llevará todo este proceso (de acostumbrarse a su caballo) depende de varios factores. Su compromiso con el entrenamiento y la personalidad del caballo afectará la rapidez con la que usted pueda crear un vínculo y comenzar a montar y entrenar a su caballo.

Trabajo de campo del entrenamiento de caballos

La base de cualquier rutina de entrenamiento de caballos es el trabajo preliminar. Esto básicamente se refiere al arte de entrenar a su caballo *en el terrero*. Hay un dicho popular entre los entusiastas de los caballos que dice: "Lo que no puedas hacer con tu caballo en el terreno, no podrá hacerlo contigo en la silla de montar".

El trabajo de base del entrenamiento de caballos implica varios ejercicios y entrenamientos simples que incluyen:

☐ Entrenar a su caballo para que se quede quieto

☐ Flexión

☐ Dirigir correctamente su caballo

☐ Amansado

☐ Conseguir que su caballo se mueva en un círculo

☐ Movimiento básico (movimientos posteriores y de hombro)

Aunque puede ser tentador saltar este paso y pasar directamente al entrenamiento de la silla de montar, no se recomienda. El trabajo de base es el primer lugar para empezar a introducir un nuevo entrenamiento a su caballo.

Parado

Una de las cosas básicas para las que tiene que entrenar a su caballo es para que se quede quieto. Cuando entrena a su caballo para que se quede quieto, puede prestarle atención mientras se entrena y mirarle para la siguiente instrucción.

Cómo hacerlo: Ponga al caballo en un cabestro y guíelo, luego párese de frente al caballo mientras sostiene la rienda. Deje que la correa se afloje y permanezca quieta. Agite la rienda cada vez que el caballo salga de su posición original. Si el caballo no retrocede inmediatamente, agite la cuerda con más fuerza hasta que reciba el mensaje y responda. Con un entrenamiento continuo, su caballo debe aprender a retroceder cuando sacuda la cuerda, ya que se da cuenta de que caminar está mal.

Dirigiendo correctamente

Aunque dirigir un caballo es una tarea bastante simple, un caballo no entrenado tendrá problemas para hacerlo. Dirigir su caballo correctamente ayudará a establecer que usted es el que está a cargo. Necesitará una rienda para este ejercicio. También será necesario un látigo de embestida.

Cómo hacerlo: La posición correcta para guiar a su caballo es a la altura del codo. El caballo debe caminar detrás de usted por el lado en el que usted lo está guiando. Si el caballo se está quedando atrás, puede animarlo a mantener el ritmo simplemente agitando el látigo de embestida detrás de usted. Si el caballo está siendo agresivo y trata de caminar delante de usted, deténgase inmediatamente y haga que el caballo retroceda. Repita esto tantas veces como sea necesario hasta que el caballo aprenda a responder correctamente.

Flexión

Un caballo se flexiona cuando dobla el cuello a ambos lados. Este ejercicio entrena a su caballo para responder cuando se aplica presión en las riendas. Al final del entrenamiento de flexión, su caballo debe girar su cuello para que su nariz toque sus hombros derechos o izquierdos.

Cómo hacerlo: Agarre la rienda y lleve su mano a la cruz del caballo. Aplique un poco de presión en la cuerda. Su caballo debe doblar su cuello hacia la fuente de la presión. E incluso cuando lo haga, puede necesitar más tiempo y entrenamiento para conseguir que doble su cuello hasta que no sienta más presión en la rienda y la presión en la cuerda se libere. Recompense a su caballo una vez que esto se haya completado. Repita el ejercicio para el otro lado.

Amansado

El objetivo de este simulacro es hacer que su caballo baje la cabeza cuando aplique presión a su rienda. Esto ayudará a su caballo a aceptar un poco más convenientemente más tarde. También entrenará a su caballo a responder a la presión sobre la broca.

Cómo hacerlo: Para este ejercicio, agarre la base de la rienda del caballo, y aplique algo de presión para tirar de ella hacia el suelo. Su caballo debe responder bajando la cabeza. Si no lo hace de inmediato, mantenga una presión constante en la cuerda y suéltela tan pronto como el caballo baje la cabeza, aunque sea un poco.

Desensibilización de su caballo

Además del trabajo de campo, otro aspecto del entrenamiento de su caballo es desensibilizarlo. Esto implica acostumbrar a su caballo a ciertas cosas a las que normalmente no está acostumbrado. A lo largo de su vida, su caballo debe familiarizarse con cosas que de otra manera no le son familiares, como tener una silla de montar en su espalda o tener a alguien sentado en su silla. Un caballo no entrenado reaccionará de forma extraña. La desensibilización ayuda a crear confianza en su caballo y prepararlo para la presión y alguna forma de incomodidad, por lo que no reaccionará de forma extraña en ciertas situaciones.

Desensibilizar su caballo a una silla de montar

Hay muchas cosas a las que tiene que insensibilizar a su caballo, pero lo primero de la lista es la silla de montar. Sin entrenamiento, el primer instinto de su caballo cuando le ponga una silla de montar será huir. El entrenamiento de la silla de montar hará que su animal sea más confiado y esté mejor preparado para ensillar por primera vez.

El objetivo de este ejercicio es preparar a su caballo para que se le coloquen cosas en su espalda, alrededor de su estómago o tocando sus lados. Para desensibilizar a su caballo a las sillas de montar, necesitará una alfombrilla, lonas o bolsas de plástico.

Una forma de preparar a su caballo es frotar estos materiales por todo el cuerpo del caballo. Esto ayudará a preparar a su caballo para cuando la montura se coloque en él. Cuando frote a su caballo con estos materiales, si intenta alejarse, simplemente deténgase y sostenga el material sobre su cuerpo hasta que deje de moverse.

También tendrá que desensibilizar al caballo a la presión. Una silla de montar aplicará presión a los lados y al dorso del caballo. Debería empezar a acostumbrar al caballo a esta presión antes de empezar a montarlo. Otras partes del cuerpo del caballo donde se usará el equipo como las piernas y la cara, deben ser desensibilizadas a la presión. Deje que su caballo se acostumbre a tener una brida y el bocado, para que el caballo se familiarice con lo que se siente.

Poniendo la silla de montar

Una vez que su caballo haya sido entrenado e insensibilizado, puede ponerse la silla de montar. Recuerde que poner la silla de montar es todavía una nueva experiencia, por lo que su caballo todavía puede frustrarse y reaccionar de forma impredecible. El entrenamiento de la silla de montar de su caballo le ayuda a sentirse cómodo teniendo una silla de montar en su espalda.

La repetición es una de las formas más eficaces de acostumbrar a su caballo a la silla de montar. Practique poner la silla de montar y tirar de ella repetidamente. Repita esto tan a menudo como necesite dejar la silla de montar por más tiempo cada vez. Con el tiempo, debería ser capaz de dejar que el caballo se mueva alrededor del corral con los estribos a su lado durante un tiempo antes de tirar de él de nuevo.

Practique lanzando la silla sobre el lomo de su caballo desde ambos lados. Esto asegurará que el caballo se sienta completamente cómodo con la silla lanzada desde cualquier lado.

La parte más difícil de familiarizar a su caballo con la silla es fijar la cincha. Una vez que su caballo muestra que se siente cómodo con tener la silla de montar en su espalda, ahora puede adjuntar suavemente la circunferencia a la silla de montar en uno de sus lados. Pero no la deje colgando de un lado, ya que esto puede poner nervioso al caballo.

Para evitarlo, coloque la cincha en un lado y luego gradualmente frote el otro extremo de la cincha sobre el vientre y las piernas del caballo. Mueva la cincha hacia adelante y hacia atrás bajo el vientre del caballo hasta que se sienta cómodo. Entonces puede proceder al otro lado del caballo y tirar de la cincha y apretarla correctamente. Una vez que haya podido hacer esto, deshaga la cincha y deje que caiga de nuevo al costado del caballo. Repita esta acción hasta que su caballo se acostumbre. Algunas personas solo aprietan la cincha y dejan que su caballo se agache para desgastarse. *Esta no es una buena práctica.*

Desensibilizar a su caballo para tener peso en la silla

Una vez que su caballo se ha acostumbrado a tener una silla de montar en su espalda, el siguiente paso es acostumbrarlo a que se le añada peso. Esto preparará a su caballo para un eventual paseo, que es el objetivo final.

No puede simplemente proceder a sentarse en el lomo de un caballo no entrenado. Necesita acostumbrarlo pacientemente a tener peso en su espalda. Una vez que tenga la silla de montar en la espalda de su caballo, puede comenzar la desensibilización del peso poniendo su brazo suavemente sobre la espalda de su caballo para imitar la sensación de tener peso en su espalda.

También puede intentar saltar al lado del caballo como si estuviera a punto de montar, pero no lo hace todavía. Hágalo suavemente, y de una manera relajada y juguetona, para que su caballo no se sienta amenazado y salga corriendo. A continuación, puede intentar acostarse sobre el lomo del caballo sobre su vientre. Esta posición es genial, ya que también le permite bajarse del caballo rápidamente si lo necesita.

Ahora puede sentarse en su caballo. Pero hágalo con cuidado. Como precaución, dirija la nariz de su caballo hacia usted mientras intenta montar, para que no se asuste. Para empezar, coloque un pie en el estribo y ponga algo de su peso en él sin balancear su pierna sobre el lomo del caballo todavía. Si su caballo parece tranquilo, entonces proceda a pararse en el estribo. Espere a que su caballo se ajuste antes de balancear su pierna para sentarse en la silla.

Debería sentarse por unos segundos, y luego desmontar. Hágalo repetidamente mientras aumenta gradualmente el tiempo para no abrumar a su caballo. Por último, cuando su caballo se sienta cómodo con que usted se siente en la silla, usted tiene que entrenar para familiarizarse con la aplicación de la presión bajo la silla (que es crucial para montarlo). Esta es la etapa en la que verá todos los beneficios de un buen trabajo de base. También tendrá que entrenar a su caballo para que se familiarice con varios tipos de movimiento en la silla de montar, para que no se asuste con ningún movimiento leve.

Sea paciente y recompense los intentos más pequeños

A lo largo de todo el proceso de entrenamiento de su caballo, sea paciente. No querrá apresurar a su caballo en los procesos. A lo largo de su entrenamiento, recompense a su caballo por el más mínimo intento, especialmente cuando empiece a montar. Usted quiere que su caballo asocie una acción con una recompensa positiva.

No presione demasiado a su caballo ni le pida demasiado, especialmente si el caballo está recién entrenado. El caballo podría tener dificultades para entender lo que usted está tratando de hacer. Pero si muestra alguna señal positiva, recompensarlo le permitirá aprender que esa fue la respuesta correcta. Entrenar un caballo es simple y divertido. Tiene que entender solo las acciones y reacciones de su caballo y averiguar cómo usar su entrenamiento de manera efectiva. Si usted es nuevo en el entrenamiento de caballos, puede conseguir que alguien más entrene a su caballo o tener un entrenador profesional al que pueda pedir ayuda en cada paso del camino.

Capítulo 12: Entrenamiento de caballos de atletismo y de espectáculo

Los caballos se mantienen por una amplia gama de razones. Para la mayoría de los caballos, el entrenamiento básico es suficiente. Pero si usted cría a sus caballos para fines especiales como carreras o espectáculos, entonces su caballo necesitará entrenamiento adicional. No podemos cubrir completamente todo el entrenamiento de los caballos en este libro, pero este capítulo le llevará a través de los fundamentos del entrenamiento de caballos para fines deportivos y espectáculos.

Entrenamiento de caballos para carreras

Antes de entrenar y acondicionar su caballo como perspectiva de carrera, primero debe evaluarlo objetivamente. Esto implica tanto evaluaciones físicas del andar y la estructura del caballo como evaluaciones psicológicas de su actitud. ¿Está su caballo lo suficientemente bien formado para manejar el estrés de moverse a gran velocidad? ¿Podrá su dulce potrillo, fácilmente empujado por otros caballos, convertirse en un caballo de carreras de primera clase? No hay una forma segura de saberlo, pero una observación y evaluación objetivas le guiarán en la elección del caballo a entrenar.

Una vez que haya evaluado cuidadosamente su elección del caballo a entrenar, puede acondicionar su caballo para las carreras. Hay múltiples factores a considerar en lo que respecta al entrenamiento de caballos de carreras. Esto incluye el acondicionamiento respiratorio (acondicionamiento aeróbico y anaeróbico) y el acondicionamiento físico —o entrenamiento físico.

Acondicionamiento aeróbico

Los caballos dependen de la respiración aeróbica y anaeróbica durante la actividad física rigurosa. La respiración aeróbica se refiere a la respiración regular en estado de reposo o durante actividades de baja energía. A medida que aumenta el rigor de la actividad física, el caballo pasará de la respiración aeróbica a la anaeróbica. La importancia del acondicionamiento aeróbico es retrasar el tiempo que el caballo puede depender de la respiración aeróbica antes de que necesite cambiar a fuentes de energía anaeróbica. El acondicionamiento aeróbico también ayuda a acortar el tiempo de recuperación después de una carrera o un entrenamiento.

El principal ejercicio que implica el acondicionamiento aeróbico es un trabajo lento y de larga distancia. Esta es una forma ideal de comenzar el acondicionamiento aeróbico de su caballo o de ponerlo nuevamente en forma después de un largo período fuera del entrenamiento. Los ejercicios aeróbicos consisten básicamente en rutinas de caminata y trote, y algunos ejercicios de galope.

En el entrenamiento aeróbico, el caballo puede galopear durante unos minutos, y luego se le permite recuperarse caminando o trotando. Cuanto más largo es el entrenamiento, más tiempo de recuperación se requiere. La cantidad de sesiones que el caballo tomará por día depende de la respuesta del caballo y de su progresión deseada.

Durante los entrenamientos aeróbicos, rastree el ritmo cardíaco de su caballo; puede hacerlo manualmente o simplemente usar un monitor de ritmo cardíaco para esto. El ritmo cardíaco normal en reposo suele ser de unos 40 latidos por minuto. Mientras camina o trota, el ritmo cardíaco puede elevarse a alrededor de 80 a 140. Se debe apuntar a una frecuencia cardíaca de entre 150 y 160 por minuto (o menos).

Dependiendo de factores como la edad, la condición y la tasa de respuesta, este período inicial de acondicionamiento aeróbico puede durar entre seis y ocho semanas o más antes de pasar a los ejercicios intensos y al entrenamiento para carreras. En el caso de los caballos que se entrenan para espectáculos, el trabajo de habilidad se introduce después de que se haya completado el período de acondicionamiento aeróbico.

Acondicionamiento anaeróbico

Los caballos dependen de la respiración anaeróbica y aeróbica para actividades de alta potencia como las carreras. Los caballos suelen pasar de la respiración aeróbica a la anaeróbica cuando su ritmo cardíaco supera los 150 latidos por minuto.

Se requieren ejercicios de sprint o breezing para mejorar la capacidad anaeróbica de su caballo. Estos ejercicios también sirven para mejorar la estructura y la fuerza de los huesos. El acondicionamiento anaeróbico de los caballos puede ejecutarse de dos maneras. Puede aumentar la velocidad del caballo en una distancia corta o aumentar la distancia de entrenamiento que tiene que cubrir y gradualmente empujar para obtener más velocidad.

Los caballos no deben ser empujados para obtener la máxima capacidad de velocidad durante un entrenamiento. De hecho, su caballo solo necesita ir a un 70 u 80% de su velocidad máxima durante todos los entrenamientos; lo mismo ocurre con la distancia de la carrera. Esto es importante para evitar abrumar y sobrecargar a su caballo.

La mayoría de los entrenadores siguen un plan de "entrenamiento a intervalos". Esto implica entrenar dos días a la semana con el caballo haciendo múltiples sprints cortos cada día con períodos de descanso entre esos sprints. Se espera que el caballo alcance un ritmo cardíaco máximo de 200 a 250 por minuto durante este entrenamiento.

Un caballo que practica el sprint debe ser observado de cerca y evaluado para detectar signos de dificultad respiratoria, dolor óseo o muscular u otros problemas, y el entrenamiento debe ser interrumpido para permitir que el caballo se recupere si se observa alguno de estos.

Preste atención al peso y la dieta de su caballo

Durante estas rutinas de entrenamiento respiratorio, debe evaluar la condición física de su caballo. Un caballo con sobrepeso debe perder peso durante su entrenamiento, y usted debe concentrarse en las rutinas que lo hacen posible. Del mismo modo, si su caballo tiene un peso inferior al normal, debe aumentar su ración de comida, especialmente con alimentos grasos. Sin embargo, la grasa debe introducirse lentamente para evitar efectos adversos en la digestión de su caballo. La dieta de un caballo en entrenamiento también debe contener minerales y vitaminas, y tener acceso a agua limpia y fresca en todo momento.

Entrenamiento de caballos para espectáculos

Si usted está entrenando para espectáculos, su caballo necesita aprender trucos específicos. Muchas competiciones de espectáculo son para mostrar la habilidad de un entrenador para realizar habilidades con el caballo. Sin embargo, no importa la habilidad del entrenador, solo un caballo bien entrenado puede realizar los intrincados movimientos que ganan los espectáculos.

El entrenamiento de espectáculo también ofrece beneficios adicionales, incluso fuera de la pista. El entrenamiento básico del espectáculo mejorará los modales y el respeto del caballo. También mejorará su habilidad para mantener el control sobre su ritmo y posición. Algunas habilidades también pueden ser útiles para los escenarios de la vida real.

Entrenamiento básico de caballos para espectáculos

Hay seis maniobras principales que implican un entrenamiento básico de espectáculos. Puede enseñar a su caballo estas maniobras básicas, y estas técnicas pueden combinarse de diferentes maneras y servir como base para técnicas más avanzadas.

- ☐ Liderando en un paseo

- ☐ Retroceder

- ☐ Liderando en un trote

- ☐ Pivotando

- ☐ Detenerse

- ☐ Prepararse

Antes de describir estas maniobras con mayor detalle, debe entender cosas básicas sobre el entrenamiento de su caballo para realizar estas habilidades. Para entrenar estas maniobras, se aplica presión en una rienda. También dirige a su caballo con la presión de su propio cuerpo a veces. Recompense cada respuesta correcta liberando la presión y haciendo una breve pausa antes de dar a su caballo la orden para otra maniobra.

Algunos movimientos corporales exagerados o señales verbales pueden ser necesarios en el entrenamiento, especialmente para los principiantes. Sin embargo, a medida que su caballo progresa, usted debe refinar o ajustar estas señales hasta que sean virtualmente inexistentes o sutiles como estas señales y entrenar a su caballo para que se adapte y siga las instrucciones sin ellas.

Tenga en cuenta que el progreso en el entrenamiento del caballo es lento y constante. Es posible que su caballo no produzca los resultados que usted desea de la manera correcta, pero considere cualquier aproximación cercana a lo que usted desea como una respuesta deseada y recompense en consecuencia.

Liderando en un paseo

Objetivo: Este ejercicio tiene como objetivo entrenar a su caballo a conducir con calma al mismo ritmo que usted se mueve mientras mantiene su cuerpo en línea recta.

Cómo hacerlo: La posición inicial de este ejercicio es de manera que el offside de su caballo se coloca cerca de una valla o barandilla para alinear su movimiento. El entrenador debe posicionarse entre la parte media del cuello del caballo y su garganta. Empiece con un paseo rápido sin mover los brazos. Incline sus hombros en dirección hacia adelante para servir como un comando visual para un movimiento hacia adelante para su caballo. Además, aplique algo de presión en la cadena para que el caballo le siga mientras se mueve.

Liderando en un trote

Objetivo: Este ejercicio entrena a su caballo para que se ponga al trote o corra cuando usted empiece a correr, todo ello manteniendo su cuerpo recto.

Cómo hacerlo: La posición de partida de este simulacro es la misma que la de los anteriores. Comience con una caminata con el codo colocado de lado y la mano de plomo anclada. Con el cuerpo inclinado hacia delante, dé un paso adelante y empiece a trotar o correr. Mantenga el codo y la mano guía firmes mientras corre. Si el caballo responde en consecuencia y puede ajustar su ritmo al suyo, alivie un poco la presión en la cadena. También puede volver a una breve caminata después de unos segundos de trotar o correr. Si no sale a trotar como se espera, puede que tenga que usar indicaciones verbales.

Detenerse

Objetivo: El objetivo de este entrenamiento es conseguir que su caballo se detenga de forma equilibrada y suave y con su cuerpo recto y correctamente alineado.

Cómo hacerlo: Mantener la misma posición de partida que en el entrenamiento anterior y comenzar con una caminata. Mientras su caballo camina con usted, dé una orden de parada suavemente, como "whoa". Quédese quieto inmediatamente mientras da esta orden. Esta señal verbal ayudará a su caballo a asociar la orden con la acción. Al principio, su caballo puede pasar un poco más allá de usted, pero dejará de moverse cuando la cuerda se apriete contra su barbilla. Después de un tiempo, su caballo debería ser capaz de responder a la orden de parada. Cuando lo haga, recompénselo liberando la presión de la cuerda. Repita la orden tantas veces como sea posible hasta que su caballo se acostumbre a ella. Con el tiempo, debería ser capaz de eliminar por completo la señal verbal.

Retroceder

Objetivo: Este entrenamiento tiene como objetivo que su caballo retroceda suave y tranquilamente y con su cuerpo bien alineado cuando se le dé una orden.

Cómo hacerlo: Comenzar este entrenamiento en la posición de líder descrita anteriormente. Gire su cuerpo en la dirección opuesta (ahora debe estar de cara a la parte trasera del caballo). Alinéese con su brazo u hombro a nivel del hocico del caballo. Mientras todavía sujeta la rienda, dé un paso hacia delante (utilice primero su pierna izquierda) y aplique una presión hacia atrás sobre la cadena. Con este movimiento, debería invadir el espacio de su caballo. Este entrenamiento es para que su caballo dé un paso atrás cuando haga esto. Por lo general, el caballo solo moverá una de sus patas para apartarse. Con el tiempo, debería ajustarse completamente y retroceder adecuadamente con ambas piernas.

Preparación

Objetivo: El objetivo de este ejercicio es entrenar a su caballo para que se ponga en pie con las piernas debajo de él. Su caballo aprenderá a mantener esta posición hasta que le dé otra orden.

Cómo hacerlo: Estas técnicas pueden ser enseñadas de varias maneras, por lo que el método que describiremos aquí es solo una de las muchas maneras en que puede hacerse. Comience este entrenamiento en la posición de parada descrita anteriormente, luego gire para mirar al caballo. En esta posición, colóquese del lado izquierdo de la cabeza del caballo. Sostenga la rienda cerca de la unión de la cadena y las partes de cuero.

El primer paso es controlar el movimiento de las patas de su caballo. Empiece haciendo que el caballo mueva su pata trasera izquierda cerca de la derecha. Puede controlar el caballo para que empuje su pata hacia adelante o hacia atrás, dependiendo de la posición inicial de la pata derecha con respecto a la izquierda. Tire de la cuerda hasta que consiga que el caballo responda adecuadamente. Recompense una respuesta correcta con una liberación de presión.

Pivotando

Objetivo: Este entrenamiento tiene como objetivo que su caballo se ancle en el lugar de su pata trasera derecha. El caballo girará alrededor de esa pata cruzando su pierna izquierda con la derecha.

Cómo hacerlo: Empiece mirando al lado izquierdo de su caballo y colóquese justo al otro lado de la garganta. Con su mano izquierda, sostenga la caña en el punto donde la cadena y el cuero se unen. Para iniciar el movimiento, aplique una ligera presión hacia adelante a la cadena y dé un paso adelante con su pierna derecha. Esto animará a su caballo a dar un paso adelante con su pierna izquierda delante de la derecha. Levante la mano ligeramente para golpear al caballo en su hombro izquierdo. Esta señal y el lenguaje corporal deben hacer que el caballo mueva sus piernas y hombros en la dirección correcta. Entrene un paso cada vez hasta que su caballo pueda completar un giro completo de 360 grados.

Más allá de estos fundamentos, su caballo debe aprender maniobras más avanzadas que no pueden ser cubiertas en este libro, especialmente si tiene la intención de entrar de lleno en el mundo del espectáculo. Sin embargo, esta es una buena base para empezar. Puede encontrar material adicional en una tienda de arreos o de material de trabajo, o bien contactar con un entrenador profesional para que le ayude.

Conclusión

Criar caballos no es un trabajo fácil, por lo que mucha gente elige las instalaciones de alojamiento en su lugar. Si usted cría a sus caballos en su propia tierra, tiene que estar listo para comprometerse y hacer el trabajo requerido. Esto incluye la preparación de las instalaciones de alojamiento, la nutrición adecuada, la salud, el aseo y el cuidado diario de su amigo equino.

La crianza de caballos también requiere un profundo conocimiento de la reproducción de caballos, el parto y el destete. Dependiendo de su propósito de criar caballos, debe aprender sobre el entrenamiento de su caballo. Esto incluye el entrenamiento básico de caballos y el entrenamiento avanzado para el atletismo o el espectáculo.

La cría de caballos es un emprendimiento muy beneficioso. Los caballos sirven para muchos propósitos, incluyendo simplemente la compañía humana, ayudándole a hacer el mejor uso de su tiempo libre, y como animales de trabajo en las instalaciones de la granja. La cría de caballos también puede ser beneficiosa para la salud.

También puede criar caballos con fines comerciales o entrenar a su caballo para deportes ecuestres. Independientemente de la razón por la que críe caballos, este libro resume todo lo que necesita saber sobre la cría de caballos sanos y fuertes. Espero que haya aprendido lo suficiente en este libro para ponerle en el camino correcto en su viaje para convertirse en un experto caballerizo.

Segunda Parte: Crianza de Burros

La Guía Definitiva de la Selección, Cuidado y Entrenamiento de Burros, que Incluye una Comparación entre Burros Estándar y Miniatura

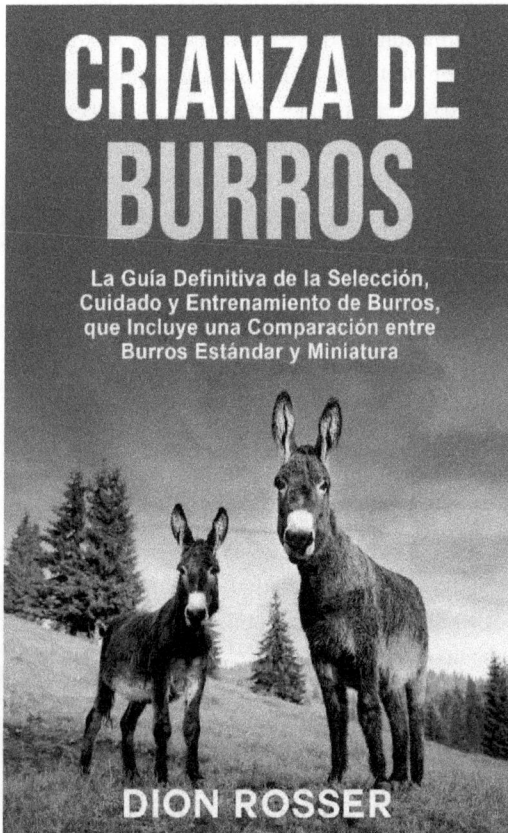

CRIANZA DE BURROS

La Guía Definitiva de la Selección, Cuidado y Entrenamiento de Burros, que Incluye una Comparación entre Burros Estándar y Miniatura

DION ROSSER

Introducción

Los burros son criaturas únicas que evolucionaron y se adaptaron para vivir en entornos hostiles con terrenos accidentados y sin mucho forraje rico en nutrientes. Esto los hace ser animales robustos, y buenos para una variedad de tareas agrícolas y tareas físicas de otros tipos. Muchos usan burros como animales de guardia para el ganado; otros los usan para transportar pequeñas cargas en sus lomos o para tirar carros. Pueden proveer trabajo manual para triturar piedras e incluso abrirse camino entre hileras estrechas de productos con una mayor facilidad que un caballo.

Muchas personas tienen burros como mascotas o animales de compañía. La crianza de burros puede ser una experiencia lucrativa y gratificante que brinda ingresos decentes. Son increíblemente resistentes y tienen un excelente temperamento, y son menos costosos de comprar y cuidar que los caballos. Su menor tamaño los hace adecuados para tareas que los caballos no pueden realizar.

Sin embargo, al igual que con cualquier animal, hay cuidado involucrado, y estos animales deben recibir cuidados y mantenimientos regulares para prosperar. Saber lo que implica ser dueño de un burro y cómo cuidar a sus animales es el objetivo de esta guía.

Qué Contiene esta Guía

Primero, introducimos brevemente la historia social y evolutiva del burro, desde su tiempo en la naturaleza hasta el uso temprano que los humanos hicieron de ellos para una variedad de funciones y trabajos. Luego, examinaremos algunas de las razas más importantes, temperamento, diferencias físicas y similares. Luego, pasaremos a consejos e información que necesita para comprar animales saludables que satisfagan sus expectativas y necesidades.

Entrenamiento y Gestión

Una vez que hayamos explorado la información básica que necesitará, pasaremos al cuidado de los burros, incluyendo la alimentación y mantenimiento, como el aseo y el cuidado de las pezuñas. Aprenderá las mejores maneras de entrenar burros con consejos y sugerencias sobre cómo obtener el éxito que desea en este proceso, las que son provistas en detalle. Se revisa todo lo que necesita saber sobre la cría de burros. También se examinan enfermedades y problemas comunes que pueden afectar a los burros, cómo evitar dichos problemas y cómo diagnosticarlos.

Luego tendremos un breve paréntesis sobre el ordeño de burros, que no es tan común, pero *quizás debería serlo*.

Finalmente, completamos el libro con una discusión sobre las mulas y terminamos con información sobre cómo crear un negocio criando y cuidando burros.

Capítulo 1: Propósito y Beneficios de Criar Burros

Burros y Humanos: Una Relación Duradera

Los burros fueron domesticados por primera vez hace unos 6.000 años, y desde entonces han tenido una larga y beneficiosa relación con los humanos. Conocidos científicamente como Equus asinus, y descendientes de un asno salvaje africano, han sido un animal de trabajo muy querido desde los inicios de la civilización humana. Los machos se conocen como burros, las hembras como burras, y sus crías como pollinos. Han servido a los humanos para varios propósitos durante su larga historia con nosotros, incluyendo animales de compañía para otros animales de granja, protección, equitación e incluso como animal de trabajo o bestia de carga.

El burro tiene una larga historia junto a la humanidad y es un excelente animal para tener junto a otros equinos, como los caballos. Curiosamente, los burros también pueden aparearse con varias otras especies equinas, incluidos caballos y cebras. Sus crías se llaman burdéganos o mulas y cebroide (o cebrasno), respectivamente.

Este animal humilde y único también fue apreciado por su poder de trabajo e incluso por su poder curativo. Durante mucho tiempo, la leche de burra fue usada como sustancia medicinal en diversas circunstancias. Esto incluía la alimentación de bebés prematuros, niños enfermos, e incluso hay evidencia de que se pensaba que era un tratamiento efectivo para pacientes con tuberculosis. Su leche es más alta en azúcar y más baja en grasa que la leche de vaca.

Como otros equinos, los burros también son animales longevos. Suelen vivir al menos hasta los 25 años, y no es extraño que un burro viva hasta los 60 años en algunos casos. A los 40, un burro se considera anciano, y, por lo tanto, incapaz de trabajar con el mismo vigor y ferocidad que un burro joven.

Beneficios de los Burros

Hay muchos conceptos erróneos sobre los burros que podrían hacer pensar que no son buenos animales para servir como mascotas o como animales de granja. Sin embargo, tienen una gran cantidad de comportamientos y rasgos positivos que los hacen ser animales de granja muy deseables, ya sea por su poder de trabajo o su poder de protección. Echemos un vistazo a algunos de los mayores beneficios de criar burros en su propiedad.

Temperamento

Los burros tienen mala reputación por ser tercos, lo que en gran medida no es cierto. Son animales altamente inteligentes que aprenden y reaccionan de maneras diferentes a, por ejemplo, un caballo. Se les puede enseñar varios comportamientos valiosos y tienden a ser animales amables, e incluso cariñosos, que muestran una amplia variedad de habilidades sociales positivas, tanto con personas como con otros animales. Tienen una buena actitud sobre la mayoría de las cosas y, al menos que se sientan amenazados, tienden a ser bastante tranquilos. Esto significa que, si su burro está rebuznando fuertemente, probablemente algo esté ocurriendo.

Especialmente cuando son pollinos (bebés), a menudo crecerán para ser dulces y afectuosos con las personas. Son muy sociales y necesitarán mucha interacción social tanto con personas y animales, e incluso se les puede enseñar a comer de sus manos. Los burros se llevan bien con otros burros y caballos (particularmente yeguas) y se les puede enseñar a tolerar otros animales como vacas, ovejas, cabras, etc. Si bien se relacionan con el ganado, es importante entender que son animales territoriales.

Al introducir un burro al ganado, es necesario supervisarlo para garantizar la seguridad de los animales del ganado, ya que los burros pueden ser extremadamente agresivos si se sienten amenazados. La mayoría de las veces, el proceso de introducción se lleva a cabo durante varias semanas y comienza con una cerca o algún tipo de guardia entre el burro y el ganado. Una vez que el burro se haya acostumbrado a los animales del ganado, generalmente serán amables y amigables con ellos.

Dado que son tan sociales, pueden desarrollar vínculos profundos con personas u otros animales. Esto significa que pueden experimentar una gran angustia si muere un animal de compañía. Aunque es poco común, en casos extremos esto puede provocar una afección llamada hiperlipemia, que incluso puede provocar la muerte.

Los burros también prefieren un ambiente tranquilo y silencioso. Es probable que los ruidos fuertes y el alboroto estresen o irriten al animal, y se sabe que muerden al animal o a la persona que es la fuente de ruidos fuertes, algo para recordar si habrá niños cerca del burro.

Inteligentes

Los burros, como otras especies equinas, son conocidos por su inteligencia. Son criaturas altamente curiosas que pueden aprender una amplia gama de comportamientos y reacciones a estímulos. No solo anhelan, sino también necesitan estimulación mental y pueden portarse mal y desarrollar comportamientos no deseados si no se les da suficiente espacio o formas de ocupar su tiempo. Como los humanos, se portan mal cuando están aburridos.

Dado que los burros son criaturas sociables, prosperan mejor cuando se crían con otros animales, particularmente burros o yeguas (caballos hembras). También es menos probable que desarrollen comportamientos indeseables cuando se crían con animales adultos como otros burros que han sido adecuadamente criados. Parece que pueden aprender buenos y malos comportamientos de otros animales.

Si bien son extremadamente inteligentes, es importante tener en cuenta que existen claras distinciones entre ellos y los humanos. No poseen una "brújula moral", ni toman señales de su entorno social en cuanto a lo que es o no es un comportamiento aceptable. En resumen, no conocen la diferencia entre lo bueno y lo malo, ya que es una construcción humana. Esto es algo para recordar al entrenar a un burro.

Un burro simplemente responde a lo que funciona o no, no a si la acción o comportamiento es adecuado o deseado. El tipo de refuerzo que le dé al burro es clave, y aprende mucho mejor con una comunicación clara y simple del entrenador o dueño. Como ocurre con la mayoría de los animales, los comportamientos antinaturales, como ser montados, les toma más tiempo a los burros para aprender. Aprenderán del entorno mucho más rápido, lo que les facilitará aprender interacciones adecuadas con otros animales. Teniendo esto en cuenta, debe tener paciencia al entrenar a un burro joven.

A medida que el dueño o entrenador vaya conociendo al burro, ambos aprenderán a "leerse" mejor entre sí. La forma en que un dueño o entrenador trate al burro tendrá un enorme impacto en qué tan bien y con qué rapidez aprenden a realizar comportamientos deseables. Nuevamente, la comunicación es clave, y los burros que tienen una buena relación con su entrenador o dueño tienden a adquirir nuevas habilidades más rápidamente.

Los caballos son bien conocidos por tener un lenguaje corporal altamente expresivo, que puede dar a los dueños y entrenadores pistas sobre la mentalidad o el estado emocional del animal. Este no es el caso con los burros, y puede llevar más tiempo conocer y comprender las acciones y comportamientos del animal. Para muchos, son "difíciles" de leer cuando se trata de su estado emocional, y se dice que tienen un temperamento muy estoico que transmite poca emoción. Esto no significa en absoluto que no tengan emociones, ciertamente las tienen, solo lleva más tiempo y son más difíciles de determinar.

Dado que pueden ser un poco difíciles de leer, esto puede causar cierta falta de comunicación entre el animal y el dueño o entrenador. Dado que los humanos comprenden mejor el lenguaje corporal humano, a menudo podemos malinterpretar el comportamiento de un burro en formas que no aplican al animal. Por ejemplo, a veces, cuando un burro está altamente estresado, sus ojos se agrandan. Para un humano, esto puede indicar curiosidad o interés, pero es una señal de angustia.

Su tranquilo comportamiento es también la razón por la que tanta gente los usa como animales de guardia, aunque esto podría sorprender a algunos al principio. Son menos propensos a la "reacción de huida" que los caballos y otros equinos, lo que significa que es más probable que se enfrenten a los depredadores. Esta reacción de huida reducida los hace mantenerse firmes en situaciones potencialmente amenazantes, las que se discutirán con más detalle más adelante.

Con el tiempo, conocerá mejor la personalidad de su burro, lo que llevará a interacciones y comunicaciones más efectivas y positivas con el animal. A medida que aprenda sobre su personalidad, podrá aprender a comunicar mejor sus necesidades y deseos al animal, y es más probable que comprendan lo que usted quiere de ellos. Al igual que los humanos deben conocerse entre sí para tener una comunicación efectiva, tal es el caso con los humanos y los burros.

Al ser sociables y muy inteligentes, los burros son excelentes animales para que las personas más jóvenes o personas con limitaciones aprendan a montar. También pueden ponerse a trabajar en diversas formas, que se describirán más adelante.

Comportamientos

Como criaturas inteligentes, los burros pueden exhibir una gran variedad de comportamientos y pueden aprender a realizar varias tareas, pero igualmente se deben comprender algunos de sus comportamientos naturales. Los burros son conocidos por ser criaturas bastante "tranquilas". Una de las razones por las que muchas personas los eligen por sobre los caballos es que tienden a tener un comportamiento más tranquilo y relajado. También son curiosos, gentiles y, a menudo, serán afectuosos con humanos de confianza.

El entrenamiento es clave para lograr comportamientos deseados y minimizar la expresión de comportamientos indeseables. La paciencia es importante al entrenar a un burro. El adagio de que son tercos no es tan cierto como algunos podrían pensar, pero definitivamente tiene algo de mérito. Dado que son criaturas sociales, se alimentarán de las señales que les demos, ya sean intencionadas o no. Es vital que los entrenadores conozcan su lenguaje corporal y señales verbales que le pueden estar dando al animal, ya que esto afectará qué tan bien (o mal) capten los comportamientos que uno intenta enseñarles. Los comportamientos buenos o deseables deben recompensarse y alentarse rápidamente.

Su comportamiento suele ser estable, por lo que cualquier cambio dramático o notable en su comportamiento puede ser una indicación de un problema mayor. Si el burro está actuando de manera notablemente diferente de lo normal, se recomienda que sea examinado para detectar posibles problemas de salud. Si comienzan a desarrollar un comportamiento indeseable, abórdelo de inmediato, ya que es más probable que el comportamiento siga expresándose (y sea más difícil de eliminar) mientras más tiempo se le permita continuar.

Si bien sabemos mucho sobre los burros, todavía hay mucho que no sabemos. Por ejemplo, existe la pregunta sobre si los rasgos de comportamiento pueden transmitirse de un burro a otro; actualmente, el jurado proverbial aún está deliberando sobre eso. Dado que se desconoce mucho sobre su genética, pero sabemos que su entorno y ambiente son en gran medida indicativos de su comportamiento y actitud, la forma en que son criados se vuelve cada vez más importante.

Los entrenadores tendrán los mejores resultados en términos de interacción con y relación hacia otros animales cuando son socializados desde una edad temprana con otros animales. Ellos aprenden de su entorno, por lo que solo los animales entrenados que expresan los comportamientos adecuados deben mantenerse con un burro en entrenamiento. A menudo, los burros son mantenidos junto a yeguas y potros. Yeguas bien entrenadas ayudarán a crear el ambiente para un burro bien entrenado. Es vital comenzar a interactuar y trabajar con ellos desde una edad temprana. Es mucho más difícil deshacerse de los comportamientos una vez que emergen, en lugar de reducir la probabilidad de que ocurran en primer lugar.

Los burros también pueden ser muy vocales cuando quieren comunicar algo y, aunque lleva tiempo, aprenderá qué significan los diferentes ruidos o qué emociones indican. Esto también lo ayudará a comunicarse de manera más efectiva con su animal y determinar qué está mal en caso de que el animal muestre angustia.

Masticar es un comportamiento increíblemente común entre los burros. Se sabe que muerden cualquier cosa, desde postes de madera para cercas hasta prendas de vestir que pueden haber quedado por ahí. También son conocidos por escapar, por lo que también es importante mantener las cercas bien cerradas y aseguradas.

Entorno

Los burros pueden vivir en una amplia gama de diferentes entornos y terrenos, lo que los puede hacer más versátiles que otros equinos con requerimientos de entorno más limitados. Si, por ejemplo, usted vive en terreno difícil o irregular, un burro es una opción mucho mejor que un caballo, ya que pueden navegar más fácilmente en un entorno incierto y son mucho más ágiles.

El burro evolucionó y se crio selectivamente para soportar largos viajes con escaso forraje para comer. Esto significa que pueden funcionar con mucho menos recursos que, por ejemplo, un caballo. Debido al entorno en que evolucionaron, son delgados, pero también increíblemente inteligentes y astutos, capaces de encontrar comida para navegar en entornos aparentemente inhóspitos.

En la naturaleza, es fácil para un burro mantenerse sano y en forma, a menudo en el desierto u otros tipos de entornos hostiles donde simplemente no hay suficiente comida para que tengan sobrepeso. Sin embargo, si se les da demasiado acceso a alimentos o forraje como animales de granja, pueden tener sobrepeso rápidamente, lo que puede ocasionar muchos problemas negativos de salud. Se recomienda un estricto horario de alimentación, y requieren poca alimentación suplementaria si se les proporciona una cantidad decente de área para navegar.

Los burros también evolucionaron para ser animales altamente activos y, por lo tanto, requieren una cantidad decente de estimulación física y mental, o podrían comenzar a comportarse mal o mostrar signos de angustia mental. Necesitan tener una cantidad adecuada de espacio para moverse.

Tampoco son muy buenos con los cambios, particularmente grandes cambios en su entorno. Si bien estos cambios no siempre pueden evitarse en ciertas circunstancias, es importante que, si es posible, cualquier cambio sea introducido lentamente para permitir que el burro se aclimate.

Bajo Mantenimiento

Una de las razones más importantes para tener burros es que su mantenimiento es relativamente bajo, especialmente en comparación con otros equinos conocidos por tener necesidades dietéticas delicadas y que a menudo requieren mucha atención veterinaria. Tienden a ser animales saludables y robustos que rara vez tienen problemas. No es que los burros no puedan enfermarse o nunca experimenten una salud negativa, pero comparativamente hablando, causan muchos menos inconvenientes que un caballo.

Los burros requieren muchas menos aportaciones que otros equinos. Pueden buscar su comida por sí mismos en gran medida y solo necesitan un poco de heno o paja suplementaria para sobrevivir. También comen, en términos de volumen, mucho menos que los caballos y otros equinos, lo que los convierte sin duda en una opción económica. Tampoco son tan caros desde el principio. Es bien sabido que requieren menos comida que incluso un poni del mismo tamaño.

Como animales de pastoreo, los burros comen casi cualquier vegetación rica en fibra y pueden encontrar suficiente nutrición en un terreno de barbecho relativamente pequeño. Dado que pueden comer casi cualquier cosa, encuentran gran parte de sus necesidades nutricionales en alimentos silvestres. Pueden explorar la vegetación hasta por 16 horas al día. Prefieren buscar plantas con mayor contenido de fibra, pero como se indicó anteriormente, casi cualquier vegetación les sirve. Cada animal requiere alrededor de medio acre de tierra para pastar.

Necesitan solo un poco de heno o paja suplementaria, principalmente en invierno, cuando es más difícil conseguir forraje. Necesitarán acceso regular al agua y beben más que otros animales equinos. Prosperan mejor cuando se les administran trazas diarias de sales minerales, que se discutirán en profundidad en el capítulo sobre alimentación.

Los burros son animales con pezuñas, como todos los otros equinos, y, por lo tanto, en ocasiones, requerirán mantenimiento en las patas. No tienen tantos problemas en las patas como se sabe que tienen los caballos, pero necesitarán recortar las pezuñas entre alrededor de 4 a 8 semanas. Y el burro también deberá ser empapado (desparasitado) regularmente. Como la mayoría de los equinos, necesitarán vacunas regulares contra enfermedades como la influenza, y cuando se les brinda este cuidado básico, rara vez necesitan más tratamiento médico que esto.

A diferencia de los caballos, los burros no tienen subpelo. Esto los deja más vulnerables a la lluvia y al frío, y requerirá protección contra los elementos.

Protección/Compañía

El burro está ganando popularidad como animal de compañía debido a su carácter muy social y afectuoso. Tienden a ser más tranquilos y relajados que los caballos, y a menudo se vuelven tan cariñosos con las personas, que comen de sus manos, y los saludan cuando entran en su espacio vital. Si bien pueden ser un poco tercos cuando se trata de aprender cosas nuevas, en realidad tienden a ser animales tranquilos y amables, pero a veces, los burros muerden a otros animales por ser demasiado ruidosos o para proteger su entorno si se sienten amenazados.

Los burros no solo son buenos compañeros para las personas, sino que también son mejores compañeros para otros animales. Se llevan muy bien con otros equinos, incluidas yeguas y potros. A menudo se presentan como un compañero a una yegua después de que le quitan sus potros. Casi siempre se llevan bien con otros burros, especialmente si son criados juntos desde que son pollinos.

No distinguen, y los perros pueden incluirse entre los animales que se escapan del patio. Si se crían con cachorros, estarán más acostumbrados a ellos y, por lo tanto, será menos probable que los muerdan. Sin embargo, son famosos por pellizcar para mantener a raya a un cachorro rebelde. Y también debe decirse que todos los burros son diferentes, y algunos simplemente no se llevarán con un perro, con cualquier perro, independientemente.

Debido a su naturaleza altamente territorial, los burros pueden usarse para proteger ganado como ovejas, cabras, vacas, etc. Sin embargo, la introducción debe ser gradual. Como mencionamos anteriormente, a los burros no les gustan los cambios drásticos, y son territoriales, por lo que deben ser introducidos lentamente a nuevos animales. Esto a menudo tiene lugar durante varias semanas, primero a través de una cerca u otra forma de protección, luego de forma supervisada, hasta que finalmente el burro puede quedarse solo con el ganado.

Para el burro, el ganado simplemente se vuelve parte de su entorno. Si bien seguramente protegerán el ganado en su territorio, protegen más el territorio que los animales, aunque el resultado sea el mismo. Aunque lleva tiempo, el burro a menudo se vincula con los otros animales, y pasa gran parte de su tiempo explorando cerca del resto del grupo.

Los burros no se molestarán con animales pequeños como pájaros o mapaches, pero huirán de perros, zorros y coyotes. Siempre están escuchando y están asombrosamente atentos a su entorno; a menudo investigan ruidos desconocidos o conmociones. A diferencia de los caballos, los burros no son tan propensos a correr ante los indicios de una amenaza potencial. Se mantendrán firmes e incluso atacarán si la expulsión del intruso no tiene éxito.

Golpear y morder son las dos formas de defensa más comunes. También usarán amenazas auditivas como rebuznos fuertes.

Si es posible, es mejor criar al burro con otros animales en el área. De esa manera, es menos probable que alguna vez se vuelva contra la mascota de la familia o el ganado, y el animal se vinculará más sólidamente con el ganado.

Aquí, debemos señalar que los burros machos intactos no son la mejor opción para este propósito. La mayoría de las veces, se utilizan hembras o burros castrados con fines de vigilancia y protección.

Trabajo

Durante su relación milenaria con los humanos, los burros han sido apreciados por su bajo mantenimiento y habilidad para trabajar. Los burros son animales que trabajan muy duro y, aunque no tan común hoy en día, alguna vez fueron el principal animal de trabajo en varios entornos, en su mayoría inhóspitos. Su resistencia y capacidad para trabajar en condiciones difíciles es parte de lo que los hizo atractivos para el hombre durante todos estos miles de años.

Aunque hoy muchos los mantienen como animales de compañía, los burros son excelentes como animales de trabajo y pueden realizar varias funciones. Como mencionamos brevemente anteriormente, los burros pueden ser excelentes para montar. Esto es especialmente cierto para niños, adultos mayores, o personas con discapacidad.

Por supuesto, los burros no son grandes e intimidantes, tienen un buen comportamiento y, a menudo, causan menos miedo a los niños pequeños que los caballos. Lo más importante de todo es que los burros son muy pacientes, lo cual es muy importante para enseñar a un niño a montar. Como son tan amables y a menudo cariñosos, interactúan mejor con los niños además de tener un tamaño más razonable para montar.

Aunque en la actualidad se utilizan más en un entorno de trabajo, también son excelentes para cargar animales e incluso pueden transportar pequeñas cargas en carritos. Pueden llevar hasta 100 libras en su lomo, y pueden tirar el doble de su peso corporal a nivel del suelo, por ejemplo, usando un carrito.

Capítulo 2: Razas de Burro: Estándar vs. Miniatura

Como ocurre con muchos animales, hay muchas subespecies o razas de burros, las que varían en tamaño, color, temperamento, habilidad y más. La palabra "burro" es un término comúnmente usado para referirse a animales del género Equus asinus, y se deriva de la palabra española "borrico", la cual simplemente significa "burro". Muchas personas usan la palabra burro para referirse a burros miniatura. En el sudoeste estadounidense, es cada vez más común escuchar el uso de la palabra española burro.

La Sociedad Estadounidense de Burros y Mulas usan el término "burro" (en español), para referirse a animales de tamaño mediano que descienden de especies salvajes de burros y no la usan en relación con burros miniatura o razas excepcionalmente grandes. Esta diferencia semántica puede causar un poco de confusión, dependiendo del origen del sitio web, libro o la persona con la que está hablando. Es probable que su lugar de origen afecte los términos que utilizan para referirse a este animal.

Los burros han sido criados selectivamente por miles de años para resaltar una variedad de características o comportamientos. Los predecesores de esta especie todavía pueden encontrarse en la naturaleza en muchos lugares, aunque son cada vez más raros. Se sabe que los burros estándares domésticos escapan y vuelven a un estado más salvaje o silvestre, viviendo sus días en la naturaleza.

Los burros miniatura son animales completamente domesticados y no se encuentran en la naturaleza, y no les iría particularmente bien si escaparan.

Las estimaciones sugieren que hay 50 millones de burros en todo el mundo, lo que los convierte en una especie equina popular, aunque muchos no están familiarizados con su uso como animales de trabajo o compañía.

Historia y Tipos de Burro

Como se indicó en el capítulo inicial, los humanos tienen una relación de larga data con el burro que se remonta a unos 6.000 años. Esta larga historia ha sido testigo de muchos cambios no solo en la cultura humana y la sociedad, sino también en la apariencia y el temperamento del burro. Las diferentes razas de burros variarán en tamaño, color y temperamento, pero la historia general del burro es aproximadamente la misma independientemente de la raza.

Una Breve Historia del Burro

Los burros son especies equinas, y hace millones de años, el burro, el caballo y otras especies equinas descendían del mismo animal antiguo. Sus caminos genéticos han divergido mucho desde entonces, pero son parientes lejanos en el árbol genealógico genético. Los caballos y los burros, aunque relacionados, tienen una biología y temperamento muy diferentes, por lo que las similitudes terminan en el hecho de que ambos son especies de equinos con pezuñas.

Los burros tienen dos linajes genéticos distintos. Estos linajes evolucionaron en climas bastante diferentes, y sus diferencias son muy importantes para su temperamento y el cuidado que necesitan. Los principales linajes son el asiático y el africano, los que a su vez serán examinados.

El linaje asiático de burros incluye varias especies, pero todas provienen aproximadamente de la misma zona entre el mar Rojo y el Tíbet. Esta es una zona demográfica enorme con condiciones ambientales muy diferentes. Los burros asiáticos evolucionaron para lidiar con una amplia gama de entornos, desde un entorno desértico más típico hasta grandes altitudes y terrenos inestables, como lo que se encuentra en el Tíbet. Hay una variedad de especies derivadas del burro asiático.

El linaje africano no incluye tantas especies y cubre un nicho ecológico grande, pero ambientalmente más similar. Los burros africanos se encuentran entre la costa del mar Mediterráneo y el sur del mar Rojo, usualmente en regiones increíblemente secas como el desierto del Sahara. Las dos especies africanas son el burro salvaje nubio y el somalí. Este es el linaje de la mayoría de los burros domésticos modernos.

Los burros se han domesticado durante unos 6.000 años, y se cree que la domesticación se originó en el norte de África. Los animales fueron originalmente domesticados para obtener carne, leche y pieles. No se utilizaron como bestias de carga hasta hace unos 2.000 años, al menos según la evidencia que hemos encontrado.

Los burros domesticados que se utilizaron por primera vez como animales de tiro fueron puestos a trabajar, haciendo el largo viaje de 4.000 millas a través de la Ruta de la Seda, llenos de carga. Este viaje, dado que se hacía a pie, podía tardar un par de años en completarse. Este viaje de larga distancia resultó en la cría entre razas dispares que alguna vez estuvieron geográficamente alejadas, ayudando a crear el complicado surtido de variedades de burros que vemos en tiempos modernos.

Su uso para transportar carga en las Rutas de la Seda expuso a otros pueblos a su miríada de usos. Los griegos descubrieron que los burros eran ideales para atravesar los caminos estrechos y rocosos que componen las tierras griegas y que son lo suficientemente pequeños como para navegar entre viñedos; las uvas son una parte muy importante de la vida y la economía griegas. Ya que eran un animal tan bueno para trabajar en los viñedos, el burro se extendió a otras regiones vitivinícolas como España. Si bien parece una distancia increíblemente larga, de alguna manera yendo desde África a España, la costa de España y la costa del norte de África están a solo unas pocas millas de distancia en ciertas áreas.

Podemos agradecer a los romanos por la entrada del burro en Europa continental. Los romanos usaban burros para el trabajo agrícola, usándolos típicamente como insumos agrícolas o para transportar productos. Dondequiera que los romanos plantaran vides en los lugares que conquistaban, lo que corresponde básicamente a cualquier lugar donde pudieran crecer, los burros eran traídos. Había viñedos tan al norte como Alemania y Francia durante el imperio.

Cuando los romanos invadieron Inglaterra, también trajeron al burro con ellos. Los historiadores fecharon esta introducción alrededor del año 43 e. c., cuando los romanos invadieron Gran Bretaña. Si bien había algunos burros dispersos en uso en esta área en ese momento, no fue hasta el siglo 16 que se convirtieron en algo común en las islas británicas.

Con la invasión de Irlanda por Oliver Cromwell, se introdujeron más burros en el área para ayudar con el esfuerzo de guerra. No fueron utilizados como el principal animal de carga, pero pudieron compensar la escasez de caballos con su trabajo. Se estima que había unos 250.000 burros que pertenecían al ejército británico al final de la Primera Guerra Mundial, lo que demuestra lo útiles que resultaron ser para los militares.

Con una historia larga y legendaria, evolucionar y ser criado selectivamente junto con los humanos, a medida que se desarrollaban civilizaciones cada vez más complejas y globales, muestra cuán estrecha es la relación entre la evolución del burro y la intervención humana.

Razas de Burros Estándar

Hay muchas razas de burros diferentes. Según informes de los países contabilizados por el Sistema de información sobre la diversidad de los animales domésticos dentro de la Organización de las Naciones Unidas para la Alimentación y la Agricultura, hay más de 172 razas de burros en todo el mundo, la mayoría de las cuales son muy raras y específicas de una región, y se piensa que algunas razas están extintas.

Si bien existe una variedad de burros, las razas de burros de propiedad más comunes son el Grand Noir Du Berry, el burdégano, la mula, el Poitou y la miniatura, cada uno de los cuales tendrá su propia subsección a continuación. Examinemos cada una de estas razas comunes.

Grand Noir du Berry

Esta raza de burro recibe su nombre de la región francesa de Berry de donde es originaria. Los machos miden generalmente alrededor de 135-145 cm en la cruz (la porción más alta del burro entre los omóplatos) y las hembras alrededor de 130 cm. Como su nombre lo indica, sus pelajes son típicamente negros, pero pueden ser de otros colores como el castaño, castaño oscuro o gris.

Esta raza de burro a menudo tiene el vientre, boca, muslos y partes de la pierna grises. No tienen la cruz típica que muchas personas asocian con los burros, y tampoco tienen rayas en las patas. Los Grand Noirs tienen un excelente temperamento y son increíblemente fuertes para su tamaño.

Al principio, se descubrió que eran más útiles que otros animales en el trabajo con los viñedos, y por lo tanto, eran el principal animal utilizado para este tipo de agricultura en la región. Su tamaño les facilita viajar entre las estrechas hileras de vides mejor que los caballos. En el siglo 19, el burro reemplazó la fuerza humana para tirar de barcazas por el canal de Berry y, una vez que se acercaban a París, su destino habitual, el canal de Briare.

El Grand Noir ha sido estandarizado como raza por organizaciones locales que promueven su cría y uso. Tienen un excelente temperamento y a menudo se eligen como animales de compañía o mascotas. Hasta el día de hoy, el Grand Noir aún es usado por pequeños agricultores y para llevar grupos de turistas mientras recorren la región.

Burdégano

Un burdégano es un cruce entre una burra y un caballo macho. La mayoría de las veces tienen las características externas (por ejemplo, rasgos faciales) de un caballo, pero el tipo de cuerpo y el tamaño de u n burro. Esta es una raza más pequeña y rara que muchas de las otras, y a menudo puede confundirse con una mula. Esta raza también es genéticamente rara. Los caballos tienen 64 cromosomas y los burros tienen 62; el burdégano tiene 63.

El color y el patrón del pelaje pueden variar ampliamente entre burdéganos. El pelaje y el tipo de patrón que tenga el burdégano dependerán en gran medida del pelaje y las marcas de los padres, más que con otras razas de burro.

Se sabe que los burdéganos masculinos intactos son muy agresivos, y se debe tener extrema precaución al interactuar con ellos. Tampoco deben mantenerse cerca de ganado u otros animales. Debe elegir un macho castrado para evitar potenciales problemas.

Mula

No pasaremos mucho tiempo hablando de la mula en esta sección, ya que más adelante les dedicaremos un capítulo completo. Esta raza es muy común en los Estados Unidos y es mucho más común allí que en Europa y el resto del mundo.

La mula es una mezcla entre un burro macho y una yegua.

Poitou

Esta es otra raza de burro que adquiere su nombre de la región en que se originó, en este caso, Poitou, Francia. El Poitou es una de las razas más grandes de burros y se distingue por su tamaño y su pelaje único, grueso y a menudo enredado.

Los machos adultos se llaman *baudet* y miden entre 142 y 153 cm de altura, aunque pueden ser más grandes. Las hembras se llaman *anesse* y suelen ser una mano (alrededor de 4 pulgadas) más cortas, y sus pelajes no suelen ser tan gruesos.

En épocas pasadas, esta era una raza comúnmente utilizada para la cría de mulas, y sus genes atravesaron el planeta a través de este proceso. Ahora, se usan con menor frecuencia para criar mulas, ya que cualquier raza de burro es adecuada, y su población se redujo. No hubo mucha demanda de Poitous de raza pura, por lo que hubo una enorme caída en su población, y entraron en una disminución significativa en la década de 1950.

Preocupados de que el Poitou pudiera extinguirse, se encargaron estudios en la década de 1970, y mostraron que las hembras estaban teniendo menos preñeces, y también que menos preñeces estaban llegando a término. Esto llevó al lanzamiento del movimiento Save the Baudet (SABAUD, Salvemos al Baudet en español), que continúa hasta el día de hoy. Esta organización fue lanzada en un esfuerzo por evitar la extinción del animal, y para encontrar formas de aumentar su población.

Se han abierto libros de orígenes, y se comparte información para ayudar a fomentar la cría y la existencia continua de la raza de burro Poitou. También se han establecido programas experimentales de reproducción para encontrar formas más efectivas para lograr una reproducción exitosa. Aunque el proceso es lento y arduo, la población volvió a subir a mediados de los noventa, y el esfuerzo continúa.

Burros Miniatura

También llamado burro miniatura del Mediterráneo, esta es una raza totalmente separada de los que se consideran burros estándar. Son originarios de las islas de Cerdeña y Sicilia.

Para que el animal se considere realmente como miniatura, no puede medir más de 91 cm en la cruz. Su ascendencia también debe documentarse como miniatura para ser oficialmente considerados parte de esta raza.

Estos son animales extraordinariamente pequeños y dulces, y son una de las razas de burros más conocidas por su ternura. Vienen en una amplia variedad de patrones de colores diferentes, y pueden tener o no marcas. Varían entre negro, gris, marrón, crema, castaño, manchado y pardo (animales con manchas blancas y de otro color, pero generalmente no negras).

La historia de estos animales es interesante. Dado que son tan pequeños, los campesinos los encontraron muy útiles para tornear piedras de moler dentro del hogar para moler el grano. Se hicieron tan conocidos por este uso que en el siglo 18 esta tarea adquirió proporciones más industriales. Los animales se usaban en molinos de granos a gran escala y se les vendaban los ojos, dejándolos torneando las máquinas hora tras hora, moliendo cantidades masivas de grano. Afortunadamente, ya rara vez cumplen esta función, especialmente no a nivel industrial.

Como ocurre con otras razas de burros, también pueden usarse para trabajos agrícolas a pequeña escala. También resultaron ser especialmente útiles para transportar agua y otros suministros a través de regiones montañosas o inhóspitas. Hoy en día, se mantienen más comúnmente como mascotas, ya que son conocidos por su temperamento suave y dulce, y su tamaño es más propicio para ser una mascota.

Capítulo 3: Comprando Sus Burros: Selección, Costo, y Otros Consejos

La compra en sí de burros parece ser la parte más fácil del proceso de propiedad, pero en realidad viene con un montón de consideraciones importantes. Estos animales requieren cuidados especiales y son longevos, lo que muestra por qué es importante considerar una variedad de aspectos antes de comprar un burro. Algunos pasos importantes en el proceso de compra pueden ayudar a garantizar que tome una buena decisión y haga una buena inversión con su dinero.

Consideraciones a Tener en Cuenta al Comprar Burros

Se necesita un poco de investigación y la debida diligencia para asegurarse de obtener animales que se adapten a sus necesidades y habilidades específicas. Esto no es como hacer una compra impulsiva de algo que no importa; los burros son criaturas vivientes con necesidades emocionales y físicas de las que usted será responsable de proporcionar. Debe comprender claramente lo que implica tener y criar burros para cualquier propósito, pero también el propósito específico con el que pretende utilizarlos.

En realidad, no hay una tienda de mascotas donde pueda comprar un burro, por lo que tendrá que hacer algunas investigaciones, y lo que sigue son consejos acerca de cómo buscar el burro adecuado para sus necesidades. Tendrá que hacer mucho trabajo preliminar, pero estos animales son una inversión, y una a largo plazo, por lo que tiene mucho sentido asegurarse de saber en qué se está metiendo, y de obtener un animal sano que esté entrenado o que sea adecuado para los usos previstos.

Primero, Una Advertencia Sobre Comprar En Línea

Al igual que con la mayoría de las cosas hoy en línea, puede mirar y comprar burros en línea, pero debe tener mucha precaución al hacer esto, y no es recomendable que compre animales en línea, sin haberlos visto físicamente primero. Por muy bueno que sea Internet, también es un lugar donde las estafas y la gente dudosa están por todas partes. Es extremadamente fácil hacer un sitio web de apariencia profesional y tomar fotografías de animales felices y sanos de otros lugares en la web y usarlas como propias.

Los testimonios de clientes también se pueden falsificar y comprar fácilmente en línea. Es por eso que es imperativo que, si está buscando burros en línea, haga esa investigación adicional para asegurarse que el criador o proveedor sea realmente legítimo y sea quien dice ser. Puede realizar compras exitosas de animales en línea, y muchas personas lo hacen debido a la conveniencia, pero no debe buscar o comprar animales en línea sin verlos. Nunca trate con alguien que sea reacio o que simplemente se niegue a dejarle ver a los animales en persona antes de comprarlos. Esta es una enorme señal de alerta de que la operación no es legítima, y que puede ser estafado por su dinero o terminar con un animal insalubre o de mal genio por el cual luego gastará tiempo (y a menudo dinero) averiguando qué hacer con él.

Internet puede ser un buen punto de partida para realizar compras. Puede ser una excelente fuente de información para todo lo que necesite saber sobre los burros y su cuidado, pero no es el lugar ideal para llevar a cabo todo el proceso de compra, ya que hay muchas cosas que necesita ver en persona a la hora de decidir qué animal o animales comprará.

Consideraciones Generales

Como mencionamos brevemente en la introducción, se requiere algo de investigación para determinar qué tipo de burro comprar y dónde comprarlo. Debe considerar sus expectativas, su nivel de habilidad y conocimiento, la cantidad de espacio que tiene disponible. Hay recursos relacionados con la propiedad y el cuidado a largo plazo de los burros, y usted debería poder administrarlos y no solo hacer la compra inicial. Puede ganar dinero criando y usando burros para actividades específicas, pero aun así requieren aportaciones regulares, entrenamiento, atención médica, etc.

Recuerde, los burros a menudo viven hasta los 30 años o más. No es como comprar un pescado; es una inversión y un compromiso a largo plazo. Debe poder comprometerse con décadas de cuidado y propiedad.

A menos que tenga el burro como mascota, y a veces incluso en ese caso, querrá que el burro tenga otros burros como compañía. Son animales increíblemente sociales, y cuando no tienen contacto con otros equinos rara vez les va bien, y tienen mucha angustia emocional.

Considere el espacio que tiene que dedicar a los burros. Puede que mire a su alrededor y piense que tiene suficiente espacio para una cantidad 'x' de burros, pero deben tener suficiente espacio para correr y tener suficiente espacio para navegar. Cada animal necesitará al menos medio acre para navegar, por lo que deberá planificar el tamaño de su recua.

Dado que nos podemos poner nerviosos cuando nos ponen en el lugar, tenga una lista de preguntas preparada de antemano, para que no olvide hacer todas las preguntas pertinentes al criador o proveedor. Conozca qué tipo de animal (raza, temperamento, o entrenamiento, etc.) está buscando, para que el creador tenga la información que necesita para ayudarlo a elegir los mejores animales. Cuando haya reducido su selección, pida ver a los animales en una variedad de entornos. Pida verlos en los establos, en el pasto, siendo preparados, y pida ver sus patas para asegurarse que sus pezuñas estén bien cortadas y en buen estado.

No debe tener un propósito emocional por creer que un animal es lindo o tierno. Usted quiere los animales para un propósito específico, y quiere asegurarse de escoger un animal basado en dichas necesidades y deseos. Es fácil quedar atrapado en los tiernos ojos de un burro cariñoso, pero si esa personalidad o conjunto de habilidades no sirve para los propósitos para los que está adquiriendo el animal en primer lugar, no será una buena opción. Esto no es algo para lo cual quisiera sentir remordimiento del comprador.

Vea Por Sí Mismo Físicamente a los Burros

Ya sea que busque un criador o proveedor potencial en línea, o simplemente se conecte con alguien local, es crucial que usted físicamente a ver a los animales, para asegurarse de que está obteniendo lo que dicen que está recibiendo. Aunque hay muchos criadores de burros excelentes, conocedores y de buena reputación, también hay personas que solo buscan ganar dinero rápido. Quizás no saben lo que están haciendo o simplemente recortan gastos para reducir costos, lo que puede llevarlo a cargar con un animal insatisfactorio o poco saludable.

Cuando sea posible, lleve a alguien con un amplio conocimiento y mucha experiencia con burros. Ellos sabrán qué buscar, preguntas en las que quizás usted no haya pensado, y señales de alerta que podrían indicar que las cosas no son lo que parecen.

Especialmente cuando compra un burro de pura raza o miniatura, debe asegurarse que realmente está obteniendo lo que cree que está obteniendo. Las razas puras y las miniaturas tienen un precio más alto que otros burros, por lo que debe asegurarse de estar obteniendo realmente una raza oficial y legítima.

Al ir a ver a los animales, no solo puede estar seguro de que está obteniendo la raza que desea, sino que puede ver las condiciones en las que se mantiene el animal. Usted quiere animales que se mantengan en condiciones limpias, saludables y seguras, para que no lleguen a usted enfermos y estresados. Es imperativo programar una cita para ver a los animales, pero los expertos recomiendan que los visite más de una vez.

Si es posible, preséntese inesperadamente en su segunda visita, para que sepa que no han creado un entorno falso o idealizado simplemente para usted. Quiere saber cuáles son las condiciones reales en las que se mantiene al animal.

Además, para asegurarse de que está obteniendo la raza que espera y que los animales estén en buenas condiciones físicas, también debe asegurarse que esté obteniendo un animal con el temperamento y/o entrenamiento adecuados para sus necesidades deseadas. Buscará cosas bastante diferentes cuando busque un burro para que sea una mascota en lugar de un burro que se usa para cuidar el ganado. Comprenda claramente sus expectativas y necesidades al decidir qué razas o animales específicos serán los más adecuados para usted.

Por ejemplo, si quiere un burro que sea bueno para los niños pequeños que estén aprendiendo a montar, no quiere un animal fresco y sin entrenamiento. Se necesita mucha habilidad, experiencia y años de entrenamiento para preparar a un burro para que acepte y tolere ser montado para que sea seguro de montar para los niños. No confíe en la palabra de los criadores; siempre es mejor exigir pruebas y estar seguro.

Si el criador o vendedor le dice que el animal ha sido manejado o entrenado, solicite pruebas. Pida ver al animal interactuando con personas y siendo montado, para saber que está obteniendo un animal que será seguro para que sus niños lo monten.

Un Comentario Sobre los Machos

Los machos intactos son bien conocidos por ser bastante agresivos y difíciles de manejar y entrenar. Pueden ser impredecibles y peligrosos para las personas que carecen de experiencia. La mayoría de los expertos recomiendan conseguir machos castrados a menos que planee criarlos. Incluso si planea criarlos, deberá mantener al macho intacto alejado de otros animales y tener mucha precaución al manipularlos para su cuidado. Es mejor conseguir un macho castrado o asegurarse de tener los costos de castración incluidos en sus cifras de compra.

El castrado puede ser un proceso complicado que involucra a alguien con experiencia y especialidad, y es caro castrar a un macho después de la compra. Muchos criadores y proveedores ya tendrán machos castrados a la venta, y se recomienda elegir aquellos.

Un Comentario Sobre las Miniaturas

También debemos discutir los detalles acerca de la compra de burros miniatura. Dado que esta es una raza especializada, generalmente tienen un precio más alto que otros burros, incluso algunas variedades de raza pura. El animal, como se dijo anteriormente, debe cumplir con ciertos criterios para ser oficialmente una miniatura y, por lo tanto, tener un precio más alto. Si está buscando un burro miniatura, asegúrese de que el criador pueda brindarle una prueba de edad y paternidad.

Aunque no es tan común, la gente ha tratado de hacer pasar burros más pequeños o incluso burros mayores enfermos y desnutridos, como miniaturas, por lo que quiere tener pruebas por la tranquilidad que esto brinda.

Costo

Dado que cualquier animal requerirá un cuidado regular y continuo, deberá conocer todos los costos involucrados no solo en la compra de los animales, sino también en su cuidado. Deberá presupuestar el heno, el agua, la protección contra los elementos, los suplementos de trazas de sales minerales, el desparasitado, y el corte regular de las pezuñas. Para mantener a los burros saludables, se recomiendan vacunas anuales contra enfermedades contra la influenza. La cría de animales vendrá con una amplia gama de costos demasiado detallados para este tipo de resumen básico.

Generalmente, dependiendo de la raza, edad y entrenamiento de los animales, el precio de los burros oscilará entre los 500 y los 2000 dólares.

Después de elegir sus animales y hacer la compra, solicite un recibo escrito que contenga la mayor cantidad de información pertinente posible. El recibo debe incluir la siguiente información:

- Nombre del proveedor

- Dirección del proveedor

- Número de teléfono y dirección de correo electrónico del proveedor (si corresponde)

- Fecha de venta

- Costo de venta

- Cualquier información adicional como la inclusión de destino o transporte

Pasaportes Equinos

Para comprar legalmente un burro, deberá tener un certificado de venta y un pasaporte equino. Todos los burros deben venir con un pasaporte equino, de lo contrario no será una compra legalmente reconocida. Primero, quiere confirmar antes de visitar al proveedor que todos sus animales tienen pasaportes equinos legítimos. También quiere solicitar ver el documento antes de finalizar la compra.

Dado que hay un elemento legal en esto, deberá asegurarse de tener todo organizado. No basta con tener la palabra del criador de que todos los animales tienen pasaporte equino; debe ver el documento y asegurarse de que sea oficial.

Cuando se le muestre el pasaporte, deberá verificar que la información del criador o proveedor sea correcta y lo que le dieron al trabajar con ellos. También puede considerar consultar con el emisor de los pasaportes para asegurarse de que sean válidos. Si no tiene el certificado de compraventa y el pasaporte equino, no solo podría terminar siendo multado en ciertas áreas, tampoco tendrá recursos legales si hay algún problema.

Una vez que haya hecho su tarea, haya realizado una visita o dos y haya escogido a sus animales, es hora de hacer la compra definitiva y decidir cómo llevará los animales a casa. Algunos criadores y proveedores incluirán el transporte en el costo del animal; otros esperan que usted encuentre su propio medio de transporte, lo que implicará el uso de un remolque y un camión adecuado para tirar de un remolque de animales.

Si el costo del transporte está incluido en su compra, solicite ver el remolque en el que se transportan los animales. Quiere asegurarse de que esté en buenas condiciones y de que sea un espacio seguro para que viajen los animales. No quiere tener demasiados animales en un remolque donde pueden estar inseguros, incómodos y estresados. Eso hace que la estadía del animal en su nuevo hogar no tenga un buen comienzo. Es mejor si puede haber el menor estrés posible, lo que, por supuesto, no es fácil, especialmente si los animales tienen que soportar viajes de larga distancia para llegar a su nuevo hogar.

Si usted es el responsable de su transporte, deberá poseer u obtener acceso a un camión adecuado para transportar un remolque de animales. Luego, necesitará un remolque de tamaño adecuado para la cantidad de animales que pretende transportar. Deberá asegurarse de que los animales estén debidamente protegidos y asegurados en el remolque, para no correr el riesgo de sufrir lesiones durante el viaje de un lugar a otro.

Capítulo 4: Alojando a Sus Burros

Si bien los burros son animales resistentes, evolucionaron en climas más cálidos donde no hay demasiada lluvia, podría tener terreno inestable y, a menudo, tienen forraje muy pobre en nutrientes para comer. Este es el clima en grandes áreas del mundo, pero en lugares como Estados Unidos y Europa, el clima puede ser muy diferente, con largos períodos de frío y, a veces, mucha lluvia. Como señalamos en una sección anterior, los burros no tienen subpelo como los caballos, por lo que no tienen protección contra la lluvia o el clima frío, ni pueden tolerar quedar expuestos a ellos por mucho tiempo.

Un refugio básico es necesario para cualquier lugar donde llueva regularmente o que tenga invierno. No es necesario que el refugio sea enorme ni nada extremadamente complicado tampoco. Las estructuras simples hechas de materiales básicos funcionarán bien. Solo debe asegurarse de que los animales tengan el espacio adecuado, la protección adecuada contra los elementos, y un ambiente seguro para buscar protección contra los elementos.

No es necesario ser un constructor o un carpintero profesional para construir un refugio simple. Con solo un conocimiento básico de cómo usar herramientas básicas y los suministros adecuados, puede construir un buen refugio que mantendrá a sus animales seguros, incluso en condiciones difíciles. A continuación, se muestran algunas instrucciones básicas sobre cómo construir un refugio simple para sus burros. Es posible que deba investigar alguno de los términos si no está familiarizado con ellos, pero usamos un lenguaje lo más simple posible para explicar los pasos necesarios para construir un refugio.

Un plan y un viaje a su ferretería local es todo lo que necesita para comenzar. Eso, y un buen trabajo duro, porque construir un refugio, incluso uno simple, es un duro trabajo. La mayoría de las personas, incluso aquellas con habilidades rudimentarias de construcción, pueden armar un refugio simple en solo unos días. Si está construyendo un recinto para solo un par de animales, es probable que pueda completar el proyecto durante un fin de semana si tiene un poco de ayuda.

Cómo Construir un Refugio Básico para Burros

Quiere crear un recinto seguro y cómodo para sus animales que les brinde la cantidad de espacio y las cosas que necesitan para mantenerlos a salvo de los elementos. Deberá asegurarse de que su refugio sea lo suficientemente grande para sus animales. La mayoría de las veces, los burros prefieren estar al aire libre, por lo que es probable que pasen la mayor parte del tiempo fuera del recinto, pero debe asegurarse de que haya suficiente espacio en caso de que todos los animales quieran buscar refugio simultáneamente.

Si solo tiene un par de animales, un recinto de 8 por 8 pies será suficiente. Si tiene muchos animales, deberá asegurarse de brindarles un espacio adecuado. La mayoría de los expertos recomiendan alrededor de 40 pies cuadrados por animal.

Las instrucciones básicas que usamos en esta guía suponen que solo habrá burros en el recinto. Deberá encontrar pautas más específicas si está buscando alojar a sus burros con otros equinos u otros animales, ya que sus necesidades son algo diferentes. Se requerirá una planificación más complicada para mantener seguros a todos los animales y al mismo tiempo satisfacer sus necesidades individuales.

Al decidir un plan para su refugio, considere su paisaje y el clima en su área. Esto determinará lo que necesitará incluir en sus diseños.

Una vez que haya decidido qué tan grande desea que sea la estructura, querrá escribir un plan simple con las medidas adecuadas para su recinto. El tamaño del espacio no solo dependerá del número de animales que tenga, sino del espacio abierto que tenga disponible en su propiedad.

Tener un buen plan hará que sea mucho más fácil encontrar lo que necesita en la ferretería, para que no se quede atascado haciendo múltiples viajes porque sigue olvidándose de algo. Necesitará herramientas como una línea de albañil, martillos, clavos y tornillos; un taladro eléctrico puede ser muy útil. Para la estructura en sí, necesitará:

- Postes de madera de tamaño adecuado para un marco
- Vigas de madera de tamaño adecuado para construir el marco de la pared lateral
- Madera para el techo
- Soportes de vigas

- Tejas

- Pegamento para tejas

- Clavos o tornillos

- Concreto (opcional, algunos construyen pisos de madera, ya que son mejores para las pezuñas)

- Encuadre de la puerta

- Aglomerado o láminas de madera para revestir las paredes enmarcadas y sellar el recinto

Para comenzar, necesitará cimientos. Es mejor si los cimientos del refugio están lo más nivelados posible con el terreno circundante. Es probable que desee excavar los cimientos para que, después de colocar la madera o el concreto, quede prácticamente a ras del suelo. Los cimientos son uno de los elementos más importantes del refugio, y se debe tener mucho cuidado para asegurarse de que la estructura esté en una base nivelada.

La mayoría de las personas miden sus cimientos usando una línea de albañil, ya que es una forma simple y efectiva de crear un espacio de tamaño uniforme. Algunas personas usan concreto para los cimientos, pero esto puede ser áspero para las pezuñas del burro, por lo que debe revestirse con tierra o heno. Otros harán un piso de madera (tenga cuidado de que no haya mucho espacio entre las tablas para que se atasque una pezuña), mientras que otros simplemente dejan el piso de tierra. Solo depende de su tierra y sus preferencias; solo desea asegurarse de que no estén de pie durante períodos prolongados de tiempo sobre superficies duras y rugosas.

Una vez que haya construido sus cimientos, es hora de construir un marco de postes para la estructura misma. Las estructuras con marcos de postes son más simples de construir que cualquier otro estilo, y son conocidas por ser resistentes y duraderas. También son más económicas de construir que muchos otros tipos de estructuras. Especialmente si no tiene muchas habilidades de construcción, esta es la estructura para usted.

Un marco de postes consta de postes de manera gruesos, resistentes y verticales que soportarán el peso de la estructura y, por lo tanto, deben estar firmemente arraigados en el suelo. Se recomienda que sus postes se coloquen alrededor de 2 pies (24 pulgadas) en el suelo para darles la fuerza que necesitan para sostener el techo sólidamente.

La mayoría de las maderas hechas para uso en exteriores han sido tratadas, y los burros muerden casi cualquier cosa, especialmente madera. Quiere asegurarse de restringir el acceso a cualquier madera tratada para asegurarse que el burro no se enferme.

Una vez que haya colocado en su lugar los postes principales que soportarán carga, usará trozos de madera horizontales para encuadrar el resto del refugio alrededor de su perímetro. Esto finalizará el marco básico del recinto y será el lugar donde pondrá las paredes y/o el revestimiento exterior del refugio. Este paso viene después de que los soportes del techo y las vigas estén en su lugar.

Entonces, naturalmente, a continuación, llegamos a los soportes del techo. Para mantener el techo en su posición y estable, necesitará vigas de techo. Deberá instalar soportes de vigas a lo largo del borde superior de su marco de madera en los lugares donde pondrá las vigas de madera. Una vez que los soportes estén en su lugar, podrá instalar las vigas de madera.

Al construir el techo, debe considerar la cantidad de nieve que recibe regularmente y asegurarse que el techo pueda soportar esa cantidad de peso. Si no está seguro de que pueda soportar el peso, es posible que deba salir y limpiar regularmente la nieve del techo, lo que puede ser una verdadera molestia.

Una vez que haya colocado las tablas y los materiales del techo, coloque las tejas, ya que esto evitará que la madera se pudra, y evitará que se expanda y contraiga excesivamente por los cambios de temperatura.

Antes de comenzar a apuntalar los lados y el interior de la estructura, debe considerar la puerta. Algunas personas tienen una puerta típica de establo en sus refugios. Esto está bien, pero quiere asegurarse de que la puerta sea lo suficientemente alta como para que el burro no pueda saltar sobre ella, y lo suficientemente corta como para que pueda ver por encima. Algunas personas simplemente no tienen una puerta, lo que le da al burro la libertad de salir y entrar cuando quiera. Si decide no tener una puerta, considere la dirección más común de donde proviene el viento, y coloque la puerta lo mejor posible en dirección opuesta al viento.

Muchas personas que han sido dueñas de burros por mucho tiempo afirman que sus animales prefieren el estilo abierto en lugar de tener una puerta de establo tradicional, pero esto solo depende de los animales y de las preferencias del dueño. Dado que los burros suelen preferir estar al aire libre en entornos naturales, puede ser más fácil no tener una puerta y permitirles elegir si quieren estar adentro o no. Sin embargo, la puerta del establo le permitirá controlar cuándo se encuentran dentro o fuera del refugio. Nuevamente, simplemente depende de lo que usted prefiera. El tamaño ideal de una puerta para el recinto de un burro mide 4 pies por 3 pies con 6 pulgadas.

Una vez que se haya tomado esta decisión, deberá colocar sus paredes exteriores. Puede usar tablas tratadas contra la intemperie si desea mantener toda la estructura en un estilo de tabla de listones, o puede revestir las paredes exteriores con el revestimiento de su elección. Una cosa a tener en cuenta es que sus animales no deben tener acceso a madera tratada, ya que pueden morder la madera. Muchos veterinarios argumentan que la madera tratada puede enfermar a los animales.

Deberá apuntalar el interior de la estructura para mantener a los animales alejados de la madera tratada, y tener un lugar para colocar los recipientes para comida y agua. Muchas personas simplemente recubren el interior de la estructura con láminas de aglomerado para proporcionar un aspecto más acabado y evitar que los animales muerdan las tablas y los postes tratados.

La ventilación y el flujo de aire también son importantes, por lo que algunas personas dejan un poco de espacio entre los cimientos y las paredes de la estructura para permitir que el aire fluya más fácilmente a través del refugio. También puede dejar un poco de espacio entre las tablas en las paredes si elige no revestir la estructura, pero quiere asegurarse de que no sea lo suficientemente ancha para que las pezuñas de un animal queden atrapadas entre las tablas.

Algunos utilizan extractores de aire con contraventanas con cerradura como método de ventilación, y esta es una excelente opción, especialmente si tiene una gran cantidad de animales. La humedad puede salirse de control rápidamente en un recinto mal ventilado, lo que puede hacer que los animales se enfermen.

Otros Elementos del Refugio

En la naturaleza, los burros pastan con la cabeza gacha, por lo que comer del suelo es su forma natural de alimentarse. Un comedero a nivel del suelo para heno suplementario es una excelente manera de proporcionar forraje a los animales mientras siguen usando su modo natural de alimentación. El Donkey Sanctuary recomienda un comedero que mida aproximadamente 2 pies de ancho por 3 pies por 2 pies con 3 pulgadas de profundidad.

Sus animales siempre necesitarán un fácil acceso al forraje en el invierno y agua limpia.

Anteriormente mencionamos brevemente que muchos revestían el piso del refugio con algún tipo de lecho. Es importante que se utilice paja limpia y que el material sea resistente al agua o se cambie con frecuencia. Los burros pueden enfermarse si se les deja con paja podrida o demasiado húmeda, por lo que es crucial limpiar el recinto con regularidad y reemplazar la paja; de lo contrario, los animales pueden enfermarse.

Algunas personas usan virutas de madera como cobertura, pero la mayoría está de acuerdo en que la paja es la mejor opción. Hay productos que puede comprar que ayudarán a reducir la humedad, como Stall Dry o PD2 dulce.

La iluminación también puede ser una consideración. Dado que la mayoría de los refugios para burros tienen un lado abierto, esto no suele ser un problema, pero en ciertas áreas o con ciertos tipos de recintos, puede oscurecerse bastante en ellos, y a los burros no les gusta que los mantengan en la oscuridad. Si es así, deberá proporcionar iluminación adicional. Asegúrese de que todos los cables se mantengan fuera del alcance de los animales, y de que se instalen protectores en todas las luces que puedan alcanzar.

Cuidado de los Burros en Invierno

Antes de sumergirnos en el cuidado de los burros en invierno, debemos hacer un comentario acerca de los refugios en el verano. Aunque los burros prefieren permanecer al aire libre, pueden buscar refugio en los días que son increíblemente calurosos y soleados para evitar la deshidratación o el agotamiento por calor. Deben tener acceso a un refugio durante todo el año y siempre tener fácil acceso a agua potable. Si opta por utilizar ventiladores evaporativos, asegúrese de que todos los cables estén seguros y fuera del alcance del burro, porque también tratarán de morderlos.

Algunas personas colocarán ventiladores evaporativos en el refugio durante el verano para ayudar a mantener frescos a sus animales, o manguerearán a los burros con agua en días particularmente calurosos. Si usa cualquiera de estas opciones en el refugio, recuerde que esto hará que el recubrimiento se humedezca. Esto puede causar que crezcan bacterias y hongos, y tendrá que reemplazarse después de cada nebulización o manguereo.

Ahora en invierno. Si vive en un área fría, es posible que desee aislar el refugio para ayudar a proteger a los animales del frío y viento intensos. Si nota alguna condensación en la estructura, es una señal de que no tiene una ventilación adecuada, y deberá abordar esto, ya que la humedad puede causar una serie de problemas diferentes a los burros.

Al igual que en cualquier época del año, los burros en invierno deberán recibir alimentos y agua suplementarios adecuados. No se recomienda mantener el recinto a más de 50 grados. El agua, naturalmente, es propensa a congelarse en el invierno, por lo que deberá asegurarse de que el agua que deja para los burros no se enfríe tanto para que se congele y se vuelva inaccesible para los animales. Algunas personas utilizan un sistema de calentamiento de agua automático para mantener el agua libre de hielo.

También deberá suministrar al animal un equilibrador de vitaminas y minerales o una lamida de sal mineral.

Si solo tiene unos pocos animales, trate de mantener el espacio adecuado para esa cantidad, ya que será mucho más difícil mantener un recinto demasiado grande lo suficientemente abrigado durante los meses de invierno para proteger a los animales.

Para aquellos que viven en áreas que tienen inviernos muy fríos, puede ser necesario tener alfombras de burro y cubiertas protectoras para las orejas para asegurarse de protegerlos del frío. Si los usa, deberá quitárselas a diario para cepillar al animal y cambiarlas a menudo si se ensucia o se moja. Es más probable que los animales mayores y con bajo peso necesiten esta protección adicional.

Se recomienda estar preparando para el invierno colocando un suministro de heno y cubierta adicional para asegurarse de tener lo necesario para los fríos meses que se avecinan. Antes de que el clima se enfríe, es un buen momento para asegurarse de que sus animales estén al día con las vacunas, que les revisen los dientes, y que un herrador los visite, o que usted mismo revise y recorte las pezuñas si tiene la habilidad y herramientas adecuadas.

La dermatofilosis y la fiebre del fango son dos afecciones comunes que pueden afectar a los burros durante el invierno, especialmente si el burro no tiene acceso a un ambiente seco. La dermatofilosis generalmente afecta el hombro, el lomo y la rabadilla. La fiebre del fango afecta las extremidades inferiores.

Consideraciones del Espacio al Aire Libre

Los burros son conocidos por alejarse de su territorio de origen, por lo que la cerca es un elemento importante para asegurarse de no tener un montón de burros que escapan y que tenga que buscar y regresar. Los espacios cerrados funcionan mejor, y por lo general, la mayoría de los pastizales se encuentran cercados. La madera es una buena cerca, pero como ya hemos mencionado en múltiples ocasiones, es probable que los burros muerdan el material, por lo que, si usa madera, a menudo tendrá que reemplazarse o repararse. La cerca debe tener al menos 4 pies de altura, para que los burros no puedan saltarla.

Se recomiendan inspecciones regulares para asegurarse de que su cerca se mantenga en buen estado, especialmente si está hecha de madera.

Deberá considerar el tipo de vegetación en su tierra, ya que hay plantas que se sabe que son tóxicas para los burros. Quite cualquier planta venenosa de su área de pastoreo, o evite que los burros accedan a esa área. Su departamento local de agricultura puede señalarle si debe retirar de su propiedad algunas plantas nativas venenosas antes de dejar que los burros puedan pastar.

No debe dejar pastar a los burros en hierba de alfalfa, ya que es un alimento rico en nutrientes, y los burros evolucionaron para sobrevivir con forrajes pobres en nutrientes. La alfalfa es notablemente alta en ciertos nutrientes que los burros no están acostumbrados a consumir en tales cantidades, y esto puede llevar a malestares estomacales u otros problemas gastrointestinales.

Los burros, como hemos mencionado en un par de ocasiones, no pueden tener cambios repentinos en su fuente de alimento. Esto dará lugar a problemas gastrointestinales. Cualquier alimento o forraje nuevo tendrá que ser introducido lentamente, generalmente durante un par de semanas, para permitirles adaptarse a la nueva fuente de alimento.

Deberá proporcionar numerosos lugares para acceder a agua potable, y si su pastizal es grande, deberá colocar abrevaderos en varios lugares alrededor de la propiedad.

El barro es algo a lo que también deberá estar atento. Los burros que son dejados en áreas embarradas pueden desarrollar una variedad de problemas en las patas, por lo que deben pasar la mayor parte del tiempo en tierra seca.

Muchas personas usan descongelantes u otros productos basados en sales para reducir el hielo durante el invierno, pero no se recomienda su uso alrededor de burros. La sal se acumulará en las superficies, y esto puede causar problemas con sus pezuñas.

Si sus animales reciben gran parte de sus calorías del propio pastizal y no de la alimentación suplementaria, es importante dejar ciertas secciones en barbecho. Esto asegurará que se pueda regenerar después de un pastoreo significativo; de lo contrario, la tierra se agotará rápidamente y no permitirá el crecimiento de forrajes.

Capítulo 5: Alimentando a Sus Burros

A pesar de que los burros son una especie de equino, tienen necesidades nutricionales muy diferentes a las de los caballos u otros equinos. Debido al entorno en el que evolucionaron, están acostumbrados a una dieta de forraje pobre en nutrientes, y los alimentos ricos en nutrientes causarán cólicos, malestar estomacal, y potencialmente una serie de otros problemas gastrointestinales. Es por eso que debe comprender profundamente las necesidades nutricionales de estos animales para poder proporcionarles el alimento adecuado para sus necesidades.

Hábitos Alimenticios del Burro

En su entorno natural, los burros son rumiantes. Esto significa que buscarán una pequeña cantidad de forraje a menudo durante el día. Consumen aproximadamente un 1,3-1,8% de su masa corporal diariamente en forraje. No están acostumbrados, ni tampoco destinados, a comer en grandes cantidades. Estos animales comerán en exceso, lo que puede llevar a una gran cantidad de problemas, por lo que deberá controlar su acceso a forraje adicional. El pastoreo restringido también es un medio para ayudar a controlar la cantidad de comida que el animal consume en un momento dado. Hay muchos tipos diferentes de forraje suplementario que puede dar a los burros, que examinaremos a continuación. Aun así, el Donkey Sanctuary recomienda la paja de cebada como la mejor fuente de nutrición suplementaria.

Si alguno de sus burros está enfermo o bajo de peso, necesitará forraje con un alto contenido de fibra, y es posible que desee considerar complementar su forraje con vitaminas.

Para aquellos con pastos decentes, los burros necesitarán poca alimentación suplementaria durante el verano, pero si su tierra es pobre, se necesitará más.

Como hemos señalado en numerosas ocasiones, los burros comen en exceso. Un burro sobrealimentado es más propenso a problemas como laminitis e hiperlipemia. Estas pueden ser afecciones graves y es una prueba más de la necesidad de controlar la cantidad de comida a la que tienen acceso.

La paja de cebada, como mencionamos anteriormente, es la mejor fuente de nutrición suplementaria para los burros, ya que es baja en azúcar y alta en fibra. Se puede usar paja de avena y en realidad puede ser preferible para burros enfermos o con bajo peso, ya que es más rica en nutrientes que la paja de cebada. Tenga cuidado al alimentar con paja de avena a animales sanos, ya que pueden comer en exceso.

Los animales más jóvenes o aquellos con dientes fuertes pueden comer paja de trigo, pero no se recomienda para animales mayores o aquellos con dientes deficientes. La paja de trigo tiene menos nutrientes que los otros tipos de paja que hemos discutido, por lo que no es ideal. Deberá evitar completamente la paja de linaza. Los animales pueden comerse la paja con seguridad, las semillas son venenosas, y es casi imposible asegurarse de que no haya semillas en la paja de linaza. Puede hervirse para ayudar a reducir la toxicidad de las semillas, pero nuevamente, aún puede causar problemas que llevan a muchos a evitar completamente este tipo de paja.

El heno también puede usarse como alimento suplementario además de ser una excelente cubierta para un recinto de burros. Al igual que la paja, los diferentes tipos de heno son más o menos adecuados para los burros. Asegúrese de que cualquier heno usado como alimento o cubierta esté libre de humedad y de crecimiento de hongos.

Los siguientes son los tipos más comunes de heno:

- Heno de pradera - se compone de una mezcla de pastos naturales, y es seguro de usar como alimento.

- Heno de semillas - generalmente se hace con centeno o hierba timotea y se refiere a los tallos que quedan después de recolectar las semillas. También es adecuado para ser usado como alimento suplementario.

- Heno de pastos para vacas - dado que este heno tiende a ser rico en nutrientes, no es la mejor fuente de alimento suplementario para burros.

La hierba de Santiago se puede encontrar en muchos tipos diferentes de heno, y es venenosa para los equinos. Es por eso que debe tener una fuente de heno confiable y de calidad.

Muchas personas cultivan su propio heno, ya que no es demasiado difícil, y puede tener más sentido financiero que comprarlo a un tercero. La mayoría de las veces, los cultivos de heno se cosechan entre finales de mayo y julio. Aunque se puede cosechar más tarde, mientras más tarde se coseche, menor será el valor nutricional del heno. Una vez que el heno es cosechado, será necesario mantenerlo en un espacio seco y bien ventilado durante al menos tres meses.

El heno recién cortado no debe ser dado a los burros, ya que puede causar malestares estomacales como cólicos. El heno se considera listo para usar cuando alcanza el 85% de sequedad.

El ensilaje es otra fuente de alimento suplementario que a veces se da a los burros. El ensilaje es pasto parcialmente marchito que ha sido secado, pero no al nivel al que el heno es secado. Generalmente, el ensilaje tiene una sequedad de 55-65%. Para hacer ensilaje, una vez que embala la hierba, deberá sellarla con un plástico fuerte que no se rasgue. Si hay rasgaduras en el plástico, se puede desarrollar un moho peligroso en solo unos días, arruinando la cosecha para su uso con burros y la mayoría de los demás animales de ganado.

Nunca alimente a los burros con ensilaje (pasto u otro forraje verde compactado y almacenado en condiciones herméticas, generalmente en un silo, sin haber sido secado en primer lugar, y usado como alimento para animales en el invierno), ya que tiene un nivel demasiado alto de humedad y es demasiado bajo en fibra para ser un alimento adecuado para estos animales.

Si no tiene una buena fuente de heno o ensilaje, los gránulos ricos en fibra son otra forma de complementar la dieta de su burro. También puede ser preferible su uso con animales con laminitis o que necesiten aumentar de peso. Dado que son mucho más nutritivos que el forraje natural o el heno, deberá darles a los animales pequeñas cantidades a la vez, para que no coman en exceso.

Si está alimentando a un burro con mala dentadura, remojar los gránulos en agua los ablandará y hará que sean más fáciles de comer. Deberá evitar gránulos de fuentes mixtas, ya que pueden tener un alto contenido de cereales, los que no son buenos para los burros y no proporcionan su nutrición ideal.

Ahora, consideremos una sustancia llamada *tamo*, que puede usarse como fuente suplementaria de alimento. El tamo es una mezcla de paja y heno picado y a menudo se le agregan aceites u otras vitaminas y animales suplementarios. Los animales con mala dentadura o que tienen problemas para comer paja pueden encontrar que esta es una fuente de alimento preferible que les resulta más fácil de manejar. También es una buena opción de alimentación complementaria para burros que sufren de laminitis.

El tamo debe tener un contenido de azúcar de menos del 8%, y a menudo su empaquetado dirá que es seguro para laminitis.

Burros viejos o enfermos pueden beneficiarse de la alimentación suplementaria de pequeñas cantidades de pulpa de remolacha azucarera seca, que es un subproducto del proceso de producción de azúcar. No es un sustituto del heno ni de otros alimentos suplementarios, pero es una excelente fuente de fibra y es más nutritiva que el heno o la paja.

La pulpa de remolacha azucarera tiende a venir triturada y no debe administrarse directamente a los animales. Debe remojarse antes de que sea segura de administrar a sus burros. La mayoría de las veces deberá ser remojada por alrededor de 24 horas, pero ahora hay variedades que ofrecen un método de remojo rápido. Algunas variedades modernas de remojo rápido pueden estar listas para comer en tan solo diez minutos. Los medios adecuados de remojo se mencionan en las instrucciones del fabricante.

Alimento Adicional para Burros

Algunas personas dan a sus animales algunas frutas y verduras como suplemento a su dieta. Esta no es solo una gran forma de darles algo de variedad a los animales, sino que también se sabe que ayuda a estimular el apetito en los animales que pueden tener problemas para comer. Las frutas y verduras se suelen dar en invierno, pero son un tratamiento adecuado en cualquier época del año. El final del invierno y principios de la primavera son "épocas de escasez" para las fuentes de heno y otros forrajes suplementarios, por lo que esta es una buena manera de mantener a los animales sanos y satisfechos, incluso si no se dispone fácilmente de heno o paja.

No debe darles a los animales frutas de hueso (frutas con una semilla grande), papas, ajo o cualquier tipo de producto en mal estado. A los burros les gustan las cosas como zanahorias, manzanas, plátanos, peras y nabos. El producto debe cortarse en trozos pequeños para que sea más fácil de manejar para el burro.

Un Comentario Sobre las Vitaminas y Minerales

Si sus animales subsisten total o principalmente con pastos naturales, es posible que no estén obteniendo todas las vitaminas y minerales que necesitan para una salud óptima. Los suplementos de vitaminas y minerales, a menudo llamados *equilibradores*, son un excelente medio para proporcionar los nutrientes que pueden carecer en su dieta diaria.

Algunas personas prefieren usar bloques mineralizados para proporcionar las vitaminas y los nutrientes suplementarios necesarios, pero es crucial que no obtenga un bloque mineral para caballos. Los caballos tienen necesidades nutricionales bastante diferentes, y estos bloques pueden contener sustancias tóxicas o inadecuadas para los burros. Hay bloques minerales hechos especialmente para burros, que se utilizan si esta es la forma de suplemento de vitaminas y minerales que usted elige.

Para animales que necesitan perder peso o mantener su peso corporal actual, existen varios suplementos recomendados por Donkey Sanctuary para este propósito. TopSpec Donkey Forage Balancer es altamente recomendado. Si se trata de animales preñados, viejos o enfermos, los productos como TopSpec Comprehensive Balancer son una excelente opción.

Conclusiones Finales Sobre la Alimentación.

Para alimentar a sus burros, se deben respetar los siguientes lineamientos:

- Todos los alimentos deben estar libres de moho y hongos.

- Alimente a los animales con los alimentos adecuados para sus necesidades nutricionales.

- Alimente a los animales en pequeñas cantidades, con regularidad, y controle la cantidad de comida a la que tienen acceso.

- Cualquier cambio en la dieta debe realizarse lentamente, generalmente durante un período de 7 a 14 días.

- Evite los alimentos con alto contenido de azúcar.

- Asegúrese de que los suplementos nutricionales sean adecuados para burros y que estén disponibles fácilmente.

- Nunca alimente a sus burros con pasto cortado.

Hemos recalcado varias veces y volveremos a recalcar que, si bien los burros son equinos, no son caballos. Tienen necesidades y requerimientos bastante diferentes, y algunas cosas que son seguras y adecuadas para caballos no lo son para burros. Nunca asuma que está bien usar en burros algo pensado para caballos. Por ejemplo, los caballos comen alimentos ricos en nutrientes que, si se dan a los burros, pueden provocar cólicos y otros problemas gastrointestinales.

Los suplementos alimenticios para caballos tampoco son adecuados para burros, ya que a menudo contienen nutrientes en niveles más altos que los adecuados para burros, y pueden contener sustancias nocivas para ellos.

Parte de su adaptación física a su entorno, y lo que los hace tan populares en climas duros, es su habilidad para subsistir con alimentos escasos y bajos en nutrientes, lo que es bastante diferente de lo que necesita un caballo. A los burros les lleva más tiempo digerir su comida que a otros animales, incluidos los caballos, ya que esto les permite obtener el mayor valor nutricional posible de su alimento.

Los burros, a diferencia de los ponis y caballos, pueden reciclar nitrógeno, lo que es una adaptación única a un entorno bajo en nutrientes. En los caballos, el nitrógeno es expulsado en forma de urea por los riñones y liberado del cuerpo a través de la orina. Los burros pueden reabsorber la urea, lo que les permite reutilizar el nitrógeno. Este proceso está regulado naturalmente en respuesta a la cantidad de nitrógeno disponible en su suministro de alimentos, y a la cantidad de proteínas que están obteniendo.

Los requerimientos de proteína cruda son mucho menores para los burros que para los caballos. Un burro solo necesita una ingesta diaria de aproximadamente 3,8-7,4% de proteína cruda, mientras que un caballo requiere entre 8-12%. Este dato por sí solo muestra que lo que es bueno para un caballo, puede no serlo para un burro y viceversa.

Los burros se alimentan de algo más que pasto, lo que puede convertirse en una frustración para las personas que tienen muchos árboles o arbustos en sus pastizales. Los burros comen árboles, arbustos, plantas con flores y, bueno, prácticamente cualquier vegetación que pueda estar creciendo en su tierra. Si el forraje es limitado, pero otros tipos de materia vegetal no lo son, un burro puede destruir rápidamente el resto de la vegetación.

Algunas personas proporcionan zarzas o arbustos para que el burro coma para así evitar que destruya los árboles circundantes u otra vegetación deseable, y puede ser un elemento disuasivo efectivo.

En general, con la dieta de un burro, los alimentos ricos en fibra y bajos en azúcar son los más importantes. Algunos animales obtienen la mayor parte de su nutrición del ramoneo, y necesitan realmente pocos suplementos en su dieta. Otros que se alojan en terrenos con escaso forraje o pastos pueden depender en gran medida o incluso completamente de paja u otras formas de alimentos suplementarios.

Los pastos son ideales, ya que son más afines a su entorno natural. Les permite pastar lentamente y los hace menos propensos a comer en exceso que los animales alimentados principalmente con heno o paja suplementarios. Los animales de pastoreo también hacen más ejercicio, y esto es vital para mantenerlos saludables y que mantengan un peso adecuado. Ya sea que se alimenten exclusivamente de heno o paja, forraje, o una combinación de ambos, proporcione la cantidad adecuada de vitaminas y minerales suplementarios para garantizar que obtengan una dieta completamente equilibrada que cumpla con todos sus requisitos nutricionales.

Es increíblemente importante, y por eso lo repetimos, entender que los burros han evolucionado para consumir alimentos de bajo contenido nutricional. Sus sistemas digestivos incluso están diseñados con este propósito, permitiéndoles obtener toda la cantidad posible de nutrición del forraje de mala calidad que consumen. Esto puede ser una preocupación para la tierra que ha sido mejorada, ya que puede producir pastos de mejor calidad de los que los burros están acostumbrados a consumir.

Si su propiedad tiene forraje con un valor nutricional demasiado alto para los burros, una forma de acomodar a los animales es dejar que la hierba produzca semillas antes de permitir que los burros se alimenten de ella. Esto reduce la calidad nutricional de los pastos, lo que facilita que los animales tengan una correcta digestión. También puede considerar sembrar la tierra con pastos con menos nutrientes que sean más adecuados para las necesidades de los burros.

Capítulo 6: Entrenando a Sus Burros

Los burros son conocidos por ser tercos, pero esta no es una crítica demasiado justa. Los burros son animales cautelosos a los que les gusta pensar en lo que hacen antes de hacerlo. Esto significa que puede llevarles más tiempo aprender ciertos comportamientos o habilidades, pero esto no debe verse como el animal siendo obstinado. Necesitan tiempo para comprender qué se les está pidiendo que hagan y cómo hacerlo. Sin embargo, si bien puede llevarles un poco más de tiempo aprender una habilidad o comportamiento, es más probable que lo recuerden y lo retengan que un caballo. Básicamente, esto significa que no tendrá que seguir trabajando con el burro en la misma habilidad durante tanto tiempo como lo haría con un caballo.

Comprender cómo aprenden sus burros le ayudará mejor a desarrollar una rutina de entrenamiento que tenga sentido para el animal que está entrenando y que tenga mayores probabilidades de éxito.

Se emplearán diferentes tipos de entrenamiento dependiendo de para qué planea utilizar los animales. Es mejor comenzar con un entrenamiento general o básico, y luego pasar a movimientos y maniobras más difíciles.

Entrenamiento Básico

Aunque no siempre es posible, es mejor entrenar a los burros como pollinos. Cuanto antes pueda comenzar la capacitación, más fácil será desarrollar el vínculo con ellos que es necesario para que sigan sus órdenes y ejecuten ciertas tareas. Quiere dejar una huella en el pollino. Esto significa que conocen su presencia física, olor, sonido y tacto cuando es posible hacerlo. Cuanto antes se pueda desarrollar un vínculo, más fácil será entrenar a su burro más tarde.

A veces, sin embargo, la hembra no se siente del todo cómoda con que alguien entre y manipule a su pollino. Si es así, es posible que deba socializar a la hembra antes de poder acercarse al pollino. Ella necesita estar lo suficientemente cómoda con usted para permitir que se acerque a su pollino sin causarle un estrés indebido o volverla agresiva.

Incluso si no está comenzando con un pollino, la socialización es una parte importante de cualquier rutina de entrenamiento. El animal necesita confiar en usted, y ambos necesitan conocerse lo suficientemente bien como para recibir señales verbales y no verbales el uno del otro. Mientras más tiempo pase con los animales, mejor será el vínculo. El proceso de socialización (pasar tiempo con el animal, permitirle acostumbrarse a su olor, hablar con el animal y manipular al animal), será el mismo, ya sea que esté trabajando con un pollino o con un animal adulto. Solo debe saber que cuanto más viejo sea el animal, más tiempo llevará socializarlo.

Hay varias formas en que las personas entrenan burros, pero la forma más efectiva es mediante el reforzamiento positivo. Este reforzamiento utiliza recompensas positivas en lugar de acciones negativas o castigos. Se han estudiado durante mucho tiempo diferentes tipos de reforzamiento, y la ciencia ha demostrado que este es uno de los medios más efectivos de enseñar nuevas habilidades a los burros. Responden mucho mejor a las recompensas que a la eliminación de algo desagradable (como en un reforzamiento negativo) o un castigo.

Todos los burros son criaturas únicas y aprenden de formas ligeramente diferentes, por lo que, si bien el reforzamiento positivo es la forma más utilizada y más efectiva para entrenar burros, con ciertos animales, puede ser necesario un modo diferente de reforzamiento.

Con el reforzamiento positivo, usted esencialmente le está ofreciendo al animal una recompensa por seguir una orden o solicitud. Es más probable que el animal actúe si sabe que el resultado es algo que le gusta.

La mayoría de las veces, los premios, a veces combinados con un clicker, son usados como recompensa en un programa de reforzamiento positivo. Si bien el alimento funciona mejor, algunos animales responderán bien a los elogios físicos, y, por lo tanto, es posible que no necesiten premios para aprender ciertas habilidades. Es posible que obtenga mejores resultados si sigue la ruta de los premios.

El reforzamiento positivo tiene numerosos beneficios. Además de ser una forma probada y efectiva de enseñar nuevas habilidades a un animal, también ayudará a fortalecer su vínculo con el animal, lo que ayudará en el entrenamiento posterior.

Antes de pasar a los modos específicos de entrenamiento, examinemos rápidamente los otros tipos de reforzamiento que pueden emplearse en el entrenamiento de burros.

Reforzamiento Negativo

Este tipo de reforzamiento a menudo se denomina proceso de Doma Natural y busca entrenar a los animales usando sus instintos y modos de comunicación naturales básicos. El dolor no se usa en este tipo de reforzamiento, pero sí el malestar. Por ejemplo, se puede utilizar una presión desagradable, seguida de la liberación de dicha presión cuando el animal realiza la tarea realizada.

Esto, como lo indica el nombre alternativo, funciona decentemente con caballos que son bien conocidos por realizar una tarea para aliviar la presión desagradable. Tiene menos éxito con burros, pero es posible que se encuentre con ciertos animales que responderán mejor a este modo de reforzamiento. A los caballos les va mejor con la comunicación no verbal que a los burros, por lo que es poco probable que los burros respondan a esto tan bien como lo haría un caballo.

Extinción

No pasaremos mucho tiempo en este programa de reforzamiento, ya que su uso con burros no se recomienda. La idea básica es extinguir un comportamiento no deseado mediante la eliminación de un estímulo particular

Castigo

Este es el medio menos efectivo para adiestrar un burro, y muchos lo evitan porque puede considerarse cruel. Como lo indica el nombre de este programa, el castigo implica la introducción de algo desagradable si el animal no realiza el comportamiento deseado. La mayoría de las personas evitan este tipo de reforzamiento con todos los equinos, pero especialmente con los burros, donde tener un vínculo estrecho y positivo con el entrenador es vital para el éxito de sus esfuerzos de entrenamiento.

Estos programas de entrenamiento y los medios que siguen para enseñar a los burros que siguen dependen de los dos tipos principales de condicionamiento animal: condicionamiento clásico y condicionamiento operante. El condicionamiento clásico implica que los animales aprenden a hacer asociaciones entre un estímulo particular y su respuesta. El condicionamiento operante se basa más en prueba y error. El animal aprende que la conducta "x" va seguida de la respuesta "y", y a través de ella, aprenderá los medios más efectivos para lograr el resultado deseado.

Independientemente del tipo de refuerzo que emplee, el programa de reforzamiento es muy importante. Por lo general, el programa de reforzamiento se aplicará cada vez que el animal realiza una acción o cada cierto número de veces que el animal realiza la acción. El entrenamiento tiende a funcionar mejor cuando las recompensas siguen a la finalización de cada tarea en lugar de un reforzamiento intermitente. Puede ser más difícil para un burro adquirir una habilidad con ese programa.

También debemos señalar que la edad, el temperamento y la salud del animal tendrán un efecto profundo en la efectividad del entrenamiento. El sexo del animal también puede influir. Estas cosas le ayudarán a determinar qué puede esperar de un animal determinado y la mejor manera de lograr los resultados deseados.

Como probablemente se entiende, los animales viejos no aprenden tan rápido y no aprenderán tanto como los animales más jóvenes. Esto no significa que no puedan o no deban ser entrenados, pero esto debería alterar sus expectativas del animal. Las hembras en celo o los machos intactos deberán manejarse de manera muy diferente a un pollino o un burro castrado.

Como los humanos y la mayoría de las otras criaturas, los burros construyen y fortalecen las conexiones neuronales a medida que desarrollan una nueva habilidad. Aprender algo nuevo es más difícil para cualquiera y toma más tiempo, ya que no se ha desarrollado ninguna conexión. Por el contrario, una habilidad basada en una habilidad más simple que el animal ha conocido desde siempre se adquirirá mucho más rápidamente que un comportamiento completamente nuevo.

Hemos notado anteriormente en esta guía que los burros no tienen una respuesta de huida tan fuerte como la de los caballos. Esto significa que, aunque puede tomar más tiempo entrenar a un burro, en realidad puede ser más fácil que entrenar a un caballo, que naturalmente está asustado y tiene una fuerte respuesta de huida.

Antes de comenzar cualquier rutina de entrenamiento, debe tener un plan establecido con objetivos claramente definidos. Esto ayudará a asegurar que sus sesiones de entrenamiento sean más fructíferas y efectivas. Ninguno de los expertos cree que sea una buena idea "improvisar" para entrenar a cualquier animal, y esto es particularmente cierto para los burros.

Finalmente, hablemos del equipamiento. Todos los burros tienen diferentes tamaños y proporciones. Es imperativo que use equipo que se adapte adecuadamente al animal específico. El equipo destinado a los caballos a menudo será demasiado grande o demasiado pesado para ser usado con burros. Debe elegir una montura o una brida que se adapte lo mejor posible al animal. Aunque es costoso, si puede permitírselo, tener una silla de montar o un arnés personalizado es una gran idea.

Órdenes Verbales Generales

La manera más efectiva de comunicarse con su burro es mediante el uso de un lenguaje breve y claro. Esto les ayudará a comprender lo que les está pidiendo que hagan. Puede crear sus propias órdenes verbales cortas, pero las siguientes son algunas de las más utilizadas.

- Whoa - significa detenerse

- Stand - ponerse de pie

- Step - este es el comando para que el animal comience a caminar

- Trot - caminar a un ritmo más rápido

- Back up - retroceder

- Gee - virar a la derecha

- Haw - virar a la izquierda

- Canter - galopar

- Easy - es decirle al animal que vaya más lento

Como mencionamos, no es necesario utilizar estas órdenes estándar, y la mayoría de los entrenadores tienen sus propias formas de crear órdenes. Sea lo que sea que elija, las órdenes cortas de una sola palabra son las más fáciles de aprender para el animal y, por lo tanto, más efectivas.

Cabestrar y Guiar

Esta es una de las habilidades más básicas para enseñarle a su burro, ya que será necesaria para varias tareas. El primer paso es acostumbrar al animal a usar un cabestro. Puede aclimatar al animal al cabestro dejándole que lo use por un tiempo, lo que le permitirá sentirse cómodo con algo desconocido en el lomo. Esto puede llevar algunos días, pero una vez que el animal pueda usar el cabestro sin problemas, podrá pasar al siguiente paso en el proceso de entrenamiento.

Una vez que el burro se sienta cómodo con el arnés, querrá entrenar al animal para que sea guiado o camine con una cuerda y siga órdenes verbales bastante simples. Primero, deberá ponerle la correa al animal y dejar que se acostumbre como lo hizo con el arnés. Ate la correa a algo como una cerca. Deje que el animal permanezca allí durante unos 10-15 minutos y luego regrese y desate la correa de lo que sea que estuviera amarrado.

Deles palabras de aliento y fíjese si se mueven en su dirección (o si se mueven en cualquier dirección). Incluso si solo dan un paso, deles elogios verbales y físicos junto a un premio que disfruten. Si el burro no se mueve, vuelva a atar la correa al soporte y vuelva en 15 minutos e intente el mismo proceso.

Puede ser un proceso lento que requiere tiempo y algunos premios, pero esta es una forma demostrada y efectiva de acostumbrarlos a ser guiados. Cada paso adelante es un paso adelante, y significa que está más cerca de pasar a un entrenamiento más complejo. Siempre ofrezca premios y elogios cada vez que se haya logrado cualquier tipo de progreso, por más mínimo que sea.

Llame al animal cuando quiera que se acerque a usted y recompense cada paso que dé en su dirección. Una vez que consiga que el burro se acerque hacia usted, puede llevarlo a caminar, pero recuerde llevar muchos premios para recompensar su progreso. Puede parecer un soborno, y en realidad, lo es; pero también es efectivo, ¡así que soborno es!

A veces, los objetos desconocidos harán que el animal se sobresalte o se asuste, y necesitan que se les asegure de que no hay nada que temer antes de intentar que se aleje de lo que lo asustó. Consuélelo e intente mostrarle que no hay peligro en cualquiera que sea el objeto desconocido. La comunicación es vital cuando se trata del entrenamiento exitoso de burros.

Cuando el animal haya desarrollado cierta confianza y sea bueno para que lo lleven a pasear, querrá introducir algunos obstáculos simples como troncos o neumáticos. Esto le enseñará al burro cómo caminar o maniobrar sobre los obstáculos que puedan estar en su camino. Probablemente serán reacios al principio, pero con persuasión y elogios, ganarán confianza y superarán dichos obstáculos.

Deberá presentarle lentamente al animal movimientos más complicados como retroceder o darse la vuelta una vez que el animal se sienta cómodo y confiado con los obstáculos. Es importante que no intente avanzar en este proceso demasiado rápido, ya que es posible que no tenga tanto éxito como si mostrara paciencia.

Los expertos en entrenamiento de burros recomiendan aproximadamente un año de este tipo de adiestramiento antes de intentar montar o arrastrar cosas con el animal. El animal necesita mucha práctica, y necesita desarrollar una relación cercana y positiva con su entrenador. Esto significa que además de trabajar en el desarrollo de habilidades, también desarrollará un vínculo emocional con el animal, donde ambos aprenden el estilo de comunicación del otro, lo que, a su vez, facilitará la enseñanza de otras habilidades al animal.

Conducción

El entrenamiento se vuelve más complejo cuando adiestra al burro mientras conduce. Esta complejidad es la razón por la que debería desarrollar una relación positiva y una comunicación efectiva con el animal antes de pasar a los elementos más complejos del entrenamiento. Para aprender a conducir, el animal debe aprender a quedarse quieto y a responder a órdenes verbales básicas.

Los burros aprenden de diversas formas, y parte de cómo pueden aclimatarse y sentirse cómodos con una nueva habilidad es ver a otros animales realizar dicha habilidad. Puede parecer un poco extraño, pero esto ayudará al burro a acostumbrarse a que esto es algo normal y que no debe asustarse.

Y el animal también tendrá que acostumbrarse a usar una brida, y la mejor manera de hacerlo es aclimatarlos a ella de la misma manera que los acostumbró a usar un arnés. Simplemente póngale la brida durante períodos de tiempo, para que se acostumbren a tenerla. También deberán aclimatarse con las largas riendas que se utilizan para guiar al animal y a un látigo guía. Notaremos aquí y en otros lugares que el látigo debe usarse como guía, no como castigo. No debe golpear al animal con fuerza con el látigo, incluso si no está siguiendo sus órdenes. Use presión firme, pero suave, cuando use el látigo.

Deje el carro del animal en algún lugar de su propiedad donde él va habitualmente; esta es una buena manera de que se acostumbren a verlo y, por lo tanto, será menos probable que le tema cuando se lo presente. Algunas personas dejarán el carro en algún lugar y recompensarán al burro si lo ven investigando el carro. Esto ayudará al burro a desarrollar una asociación positiva con el carro.

Si usted es nuevo en el entrenamiento de burros, debe tener a alguien con experiencia con usted la primera vez que enganche a su burro a un carro. Debe asegurarse de que esté bien enganchado, y puede ser un poco complicado la primera vez que lo hace. Todo el equipo utilizado debe ser del tamaño adecuado para el burro y que el carro esté debidamente asegurado para evitar lastimar al animal o a usted mismo. A menudo, las personas traerán ayuda externa de alguien que haya enseñado con éxito a los burros a conducir para tener una idea de cómo funciona el proceso y el mejor curso de acción para entrenar a los animales en esta habilidad.

Una vez que el animal se sienta cómodo al estar enganchado a un carro, acostúmbrelo a tener el carro enganchado. Si es posible, lleve al animal a una caminata corta y guiada con un carro vacío. Cuando el animal se sienta cómodo siendo guiado con un carro vacío, agregue algo de peso para que también se acostumbre a tirar.

Una vez que haya logrado que el animal se sienta cómodo al estar enganchado a un carro con algo de peso, deberá comenzar a entrenar al burro en tierra para que realice diferentes maniobras con el carro. A medida que se desarrolle el nivel de habilidad del animal, puede introducir maniobras más complejas, como girar y retroceder mientras tira del carro. Estos son movimientos sofisticados, y no debe esperar que el animal aprenda a hacer estas cosas de la noche a la mañana. Este proceso llevará tiempo para que sea perfecto para usted y para el burro.

Montar

Hemos mencionado varias veces en esta guía que los burros son excelentes para enseñar a los niños a montar. También son adecuados para personas mayores y personas con ciertas discapacidades. Incluso llevan adultos de tamaño regular en ciertas áreas con terrenos difíciles que son atracciones turísticas, como el Gran Cañón.

El burro debe ser lo suficientemente grande para poder montarlo. Las miniaturas generalmente solo se recomiendan como animales de montar adecuados para niños, dada su pequeña estatura. Tanto los niños como los adultos pueden montar la mayoría de los burros estándar.

Las habilidades de conducción en tierra son especialmente importantes tanto para transportar material como para montar. No solo los acostumbra a seguir órdenes básicas, sino que también habrán aprendido movimientos más complejos, como dar la vuelta y retroceder, los que pueden ser particularmente útiles y necesarios cuando están siendo montados.

Al igual que con la mayoría de las otras cosas que hemos discutidos aquí, deberá dejar que el burro se acostumbre al nuevo equipo que tendrá que usar. Poner todo el equipo de montar en el burro y dejar que lo usen durante cortos períodos de tiempo es una forma muy efectiva de lograr esto.

A continuación, deberá pasar un tiempo montando el animal sin que camine para permitir que tanto el animal como usted se acostumbren a estar en el lomo. Practique el montaje y el desmontaje en ambos lados del animal para ayudarle a acostumbrarse en esta parte del proceso.

Una vez que su animal se sienta cómodo con el equipo, siendo montado y desmontado, es hora de que el animal se acostumbre a caminar con alguien en su lomo. Es mejor hacerlo con otra persona que pueda guiar al animal en caminatas cortas (con muchos elogios y premios), mientras usted está sobre el lomo del animal.

En cada paso del camino, deberá comunicarse con su burro, dándole señales verbales y elogios. Por ejemplo, puede decir "camina" mientras golpea suavemente el costado del burro con el pie para que el burro continúe caminando. Cualquier progreso debe ser recompensado tanto verbalmente como con un premio o un elogio físico, como caricias.

Los burros no son buenos para largas distancias. Les va mejor en sesiones cortas de unos 20 minutos, realizadas con frecuencia. El proceso de entrenamiento seguirá un camino muy similar al de los caballos, con la excepción de que puede llevar un poco más de tiempo entrenar a un burro que a un caballo.

Levantando las Patas

Los burros, como todos los equinos, son animales con pezuñas, y requerirán un cuidado y mantenimiento regular de las patas. Esto significa que el animal deberá dejar que le levante la pata para que pueda limpiar y examinar sus patas con regularidad. A la mayoría de los burros no les gusta esto al principio, pero con un poco de paciencia, puede aclimatar al animal para que le permita manipular sus patas.

Si el animal intenta alejarse mientras usted trabaja en sus patas, no lo suelte, pero elógielo mucho para que sepa que no debe alarmarse ni asustarse. Esto también le enseñará al animal que tratar de sacar su pata es inefectivo.

Querrá comenzar con las patas delanteras, pero debemos tener en cuenta que debe tener extrema precaución al comenzar este entrenamiento. Los burros que son resistentes han intentado patear a la persona que los entrena, por eso es mejor tener a un profesional capacitado o herrador con usted la primera vez que inicie este tipo de entrenamiento. Con el tiempo, el animal se acostumbrará a que le levanten las patas y se las manipulen.

Burros de Guardia

Aunque es menos conocido, como mencionamos anteriormente, los burros son muy territoriales y serán agresivos con cualquier cosa que consideren una amenaza potencial para su área. Es por eso que muchas personas optan por usar burros como animales de guardia sobre el más tradicional perro. Con la socialización y el entrenamiento adecuados, los burros son un medio increíblemente efectivo para proteger rebaños de ganado como ovejas, cabras y vacas. Una vez que el burro se haya establecido con el rebaño, cuidarán casi cualquier tipo de ganado.

Cuanto más cómodo se sienta el burro con el rebaño, más tiempo pasará dentro y entre el rebaño, y a menudo pasará gran parte del día pastando junto a él. Si el burro y el rebaño están bien unidos, el burro pasará gran parte, si no todo, de su día con el ganado. Los burros tienen un instinto de pastoreo natural, y dependen de la vista y el sonido para detectar posibles amenazas o depredadores.

Si se detecta un intruso, un burro con un buen vínculo se pondrá físicamente entre el rebaño y la amenaza potencial. Rebuznarán en voz alta, lo que a menudo es efectivo para ahuyentar la fuente del problema potencial. Esta llamada de auxilio no solo ahuyenta a los depredadores, sino que también alerta al propietario de que puede haber algo sobre la propiedad.

Si el rebuzno no tiene éxito, el burro tiene municiones más proverbiales. Los animales se encabritarán y atacarán al animal con una patada rápida, lo que disuadirá y, a veces, incluso matará al depredador.

Las hembras y los pollinos criados con ovejas u otro ganado tendrán un vínculo más fuerte con el ganado y, por lo tanto, serán mejores protectores del rebaño. Una vez que se desteta un pollino, la burra puede ser quitada y el pollino puede ser dejado con el ganado. Esta es la mejor manera de unir a un burro al ganado que debe proteger.

Incluso si el animal no se cría con el rebaño, puede ser introducido satisfactoriamente y unirse al rebaño. Esto debe hacerse bajo una estricta supervisión. Primero, alojar al burro cerca del ganado que cuidarán, pero no con él, ayudará a que ambos se acostumbren a la presencia del otro.

Luego, puede pasar a tener al burro en un recinto con el rebaño, pero esto deberá ser supervisado de cerca. Recuerde que los burros son muy territoriales y agresivos, y no es tan raro que un burro nuevo vea al ganado como una amenaza y actúe en consecuencia. Para mantener a todos a salvo hasta que pueda confiar en que el burro comprende su papel en el rebaño, esto debe ser monitoreado de cerca, y el burro no debe quedarse solo con el rebaño hasta que esté seguro de que estén bien unidos y que el burro no atacará.

La mayoría de los burros, incluso los que se crían aparte del ganado, pueden unirse con éxito y convertirse en buenos animales de guardia para el rebaño. Sin embargo, recuerde que los burros, como los humanos, tienen personalidades muy distintas y, a veces, ciertas personas simplemente no son adecuadas para cuidar el ganado.

En general, los machos no deben usarse, ya que son demasiado agresivos y pueden comportarse de manera impredecible. Algunos burros pueden volverse sobreprotectores del rebaño que cuidan y, en ocasiones, confunden a los pollinos con amenazas y pueden herir o matar a los bebés. Muchas personas sacan al burro del pasto cuando el ganado da a luz para permitir que los pollinos ganen algo de fuerza y tamaño, lo que hace que sea menos probable que el burro guardián los vea como una amenaza potencial.

Los burros tienen una fuerte aversión por todos y cada uno de los caninos, por lo que esto es algo que deberá recordar si también tiene perros en su propiedad. Para la seguridad del perro, es mejor mantenerlos alejados del burro a menos que hayan sido criados juntos. No es raro que un perro de familia curioso reciba una buena patada de un burro desprevenido debido a sus esfuerzos.

Un burro puede vigilar entre 100 y 200 animales, dependiendo del tamaño y del terreno de la propiedad en cuestión.

Beneficios del Entrenamiento con Clicker

Muchas personas confían en el uso de clickers para entrenar a todo tipo de animales, y este método tiene la ventaja de ser efectivo y sencillo de aprender. El uso de un clicker implica condicionamiento operante con reforzamiento positivo, y debe realizarse en un programa regular de recompensas.

Parece ser tan efectivo porque combina un sonido consistente con la recompensa otorgada después de la ejecución del comportamiento deseado.

Primero, deberá emplear un poco de condicionamiento clásico para hacer que el animal asocie el sonido del clicker con recibir un premio y un elogio. Una vez que el animal responda al sonido del clicker, incluso cuando esté distraído, la asociación se ha arraigado. Una vez que esto sucede, puede comenzar el condicionamiento operante, y el sonido del clicker se emparejará con una orden que será recompensada si se completa con éxito.

Una vez que parezca que el burro ha desarrollado una asociación entre la orden verbal y la recompensa, puede dejar de usar el clicker y ceñirse solo a las señales verbales. El tiempo que llevará llegar a este punto dependerá de cada animal individual.

Capítulo 7: Aseo y Cuidado de Sus Burros

Los burros, como cualquier otro animal, requieren un aseo y cuidado básicos para que se vean y se sientan lo mejor posible. Si bien son conocidos por su bajo mantenimiento, esto no significa que estos animales no requieran mantenimiento. Requieren un cuidado regular mínimo, la mayoría del cual está relacionado con el aseo. Esto ayuda a que su pelaje luzca lo mejor posible, y mantiene sus ojos, nariz, boca y pezuñas libres de escombros, lo que puede causar malestar o problemas de salud.

Para el aseo de los burros, se requieren algunas herramientas básicas, que veremos a continuación, pero el conjunto de herramientas que la mayoría usa para el aseo se especializa con el tiempo, dependiendo de las necesidades y preferencias del propietario y los animales.

Consideraciones Generales

Los burros deben mantenerse limpios y su pelaje libre de escombros, por lo que debe cepillarlos regularmente, todos los días si es posible. El aseo será especialmente importante en el invierno para los burros que usan mantas para mantenerse abrigados. El cabello debajo de la manta puede enmarañarse y enredarse fácilmente, lo que genera malestar y el potencial de problemas en la piel.

Cepillar a los burros en seco es mucho mejor que cepillarlos en húmedo, lo que puede irritar su piel. A los burros no les gusta mucho mojarse en primer lugar. La mayoría de los burros disfrutan ser aseados y apreciarán el cuidado diario. También es una gran oportunidad para formar un vínculo entre usted y el burro, por lo que debe aprovechar esta oportunidad.

Cabe mencionar que, si tiene alguna expectativa de mantener a sus burros completamente limpios, tendrá que olvidarse de aquello. Incluso con el cepillado regular, los burros se ensucian, especialmente porque se sabe que ruedan en la tierra y, a diferencia de los caballos, no se sacuden cuando terminan. El objetivo principal del aseo es mantener el cabello y la piel libres de escombros y otras sustancias que puedan causar llagas o irritación, no para mantenerlos limpios como animales de exposición (aunque discutiremos el tema de los burros de exposición brevemente más adelante).

Sus pezuñas requerirán cuidado regular y especializado, al igual que los caballos. Diariamente, se recomienda limpiar el barro, la suciedad y otros desechos de las pezuñas usando un gancho para pezuñas, que discutiremos más adelante. Es posible que desee consultar el capítulo sobre entrenamiento para ver cómo hacer que el animal se acostumbre a que le levanten las patas y se las manipulen.

Al igual que otros equinos, las pezuñas de los burros crecen continuamente, y deberán recortarse con regularidad, aproximadamente cada 4-8 semanas. No cuidar adecuadamente sus pezuñas puede llevar a una variedad de problemas que pueden volverse graves. Recortar las pezuñas no es algo que todos se sientan cómodos haciendo o que tengan las herramientas o la habilidad para realizar. Muchos dependen de la visita ocasional de un herrador profesional para este mantenimiento.

Cada vez que haga aseo a sus burros, tómese un minuto para examinarlos y comprobar si hay cortes, problemas en la piel o en las pezuñas, lesiones o cualquier indicio de enfermedad. Detectar los problemas temprano ayudará a reducir la probabilidad de que el animal experimente problemas importantes. También deberá revisar sus dientes en busca de indicios de podredumbre, daños o bordes afilados. Los dientes de los burros siempre están creciendo, y se desgastan por el forraje grueso que comen. Esto puede provocar bordes afilados en los dientes, que luego pueden provocar llagas en la boca. Deberá hacer que un profesional le revise los dientes alrededor de una vez al año.

Si un burro tiene dientes en mal estado o dañados, cambie a una dieta blanda de alimentos húmedos, machacados o empapados que sean más fáciles y menos dolorosos para comer.

Los burros también necesitan vacunas regulares contra el moquillo, la gripe y el tétanos. Puede haber otras vacunas recomendadas según la zona en que viva.

Al igual que otros equinos y la mayoría de los animales al aire libre, los burros pueden sufrir de parásitos intestinales, en particular gusanos intestinales. Los burros deben someterse a controles fecales alrededor de cuatro veces al año para buscar parásitos y tratarlos cuando se encuentren. Muchos medicamentos no son tan efectivos como solían ser debido al uso efectivo y la evolución de las plagas, lo que hace que sea más difícil de lo que solía ser tratar con éxito muchas de estas plagas, ya que han desarrollado resistencia.

Debido a que muchas plagas se han vuelto resistentes, debe controlar al animal después de un curso de tratamiento para asegurarse de que realmente funcionó. Para empezar, mantener el refugio de su burro y su espacio vital limpios es la mejor manera de evitar gusanos y otros parásitos. Los gusanos, como todos los parásitos, tienen un ciclo de vida único que requiere tiempo para que se desarrollen de una etapa a la siguiente. La eliminación regular de desechos (principalmente heces de burro) unas cuantas veces por semana es una excelente manera de reducir la exposición del animal a la larva de los gusanos.

En el verano, deberá asear a los burros casi todos los días. En invierno, puede reducir esto a día por medio. Se forman bolsas de aire naturalmente en sus pelajes, proporcionando un grado de aislamiento del frío, y el cepillado romperá esas bolsas de aire.

Dado que los burros tienen el pelo largo, grueso y áspero, es mucho más propenso a acumular suciedad y escombros que un caballo, por lo que requieren un aseo más regular. Durante los meses de primavera (cuando los animales están mudando sus pelajes de invierno), necesitará asearlos más a menudo que lo habitual para ayudarlos a deshacerse del exceso de cabello que se está desprendiendo.

Herramientas Básicas

No necesita un montón de costosas herramientas especiales para que su burro se vea y se mantenga bien. Con un paño húmedo, limpie cuidadosamente cualquier suciedad o escombros en los ojos, orejas, nariz y boca del animal. Esto ayuda a prevenir infecciones y otros problemas que pueden resultar de la acumulación de suciedad o escombros en estos orificios.

Un cepillo rígido de cabeza redonda hecho de metal, goma o plástico será la herramienta más importante para asear a sus burros. Cepille al animal con un cepillo para el cuerpo de la cabeza a la cola, aplicando una presión uniforme mientras lo hace.

Para mantener las pezuñas limpias y libres de escombros, necesitará un punzón para pezuñas, que es una importante herramienta de aseo que le permite eliminar de forma segura y fácil suciedad o escombros apelmazados. Al limpiar las pezuñas, trabaje desde el talón hasta la punta de la pata, asegurándose de limpiar todas las grietas. Deberá estar atento a si la parte posterior de la pezuña (conocida como ranilla) se pone negra o incluso supura. Esto indica una infección bacteriana llamada *candidiasis*, y deberá tratarse inmediatamente.

Mantenga limpias sus herramientas de aseo, ya que esto ayudará a prevenir la propagación de gérmenes. Después de cada uso, desinfecte el equipo de aseo usando un detergente suave y agua tibia. Puede dejar que se sequen al aire libre hasta su próximo uso.

Un kit básico de aseo para burros incluirá un peine de curry grueso, el cual es bueno para deshacer acumulaciones de barro o escombros. Un peine de curry de cerdas cortas es un excelente peine para todo uso que se puede usar en la mayoría de las partes del cuerpo para peinado general. Se puede usar guantes de peluquero, pero la mayoría de los animales prefieren ser aseados con las manos desnudas, por lo que esto no es obligatorio y es más una preferencia. Se necesitará un gancho para pezuñas para limpiar el pelaje.

Muchos dueños de burros usarán un aerosol para prevenir la pudrición causada por la lluvia, repelente de insectos (especialmente para moscas), y algún tipo de acondicionador para el pelaje para ayudar a mantener sus pelajes en buen estado. Todos estos productos pueden comprarse en la mayoría de las tiendas agrícolas al aire libre, o incluso puede hacerlos usted mismo. Los acondicionadores para la piel son el producto más común que la gente hace en casa porque solo requiere ingredientes básicos. También puede hacer su propio repelente de insectos y líquido para prevenir la pudrición, de los cuales es posible encontrar sus recetas en línea fácilmente. Dado que el acondicionador para la piel es tan fácil de hacer, consideremos una receta gentilmente provista por The Donkey Listener.

Acondicionador para la Piel de The Donkey Listener

½ taza de vinagre de sidra de manzana

½ taza de agua

3 gotas de aceite esencial de menta

3 gotas de aceite esencial de aroma a su elección

1 cucharada de aceite de vitamina E

Mezcle todos estos ingredientes y agite bien antes de cada uso.

Cortando el Pelaje de los Burros

De vez en cuando, como la mayoría de los animales, un burro puede necesitar que se le corte el pelaje. Sus pelajes son increíblemente importantes para la comodidad de su cuerpo y nunca deben cortarse por completo. Su pelaje les permite regular adecuadamente su temperatura, y los ayuda a protegerse contra las plagas de insectos, especialmente las moscas, que molestan a casi todos los animales de granja.

A veces, los burros ancianos o enfermos experimentarán una afección que provoca un crecimiento excesivo de su pelaje, dejándolo enmarañado y enredado, lo que puede ser doloroso y hacer que el animal sea más propenso a las afecciones de la piel. Es más probable que un burro necesite un corte de pelaje a fines de la primavera y a comienzos del verano. Esto difiere mucho de los caballos, cuyo pelaje tiende a cortarse en invierno.

La mayoría de los burros no necesita que su pelaje se recorte con frecuencia, pero existen ciertas condiciones y problemas que pueden hacer que esto sea necesario con más frecuencia que lo habitual. A veces, los burros experimentarán un crecimiento de cabello mayor al habitual durante el invierno, y es posible que muden su exceso pelaje más lentamente durante la primavera. Cuando esto sucede, el recorte con luz dirigida es una excelente manera de ayudar al proceso natural del burro.

Ciertas afecciones a la piel o una herida también pueden requerir un corte de pelaje para mantener el área libre de cabello y escombros. Muchos burros experimentarán infestaciones de piojos, que a menudo pueden tratarse bañándose, pero podrían requerir cortes de pelaje en casos realmente graves. Hay una variedad de productos para el control de plagas que puede usar y que harán que sea menos probable que ocurra una infestación de piojos.

Pezuñas

Las pezuñas de sus burros son vitales y mantenerlas sanas y en buena forma es esencial para mantener a sus animales en plena forma. Cada vez que cepille a sus burros, deberá limpiar sus pezuñas y verificar si hay signos de lesiones o posibles infecciones.

Como hemos señalado un par de veces, será necesario recortar las pezuñas de su burro cada 4-8 semanas para evitar que crezcan excesivamente. Solo debe hacer esto usted mismo si tiene las herramientas y los conocimientos adecuados.

Burros de Exhibición

Aunque no es algo comúnmente conocido, algunas personas tienen burros como animales de exhibición, y estos requerirán un nivel de preparación mucho más alto que los animales destinados para trabajar o producir leche. Para los burros de exhibición, deberá bañarlos regularmente, y asearlos será más complejo que con burros regulares. Deberá recortar el pelaje con más frecuencia que con un burro de trabajo para mantenerlo en buena forma, y como resultado, deberán usar una manta en invierno y quizás incluso en los días más fríos de verano.

Antes de una exhibición, se recomienda recortar el pelaje del burro una vez a la semana para permitir que el cabello cortado de manera desigual vuelva a crecer y se vea menos peludo. El uso de tijeras con hojas largas y puntas redondas es una buena manera de reducir los cortes desiguales y el cabello antiestético. Cuanto más largas sean las hojas de las tijeras, más uniforme y suave se verá el corte resultante.

Las personas que exhiben sus burros también usan abrillantador de pezuñas para hacer que brillen.

Capítulo 8: Reproducción en Burros

Aunque ya no es tan común como antes, todavía hay lugares donde los burros se usan para transporte, llevar carga y como la principal bestia de carga para la agricultura o la industria a pequeña escala. Se están volviendo más atractivos hoy en día debido a su resistencia y al bajo nivel de insumos requeridos en comparación con otras especies equinas. Son más resistentes a la tracción que los bueyes, lo que puede convertirlos en un animal más atractivo para el trabajo agrícola que los bueyes.

Las burras y las yeguas son muy similares en lo que respecta a la reproducción, pero hay algunas diferencias clave. Lo mismo ocurre con los machos y los caballos. En general, el proceso es más o menos similar, pero hay algunas diferencias importantes que afectarán el proceso de cría.

Reproducción Básica

Un burro alcanza la "pubertad" alrededor de los dos años, y las hembras están en estro (celo) por períodos de tiempo más cortos que la mayoría de los caballos. El ciclo de celo de las hembras tiende a durar entre 23-30 días. El estro en sí, en su punto máximo, dura entre 6 y 9 días, y la hembra estará ovulando durante aproximadamente 5 a 6 días después del inicio del estro.

Las burras pueden estar en celo con más frecuencia que los caballos, lo que es beneficioso para la cría, ya que los machos pueden ser muy quisquillosos con el apareamiento. Esto significa que la burra tiene más oportunidades de concebir que su homólogo caballo.

Los síntomas comunes de las burras en estro incluyen:

> • Pararse con las patas abiertas, lo que a menudo se denomina posición de reproducción

---

- Micción excesiva

- Levantamiento de la cola

- Guiño

- Babeo

El ciclo de gestación de una burra embarazada suele ser de 372 a 374 días, es decir, un poco más de un año. El celo del pollino, o celo posterior al nacimiento de un pollino, comienza dentro de los 3 a 13 días posteriores después de que la burra haya dado a luz.

Las burras son extremadamente protectoras con sus crías, y por lo general, tienen un instinto maternal más fuerte que el de las yeguas. Debe tener esto en cuenta cuando considere cómo va a socializar y manejar a los pollinos. Las burras deben sentirse cómodas con usted para que pueda acercarse a su descendencia, por lo que es posible que deba socializarla y hacerla sentir cómoda al lado de usted antes de poder tocar al pollino con seguridad si este proceso de socialización aún no se ha realizado.

Las burras tienen una tasa de fertilidad más alta que las yeguas, lo que las hace más propensas a concebir. La tasa de concepción de las burras es de aproximadamente el 78%, en comparación con aproximadamente el 65% de las yeguas.

Es más probable que una yegua tenga múltiples períodos ovulatorios que una yegua, lo que hace que el fenómeno del hermanamiento sea más común en ellas. Esto deberá ser abordado por un veterinario, ya que los gemelos presentan un riesgo mucho mayor de complicaciones para la burra. Por lo general, se destruye un embrión por la seguridad de la burra, y para aumentar la probabilidad de que lleve su gestación a término y dé a luz a un pollino sano.

Dado que las burras tienen vaginas más estrechas y largas, y a menudo más protuberantes en comparación con las yeguas, puede ser más difícil inseminar artificialmente a una burra que a una yegua. Esto también puede ponerlas en mayor riesgo de problemas como lesiones cervicales, y pueden tener más dificultades para dar a luz que una yegua, por lo que alguien debe estar presente cuando una burra entra en trabajo de parto.

Anteriormente discutimos los síntomas de una burra en celo, y son obvios, por lo que será relativamente fácil saber cuándo está lista para reproducirse. Se dice que el sonido de los machos rebuznando hace que entren en celo más rápido. Las burras también se vuelven más vocales durante el estro que en cualquier otro momento. Si su burra habla más de lo habitual, puede ser una señal de que está lista para reproducirse.

Como señalamos anteriormente, los machos tienen un sistema reproductivo similar al de los caballos, pero existen algunas diferencias clave. Por un lado, el pene de un macho es más grande que el de un caballo de tamaño similar. Esto significa que, si castra a alguno de sus machos, tenga en cuenta que sangrarán más de lo que suelen hacerlo los caballos.

Las glándulas sexuales accesorias también son más grandes en los gatos que en los caballos. A diferencia de los caballos, los burros tardan más en lograr la erección y el clímax, alrededor de 15-30 minutos, en comparación con los 10 minutos que requieren los caballos. Los burros usan algo parecido a la excitación preliminar, llamado provocación, con la hembra para "ponerla de humor". Algunos intentos de reproducción, debido al tiempo que le toma al macho para prepararse y hacer lo suyo, tal vez no tengan éxito y se requerirán múltiples intentos. También debe tenerse en cuenta que todo el proceso puede durar hasta u n par de horas.

Los machos jóvenes tendrán una libido más baja que sus contrapartes caballos, y no alcanzarán la madurez sexual durante algunos años después de la pubertad.

Los burros pueden usar vaginas artificiales de burro, y esta es una forma de obtener esperma para la inseminación artificial, el cual a menudo es el método preferido de los criadores. Puede ser más seguro para la burra, con un cuello uterino más largo y estrecho que el de una yegua.

Los burros pueden concebirse naturalmente, según un programa o vía inseminación artificial. Los burros y las burras pueden mantenerse juntos y permitirles "hacer lo que la naturaleza requiere", o puede juntar a los animales en un momento específico cuando la burra se encuentra en un estado óptimo para concebir. En sistemas naturales, es más probable que la burra pueda concebir durante lo que se conoce como celo permanente, lo que se refiere a un período de 48 horas después del inicio del estro.

Procreación de Mulas

Una mula es un cruce entre un burro y una burra (dedicaremos un breve capítulo a las mulas más adelante), y el emparejamiento no es algo natural, sino más bien uno que debe ser forzado o engatusado. Si quiere que burros y yeguas se reproduzcan, es mejor criar al burro en la compañía de yeguas y no de burras, ya que preferirán a sus compañeras naturales en lugar de las yeguas. Criar al burro con yeguas no solo lo acostumbrará a estar en su presencia; ellas serán su única fuente de "alivio" cuando estén excitados.

Los burros que se crían en entornos similares a los caballos tienen muchas más probabilidades de ser receptivos a la procreación con yeguas, pero aun así habrá que alentarlo. Algunos han notado que las granjas con múltiples burros usados para procrear con yeguas pueden alentar a burros nuevos a aparearse con yeguas más fácilmente. Pero como dijimos, tendrá que alentar al burro a aparearse con yeguas, y generalmente no es posible que un burro se aparee tanto con yeguas como con burras. Deberá usar animales diferentes para estos propósitos. Para aparear a un burro específico tanto con yeguas y burras, el mejor camino es la inseminación artificial.

Las yeguas tampoco se sienten atraídas naturalmente a los burros, y esto puede provocar angustia ante la presencia de un burro que rebuzna. Esto ilustra aún más la importancia de la socialización temprana entre el burro y la yegua. Será menos probable que esto ocurra entre una pareja que se crio en conjunto. Una yegua no siempre soportará ser montada por un burro, y a veces, incluso podría patear al gato, lo que podría lastimarlo mientras intenta montarla.

Existen sujetadores llamados dispositivos de apareamiento u obstáculos que a menudo se utilizan para ayudar a garantizar la seguridad de ambos animales en el proceso.

Crianza de Burros Miniatura

Los burros miniatura son animales tiernos y cariñosos que se han vuelto cada vez más populares como mascotas. Estos son mucho más pequeños que un burro estándar, midiendo no más de 36 pulgadas de alto. Además de ser lindos y tener un excelente temperamento, los burros miniatura tampoco requieren tanto espacio o insumos debido a su tamaño más pequeño.

Su tamaño representa una limitación en la cantidad de trabajo que pueden realizar, el peso que pueden sostener, y el tamaño apropiado del jinete para su estatura. Deberá recordar esto cuando considere criar miniaturas como animales de trabajo; la miniatura probablemente no sea la mejor opción.

Lo primero que deberá hacer es encontrar un burro y una burra que sean buenas representaciones de la raza miniatura en términos de tamaño, pelaje, que tengan patas largas y rectas, etc. Una burra con caderas y costillas más anchas tendrá más facilidad para dar a luz que una con caderas y costillas más estrechas.

Querrá que un veterinario revise una posible pareja reproductora para asegurarse que estén sanos y no tengan enfermedades que puedan transmitir en el proceso de apareamiento. Tanto el burro con la burra deben tener al menos tres años de edad antes de comenzar cualquier intento de apareamiento. Esto es para asegurarse que ambos animales estén completamente desarrollados sexualmente.

Lave a ambos animales antes de juntarlos, y muchas personas sujetarán la cola de las burras para que al burro le resulte más fácil montarla. Se recomienda lavar sus genitales con jabón de yodo para asegurarse que ambos estén libres de bacterias o patógenos potencialmente dañinos.

Puede que tenga que sujetar o sostener a la burra mientras el burro la huele y la inspecciona. Es una parte importante del proceso de apareamiento para los machos, pero tiende a poner un poco nerviosa a la burra. Si su cola aún no está levantada, una burra receptiva la levantará para indicar su interés.

Una vez que se complete el proceso de apareamiento, deberá separar a la pareja y soltar la cola de la burra si estaba atada. La burra debe ser llevada a un lugar tranquilo y calmado durante el año (aproximadamente) que le lleva gestar un pollino. Mantener a la burra tranquila y libre de estrés ayudará a garantizar que tenga una gestación saludable.

Una burra preñada no debe ejercitarse vigorosamente, pero debe alentarse a que se mueva todos los días cuando sienta el deseo.

Durante los últimos tres meses de gestación, deberá aumentar la cantidad con la que alimenta a la burra embarazada en aproximadamente un 50% para tener en cuenta las necesidades de su pollino en gestación. En el último mes de gestación, coloque a la burra en un puesto de parto, que está especialmente diseñado para estar alejado de otros animales y brindarle un espacio seguro y privado para dar a luz.

El puesto de parto debe cubrirse con una cubierta limpia y gruesa hecha de paja o virutas de madera (es preferible la paja). Es importante que la burra esté lejos de otros animales y lo más lejos posible de ruidos fuertes; debe mantenerse en el menor estrés posible durante el trabajo de parto. Si bien son conocidas por ser cariñosas, las burras que están a punto de dar a luz son menos amigables poco antes de comenzar el trabajo de parto, por lo que, si su burra que suele ser cariñosa muestra su carácter, es una buena señal de que pronto dará a luz.

Aproximadamente 48 horas antes de dar a luz, notará que las ubres de la burra comienzan a hincharse, e incluso puede haber una secreción ligeramente cerosa que sale de sus pezones. Esto es perfectamente normal.

Deberá estar cerca cuando la burra entre en trabajo de parto en caso de que necesite brindarle ayuda, pero trate de dejarle el mayor espacio posible para que no se sienta abarrotada o confinada. No quiere causarle ningún estrés innecesario. Esto puede prolongar el tiempo que tarda en dar a luz y aumentar las posibilidades de complicaciones. Ella comenzará a rodear y caminar por el establo justo antes de dar a luz.

Una vez que la burra rompe aguas, el pollino comenzará a aparecer; contracciones adicionales le permitirán empujar al bebé el resto del camino hacia el exterior. Esto puede llevar un poco de tiempo, pero si pasan unos 20 minutos sin progreso ni contracciones, es mejor llamar a un veterinario para que vea si hay problemas con su gestación que usted no pueda manejar.

Una vez que nazca el pollino, la burra cortará el cordón umbilical por sí misma y limpiará al pollino. El pollino, si está sano, debe pararse poco después y comenzar a mamar. Aunque no es tan común, a veces las burras temen inicialmente a su pollino. Si esto ocurre y no deja que el pollino amamante, sostenga y consuele a la burra hasta que el pollino pueda acercarse y amamantar.

Si es posible, haga que un veterinario examine a la burra y al pollino unos días después del nacimiento. Esto permitirá que el veterinario determine que tanto la madre como el bebé estén en buenas condiciones. El veterinario buscará cualquier resto de placenta que deba extraerse, así como signos de mastitis. Esta es una inflamación de los pezones que puede provocar molestias e incluso evitar la lactancia, y debe tratarse rápidamente. Hay muchos tratamientos diferentes que son efectivos para la mastitis.

El veterinario también verificará que el pollino esté recibiendo un suministro adecuado de leche. Si el pollino no puede obtener suficiente leche de la burra, se le puede recomendar que le administre alimentos suplementarios para compensar las calorías y los nutrientes necesarios que no está recibiendo de su madre.

Capítulo 9: Leche de Burra (y Por Qué Debería Considerarla)

La leche probablemente no es la primera cosa que asocia con burros. Sin embargo, la leche de burra se está convirtiendo en un campo lucrativo; quizás podría ser algo en lo que considere involucrarse si va a criar burros. La leche de burra se ha utilizado desde la antigüedad para una amplia gama de usos y hoy está volviendo a ser popular.

De hecho, la leche de burra se está convirtiendo en un ingrediente muy buscado para diversos productos de belleza y salud. Esto ha provocado un aumento espectacular del precio de la leche en el mercado abierto. Los precios pueden llegar a 50 dólares por litro, lo que es, de hecho, ¡un precio extremadamente alto para la leche!

Beneficios de la Leche de Burra

En la antigüedad, la leche de burra se usaba con fines medicinales para tratar muchas dolencias diferentes y como potenciador de la belleza. La leyenda dice que Cleopatra, la famosa reina de Egipto, se bañó en leche de burra para ayudar a mantener su apariencia joven y su piel radiante. La ciencia moderna muestra que hay mucho en esta leyenda, incluso si no ocurrió como un hecho histórico.

Durante mucho tiempo se usó como medicamento para una variedad de dolencias, desde malestar estomacal hasta alergias.

Tenemos numerosos relatos antiguos sobre el uso de leche de burra más allá de la leyenda de Cleopatra. El padre de la medicina, Hipócrates, escribió uno de los relatos más antiguos conocidos sobre los beneficios de la leche de burra. Además, los registros romanos antiguos dan fe de su uso bastante extendido. Se sabe que la hermana de Napoleón lo incluyó en su régimen de cuidado de la piel. También, en Francia, la leche de burra se utilizó hasta el siglo 20 para alimentar a los niños huérfanos y como cura para los enfermos y ancianos.

Usos Comunes de la Leche de Burra en la Actualidad

Incluso en la actualidad, algunas personas todavía defienden el valor medicinal de la leche de burra, afirmando que puede ayudar a las personas con problemas como la bronquitis y el asma. Esto no debe reemplazar el tratamiento médico y la medicación moderna, y es necesario realizar muchos más estudios para determinar la verdadera efectividad de la leche de burra como un buen tratamiento para estas afecciones.

Las personas con alergias severas pueden beneficiarse del consumo de leche de burra. Muchas personas afirman que simplemente bebiendo un poco de leche todos los días, observaron reducciones drásticas en sus síntomas de alergia. Al igual que con otras afirmaciones hechas acerca de la leche de burra, es necesario realizar más investigaciones para determinar qué tan bien funciona realmente para estas afecciones, y para comprender qué tiene este tipo de leche que la hace útil.

Serbia es una de las regiones productoras más grandes de leche de burra, y lo que se considera el queso más caro del mundo, hecho de leche de burra, se produce allí en la Reserva Natural de Zasavica. El queso se vende a unos 48 euros los 50 gramos. De hecho, es caro, con un sabor y una textura únicos que la gente jura que no puede rivalizar con otros tipos de quesos especiales. Otras naciones con capacidades de tamaño decente de producción de leche de burra incluyen Corea del Sur, Bélgica y Suiza.

Los estudios científicos han demostrado que, químicamente, la leche de burra es la más cercana a la leche materna humana, y es más baja en grasas y mucho más alta en ácidos grasos Omega-3 que la leche de vaca. Recientemente se han publicado estudios en la revista profesional Current Pharmaceutical Design, que demuestra que la leche de burra tiene la capacidad de dilatar los vasos sanguíneos y puede reducir el endurecimiento de las arterias. Otro artículo reciente en el Journal of Food Science ha descrito la leche de burra como un "alimento farmacéutico", por sus innumerables beneficios en términos de salud y nutrición.

Cada vez más, la leche de burra se usa en productos para la piel útiles para tratar una variedad de afecciones de la piel como la psoriasis y el eccema. También es segura de usar en pieles demasiado sensibles, y se puede convertir en un jabón suave. Algunos dicen que la leche de burra contiene propiedades anti-envejecimiento, y su contenido de grasa la hace excelente para hidratar la piel, ayudando a mejorar el aspecto y la elasticidad de la piel. También es conocida como un excelente limpiador de piel.

Esta leche también puede ser beneficiosa para los bebés que sufren problemas gástricos, ya que, a nivel estructural químico, es muy cercana a la leche materna humana. También tiene un alto contenido de vitaminas y minerales muy necesarios, y puede ser una mejor alternativa que la fórmula o la leche de vaca. La leche de burra tiene un nivel de proteínas comparable al de la leche de vaca, pero es mucho más alta en vitamina C.

A medida que continúen las investigaciones para identificar los beneficios ampliamente variados de la leche de burra, muchos esperan que continúe aumentando su popularidad y demanda.

Consideraciones

En cuanto a los animales que se pueden ordeñar, el burro no ocupa un lugar destacado en la lista de fuentes, ya que producen muy poca leche. Si bien la leche de burra, en comparación con la de vaca, es mucho más escasa, se utiliza para fines mucho más específicos que la leche de vaca, por lo que la escasez no es un problema tan importante como podría parecer a primera vista.

Debido a que producen tan poca leche, los productos especializados son los más comunes que utilizan esta única y rara sustancia. Las burras solo se pueden ordeñar durante aproximadamente 2-3 meses después del parto. Raramente producen más de aproximadamente 400 ml de leche por día, una cantidad muy pequeña en comparación a las vacas.

Capítulo 10: Identificando y Previniendo Enfermedades de los Burros

El burro es conocido y apreciado por ser una criatura resistente y duradera, pero esto no significa que nunca sufren problemas de salud. Su resistencia es, por supuesto, una de las razones por las que fueron tan populares históricamente, y una de las principales razones por las que están creciendo en popularidad en la actualidad. Sin embargo, a pesar de que son resistentes y pueden vivir en entornos desafiantes, siguen enfrentándose al riesgo de varios problemas de salud diferentes.

Como señalamos anteriormente, los burros tienden a ocultar sus emociones, y esto también es cierto cuando están enfermos. Es muy probable que su burro no muestre síntomas obvios de una enfermedad hasta que esta haya progresado hasta un punto en el que le resulte imposible al animal continuar escondiéndola. Esto a menudo puede resultar en dejar que algo pequeño y simple se infecte y se convierta en un problema mayor.

Consideraciones Básicas de Salud

Mientras más tiempo pase con sus burros, mejor será su relación y comprensión de ellos. También le ayudará a conocer la personalidad, el temperamento y los comportamientos particulares de cada animal, lo que puede hacer que sea mucho más fácil saber cuándo algo no está bien con ellos. Se recomienda encarecidamente que realice controles corporales periódicos para buscar posibles problemas y abordarlos tan pronto como note algo. Estos controles son excelentes para hacerlos junto con el aseo diario.

Dolencias Comunes de los Burros y Sus Síntomas

Como cualquier animal, los burros pueden contraer una amplia gama de enfermedades que pueden ser leves o incluso mortales. Lo que sigue son algunas de las dolencias más comunes que sufren los burros y los síntomas asociados con estas condiciones.

Abscesos

Un absceso se produce cuando una fuente externa, a menudo un patógeno o una lesión, estimula la sobreproducción de glóbulos blancos, lo que puede provocar llagas dolorosas, las que luego se rompen y exudan pus. Un absceso puede aparecer en cualquier lugar desde el interior del cuerpo, en la boca o incluso en las pezuñas. Pueden romperse, provocando la expulsión de una gran cantidad de pus de olor desagradable.

Si no se trata, especialmente en las pezuñas, puede provocar llagas crónicas y una infección que puede extenderse a los tejidos circundantes, causando mucha incomodidad e incluso con riesgo de daño permanente. Deberá consultar un veterinario para diagnosticar y tratar adecuadamente los abscesos.

Se puede punzar el absceso para obtener una muestra y analizarla para detectar bacterias que podrían requerir de un tratamiento con antibióticos. La herida también se puede irrigar o limpiar profundamente para ayudar a evitar futuras infecciones y ayudar a la cicatrización de la herida.

Ántrax

Las esporas de ántrax se encuentran comúnmente en los suelos de la mayoría de las áreas del mundo. Esta toxina, conocida como Bacillus anthracis, puede permanecer inactiva en el suelo durante muchos años, y se "activa" durante ciertas condiciones climáticas, como el clima fresco y húmedo, seguido por un clima muy cálido y seco. ¡Las esporas pueden vivir en el suelo hasta por 48 años!

Entonces los animales pueden comer pasto que ha sido contaminado con esporas de ántrax y enfermarse. Los síntomas comunes del ántrax incluyen cambios de humor como depresión, falta de coordinación física, temblores incontrolables, e incluso sangrado aleatorio. Deberá contactar al veterinario de inmediato si el burro muestra alguno de estos síntomas, ya que podría haber estado expuesto a suelo contaminado, lo que puede ser fatal.

El ántrax es altamente propagable y puede transmitirse fácilmente de un burro infectado a otros animales e incluso a los humanos. Es por eso que cualquier caso confirmado de ántrax debe informarse a los funcionarios locales de gobierno.

Existe una vacuna disponible para inocular contra el ántrax, y es muy recomendable, especialmente si vive en un área donde se sabe que se encuentra el ántrax. Si se detecta temprano, el envenenamiento por ántrax puede ser tratado con antibióticos, pero dado que la toxina a menudo puede resultar fatal, es mejor confiar en la vacuna.

Artritis

Al igual que los humanos, los burros pueden sufrir artritis a medida que envejecen. La artritis también es causada por ciertas predisposiciones genéticas, y también puede ser causada por mala nutrición y espacio inadecuado. Los síntomas más comunes de artritis en burros pueden variar, pero los más comunes incluyen cambios en la marcha del animal, articulaciones inflamadas, pérdida de peso y cambios en la condición de su pelaje.

Hay una variedad de formas de tratar la artritis en burros, pero el tratamiento adecuado dependerá de la causa subyacente de la artritis. Deberá contactar a un veterinario acerca del plan de tratamiento adecuado para su animal.

Especialmente en el caso de los animales más viejos, es posible que deba modificar su entorno para que sea más seguro y fácil para un animal artrítico moverse. Esto puede incluir reducir la pendiente del terreno si es empinado, mover la comida y el agua más cerca de donde el burro pasa su tiempo, entre otras medidas. Un burro con artritis aún puede vivir una vida larga y feliz; solo se necesita un poco de ingenio para encontrar formas de hacer la vida más fácil para el animal.

Brucelosis

Esta afección generalmente se presenta en forma de *procesos inflamatorios interescapulares* (una condición dolorosa) y *cruz fistulosa* (otra condición inflamatoria). La testuz del burro se refiere al espacio entre las orejas hasta la nuca. Los anteriormente mencionados procesos inflamatorios interescapulares ocurren cuando esta área se lesiona y se hincha, volviéndose inflamada e infectada. Esto puede provocar debilitamiento e incluso necrosis (muerte) del tejido afectado.

La cruz fistulosa se refiere a una condición similar en donde la bursa supraespinosa (que se encuentra cerca de la cruz del animal) se infecta. Esto puede ocurrir a causa de una lesión o una infección, la principal responsable suele ser la Brucella abortus, de ahí el nombre de la afección.

Los síntomas de estas condiciones incluyen hinchazón, dolor perceptible, emisión de calor del área, nuevas áreas sensibles en el animal, así como fiebre y apatía. La bursa, si no se trata, puede romperse y derramar líquido infeccioso.

Tanto los procesos inflamatorios interescapulares como la cruz fistulosa pueden tratarse, pero si se dejan sin tratar, pueden convertirse fácilmente en afecciones crónicas que pueden provocar una inflamación aún mayor y cicatrices permanentes.

Las bursas que aún no se han roto a menudo se tratan con antibióticos. Una bursa rota se trata quitando tejido del área afectada y limpiando el área con una solución de betadina. También se dará un tratamiento de antibióticos para ayudar a asegurar que la infección sea eliminada.

Los burros no transmiten esta afección a otros animales ni a los humanos, por lo que no se necesitará separación ni precaución adicional. Sin embargo, debe tenerse en cuenta que las vacas que padecen estas afecciones pueden transmitirlas a otros animales.

Cataratas

Este es otro problema común que afecta tanto a los humanos que envejecen como a los burros. Está marcada por la opacidad creciente del cristalino del globo ocular, lo que reduce la vista. Este suele ser un problema congénito que se desarrolla en el animal a medida que envejece. Sin embargo, también puede deberse a traumatismos, radiación, toxinas u otras afecciones oculares.

El problema es más notable por el aumento notable de la nubosidad y el gris del cristalino del ojo. Deberá contactar al veterinario para determinar la fuente y el tratamiento de las cataratas. La cirugía es la única cura conocida para las cataratas, pero esto también puede llevar a la pérdida permanente de la visión.

Si la cirugía no se recomienda o no parece ser una buena opción, podría necesitar modificar su entorno para que sea más fácil para un animal con problemas de visión moverse, comer y beber con relativa facilidad.

Conjuntivitis

Esta es una afección común en los burros que a menudo es el resultado de una lesión en el ojo. Las infecciones por virus y hongos son otra causa de esta afección. Irritantes para los ojos como el polvo y la suciedad también pueden provocar casos menores. Esto ocurre debido a que el párpado interno y el tejido blando circundante se inflaman.

Los síntomas incluyen enrojecimiento e hinchazón alrededor de los ojos, a menudo con una secreción mucosa que sale del ojo.

Los tratamientos para esta condición dependerán del origen de la irritación. Si el problema se debe a un cuerpo extraño o irritante para los ojos, deberá enjuagar el ojo con abundante agua. En caso de que esto sea causado por infecciones fúngicas, virus o lesiones, deberá comunicarse con el veterinario para determinar el curso de acción adecuado.

Cistitis y Pielonefritis

La cistitis es un tipo común de infección del tracto urinario equino. Las infecciones como esta suelen ser el resultado de alguna afección que restringe el flujo de orina, y pueden ser originadas por bacterias como la E. coli Enterococcus o el Streptococcus.

La pielonefritis es una infección del tracto urinario que se ha extendido a los riñones y se ha vuelto más grave.

Los síntomas más comúnmente asociados con estas afecciones son similares a los que experimentan los humanos, incluida la micción frecuente y sangre en la orina. Si la infección se ha propagado a los riñones, los animales pueden comenzar a perder peso y mostrar ciertos cambios de comportamiento, como depresión.

Deberá comunicarse con su veterinario para obtener un diagnóstico y tratamiento adecuados para cualquiera de estos problemas. Mientras espera para llevar al animal, asegúrese de que se mantenga bien hidratado, ya que esto puede ayudar a reducir la gravedad de algunos de los síntomas.

Cólico

En realidad, este es un término más general que el nombre de una condición específica. La palabra simplemente se refiere al dolor o malestar abdominal o estomacal y puede ser el resultado de una variedad de problemas diferentes. El código a menudo se puede detectar por los sonidos del intestino, un aumento de la frecuencia cardíaca, e incluso un aumento de la respiración.

La impacción es un tipo de cólico que resulta de algo en el intestino, por lo general alimentos no digeridos. Los calambres se denominan cólicos espasmódicos y a menudo causan malestar general. El cólico flatulento es un nombre elegante para el malestar o gastrointestinal que resulta del exceso de gas. Los tumores, que se observan con mayor frecuencia en animales más viejos, también pueden ser una causa de cólicos. La torsión es una condición muy dolorosa en la que el burro tiene el intestino torcido, lo que naturalmente le causará mucho dolor. Las úlceras también pueden ser una fuente. Los gusanos, como las tenias o las lombrices intestinales, también suelen causar cólicos. La pancreatitis, que es causada por la hinchazón e inflamación del páncreas, también puede resultar en cólicos y puede ser un problema grave.

La mayoría de las veces, el burro mostrará síntomas como la negativa a comer. Hay una variedad de formas en que se puede tratar esta afección, desde tratar la causa subyacente o incluso suministrar fluidos adicionales al animal a través de un tubo en la nariz. Un goteo intravenoso también puede suministrarle más líquidos al animal. En casos raros, los cólicos pueden requerir cirugía e incluso ser fatales.

El agua sucia o inadecuada puede causar cólicos y problemas con la alimentación. Esto es especialmente cierto si modifica súbitamente la dieta del animal, sin permitirle aclimatarse gradualmente a la nueva alimentación. Pastar en suelos arenosos puede causar cólicos, así como comer materiales no comestibles como cuerdas, madera, plástico u otros materiales.

Las enfermedades y dolencias que hemos enumerado aquí, por supuesto, no son una lista exhaustiva de afecciones que pueden afectar a los burros, pero cubren la gama de problemas más comunes que es probable que enfrenten. Mientras más tiempo críe y cuide a los animales, más se familiarizará con algunos de los principales problemas que pueden ser un problema para estos animales, qué hacer, y cuándo llamar a un veterinario u otro profesional.

Capítulo 11: Unas Palabras Sobre las Mulas

Las mulas son, para todos los efectos, una criatura híbrida. Muchos confunden burros y mulas, pero son diferentes. Los burros descienden de asnos salvajes en África y Asia, mientras que una mula es un cruce entre una yegua y un burro macho.

También hay cruces entre caballos machos y burras hembras, pero estos se llaman burdéganos. Son muy similares a las mulas, pero son un poco más pequeños y no deben confundirse con el mismo animal.

Una mula es un animal único genéticamente, siendo un cruce entre un caballo con 64 cromosomas y un burro que tiene 62. Tanto las mulas como los burdéganos tienen 63 cromosomas, lo que los hace increíblemente únicos.

Básicamente, esto significa que las mulas y los burdéganos son estériles, y no pueden reproducirse sexualmente. La mula hembra tiene un ciclo de celo, lo que teóricamente le permitiría concebir. Aún así, dado que los machos suelen ser 99,9% estériles, hay pocos registros de embarazos o nacimientos reales entre mulas hembras; la mayoría de las veces, el raro nacimiento de un potro es el resultado de una transferencia de embriones. La mula es deseable porque tiende a ser más saludable y mucho más resistente que los caballos de tamaño comparable, y requieren menos alimento y cuidado.

Similitudes y Diferencias Entre Mulas y Burros Estándar

Aunque se confunden fácilmente con burros, en realidad una mula tiene más común físicamente con un caballo que con un burro. Cuando se trata del tamaño del cuerpo, la forma, la dentadura, y más, son morfológicamente más similares a la yegua que al caballo. Hay diferentes tipos de mulas, incluidas miniaturas. Una mula típica, debido al aporte del caballo a su genética, es un poco más grande que un burro estándar.

Los burros tienen orejas muy largas, lo cual es una de las características más claramente identificables del animal. Sin embargo, una mula tendrá orejas más pequeñas y más parecidas a las de un caballo que a las de un burro.

Las vocalizaciones son otra forma significativa de distinguir entre un burro y una mula. Un burro es bien conocido por su llamada hee-haw, mientras que una mula tiene algo que está más entre un relincho y un hee-haw. Es un sonido distintivo que no es probable que se confunda con el de un burro, una vez que se acostumbre a él.

Las mulas, como los burros y los caballos, son animales longevos y suelen vivir entre 30 y 40 años, aunque los animales de trabajo o reproductores pueden tener una esperanza de vida más corta.

Una de las cosas que hace que las mulas sean más atractivas que los burros para algunos, es que estas son más inteligentes, lo que dicen mucho, ya que los burros también tienen una inteligencia asombrosa. Las mulas también parecen un poco menos tercas que los burros; las mulas rápidamente aprenden habilidades, más similar a los caballos, que los pensativos y cautelosos burros.

Una mula normalmente pesará entre 800 y 1000 libras, pero las miniaturas pueden ser tan pequeñas como para pesar menos de 50 libras. Las mulas miniatura son criaturas súper lindas y dulces que las hace excelentes mascotas o animales de compañía.

Aunque desciende a medias de una yegua, la piel de una mula no es tan sensible como la piel de un caballo; se parece más a la piel de burro, resistente tanto al solo como a la lluvia, lo que los convierte en un animal más resistente que sus homólogos caballos. Por supuesto, esto no significa que no necesiten refugio de los elementos, sino que son menos sensibles y más adaptables a su entorno que un caballo.

Como un burro, una mula es mejor para navegar por terrenos complejos y desiguales. Tienen pezuñas mucho más duras que los caballos, por lo que es mucho menos probable que se agrieten, y que puedan manejar terrenos rocosos o irregulares. Dado que normalmente no tienen zapatos, son más fáciles y menos costosas de cuidar que los caballos.

Al igual que ocurre con los burros y los caballos, la mula es un excelente animal para transportar pequeñas cargas. Pueden cargar alrededor del 20% de su peso corporal en el lomo, y mucho más cuando tiran de un carro por el suelo.

Al igual que un burro, una mula no es un caballo, aunque la mitad de la genética provenga de ellos. Tienen necesidades y requisitos nutricionales muy diferentes, y no deben tratarse como un caballo pequeño, sino como una criatura única por derecho propio.

Al igual que con los burros, el sistema digestivo de las mulas se adapta mucho mejor a los pastos de bajo valor nutricional. Les toma más tiempo digerir sus alimentos, lo que les permite obtener la mayor cantidad posible de nutrientes de su alimentación. Los alimentos que son demasiado ricos o altos en nutrientes pueden causar una variedad de problemas gastrointestinales, al igual que con los burros.

Deberá recordar que no comparten los mismos requisitos que los caballos y, en términos de mantenimiento y cuidado, son más similares al lado del burro de su ascendencia, y deben tratarse como tales.

La alimentación de una mula debe abordarse de la misma manera en que lo haría con la alimentación de un burro. Sus alimentos deben ser apropiados para sus necesidades nutricionales y digestivas, y la cantidad que comen debe ser controlada. Al igual que los burros, las mulas son conocidas por comer excesivamente cuando se les da una sobreabundancia de alimento, y esto puede causar problemas como la obesidad (o incluso diabetes), a la que las mulas son mucho más susceptibles que los caballos.

Nunca use con mulas equipo pensado para caballos. Si bien tienen un tipo de cuerpo similar, no son lo mismo, y el uso de equipo inapropiado puede dañar y lesionar al animal. Si es posible consiga cabestros y otro equipo especialmente adecuado para mulas. Hay muchos lugares donde puede adquirir un cabestro personalizado u otro equipo hecho exactamente al tamaño de su animal. A pesar de que esto es más caro que comprar un cabestro en una tienda de granja, se ajustará mejor y probablemente dará mejores resultados con el animal.

Las mulas, como los burros y los caballos, vienen en una amplia gama de tamaños y colores, y lo que funcione mejor para usted dependerá del uso previsto para el animal y sus preferencias personales. Una mula tiene un precio más alto que un burro, ya que es un mestizaje, y se necesita más habilidad para engendrarlos y criarlos. Puede esperar pagar entre 1.200 y 5.000 dólares por una mula, tal vez más si busca obtener una miniatura.

Datos Interesantes Sobre las Mulas

Ejércitos de todo el mundo han confiado durante mucho tiempo en las mulas, ya que son más resistentes, requieren menos insumos, y pueden manejar una gama más diversa de terrenos y entornos que los caballos. Son más baratas y fáciles de cuidar y mantener, lo que las hace superiores al caballo en muchas aplicaciones.

Incluso la mula se ha utilizado en la guerra más moderna. En los años 80, cuando el ejército estadounidense trabajaba en Afganistán, se usaban mulas para trasladar armas y suministros por el difícil terreno. Se estima que en estas operaciones se utilizaron hasta 10.000 mulas.

Existe una larga tradición histórica de uso tanto de mulas como de burros en guerras, desde guerras antiguas hasta guerras mundiales importantes. Fueron mejores asistentes que los caballos porque requieren menos comida y otros insumos, son más duros y pueden navegar por una amplia gama de tipos de terreno, mientras que los caballos necesitan tener un terreno liso y plano, que no siempre se puede encontrar en una zona de guerra.

Las mulas se crían predominantemente en China y México, aunque hay criadores conocidos en casi todos los continentes y en todos los países.

Como el burro, una mula recurrirá a las patadas cuando se sienta amenazada. Pueden patear tanto hacia adelante como hacia atrás, pero es inusual que también puedan patear hacia los lados, algo que ciertamente muchas personas no esperan ver cuando tratan con estos animales. Sus patas traseras son increíblemente fuertes, y una buena patada puede lastimar y causar daños graves. ¡Tenga esto en cuenta cuando trate con mulas e intente mantenerse alejado de esas poderosas patas traseras!

Engendrando y Criando Mulas

Discutimos algunos de los conceptos básicos sobre engendrar mulas en el capítulo sobre reproducción. El cruce entre una yegua y un burro macho no es el más fácil de producir, ya que los burros y los caballos, al ser especies diferentes, no se aparean de forma natural. Aparentemente, la excepción es con los burros machos que se crían *exclusivamente* con caballos. Es mucho más fácil hacer que un burro macho, criado solo con caballos, en lugar de con otros burros o una mezcla de ambos, se aparee con yeguas, ya que les parece más natural.

Los burros y los caballos tienen sistemas de reproducción sexual similares, pero diferentes, y diferentes formas de abordar el apareamiento, lo que hace que sea más difícil tener relaciones sexuales exitosas, pero no es imposible.

Muchas personas optan por usar inseminación artificial como medio clave para la reproducción, ya que es más fácil de lograr y requiere mucho menos esfuerzo por parte de todos. Sin embargo, como señalamos en el capítulo sobre reproducción, no es imposible, y con algunos conocimientos y habilidades, puede conseguir que las yeguas y los burros se reproduzcan de manera natural.

Como también señalamos, la mayoría de los mulos machos son estériles, aunque se sabe que las hembras entran en celo, y en raras ocasiones, dan a luz a un potro. Sin embargo, la mayoría de las veces no pueden reproducirse y, por lo tanto, la única forma de conseguir una mula es mediante el apareamiento directo entre yeguas y burros.

Aunque tienen la morfología más parecida a la de un caballo, su cuidado es más parecido a la porción de burro de su genética. Pueden vivir en una gama mucho más diversa de entornos que los caballos, haciendo que sean más fáciles de cuidar y menos exigentes; los zapatos no suelen ser necesarios para las mulas. Sus necesidades dietéticas son muy similares a la de los burros.

Necesitan ser alimentadas con vegetación alta en fibra o heno o paja suplementarios con bajo contenido de azúcar. El forraje rico o la vegetación densa en nutrientes no es ideal para estos animales. Para obtener los mejores resultados en términos de una nutrición adecuada, por favor consulte el capítulo sobre alimentación de burros para obtener más información.

Para obtener los mejores resultados al entrenar a su mula, involúcrese con ellas lo antes posible tras su nacimiento. Cuanto antes pueda empezar a socializarlos, mejor será su relación con ellos, y más fácil será entrenarlos. Dado que son un poco menos pensativos y contemplativos que los burros, tienden a adquirir habilidades y entrenamiento un poco más rápido, pero como el burro, no necesitan tanta repetición para aprender la tarea como lo necesitaría un caballo.

Puede desarrollar algo muy parecido a una amistad con una mula, al igual que con un burro, y esto no es solo por consideración, sino que facilita brindarles los cuidados que necesitan. Dado que, al igual que con los burros, no son tan expresivas como los caballos, conocerlas bien facilita la lectura de sus emociones y lenguaje corporal. Esto es especialmente importante si el animal está enfermo o herido. Disfrutan de la interacción social con personas y otros animales y, como resultado, pueden ser mejores animales de compañía que un burro.

El lenguaje corporal de su mula no debe leerse exactamente como el de un caballo; es probable que las mulas muestren diferentes emociones o deseos. Pueden acercarse a los humanos con las orejas hacia atrás, lo que, como en el caso de los caballos, es un indicio de agravamiento o agresión.

Pero en una mula, podría significar que está pidiendo un regalo. Se necesita tiempo para saber qué significan las diferentes señales corporales, y es útil considerar lo que está haciendo el resto del cuerpo y el contexto en el que se está llevando a cabo la acción. Esto le ayudará a determinar mejor cuáles son sus deseos e intenciones.

Las mulas son territoriales de la misma manera que los burros, y esto puede ser tanto algo bueno como algo malo. Al igual que el burro, se puede entrenar a una mula para que vigile el ganado y persiga a los depredadores. Sin embargo, al igual que el burro, no les agrada ninguna especie canina, por lo que su interacción con un perro de la familia podría ser menos que ideal. Ya sea que esté criando y manteniendo burros o mulas, tenga cuidado cuando deje que un perro se acerque a ellos.

Las mulas tienen un olor diferente al de un burro o un caballo, y esto puede generar cierta confusión si las mulas se mantienen con otros tipos de equinos. Pareciera que a los otros animales les cuesta más averiguar qué es exactamente la mula. Las mulas se pueden mantener con otras mulas, caballos, burros o ganado. Son animales versátiles que pueden asumir una variedad de trabajos en una granja y simplemente hacer compañía a una persona.

Una mula, como un burro, requerirá un aseo regular para mantenerlas en buena forma. Su pelaje es más suave que el de un burro, pero su cuidado es muy similar. Necesitan un cepillado regular para deshacerse del barro y otros desechos que se acumulan en su pelaje. También necesitarán que les limpien los ojos, oídos, boca y pezuñas con regularidad, de la misma manera que un burro. Al igual que un burro, sus pezuñas continúan creciendo a lo largo de su vida, y deberán ser recortadas con regularidad, pero no necesitarán zapatos ni el mismo nivel de entorno que requiere un caballo.

Conclusiones

Los burros son criaturas únicas y resistentes que evolucionaron para vivir en entornos duros e implacables. Como resultado, son apreciados por su cuidado relativamente bajo, su buen comportamiento, y su ética de trabajo duro. Estos animales, cuando son cuidados y entrenados adecuadamente, pueden realizar varias funciones, desde ser montados hasta proteger el ganado.

Criar burros también puede ser una idea de negocio lucrativa, ya que el burro es ideal para determinadas actividades y entornos. Al cerrar esta breve guía sobre la posesión y la crianza de burros, veamos un par de formas en las que puede convertir la cría de burros en un emprendimiento lucrativo para hacer dinero que brinda un servicio valioso y es gratificante tanto para usted como para el burro.

Dado que los burros son criaturas tan emocionales y sociales, algunos crían burros, particularmente miniaturas, para que sean mascotas. Dado que son pequeños y muy amigables, los burros miniatura son excelentes animales familiares para personas con una pequeña cantidad de tierra y un deseo por un animal de compañía menos común que el humilde perro. Si está criándolos o vendiéndolos para que sean mascotas, querrá hacer su tarea al determinar a quién le venderá animales.

Como señalamos numerosas veces en esta guía, los burros son animales longevos, y cualquier persona que esté interesada en adoptar uno debe comprender esto, y el hecho de que requieren algunos cuidados especializados; no se les cuida exactamente como a los caballos. Puede hacer verificaciones de antecedentes o incluso revisar la propiedad de los posibles propietarios para asegurarse de que sean adecuados para tener un burro (o burros) como mascotas.

Dado que estos animales son tan sociales, cualquier persona interesada en comprar uno como mascota necesita saber cuánto tiempo y socialización son necesarios para que su animal sea feliz y realizado. Muchos obtienen un par de burros para que puedan hacerse compañía, y tal vez sea una sugerencia para darle a un posible adoptante de burros.

Deberá consultar con las oficinas de su gobierno local para conocer las reglas y regulaciones requeridas para vender burros como mascotas, y asegurarse de seguir los canales adecuados para proporcionar pasaportes equinos para cualquier burro que venda.

Algunas personas crían y venden burros como animales de trabajo ligero. Aunque esto no es tan común como solía serlo, los burros son una excelente inversión para una variedad de actividades laborales diferentes, desde el trabajo agrícola hasta el transporte de mercancías o personas. Muchos lugares turísticos usan burros para llevar grupos de excursionistas o incluso para que los turistas viajen a un destino en particular (recuerde el Gran Cañón, que depende de burros, especialmente mulas). También puede consultar las leyes locales para asegurarse de que está siguiendo todas las reglas y regulaciones que se requieren para vender burros en su área.

Finalmente, esta es quizás la forma más lucrativa de usar burros, y esta corresponde a vender su leche. Como mencionamos en el capítulo sobre la leche de burra, se ha demostrado que es muy útil para una variedad de condiciones. Las personas todavía la usan para tratar una variedad de afecciones de salud, desde eczema hasta alergias. Sin embargo, más comúnmente, la leche de burra se usa en productos de belleza de alta gama.

Conocida y elogiada por sus innumerables beneficios para la piel, como propiedades antienvejecimiento, hidratación avanzada, y la capacidad de las personas, incluso con piel sensible, de utilizar productos elaborados con leche de burra, los productos de belleza elaborados con ella se están volviendo cada vez más populares. Debido a la alta demanda y a la relativa escasez de leche de burra, la leche se vende por un valor más elevado; el queso elaborado con esta leche puede costar hasta 1.000 dólares por libra, lo que lo convierte en uno de los productos lácteos más caros del mundo.

La leche de burra se usa para una variedad de otros propósitos, como dársela a niños enfermos o quisquillosos e incluso hacer queso con ella. El queso más caro del mundo se elabora con leche de burra.

Dado que los burros no producen grandes cantidades de leche, necesitará una cantidad decente de animales para obtener suficiente leche para que valga la pena. Aun así, existe una demanda muy alta, y esta puede ser la mejor oportunidad de negocio relacionada con la crianza de burros. Muchos ganaderos que crían burros para su leche trabajan directamente con un negocio o empresa de belleza en particular, y venden su leche exclusivamente a dicha empresa. Si tiene suficientes animales, es posible que pueda producir suficiente leche para abastecer a más de una pequeña empresa. Esto no es algo que se pueda hacer a escala industrial, y es probable que solo preste servicios a una o dos pequeñas empresas.

Independientemente de para qué elija usar los burros, ellos son excelentes animales que proporcionan mucha fuerza de trabajo e incluso pueden proteger al ganado. Son criaturas altamente inteligentes que pueden adaptarse a una amplia gama de entornos, y pueden aprender a realizar una variedad de habilidades diferentes, dependiendo de sus necesidades y expectativas.

Comprender la naturaleza emocional, el temperamento y las necesidades especiales de los burros hará que sea más fácil criarlos de manera saludable y feliz. Tener burros por cualquier razón es un esfuerzo gratificante que le permite desarrollar un vínculo profundo con una criatura cariñosa y amorosa, que también puede proporcionar fuerza de trabajo y más.

Criar burros sanos, felices y bien entrenados le hará ganar una reputación fuera de su área local. Las personas interesadas en comprar burros vendrán de todas partes para obtener animales que tengan un pedigree sólido, y que provengan de un entrenador/propietario que sea bien conocido por brindar a los animales el mejor cuidado, entrenamiento y socialización posibles.

Quizás los burros ya no son el animal más común, pero tienen una historia larga e ilustre de convivencia con los humanos. Durante unos 6.000 años, el burro y el hombre han vivido y trabajado juntos de diversas formas, trabajando en las estrechas hileras entre viñedos o enseñando a un niño a montar.

Han evolucionado y han sido criados selectivamente para tener varios rasgos que los hacen más adaptables y útiles para los humanos en una variedad de climas y tipos de terreno. Los burros son conocidos por ser afectuosos y cariñosos con los humanos cuando han sido adecuadamente socializados. Estas son criaturas altamente inteligentes que necesitan una cantidad decente de estimulación mental para mantenerse felices y saludables.

Esta guía ha buscado brindar a aquellos interesados en criar burros, ya sea por motivos comerciales o personales, la información que necesitan para tomar una decisión informada sobre el tipo de animal a obtener. También cubre el cuidado que necesitan, cómo entrenarlos en habilidades básicas, y una descripción general de las diferentes dolencias comunes a estos animales, y cómo detectar o prevenir que ocurran en primer lugar.

Si bien esta no es una guía completamente detallada, debería brindarle el conocimiento que necesita para comenzar su viaje con el humilde burro. Dado que tiene una mala reputación por ser terco, este animal pensativo solo necesita el tipo correcto de entrenamiento, y puede aprender varias habilidades y comportamientos, brindándole compañía y fuerza animal durante muchos años.

Tercera Parte: Cría de ganado vacuno

Una guía esencial para criar vacas, terneros, toros, novillos y novillas en su patio trasero o en una pequeña granja

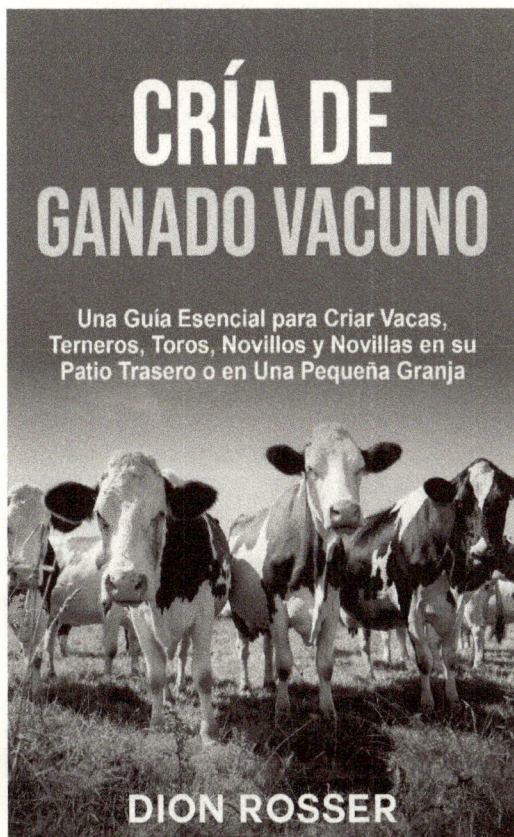

Introducción

A los estadounidenses les encanta la carne de res, tanto que consumen 25.000 millones de libras cada año. Pero hay algo mucho más interesante y satisfactorio que comer el filete medio-hecho más jugoso un viernes por la noche, y es criar su propia carne de res.

La satisfacción de saber que la carne que come se obtiene del ganado criado en un ambiente seguro, saludable y libre de crueldad es la mejor experiencia. Probablemente esté de acuerdo, y por eso tiene este libro en tus manos.

En las páginas siguientes, obtendrá un profundo conocimiento sobre temas que van desde la selección de razas hasta la psicología ganadera, pasando por la vivienda, la nutrición, la reproducción y el parto. Este libro también incluye consejos inteligentes para su negocio de ganado vacuno y así asegurarse de que su nueva empresa es tan gratificante financieramente como personalmente.

¿Está listo para dar un salto en su nueva aventura? ¡A continuación, pase la página y vamos a empezar!

Capítulo 1: Los 6 beneficios de criar ganado vacuno

¿Sabía que cada 14 de julio es el Día de Apreciación de las Vacas? No, no es una fiesta nacional, pero *Chick-fil-A* lanzó este evento en 2004 como una manera de hacer que la gente piense en las vacas que tanto nos proporcionan.

En el Día de la Apreciación de las Vacas, se anima a la gente a abrazar vacas, agradecer a los productores de leche en persona, o comprar leche y productos lácteos de fabricación local. Ciertas sucursales *Chick-fil-A* también ofrecen una comida gratis en este día a cualquier cliente que entra en su restaurante vestido como una vaca. Divertido, ¿verdad? Y es lo menos que podemos hacer teniendo en cuenta lo mucho que las vacas hacen por nosotros, a menudo a costa de sus vidas.

Más del 98% de un animal de carne de res se utilizará cuando se procese. Carne de res, queso, leche, helado y yogur son deliciosos consumibles que vienen a la mente cuando pensamos en vacas (o ganado más correctamente. No todos los animales que parecen vacas son vacas. Pero más sobre eso hablaremos más tarde). Del ganado, recibimos unos 12.000 millones de kilos de carne de res al año. ¡Eso es enorme!

Pero hay mucho más que el ganado hace por nosotros. Alrededor del 45% del cuerpo de una vaca se utiliza como carne y las otras partes entran en la producción de pegamento, cuero, jabón, gelatinas, productos farmacéuticos, porcelana e incluso insulina. Imagínese esto: un animal bovino proporciona suficiente piel para hacer alrededor de 144 pelotas de béisbol, o 20 balones de fútbol o 12 de baloncesto.

El ganado también es un reciclador maravilloso, ya que se alimenta de muchos de los productos manufacturados como patatas fritas, dulces y cerveza. Ni siquiera hemos mencionado los increíbles beneficios que su estiércol proporciona. ¡Un bovino puede producir hasta 36 kilos de estiércol todos los días! Eso es más estiércol de lo que incluso los científicos o agricultores saben qué hacer.

Hay muchos beneficios que disfrutamos de la cría de ganado, por lo que es difícil pensar en ellos más allá de todas las maneras en que son útiles para nosotros como seres humanos. Pero por sí solos, el ganado son animales fascinantes que vale la pena mirar de cerca. Estos son solo algunos hechos divertidos para hacerte ver el ganado un poco diferente.

Una docena de cosas que no sabías sobre vacas/ganado

El ganado tiene una visión de casi 360 grados

Esto significa que es prácticamente imposible escabullirse de ellos. Además de su visión panorámica, nunca desconectan. ¡Estos animales son enormes! Pesan alrededor de 680 kilos equilibrados en cuatro patas. ¿Cuáles son las probabilidades? Ver a alguien tratar de tropezar con una vaca durmiente podría ser gracioso si no fuera tan peligroso.

1. La palabra "ganado" tiene sus raíces en la palabra "chattel"

Sí, el mismo término anglo-francés que significa "propiedad personal". En su día, el ganado se consideraba propiedad valiosa y la riqueza de una persona se medía con ella.

2. Cada vaca es hembra

Cada vaca es una chica o más correctamente, una hembra que ha dado a luz a un becerro. Las que no han dado a luz se llaman novillas. Los machos, por otro lado, se llaman toros. Si son castrados por lo que ya no pueden reproducirse y son criados solo para carne de res, se llaman novillos.

También están los llamados terneros. Estos se crían específicamente para alcanzar un peso máximo de alrededor de 500 libras.

Otros nombres utilizados para diferenciar a los miembros de una manada incluyen:

Ciervo: Un ciervo es como un novillo, excepto que también se utilizan para detectar vaquillas y vacas en celo.

Buey: Estos se plantean específicamente para hacer el trabajo de duro, como la extracción de maquinaria agrícola y de viaje, vagones, arados o carros.

Los bueyes son en su mayoría bovinos machos castrados, pero también a veces pueden ser toros o incluso ganado femenino.

Freemartin: Freemartins son novillas infértiles. La infertilidad en las vaquillas suele ser el resultado de compartir el útero con un ternero toro. Los niveles de testosterona producidos por el ternero toro en el útero afectan la producción de estrógeno en el ternero hembra.

Las freemartins puede nacer de una de dos maneras. Pueden tener órganos reproductivos subdesarrollados, o pueden tener partes masculinas y femeninas (también se pueden llamar hermafroditas).

Las freemartins hermafroditas generalmente desarrollarán características masculinas secundarias a medida que maduran, como una frente ancha o una cresta muscular alrededor de su cuello.

Ganado: Un término plural utilizado cuando hay más de un bovino, especialmente cuando los géneros son mixtos o inciertos.

3. Las vacas no siempre son blancas y negras

Los toros tampoco siempre están sólidamente coloreados. Con el ganado, el color se determina por raza y no por sexo. El ganado puede ser de muchos colores y estos son variados por diferentes razas. Puedes encontrar ganado marrón, amarillo, blanco, negro, rojo, gris e incluso naranja. También pueden tener una variación de estos colores (la mayoría de las veces se mezclan con blanco) como manchado, puntiagudo, irregular, a rayas dorsales, de cara blanca o de cola blanca.

Generalmente...

Friesianos, holstein-friesianos y las pura raza holsteins, machos y hembras, siempre son blancos y negros.

Las vacas lecheras como jersey, guernsey y la vaca suiza marrón suelen ser de color rojo sólido o marrón sólido.

Las vacas de ternera como las razas limousin, gelbvieh, brangus roja, angus roja, simmental y santa gertrudis también suelen ser rojas o marrones.

El ganado azul belga, sin embargo, no es realmente azul. Son más azulados que azules. Solo aparecen de color azul ahumado debido a la forma en que se mezclan los pelos blancos y negros en su pelaje.

4. Ambos sexos de ganado pueden tener cuernos o no

Por lo tanto, no es una gran idea confiar en la presencia o ausencia de cuernos para determinar el género de bovino. Para contar el sexo de un bovino con precisión, mira detrás de las extremidades traseras del animal para ver si hay un escroto o una ubre.

5. Los toros no pueden ver el rojo

Al igual que sus otros hermanos bovinos y hermanas, los toros no ven el color rojo o el verde. Entonces, ¿por qué cargan contra el matador? Resulta que todo aleteo en la brisa que los agita, lo cual es comprensible, ¿verdad?

Así que, incluso si el matador usara una bandera índigo, el toro seguiría cargando. Pero, ¿por qué han seguido usando banderas rojas? Bueno, no es ignorancia. En realidad, es una razón más "siniestra", se usa para ocultar la sangre del toro.

6. Las vacas que tienen nombre producen más leche que las que no tienen

Esto sugiere que cuanto más extrovertido emocionalmente un agricultor es en su relación con sus vacas, más leche producen las vacas. Una buena relación con los seres humanos significa que las vacas están menos estresadas cuando se ordeñan, lo que significa más leche para el agricultor. ¡Una vaca llamada por su nombre producirá casi 236 litros más de leche en un año!

Pero si la vaca se siente nerviosa alrededor de su humano, se estresa, y su cuerpo produce cortisol. Esta hormona inhibe la producción de leche, lo que significa menos leche. Pero aún más importante, una vaca querida feliz es menos propensa a lastimar a su humano cuando está siendo ordeñada.

7. Las vacas son muy sociales e incluso tienen mejores amigos

Es difícil encontrar vacas solas excepto cuando están enfermas o a punto de dar a luz. Separar una vaca de sus mejores amigos podría hacer que se estrese. El cuerpo secreta más cortisol (la hormona del estrés), y la frecuencia cardíaca sube cuando los pones con bovinos aleatorios en lugar de sus parejas preferidas.

8. Las vacas pueden nadar

Las vacas son excelentes nadadoras, lo crean o no. Después del huracán Dorian, tres vacas fueron encontradas en la costa nacional de Cape Lookout. Se creía que habían nadado desde la isla Cedar, donde vivían antes de que el huracán devastara su hogar.

Nadar entre 6 o 7 kilómetros puede parecer asombroso, pero los agricultores experimentados no encontrarán esta información sorprendente.

9. La gestación subrogada ocurre entre las vacas

Hay cosas como vacas sustitutas. La gestación subrogada es cada vez más común en estos días, especialmente con las vacas lecheras. El proceso consiste en mover embriones de vacas genéticamente superiores a otras vacas inferiores.

Naturalmente, las vacas producen solo un embrión a la vez, pero cuando la gestación subrogada es el plan, la vaca se inyecta con una hormona que desencadena la producción de muchos óvulos, que luego son fertilizados.

Los óvulos fertilizados (embriones) pueden llegar hasta los 80 o incluso 90 pero, al final, solo unos 6 o 7 terminan siendo utilizables.

El veterinario elimina los embriones de la vaca, empleando un proceso llamado embrión enrojecido. Estos embriones pueden ser transferidos a las vacas sustitutas menos superiores para que sus crías sean de mejor calidad genética en comparación con lo que podrían haber producido por sí solas.

La gestación subrogada entre las vacas es una innovación genial, y no solo porque llegas a "crear" tus vacas preferidas, deseables y genéticamente superiores. A través de la gestación subrogada, los agricultores de otros países con recursos inadecuados para satisfacer las demandas de las vacas lecheras pueden mejorar su propia reserva genética bovina, produciendo vacas de calidad.

Los aurochs son los antepasados más antiguos del ganado

Los aurochs eran enormes bestias salvajes originalmente ubicadas en el subcontinente indio antes de extenderse a China, Oriente Medio, el norte de África y luego Europa. Después de un tiempo, hace unos 8.000 a 10.000 años, la gente comenzó a domesticarlos.

En 1493, Colón introdujo estos aurochs domesticados en el hemisferio occidental. Más tarde, en 1519, Hernán Cortés, un explorador español, llevó la descendencia de estas reses a México. En 1773, Juan Bautista de Anza suministró las primeras misiones de California con 200 cabezas de ganado. Y así fue como el ganado evolucionó y se extendió por todo el mundo.

El ganado se cría y cría a nivel mundial, en entornos y climas muy variados. Esto es posible porque las vacas pueden sobrevivir e incluso prosperar comiendo solo hierbas y piensos de baja calidad. Para la mayoría del ganado, el pastoreo sería en terrenos empinados, montañosos, rocosos o secos, inadecuados para cultivar cultivos o construir casas.

10. El ganado tiene 32 dientes en total, pero no tiene dientes frontales superiores

Entonces, ¿cómo cortan la hierba? Bueno, para cortar hierba, unen sus dientes delanteros inferiores al paladar superior duro. Después de hacer el corte, luego mastican su comida aproximadamente 50 veces en 60 segundos. ¡Esto significa que mueven sus mandíbulas cerca de 40.000 veces al día!

Es de conocimiento común que el ganado tiene estómagos de cuatro compartimentos, el rumen es el estómago principal. El rumen es la parte del estómago que sostiene la comida parcialmente digerida llamada bolo alimenticio. A partir de esta parte de la anatomía el bolo alimenticio vuelve a la boca del ganado cuando se regurgita.

El rumen puede contener unos 189 litros de alimentos parcialmente digeridos. Si quiere sentirse pequeño, el estómago humano solo puede contener 1 cuarto de alimento, que es solo alrededor de ¡un cuarto de litro!

Un bovino normalmente pasa un tercio de su día comiendo, consumiendo alrededor de 18 kilos de comida y alrededor de 113 a 189 litros de agua cada día. Naturalmente, el ganado transmite grandes cantidades de estiércol y orina diariamente. Se estima que el ganado produce alrededor de 27 kilos de estiércol y aproximadamente 113 galones de orina cada día. En un año, significa ¡más de 10 toneladas de estiércol!

Esto hace un excelente punto para seguir con la siguiente parte de este capítulo. Veamos todas las razones por las que debería criar su propio ganado vacuno.

6 razones por las que debe considerar el cultivo de su propio ganado vacuno

1. Criar su propio ganado de carne de res puede ayudar a mejorar su tierra

Cuando se hace correctamente, el pastoreo de su ganado puede ayudar a mejorar la calidad de su tierra. Así es como funciona.

Las plantas necesitan hojas para fotosintetizar. Cuando lo hacen, liberan azúcares en el suelo, que los microbios del suelo luego utilizan para descomponer los nutrientes del suelo, haciendo que estos nutrientes estén disponibles para que las plantas los usen. Pastando en la hierba, el ganado rompe el suelo y elimina el viejo follaje para que las hierbas tengan espacio para germinar y fotosintetizar.

Además, mediante la colocación indirecta de residuos vegetales en la parte superior del suelo, el ganado ayuda a maximizar el ciclo de vida de los minerales del suelo. A medida que los desechos composta, hace posible que estos nutrientes circulen correctamente y entren en los nódulos radiculares de las plantas.

Además, no olvide su orina y estiércol, que suministran nitrógeno, microorganismos adicionales y hierba más parcialmente descompuesta al suelo. Gracias a este fertilizante natural, su suelo se infiltrará y mantendrá el agua mejor para futuras plantas. Esto significa que su tierra será menos vulnerable a la sequía.

Otra cosa muy importante que hace su ganado de pastoreo, ya que mejoran su tierra es secuestrar carbono atmosférico en grandes cantidades. Esto crea un ecosistema más seguro para todos nosotros.

2. Usted tiene acceso a carne saludable

De una sola vaca, puede obtener más de 227 kilos de carne de res. Incluso si come eso en un año, todavía puede comer 1.3 libras de carne de res cada día, y eso es una gran cantidad. Matar a una vaca para obtener tanta carne de res es mucho más eficiente, más humano, que matar el número requerido de pollos que se necesitaría para obtener la misma carne.

Además, criando su propio ganado vacuno, usted tiene acceso a las partes más opciones y saludables. Está el hígado, por ejemplo, que es el alimento más nutritivo que puedes encontrar. Usted debe comer alrededor de 28 a 85 gramos de hígado por semana, al menos. Otras partes como vástagos, falda y rabo de buey, cuando se convierten en caldos óseos, también son supersaludables para usted, ya que proporcionan nutrientes especiales que no se pueden obtener de otras fuentes.

Además, la carne de res del ganado alimentado con pasto es más rica en ácidos grasos saludables, que son importantes para la inmunidad adecuada, el corazón y la función cerebral. La investigación muestra que la proporción de grasa que se encuentra en la carne de res alimentada con pasto es muy similar a la proporción que se encuentra en la dieta humana ancestral.

El ganado criado en pastos también contiene los niveles más altos de ácido linoleico conjugado, que se ha sabido que tiene propiedades contra el cáncer. Y en comparación con el ganado vacuno alimentado con granos, suministran 7 veces más betacaroteno, 2 veces más vitamina B2 y tres veces más vitamina B1.

3. Obtiene cultivos más nutritivos

En los últimos años, la densidad de nutrientes en los cultivos vegetales en Estados Unidos ha experimentado una disminución constante. A partir de ahora, la densidad de nutrientes en los cultivos ha disminuido hasta en un 40% porque el ganado ya no se encuentra en nuestras tierras de cultivo.

Retirar el ganado de la tierra significa que ya no obtiene los beneficios explicados en el primer punto. Por lo tanto, habría una disminución en los nutrientes del suelo disponibles para las plantas, lo que, a su vez, afectará la calidad de los cultivos que cosecha.

4. Es una corriente de ingresos floreciente

La carne de ganado criada en pastos aún no es convencional ni siquiera popular. De los 30 millones de reses que vemos en el mercado anualmente, solo el 1% son alimentados con pasto. Pero, según todos los indicios, el mercado de la carne de vacuno alimentada con pasto está creciendo, a medida que los consumidores son cada vez más conscientes de los beneficios positivos. Además, la carne de res alimentada con hierba sabe sublime cuando la gente usa los mejores métodos para producirlas, y la demanda de estos manjares sabrosos está en aumento.

Para criar correctamente su ganado, es importante alimentarlos en los campos o en el campo de alimentación con piensos de alta energía. Esta es la única manera de hacerlos gordos y deliciosos. Alimentarlos con exuberantes y deliciosos pastos verdes ricos en proteínas afectará el sabor de su carne de res. Puede parecer contraintuitivo, pero es la forma en que funciona. Los piensos con carbohidratos de alta energía son mucho mejores para preparar ganado para su procesamiento que los piensos ricos en proteínas.

Las proteínas altas le darán a su ganado marcos más fuertes y un mejor rendimiento, pero la grasa deliciosa que le da a la carne de res su gran sabor, ese es el trabajo de las dietas de carbohidratos. Esta es la clave para producir el tipo de carne de res "mejor saboreada" de carne de res alimentada con hierba.

5. El pastoreo cuidadosamente planificado aumenta la biodiversidad

Si el ganado se pasta adecuadamente, su actividad de pastoreo puede aumentar la biodiversidad de los pastos en los que se alimentan. Esto mejora el ecosistema para millones de otras criaturas que se encuentran en ese bioma.

6. Es un proyecto divertido y educativo para toda la familia

La crianza del ganado implica actividades que pueden ser llevadas a cabo por diferentes miembros de la familia de diferentes edades y niveles de habilidad. Criar ganado en familia puede fomentar la unión familiar. Y luego está toda la diversión de viajar por todo el país exhibiendo a sus animales en espectáculos de ganado.

Pero mostrar vacas no es la única manera de criar ganado puede ser genial para su familia. La aventura de criar ganado por sí sola es gratificante. Todo el mundo puede aprender fiabilidad y desarrollar una gran ética de trabajo.

El ganado está demandando animales, requiriendo cuidado todos los días bajo el sol y bajo la lluvia. Juntos, su familia puede resolver las torceduras de cuidarlos elaborando presupuestos, tomando decisiones de compra, asignando responsabilidades y administrando dinero y otros recursos.

Es inevitable que hacer todas estas cosas juntos como familia los acerque a todos y aumente su amor y aprecio por otras criaturas vivientes con las que comparten este planeta.

Capítulo 2: Razas y selección de ganado vacuno

El ganado vacuno se cría específicamente para su carne debido a la eficiencia con la que convierten los piensos en carne. Al alimentarse, absorben la cantidad mínima de nutrientes que necesitan para llevar a cabo funciones fisiológicas básicas. Después de eso, comienzan a aumentar de peso, que es sobre todo músculo y no grasa o hueso. Gracias a esta predisposición genética, un ternero recién nacido de 40 kilos solo necesita tan solo 12 a 13 meses para lograr el tamaño de la carnicería.

Las vacas de ternera producen leche, pero no en grandes cantidades. Producen lo suficiente como para mantenerlos en forma física de punta a medida que crían sus crías jóvenes.

Dicho esto, la eficiencia en el crecimiento no es la única razón por la que se crían. Hay otras cualidades importantes para las que se crían tales rebaños. Estos atributos incluyen superioridad reproductiva, eficiencia en la alimentación y dureza, que son rasgos críticos a la hora de criar y criar lo mejor con un cuidado y mantenimiento mínimos.

Genética aparte, también son identificables por su apariencia. Las manadas de buena calidad se ven rectangulares con pechos anchos, hombros anchos, un grosor a lo largo de la parte superior de sus espaldas, y estómagos y costillas redondos y llenos. Las buenas manadas de carne nunca son huesudas o delgadas. Siempre se ven regordetes y robustos, pero estos animales suelen costar más que los más delgados. Así que recuerde esto cuando compre.

Cuando se trata de color, casi siempre vienen en colores sólidos. Esto puede variar de negro sólido a blanco a gris a rojo. Es raro que sean vistos, aunque existan. Sin embargo, debido a que más compradores prefieren el negro sólido, incluso prefiriendo pagar un precio premium por ellos, el ganado manchado se está volviendo raro.

El primer paso en cualquier empresa es seleccionar una raza. Hemos hablado un poco sobre la raza en general, pero estos tipos vienen en muchas razas. Elegir el correcto que coincida con sus objetivos y objetivos como agricultor es fundamental para disfrutar de una experiencia de cultivo de rebaños más rentable.

Ahora, preste mucha atención porque, en este capítulo, obtendrá puntos clave para elegir la mejor raza para sus necesidades. Pero, antes de eso, veamos la carne de res más común en los Estados Unidos.

Las 9 razas de ganado vacuno más comunes en los Estados Unidos

1. Angus negra

La angus negra es la raza más popular de América. Actualmente hay más de 330.000 de estos animales registrados, y la razón de su popularidad es el valor de su carne. Es conocido que la carne de la angus negra es muy sabrosa. No necesitan un alto nivel de mantenimiento, especialmente durante la temporada de partos. Son muy eficientes con la alimentación y son excelentes madres también.

2. Charolais

Hay muchos que creen que la introducción de las charolais revolucionó la industria de la carne de vacuno de América del Norte. Antes de que se introdujera la raza, los agricultores estadounidenses estaban en busca de ganado más pesado y enmarcado, algo que no estaban consiguiendo con las razas británicas tradicionales. Pero con la introducción de las charolais, ese problema se resolvió inmediatamente.

Los charolais suelen ser blancos cremosos o blancos. En el verano, su cabello es corto, y a medida que el clima se enfría, el cabello se espesa para protegerlos.

3. Hereford

Las herefords son deseadas por su capacidad de engorde y maduración temprana. Por lo general son de color amarillo rojizo a rojo oscuro y tienen una cara blanca. También son bastante dóciles, y las hembras son grandes madres, buenas para ordeñar, y por lo general viven más tiempo.

4. Simmental

Las simmentales son una raza antigua, ampliamente distribuida por todo el mundo. Por lo general son blancos y rojos. Entraron por primera vez en los Estados Unidos en el siglo XIX y han sido parte de la comunidad de carne de vacuno estadounidense desde entonces.

Las simmentales tienen una impresionante capacidad para aumentar de peso.

5. Angus roja

La angus roja es una raza menos popular que su prima, la angus negra, pero ambas razas comparten las mismas características favorables, como su sabor fantástico. Estos ganados son madres dóciles y excelentes, y pueden tolerar climas más calurosos mejor que las otras razas acostumbradas a las condiciones de las Tierras Altas en Europa.

6. Texas longhorns

Las Texas longhorns (cuernos largos) son blancas y rojas con cuernos típicamente largos. Tienen una gran capacidad de parto y vigor híbrido cuando se cruzan con otras variedades.

La carne de res Texas longhorns es una carne de gran selección porque es magra y baja en grasa, colesterol y calorías en comparación con otros tipos.

7. Gelbvieh

La gelbvieh es europea, pero se introdujo en los Estados Unidos a través de la inseminación artificial. La raza es típicamente roja y con cuernos, aunque hay variedades sondeadas que surgieron de cruzar con ganado femenino sin cuernos.

Muchos de los mejores atributos de la raza incluyen su gran fertilidad, facilidad de parto, buena capacidad de maternidad e impresionante tasa de crecimiento para los terneros.

8. Limousin

Las limusin son de color rojo dorado y se encuentran principalmente en el centro-sur de Francia, Marche y Limousin, para ser precisos. La carne de esta raza es de primera categoría, por lo que es otra carne popular en la industria.

9. Tierras altas

Las tierras altas son conocidas por su doble abrigo y cuernos largos. Estos rebaños son superfáciles de mantener, ya que a menudo pasan con el mínimo en términos de alimento, refugio y similares. Lo hacen muy bien en climas más fríos y se encuentran prosperando en Alaska y los países escandinavos. También tienen éxito en climas del sur como Georgia y Texas.

Esta raza es prácticamente inmune a infecciones oculares y enfermedades como el cáncer de ojo rosa, gracias a los anteojos y pestañas largas que los protegen.

La carne de res del ganado de las tierras altas es rica en sabor y con poca grasa residual.

Selección de ganado vacuno

Seleccionar el ganado correcto para obtener beneficio dependerá de sus objetivos personales. Muchas personas prefieren criarlos para pastar sus pastos. Otros quieren vender terneros alimentadores o criarlos para mostrarlos. La razón más popular para mantenerlos es obtener carne de res de calidad ya sea para comer o para la venta. Por lo tanto, primero debe aclarar sus aspiraciones de ganadería antes de decidir qué raza seleccionar.

Una vez que haya hecho eso, los siguientes son algunos factores que desea considerar al seleccionar una raza.

1. Disponibilidad local

Será mucho más fácil para usted si usted consigue ganado común a su configuración regional, excepto cuando su corazón se inclina por un tipo particular. Por lo tanto, compruebe en las granjas vecinas en sus alrededores y descubrir las razas que crían al hacer su selección. Hay varias ventajas.

En primer lugar, si va por aquellas que son populares en su región, tendría un grupo más grande para seleccionar, lo que le da más opciones. Además, no tendrá que gastar mucho dinero trasladándolos de una parte del país a la otra. Teniendo en cuenta el tamaño de estos animales, los costos de transporte pueden ser grandes.

Además, debido a que son "nativos" de su región, no tendrá que someterlos a las dificultades de adaptarse a un nuevo clima y nueva alimentación. Comprar un producto similar al de sus vecinos significa que comienza su empresa con un historial de éxito ya probado.

2. Color del cabello

El color del cabello varía ampliamente, como discutimos anteriormente, pero siguiendo las tendencias actuales, el ganado de color sólido se vende a precios mucho mayores que las variedades manchadas. Si bien el ganado de color sólido es el más caro, son más comunes en esta industria debido a una mayor demanda. Al igual que con la moda humana, el negro esconde defectos como la falta de músculo o grasa y le da al bovino un aspecto más halagador, de ahí su conveniencia.

El color uniforme es más atractivo para los compradores potenciales. Muchos creen que una manada uniforme crece, se alimenta y alcanza el tamaño de la carnicería al mismo ritmo, aunque esto no siempre es cierto. Sea cual sea el caso, lograr un aspecto uniforme es probablemente una buena idea si planeas vender, y mucho más fácilmente lograr si todo su ganado es de un color oscuro sólido.

Pero hay una pequeña trampa. El ganado negro no se mantiene fresco tan fácilmente como el ganado de color más claro. Por lo tanto, ofrecer un montón de agua y sombra adecuada para ellos.

Cuernos

Generalmente, criar a aquellas sin cuernos es a menudo más fácil que a las que los tienen. Está el factor de peligro: ¡pueden ser agudos y duros! A continuación, también debe tener en cuenta todo el espacio que requieren, tanto durante el transporte como en el búnker de alimentación.

Por estas razones, el ganado con cuernos se vende por un precio considerablemente más bajo que sus contrapartes (ganado sondeado). Pero especialmente si usted está trabajando con espacio limitado —tal vez solo su patio trasero— es posible que tenga que gastar dinero adicional y elegir las variedades sin cuernos.

Ahora, recuerde que una vez descornadas, son diferentes como ganado sin cuernos. Se consideran bovinos que han físicamente mutilados. Si no quiere descendencia con cuernos, entonces no debería conseguir ganado descornado, ya que todavía tienen los genes para producir terneros con cuernos y pueden transmitir este rasgo. El ganado sondeado, por otro lado, son bovinos nacidos sin cuernos. Estos no tienen esta genética, y no los transmitirán a su descendencia.

Razas como la angus, polled hereford, y polled de cuerno corto son siempre sondeadas, pero, para otras variedades, el descorne, si bien es posible, debe evitarse utilizando la reproducción selectiva.

Ahora, ya que estamos aquí, es importante hablar de los peligros del descorne. El descorne causa un alto nivel de estrés al animal, además de las posibles complicaciones. Una forma mucho mejor y más segura de eliminar los cuernos sigue siendo a través de la cría selectiva.

3. Características de la raza

Después de haber mirado todos los demás factores como cuernos, color de pelo y disponibilidad local, es hora de comprobar las características del ganado. Su conocimiento de estas características y cómo se ven afectadas por los cambios ambientales puede ser útil para determinar las mejores razas que desea criar en su situación.

Las siguientes son las cualidades importantes a tener en cuenta cuidadosamente:

El cadáver: El cadáver de un animal incluye todo lo que queda después de que se hayan extraído los órganos ocultos, de la cabeza y de los órganos internos. Por lo general consiste en grasa, hueso y músculo.

El mérito del cadáver se refiere a una evaluación del rendimiento (también conocida como carne magra) y su calidad de alimentación. Esto determina el precio ofrecido para la carne de res. Cuanto mayor sea el valor, más altos son los precios que se ofrecen y más clientes satisfechos tendrá.

Elija aquellos que se identifiquen por su carne magra. A nadie le gusta drenar la grasa de la carne. Además, es muy importante buscar su calidad de alimentación y ternura.

Tamaño del cuerpo: Específicamente, esto se refiere al tamaño del cuerpo adulto. Los progenitores grandes tendrán terneros grandes, lo que generalmente significa que habrá dificultades en el parto la mayor parte de las veces. Pero el ganado grande significa también que obtiene terneros pesados, lo que puede ser genial si planea venderlos por peso.

Pero recuerde que con un tamaño grande viene una responsabilidad aún mayor. ¡Estos tipos sí comen! Si vive en un clima árido con poca hierba, no es una buena idea conseguir ganado grande si está trabajando con un pequeño espacio.

Capacidad de ordeñar: Se refiere a la cantidad de leche que una vaca puede producir para alimentar a su cría. Cuanta más leche, más pesan sus terneros, pero las vacas a las que se ordeñan más prolongadamente son a menudo más delgadas porque dirigen todas sus calorías a hacer crecer a su cría. Por lo tanto, estas vacas tardan más en reproducirse.

Si tiene una vaca ordeñadora pesada, la calidad y cantidad de alimento que le da a su vaca realmente importa. A estas vacas no les va bien un pasto escaso.

Tasa de crecimiento: Una medida de cuánto puede crecer un bovino durante un período, así como la cantidad de alimento necesario para que gane medio kilo de peso. Esta tasa se expresa utilizando la unidad, ADG, que significa "ganancia diaria promedio".

Para calcular la ganancia diaria promedio de un animal de ganado, simplemente divida los kilos ganados durante un período por el número de días. Un ADG de 3 o más se considera alto.

El ganado con un ADG alto, naturalmente necesita piensos de alta calidad y energía para alcanzar su máximo potencial de crecimiento.

Adaptabilidad: Se refiere a cómo prospera la raza en condiciones ambientales difíciles como piensos dispersos, o clima extremo, o en presencia de insectos.

Aunque este factor se ha mencionado como último, es importante porque ¿cuál es el punto de tener un ternero fantástico con un alto ADG que muere porque no puede hacer frente a los desafíos del medio ambiente?

Pura raza vs Cruzadas

Los pura sangre son progenitores de la misma cepa, mientras que una raza cruzada tendrá a cada progenitor de razas diferentes o desconocidas. Ambos tienen sus fortalezas y debilidades. Echemos un vistazo a cada uno en detalle.

Pura razas

Con los pura sangre, usted puede ser parte de una asociación de razas reconocidas como la Asociación Americana Angus, por ejemplo. El beneficio de ser parte de estas organizaciones es que promueven y ayudan a criar su raza proporcionando la educación adecuada y apoyando su esfuerzo en marketing.

Si se va a dedicar a la crianza y venta de su material reproductivo, entonces los pura sangre son su mejor apuesta. Usted puede vender cruces también, pero todavía necesitaría sus puras razas para servir como las líneas de cría de la fundación. Además, espectáculos, ferias y concursos están más abiertos a pura raza que a otros.

Bajo el ángulo de marketing, es un espacio más amplio para los pura sangre. Por ejemplo, solo puede encontrar marcas comerciales registradas (como Ternera Angus Certificada, por ejemplo) que solo se aplica para los pura sangre y no para animales de raza cruzada.

Ahora, si usted opta por ganado de pura raza, debe estar al tanto de toda la información relacionada con el papeleo. Tiene que hacer esto porque es la única manera de registrar a sus animales.

Los documentos de registro contienen información sobre el animal, incluida su paternidad, y el rendimiento de reproducción esperado. Sin registro, su ganado no será elegible para espectáculos, pero cuando sus animales estén debidamente registrados, se le ofrecerán precios más elevados por ellos, ya que tener un animal registrado aumenta su valor de reventa.

Cruzados

Los cruzados tienen la ventaja de la heterosis o el vigor híbrido. Esto se refiere a que sobresalen en áreas clave de rendimiento como la fertilidad, el crecimiento y la longevidad. Por lo general, les va mucho mejor que a sus progenitores de pura raza en estas áreas. Esto a menudo es de esperar, ya que el objetivo principal del mestizaje es obtener los mejores rasgos de dos razas puras en una descendencia superior.

Ciertas características tienen bajas tasas de ser heredadas; no se pasan fácilmente a la siguiente generación. Ejemplos de estos atributos incluyen el instinto de maternidad, el rendimiento reproductivo y la adaptabilidad ambiental. El mestizaje puede ayudar a mejorar este tipo de características para aumentar su tasa de herencia.

¿Debería conseguir ganado cruzado? ¿Por qué no? Bueno, eso depende de dos cosas. Si su meta de cría de ganado involucra solo pura raza, usted debe mantenerse alejado de esta idea.

Ahora, si lo anterior no es su plan, entonces está bien elegir ganado de raza cruzada. Tienen ventajas sobre los pura sangre. Los instintos maternales son superiores, tienen excelente fertilidad, más longevidad y los terneros de destete pesan más. Estas son algunas de las cosas que quiere en una vaca, y el ganado cruzado proporciona estos rasgos y habilidades mejor que los pura sangre.

Con se trata de toros cruzados los beneficios no son tan claros. Aparear estas vacas con toros cruzados no siempre sale como se esperaba. A menudo, las variaciones son demasiado amplias, y los terneros obtenidos difieren ampliamente en tamaño y peso. Por lo tanto, para mejorar ciertos rasgos en su manada utilizando la selección de cría, podría ser mejor utilizar un toro de pura raza.

Un consejo rápido si se decanta por el ganado cruzado. Como dijo George Orwell en *Rebelión en la granja*, todos los cruces son iguales, "pero algunos son más iguales que otros". La clave es que todos los animales no nacen iguales. Por lo tanto, al comprar este tipo de ganado, confirme al vendedor que son una cría de pura raza, no solo un ternero con ascendencia desconocida.

Capítulo 3: Psicología y manejo del ganado

La crueldad y el abuso de los animales suelen ser el resultado de terribles motivos del ganadero, a veces utiliza acciones crueles porque están frustrados y se han quedado sin ideas.

En este capítulo, estará expuesto a cómo se comporta el ganado y por qué se actúa de la manera en que lo hace. Una vez que entienda el comportamiento normal del ganado, puede aprender a manejarlos sin tener que recurrir a medidas crueles y peligrosas. Empecemos.

Visión y comportamiento del ganado

La vista del ganado difiere significativamente de la de los seres humanos. Y esta diferencia es probablemente más evidente en la relación entre su vista y sus movimientos.

El ganado tiene una visión gran angular que les permite ver las cosas sucediendo a su lado. Por lo tanto, si su ganado nota el movimiento desde la esquina de su ojo, independientemente de lo sutil que sea el movimiento, lo más probable es que desafíe y deje de moverse. Peor aún, el movimiento percibido puede asustarlos y causar una agitación que preferiría no experimentar. Introducir un palo en este punto o obligarlos a seguir moviéndose puede conducir a circunstancias muy desagradables.

Además de su visión gran angular, el ganado no tiene una buena percepción de profundidad a nivel del suelo. Para que descubran lo profundo que es un agujero, deben bajar la cabeza, para que puedan ver el suelo.

Por lo tanto, si su ganado está caminando y notar un chapuzón o agujero, como un desagüe o incluso un cambio en la textura del suelo, lo más probable es que dejen de moverse. Incluso podría notar algunos de ellos revisando lo que hay en el suelo.

Si su ganado de repente deja de caminar, su primer instinto no debería ser obligarlos a seguir moviéndose, sino descubrir por qué han dejado de moverse.

Sin embargo, esta parada repentina se puede prevenir si tiene en cuenta las sugerencias realizadas en la siguiente sección.

Visión y manejo del ganado

Comencemos con prestar atención a su visión gran angular. Porque el ganado puede percibir el movimiento desde la esquina de sus ojos, y ese movimiento puede impedir que se muevan, así que elimina las distracciones.

Por lo tanto, en la construcción de su rampa de carga, hay que añadir unas cuantas losas laterales lo suficientemente altas como para mantener las distracciones fuera.

Además de garantizar el libre flujo de movimiento, bloquear las distracciones puede contribuir a hacer que su ganado esté menos agitado. Asegúrese de que no pueden ver a la gente y cosas que no pueden controlar, ya que esto ayudará a mantenerlos tranquilos.

Construir rampas sólidas que bloqueen las distracciones es especialmente importante para los nuevos ganaderos porque su ganado no está familiarizado con su granja y no está acostumbrado a esas distracciones. También lo más probable es que aún no hayan sido entrenados para ignorar las distracciones.

Otra cosa que debe hacer con respecto a la visión gran angular de su ganado es eliminar cualquier cosa a su alrededor que se mueva.

Por lo tanto, no debe haber nada colgando en cualquier lugar o agitando en la brisa. Se deben quitar abrigos, perchas e incluso ramas de árboles. Si se quita el abrigo porque el clima es demasiado caluroso, no lo cuelgue en la cerca ni en ningún lugar dentro de la línea de visión de su ganado.

Si tiene un granero, considere otros medios de ventilación además de los ventiladores porque las hélices de estos aparatos pueden distraer a su ganado.

Ahora, veamos su percepción de profundidad. Asegúrese de que el camino por el que caminará su ganado esté libre de obstáculos. Su ganado debe ser capaz de sentir que caminar por un camino en particular no será peligroso para ellos.

Asegúrese de que no haya conductos de drenaje a lo largo del camino. Además, asegúrese de que la textura del suelo tiene la misma consistencia; no debe haber crestas o grietas. Tampoco debe haber charcos de agua, ya que estos pueden ser percibidos como un sitio potencial de ahogamiento.

Si su ganado se detiene repentinamente para revisar las cosas en el suelo, permítales satisfacer su curiosidad. Estarán más dispuestos a escucharle si han confirmado que no están en peligro.

Comportamiento ligero y ganadero

Al ganado le resulta fácil moverse de un lugar que no está debidamente iluminado, pero no se irá a un lugar iluminado si es demasiado brillante.

Además, el ganado rara vez lleva bien a las sombras, ya sea que estén en las paredes o en el suelo. Las sombras las confunden, ya que las sombras les dificultan ver lo que les espera.

Iluminación y manipulación de ganado

Asegúrese de que el destino, probablemente un remolque en el que desea que su ganado se mueva esté mejor iluminado que la rampa de carga. Puede hacerlo transmitiendo luz directamente en la rampa de carga.

Esta luz no debe ser demasiado brillante, ya que eso puede disuadir a su ganado. Y la luz tampoco debe brillar directamente en los ojos de su ganado, ya que eso puede agitarlos.

En cuanto a la rampa, asegúrese de que esté bien iluminado. No debe haber sombras ni manchas oscuras. Esto hace que su ganado se sienta incómodo. La idea es asegurarse de que su ganado sepa que lo que ven es todo lo que hay allí.

Ruido y comportamiento del ganado

Al ganado no le gustan los sonidos fuertes. Y probablemente desafortunadamente para ellos, tienen buen oído. Para poner las cosas en perspectiva, en el mejor de los casos, los seres humanos escuchan a 3000 hz mientras que el ganado puede oír hasta 8000 hz. Por lo tanto, tiene sentido que el ruido los irrite fácilmente.

Sin embargo, el énfasis aquí está en voz alta porque el ganado no tiene problemas con el ruido blanco y la radio al azar, siempre que el sonido esté en un volumen razonable. De hecho, el ruido blanco constante puede ayudar a su ganado a relajarse.

El ganado se perturba con ruidos fuertes y repentinos. Los sonidos de campanas, trenes, camiones pesados, petardos e incluso sonidos de maquinaria pesada en un matadero son sobrecarga sensorial auditiva para su ganado.

Algo más que no se llevan bien a gritar. Por lo tanto, ya sea que se esté gritando o simplemente teniendo humanos gritando y gritando a su alrededor, quiere mantener sus vocalizaciones abajo cuando esté en su presencia.

Ahora, el ganado que generalmente tiene una disposición tranquila podría no parecer agitado por el sonido de algo fuerte y extraño, pero esto no significa que no lo estén. El ganado que está tranquilo generalmente inclinará sus oídos en el área general de ruido extranjero, como si estuvieran tratando de averiguar los sonidos.

Ahora que sabe todo eso sobre cómo el ruido puede afectar el comportamiento de su ganado, ¿qué puede hacer al respecto?

Ruido y manipulación de ganado

En primer lugar, si usted está dirigiendo un matadero, asegúrese de que el granero o donde quiera que su ganado esté alojado está lejos del matadero; lo suficientemente lejos como para que su ganado no pueda escuchar las actividades que están sucediendo allí.

Además, si ama a los petardos, debe sacrificarse por su ganado. Asegúrese de que todo el mundo sepa que su propiedad es una zona sin petardos.

Sin embargo, si usted tiene una pequeña granja, podría ser difícil cortar todas las fuentes de ruido por completo. Aquí, tener ruido blanco constante jugar en el granero puede ayudar a que su ganado sea menos susceptible a reaccionar ruido fuerte. Puede utilizar una radio para reproducir estaciones de programas de entrevistas en su granero con el volumen establecido en normal.

Asegúrese de no gritarle a su ganado. El grito no solo no será efectivo, sino que también puede empeorar la situación.

También desea asegurarse de que cualquier desacuerdo que esté teniendo con alguien está lejos de la gama de audiencias de su ganado, especialmente si siente que el desacuerdo podría conducir a un partido de gritos.

Y al agrupar a su manada, no se deben considerar silbidos o gritos, ya que esos se clasifican como un ruido repentino. Pero (y esto puede parecer una antítesis de todo lo que se ha dicho) soplar un cuerno para llamar a su ganado podría ser una buena idea. Pero necesita saber si quiere usar un cuerno, su ganado debe ser entrenado (con recompensas) para llegar al sonido de la bocina.

En movimiento, desea evitar el uso de puertas mecánicas que hacen ruido a medida que se abren. Si las puertas chirrian, puede utilizar tapones de goma para minimizar el sonido.

Por último, puede aprovechar los animales más tranquilos entre su ganado. Viendo como estos son más propensos a girar sus oídos hacia el ruido repentino y fuerte que a mostrar agitación, puede mirar hacia sus oídos para averiguar cuál es la fuente del ruido. Y eliminar esa fuente debería ayudar al otro ganado a mantener la calma.

Comportamiento del tacto y del ganado

Probablemente los hechos más conocidos sobre el ganado son que son animales de manada. Y la implicación es que por lo general se mueven en grupos. Como resultado, el ganado y otros animales que viajan en manadas están acostumbrados a la sensación de tener cuerpos a su alrededor.

Además, el ganado es sensible al tacto. Y al igual que no les gusta el ruido repentino o el movimiento repentino, ciertamente no les gusta ser tocados inesperadamente. Pueden reaccionar violentamente si malinterpretan un toque particular como dañino. Esto es especialmente cierto si tienen antecedentes de abusos.

Al construir la rampa o cualquier otra estructura por la que su ganado debe caminar, es importante que lo haga lo suficientemente estrecha como para que puedan sentir la presión de unos cuerpos con otros mientras caminan.

Aparte del hecho de que la sensación de la cercanía de otros cuerpos ayuda a las vacas a mantener la calma, no pueden dar la vuelta y ir en la dirección opuesta. Por lo tanto, la construcción de una rampa compacto le permite matar varios pájaros de un tiro.

En cuanto al tacto, las palmaditas son algo que quiere evitar, ya que su ganado podría confundirlas con golpes.

Por último, cuando se trata de actividades cotidianas, es importante considerar si alguno de sus ganados ha sido abusado porque el ganado rara vez olvida el abuso, y esto podría traducirse en su reacción exagerada a su tacto.

Si alguna de sus reses ha sido abusada hay que tener cuidado y, lo que es más importante, extremadamente paciente y tranquilo al tocarlas.

Salud y comportamiento del ganado

Un animal que cuya salud no es la óptima podría ser difícil de manejar. Desafortunadamente, muchos factores pueden enfermar a su ganado. Muchos de estos problemas de salud son cosas sobre las que tiene control, y algunos otros no lo son.

Por un lado, las condiciones climáticas extremas pueden poner su ganado bajo el clima. Y para el ganado, el calor es una amenaza más grande que el frío. Otros factores que pueden afectar a su ganado sobre los que tiene poco control incluyen parásitos, enfermedades y depredadores.

Sin embargo, habrá cosas sobre las que tiene control, como la comida. Su ganado debe ser alimentado adecuadamente (comida y agua) si desea que sean agradables. Pero no quiere que se sobrealimenten, ya que eso puede hacerlos aburridos y letárgicos, lo que dificulta que hagan nada.

Someterse a ciertos procedimientos también puede afectar la respuesta de su ganado. Por ejemplo, tener los testículos castrados derriba a cualquier macho y los hace poco cooperativos. ¡Así que espere eso del ganado que acaba de ser castrado!

Por mucho que esté bajo su control, asegúrese de que su ganado se encuentra en óptima salud. E incluso esos factores que no puedes controlar, puedes tratar de manejarlos. Estos son algunos consejos:

Alimente su ganado de inmediato y apropiadamente. Dele suficiente comida cuando sea debido.

El ganado no lleva bien el aislamiento. Así que agrúpenlos en manadas.

Si acaba de castrar a un animal, debe darle tiempo para sanar. Es posible que necesiten ser aislados durante este período, pero asegúrese de que están en un lugar donde puedan ver otro ganado.

¿Recuerda la losa de pared alta mencionada anteriormente? ¿El que debería ayudar a mantener fuera las distracciones? También podría ayudar a mantener fuera a los depredadores. Tener un perro pastoreo también puede ser útil.

Distancia de seguridad

Por todo lo que se ha mencionado, es fácil concluir que no se necesita mucho para asustar a una manada de ganado. De hecho, debido a lo fácil que es, usted debe prestar atención a sus reacciones.

En términos simples, la distancia de seguridad es el espacio personal de su ganado. Es la distancia y el espacio del ganado en el que puede pararse y moverse sin hacer que su ganado se vuelva violento.

Lo interesante de este espacio es que entrar en él hace que el ganado se aleje de usted. Y podría usar esto para llevarlos a donde quiera que vayan.

Para que una vaca o un toro avancen, debe pararse en el borde de su zona de seguridad. Y para que deje de moverse, debe salir de este área, pero asegúrese de que todavía está a la vista.

Ahora, este espacio difiere de un animal a otro. Y esta diferencia podría ser el resultado del temperamento o incluso el entrenamiento.

Cuanto más tranquilo esté un animal, menor será la distancia, si el ganado es dócil casi no tiene zona de seguridad (lo que dificultaría su pastoreo). Además, a medida que su ganado se acostumbra a tenerlo cerca, se pone más cómodos y esto disminuirá su distancia de seguridad.

¿Cómo se encuentra el equilibrio? Solo trate de caminar suavemente hacia ellos dentro de su línea de visión. Cuando se alejan de usted es el borde de su zona de vuelo. Si sigue acercándose, es posible que su ganado se ponga muy agitado. Así que deberá trabajar con esa distancia donde se alejaron de usted.

Además, si desea que avancen, utilice la zona de seguridad detrás de sus extremidades anteriores, ya que intentarán distanciarse de usted avanzando. Si viene de su frente, lo más probable es que regresen de donde venían.

Por último, el ganado puede ver 300 grados a su alrededor. Por lo tanto, su punto ciego está justo detrás de su cabeza, y ese es un lugar en el que no quiere estar.

Recuerde que al ganado no le gustan las sorpresas, por lo que pararse en un lugar donde no pueden verle, pero pueden sentir que su presencia los asustará. Y el ganado asustado así puede volverse agresivo, lo que lleva a lesiones graves para usted.

Capítulo 4: Instalaciones, vivienda y vallado

Ahora, es hora de pensar dónde se quedará su ganado y qué instalaciones usará para su operación. Y no hace falta decir que estas instalaciones de vivienda y operación deben estar en su lugar un par de días antes de que llegue su ganado.

Sin embargo, las instalaciones que necesita para operar su equipo de cría de ganado dependen de lo que quiera llevar a cabo. Básicamente, hay tres tipos de equipos de cría de ganado:

- Equipo de cría de vaca: Usted está criando ganado.

- Equipo de alimentación: Usted está criando ganado para ser vendido como carne.

- Equipo combinado: Una combinación de ambos.

Mientras que un equipo de cría de vaca requiere viviendas techadas para el ganado, es innecesario para un equipo de alimentación. Y mientras que un equipo de alimentación requiere una gran cantidad de sistemas de confinamiento y de alimentación automatizados, un equipo combinado de vaca no necesita tantos requisitos. En cuanto a las instalaciones de manipulación, necesitará las mismas cosas sin importar qué tipo de negocio de cría de ganado quiera dirigir.

Dicho esto, veamos qué instalaciones necesitará para dirigir un negocio exitoso.

Instalaciones de manipulación de ganado vacuno

Compuerta

La compuerta es un dispositivo utilizado para mantener la cabeza del ganado en su lugar. La idea es mantener al animal en su lugar para que se pueda acceder al ganado para recibir tratamiento veterinario.

Hay cuatro tipos amplios de compuertas. El tipo de auto-captura se cierra automáticamente inmediatamente después de que el ganado entre, pero si eso no funciona demasiado bien para usted, puede obtener una versión que también se puede operar manualmente.

La puerta de contención consta de dos piezas con un pivote en la parte inferior. El montículo de apertura completa consta de dos piezas que se abren para permitir la entrada del ganado y luego se cierran para mantener al ganado dentro. El cabezal de control positivo, que no es muy seguro, encierra el ganado de pie firmemente (pero tal vez demasiado firmemente).

Al elegir una compuerta, desea recordar las siguientes cosas:

- Una puerta automática generalmente se bloquea demasiado fuerte o suelta. Por lo tanto, puede que no siempre sea una buena opción.

- Si dirige una pequeña granja con ganado agradable o el ganado en el que desea trabajar está enfermo, la puerta automática funcionará bien.

- Sin embargo, si desea obtener una puerta automática, lo mejor es obtener el tipo que le permite ejecutarlo manualmente.

Sujeción/canal

El conducto de sujeción/compresión normalmente se une a la compuerta. Muchas personas simplemente se quedan con la puerta de contención de la cabeza. Si su equipo es pequeño, eso podría funcionar.

Pero si tiene el dinero sobrante, el canal es una buena idea. Básicamente contiene el resto del cuerpo de la vaca para que usted o el veterinario puedan trabajar en el animal sin el riesgo de lesiones para el ganado o el manipulador.

Canal de trabajo

El canal de trabajo es un pasadizo que está unido a la puerta. Sirve para encajonar al ganado. Suele ser lo suficientemente ancho para una sola cabeza de ganado. Por lo tanto, su ganado debe pasar a través del canal de uno en uno.

Jaula de retención

La jaula de retención es esa zona donde se quedará su ganado, a la espera de ser llevado a través del canal de trabajo y en la puerta de compresión.

Su jaula de retención debe ser capaz de sostener tantas vacas como trabajará en una sesión. Esto significa que si usted tiene unas cinco compuertas la jaula debe acomodar cinco vacas. La razón es que así que su ganado no se inquiete esperando.

Canal de carga

El canal de carga se utiliza para mover ganado a un remolque. Sebe ser capaz de mover el ganado lo suficientemente rápido para que aquellos que han entrado en el remolque no se inquieten y se muevan.

Además, su canal de carga debe contener tanto ganado como su camión pueda acomodar.

Un canal de carga parece un pasadizo móvil con paredes elevadas y tiene varios tamaños.

Básculas

También desea considerar la posibilidad de obtener básculas. Si bien es posible que no las necesites si no dirige un equipo comercial, serán útiles para pesar la alimentación y los terneros cuando nazcan.

Si va a pesar su ganado, coloque las básculas cerca de su canal de carga (básicamente todas las instalaciones de las que acabamos de hablar) sería más eficaz que en cualquier otro lugar. De esta manera, puedes pesarlos antes de trabajar con ellos.

Equipo de alimentación de ganado vacuno

Canal de alimentación

Un abrevadero de alimentación suele ser un recipiente rectangular en la que verterá alimento para su ganado. Por lo general, es lo suficientemente ancho como para permitir que varias reses se alimenten simultáneamente.

Hay diferentes tipos de abrevaderos de piensos hechos de diferentes tipos de materiales; plástico, madera e incluso metal. Si su canal de alimentación está fuera, el plástico y la madera son buenas opciones.

Cualquiera que sea material que decida, asegúrese de que el abrevadero sea furo. Los neumáticos de coche reciclados son un buen material para las vaguadas de alimentación porque son resistentes y no dañarán a su ganado.

Si tiene un montón de ganado de diferentes tamaños y edades, es importante obtener más de un recipiente de alimentación.

La idea es poder alimentar a su rebaño usando diferentes alturas de acuerdo con su edad y/o tamaño. Esto es importante porque el ganado de diferentes edades y tamaños tiene diferentes necesidades de alimentación.

Alimentándolos en diferentes alturas, podrá alimentarlos de acuerdo con sus diversas necesidades. Además, el ganado más grande no será capaz de oprimir a los más pequeños.

Si está criando ganado alimentador, considere la posibilidad de obtener alimentadores automatizados. El ganado alimentador debe ser engordado, lo que significa que deben comer mucho.

El uso de alimentadores automatizados ayuda a garantizar que su ganado se alimente a menudo, a tiempo, sin causarle estrés adicional.

Carros de alimentación y cucharadas

Necesita carros para mover la alimentación desde el lugar donde está almacenada hasta el comedero. También necesita una pala para poner alimento. También puede llevar una bolsa de alimento y verterlo directamente.

Alimentador de heno

Un alimentador de heno es opcional si ya tiene contenedor de alimentación, pero es una buena idea. Los comederos de heno normalmente parecen la caja trasera descubierta de un camión. Hay un mango unido al alimentador que libera el heno.

Dicho esto, otros tipos de alimentadores de heno que son más pequeños y portátiles; algunos son incluso plegables. Esta es una mejor opción para iniciar una pequeña granja.

Sistema de agua

También necesita tener un depósito de agua en su granja. Ahora, este depósito de agua es básicamente un tazón de agua grande con algunos elementos adicionales, y tiene bastantes beneficios.

En primer lugar, un buen depósito tendrá una válvula (algo similar a la pelota en su tanque del inodoro). La válvula ayuda a controlar el suministro de agua. El agua entrará, pero se detendrá en un punto de ajuste para evitar residuos.

Algo más que encontrará es una válvula de parada que detiene el flujo de agua en una vaguada. Necesitará esto si quiere limpiar solo un depósito y dejar los demás activos.

Una válvula de retención es algo para tener en cuenta si su línea de agua está conectada a la línea de agua de la casa principal. La válvula de retención ayudará a asegurarse de que el agua de la vaguada no encuentre su camino en la línea de flotación principal de la casa.

Estas son algunas otras cosas en las que pensar en la elección de abrevaderos:

- El depósito de agua debe ser fácil de limpiar. Los abrevaderos rara vez tienen un drenaje, por lo que no puede simplemente sacar un enchufe y vaciar fácilmente el agua. También debe considerar que necesita limpiarlo cada tres meses.

- Ya que debe limpiar su depósito, considere obtener más de uno, independientemente de la cantidad de ganado que tenga. De esta manera, siempre tendrá uno lleno de agua dulce para su ganado, incluso cuando el otro está siendo limpiado.

- El tamaño del depósito es una consideración importante. Al elegir el tamaño correcto, considere cuántas vacas tiene.

- Si solo tiene un animal, necesita una vaguada un poco más grande que su cabeza para que no caiga accidentalmente y se ahogue.

- Si tiene más de una vaca o tiene una manada, considera conseguir un depósito de unos 20 centímetros de profundidad.

- La manguera de suministro de agua debe ser lo suficientemente grande como para suministrar agua rápidamente al depósito para que no se quede sin agua mientras su ganado bebe. El ganado puede enojarse si está vacío.

- Las tuberías de agua deben estar cubiertas para que su ganado no tropiece y caiga y/o dañe el sistema.

- Además, asegúrese de que el depósito esté anclada firmemente al suelo.

Vivienda para ganado vacuno

La vivienda para ganado no tiene que ser complicada. Si usted tiene una zona de hierba o un pasto y su ganado es solo para carne solo puede vivir en el campo en el verano. Pero no está de más tener algo construido para ellos.

Ahora, aquí hay algunas cosas que recordar en la construcción de viviendas para su ganado vacuno:

1. Una de las cosas más importantes es construir algo que sea fácil de limpiar. Para ello, puede asegurarse de que su granero o casa de ganado tiene un drenaje, o puede erigir la estructura en un área elevada.

Cualquiera de ellos facilitará el drenaje del suelo durante la limpieza o si llueve en la estructura.

Si va a instalar un desagüe, asegúrese de que no está en un área donde su ganado estará caminando. Recuerden, no son buenos en la percepción profunda.

2. Asegúrese de que el espacio esté correctamente ventilado y bien iluminado con luz natural. Si la entrada al refugio da al sur, eso funcionará bien.

Evite las luces artificiales tanto como sea posible, ya que a las vacas no les gustan las áreas demasiado iluminadas. Permitir la iluminación natural garantizará que el ganado esté recibiendo esta importante luz de manera uniforme.

3. Asegúrese de que el suelo esté nivelado y uniforme porque varias texturas o cambiantes pueden ser estresantes para el ganado.

4. Cree un espacio separado para el nacimiento.

Hay varias opciones de vivienda que puede considerar.

La primera opción es un terreno plano a la intemperie o la estructura del granero a puerta cerrada. Si elige la estructura abierta, erija una pequeña cerca alrededor de los lados. Debe ser lo suficientemente pequeña para que no obstruya la vista, pero lo suficientemente alta como para evitar que su ganado u otros animales externos lo superen.

Sea cual sea el estilo que utilice, el interior es importante. Dentro de la casa del ganado, es importante que cada cabeza de ganado tenga su propio espacio y no deambule libremente.

Si usted tiene una pequeña cantidad de ganado y suficiente espacio, una fila de puestos debería servir. Asegúrese de que el ganado tenga suficiente espacio para estar en sus puestos. Considere una anchura de 105 centímetros y una altura de 165 centímetros.

Pero si no tiene tanto espacio o está manejando un equipo grande, considere hacer dos filas de puestos, con el ganado uno frente al otro.

Ahora, si desea ejecutar un sistema de vivienda fija donde el ganado permanezca en el interior todo el día, cada puesto debe tener su propia alimentación y contenedor de agua.

Si usted está organizando un sistema de dos filas, los dos ganados que se enfrentan entre sí pueden compartir los contenedores de alimentación y agua.

Vallado

Si va a ejecutar un sistema de vivienda abierta, es muy importante que preste atención al vallado. En el sistema de vivienda abierta, su ganado pasa la mayor parte de su tiempo fuera, alimentándose, pastando y descansando.

Quiere asegurarse de que no se desvíen ni sean atacados por otros animales. Así que, esto es lo que necesita saber para mantenerlos a salvo.

Elección de la valla correcta

El tipo de cerca que querrá usar depende de la raza de ganado que está criando y si tiene un problema con depredadores. Diferentes tipos de vallas van desde alambre de púas con alambre tejido hasta alta tracción y cercas eléctricas.

La mayoría del ganado finalmente se lastima en alambre de púas. Si usted está criando ganado vacuno, los depredadores podrían no ser un problema debido a lo grandes y pesadas que son las vacas. Por lo tanto, podría investigar los tipos de alta tracción o cerca de alambre tejido.

Espaciado del poste de la cerca

La regla general dice que espaciar los postes de la cerca de 2,4 a 3,6 metros de distancia. La idea es tener suficientes postes de cerca para que su cerca sea sólida y preparada para el impacto. Los postes ayudan a anclar el cable y mantenerlo en tierra. Muy pocos postes harán el vallado débil.

Sin embargo, si está utilizando acero galvanizado y cables de alta tracción, puede salirse con la suya espaciando sus postes a más de 3,6 metros de distancia.

Necesita postes de esquina para ayudar a solidificar aún más su cerca, por lo que necesita enterrarlos profundamente.

La regla general es enterrar el poste a una profundidad entre el 35 y el 50% de la altura de su poste de esquina.

Así que, si tiene un poste de esquina de 2 metros, cavará un agujero entre medio metro y un de profundidad. Además, el agujero debe ser tres veces más ancho que el poste.

Propiedad de la tierra

Antes de erigir la cerca, averigüe dónde comienza y se detiene su propiedad. De esta manera, no está desperdiciando una parte de su tierra o robando la de otra persona.

Considere la posibilidad de emplear los servicios de un topógrafo de tierras y cantidades porque las batallas judiciales debido a los límites de la tierra pueden ser complejas y complicadas.

Capítulo 5: Nutrición y alimentación del ganado vacuno

Antes de entrar en la conversación sobre qué tipos de alimentos debe comer su ganado, es importante que entienda cómo funcionan sus sistemas digestivos. Esto ayudará a poner las cosas en perspectiva cuando hablamos de alimentación y qué tipo de alimentos son mejores para su ganado.

- Los animales rumiantes como los bovinos son eficientes en la digestión de piensos de alta fibra debido a la forma en que funciona su sistema digestivo. Este sistema consta de:

- Boca.

- Lengua.

- Glándulas salivales.

- Esófago.

- Estómago (compuesto por cuatro compartimentos: el rumen, retículo, omaso y abomaso).

- Páncreas.

- Vesícula biliar.

- Intestino delgado (compuesto por duodeno, yeyuno e íleon).

- Intestino grueso: (compuesto por el ciego, el colon y el recto).

En promedio, el ganado vacuno tomará entre 25.000 y 40.000 bocados cada día mientras pasta. A veces, incluso podría ser más. Como probablemente se puede deducir, mastican rápido y no mastican lo suficiente antes de tragar.

El pastoreo de ganado ocupa más de un tercio de su día, mientras que los dos tercios restantes se comparten entre masticar (llevar el alimento parcialmente digerido de nuevo a rumiar) y simplemente estar en la tierra. La tarea de masticar ocupa aproximadamente un tercio de los dos tercios restantes, y el resto del día se pasa descansando.

Después comienza el viaje de la comida de la boca al ano. Cuando el bovino toma el forraje, se mezcla con su saliva, que contiene potasio, sodio, bicarbonato, urea y fosfato. Esto forma un bolo que viaja a través del esófago hasta el retículo. El esófago en el ganado funciona bidireccionalmente, por lo que mueve los alimentos hacia abajo, pero también empuja la bola de nuevo en la boca. Una vez que la bola se mueve de nuevo hacia arriba en la boca de alimento se mastica y se mezcla con saliva una segunda vez antes de que ser ingerida de nuevo y moverse al retículo.

Desde el retículo, la parte sólida de la boda va al rumen para fermentar mientras que la parte líquida entra en el reticulorumen. La parte sólida permanece en el rumen durante 48 horas. Ahora, el reticulorumen (retículo + rumen) contiene microorganismos como protozoa, hongos y bacterias. Estos se alimentan de la cúspide en el rumen y los descomponen en ácidos grasos volátiles (VFAs). Ejemplos de VFAs incluyen acetato para sintetizar grasa, propionato para sintetizar glucosa, y butirato. El ganado utiliza estos VFAs para producir energía.

Ahora, echemos un vistazo a cada parte del sistema digestivo rumiante con más detalle.

El sistema digestivo rumiante

Endoplasmático

Debido a su aspecto, el retículo también se llama un "panal de abeja". Su papel principal es mover alimentos digeridos más pequeños en el omaso y las partículas más grandes en el rumen donde estas partículas se digieren aún más.

El retículo es también la parte del estómago donde los objetos pesados pueden quedar atrapados. Por lo tanto, si su bovino ingiere por error un alambre, una uña o cualquier otro objeto pesado, lo más probable es que que quede atrapado en el retículo.

A medida que se producen contracciones normales, el objeto puede perforar a través de la pared intestinal y moverse hacia el corazón. Esto puede causar enfermedades.

Rumen

También es conocido como el *paunch*, el rumen viene con papilas, los tejidos primarios a través de los cuales se produce la absorción. Es sobre todo una cuba de fermentación porque toda la fermentación microbiana tiene lugar aquí. Es un ambiente anaeróbico. No hay oxígeno allí. Tiene un rango de pH de 6.5 a 6.8.

El rumen es también el lugar donde se produce gas, lo que tiene sentido, ya que es donde se lleva a cabo toda la fermentación. Gases como el metano, el sulfuro de hidrógeno y el dióxido de carbono se producen en el rumen.

Omaso

El omaso se une al retículo a través de un túnel corto. Es esférico y característicamente viene con muchas aletas o hojas, por lo que también se llama la biblia del carnicero. El omaso es donde se produce la absorción de agua para rumiantes. En el ganado, el omaso es grande y bien desarrollado.

Abomaso

De los cuatro compartimentos, el abomaso es el estómago real porque es el estómago más parecido a los no rumiantes. Es altamente ácido, con un rango de pH de 3.5 a 4.0, pero el animal está seguro porque las células del abomaso secretan moco, que protegen el abomaso del daño del ácido.

El abomaso también contiene enzimas clorhídricas y digestivas como la pepsina y la lipasa pancreática, que trabajan juntas para descomponen los alimentos.

Intestino delgado y grueso

En el intestino delgado y grueso, los nutrientes se absorben aún más. El intestino delgado es largo (alrededor de 46 metros), tiene una capacidad de 76 litros, y es aún más ácido que el abomaso. Desde el abomaso, los alimentos digeridos se mueven hacia el intestino delgado. Cuando esto sucede, el intestino delgado se vuelve alcalino a medida que el pH aumenta de aproximadamente 2.5 a 7 u 8. El aumento del pH es necesario para que las enzimas del intestino delgado actúen correctamente.

Al igual que en los intestinos delgados de los seres humanos, hay vellosidades en el intestino delgado del ganado. Estas vellosidades se parecen a los dedos y aumentan el área superficial del intestino para ayudar a la absorción de nutrientes. A medida que los músculos se contraen, los alimentos se mueven del intestino delgado al intestino grueso.

La función principal del intestino grueso es reabsorber el agua de los alimentos digeridos mientras pasa el resto al recto.

Requisitos nutricionales del ganado vacuno

Hay varias clases de nutrientes que el ganado necesita para que sus cuerpos se desarrollen y funcionen correctamente. Cada clase de nutrientes tiene su propio papel que desempeñar en el cuerpo, y una ausencia o deficiencia de ellos podría inhibir el crecimiento o causar mala salud.

Las siguientes son clases de nutrientes que el ganado requiere:

TDN (Energía)

Es obvio lo que hace la energía en el cuerpo de cualquier organismo vivo. Esta energía nos da el impulso para llevar a cabo el trabajo y, para los organismos vivos, el trabajo incluye el cultivo, la lactancia, la reproducción, movimiento y digestión de los alimentos.

La energía en la nutrición del ganado se expresa como nutrientes digeribles totales (TDN) y es el nutriente más importante que el ganado necesita. También lo necesitan en grandes cantidades.

Para el ganado, las fuentes de energía incluyen hemicellulosa y celulosa del almidón de grano y la fibra. También pueden obtener energía de grasas y aceites, pero estos solo constituyen una pequeña parte de su dieta regular.

Proteína

Sabemos que las proteínas son los bloques de construcción del cuerpo. Forman los principales componentes de órganos y tejidos en el cuerpo, como los músculos, el tejido conectivo y el sistema nervioso.

Una proteína comprende varias unidades de aminoácidos vinculados a cadenas de formulario. Cuando se suministra en cantidades adecuadas al cuerpo, ayuda al mantenimiento normal del cuerpo y en la lactancia, crecimiento y reproducción.

Los diferentes componentes de la proteína varían en su solubilidad. Están las proteínas digeribles digeridas por microbios en el rumen, y luego están las proteínas insolubles que dejan el rumen intacto al intestino inferior.

Minerales

Hay macro minerales y micro minerales. Los macro minerales son necesarios en una cantidad relativamente mayor que los micro nutrientes. Algunos ejemplos de macroelementos son calcio, sodio, fósforo, potasio y magnesio. Los micro-minerales, por otro lado, también se conocen como oligoelementos, incluyen cobre, yodo, selenio, zinc y azufre.

La riqueza de los minerales de la dieta de su ganado depende de la calidad de los piensos que consumen. A menudo, usted debe fortificar su ración con suplementos minerales. El tipo de suplementos minerales que elijas también depende de la alimentación que tus animales estén comiendo, y de sus necesidades nutricionales.

Los minerales son una parte crítica de su nutrición ganadera, y aunque solo se necesitan en cantidades relativamente pequeñas en comparación con otras clases de nutrientes, una deficiencia puede tener consecuencias leves a moderadas a graves. Algunas de estas consecuencias incluyen un crecimiento pobre, piernas inclinadas, huesos quebradizos, una caída en las tasas de concepción, temblores musculares, convulsiones, etc.

Vitaminas

Las vitaminas son como minerales en su función. Para el ganado vacuno, las vitaminas más importantes incluyen vitaminas A, D y E. El follaje fresco es una buena fuente de estas vitaminas. Las vitaminas de los forrajes tienden a disminuir después de un tiempo. El grano también tiene niveles más bajos de vitaminas.

La vitamina A garantiza la reproducción normal, el crecimiento y el mantenimiento del cuerpo. La vitamina D es necesaria para el correcto desarrollo de los huesos. Con el selenio, la vitamina E asegura que el tejido muscular se desarrolle correctamente.

A falta de estas vitaminas, el ganado puede experimentar una reducción de la fertilidad (deficiencia de vitamina A), raquitismo (deficiencia de vitamina D) y distrofia muscular y enfermedad del músculo blanco (deficiencia de vitamina E).

La enfermedad del músculo blanco es un problema común con el ganado. Para prevenir esto, es posible que tenga que inyectar a los terneros con selenio o vitamina E al nacer. Alimentar a sus vacas con suplementos de selenio/vitamina E o inyectar a las vacas embarazadas selenio/vitamina E también puede ayudar.

La vitamina B tiene poco impacto en la nutrición del ganado. Los microorganismos que se encuentran en el rumen ya producen esta vitamina en cantidades suficientes, que absorbe el ganado. Pero la vitamina B es esencial para los terneros, ya que aún no han desarrollado completamente su rumen. El ganado superestresado también podría necesitar suplementos de vitamina B, ya que el estrés agota la población microbiana en el rumen y así disminuir la vitamina B.

Ahora que conoce los requisitos nutricionales de su ganado, vamos a entrar en las diferentes categorías de alimentos que debe alimentar a su ganado para nutrirlos con todos los nutrientes que necesitan.

Tipos de piensos para bovinos

Suplemento de grano

El grano es rico en energía y tiene cantidades moderadas de proteínas, pero contiene poca fibra.

Pero el grano es ideal para el ganado porque facilita un rápido crecimiento y ayuda a engordar su ganado. Proporcionar grano es un método de alimentación adoptado por la mayoría de los agricultores debido a su rentabilidad.

El grano también es una fantástica alternativa para los criadores de ganado que viven en zonas donde el acceso al excelente heno es limitado. En el invierno, también, el grano puede ser un salvavidas para los agricultores y el ganado.

Aunque el grano tiene excelentes beneficios, es importante no dejar que su ganado se dependa demasiado de él. El ganado dependiente de los suplementos rechaza los pastos y el heno, que son opciones mucho mejores para ellos nutricionalmente en comparación con los suplementos.

Algunos ejemplos de granos son la cebada, el maíz y la avena.

Fibra

Ejemplos de fibra celulósica incluyen heno, cascos de grano, césped y cascos de semillas oleosas. La fibra es típicamente rica en celulosa, pero contiene poca energía. Suministra niveles moderados de energía. Sin embargo, contiene proteínas, dependiendo de la planta de la que se derive y del nivel de madurez de la planta.

Ahora, ya que estamos aquí, hablemos un poco del heno.

El heno es uno de los mejores alimentos que el ganado puede comer. Puede suministrar por sí solo casi todos los nutrientes que el ganado necesita, pero debe ser comido en el momento adecuado o se pierden todos los nutrientes densos. En otras palabras, usted debe elegir antes de que se seque. Además, el curado y almacenamiento adecuados son muy importantes cuando se trata de alimentar su heno de ganado.

El heno viene en diferentes variedades, cada una con el nivel de nutrición que ofrecen. La alfalfa, por ejemplo, es más rica en fósforo y calcio que la hierba, pero el heno de hierba tiene altos niveles de proteína. Por lo tanto, la mayoría de los expertos recomiendan mezclar heno de alfalfa con un poco de hierba en lugar de alimentar la alfalfa exclusivamente, especialmente al criar ganado vacuno.

La alfalfa es genial e incluso se recomienda para el ganado lechero, pero debido a su tendencia a causar hinchazón, no se recomienda para el ganado vacuno. Por lo tanto, para su ganado vacuno, puede mezclar alfalfa con heno de hierba, o alimentarlos con heno de legumbre, que es rico en proteínas.

Forraje y pastos

Los cultivos de pastos y forrajes contienen todos los nutrientes que el ganado necesita para prosperar. A menos que el suelo se agote por una razón u otra, o puede ser demasiado temprano en el año para que la hierba crezca exuberante y rica.

Además del grano, los cultivos forrajeros y los pastos son otras soluciones de alimentación baratas para su ganado, pero debe hacer su debida diligencia antes de alimentarlos solo con pastos y cultivos forrajeros. Conocer la fertilidad del suelo y asegurar un buen riego es importante para asegurar que las plantas estén llenas de nutrientes adecuados.

Además, siempre sepa qué tipo de plantas está comiendo su ganado, y su condición y nivel de madurez.

Oleaginosas

Las semillas oleosas son ricas en proteínas y energía, pero su contenido de fibra varía. Algunos ejemplos de semillas oleosas son la harina de canola y la soja.

Subproductos

Los productos a plazo vienen con altos niveles de humedad, y su contenido nutricional varía dependiendo de su fuente. Ejemplos de subproductos incluyen residuos de conservas de maíz dulce, granos de destilador, cribado de granos, orujo de manzana y residuos de panadería.

Capítulo 6: ¡Todavía puede ordeñar sus vacas de carne!

Las vacas que nos benefician con leche y el ganado que nos proporcionan delicioso filete son criaturas diferentes. ¡Pero la gente come carne de vaca lechera y bebe leche de vaca de ternera! Antes de aventurarnos en esta conversación, es importante sentar las bases de esta discusión. Por lo tanto, comenzaremos este capítulo examinando el ganado vacuno de carne y el ganado vacuno de leche para comprender las similitudes y diferencias entre estas dos razas. Sabemos que está aquí por la carne de res, pero saber algo sobre la forma de ordeñar y ganado lechero también es importante.

Carne de res contra ganado lechero

Bovinos

El ganado vacuno y lechero se ve característicamente diferente. El ganado vacuno es corpulento como los culturistas. Canalizan toda su energía para almacenar grasa y desarrollar músculos. Estos trabajan juntos para darle carne deliciosa; lo mejor es la carne magra con marmoleo para mejorar el sabor y la textura.

Las patas fuertes del ganado vacuno les ayudan a navegar por los pastos. Sus vientres también son redondeados y corpulentos con espaldas gruesas, hombros fuertes y grupas, y cuellos cortos.

Con la dieta, el ganado vacuno se alimenta principalmente de granos y hierba, aunque comen más hierba que granos, especialmente cuando todavía son jóvenes.

Probablemente ya sabes que el ganado vacuno produce leche porque de lo contrario cuidarían sus terneros, ¿verdad? Pero como también se puede deducir, la producción de leche en ganado vacuno es mucho menor que en el ganado lechero. La lógica es simple. A lo largo de los años, el ganado vacuno se ha criado para hacer una cosa, y eso es producir carne de vacuno. Por lo tanto, aunque el ganado vacuno produce leche, solo genera lo suficiente para nutrir a sus terneros, que es de tres a siete litros diarios.

La carne de res puede provenir de un novillo, una vaca o una vaquilla, pero la mejor carne proviene de vaquillas y novillos.

Vacas lecheras

Si el ganado vacuno es como los culturistas, entonces las vacas lecheras son como corredores de maratón. Pueden parecer infravalorados, pero así es como las vacas lecheras están genéticamente conectadas. No importa cuán bien alimentadas estén, permanecen delgados y angulares porque canalizan toda su energía en lactantes en lugar de construir músculo o almacenar grasa. Para las vacas, la producción de leche y el volumen en masa son mutuamente excluyentes. Por lo tanto, las vacas lecheras y el ganado vacuno son característicamente diferentes en apariencia.

Las vacas lecheras producen leche en grandes cantidades diarias, hasta 38 litros al día por lo general. Para mantenerla sana y cómoda, debe ordeñar a su vaca lechera dos o tres veces al día.

Las vacas lecheras se crían en pastos o graneros de puestos libres donde tienen acceso al agua dulce y la comida. Tienen la misma dieta que el ganado vacuno, que consiste en hierba y granos, pero a diferencia del ganado vacuno, no necesitan navegar por el terreno para pastar, de ahí su ligera construcción.

Ahora, recuerde que las vacas solo amamantarán cuando tengan terneros, y las vacas solo pueden tener un ternero en un año: carne de res o lácteos. El ordeño entonces ocurre durante aproximadamente 300 días en un año, después de lo cual el cuerpo toma un descanso para los 60 días más restantes mientras se preparan para parir.

Sin embargo, pasemos a la segunda parte de este capítulo. Hablemos de la producción de leche en ganado vacuno.

Producción de leche en ganado vacuno

Mientras que el ganado vacuno se cría principalmente por su carne, nada dice que no se puede ordeñar cuando lactan. El sabor difiere ligeramente de lo que se obtiene de las vacas lecheras, y la cantidad tampoco es tan alta. Sin embargo, incluso si no está a la venta, todavía puede ordeñar su vaca de ternera y disfrutar de la lechería con su familia.

Dicho esto, ordeñar vacas de vacuno tiene sus beneficios y sus desventajas.

Por qué producción de leche en vacas de ternera es alta

Si una vaca de ternera produce mucha leche, su ternero estará suficientemente alimentado y nutrido. Esto es genial para la salud del ternero. También es bueno porque los terneros que se alimentan con suficiente leche al principio de la vida alcanzan un peso más pesado al destete del tiempo. Un estudio del estado de Oklahoma confirmó que más leche se traduce en 13 kilos adicionales de peso de destete para los terneros.

Aun así, la alta producción de leche en ganado vacuno tiene sus desventajas

Incluso con el beneficio de un mayor peso para los terneros, todavía hay razones importantes por las que los agricultores podrían preferir niveles más bajos de producción de leche en sus vacas de vacuno.

En tiempos de deficiencia de nutrientes, el cuerpo de una vaca canalizará la energía generada en tres áreas principales: mantenimiento corporal, lactancia y reproducción. Ahora, mira estas áreas como niveles de una especie. En otras palabras, si no se satisfacen las demandas de un nivel, no se suministrará energía para el siguiente nivel. Por lo tanto, el mantenimiento del cuerpo es una prioridad, y solo si se cumplen los requisitos de energía se suministrará energía para la lactancia. Entonces, solo cuando se cumplan los niveles de energía para la lactancia, la vaca estará biológicamente preparada para reproducirse.

Por lo tanto, es fácil deducir de todo lo que estamos diciendo que las vacas ordeñadoras necesitan mucha energía. Tendrías que ayudarlos a mantenerse al día dándoles alimento en grandes cantidades para que sigan produciendo leche en cantidades suficientes. Es casi imposible criar vacas productoras de leche a base de hierba. Las vacas que se ordenan mucho tienen una condición corporal más pobre en comparación con las que producen cantidades moderadas de leche.

Cómo elegir las mejores vacas de ternera para la producción de leche

Escoger una vaca de ternera basándose en su capacidad de producción de leche requiere que se tengan en cuenta varias consideraciones. Si se decanta por un ordeño pesado, obtendrás un ternero más pesado, lo cual es genial porque son más valiosos. Pero un ordeño pesado es mucho más caro de mantener que un ordeño moderado. Usted debe estar preparado para proporcionar alimentación suplementaria, y eso aumentará sus gastos.

A continuación, se muestra una estimación de la cantidad de alimentos que necesitan varias vacas en las primeras etapas de la lactancia:

- 4,5 litros de leche al día: aprox. 11 kilos de materia seca diariamente.

- 9 litros de leche al día: aprox. 13 kilos de materia seca diariamente.

- 13,6 litros de leche al día: aprox. 14 kilos de materia seca diariamente.

Entonces, si está seguro de que puedes obtener excedentes de alimento baratos, ¿por qué no invertir en una vaca de ternera de ordeño pesado? Pero si la alimentación es cara, podría ser mejor apegarse a una que es moderada en su producción de leche.

Ganado de doble propósito

Como su nombre probablemente ya indica, el ganado de doble propósito se cría tanto para su carne de vacuno como para su leche. En tiempos pasados, las vacas eran de triple propósito: leche, carne de res y trabajo. Pero luego llegaron caballos a la escena, y las vacas podían tomar un descanso.

Las vacas de doble propósito no son tan populares como antes porque los agricultores prefieren razas más especializadas, especialmente porque confundían los propósitos de cría. Surgen preguntas como «¿Qué queremos exactamente de esta vaca y cómo la criamos?». Debido a esta confusión, los agricultores manipularon la reserva genética para producir ganado vacuno de carne de vacuno y ganado lechero específicamente a través de la cría.

Hoy en día, todavía hay algunas razas de doble propósito que se encuentran en la comunidad ganadera. Pero se limitan a pequeños agricultores y pequeñas tierras de cultivo. Las vacas de doble propósito no se encuentran en la industria láctea especializada. Son más adecuados para el pequeño agricultor porque producen más proteínas, más grasa y más litros de leche, todo con un peso corporal magro.

Las vacas de doble propósito funcionan bien para pequeñas granjas porque hacen vacas domésticas ideales. Proporcionarán suficiente leche para alimentar a su familia cómodamente y aún así harán lo suficiente para alimentar a su cría. También casi nunca crecen al tamaño estándar y gigantesco del ganado. Por lo tanto, son más fáciles de albergar, y requieren menos tierra que el ganado vacuno regular.

Puede cruzar ganado para crear una vaca de doble propósito. Si lo hace, sin embargo, es importante mantenerlo en el primer cruce o el segundo como máximo. El mestizaje produce vigor híbrido, lo que le da a la descendencia la ventaja genética que tiene sobre sus progenitores, pero se diluye cuanto más se cruza; por lo tanto, la razón por la que nunca debe ir más allá de un segundo cruce.

Cómo ordeñar una vaca correctamente

Use equipos limpios

Lo mejor es usar un cubo de acero inoxidable para recoger la leche, ya que es más fácil de limpiar y desinfectar. Además, asegúrese siempre de que todas sus herramientas y equipos estén siempre 100% limpios.

Ate su vaca

Si no ata a su vaca, se irá mientras la ordeña en busca del pasto. Una buena manera de atar a su vaca en su lugar es usar un collar o un cabestro.

Ahora, asegúrese de que tenga un refrigerio esperando después de portarse bien durante el ordeño. Usted puede darle heno o una pequeña cantidad de grano como aperitivo para que ella coopere con usted y disfrute de la experiencia de ser ordeñada.

Además, asegúrese de que su puesto es un lugar donde se siente cómoda, y que no le moleste colaborar con usted. Le hará la vida mucho más fácil.

Prepare la ubre

Antes de ordeñar, limpie la ubre con un trapo caliente para eliminar la suciedad, el estiércol, el cabello y los desechos. Esto es importante para evitar que la piel de la ubre se seque y se agriete. Si la ubre se ve seca, puedes aplicar un dip hidratante para rejuvenecer la piel, haciendo más fácil ordeñarla cuando llegue el momento.

Quite cada tetina

Para confirmar que la leche está bien, puede introducir las primeras gotas de leche en una taza o en el suelo. Se llama quitar la tetina. La leche debe ser lisa y blanca sin grumos cuando se expresa.

Debe hacer este desmontaje para cada tetina. Una vez que haya confirmado que la leche es buena, puede ir al siguiente paso antes de ordeñar en el cubo de acero inoxidable.

Aplique desinfectante de pre ordeño

Después de quitar las tetitas, aplique un desinfectante previo al ordeño en las ubres, siguiendo las instrucciones del fabricante. Una vez que termine de aplicarlo, limpie el desinfectante con una toalla limpia y seca.

Exprima la leche

Leche de las ubres en los cuartos delanteros y exprimirlas alternativamente hasta que ambas estén vacías.

Para ordeñar a su vaca, levante las manos a las ubres en el cuarto delantero primero, como si estuviera sosteniendo una taza para beber. A continuación, sostenga cada tetina entre el dedo índice y el pulgar y exprima para sacar la leche. Siga haciendo esto hasta que la ubre esté vacía. Se puede decir fácilmente que la ubre está vacía porque se volverá flácida.

Una vez que se haya asegurado de haber ordeñado todas las tetas de esa ubre, aplique desinfectante post ordeño. ¡Y ya está! ¡Ya terminó!

Capítulo 7: Higiene, salud y mantenimiento del ganado vacuno

Una razón muy importante para prestar atención a la higiene en su práctica de cría de ganado es que tiene un gran impacto en la salud de su ganado. Además, las prácticas higiénicas son importantes para la salud de su cliente.

Sin embargo, reconocemos que muchas enfermedades bovinas podrían no ser el resultado directamente de una mala higiene. Pero cualquiera que sea la causa, las malas prácticas higiénicas pueden exacerbar la situación.

Cualquiera que sea la forma en que lo mire, es muy importante mantener su ganado y sus viviendas limpias.

Higiene del ganado vacuno

Pare ver cómo mantener la higiene en su práctica de ganado vacuno, dividiremos las cosas en las tres etapas de la vida comercial del ganado: cría, vivienda y transporte.

Cría

Hay varias prácticas involucradas en la cría de ganado, o lo que muchos llaman ganadería. Tendrá que alimentarlos y limpiarlos.

También es posible que deba realizar (o hacer que un profesional realice) procedimientos médicos como la transferencia de embriones, la inseminación artificial, el parto o la castración. Todo esto debe hacerse higiénicamente. Veamos cómo.

Alimentación higiénica del ganado

- El Departamento de Agricultura y Desarrollo Rural de Namibia recomienda lavar el contenedor de agua de su ganado una vez cada tres días. En cuanto a su abrevadero de alimentos, puede lavarlo una vez a la semana.

● Antes de lavarse los abrevaderos, primero debe vaciarlos. Necesitará una pala para sacar el agua porque los abrevaderos de comida y agua generalmente no tienen drenajes. Cuando haya terminado de eliminar el contenido, rocíe la vaguada hacia abajo, agregue el jabón para platos y comience a fregar.

● Si puede permitírselo, considere la posibilidad de obtener agua nueva y canales de alimentación en lugar de los usados. Los nuevos canales permanecen más limpios por más tiempo y no se forman algas tan rápidamente.

● Mantenga el agua fresca. Las algas y las amebas no son cosas que su ganado debería estar consumiendo. Así que, una vez que se da cuenta de que el agua cambia de color, es hora de tirarla.

● Mantenga el agua y los abrevaderos lejos el uno del otro. Si la vaguada de alimentación está cerca de la vaguada de agua, su ganado podría obtener alimento en el agua y el agua en el alimento, haciendo que ambos se estropeen rápidamente.

Limpieza de ganado

● Puede configurar un sistema de aspersores que rocíe su ganado con agua regularmente. También puede configurar este sistema como parte de su sistema de cuidado de ganado para que todo su ganado esté seguro de pasar regularmente.

● Pero tener su ganado espolvoreado con agua, no importa cuán regularmente, no será suficiente. Así que debe frotarlos una vez a la semana.

● Antes de frotar cualquiera de sus ganados, asegúrese de que esté correctamente retenido. Para ello, necesitará un conducto separado para lavar la cabeza para que la cabeza del animal esté segura mientras frota el cuerpo.

● Comprar cepillos de ganado especiales y champús. No utilice cepillos de fregado multiusos o champú humano porque puede dañarlos.

● Cuando lave su ganado, hágalo de arriba a abajo.

● También debe enjuagarlos de arriba a abajo. Y mientras los enjuaga, deslice las manos por su cuerpo para asegurarse de que todo el jabón se haya ido.

● El ganado prefiere ser bañado en un día cálido, así que considere bañarlos cuando esté caliente al aire libre. No solo estarán más cómodos, sino que también se secarán más rápido.

Procedimientos médicos higiénicos

Si emplea los servicios de un veterinario para todos sus procedimientos médicos, los procedimientos médicos siempre serán higiénicos.

Pero no hace daño saber cómo deben ser los procedimientos higiénicos. Además, reconocemos que llevar a cabo una pequeña práctica podría requerir que usted haga procedimientos médicos por su cuenta. Por lo tanto, aquí hay varias cosas para tener en cuenta.

- Asegúrese de que todas las vacas estén vacunadas cada año. Si cría un animal enfermo fracasará.

- Asegúrese de tener siempre a mano un botiquín de primeros auxilios. Y esterilice su kit y otros artículos después de cada uso.

- Si alguno de su ganado cae en una zanja y resulta gravemente herido o se lesiona de otra manera, atienda inmediatamente la herida. Usted no quiere arriesgarse a una infección.

- Cree un espacio separado para el parto. No tiene por qué estar en una habitación diferente si no tiene el lujo del espacio, pero debe estar lejos de las salas de estar regulares. Además, amueble el espacio con paja limpia y fresca antes de que su vaca dé a luz.

Vivienda

Es importante limpiar la vivienda de su ganado. Hay que tener en cuenta que su ganado hace caca por todas partes.

Si tiene mascotas vivas, es posible que tenga una pequeña idea de lo que se necesita para limpiar los cuartos de su ganado. Con eso en mente, veamos qué hay que hacer:

- Una de las cosas más importantes que debe hacer en la limpieza de las viviendas de su ganado es palear la caca. Su ganado no debe estar viviendo en su propia inmundicia. Por lo tanto, es una práctica normal palear la caca todos los días.

- Sin embargo, palear la caca no será suficiente. Tendrá que ir un paso más allá para desinfectar los pisos. Asegúrese de que cualquier desinfectante que utilice sea seguro tanto para usted como para su ganado. También desea estar seguro de que el desinfectante es versátil (puede matar una variedad de bacterias) y funciona rápidamente. Tampoco debe contener componentes que no sean compatibles con ciertos materiales de construcción.

- Si usa camas de paja, cámbiela una vez cada cuatro o cinco días. Si utiliza camas de arena, cámbiela en cuando observe una capa oscura de arena a través de la parte superior.

- Si su ganado come en sus puestos, es posible que deba limpiar los puestos todos los días para librarlos de los excrementos.

- Asegúrese de que su ganado tenga un amplio espacio vital, ya que apretarlos conducirá a la rápida propagación de infecciones, enfermedades, lesiones y problemas respiratorios y generalmente es simplemente incómodo.

Transporte

- Debe asegurarse de que los camiones que utiliza para transportar su ganado se limpien regularmente. Tiene que limpiar su camión después de cada viaje.

- No transporte vacas enfermas con las sanas. Si necesita llevar uno al veterinario porque está enfermos y otro para ser vacunado, es posible que necesite más de un viaje para eso.

- Asegúrese de que sus camiones estén correctamente ventilados.

- Asegúrese de que su ganado no se queda en el camión durante largos períodos de tiempo y que tienen acceso a alimentos, agua y aire fresco. Los alimentadores portátiles y los cuencos de agua son útiles.

- Si está transportando recién nacidos, utilice una carretilla desinfectada o un taxi de becerro. Lo mejor es conseguir un nuevo taxi de becerro para transportar a su nuevo ternero.

Salud del ganado vacuno de vacuno

Si bien una higiene adecuada ayudará a mantener su ganado sano y bien, las vacunas y una comprensión de los problemas de salud a los que el ganado es propenso también son importantes. Ambos temas son los que exploraremos en esta sección.

Problemas de salud del ganado

Su ganado podría ser presa de enfermedades, parásitos e intoxicación alimentaria. Echemos un vistazo a estos específicamente:

Enfermedades comunes del ganado

Putrefacción de cola

La putrefacción de la cola es lo que parece: pudrirse de la cola. Lo más probable es que sea el resultado de que un animal siga usando su cola para aplastar a las moscas, aunque su cola haya sido herida, rota o dislocada.

E más frecuente en las zonas húmedas, y durante la temporada de lluvias a medida que los pisos se vuelven resbaladizos. También es más frecuente en lugares con muchos árboles porque el ganado puede golpear sus colas violentamente contra los árboles a medida que pasan.

Para prevenirlo: Debe deshacerse de todo, y cada situación en la que su ganado puede golpear su cola contra o que podría tropezar con ellos. Además, vacunar a su ganado contra el tétanos se asegurará de que no sean susceptibles al tétanos si se rompen la cola.

Para tratar la putrefacción de la cola: Debe vacunar al animal contra el tétanos. Además, el animal podría necesitar que le amputaran la cola. Si el flujo sanguíneo a la parte lesionada de la cola está completamente bloqueado, es posible que la amputación no sea necesaria, ya que eventualmente se secará y se caerá.

Akabane

El akabane es una enfermedad que causa deformidades en los fetos de ganado. Es causada por un arbovirus, y no tiene síntomas clínicos. Se propaga por insectos que alimentan la sangre (más comúnmente mosquitos), y afecta el sistema nervioso de un feto.

Para prevenir akabane: La única manera de prevenirlo es matar los insectos de su área. Además, exponer una manada a un lugar donde el akabane es endémico puede ayudar a la manada a obtener inmunidad.

Botulismo

El botulismo es una enfermedad bacteriana que afecta al ganado y es causada por la bacteria Clostridium Botulinum.

Las bacterias prosperan en plantas en descomposición y cadáveres de animales y en ambientes húmedos. Produce esporas que, si están en el entorno adecuado, sobrevivirán durante mucho tiempo.

Un animal puede infectarse consumiendo cualquier cosa que haya sido infectada con las esporas o que haya estado en contacto con cadáveres infectados.

Los síntomas incluyen parálisis de los músculos faciales y las extremidades. Y la muerte puede ocurrir de 1 a 14 días después de los primeros síntomas.

Los seres humanos también pueden contraen una infección por botulismo, pero esto no será el resultado del contacto con un animal infectado, sino del consumo de alimentos y/o bebidas infectadas.

Para prevenir el botulismo: Asegúrese de que su ganado esté inmunizado rápidamente contra el botulismo. Además, deseche correctamente los cadáveres y huesos de su propiedad.

Para tratar el botulismo: Si nota inmediatamente que un animal ha consumido una sustancia infectada, purgar ese animal podría funcionar, pero el pronóstico para el botulismo no es bueno, y el ganado infectado generalmente muere.

Stringhalt en ganado vacuno

El stringhalt en el ganado es una dislocación de rodilla donde el ligamento interior se engancha sobre la rodilla en la parte superior. La pierna afectada estará recta, y el animal deberá arrastrar esa pierna hasta que el ligamento se libere, y el animal pueda caminar libremente.

Esta enfermedad es casi siempre genética. Y aunque una mala nutrición podría hacer la condición más evidente, por lo general no es la causa.

Si ocurre de repente, stringhalt podría ser el resultado de una lesión o una deficiencia de fósforo y calcio.

Para prevenir stringhalt: No se reproduzca con toros que tengan stringhalt. Ahora, puede ser difícil detectar esto en ganado que son de salud óptima, por lo que debe hacer una selección muy cuidadosa cuando es hora de reproducirse.

Para tratar el stringhalt: Muchos criadores de ganado toman su ganado para una cirugía para tratar la rodilla afectada, pero la mayoría de la gente eutanasia al animal.

Enfermedad de tres días/fiebre efímera

La enfermedad de tres días es una enfermedad viral transmitida por mosquitos. Es frecuente durante la temporada de lluvias cuando los mosquitos tienen amplias oportunidades de reproducirse.

La enfermedad de tres días generalmente presenta signos leves como fiebre, cojera temporal y secreción de ojos y nariz, signos moderadamente graves como articulaciones hinchadas, depresión e hinchazón subcutánea, y signos graves como parálisis y coma.

La mayoría de las veces, estos síntomas desaparecen después de tres días, y el animal afectado vuelve a la normalidad, pero también existe una posibilidad significativa de que el animal afectado muera antes de que los síntomas desaparezcan.

Para prevenir la fiebre efímera: Se puede administrar una vacuna al ganado para mantenerlos inmunes. Tendrán que tomar dos dosis, con cuatro semanas de diferencia.

Para tratar la fiebre efímera: Los animales generalmente se recuperan por sí solos, así que lo mejor que puede hacer es asegurarse de que estén cómodos, debidamente hidratados y bien alimentados.

Parásitos comunes del ganado

Garrapatas

La fiebre de las garrapatas es causada por la exposición a estos parásitos sanguíneos. La fiebre de las garrapatas puede ser mortal, y si no lo es, puede conducir a otras complicaciones como el aborto de una vaca embarazada, la infertilidad durante un período con toros y la eventual pérdida financiera para usted.

El ganado que tiene fiebre de las garrapatas puede experimentar una pérdida de apetito, debilidad general del cuerpo y/o depresión. El ganado entre las edades de 18 y 36 meses es más propenso a una infección por fiebre de las garrapatas.

Para prevenir la fiebre de las garrapatas: Si el ganado está expuesto a los parásitos entre las edades de 3 y 9 meses de edad, podrían desarrollar una inmunidad duradera contra la fiebre de las garrapatas.

Para tratar la fiebre de las garrapatas: Si sospecha que alguno de sus ganados tiene fiebre de garrapatas, consulte a su veterinario para obtener diagnóstico y tratamiento.

Gusanos

Si los gusanos se han convertido en un problema con la manada, podría ser difícil reconocerlo porque la expresión externa de los síntomas es similar a la mala nutrición.

Debe medir el huevo por gramo (EPG) de estiércol. Así que, si revisa el estiércol de su ganado, y hay más de 200 EPG, es posible que tenga un problema.

Si es así, es probable que tenga que administrar ciertos productos químicos a su ganado para deshacerse de sus sistemas de parásitos, incluidos los gusanos.

Pero, como este es un tema sensible, considere consultar con su veterinario si sospecha que hay una infección de gusanos entre su manada.

Intoxicación alimentaria

Intoxicación por granos

Esto sucede cuando el ganado consume grandes cantidades de grano que no debería haber comido por varias razones. Es más probable que ocurra si cambia su ganado de pasto a grano o si su ganado accidentalmente tiene acceso al grano.

Un animal con un caso de intoxicación por granos puede mostrar algunos de estos síntomas:

- Pérdida de apetito

- Depresión

- Diarrea

- Heces malolientes

- Aumento de la frecuencia cardíaca

- Distensión abdominal

- Muerte eventual

Para prevenir la intoxicación por granos: Introduzca lentamente el grano en la dieta de su ganado. Comience por mezclarlo en pequeñas cantidades con lo que ya los alimenta.

A continuación, reduzca progresivamente la cantidad de sus alimentos viejos y reduzca la cantidad de los granos antes de eliminar por completo los viejos. Además, mantenga el grano fuera del alcance de su ganado.

Para tratar la intoxicación por granos: Si alguno de sus ganados acaba de comer una gran cantidad de grano y cree que hay un riesgo de intoxicación, alimentarlo inmediatamente con heno puede potencialmente ayudar a que se recupere.

De lo contrario, usted puede considerar el sacrificio, como matar al animal antes de que se desarrolle acidosis podría ser la decisión más sabia financieramente.

Intoxicación por urea

La intoxicación por urea es causada por el consumo excesivo y/o irregular de urea. Un animal con un caso de intoxicación mostrará algunos de estos síntomas:

- Los músculos faciales tiemblan

- Rechinar de dientes

- Dolor abdominal

- Distensión abdominal

- Debilidad

- Respiración rápida

- Espasmos

- Y eventual muerte (generalmente cerca de la fuente de la urea)

Para prevenir la intoxicación por urea: Asegúrese de que su ganado no tenga acceso a la urea.

Para tratar la intoxicación por urea: Consulte a su veterinario si sospecha que alguno de sus ganados tiene un caso de intoxicación.

Intoxicación por cianuro y nitrato

Su ganado puede recibir cianuro e intoxicación por nitrato de cultivos de sorgo. Estos cultivos son generalmente seguros de consumir, pero a menudo liberan toxinas en climas calurosos cuando se han estresado.

Un animal con un caso de cianuro o intoxicación con nitrato expondrá algunos de estos signos:

- Respiración dificultosa
- Membranas mucosas rojas brillantes
- Debilidad muscular
- Convulsiones
- Muerte

Para prevenir la intoxicación por cianuro y nitrato: Si sospecha que alguno de sus bovinos está enfermo o ha muerto de intoxicación por cianuro o nitrato, elimine cualquier fuente de cianuro y/o nitrato en la alimentación de su ganado y consulte con su veterinario.

Para tratar el cianuro y la intoxicación por nitrato: ¡Consulte a su veterinario!

Vacunación

Para mantener su rebaño sano y evitar que sean susceptibles a enfermedades, vacune su ganado.

Ahora, hay varias vacunas que el ganado necesita tomar por varias razones, y usted debe consultar con su veterinario para conocer las específicas de su rebaño y ubicación. Por lo general, el ganado debe recibir estas vacunas:

- **Enfermedades clostridas como el tétanos:** Se deben administrar dos vacunas con 4 a 6 semanas de diferencia como un "paquete" de 5-1 si quiere asegurarse de que su manada tenga su primera oportunidad ya a los 6 meses de edad. A continuación, puede administrarlo como lo considere.

- **Enfermedad de tres días:** Se deben administrar dos vacunas de 4 a 6 semanas de diferencia. Por lo general, es demasiado caro vacunar a toda su manada, así que considere vacunar solo a aquellos valiosos (es decir, los que desea criar, especialmente teniendo en cuenta que los necesita para vivir el tiempo suficiente). Además, debe seguir administrando las vacunas cada año. La primavera es el mejor momento para hacerlo.

- **Botulismo:** Dependiendo de la vacuna, es posible que deba administrar una o dos vacunas con diferencia de 4 a 6 meses. Estos tendrán que administrarse cada año, pero no lo administren simultáneamente, ya que está administrando otra vacuna.

- **Fiebre de las garrapatas:** Una oportunidad única. Si está introduciendo ganado procedente de un área donde la garrapata no es frecuente, administre una segunda inyección al nuevo ganado. Dicho esto, considere administrar una vacuna temprano, digamos alrededor de 3 a 9 meses de edad.

Garantizar la higiene y la salud de su ganado es importante para su negocio, pero más importante, para la comodidad y el bienestar de su ganado. Por lo tanto, preste atención a las cosas mencionadas en este capítulo y asegúrese de tener el contacto de un veterinario de confianza.

En el siguiente capítulo, entramos en los detalles de los diferentes géneros en su manada.

Capítulo 8: Toros y novillos

Mientras que los toros y novillos son ganado bovino macho, no son lo mismo. Y la diferencia entre ellos se insinuó en el primer capítulo. Pero en este capítulo, expondremos esas diferencias y explicaremos cómo afectan su práctica.

Toros

Básicamente, los toros son ganado bovino macho maduro utilizado para la cría. Todos los bovinos macho nacen como terneros de toro.

A continuación, tendrá que examinar cuidadosamente esos terneros para decidir si tienen características que desea ver en su ganado.

Si lo hacen, mantenlos intactos y úsalos para criar tus vacas. Pero si no lo hacen, cástrelos.

Novillos

Los novillos son animales bovinos macho castrados; sus testículos han sido retirados mientras su pene permanece intacto.

Castrar un animal bovino macho que no quiere criar evitará que sean agresivos, especialmente cuando las vacas están en celo. Así que, a menos que sea necesario que tenga toros, castre su ganado macho.

Ahora que tenemos eso resuelto, exploremos las diferencias entre toros y novillos.

Toros contra novillos

Diferencias físicas

Los toros son típicamente los más grandes del ganado, y esto tiene algo que ver con la cantidad de testosterona que producen.

Debido a que los novillos son castrados (y por lo tanto no pueden producir tanta testosterona) a una edad temprana, no crecen para ser tan grandes como los toros.

De hecho, si no fuera por el hecho de que los novillos tienen un pene mientras que las vaquillas tienen una vulva, sería difícil distinguir entre ellos.

Los toros tienen un pene más pronunciado en lugar de novillos y también son más tupidos alrededor de la funda que cubre su pene.

Diferencias de comportamiento

Los toros son generalmente más difíciles de controlar y mantener bajo control que los novillos. Y las cosas podrían empeorar aún más si hay más de un toro en el mismo espacio. Lucharán entre sí por el dominio y podrán transferir su agresión al controlador.

Las cosas pueden escalar aún más si hay una vaca en las cercanías que está en celo y lista para ser criada. Los toros pueden herir fácilmente a una persona que trata de alejarlos de su preciosa hembra.

Esto no significa que los toros sean imposibles de controlar. Después de todo, hay prácticas donde los toros son criados. Pero si quiere criar toros, habrá que tener especial cuidado.

Los novillos, por otro lado, son generalmente más fáciles de domar, especialmente teniendo en cuenta que no son tan grandes como los toros.

Además, los novillos tienen sus impulsos sexuales reprimidos debido a la castración. Son menos propensos a causar peleas con otros animales o incluso su controlador.

Manejo

Debido a las diferencias de comportamiento entre toros y novillos, la forma en que los maneja es diferente. Necesitará ayuda con todo lo relativo a acercarse al toro.

Su toro caminará a través de un canal de sujeción muy bien. Es posible que necesite tener a alguien cerca en caso de que necesite ayuda.

Es importante tener en cuenta que con los toros una puerta de la cabeza podría no ser suficiente para mantenerlos quietos. Debe, casi siempre, emparejar la puerta de la cabeza con un conducto de presión cada vez que esté haciendo procedimientos veterinarios en ellos.

Ahora, para los novillos, es importante recordar que, si bien se les han extirpado los testículos, no son completamente inmunes a un comportamiento agresivo. Por lo tanto, usted no quiere tratar a un novillo como si fuera inofensivo.

Sin embargo, manejar un novillo es algo que casi siempre puede hacer por su cuenta a menos que ese novillo tenga un temperamento violento.

También puede tener solo una puerta de contención en la cabeza.

Calidad de la carne

Debido a que los novillos no se utilizan para la cría, por lo general se crían para la carne. La carne de res que está acostumbrado a comer es más probable que provenga de novillos o vaquillas.

Ahora, la diferencia entre la calidad de la carne de un novillo y la carne de un toro está relacionada con la edad del animal.

En general, tanto un novillo como un toro joven (de 12 a 14 meses de edad) le ofrecerán aproximadamente la misma calidad de carne, lo cual es bueno. Pero, a medida que envejecen, la calidad de la carne de res que producen decae (lo que tiene sentido).

Pero la calidad de la carne de toro en realidad se deprecia más rápido que la de los novillos. Por lo tanto, la carne de res de un novillo más viejo es más tierna y probablemente más jugosa que la de un toro más viejo porque los novillos tienen niveles más bajos de testosterona.

¡Y una cosa más! Debido a que los toros son considerablemente más grandes que los novillos, obtendrá mucha más carne de toros que de novillos.

El estilo de vida de los toros

Los toros son criados para ser criadores. Y cuando los toros no "están trabajando", básicamente simplemente se relajan comiendo y generalmente disfrutando.

Es importante que los toros coman bien y descansen, ya que pueden perder peso significativo cuando están "trabajando".

Sin embargo, el primer paso para la cría es recoger el toro correcto. Este es un paso muy importante porque los terneros obtienen un enorme 65% de sus genes de su progenitor. Así que tenga cuidado cuando elija su toro.

Elegir un toro

Hay dos maneras de elegir un toro: criar su propio toro o comprar uno de los expertos que se especializan en toros.

Ahora, para llevar a cabo una operación de cría de vacas donde habrá un montón de vacas y vaquillas, se recomienda que compre a un especialista en toros o la inseminación artificial en parte por todo lo que se ha mencionado sobre la actitud de los toros.

Pero una razón más importante es la posibilidad de la reproducción entre ellos. Si cría sus propios toros, podría fertilizar a su hermana, tía o prima o hija. Y el mestizaje no es una buena idea porque el ternero podría terminar con muchas complicaciones médicas.

Un toro puede servir hasta 25 vacas durante todo el periodo de cría (que dura entre 5 y 6 meses).

Así que, si tiene una pequeña granja, un solo toro debería ser suficiente. No hay necesidad de saturarla demasiado con toros y causar molestias.

Dicho esto, si tiene vacas de tamaños significativamente diferentes, permitir que un toro grande fertilice una vaca pequeña puede ser peligroso para la vaca y el ternero en el parto. Si todas sus vacas son grandes, un toro grande estará bien.

Suelte al toro

El siguiente paso es soltar el toro entre las vacas. El toro conoce su camino alrededor de una vaca madura y caminará hasta 10 millas para mostrar a la vaca.

Sin embargo, los terneros nacen mejor durante la primavera y el otoño porque el clima es justo en ese momento. Puede usar esos meses para permitir que su toro fertilice a las vacas. Esto debería darle un período de cinco meses para que el toro haga su trabajo.

Retirada del toro

Generalmente, los toros pueden reproducirse cuando tienen unos nueve o diez meses y pueden seguir adelante hasta los 11 o 12 años.

Siendo realistas, es posible que su toro necesite ser retirado después de cinco o seis años de servicio activo. Pueden surgir varios problemas, como problemas estructurales (un problema con las pezuñas que dificultan la posición de un toro o un problema que impide que el pene se extienda correctamente), que dificultan que el toro se aparee. Luego también está la infertilidad, lo que hace imposible que el toro se reproduzca.

Por lo tanto, considere trabajar alrededor de 5 de 6 años si está elaborando un "plan de cría" y maximizar ese período de tiempo tanto como sea posible.

Cuando es hora de que su toro se retire, puede permitir que viva su vida o sacrificarlo. Cuanto más viejo sea el animal, menos calidad de carne ofrece.

El estilo de vida de los novillos

Que no esté criando novillos no significa que no deba cuidar a aquellos con buenas cualidades.

Si está comenzando su propia práctica, priorice la propensión a un aumento de peso saludable y la producción de carne tierna. La razón por la que quiere conseguir el mejor toro para que sus vacas puedan producir los mejores terneros.

Por lo tanto, si usted está empezando a comprar terneros, busque lo mejor. Pida ver al progenitor de los terneros para estar seguro.

Ahora, el ciclo de vida de un novillo se puede ver en dos etapas básicas: la etapa de crecimiento y la etapa final.

La etapa de crecimiento

Si está empezando su práctica comprando vacas y toros y luego criándolos, comenzará su cría de novillos en la etapa de crecimiento, que es básicamente el tiempo desde el nacimiento hasta la madurez, cuando tus novillos se están desarrollando física, mental y sexualmente.

Si usted está comprando sus novillos como terneros, cómpralos justo después de que hayan sido destetados para evitar las complicaciones de cambiar repentinamente las fuentes de leche.

Por lo general, es menos costoso comprar novillos como terneros que como adultos, pero mucho más caro cuidarlos porque los tendrá más tiempo.

Lo mismo ocurre con la cría de sus propios terneros. Tendrá que darles de comer y darles las tomas que se mencionaron en el capítulo anterior cada año.

Sin embargo, hay ventajas para comprar terneros o criarlos. Lo más importante es que sabe qué tipo de novillos quiere criar, y como los ha tenido desde el nacimiento puede adaptar su comida y cuidado general a lo que tenga en mente.

La etapa de crecimiento (desde el nacimiento hasta los 9 meses de edad) es una etapa muy delicada. Es el período en el que muchas de las enfermedades y parásitos suelen atacar.

Por lo tanto, para obtener carne de res de calidad de sus novillos, présteles atención durante estos meses.

La etapa final

Si prefiere no pasar por el estrés de criar terneros y no está listo para invertir tanto dinero en el cuidado de por vida, puede comprar un novillo adulto.

Cabe mencionar, sin embargo, que los adultos adultos son mucho más caros de comprar que los terneros. Sin embargo, seguro que son mucho menos caros de criar que los terneros.

Los novillos que están en la etapa final son básicamente solo ganado adulto que necesitan ser engordados para traer el dinero cuando se sacrifican.

Ahora, a diferencia de los toros, los novillos no tienen que "trabajar". Solo deben comer, vacunarse adecuadamente y mantenerse saludables para que cuando sean sacrificados traigan mucho dinero.

Ahora que sabe cómo trabajar con los diversos hombres de su manada y entender en qué se traducen esas diferencias, echemos un vistazo a las hembras de la manada.

Capítulo 9: Vacas y novillas

En el capítulo uno, explicamos que no todos los ganados son vacas. También enumeramos a los diferentes miembros de la comunidad de pastoreo. En este capítulo, al igual que hicimos en el último, nos centraremos en un par de miembros de rebaños: las novillas y las vacas.

Como hemos visto en el primer capítulo, las novilladas y las vacas son hembras, pero las novillas no han tenido su primer ternero, mientras que las vacas han tenido al menos un ternero. Esta es una explicación muy rudimentaria, y hay mucho más que saber sobre vaquillas y vacas. Pero primero, averigüemos las diferencias anatómicas entre vacas y novillas.

Diferencias anatómicas entre vacas y novillas

Vacas

Las vacas son ganado hembra maduro, y la forma más fácil de detectarlas en una manada es mirar entre las patas traseras. Si hay una ubre, entonces se trata de una vaca.

Una ubre es un órgano rosa similar a un saco que cuelga de la parte inferior de una vaca. Las cuatro tetas de la ubre se asemejan a perillas cilíndricas de las que se expulsa la leche. Por lo general, casi siempre encontraría un ternero al lado de una vaca, excepto donde los terneros acaban de ser destetados de la leche de su madre.

Ahora, a su apariencia física. Las vacas suelen ser lisas de la cabeza a la cola. No tienen crestas de hombro prominentes como suelen tener los toros, y sus hombros y caderas no son tan musculosos como los toros.

Otra forma de saber si es una vaca es mirar bajo la cola. Las vacas tienen una hendidura debajo de la cola. Esta es la vulva, y se encuentra debajo del ano. Es a partir de aquí que la vaca orina, se aparea con el toro durante la cría, y empuja a los terneros. Aunque tanto las vaquillas como las vacas tienen vulvas, la vulva de una vaca es mucho más grande y mucho más definida que en las vaquillas.

Vaquillas

Las novillas suelen ser ganado hembra joven que nacieron siendo hembras (llamadas terneros de vaquilla) y conservaron sus características femeninas hasta la edad adulta. Estas dos condiciones deben cumplirse para que un bovino sea considerado una vaquilla, ya que hay casos en los que un ternero nace hembra, pero crece para desarrollar características masculinas secundarias. Este tipo de ganado no se llama vaquillas, sino freemartins.

La mayoría de los criadores de ganado experimentados pueden distinguir fácilmente una vaquilla de una vaca con solo mirarla. Se dan cuenta del tamaño y la juventud del animal y pueden saberlo inmediatamente. Para un ojo inexperto, sin embargo, no es tan fácil. Las vaquillas son típicamente ganado joven cultivado más allá de la etapa de ser terneros, pero todavía en el camino a la plena madurez, que por lo general se alcanza a los 3 o 4 años.

Anatómicamente, las vaquillas no tienen pelo pequeño, una vaina o un saco entre sus piernas como novillos y toros. Tienen ubres, pero las ubres están casi ausentes, y las tetas son casi imposibles de ver, incluso entre las patas traseras.

Al igual que las vacas, las vaquillas tienen una vulva bajo la cola, debajo de su ano. Sin embargo, no es tan pronunciado o tan grande como una vaca madura. Para cuando se cría la vaquilla y está a punto de calve, la vulva y la ubre aumentan de tamaño, parecido a lo que se ve en las vacas más maduras. La ubre todavía no es tan grande como una vaca madura hasta que la vaquilla se ha caldo.

Las vaquillas que nunca han disminuido para cuando son mayores de dos años de edad se llaman novillas, mientras que una vaquilla que lleva su primer ternero se llama vaquilla criada.

Una palabra sobre la crianza de vacas

Usted puede criar una vaca para cualquiera de dos propósitos: por su carne o por su leche. Sea cual sea el camino que elija, su elección afectará la forma en que cría su ganado. Permítenos darle un consejo. Para un pastor a pequeña escala, criar una vaca para su leche no es una inversión sabia.

Por lo general, después de que una vaca ha tenido a su bebé y puede producir leche, seguirá amamantando si sigue ordeñando. Puede ordeñar una vaca durante unos dos años antes de que la ubre finalmente se seque por completo, incluso si no tiene otro ternero durante este tiempo. Pueden surgir problemas al tratar de vender la leche debido a numerosas reglas y regulaciones en torno a la producción de productos lácteos.

Por ejemplo, en 13 estados de Estados Unidos, usted es libre de vender leche cruda en una tienda minorista. En otros 17, puede vender leche cruda en sus instalaciones, y 8 estados solo le permiten vender leche a través de acuerdos de cuota de vaca. Un acuerdo de participación de vacas es cuando a los dueños de vacas se les paga dinero para abordar, alimentar y luego ordeñar su ganado. Sin embargo, en 20 estados, sigue siendo ilegal vender leche cruda directamente de la granja y sin pasteurizar. En estos estados, solo se puede ordeñar su vaca para uso personal.

Ahora, antes de que diga que eso no parece una mala idea, considere esto. Mantener una vaca ordeñadora no es barato, y si no está vendiendo la leche, criar una vaca para hacer lácteos para uso de subsistencia no se haría con un propósito económico, ya que gasta más de lo que ahorra.

Es cierto que su vaca puede darle exceso de leche, mucho más de lo que puede consumir, y no tendrá que comprar leche. ¿Pero cuánto está ahorrando realmente? Cuatro litros de leche valen de aproximadamente $3.00. En promedio, está comprando unos ocho litros al mes, ¿verdad? Son $6.00. ¿Cuánto está ahorrando entonces de verdad?

Tal vez, para complementar eso, también se puede procesar su leche en queso y mantequilla. Pero a pequeña escala, criar vacas por su leche todavía tiene más inconvenientes que beneficios.

Esta es la razón por la que es mejor criar vacas para su carne de res a pequeña escala. Las vacas de res seguirán produciendo leche, aunque en cantidades mucho más bajas, y eso será suficiente para las necesidades de su familia.

La elección de vaquillas de reemplazo

En una operación de vaca/ternero, todo pasa por la selección de vaquillas de reemplazo. Su ganado hembra es el futuro de su manada. Si no son seleccionadas cuidadosamente, pueden causar muchos problemas.

Lo primero que debe considerar es el peso de destete peso porque la pubertad y el peso son dos factores estrechamente relacionados con el ganado femenino. Lo mejor es diferenciar a los terneros más pesados y ligeros, pensar en el 1% superior y el 25% más bajo, respectivamente. Si bien quiere vaquillas pesadas, las vaquillas demasiado pesadas podrían ser demasiado grandes para su medio ambiente, especialmente si es un granjero a pequeña escala.

Ahora, al seleccionar, asegúrese de elegir en función de su peso de destete real. Es importante hacer esto porque va a desarrollar su programa de alimentación basado en su peso destete. Esto les ayudará a llegar a la pubertad (aproximadamente dos tercios de su peso adulto) a tiempo.

Otros factores que desea examinar antes de seleccionar una vaquilla de reemplazo es la complexión de su cuerpo. Mire sus pies, sus piernas y su tipo de cuerpo. Además, eche un vistazo a su disposición. No se olvide de conocer a su madre, ya que eso le dará una idea de cómo será la vaquilla cuando se convierta en madre.

La relación entre alimentar novillas y el tiempo de parto

Ahora, lo que está a punto de leer puede sonar superraro y poco científico, pero está probado. Para evitar que una vaca se ponga de parto por la noche, la forma más práctica y fácil de hacer que eso suceda es alimentar a sus vacas por la noche. Los expertos no pueden explicar la ciencia detrás de esto, pero piensan que las hormonas podrían estar involucradas.

Se ha llevado a cabo una investigación para estudiar la motilidad del rumen. A partir de este estudio, a medida que se acerca el tiempo de parto, se reducen las contracciones de rumen. La caída de las contracciones comienza unas dos semanas antes de nacer y luego cae más rápidamente durante el parto. ¿Cómo se relaciona esto con la alimentación por la noche? Bueno, se han establecido vínculos entre la alimentación nocturna y el aumento de la presión intraluminal por la noche con una disminución durante el día.

Varios estudios han demostrado este fenómeno, pero nos centraremos en uno en esta ocasión. En Iowa, había 1331 vacas de 15 granjas. Estas vacas fueron alimentadas solo una vez al día y solo al atardecer. Cuando era hora de parto, el 85% tenía a sus bebés entre las 6:00 a. m. y las 6:00 p. m. No importaba si las vacas comenzaban el programa de alimentación nocturna una semana antes del parto o dos o tres semanas antes del parto. ¡La mayoría tenían sus terneros durante el día!

Lograr la alimentación nocturna para una manada grande en un rancho grande podría ser difícil y requeriría un proceso más sofisticado, pero es más fácil para las granjas más pequeñas. Los ranchos grandes lo tienen un poco más difícil. Una manera de facilitar a los grandes ranchos es que los gerentes alimenten a las vacas más temprano en el día y dejen la alimentación nocturna a las vaquillas con sus primeros terneros. Usted quiere dar prioridad a las vaquillas, ya que requieren la observación más cercana durante la temporada de parto. Es su primera vez, ¿recuerda?

El problema del gemelo

Cuando se trata de un parto de terneros gemelos hay cosas para tener en cuenta. Si son géneros diferentes, la vaquilla (freemartin, más correctamente) se ve afectada por las hormonas masculinas de su hermano gemelo. Esto hace que el parto sea imprevisible, pero cuando los gemelos son ambas novillas, no hay interferencia de testosterona. Por lo tanto, ambas vaquillas deben salir bien con sus habilidades reproductivas intactas.

Vaquillas de repuesto: Para comprar o para recaudar

La decisión entre comprar y criar su vaquilla de reemplazo es algo con lo que muchas personas han intentado ayudar a los ganaderos, pero no hay una sola respuesta. Solo usted tiene la mejor. Estos son algunos factores que desea considerar al decidir entre comprar o aumentar su vaquilla de reemplazo.

Tamaño de rebaño

¿Cómo afecta el tamaño de la manada en su elección entre comprar una vaquilla de reemplazo o criar una? ¿Y cuál es lo más inteligente económicamente? ¿Criar estas vaquillas o comprarlas?

Para los pastores a pequeña escala, comprar las vaquillas de reemplazo podría ser más rentable que criarlas debido a economías de escala. Pero a los agricultores a gran escala les podría resultar más económico aumentar las vaquillas.

Pero incluso los agricultores a gran escala todavía prefieren comprar sus vaquillas de reemplazo en lugar de criarlas. Esto libera recursos y tiempo, que pueden canalizar a otras áreas más apremiantes en su granja.

Instalaciones y pastos

Las vaquillas son más exigentes de manejar que las vacas, tanto financieramente como de otra manera. Usted debe considerar esto también al decidir comprar o elevar las vaquillas de reemplazo.

Las vaquillas necesitan ser manejadas por su cuenta lejos de los otros miembros de la manada si quieren alcanzar su nivel máximo de madurez para la cría. Y es necesario comenzar esta gestión separada cuando el ternero de vaquilla se desteta, especialmente dentro de las primeras dos o tres semanas de destete. Durante este período, su ternero de vaquilla es muy vulnerable a las enfermedades; por lo tanto, usted debe darle una atención especial extra. Si usted no cuida el desarrollo de sus novillas cuidadosamente, no alcanzarán la pubertad y estarán listas para reproducirse a tiempo, que generalmente debe ser cuando tienen entre 14 y 15 meses de edad.

Otro aspecto de la cría de vaquillas es la alimentación. Las necesidades nutricionales de las vaquillas crecientes son diferentes de las necesidades nutricionales de otros miembros de la manada. Para el destete y el desarrollo de sus vaquillas de reemplazo correctamente, debe proporcionar más pastos. Debe conseguir un corral seguro para proteger las vaquillas del toro antes de su temporada de cría.

Teniendo en cuenta todo lo que acabamos de mencionar, es fácil ver que manejar vaquillas es difícil, y no hay accesos directos. Si decide criar solo vaquillas afectará su productividad a largo plazo. Pero si usted compra su vaquilla de reemplazo en su lugar, usted proporciona más pastos para alrededor de un 10% más de ganado.

¿Puede permitirse criar más vaquillas de las necesarias?

Si cria a sus vaquillas de reemplazo, recuerde que no puede simplemente aumentar el número exacto de vaquillas que necesita porque no todas se mantendrán saludables. Algunas de sus vaquillas podrían tener que ser sacrificadas por varias razones que van desde una estructura pobre hasta un aumento de peso deficiente.

Si aumenta sus vaquillas de reemplazo, considere aumentar al menos un 45% más de vaquillas de las que necesita. Le va a costar más y tendrá que ajustar su capital. En el mejor de los casos, pasará al menos un año antes de que pueda vender las vaquillas que no necesita y recuperar su dinero.

Salud de rebaños

A pesar de la dificultad para aumentar las vaquillas sustitutas, muchos agricultores siguen generando las suyas debido a problemas de salud. Si está comprando sus vaquillas de reemplazo, no puede estar seguro de dónde vienen estas vaquillas o a lo que han sido expuestas. Solo tiene la palabra del vendedor. Siempre va a haber un riesgo de introducir una enfermedad extraña en su manada. Una manada enferma es un gran problema que quiere evitar. Y si estamos siguiendo el más alto nivel de bioseguridad, entonces usted quiere mantener una manada cerrada, lo que significa que usted debe criar su propia vaquilla de reemplazo.

Pero si prefiere comprar el animal, entonces siga estos pasos:

- Asegúrese de comprar solo vaquillas de una fuente confiable con una factura de salud limpia. Si no está seguro de qué cuidar, reúnase con su veterinario local para darle los criterios de salud que la vaquilla debe cumplir.

- Ponga siempre en cuarentena a animales recién comprados.

- Siga siempre su programa de vacunación.

Base genética

La demanda de carne de vacuno de alta calidad está aumentando, y con la carne de vacuno, la calidad aumenta y cae en la genética. La genética de una vaca puede afectar la rentabilidad de su rebaño durante más de diez años, ¡incluso hasta 14!

El gasto de sus vaquillas de reemplazo es superior cuando las compra. Como productor, puede seleccionar ganado basado en rasgos específicos de rendimiento o maternidad para ser sus vaquillas de reemplazo.

Además, y aún más importante, puede seleccionar los terneros más pesados nacidos en los primeros 60 días en la temporada de partos. Esas vaquillas tienen una mayor probabilidad de alcanzar su peso óptimo por la aparición de la pubertad. Además, suelen provenir de las vacas más fértiles capaces de concebir en los primeros días de la temporada de cría. Y si hay vaquillas que no conciben, criar sus vaquillas de reemplazo significa que puede tener que sacrificarlas.

¿Esto significa que no puede seleccionar hembras fértiles a través de la compra? No, hay muchas fuentes confiables de las que compras obtener buenas vaquillas. Solo confíe en las fuentes que primen la selección estricta y la genética de calidad.

Si quiere mejorar rápidamente la genética de su rebaño, podría ser una gran idea elegir su vaquilla de fuentes externas. Seleccionar entre fuentes externas también es bueno si su selección de genes es limitada debido a un gran sacrificio debido a la edad o la sequía.

Dificultad en el parto

Hubo un estudio realizado por la Universidad Estatal de Colorado y el Centro de Investigación animal de carne de la Universidad de Nebraska. Según estos estudios, los primeros partos a los dos años tienen dificultades en comparación con las vacas maduras a la edad de tres años. Esta afección se conoce como distocia.

La distocia tiene dos causas principales: el pequeño tamaño de la pelvis en vaquillas inmaduras y el peso al nacer pesado de los terneros. El tamaño pélvico no se puede arreglar, pero se puede hacer algo con respecto a los terneros y su peso al nacer.

El peso al nacer generalmente es causado por la genética del progenitor. Por lo tanto, para reducirlo, puede criar su vaquilla con un toro de bajo peso al nacer o un todo de parto fácil. Esta es una ventaja que solo obtiene si cría su vaquilla.

Si usted está comprando, es posible que no sea capaz de confirmar que la presa fue criada con un toro de parto fácil, pero usted puede mitigar esto mediante la compra de su vaquilla de un proveedor de confianza.

Ahora, recuerde que usar un toro de parto no significa necesariamente que la temporada de partos esté libre de distocia para tus vaquillas. Recuerde que el tamaño pélvico es otro factor que contribuye. Así que, si la vaquilla no está completamente madura para la temporada de partos, todavía podría tener distocia.

Otros factores, como ser un parto primerizo o una presentación incorrecta del ternero, también pueden hacer que la experiencia de vaquilla criada cree distocia.

Por lo tanto, tenga esto en cuenta y considere su capacidad como productor para manejar estos problemas en caso de que surjan. Si no puede, sería mejor comprar una vaquilla de reemplazo.

Dicho esto, echemos un vistazo a las ventajas de cada opción para reemplazar las vaquillas en su manada.

Beneficios de aumentar las vaquillas de reemplazo

Mayor control genético

Supongamos que su programa de cría ya involucra a un par de generaciones seleccionadas específicamente para rasgos maternos como la producción de leche, la facilidad de parto, la fertilidad, el instinto materno y la capacidad de permanencia. En tal caso, obtener una vaquilla de reemplazo de otros lugares sería extremadamente difícil.

Además, encontrar vaquillas con el perfil genético coincidente adecuado para el medio ambiente que maximiza la longevidad puede ser bastante difícil.

Mayor control sobre la salud de los rebaños

Si opera un sistema de rebaño cerrado, es más fácil minimizar las enfermedades dentro de su manada. Enfermedades como la diarrea viral bovina, las enfermedades venéreas y las enfermedades respiratorias se controlan más fácilmente cuando desarrolla sus propias vaquillas de reemplazo en el lugar.

Beneficios de comprar vaquillas de reemplazo

Libera sus recursos

Cuando usted compra sus vaquillas de reemplazo, usted compra solo tantas como necesita. Por el contrario, al criarlas, termina con más de las que necesita porque, al final, la mayoría termina pariendo. Esto consume pastos adicionales, instalaciones, espacio y pienso, que podrían haberse canalizado a la cría de vacas que al final paren.

Toma menos tiempo expandir su rebaño o cambiar un programa de cría

Si expande su terreno de pastos u obtiene acceso a una alimentación más barata, es posible que aumente el tamaño de su rebaño. Para hacerlo rápidamente, su mejor opción es comprar en una fuente externa, ya que criar nuevas vaquillas llevaría mucho tiempo.

También es posible que se abra una nueva ventana de marketing que involucre a una subpoblación genética diferente, y desea explorarla. Sea como fuere, comprar a una fuente externa es la forma más rápida de aprovechar esa oportunidad.

Podría ser la única manera de conseguir vaquillas superiores

Si usted compra a un especialista en vaquillas de reemplazo, usted podría terminar con una vaquilla más superior de lo que habría sido capaz de producir por su cuenta. Al comprar a un especialista, puede especificar el perfil genético de las vaquillas compuestas y de pura raza, la cruz de raza y el señor al que el productor cría la vaquilla.

La mayoría de los desarrolladores comerciales utilizan la inseminación artificial junto con una sincronización estrosa para aumentar el mérito genético de los terneros resultantes y eliminar cualquier posibilidad de transmitir enfermedades reproductivas. Esta técnica también permite desarrollar vaquillas que conciben y becerro durante un período de tiempo acortado.

Puede ser la opción más asequible

Puede ser bastante costoso aumentar las vaquillas por su cuenta, especialmente si no tiene acceso a recursos de alimentación baratos. Además, si no engorda a sus vaquillas lo suficientemente rápido desde la etapa de destete hasta la etapa de cría, pueden suceder varias cosas malas, incluyendo retraso en la pubertad, bajas tasas de concepción, una temporada de partos prolongadas y un mayor costo para mantener cada vaquilla embarazada. Ahora, si la temporada de partos se extiende y la mayoría de sus vaquillas paren tarde, el peso de sus terneros podría bajar, lo que afecta la rentabilidad.

Capítulo 10: Cría y reproducción de ganado

Cuando se trata de la producción de carne de vacuno con fines comerciales, ningún aspecto es tan importante como la eficiencia reproductiva. No importa si se dedica a cruzar, si su ganado tiene genética superior o si ha estado manejando bien su ganado. Si la eficiencia reproductiva es de solo el 50%, afectará su negocio dramáticamente. Por eso debe aprender todo lo que pueda sobre la preparación de su ganado para tener una excelente eficiencia reproductiva.

Si maneja su ganado correctamente, podría tener una crianza de becerros superior al 90%. El menor porcentaje para cubrir sus gastos de producción es una crianza de becerro del 85%. Cualquier cifra inferior al 75%, significaría que registraría pérdidas importantes. Una buena meta para trabajar es una cosecha de becerro del 95% dentro de una temporada de parto de 60 días y un peso promedio de destete de 226 kilos.

Cómo preparar a su vaca para concebir con éxito

Para un embarazo saludable y un becerro bebé sano, su vaca necesitará mucho cuidado y afecto. Asegúrese de que esté en gran forma físicamente. También asegúrese de que le ha dado la atención adecuada para su edad y ha proporcionado todas las medidas de atención médica preventiva para que la cría sea exitosa. Estos son algunos consejos para ayudarle a hacer esto.

1. Evalúe la condición corporal de su vaca

Una vaca embarazada desequilibrada es propensa a varias consecuencias negativas, incluyendo:

Desnutrición: Dado que la mayoría de los nutrientes van dirigidos al feto, la vaca termina desnutrida. La desnutrición dificulta que dé a luz.

Mala calidad del calostro: La mala alimentación afecta la calidad del calostro. Esto significa que el ternero recibe menos anticuerpos, lo que afecta la fuerza de su fuerza inmune.

Disminución de la producción de leche: Si las vacas no están bien alimentadas, no producen tanta leche.

Tasa de crianza más lenta: Cuando las vacas embarazadas están en mala forma, necesitan más tiempo para volver a prepararse. Esto significa que no estarán produciendo un ternero cada año como deberían.

Dada la importancia de la nutrición para la eficiencia reproductiva de las vacas, los agricultores han ideado un sistema numérico para evaluar la condición corporal de una vaca. Este sistema numérico se denomina Puntuaciones de condición corporal (PCC).

Condición corporal: Las puntuaciones se refieren a un conjunto de números que indican la condición corporal de una vaca antes del embarazo, y durante y después. Cuanto más delgada sea la vaca, menor será la puntuación; las vacas más gordas tendrán una puntuación más alta.

Estos son los 9 puntos y lo que indican:

1. Significa que la vaca está tan débil y demacrada, que se pueden ver los huesos claramente. Esta es una puntuación muy rara, y cuando ocurre, es seguramente porque la vaca está enferma o plagada de parásitos.

2. Significa que se pueden ver las costillas de la vaca claramente. Los músculos del cuarto trasero y el hombro también suelen estar atrofiados. Estas vacas están extremadamente débiles.

3. Significa que la vaca está muy débil, y no hay grasa en la falda o superpuesta en las costillas. Las vacas con un PCC de 3 también tienen espinas dorsales visibles, y hay una reducción en los músculos de los cuartos traseros.

4. Significa que la vaca está solo ligeramente delgada con solo unas pocas costillas visibles (3 a 5) y una columna vertebral visible, pero no hay agotamiento muscular, y se puede ver grasa en las caderas y sobre las costillas.

5. Significa que la vaca está en condición moderada. Por lo tanto, no hay columna vertebral sobresaliendo, la columna vertebral se ve suave, y la mayoría de las costillas están cubiertas de grasa excepto las dos últimas.

6. Una vaca con una puntuación de condición corporal de 6 está bien condicionada. Estas vacas suelen verse lisas por todos sus cuerpos con espaldas redondeadas. Puede encontrar grasa cubriendo la cabeza de la cola, en la falda, sobre los huesos del alfiler y sobre las costillas.

7. Una puntuación de condición corporal de 7 significa que la vaca tiene suficiente carne, y la falda es grasa, al igual que la cabeza de la cola. El cuerpo tiene un aspecto general suave y redondeado con costillas lisas y solo huesos de cadera ligeramente visibles.

8. Esto significa que la vaca tiene exceso de grasa, el cuello de la vaca se ve grueso y corto. Toda la estructura ósea está cubierta de grasa.

9. Una puntuación de condición corporal de 9 es demasiado alta y generalmente significa que la vaca está muy obesa. Afortunadamente, al igual que una puntuación de 1, una puntuación de 9 es bastante rara.

Entonces, ¿cuál es la mejor puntuación para sus vacas para asegurar un embarazo saludable y parto? Bueno, generalmente, cualquier número entre el 5 y 6 el está bien, pero para una vaquilla con una primera cría, una condición mínima del cuerpo de 6 es deseable y si están dando a luz en el invierno, entonces apunte a un PCC más alto.

Para asegurarse de que su vaca alcanza el PCC perfecto para el parto, debe evaluarla en momentos específicos. Por lo tanto, evalúe a su vaca una vez que se entre en el segundo trimestre, antes de que se reproduzca. De esta manera, usted puede coger cualquier deficiencia en el tiempo y hacer los ajustes necesarios para llevar a su vaca a la condición corporal perfecta.

2. Preste especial atención a las vacas más jóvenes y mayores

El embarazo afecta a todas las vacas, pero no tanto como en las vaquillas de primera cría, las vacas más jóvenes (≤3 años) y las vacas mayores (≥9 años). Usted necesita prestar atención adicional a estos grupos de edad.

Cuidado de las novillas de primera cría

Una vaquilla de primera cría todavía está en proceso de madurar, incluso mientras lleva su ternero. Por lo tanto, su cuerpo está sufriendo mucho estrés y necesita toda la ayuda que pueda obtener.

Vibriosis: Antes de reproducirse, la vaquilla debería recibir esta inyección dos veces. Las vacas maduras también necesitan inyecciones de refuerzo al año.

Trichomoniasis: Esta vacunación es súper importante, especialmente si está en el lado oeste de los Estados Unidos, ya que la trichomoniasis es más común en esa parte del mundo. Confirme con su veterinario si sus vaquillas y vacas necesitan esta vacuna.

Diarrea por virus bovinos (BVD): La BVD no es solo una enfermedad reproductiva. También afecta los sistemas inmunológico, respiratorio y digestivo. El virus BDV viene en dos cepas. Por lo tanto, asegúrese de que sus programas de vacunación cubran su ganado de la cepa que es probable que encuentren.

Rinotraqueitis bovina infecciosa (IBR): Esto no solo ataca el sistema reproductivo de las vacas; también afecta a los ojos y la tráquea. Esta inyección debe administrarse anualmente para vaquillas y vacas.

Asegúrese siempre de que cualquier vacuna que esté dando a sus vacas criadas /novillas sea segura para las embarazadas.

4. Programación de la fecha de vencimiento

Es importante tener una estimación aproximada de cuándo va a parir su vaca. Le ayuda a cuidar adecuadamente a su vaca en diferentes etapas de su embarazo. La gestación (embarazo) en vacas toma aproximadamente 285 días.

Ahora, ya que estamos aquí, ¿cómo confirma que su vaca está embarazada? Bueno, el método común es por palpación. Durante la palpación, el experto inserta una mano enguanada en el recto del animal y siente los órganos reproductivos en busca de signos de embarazo.

Para personas altamente experimentadas, el embarazo (o la ausencia de este) se puede confirmar 30 días después de la cría, pero esto requiere la experiencia de una mano capacitada. Generalmente, 45 días es el marco de tiempo más comúnmente utilizado. En 45 días después de que se haya criado una vaquilla o una vaca, el embarazo (o la falta de ella) se puede confirmar con precisión.

Elección del toro adecuado para la cría

En el primer capítulo de este libro, analizamos el hecho de que usted debe tener un objetivo al entrar en el negocio de la ganadería de carne de vacuno. Si usted tiene un objetivo para su negocio, entonces puede tomar las mejores decisiones. El toro que seleccione debe ser capaz de complementar su vaquilla/vaca en sus debilidades.

Estos son algunos factores que debe considerar:

1. ¿El toro se apareará con una vaquilla?

En caso afirmativo, los principales factores para tener en cuenta son el peso al nacer y la facilidad para el parto.

2. ¿Va a quedarse con todos sus vaquillas y/o terneros?

Si tiene la intención de retener a todas sus crías, entonces elija un toro con un historial de producción de vacas con excelentes instintos maternales. Está buscando rasgos como la fertilidad, la conformación de la ubre, la capacidad de ordeño, así como la capacidad de maternidad.

3. ¿Va a vender la descendencia del toro como terneros alimentadores?

Si tiene la intención de vender la descendencia de este toro como terneros alimentadores, el peso destete de los terneros debe ser uno de los factores más importantes para tener en cuenta.

4. ¿Va a vender a la descendencia del toro como carne de res?

Si usted está vendiendo directamente a los consumidores como carne de res, entonces usted quiere un toro conocido por su fantástico mérito de cadáver.

5. Solidez reproductiva

Realice un examen de solidez de cría antes de llevar a su toro a la vaquilla / vaca para confirmar que es fértil.

6. Aptitud estructural

La estructura corporal también es importante para la eficiencia reproductiva. Quiere toros que se muevan con confianza, que sean lo suficientemente fuertes como para montar vacas sin cansarse fácilmente, que no estén enfermos o lesionados, no tengan piernas o articulaciones hinchadas, tengan buena visión y que su boca y dientes estén en excelentes condiciones.

7. Mire a su toro

Observe cuidadosamente al toro en busca de señales fáciles de perder. Fíjese en los músculos, la disposición, el color y la puntuación de la condición del cuerpo. Para el inicio de la temporada de cría, un PCC de 5 o 6 es el mejor.

8. Evaluar la actuación del toro

Considere cuidadosamente la propia actuación del toro en áreas clave como el destete y el peso anual porque eso le da claves sobre la descendencia que tendría. Más importante aún, aprenda sobre la EPD del toro porque es importante para que la que la madre dé a luz a su bebé sano.

Cómo cuidar a su toro

Empiece a cuidar a su toro justo después del destete. Una vez que ha sido destetado, necesita ganar alrededor de 9,4 kilos diarios para crecer y madurar adecuadamente, y los toros continúan creciendo hasta bien entrado su tercer año, alcanzando un peso de 1.300 kilos desde los 272 kilos de peso de destete.

Por lo tanto, asegúrese de que su toro tiene acceso a los alimentos continuamente (alrededor de 23 libras de materia seca diariamente) y tiene una puntuación de condición corporal de 6. Si es un toro más viejo, entonces su dieta debe consistir en alrededor de 11 kilos a 14 kilos de materia seca (dependiendo de su tamaño) para mantener su peso.

Un consejo importante: Nunca debe dejar a su toro con las vacas todo el año. Tenga solo su toro con las vacas durante la temporada de cría. Normalmente, dura entre 60 y 90 días.

Esto ofrece varias ventajas. Una es que todos los miembros de su rebaño estarían en la misma etapa de producción (embarazo, lactancia y rebreeding). Además, tendría una cantidad numerosa de terneros. Todos tendrían la misma edad. Esto le permite cuidar de su rebaño y terneros con mayor precisión y facilidad cuando todos tienen la misma salud y necesidades dietéticas aproximadamente similares.

Dejar el toro con las hembras todo el año es arriesgado porque los toros necesitan aparearse continuamente. A veces, ciertas vaquillas alcanzan la madurez sexual antes del tiempo esperado. El toro puede criar prematuramente tales vaquillas, y eso podría complicar las cosas.

Un toro debe mantenerse en un área limpia y seca protegida de los elementos, pero también tener suficiente espacio para pastar y hacer ejercicio. Puede poner el recipiente de agua y alimentar en los extremos opuestos del pasto para que se vea obligado a moverse y hacer ejercicio. Recuerda, necesita fortalecer sus músculos y huesos.

No olvide vacunar a su toro, así como vacunar a las vacas. Las vacas maduras y el toro podrían compartir el mismo calendario de vacunación. Estas son las vacunas que su toro necesitará:

Vacunas reproductivas, incluyendo vibriosis, leptospirosis y trichomoniasis (posiblemente).

Vacunas respiratorias para la diarrea por virus bovinos (BVD), virus respiratorio sincitial bovino (BRSV), rinotraqueitis bovina infecciosa (IBR) y parainfluenza-3 (PI-3).

La desparasitación y el control agresivo de las moscas también son muy importantes para que los toros los mantengan saludables.

Ir por la ruta de la Inseminación Artificial (IA)

Es posible embarazar a sus vacas y novillas sin criarlas con un toro. Este proceso se conoce como inseminación artificial. Probablemente esté familiarizado con el término. Se recoge semen de un toro y se usa para criar la vaca sin traer al toro para aparearlo naturalmente.

La inseminación artificial es muy popular en la industria láctea en los Estados Unidos, con alrededor de 2 de cada 3 vacas lecheras inseminadas artificialmente. En la industria de la carne de vacuno, solo entre el 5% y el 10% de las vacas de vacuno se crían con inseminación artificial.

Ahora, examinemos lo bueno y lo malo de la inseminación artificial y veamos si es adecuado para usted.

Pros de inseminación artificial

1. Progenitores de alta calidad

Esta es la mayor ventaja de la inseminación artificial: el acceso a los progenitores de Inseminación Artificial (IA) de primer nivel. Estos toros suelen tener una trayectoria probada y producen descendencia con pesados pesos de destete y excelentes vaquillas de reemplazo.

2. Sin necesidad de un toro

No hay que ocultar la verdad. Tener un toro alrededor puede ser difícil para la mayoría de los ganaderos. Por lo tanto, no tener que lidiar con uno sería un alivio para la mayoría, especialmente para criadores de pequeña escala.

3. Podría ser la opción más asequible

La inseminación artificial puede ser menos costosa que el servicio natural, especialmente si tiene una manada pequeña de solo unas pocas vacas.

Contras de inseminación artificial

1. Las tasas de concepción no son tan altas

El servicio natural siempre tendrá tasas de concepción más altas que la inseminación artificial. Si después de dos intentos con inseminación artificial su vaca no queda embarazada, podría ser aconsejable seguir la ruta natural.

2. La IA requiere trabajo, habilidad y equipo

En el servicio natural, el toro hace todo el trabajo. Para la IA, es diferente. Va a tener que poner el tiempo, el equipo y el esfuerzo. Es posible que tenga que ir con un técnico de IA para aumentar las posibilidades de éxito y hacer las cosas más fáciles para usted, pero también es posible hacerlo usted mismo con la educación adecuada.

Ahora que sabe todo sobre la reproducción del ganado, vamos a entrar en el aspecto más práctico del parto.

Capítulo 11: Parto y cuidado de recién nacidos

Ahora que sabe cómo embarazar a sus vacas, se vuelve imperativo saber cómo cuidarlas durante y después del embarazo. También necesita saber cómo cuidar de los nuevos terneros. Y de eso se trata este capítulo.

Pero antes de entrar en todo eso, aquí hay algunos datos rápidos sobre las vacas embarazadas:

- Muchas personas fijan el período de gestación para las vacas a los 283 días, pero podría ser de 279 a 287 días. Esta variación podría deberse al género del ternero. Las vacas que llevan toros a veces tienen un período de gestación más largo que las vacas que llevan vaquillas.

- En promedio, una vaca puede quedar embarazada 55 días después de haber sido inseminada, pero esto puede tomar hasta 10 días más si dicha vaca tuvo dificultades para nacer o es una madre primeriza. Las vacas que caen enfermas y pierden peso después del parto también podrían tomar más tiempo antes de que puedan quedar embarazadas de nuevo.

- En circunstancias normales, su vaca debe ser capaz de dar a luz a un ternero cada año si es criada adecuadamente.

Con todo lo dicho, echemos un vistazo a lo que puede hacer para mantener sus vacas embarazadas y vaquillas saludables.

Alimentar a sus vacas embarazadas y vaquillas

El objetivo de una nutrición adecuada con vacas embarazadas y novillas es asegurarse de que permanezcan saludables durante todo su embarazo, entregar terneros sanos, amamantar bien, comenzar su próximo ciclo con prontitud, y luego estar sanas y listas cuando comience la nueva cría.

Por lo tanto, está claro que la nutrición para sus vacas embarazadas y vaquillas es algo a lo que prestar la atención adecuada.

Dicho esto, lo primero para tener en cuenta es que, en la etapa muy temprana del embarazo, su alimentación no necesita cambiarse. La alimentación durante la etapa de cría no cambiará durante los primeros meses.

Pero a medida que el feto continúa desarrollándose, sus necesidades nutricionales seguirán aumentando. Esto básicamente significa que finalmente debe alimentarlas como si estuvieran comiendo para dos.

A dos meses de que sus vacas den a luz es cuando se producen muchos de los desarrollos fetales. Por lo tanto, este es el período en el que desea mejorar su nutrición y alimentarlos como si estuvieran comiendo para dos.

Ahora, sus vacas y vaquillas más jóvenes necesitarán aún más proteínas y una mejor nutrición que las vacas mayores porque las más jóvenes todavía están creciendo mientras siguen embarazadas, pero las vacas mayores ya no están creciendo.

A medida que aumenta el follaje que le da a sus vacas embarazadas, debe haber un aumento simultáneo de la proteína que comen.

La razón de esto es que sus vacas y novillas necesitan proteínas para digerir adecuadamente el follaje. Además, la proteína crea el ambiente adecuado para que los microbios del rumen crezcan.

Estos microbios rumen ayudan a las vacas a extraer el valor energético del follaje que están comiendo. No olvide que la energía extraída sería realmente necesaria, especialmente cuando están empujando.

También necesitan que el follaje se descomponga correctamente en el rumen para que puedan mantener un peso saludable durante su embarazo e incluso después del embarazo. La proteína puede ser fundamental para mantenerlos en un peso saludable.

Por lo tanto, lo que quiere averiguar es cómo aumentar el contenido de proteínas de los alimentos de su vaca embarazada. Y recuerde darles a las vacas más jóvenes que lo que le dé a las mayores.

Usted podría aumentar el contenido de proteínas aumentando el alimento fuente de proteínas en la dieta de sus vacas o añadiendo suplementos de proteínas a su comida.

La regla general es aumentar el contenido proteico de sus vacas mayores a aproximadamente 7 a 8 por ciento mientras aumenta el de las vacas y novillas más jóvenes a aproximadamente 8 o 9 por ciento.

Además de proteínas, también desea asegurarse de que sus vacas embarazadas están recibiendo suficientes vitaminas y minerales. El calcio y el fósforo son otros nutrientes a los que prestar atención. Consulte con su veterinario para adaptar un plan de comidas para sus vacas embarazadas y vaquillas.

Otras cosas a las que prestar atención

- Es *absolutamente importante* para sus vacas embarazadas y novillas obtener tanto ejercicio como sea posible. 30 minutos de ejercicio moderado dos veces al día debería funcionar muy bien.

- Podría considerar masajear las ubres de tus vacas durante un par de minutos todos los días para ayudar a aumentar la circulación.

- Necesitará un lugar de maternidad/parto donde su vaca entregará su becerro. Si puede permitírselo, téngalo en un granero separado. Pero si no puede, asegúrese de que esté lo más lejos posible de donde están las otras vacas para no agitarlas.

- Además, asegúrese de que el lugar de maternidad esté cerca de un centro de manipulación en caso de que necesite ayudar con el parto.

- No quiere entrar en la temporada de partos sin preparación. Así que asegúrese de tener un plan para ello. Planifique su horario para que siempre tenga a alguien cerca y consulte con su veterinario para que tome las precauciones que todos en la familia o la práctica deben tomar.

- Tiene que preparar su kit de parto. El kit de parto debe contener mangas obstétricas (preferiblemente desechables), lubricante (el jabón anti-detergente funciona bien), antiséptico (preferiblemente hipoalergénico), cadenas obstétricas (cadenas de 30 y/o 60 pulgadas), tirantes mecánicos de becerros y antibióticos inyectables.

Ahora que estamos tratando el tema del parto vamos a ver qué señales le indican que su vaca está lista para parir.

Signos de parto

- Notará que las ubres de su vaca están muy llenas.

- Su canal de nacimiento se verá muy largo y blando, mostrándole que se está preparando para que salga un ternero.

- Cuando esté muy cerca de la hora, verá el alta del canal del parto.

- Notará que su estado de ánimo comienza a cambiar. Estará malhumorada y ansiosa.

Preparándose para el parto

A medida que su vaca se acerca a su último mes de embarazo, necesita moverla al espacio de maternidad para familiarizarla con el nuevo área.

Y si nota los signos ya mencionados, debe preparar un espacio de parto seguro para los terneros. Retire todo lo que pueda representar un daño para los bebés. Además, asegúrese de que el espacio esté limpio y seco. Tenga el número de su veterinario a mano, por si las cosas no salen según lo planeado.

Parto

- A medida que su vaca o vaquilla comienza el parto, podrá ver al feto en el canal del parto.

- Comienza la dilatación cervical y las contracciones. Esto debe durar entre 4 y 8 horas. Si continúa durante más tiempo, llame a su veterinario.

- A continuación, rompe aguas, y ella comienza a ser parte activa del parto, que está marcado por la tensión. El tiempo desde que rompe aguas hasta cuando el becerro cae debe ser de entre 2 y 4 horas, pero para una madre por primera vez, el trabajo de parto activo debe durar entre 60 y 90 minutos El trabajo activo para vacas mayores es de 30 a 60 minutos. Si continúa más allá de ese tiempo sin que el ternero caiga, debe llamar a su veterinario. Tal vez tenga que intervenir, pero su veterinario le dirá qué hacer.

- Después de que el ternero haya caído, su vaca debe pasar la placenta. Si esto no ha sucedido en 12 horas, significa que su vaca ha conservado la placenta, y usted necesita llamar a su veterinario.

Manipulación de terneros

Después de que el ternero ha nacido, es hora de que usted intervenga, asegúrese de que el ternero está vivo y luego cuide de él. Pero antes de llegar al ternero, tenga cuidado con la nueva mamá, ya que puede que no le guste que toque a su bebé. Asegúrese de que ella está cómoda cuando se lleve a su bebé. No coja al becerro a menos que necesite ayuda.

Dicho esto, estas son las cosas que debe hacer:

- En primer lugar, asegúrese de que el ternero esté respirando. Si no respira, intente limpiar las fosas nasales y la boca del ternero con toallitas húmedas. Las fosas nasales podrían estar bloqueadas por mocusidad. También podría tratar de animar al ternero a respirar frotándose vigorosamente la espalda o haciendo cosquillas en la nariz con un trozo de paja.

- No sostenga un becerro recién nacido boca abajo, ya que podría aplastar sus órganos internos a sus pulmones, impidiendo que respire correctamente.

- Una vez que haya comprobado que el ternero está respirando, examine su bienestar general. El ternero debe ser capaz de moverse y el cuerpo debe estar caliente al cabo de cinco minutos. Debe intentar levantarse en quince minutos y poder estar solo en una hora. Si no puede alcanzar estos hitos, llame a su veterinario.

Enfermería

Una vez que haya comprobado que su ternero está respirando, lo siguiente es asegurarse de que reciba tanto calostro como sea posible.

Cuando nacen terneros, no tienen un sistema inmunitario muy bueno. El calostro debe ayudarlos a fortalecer su sistema inmunológico. El calostro es la primera leche que producen los mamíferos, incluidos los humanos. Y a medida que pasa la hora, la cantidad de calostro que producen disminuye.

Por lo tanto, si quiere que su ternero obtenga suficiente calostro, asegúrese de que no pasen más de 30 minutos sin tomar leche después de que nazcan. Si el ternero no puede amamantar en 30 minutos, debe alimentarlo con biberón.

El calostro debe haber sido congelado, y luego antes de alimentarlo, descongelarlo lentamente para alimentar al ternero. La cantidad de calostro con la que alimenta al ternero debe ser del 5 a 6 por ciento de su peso corporal. Asegúrese de que el ternero sea alimentado con calostro dentro de las primeras seis horas de su vida y luego 12 horas después de que haya nacido.

Si el ternero está demasiado débil para ser alimentado por la boca, es posible que tenga que recurrir a un tubo estomacal, pero si se encuentra con este tipo de problema, consulte primero con su veterinario.

Salud de los terneros

Después de que su cría haya amamantado por primera vez, es hora de desinfectar su ombligo. Utilice una solución de yodo al 7% en un recipiente y, a continuación, sumerja el cordón umbilical y el ombligo del ternero en la solución.

Usted quiere sumergirlo en lugar de rociar porque al rociar es fácil perderse algunos lugares. Si ha tenido antecedentes de infecciones del ombligo en su granja, considere volver a sumergirlo después de 12 horas, solo para estar seguro.

Si nota cosas como respiración rápida, hocico seco, postura anormal, cabeza y oídos bajados, llame a su veterinario, porque eso no es normal.

Identificación de terneros

Lo siguiente que debe hacer es identificar a su ternero para que pueda recordar cuándo nació cada ternero y sus progenitores, pero si tiene un solo ternero, es posible que no necesite dar este paso.

Con la identificación, puede usar etiquetas físicas de oído colgante, etiquetas de oído de radiofrecuencia o tatuajes. Cualquiera que sea el que utilice, la identificación debe ser una combinación del año en que nacieron y un número que represente el orden en que nacieron. Generalmente se acepta denotar los años como letras así: H =2020, J = 2021, K = 2022, L = 2023, etc. Las letras I, O no se usan.

Por lo tanto, el cuarto ternero que nació en su consultorio en 2020 normalmente tendría H4, H04 o H004 como su identificación, dependiendo de cuántas vacas tenga.

Una cosa más: las identificaciones suelen estar unidas al oído. Hay dos corrientes de pensamiento a la hora de determinar qué oído. Muchas personas añaden la identificación en el oído izquierdo porque es más fácil verlo a medida que el ganado pasa por las instalaciones de manipulación. Hay quienes adjuntan la identificación en diferentes oídos para diferentes géneros. Por lo tanto, si fijan la identificación en la oreja derecha de un ternero toro, colocarán la identificación en la oreja izquierda de una pantorrilla de vaquilla. Esto les permite identificar el género del ternero de un vistazo.

Después de identificar al ternero, registre la fecha y hora de nacimiento y la mamá y papá. También desea registrar el peso del ternero dentro de las primeras 24 horas de su nacimiento.

Castración e implantes del ternero

Esto solo se aplica a los terneros de toro. La castración y los implantes no deben hacerse ese día, especialmente teniendo en cuenta que es necesario observar el ternero para determinar su uso para la cría.

La castración es la eliminación de los testículos, lo que hace que el torero sea un novillo. Pero un implante de crecimiento puede implantarse en los novillos para hacerlos crecer casi tan grande como un toro. Consulte con su veterinario, que debe ayudarle a determinar si un implante de crecimiento es una buena idea para su dirección.

Por último, si castra y/o inserta el implante de crecimiento, intente hacerlo antes de destete el ternero.

El parto puede parecerte aterrador, pero no lo es. Sobre todo, su vaca puede hacer el parto ella misma, y si necesita ayuda, usted y su veterinario pueden ayudarla.

Capítulo 12: Consejos de expertos para su negocio de ganado vacuno

Sería fácil pensar que tener toda esa información sobre cómo establecer un equipo adecuado de cría de ganado garantizará el éxito. Sin embargo, se necesita más que saber cómo dirigir un equipo exitoso y este capítulo lo explica.

Una guía rápida para principiantes

Costos

La creación de un equipo de cría de ganado le costará mucho dinero por adelantado, independientemente del tamaño de la práctica que desee ejecutar. Gastará mucho en todo, desde la tierra (si aún no la tiene), la instalación del pasto, la construcción de vallas y la instalación de las instalaciones y equipos que se han mencionado anteriormente en este libro. Y esto ni siquiera incluye comprar el ganado.

Planifíquelo adecuadamente. Tener una fuente sostenible de ingresos antes de comenzar el equipo sería una buena idea. Aún así, a menudo es imposible empezar sin un préstamo. Considere la posibilidad de utilizar los servicios de un asesor financiero para comprender mejor sus opciones.

También desea elaborar un presupuesto para su práctica. Las herramientas de presupuestación en línea y los programas universitarios de becas de tierras se pueden encontrar de forma gratuita; ¡aproveche estas opciones! Además, considere los ahorros que se ofrecen en la compra de equipos agrícolas usados. No solo le ahorra dinero, sino que también es bueno para el medio ambiente. *(Sin embargo, trate de tener nuevos contenedores para la alimentación, como se mencionó anteriormente.)*

¿Cuánta tierra?

La cantidad mínima de tierra que debe aspirar es de diez acres; con tanta tierra, usted debe ser capaz de ejecutar una pequeña operación de cría de ganado. Para un plan estándar, comience con al menos 12 hectáreas. Para los que empiezan a pequeña escala, pero están buscando expandirse más tarde, es aconsejable comprar tierras en un área con perspectivas donde usted está seguro de que puede obtener más tierras más tarde, evitando tener que moverse a otro lugar.

La práctica más fácil

Si tiene claro qué tipo de práctica quiere desarrollar (es decir, carne para la alimentación o cría de terneros), hágalo sin dudar. Pero si aún no lo ha decidido (o está abierto a sugerencias), querrá escuchar esto. Como principiante, usted debe comenzar con el negocio de la alimentación, y hay buenas razones para ello.

Uno, un negocio de alimentación es más asequible para empezar que un ternero de vaca porque se puede seguir adelante y comprar una vaca madura y ganar dinero casi inmediatamente. Las vacas maduras son más caras de comprar que los bebés, pero también son menos costosas para cuidar que los bebés, ya que las tendrá por solo unos años.

En cuanto al costo, con un negocio de cría de vacas, debe establecer diferentes instalaciones para vacas y terneros, mientras que puede utilizar instalaciones únicas para los comederos. Además, el negocio de la alimentación es menos estresante. Esta es especialmente una buena noticia para alguien sin experiencia. No tendrá becerros que aún son delicados y requieren mucha atención.

Otra cosa en la que pensar es que un negocio de alimentación le ofrece más oportunidades de experimentar. Para empezar con dos reses, puede comprar dos razas y decidir cuál funciona mejor para usted. Además, no se quedará atascado durante años con una raza que cree que no funciona. Aún así, es posible que se vea obligado a quedarse con un ternero hasta que crezca lo suficiente como para ser vendido, a menos que quiera venderlo como un ternero.

Cría

Si se ha decidido por la reproducción, debe pensar en cómo lo hará. Un toro es todo lo que necesita para una puesta en marcha, pero incluso ese toro puede costar mucho dinero (más que un par de vacas), sobre todo teniendo en cuenta que estará buscando uno con buenos genes para ser transmitido a tus terneros. Si empieza con un solo toro y lo compra lo suficientemente joven, su toro debería poder inseminar a unas 25 vacas durante unos seis años.

Si prefiere no gastar tanto, podría inclinarse por inseminación artificial (IA). Pero necesitará un toro de refuerzo para esas vacas y podría no llevar bien la IA.

Una opción más asequible podría ser compartir un toro con otro ganadero para que ambos puedan dividir el coste de comprar uno. También puede considerar un acuerdo de arrendamiento.

Ayuda

También desea considerar cuánta ayuda está disponible para usted. Si usted está empezando como un negocio familiar, usted debe tener suficientes manos. ¡Hacerlo solo no es una buena idea!

Contratar ayuda adicional aumentará sus gastos porque debe pagar salarios. Por otro lado, tener que ejecutar todo por su cuenta es mucho trabajo, sobre todo teniendo en cuenta que no está acostumbrado a la intensidad del trabajo. Sopese ambas opciones, eligiendo cuidadosamente lo que funciona mejor para usted.

Si decide contratar a alguien, debe pensar en qué aspectos de la cría de ganado le atraen más y luego buscar a alguien que sea experto en los otros aspectos. La idea es que, si le apasiona su trabajo será más fácil y agradable.

Es importante recordar que la cría de ganado es tiempo y consume vida, ya que hay mucho trabajo por hacer. Usted debe atender al ganado mientras que también dirige un negocio. Así que, tanto si recibe ayuda como si no, quiere estar físicamente en forma y mentalmente preparado.

Personas que necesita conocer

Si está iniciando una práctica de cría de ganado (ya sea alimentador, cría de vacas o una combinación de ambos), necesitará la información de contacto de estas personas:

- Un buen nutricionista de ganado.

- Un veterinario confiable situado cerca de usted.

- Un buen especialista en ampliación.

- Un experimentado criador de ganado.

- Un buen carnicero o minorista.

21 consejos para dirigir un equipo de cría de ganado comercialmente exitoso

Ya sea un recién llegado a la práctica de cría de ganado o lo ha estado haciendo durante años, estos consejos ayudarán a que su práctica sea rentable:

1. Al decidir qué raza de ganado criar, considere las tendencias del mercado. Querrá hacer una encuesta de mercado para averiguar qué razas tienen una alta demanda. A continuación, puede elegir esa opción o crear un nicho para usted si cree que será capaz de obtener suficientes clientes.

2. Cada vez más personas quieren comprar solo ganado alimentado con pasto, así que considere esta opción.

3. Trate de no escatimar en vacunas importantes. Si usted está tratando de ahorrar costos, hay vacunas prescindibles, pero hay vacunas que todo su ganado debe obtener, y con prontitud. La prevención suele ser menos costosa que el tratamiento o la cura. Para determinar qué vacunas no son necesarias para sus animales y ubicación, debe consultar a su veterinario.

4. Nunca espere que una enfermedad o lesión desaparezca, ya que las cosas podrían empeorar, y su animal podría morir. Si nota alguno de sus animales enfermos o heridos, llame inmediatamente a su veterinario. Cualquier enfermedad reduce en gran medida el valor de mercado de su ganado.

5. Si alguno de su ganado muere, averigüe la causa, porque podría ser por algo transmisible. Si no lo sabe, intente hacer una autopsia. Una vez que haya podido determinar la causa de la muerte, asegúrese de que el resto de su ganado esté sano y seguro.

6. No se despierte y decida llevar su ganado al mercado ese día sin un plan de marketing. El desarrollo de un plan o estrategia de marketing implica determinar por cuánto venderá su ganado dependiendo de cuál sea el precio general de mercado y la calidad de su ganado. También incluirá la determinación del mejor momento para vender.

7. Tenga una sólida red de agricultores con los que haga negocios. Su red también podría incluir a otros agricultores con los que podría dividir los costos para comprar ciertos equipos o incluso un toro. Tener una red sólida puede ayudarle a obtener una buena relación calidad-precio.

8. Haga todo lo posible para mantener una buena reputación. La cría de ganado existe en una comunidad, y si la gente de la comunidad no puede confiar en usted, no podrá progresar mucho.

9. Además de asegurarse de que sus precios son siempre legítimos, ser condescendiente con otras empresas locales para su negocio de ganado le ayudará a mantener un buen representante en la comunidad. También podría ser su manera de contribuir al crecimiento de la comunidad.

10. Haga análisis y evaluación regulares. Le ayudará a determinar lo que está haciendo bien y lo que necesita ser mejorado. También le ayudará a descubrir qué cosas está haciendo que no le están generando suficiente dinero, cuál de sus ganados no está trayendo ganancias, y qué ganado está contribuyendo al negocio. Haga un plan para la evaluación y decida con qué frecuencia lo hará.

11. Asegúrese de que siempre está al día con sus impuestos. Averigüe si es elegible para cualquier deducción de impuestos, guarde los recibos de cada cosa que compre e invierta en un buen método de contabilidad; se ahorrará muchos dolores cuando llegue la temporada de impuestos.

12. Asegúrese de que siempre está poniendo esfuerzo y dinero para mejorar. Está bien si no comenzó con el mejor equipo e instalaciones. Pero a medida que obtenga ingresos, hará bien en reinvertir y obtener mejores equipos e instalaciones. Mejore su calidad de producción y amplíe su práctica si tiene la intención de hacer crecer su negocio.

13. En la misma línea, asegúrese de que está constantemente aprendiendo sobre nuevas prácticas y tecnologías. No experimente con todas ellas, pero busque algo que funcione para usted y le dé una buena relación calidad-precio.

14. Considere un seguro de ganadero. Independientemente de lo bien que planee y de la cantidad de precauciones que tome, es posible que no pueda prevenir eventos desafortunados. El seguro de ganadero ayudará a cubrir muchas de sus pérdidas financieras causadas por accidentes de ganado, lesiones o enfermedades.

15. Ya se ha mencionado que debe consultar con su veterinario, pero también se debe decir que siempre debe ser honesto con su veterinario. Si le preguntan sobre sus prácticas de administración, diga la verdad. Eso les ayudará a tomar las decisiones correctas para su práctica, al menos, en lo que respecta a su ganado.

16. Elija con cuidado el vallado. Si tiene vallas débiles y/o fronteras irregulares, podría tener ganado fugitivo. El ganado fugitivo es básicamente como prender fuego a su dinero a menos que, por gran providencia, pueda encontrarlos.

17. Si está llevando a cabo una práctica de alimentación, considere la posibilidad de descornar los terneros. Los cuernos son peligrosos y podrían causar muchas lesiones. Y las lesiones cuestan dinero y podrían reducir su valor de mercado.

18. Evite la locura por las soluciones rápidas modernas. Fíese de los métodos probados y de confianza porque el ganado cuesta mucho dinero.

19. Compre alimentos en grandes cantidades (tan grandes como un camionero) en lugar de en pequeñas cantidades. Obtendrá una mejor relación calidad-precio cuando compre a granel.

20. Sepa cuándo es el momento de reemplazar su equipo. Los equipos antiguos o defectuosos pueden llegar a ser difíciles de mantener, y el costo de repararlos es en última instancia más que el costo de obtener un reemplazo. Por lo tanto, si ha reparado equipos más de dos veces, sustituya los artículos.

Sea cual sea el negocio que esté desarrollando, existe una posibilidad significativa de que experimente una pérdida. La primera vez que sucede puede ser un shock para usted, pero esté preparado para la posibilidad de tener que pedir ayuda.

Conclusión

No todos los consejos e ideas de este libro son fáciles de poner en práctica. Unos pocos lo harán, mientras que otros no. Trate de ser paciente consigo mismo. Cuanto más tiempo, esfuerzo y conocimiento adecuado ponga en su equipo de cría de ganado, mejor resultados obtendrá. Este libro no es una lectura única. Es un recurso al que siempre puede volver a medida que se enfrente a nuevos desafíos en su negocio de cría de ganado.

Ninguna lectura y recopilación de información le hará un exitoso criador de ganado. En realidad, tiene que empezar algo nuevo o cambiar lo que está haciendo para llevar a cabo una práctica exitosa.

¡Es hora de cerrar este libro y empezar a llevar a cabo las ideas y sugerencias que ha leído! Y no olvide involucrarse en la comunidad ganadera. ¡Buena suerte!

Cuarta Parte: Crianza de llamas

La guía definitiva para la conservación y cuidado de las llamas, incluyendo consejos sobre cómo criar alpacas

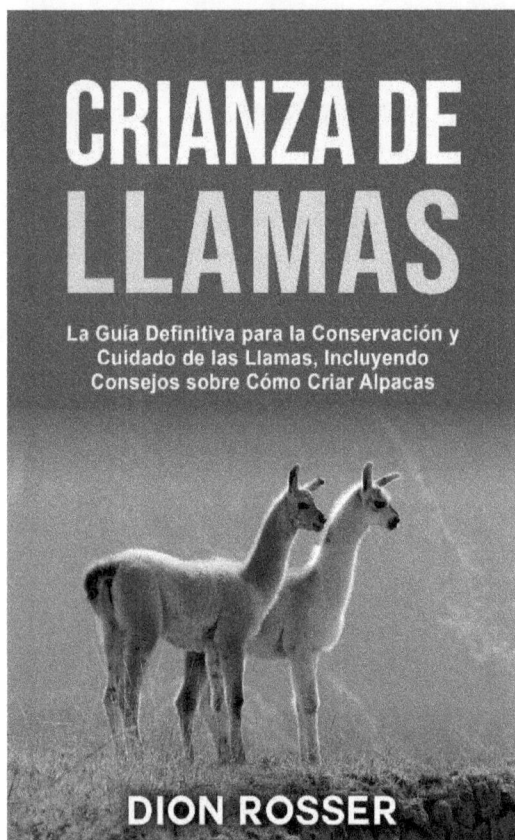

Introducción

¿Se enteró sobre las ventajas de criar llamas de un amigo, de Internet o de algún otro lugar? ¿Está considerando comenzar una granja? ¿Y quiere disfrutar de todos los beneficios de tener llamas —o sus primos cercanos, las alpacas?

¡Genial! Sin embargo, puede que no sepa cómo hacerlo y probablemente tenga varias preguntas que quiera responder.

¿Cuáles son las diferencias entre las alpacas y las llamas? ¿Puede criarlas juntas? ¿Qué debería tener en el lugar para iniciar una granja? ¿Cómo se compra una llama? ¿Qué debe saber para criarlas correctamente?

Este libro responde a esas preguntas y más.

O su caso podría ser un poco diferente. Puede que haya criado una o dos llamas por su cuenta y luego se quedó atascado. Bueno, no se preocupe. Nunca es demasiado tarde para mejorar.

Este libro le ayudará a aprender cómo criar llamas, incluyendo todos los detalles sobre su cuidado, comportamiento, razas y mucho más.

Proporcionamos toda la información práctica del día a día que necesita saber sobre las llamas y las alpacas. Nuestro objetivo es asegurarnos de que tenga todo lo necesario en su objetivo de criar llamas saludables para cualquier propósito, ya sea por diversión o por una aventura de negocios.

Puede que haya leído otros libros que prometían darle toda la información que necesitaba saber, pero que no cumplieron su objetivo. Así que, se está preguntando, ¿qué es lo que hace a este libro diferente? No se preocupe. Se lo diremos.

Este libro es fácil de leer, sin términos científicos o hechos difíciles de entender. También recibirá la última información sobre las prácticas correctas, y como somos expertos, todas las instrucciones y métodos de este libro se pueden utilizar, se han utilizado y siguen utilizándose.

Así que, ¿a qué está esperando?

¡Es hora de obtener todo ese conocimiento sobre las llamas y alpacas que ha estado anhelando!

Capítulo 1: ¿Por qué criar llamas?

Dato corto - Las llamas fueron domesticadas y usadas como animales de carga en la sierra peruana desde hace 4000 a 5000 años.

Puede que se haya encontrado con una llama en algún momento, tal vez en su vecindario o en el zoológico local. Su lindo aspecto y su cuerpo peludo pueden haberle atraído para mirarla más de cerca.

¡Pero de repente, empiezan a perseguirle y a escupirle! ¿Qué recuerdo le dejaría esta experiencia? ¡Es probable que no quiera volver a acercarse a ellas!

Bueno, lo crea o no, las llamas son animales amigables y suaves que son grandes mascotas. El maltrato previo por parte de extraños e intrusos puede causar sus reacciones a veces extrañas, pero cuando tenga una, descubrirá que son animales encantadores.

Las llamas y sus primos cercanos, las alpacas, son uno de los animales domésticos más antiguos conocidos por el hombre. Ambos pertenecen a la familia de los camellos y son populares como animales de carga. Aunque son similares, se pueden diferenciar por su tamaño y su pelaje.

Las llamas son parte de la familia de los camélidos, una familia que apareció por primera vez hace unos 40 millones de años en las llanuras centrales de América del Norte. Hace solo unos 3 millones de años que los ancestros de las llamas migraron a Sudamérica. Hace unos 10.000 a 12.000 años, la última Edad de Hielo causó la extinción de los camélidos en América del Norte. Ahora, en Canadá y los Estados Unidos, hay alrededor de 100.000 alpacas y 160.000 llamas. Y, como dato curioso, puede interesarle saber que el símbolo nacional del Perú es la llama, y se puede encontrar en las banderas, sellos, monedas y otros productos turísticos del Perú.

Para los propietarios de granjas y ranchos, las llamas y las alpacas son una excelente opción para un sistema agrícola mixto. Son animales rumiantes con tres compartimentos estomacales y, al igual que el ganado vacuno y ovino, también mastican su bolo alimenticio. Para la gente con un pequeño trozo de tierra, se puede cuidar una o dos llamas, y aunque son grandes, son relativamente fáciles de cuidar.

Si usted es un granjero que busca añadir un nuevo animal a su rebaño de ganado, entonces las llamas serán una gran opción. Para la gente que necesita una nueva mascota en casa, las llamas son populares por su naturaleza amistosa. Ahora, hablemos de los beneficios de criar llamas.

8 razones principales por las que debería criar una llama

1. Protección

Es común que el ganado como cabras, ovejas, caballos y vacas sea cazado por depredadores. Este problema se ha convertido en una amenaza común para los pastores que buscan diversos medios para mantener alejados a los depredadores. Una manada de coyotes es suficiente para acabar con el ganado grande como de vacas y caballos, pero se puede reducir el riesgo de ataques de depredadores introduciendo llamas en su ganado.

Las investigaciones de la Universidad Estatal de Iowa muestran que, en promedio, los granjeros pierden el 11% de su rebaño a causa de depredadores, pero esto se reduce al 1% cuando se introducen llamas en el ganado. La mayoría de los agricultores introducen llamas en su ganado para proteger a otros animales, utilizando principalmente machos castrados para este fin.

Han demostrado ser un excelente sustituto de los perros, que requieren menos cuidados. Una llama es suficiente para proteger a cientos de otros animales. Incorporar una llama a su ganado es relativamente fácil debido a su rápida adaptación. Aunque algunas pueden adaptarse en horas, otras pueden necesitar 1 o 2 semanas para adaptarse completamente a otros animales.

Después de adaptarse a otros animales, perseguirán a los depredadores lejos de la granja. Las llamas tienen buenos instintos con plena conciencia de su entorno y suelen llamar la atención de un extraño (depredador) haciendo sonar una llamada de alarma. Después del sonido empiezan a perseguir, patear o escupir al animal intruso.

2. Son grandes animales de carga

¿Qué tal si disfrutamos de una aventura al aire libre con una llama llevando toda la carga? Suena genial, ¿verdad?

Las llamas han sido criadas y usadas como animales de carga durante miles de años. Puede que no sean tan populares para este propósito como los caballos y los bueyes, pero hacen el trabajo. Su historia se remonta a América del Sur, donde el animal solía llevar cargas a través de la cordillera de los Andes.

Las llamas son adecuadas como animales de carga debido a su firme pisada y su capacidad para llevar un tercio de su peso. Es necesario entrenar a la llama para la carga antes de usarla para ese propósito. Las alpacas no son adecuadas para llevar cargas debido a su peso relativamente menor.

Hoy en día, las llamas son ampliamente utilizadas por los campistas y aventureros para complementar sus actividades al aire libre. Los cazadores y pescadores también han visto la utilidad de las llamas en sus actividades diarias. Normalmente buscan su comida y agua mientras caminan, aunque en ambientes hostiles, puede que sea necesario llevar comida para ellas.

3. Una fuente de fibra

Las llamas y las alpacas son una excelente fuente de fibra para las lanas y los tejidos. Aunque los granjeros crían alpacas específicamente para la fibra debido a su suave pelo, el pelo de llama también tiene sus usos. Sin embargo, el esquilado solo se puede hacer una vez al año.

El pelo de llama comprende una fibra de lana fina entrelazada con pelos gruesos de guarda, pero, ¡separar las fibras gruesas de la lana fina puede ser toda una tarea! Una vez que se logra, el trabajo con la lana se hace más fácil. Es por eso que las lanas de llama son caras, generalmente se venden a 2 dólares la onza.

El pelo grueso de las llamas se utiliza generalmente para hacer alfombras y cuerdas. El pelo de alpaca es suave, fuerte y ligero, no contiene lanolina, lo que hace que sea fácil de procesar y limpiar sin usar productos químicos. Producen más fibra que las llamas a pesar de la doble capa de pelo de las llamas.

Las fibras producidas por estos animales son consideradas como fibras de lujo y pueden ser una magnífica fuente de ingresos, dada su creciente popularidad dentro de la industria de la fibra. Además de los fantásticos beneficios que se pueden obtener, también es una buena inversión financiera.

4. Fácil de cuidar

Alimentar a las llamas es relativamente fácil en comparación con otros animales de pastoreo. Se podría pensar que por ser animales grandes requieren grandes cantidades de comida, pero no es así. Generalmente pastan felices y no necesitan alimentarse mucho en forma de comida adicional. Sin embargo, en los meses más fríos, necesitarán complementar su dieta con pasto y heno.

Si se les da el cuidado y la atención adecuados, las llamas son generalmente una raza saludable. Sin embargo, como la mayoría de los animales grandes de granjas, requieren controles rutinarios para mantenerlas en forma.

El aseo adecuado incluye la limpieza de sus patas para evitar cojeras, y deben recibir las vacunas adecuadas para evitar enfermedades. Con la ayuda de su médico veterinario, mantener a sus llamas y alpacas en buena salud no debería ser difícil.

5. Adecuadas para animales de espectáculo

Las llamas son grandiosos animales de espectáculo por su inteligencia y capacidad de aprender rápidamente. La Asociación de Espectáculos de Alpacas y Llamas ha organizado más de 150 espectáculos de llamas, un momento memorable en el que cientos de propietarios se reúnen para competir.

La competencia premia a las personas por el entrenamiento y la cría de los animales.

Pueden ser fácilmente entrenados para correr obstáculos, como perros o caballos. El show involucra a las llamas recorriendo circuitos y corriendo sobre obstáculos como árboles caídos y ríos. Sobresalen como animales de espectáculo por su mentalidad de ganado.

No son tímidos ni se asustan en medio de grandes grupos, especialmente en la competencia.

6. Las áreas pequeñas no son una barrera

Al igual que otros animales, las llamas y las alpacas requieren de un cercado adecuado, que les sirva de protección. Sin embargo, no es necesario poseer una gran parcela de tierra antes de poder establecer donde vivirán; se puede utilizar un pequeño espacio en el patio trasero para mantener una o dos.

Cualquier forma de refugio (natural o artificial) será suficiente. Un refugio bien ventilado ayudará a mantenerlos a la sombra y frescos durante las temporadas de calor. Un refugio adecuado también ayudará a mantenerlas calientes durante la temporada de frío, y el refugio no le costará mucho comparado con el valor que le proporciona a sus llamas.

7. Son grandiosas mascotas

Las llamas son animales que se comportan bien, y son grandiosas mascotas. Generalmente se usan como mascotas por su disposición amistosa y su limpieza, lo que las convierte en una compañía ideal para sus hijos, siempre que se les cuide adecuadamente.

Algunas personas son escépticas acerca de mantenerlas como mascotas porque escupen, pero típicamente, una llama solo escupirá cuando tiene una disputa sobre la comida o cuando se siente amenazada. ¿Sabía que puedes entrenar a una llama para que no escupa?

Otra razón para tenerlas como mascotas es su estilo de vida saludable, que solo requiere un mantenimiento suave.

8. Son una excelente inversión

Comenzar una granja de llamas y alpacas es una inversión maravillosa. Con esta adición a su granja, disfrutará de una deducción de impuestos del gobierno federal; un beneficio fiscal único para la gente que entrena estos animales.

¡Una llama adulta puede venderse por alrededor de 10.000 dólares! Sin embargo, tendrá que tener paciencia porque normalmente dan a luz solo una vez al año. Pero, considerando el mínimo cuidado y alimentación que necesita para invertir en ellas, podría ganar significativamente con su venta.

Puede ganar dinero con la fibra producida por los animales cada año. Su pelaje es una excelente fuente de lana, y crecen en diferentes colores. Una onza de lana de llama se vende por alrededor de 2 dólares.

Conclusión

Las llamas son excelentes animales para criar por sus maravillosas personalidades. Por su compañía, belleza e inteligencia, disfrutará de cada parte de su experiencia con ellas. Conociendo y entendiendo sus características sobresalientes, no deberías tener dudas de criar una, ¡o incluso más!

Capítulo 2: Razas de llama y alpacas

Dato corto - *La forma más fácil de distinguir entre una alpaca y una llama es el tamaño: las llamas son típicamente dos veces más grandes que las alpacas. Otra forma de saber es por sus orejas: las orejas de una alpaca son cortas y puntiagudas mientras que las de una llama son más largas y se mantienen erguidas.*

Las llamas y las alpacas son a menudo dos criaturas que se confunden entre sí. Diferenciar estas dos criaturas es más parecido a distinguir una tortuga de un galápago.

Estos dos excitantes animales pertenecen a un grupo llamado camélidos; un nombre amplio dado a los animales que se parecen a los camellos.

Los animales de esta familia suelen tener el cuello largo. Aunque se alimentan de plantas, no son rumiantes.

Con solo mirar a estos animales, se puede decir que son diferentes. Cualquiera puede ver que sus largas y delgadas patas y cuello difieren de los de las cabras, ovejas o vacas.

Sus estómagos están divididos en tres partes, mientras que el estómago de un rumiante debe tener cuatro partes.

Sin embargo, al igual que los rumiantes, también poseen dos dedos en las patas. Sus dedos son únicos, ya que no tienen pezuñas como los rumiantes. En lugar de pezuñas, las suaves almohadillas de sus patas les dan un mejor agarre al suelo.

Los animales de esta familia son un poco diferentes de otros animales, ya que son los únicos mamíferos conocidos que tienen glóbulos rojos de forma ovalada. Todos los demás mamíferos tienen glóbulos rojos con forma de disco.

Antes de considerar las variaciones entre estas dos hermosas criaturas, tenemos que tener algo claro. Hay dos conceptos comúnmente mal utilizados y entenderlos ayudará a apreciar mejor las variaciones entre estos dos animales: los términos son *razas* y *especies*.

Especie es un término amplio que se refiere a un grupo de animales que se parecen y pueden aparearse para producir descendencia.

Usemos los perros como ejemplo. Usted sabe que todos los perros pueden aparearse y producir cachorros; también sabe que hay diferentes tipos de perros. Incluso con los diferentes tipos, cuando usted ve un perro, puede decir que es un perro, no otro animal. Teniendo en cuenta esta imagen, el nombre general "perro" se refiere a la especie.

Pero las *razas* son los diferentes tipos de animales *de la especie*. Su aspecto suele ser diferente. Usando la analogía del perro de antes, una *raza* sería un Pomerania.

El Pomerania y el Husky son diferentes en apariencia. Mirándolos, se sabe que son perros; ambos ladran y hacen lo que la mayoría de los perros hacen. Ambos son de la misma especie (perros). Sin embargo, son razas diferentes (Pomerano y Husky).

Ahora que ya se ha comprendido, vamos a investigar las diferencias entre las llamas y las alpacas.

Diferencias entre las llamas y las alpacas

La naturaleza casi siempre tiene dos animales relacionados que son difíciles de distinguir. Animales como sapos y ranas, caimanes y cocodrilos, la lista continúa. Una de estas maravillas de la naturaleza es la llama y la alpaca.

Los dos animales se parecen tanto que es difícil distinguirlos, a menos que usted sea un experto (¡o haya leído este libro cuidadosamente!).

Si ve a estos dos animales juntos, estos puntos le ayudarán a decir cuál es cuál.

1. Cara

Empezando por la parte más aparente del cuerpo, las llamas suelen tener caras largas en comparación con las alpacas. Las alpacas suelen tener caras cortas con más pelaje que las llamas. Algunas personas piensan que las alpacas son más lindas que las llamas.

2. Las Orejas

Las orejas de los animales son probablemente la siguiente diferencia notable. Las orejas de las llamas suelen ser largas, curvadas y con forma de plátano, mientras que en las alpacas, las orejas son cortas, rectas y típicamente puntiagudas.

3. Tamaño

Esta característica es una clara distinción entre los dos animales. Las alpacas son más pequeñas que las llamas y el peso promedio de una alpaca adulta es de entre 45 y 70 kg.

Las llamas adultas suelen crecer hasta al menos el doble de ese peso. El peso promedio de una llama adulta es de entre 90 y 160 kg.

Además, las llamas suelen ser más altas que las alpacas. La altura se mide típicamente desde el hombro hasta el suelo y, mientras que las alpacas rara vez exceden los 90 cm (35 pulgadas) de altura, las llamas pueden crecer hasta 110 cm (45 pulgadas) o incluso más.

4. Fibra animal

También se puede diferenciar entre los animales tocándolos. Las alpacas tienen pelo suave y fino, mientras que las llamas tienen un pelaje áspero.

La fibra recogida de las alpacas se utiliza para hacer sombreros, chales y calcetines. La gente no usa la lana de llama para hacer ropa a menos que sea de llamas bebés.

5. Temperamento

El temperamento se refiere a los estados de ánimo o al comportamiento general de un animal. Mientras que las alpacas suelen ser criaturas muy gentiles, las llamas no lo son.

Probablemente usted ha oído que estos animales escupen, pero esto es normalmente solo cuando se sienten amenazados. Aunque solo ocurre en raras ocasiones, es más común en las llamas que en las alpacas.

Las alpacas se mueven juntas como un rebaño, como las ovejas, mientras que las llamas son guardabosques solitarios, que prefieren su propia compañía. Por esta razón y por su tamaño, las llamas se utilizan para vigilar a otros animales.

Curiosamente, se usan para vigilar a las alpacas porque son animales nerviosos. Ante el peligro, una llama guardiana se usará valientemente como una distracción.

6. Resistencia

Debido a su mayor tamaño, las llamas tienen más resistencia que las alpacas, y también tienen patas firmes que les dan un agarre extra. Por lo tanto, son más adecuadas para caminar distancias más largas que las alpacas y se utilizan típicamente en regiones desérticas y montañosas.

Las llamas también pueden cargar hasta un tercio de su peso corporal, mientras que las alpacas no son adecuadas para llevar bultos o personas.

Encontrará otras diferencias en la forma en que se utilizan los dos animales. La gente suele criar llamas por su carne, ya que su piel no es de la mejor calidad. También son excelentes cuando se usan como animales de carga o se crían como animales de guardia.

Las alpacas se crían principalmente por su pelaje, que es de calidad superior y crece más rápido que el pelaje de la llama.

A estas alturas, debería ser capaz de diferenciar entre las alpacas y las llamas. Ahora, veamos las diferentes razas de las dos especies de animales.

Razas de Llamas

Hay cuatro razas de llamas. Son la llama clásica, la llama lanuda, la llama sedosa y la llama Suri. Se cree que la llama clásica es un ancestro importante de los otros tres tipos. Se cree que las otras tres se originaron de un extenso cruce.

De las cuatro razas, la llama clásica es la más común y también la más grande. En cambio, la llama Suri es la más rara y tiene la reputación de ser la más pequeña entre las otras razas. Las razas se parecen y a veces diferenciarlas puede ser un desafío.

Todas las razas tienen colores similares, que pueden ser blanco, negro, marrón, rojo o beige; los colores pueden ser lisos, manchados o moteados. Por lo tanto, la identificación de ellas es a menudo por las características de su pelaje y por su tamaño.

Aquí hay una breve descripción de las razas.

Llama clásica

Esta es la raza más común, y el término clásico se refiere al patrón de su pelaje en forma de silla de montar. El pelo de su espalda es más largo que el del resto de su cuerpo.

Su vellón es áspero al tacto, aunque el subpelo, junto a la piel, es fino. Cuando lo peina, puede ver que los pelos finos son finos.

Las llamas no tienen tanta fibra en sus piernas, cuello y cabeza, pero algunas tienen pelo en el cuello, que se parece a la melena.

La raza es más grande en comparación con otras razas.

Las llamas clásicas son animales resistentes, y pueden desempeñarse bien en casi cualquier tipo de clima. Incluso en situaciones de frío, a diferencia de otras razas, las llamas clásicas prosperan, pero no les va bien en condiciones de calor y humedad.

Esta raza de llamas pierde su pelaje al cepillarse, por lo que no necesitan ser esquiladas. Sin embargo, en temperaturas extremadamente calientes, el esquilado ayuda a mantenerlas frescas.

Llama sedosa

Estas llamas son como la raza de llamas lanuda, pero hay algunas diferencias.

La raza es un cruce entre la llama clásica y la llama lanuda. También se les denomina llamas medianas. Estos animales típicamente tienen pelo largo alrededor de su cuerpo y cuello y pelo corto en sus cabezas, orejas y piernas.

Su pelo es brillante y tiene rizos que frecuentemente forman mechones. Su pelo en constante crecimiento tiene dos capas; la parte superior es el pelo de guardia, que es largo y áspero al tacto, mientras que la parte inferior es un suave vellón.

Su pelo brillante y rizado les da a las llamas sedosas una hermosa apariencia, pero sus rizos y mechones se ensucian rápidamente. Cuando están pastando en el campo, los rizos de su pelo pueden recoger fácilmente mucha suciedad, y se pone aún peor cuando se deja sin esquilmar.

Eso también puede suceder cuando se corta incorrectamente. Por ejemplo, la esquila de barriles, un método popular para esquilar llamas, también puede llevar a que el pelo se ensucie.

Para prevenir esto, deben ser esquiladas a menudo. La esquila frecuente mantendrá los rizos y mechones cortos y limpios.

Llama lanuda

Esta raza de llama suele ser más pequeña que otras razas, y su nombre proviene de su apariencia. Tienen una lana gruesa que cubre su cuerpo, particularmente alrededor de su cabeza, orejas y cuello.

Dependiendo del animal individual, la cantidad de fibra puede ser pequeña, mediana o gruesa. Su fibra es esponjosa, alta y gruesa, con rizos y algunos entrelazados. Mientras que su pelaje es como el de las llamas sedosas y Suri, la única diferencia es que el suyo es más suave y no tan brillante.

Las llamas lanudas tienen una sola capa de pelo y no tienen subpelo. Típicamente, tienen solo unos pocos pelos de guardia, que se refiere al pelo que se encuentra en el pelaje exterior de un animal. El pelo de guardia es áspero al tacto, y mantiene a la llama seca repeliendo el agua.

Debido a sus características únicas, sus abrigos pueden ser usados como reemplazo de la fibra de alpaca. El pelo de las llamas lanudas siempre está creciendo y, si decide criar esta raza, tendrá que esquilarlas a menudo. Su ubicación determinará la frecuencia y la razón para esquilarlas.

En ambientes más cálidos, debe esquilarlas al menos una vez al año. De esa manera, el animal no sufrirá por el calor. Si los cría en condiciones de frío, considere esquilarlas una vez cada dos años. El esquileo en ambientes más fríos ayudará a evitar que la fibra forme nudos.

Llama Suri

"*Suri*" como nombre se usó por primera vez para describir a las alpacas. Se convirtió en el nombre de esta raza popular cuando la gente cruzaba llamas y alpacas. La palabra en sí misma se traduce a los mechones que se encuentran en las fibras de alpaca.

Estos mechones son una característica peculiar de esta raza y suelen estar bien definidos, empezando por la piel y terminando en la punta de las hebras de pelo. Los mechones de la raza Suri pueden tener diferentes variaciones; los comunes parecen tirabuzones, mientras que algunos están retorcidos.

Cuando escucha el nombre, "Suri" el adjetivo "extremo" debe venir a la mente. El pelo de estos animales es excepcionalmente liso y brillante, corto, suave y es similar al de las llamas lanudas. La única diferencia es que el pelo de las llamas lanudas es un poco más fino que el de la llama Suri.

Un problema con esta raza, sin embargo, es que hay pocas de ellas con cerca de 100 en toda Europa y la cría es muy difícil porque hay muy pocas.

Razas de Alpacas

Ahora que ya ha aprendido sobre las diferentes razas de llamas, hablemos de las alpacas. A diferencia de las llamas, las alpacas solo tienen dos razas conocidas.

Estas son la raza *Huacaya* y la raza *Suri*, siendo la Haucayas la más popular de las dos razas. Hoy en día, hay alrededor de 3,7 millones de alpacas en el mundo. Se cree que casi el 90% de esta población es de la raza Huacaya.

La diferenciación de las razas puede ser difícil, incluso más que con las llamas. A diferencia de las llamas, ambas razas de alpacas son casi del mismo tamaño, y ambas tienen las mismas preferencias en términos de condiciones de vida.

Siga leyendo para descubrir las características únicas de estas dos razas.

Alpaca Suri

Como ya ha leído, el nombre "Suri" se utiliza principalmente para las alpacas. Según los arqueólogos, la raza es antigua, y las investigaciones muestran que podría haber existido por más de 5000 años. De los 3,7 millones de alpacas en el mundo, solo unas 370.000 son alpacas Suri.

La característica distintiva de esta raza es su pelaje. Es típicamente largo con mechones al final, es brillante y cuelga libremente. Su pelo es típicamente denso, es usualmente suave, y se siente grasoso al tacto.

El pelo cubre a los animales desde la cabeza hasta los pies. Curiosamente, el pelo está encerrado en todas las partes de su cuerpo, y además de la apariencia brillante, el pelo de la alpaca Suri hace que se vean planos a los lados.

La fibra recogida de la raza Suri tiene una gran demanda, la mayor demanda proviene de las tiendas de moda de lujo. Usan las fibras para producir abrigos de lujo, suéteres, ropa de diseño único y los materiales más selectos para la decoración de interiores. Los compradores a menudo buscan el brillo como la característica principal de este producto de calidad.

Alpaca Huacaya

Es posible que haya visto una alpaca que se parece a un oso de peluche, y es probable que hayas visto una raza de alpaca Huacaya. Su apariencia de oso de peluche proviene de su denso y ondulado pelo.

En términos de tamaño, no son más grandes que la raza Suri, pero su pelo esponjoso las hace parecer más grandes.

Sus colores son similares a los de la raza Suri, pero difieren ligeramente. El pelo de la raza Huacaya puede venir en diferentes tonos de gris, mientras que las razas Suri no producen esos colores.

Además del color del pelo, las alpacas Huacaya no tienen marcas. Su pelo es liso y de colores casi uniformes, a diferencia de sus homólogos Suri. Las alpacas Suri siempre tienen manchas únicas en su pelo llamadas marcas *Appaloosa*, en diferentes colores, tamaños y formas. Por ejemplo, se puede encontrar una alpaca Suri blanca con algunas marcas oscuras. Esas son llamadas marcas Appaloosa, y generalmente están ausentes en las razas de Huacaya.

El colorido pelaje de la raza Huacaya también es de gran demanda, como en la raza Suri. El pelo se usa normalmente para la ropa que se lleva cerca del cuerpo, y su vellón es más suave que el de las ovejas.

Aunque las alpacas de Huacaya se crían principalmente por sus fibras, su piel también tiene una gran demanda, y se utiliza en la producción de muchos productos de cuero de alta calidad.

La carne de las alpacas de Huacaya también se ha hecho popular recientemente. La carne es tierna, tiene un sabor suave, y nutricionalmente, es una de las carnes más saludables del mundo. Es alta en proteínas y baja en colesterol, grasas saturadas y calorías.

La carne se sirve en costosos restaurantes peruanos de todo el mundo.

Otras especies estrechamente relacionadas

De la misma manera que usted tiene familia extendida, las alpacas y las llamas tienen parientes. Podría llamarlos primos.

Sea cual sea el nombre que elija, recuerde que estas especies son salvajes. Se consideran salvajes porque no se quedan cerca de los humanos, prefiriendo vivir lejos en el monte.

Debido a su naturaleza salvaje, poco se sabe de estas dos especies, conocidas como las especies guanaco y vicuña. El tamaño del guanaco se encuentra entre la llama y la alpaca, y se cree que las llamas se originaron de ellas.

De manera similar, se cree que las alpacas se originaron de las vicuñas. La vicuña es liviana comparada con el guanaco, más delicada, y su piel tiene un precio más alto. Eso explica por qué son una especie en peligro de extinción en muchos países.

Con los avanzados métodos actuales de cría, algunas de estas especies se han cruzado, lo que ha dado como resultado una descendencia a la que se le han dado varios nombres, a menudo una combinación de los nombres de las razas parentales.

Ahora, armados con todo el conocimiento histórico y científico sobre estas razas, pasemos a aprender cómo criar una llama o una alpaca. En el siguiente capítulo, aprenderá sobre las instalaciones y el alojamiento que necesita antes de obtener uno de estos animales.

Capítulo 3: Instalaciones, tierra y requisitos de alojamiento para la cría de llamas y alpacas

Dato corto - La llama promedio pesa de 280 a 450 libras. Pueden cargar entre el 25% y el 30% de su propio peso corporal, por lo que una llama macho, por ejemplo, con un peso de 400 libras, puede cargar entre 100 y 120 libras en una caminata de 10 a 12 millas sin sudar.

Es fácil dejarse llevar por la emoción de comenzar una granja de llamas o alpacas. Sin embargo, asegúrese de considerar lo que más importa: *dónde ponerlas*.

Observen que el hábitat original de este miembro de la familia de los camellos está en la región árida y de gran altitud de Sudamérica. Sin embargo, si sabe cómo hacerlo, puede dirigir una exitosa granja de llamas o alpacas en cualquier área. Este libro le mostrará cómo.

Afortunadamente, preparar un hogar para las llamas o las alpacas no es una tarea tan difícil como parece. Si ya tiene un granero en su propiedad, puede empezar desde allí. Sin embargo, debe considerar la estructura del granero y determinar si funcionará para los animales. Si no, necesitará construir una nueva instalación para albergarlos.

Cuando planifique una nueva estructura para alojar a sus nuevas mascotas, su prioridad debe ser siempre la seguridad, salud y comodidad del animal. Como sus cuidadores, la conveniencia entra en juego. Considerar estos temas al planear y construir la estructura resultará en una próspera experiencia granjera.

Requisitos de alojamiento en interiores para las llamas

Las llamas y las alpacas, por naturaleza, pueden hacer frente a la mayoría de los tipos de clima. Sin embargo, por su salud y comodidad, requieren refugio contra el viento, el sol y la lluvia. Debido a que les encanta y necesitan sombra, los grandes árboles en su propiedad ayudarán a proteger a sus animales. Sin embargo, si tiene poca cobertura de árboles, un cobertizo hecho por uno mismo de tres lados será suficiente, sirviendo como un escudo contra el viento y el sol y proporcionando un buen lugar para entrenar y manejar sus llamas o alpacas.

Cuando considere el tipo de refugio que necesita, recuerde que la libertad es un tesoro para las llamas y las alpacas; ellas prosperan con la libertad de ir y venir. Por lo tanto, provea un refugio que dé la sensación de apertura, usando grandes ventanas y puertas en lugar de cobertizos oscuros, lo que les hace sentirse encerradas.

Durante el verano, las llamas o alpacas pueden sufrir una insolación cuando la temperatura y la humedad se elevan mucho. Para esa temporada, tenga rociadores o nebulizadores para mantener su temperatura corporal y ayudarles a hacer frente a la condición climática.

Cuando es la temporada de lluvias, y el suelo se vuelve húmedo y lleno de barro por un período prolongado, las llamas necesitan un lugar en su refugio donde puedan secarse las patas todos los días. Además, este lugar serviría como almacén de heno y agua para la alimentación continua. La podredumbre en las patas, aunque no es común en llamas y alpacas, es causada por el agua estancada, y es de lenta curación.

Finalmente, en cualquier condición climática, es mejor tener al menos un lugar donde se pueda confinar a los recién nacidos y a sus madres. Lo mismo se aplica a un miembro enfermo del ganado para sus tratamientos. Durante la estación fría o húmeda, las lámparas de pared pueden ayudar a mantener calientes a los recién nacidos.

Vigile de cerca a las crías de llamas durante al menos las dos primeras semanas después del nacimiento, especialmente cuando nacen en condiciones climáticas extremas. Durante este período, aprenden acerca de su entorno y buscan confort.

Requisitos de vida al aire libre para las llamas

Las llamas o alpacas necesitan suficiente espacio para estirarse y correr. Sin embargo, la cantidad de espacio exterior necesaria para mantener las llamas no es definitiva. Mientras que algunos agricultores creen que se puede mantener con éxito un ganado al menos media hectárea es necesaria para darles la libertad que requieren.

Sin embargo, el equilibrio de ambas escuelas de pensamiento se basa en el número de llamas y el tipo de cultivo que se practica.

Puede mantenerlas en el interior durante los días de aseo, y estarán bien. También puede proporcionarles espacio exterior para que se estiren y corran. Sin embargo, independientemente del tipo de granja que mantenga, necesita una o más puertas grandes para permitir el libre movimiento de los humanos y el equipo en las instalaciones de la granja.

Mover llamas o alpacas enfermas puede ser un desafío. Por lo tanto, una gran puerta que permita el movimiento de vehículos —como tractores y un remolque de transporte— dentro y fuera es una necesidad.

Para ofrecerles suficiente espacio exterior como patio de recreo, considere un espacio con buen drenado. A las llamas y las alpacas no les gustan las zonas húmedas y no se pararán ni se acostarán en una superficie fangosa y húmeda. Si es posible, levante el revestimiento exterior y el suelo interior con arena, granito descompuesto o roca triturada.

Requisito de espacio interior y exterior

El espacio del granero no tiene por qué ser grande. Sin embargo, puede planear la construcción de un granero grande cuando empiece. Eso es porque es rentable tener un gran establo y permite que su ganado crezca en número fácilmente.

Si construye un granero pequeño desde el principio, cuando su ganado se expanda, habrá una necesidad insatisfecha de mayor espacio, que costará más de lo que había presupuestado. Es mejor considerar la construcción de un granero más grande de lo necesario desde el principio.

Independientemente del tamaño del granero que construya, debe tener suficiente espacio para alimentarlos. Además, incluya un espacio para los corrales de captura en el diseño del granero. Esos espacios están reservados para tareas importantes como el aseo de los animales y la administración de vacunas. También pueden ser útiles cuando se necesita separar y monitorear a las llamas o alpacas enfermas y un lugar para que el veterinario lo use durante las visitas.

Si tiene o puede ahorrar algo de espacio extra, puede crear un compartimento para almacenar heno y suministros. Este método protege el heno del clima y de otros animales, y permite que se mantenga seco.

Sin embargo, tenga cuidado de guardar el heno cerca del granero del animal; durante un incendio, el exceso de heno se convierte en un propulsor y acelerante, y puede promover el fuego. Fumar y otras actividades relacionadas con el fuego deben realizarse a una distancia segura de los almacenes de heno.

El tiempo que se dedica a la planificación del refugio de llamas es un tiempo bien empleado; un paso crítico para el mantenimiento y el crecimiento de los felices y saludables ganados de llamas o alpacas.

Disposición del granero y del cobertizo

Como ya se ha dicho, las llamas o alpacas se mantienen mejor en un granero o refugio de tres lados. Aquí hay algunos consejos que le ayudarán a construir esto:

- Su cobertizo debe mirar hacia el este

El lado abierto del cobertizo debe mirar hacia el este, ya que esta dirección es la más moderada en términos de clima.

- Incluya más de una puerta al exterior

Cuando tenga más de unas pocas llamas o alpacas, especialmente cuando tenga más hembras, asegúrese de tener más de una puerta al exterior porque a la "reina del ganado" le gusta estar en la puerta. Si solo hay una puerta, puede evitar que otras llamas accedan al exterior. Evite cerrar las puertas del establo completamente, ya que necesitan una ruta de escape en caso de incendio.

- Considere la posibilidad de una ventilación cruzada adecuada

Añada suficientes ventanas y aberturas para una adecuada ventilación cruzada. Además, un granero con muchas puertas y aberturas permanecerá más limpio.

- Cubra las puertas del granero con plástico colgante

En los meses de invierno, puede cubrir las puertas del granero con plástico colgante, como se ve en los muelles de carga. Los protegerá de la lluvia, la nieve y el viento mientras les permite entrar y salir sin obstrucciones.

- Instale respiraderos de aire en la cima del techo

El aire caliente se eleva hacia el techo, así que planee un diseño de techo alto para que el aire caliente pueda elevarse por encima de los animales. También, instale rejillas de ventilación en la cima del techo para la libre salida del aire caliente.

- Instale ventiladores para la temporada de verano

Los ventiladores instalados en el techo de los graneros ayudan a mover el aire caliente fuera del granero y aumentan la circulación de aire. Por lo tanto, fije los ventiladores al techo del granero en puntos estratégicos para que soplen directamente a los animales.

- Instale calentadores automáticos y dispensadores de agua

Puede incluir un dispensador de agua automático en el plano del establo e instalar un calentador de agua para evitar su congelación durante las estaciones de invierno. Podría ser una instalación futura, pero proporcione espacio para ello cuando diseñe el granero.

- Use un piso de hormigón

Puede usar arena, cal agrícola o concreto para el piso del granero. Sin embargo, para facilitar la limpieza, es mejor usar un suelo de hormigón, ya que se puede limpiar fácilmente con una manguera con regularidad.

Para acolchonar, cubra el área de baño con una alfombra de goma. También evita que la lana roce las rodillas del animal.

El suelo de hormigón debe tener un acabado rugoso para ayudar a mantener las uñas del animal recortadas. Además, una superficie lisa puede volverse resbaladiza cuando está sucia o mojada.

- Considere la cal agrícola como una buena alternativa para el suelo

La cal agrícola, también llamada cal-B, es otro tipo de suelo que funciona bien en el granero. Aunque es una sustancia polvorienta y suave, se compacta como un trozo de hormigón.

También se puede usar en áreas donde las llamas se pasean, como justo fuera del granero o la apertura de la puerta. Lo encontrará útil, ya que evita el barro, haciéndolo fácil de limpiar.

- Construya un comedero de madera poco profundo

A lo largo de las paredes del granero, construya un comedero de madera y hágalo poco profundo. Esto le permite extender el alimento para que no se les ponga un bocado demasiado grande, lo que puede ser un peligro de asfixia.

Asegúrese de que todos los animales tengan el mismo acceso al alimento. Además, planifique un área de almacenamiento de granos para facilitar el acceso a los alimentos para animales.

Utilice contenedores metálicos de almacenamiento que puedan evitar que los mapaches entren y engullan sus granos.

- Utilice divisores de granero

Use una puerta de 12 o 16 pies de alto como divisoria del granero. Móntela en la pared para que pueda quitarla fácilmente si necesita agrandar el área o diséñela para que pueda girarla hacia un lado para meter un minicargador o un carro en el espacio para su limpieza.

- Construya un alimentador de heno

Localice un comedero de heno fuera del granero. Esto animará a los animales a dejar su refugio. Sin embargo, asegúrese de cubrir el comedero para evitar que el heno se moje por la lluvia o el rocío matinal.

Durante la estación húmeda, puede alimentarlos con heno dentro del granero, pero recuerde que eso requiere más limpieza.

- Planifique un área de almacenamiento

Planifique un área donde pueda guardar los cabestrillos o los collares de cabeza, los suministros para el esquilado y el equipo médico.

También puede almacenar heno sobre los corrales de las llamas, pero debe planear una abertura que le permita dejar los fardos de heno directamente sobre el área que necesite. De nuevo, intente almacenar el heno lejos del establo de los animales porque puede soportar brotes de fuego. Es mejor guardar el heno en otro granero o refugio y evitar fumar en los graneros.

Por último, tenga en cuenta que no todos los puntos y elementos sugeridos anteriormente pueden ser adecuados para usted, pero estas ideas pueden apoyar la forma en que planifica su granero y hacer que el manejo del ganado sea exitoso.

El vallado y el medio ambiente

La razón por la que necesita cercar su granja es más para protegerle de los depredadores que para contener a las llamas o alpacas. Los depredadores incluyen coyotes, pumas y perros.

Los perros causan la mayoría de los ataques de depredadores a las llamas. Por lo tanto, al planificar o cercar su granja, su enfoque debe ser para protegerse de los perros; una cerca que mantenga fuera a los perros también mantendrá fuera a los coyotes.

Lidiar con los pumas tiene otro enfoque. Un puma trepará a través de cualquier cerca si está decidido a hacerlo; afortunadamente, sin embargo, los ataques de pumas son raros. Por lo tanto, debería enfocarse más en controlar los ataques de perros, que son más comunes.

Hay varios estilos de vallas, y varios tipos de materiales pueden ser usados en su construcción. Sin embargo, al decidir el tipo de recinto y los materiales para hacer su cerca, la funcionalidad debe ser su factor determinante.

Las cercas de alambre son baratas. Si evita que se entierre en el suelo, puede durar mucho tiempo. Las cercas de rieles también son una buena opción de cercado, pero tendrá que respaldarlas con cercas de alambre. Combinadas, estas dos protegerán eficazmente su granja contra los depredadores.

Evite el uso de alambre de púas; aunque puede ser adecuado para mantener fuera a los depredadores, es peligroso para su ganado. Cualquier llama desatenta o curiosa puede correr hacia la cerca o frotarse contra ella y resultar herida por las púas.

Una cerca "anti escalada" es popular porque es segura, cuesta menos y tiene pequeñas aberturas. Es difícil para los depredadores escalar porque es alta.

Puede instalar una cerca "anti escalada" en un poste de metal, madera o fibra de vidrio. Es el tipo de cerca que mantiene fuera a casi todos los tipos de animales no deseados. Incluso los animales que no son presa directa de las llamas o alpacas pueden ser portadores de parásitos o enfermedades infecciosas y deben mantenerse alejados de su granja.

Otro tipo de cercado común entre los criadores de alpacas y llamas es el "Cercado de alta tensada de múltiples filamentos". Es un tipo de cerca que tiene múltiples filamentos de alambres espaciados de manera variable. El alambre está concentrado en la parte inferior y escasamente distribuido en la parte superior; este diseño evita que los depredadores excaven para acceder a la granja y evita que sus llamas o alpacas metan la cabeza en el alambre.

Cuando construya la cerca, use postes de madera tratada, metal, o una combinación de ambos, espaciándolos entre 8 y 12 pies de distancia. Una cerca de cinco pies de altura es suficiente, pero recuerde que una llama adulta motivada puede saltar una cerca alta. Incluso si eso ocurre, las llamas o alpacas no se moverán lejos de la compañía de otros, y puede fácilmente atraerlas de vuelta con golosinas.

Cimente los postes de apoyo, tirar de los postes y las esquinas al suelo. Si su granja está en un terreno que no es sólido, puede que necesite cementar *todos los postes*. Recuerde que es más económico construir una cerca fuerte y segura desde el principio que reparar o reconstruir unas endebles cuando ya no pueda mantener a los depredadores fuera de la granja.

Las demandas climáticas sobre el cobertizo y las instalaciones

Hay ligeros cambios en la demanda de cobertizos e instalaciones a medida que las estaciones van y vienen. Por lo tanto, es necesario familiarizarse con los cambios y saber qué hacer durante cada estación.

- Requerimientos de invierno

Un error común es que el hábitat nativo de una llama es una región fría de gran altitud. Aunque el hábitat nativo tiene proximidad al ecuador, proporciona una temperatura media de 20 a 55 grados F. Aunque la temperatura baja por la noche, rara vez baja de 10 grados F. Teniendo esto en cuenta, los granjeros que crían llamas o alpacas en una región fría necesitarán protegerlas.

Un granero grande y cerrado es la mejor protección cuando la temperatura cae por debajo de 0 grados. Cierre el granero con plástico colgante para reducir el viento.

Las llamas o alpacas con menos lana necesitarán una consideración especial durante el frío; deben ser vigiladas por signos de hipotermia. Considere aislar y calentar los graneros como se hace comúnmente con el ganado durante el invierno. Sin embargo, si va a cerrar el granero, asegúrese de que haya una ventilación adecuada. Puede instalar rejillas de ventilación en la cima del techo para la entrada y salida libre de aire.

La humedad puede acumularse rápidamente en el granero, causando un brote de bronquitis y neumonía en el rebaño.

Como alternativa a la calefacción del granero, puede fomentar el calor corporal obligando a la manada a agruparse en el cobertizo o el granero.

- Requisitos de verano

En los climas cálidos, la sombra —ya sea en forma de cobertizo construido o de árboles— es esencial, ya que a las llamas o alpacas no les gusta el calor; las temperaturas altas y la humedad pueden causar insolación.

Los ventiladores grandes o de circulación normal también han demostrado ser útiles cuando los espacios interiores como el granero se calientan demasiado.

Con el calor, las llamas y las alpacas se estirarán al sol, pero a menudo encuentran un medio para refrescarse, como bajo un árbol de sombra.

Puede ayudarles a manejar el calor durante las calurosas temporadas de verano proporcionándoles un medio de enfriamiento, como estanques, arroyos, piscinas para niños, rociadores, etc. También puede proporcionarles un área sombreada con arena donde puedan tumbarse.

Sería mejor si tuviera los ambientes antes de considerar la posibilidad de criar una llama. Con las sugerencias y requerimientos descritos anteriormente, no debería ser difícil poner tales instalaciones en su lugar, y mantenerlas en base a las estaciones.

Una vez que tenga todas las facilidades de alojamiento, estará listo para comprar su primera llama. El siguiente capítulo le enseñará cómo hacer la mejor elección para usted.

Capítulo 4: Comprando su primera llama

Dato corto - Las llamas son animales increíblemente sociales y no les gusta estar solas. La estructura social puede cambiar rápidamente en un ganado; un macho de llama puede cambiar de posición en ganado ganando o perdiendo peleas con el líder del ganado.

Ahora usted está listo para comprar su primera llama, así que tiene muchos factores a considerar y pasos a seguir. Las llamas y las alpacas son animales espectaculares, y es importante entenderlos antes de salir a comprar las suyas.

Comprar una llama se vuelve más sencillo una vez que entiende claramente estos animales únicos.

Cosas que hacer y considerar al comprar su primera llama

El mantenimiento de las llamas puede compararse con la búsqueda de un nuevo hobby; hay diferentes aspectos que deben conocerse y reglas que deben cumplirse. Comprar una llama no es una decisión a tomar porque usted se siente triste o solo, o por capricho. Debe ser un proceso lento, reflexivo y con conocimiento de causa. Aquí hay una lista de sugerencias para ayudarle en esta importante decisión.

1. Investigación

Informarse sobre el animal y su cuidado es crucial antes de invertir en uno. Es esencial que digiera toda la información disponible y posiblemente visite una granja de llamas para familiarizarse con lo que podría involucrar tener uno.

También le ayudará a descubrir si el espacio donde pretende alojarlas es lo suficientemente amplio, o si pagará una granja para alojarlas y cuidarlas. Después de su investigación, puede determinar si el mantenimiento de las llamas es un emprendimiento que es capaz de llevar a cabo.

2. Determine por qué está comprando llamas

No compre una llama solo porque le apetezca o porque le guste su aspecto. Puede que reciba más de lo que espera. Si está buscando criar llamas, entonces debería buscar hembras en lugar de castrados.

Necesitará determinar la edad y el peso de su llama, si la mantendrá como mascota, para carga o para tirar un carro. En general, debe tener una razón específica en mente para comprar una, ya que le ayudará a decidir lo que necesita.

3. Dónde comprará

La emoción de poseer una llama, después de meses —o tal vez años— de espera, no debería hacerle saltar a la primera oportunidad de comprar una. El lugar donde se compra la llama es tan importante como la forma en que se cuida. Necesita su historial y el comportamiento de la llama.

Un vendedor de llamas cualquiera podría no proporcionarle toda la información que necesita para cuidarla. Por eso es mejor comprar a un criador de confianza que a un corredor o en una subasta. Se arriesga a no obtener el tipo necesario para el propósito que pretende, y peor aún, podría ser enfermizo.

4. Espacio

Como cualquier otro animal del ganado, las llamas necesitan suficiente espacio para pasear. Si el espacio de su patio trasero no es muy grande, puede albergar hasta dos llamas allí. Sin embargo, si le gustan las llamas, pero no tiene suficiente espacio para alojarlas, entonces puede considerar alojarlas con los criadores locales cerca de usted.

Algunos ranchos pueden albergarlas, así que todo lo que necesita es investigar antes de comprar su llama. Si no puede encontrar una disponible, su vendedor podría alojar a sus animales, así que puede seguir siendo un orgulloso dueño de llamas, incluso si está corto de espacio.

5. Considere la naturaleza del ganado de llamas

Está bien enamorarse de estos animales inteligentes y querer traerlos a casa. Sin embargo, tenga en cuenta que solo están en su mejor momento cuando otras llamas están alrededor.

Así que, si está pensando en comprar una llama, probablemente tendrá que ir a casa con al menos dos llamas del mismo sexo. También puede alojarlas con otras hasta que compre su próxima llama.

Puede comprar solo una, solo si le sirve de guardia a su rebaño de ovejas.

6. Tiempo y cuidado

Un secreto detrás de la calma de las llamas es la atención y el cuidado. Ayudará si tiene mucho tiempo para atender sus necesidades. Estos animales necesitan por lo menos un chequeo veterinario mensual de rutina, una esquila regular del pelaje y un corte de uñas.

Cuando se recibe una llama, hay que poner todo el amor que se pueda en su cuidado. La llama se sentirá más segura a su alrededor cuando reciba su cuidado y atención.

Asegúrese de tener tiempo para revisarlas y comprobar que están en buenas condiciones. Si usted está demasiado ocupado y no puede conseguir a alguien que haga estas cosas en su ausencia, entonces tal vez quiera reconsiderar el tener una.

Qué hacer y qué no hacer al comprar su primera llama

Hay tantas cosas a considerar cuando se quiere comprar llamas. Las reglas pueden parecer abrumadoras al principio, pero es por su salud y el bienestar de los animales que compra.

Hay ciertas cosas que pueden ayudar a que su compra se realice sin problemas. Aquí hay una lista para su consideración:

• Nunca compre una llama sin educarse

Saber todo lo que necesita saber sobre las llamas le da una ventaja cuando finalmente compre una. Necesita tener el conocimiento correcto, ya que se arriesga a tener problemas si compra sin entender adecuadamente a estos animales únicos.

• Nunca compre su primera llama sin observarla

Observarla no significa levantarla, voltear la espalda y las patas hacia arriba, para hacer una revisión completa. Significa pasar tiempo visitando una granja de llamas para ver cómo viven las llamas, cómo se cuidan y cómo se comportan.

Observar significa que usted sabe todo lo que pasa alrededor de la granja cada vez que la visita. Ver cómo los animales son conducidos, entrenados, retenidos y manejados. Le mostrará en qué se está aventurando y le ayudará a imaginarse haciendo lo mismo.

• No se olvide de hacer preguntas

Necesita toda la información que pueda obtener, por lo tanto, es esencial visitar la granja tantas veces como sea posible. Podrá hacer preguntas sobre cualquier cosa que no entienda, y posiblemente descubrir la llama o llamas que desea comprar.

Necesitará hacer preguntas sobre los registros de salud de los animales, ya que dan una posible indicación del estado de salud de su futura compra. Pregunte acerca de cómo son vacunados, con qué frecuencia, acerca del veterinario, y qué esperar después de comprar una. Algunas granjas ofrecen cría gratuita, seguimiento o incluso entrega. No pague por una llama hasta que todo esté completamente explicado.

• Haga un examen previo a la compra

Haga que un veterinario ayude a examinar los animales antes de comprar; siempre es más fácil tomar la palabra de un profesional que la de la persona que busca vender la llama. Un examen previo a la compra por un veterinario facilita todo el proceso e incluso ayuda a detectar problemas que el vendedor podría desconocer.

• No compre su primera llama en una subasta

Normalmente no es prudente comprar su primera llama en una subasta. Es una aventura arriesgada por muchas razones. Comprar su primera llama en una subasta no le dará el privilegio de observar, revisar y hacer preguntas como lo haría si comprara en una granja. Muchas cosas pueden salir mal con el animal después de comprarlo, y puede que no tenga acceso a sus registros de salud. Además, puede que nunca sepa si los animales fueron subastados debido a un problema subyacente. Por último, será difícil determinar si el animal es el más adecuado para lo que usted tenía en mente.

• Preste atención a la personalidad de la llama que está comprando

Al igual que los humanos, las llamas también tienen sus personalidades, fortalezas y debilidades únicas. Busque descubrirlas y posiblemente pregunte al vendedor una vez que ubique un par de llamas quiera llevarse a casa. No caiga en el truco de creer que existe una llama perfecta. Su trabajo es familiarizarse con las posibles dificultades que la compra de un tipo particular podría traer y preguntarse si está dispuesto a lidiar con ellas.

- Nunca compre una sola llama

Las llamas odian estar solas, volviéndose malvadas y deprimidas cuando están fuera del ganado. No quiere una llama infeliz a su alrededor. Así que, ¡nunca compre una sola llama!

Cualquier vendedor dispuesto a venderle solo una, a pesar de saber que nunca ha tenido una, debe ser evitado. Probablemente están interesados en su dinero y no en su cordura, mucho menos en el bienestar de la llama.

- No compre un par (macho y hembra)

La posibilidad de comprar un macho y una hembra puede parecer una idea jugosa, especialmente si se busca criar un ganado para venderlo más tarde. Sin embargo, considere que un macho y una hembra mantenidos juntos se reproducirán repetidamente, una práctica que eventualmente llevará a infecciones para ambos animales. Si quiere criar, es mejor comprar parejas del mismo sexo.

No tiene sentido comprar pares del sexo opuesto si no está interesado en criar en primer lugar.

- No compre una llama que nunca ha visto

Es normal conseguir ofertas en Internet e incluso que le proporcionen suficiente información para ayudarle a tomar una decisión. Sin embargo, es mejor buscar un vendedor si está cerca de su localidad. Por favor, no compre una llama por Internet que nunca haya visto, tocado u observado.

- Visite varias granjas de llamas

Usted se mereces el mejor trato por su dinero y no es posible que lo consiga visitando a un solo criador. Visite muchas granjas de llamas, observe sus prácticas y familiarícese con sus términos antes de comprar.

- No compre una llama sin un contrato escrito

Un contrato escrito hace responsable al vendedor de todos los servicios postventa prometidos. Tener el acuerdo por escrito hace más fácil referirse a los términos cuando las cosas vayan mal, en lugar de adivinar lo acordado.

Es más fácil hacer responsable al vendedor de cumplir su parte del contrato cuando está escrito en un contrato.

Cómo detectar una buena raza de llama para comprar

Ahora que sabe todo lo que tiene que hacer y no hacer al comprar su primera llama, ¡está listo para empezar! Estos puntos cruciales le ayudarán a conocer la raza de llama correcta para comprar.

1. La reputación del criador

La reputación del criador ayudará a determinar qué raza de llama comprar. Por lo tanto, es esencial verificar con muchos criadores y observar sus prácticas. Un criador de renombre será miembro de las asociaciones de llamas y tendrá sus animales registrados en el registro internacional de llamas.

El criador también criará llamas jóvenes de manera responsable sin producirlas en masa como cachorros de perro. Si en una granja de cría se encuentran más de un máximo de cinco crías (llamas o alpacas bebé), esto indica que el criador puede no estar cuidando adecuadamente a sus animales.

2. El vendedor tiene un buen conocimiento y registro de los animales

La forma en que un vendedor se compromete con sus llamas reflejará la calidad del cuidado que han recibido y le ayudará a decidir si la inversión vale la pena. El conocimiento que el vendedor muestre sobre la salud e historia del animal también ayudará a determinar la elección que usted haga.

Una buena raza reflejará una larga historia de atención y cuidado por parte del vendedor, y el riesgo de futuros problemas después de la compra será mínimo.

3. Calidad de la atención veterinaria

La calidad de la atención veterinaria que la raza de llama ha recibido a lo largo del tiempo le ayudará a determinar qué calidad está pagando. Si las llamas son vacunadas regularmente, revisadas rutinariamente, y tienen un registro general de buena salud, entonces usted sabe que ha encontrado una buena raza.

4. Condiciones excelentes de su observación

Lo que observó durante sus visitas también determinará si ha encontrado la raza correcta. Considere si los animales tienen un aspecto saludable o un peso inferior al normal, si tienen cuerpos limpios, si tienen llagas u otros indicadores aparentes de lo bien que fueron cuidados.

¿Pudo llevarlos a pasear? ¿Cómo respondieron los animales al ser conducidos o detenidos? ¿Han sido entrenados? Estos pasos proporcionan los indicadores necesarios para determinar si se ha encontrado la raza correcta o si se debe seguir buscando, dependiendo de cómo se pretenda utilizarlos. Si tienen un aspecto enfermizo, desnutrido, desarreglado con las uñas sin cortar, y el pelo sin cortar, esas podrían ser las banderas rojas para considerar la búsqueda de un nuevo lugar donde comprar.

5. Las llamas son independientes

Las llamas pueden desarrollar una afición por usted cuando aparece a su alrededor constantemente; aun así, ¡no deberían seguirle!

Cuando los animales son demasiado amigables a su alrededor, entonces no debería ir por esas razas. Es peligroso para ellos querer estar siempre cerca de usted; son ganado, no perros.

Cuando las llamas son amigables, pero independientes, considérelas. Las aparentemente demasiado buenas pueden resultar bastante malas, especialmente cuando no reciben la atención que esperan.

6. Suficiente destete y ordeño

Primero, vaya por razas destetadas apropiadamente en cinco o seis meses. Las razas destetadas antes pueden estar por debajo de su peso, resultar peligrosas y ser propensas a infecciones y enfermedades más tarde.

Si está buscando una hembra y tiene la intención de que dé crías, es esencial encontrar una cuya madre haya ordeñado bien. Si la madre fue una ordeñadora ligera, esta también puede serlo, lo que puede suponer un problema para usted más tarde.

7. Buen historial genético

Una llama cara con un excelente historial genético producirá más beneficios generales que una más barata con un historial de problemas genéticos. Por lo tanto, es esencial preguntarle a su criador sobre los posibles problemas genéticos de sus posibles llamas.

Cómo obtener un buen trato en su primera llama

Finalmente, es hora de adquirir su primera llama, pero no está seguro del precio; puede obtener un buen trato en su primera llama sin vaciar su bolso.

Los precios de las llamas siempre se clasifican en tres categorías: baratas, de precio moderado y caras. Estos animales varían en precio debido a la calidad del cuidado, la edad y las calificaciones individuales de los criadores. Algunos criadores ofrecen un servicio post-venta con todo incluido, lo que también podría crear precios más altos.

Una llama gratis o barata a menudo tiene varias razones para ser barata, y usted debe averiguar por qué se venden por menos.

En promedio, las llamas deberían costar entre 1,500 y 5,000 dólares. Encontrar una llama mucho más baja que esa cantidad no debería emocionarle tanto como generarle curiosidad. Una vez que se le haya informado sobre la condición de la llama y esté satisfecho con los posibles resultados de esa compra, entonces podrá seguir adelante.

Muchos factores determinan su compra de precio moderado. Estos factores incluyen la edad, la calidad de la crianza, la salud, el peso y la fuerza de la llama. Comprobar los precios con varias granjas le ayudará a notar si un vendedor está subiendo los precios irrazonablemente. Pero en general, las llamas bien criadas no costarán una fortuna.

Algunas llamas costarán más, especialmente si las alojará con el vendedor por falta de espacio o ganado. Tendrá que pagar por todos los cuidados, la alimentación y la atención médica. Una llama preñada costará más que una hembra no preñada.

Considere cuidadosamente todos los factores subyacentes a su compra, ya que determina cuánto pagará. Los precios de las llamas son relativos de un lugar a otro, pero asegúrese de buscar animales de calidad cuando busque las mejores ofertas.

Conclusión

Comprar una llama no es un juego de niños, y usted debe estar listo para emprender todos los sacrificios a cambio de la emoción de poseer estos animales inteligentes. Recuerde, si viene a casa con su primera llama, no debe ser con una sola, sino con dos.

Asegúrese de tener todo lo necesario para albergar dos o más llamas y prepárese mental y financieramente para sus nuevos amigos peludos. Ahora que sabe cómo comprar y alojar una llama, debe aprender sus comportamientos.

Capítulo 5: Comportamiento y manejo de las llamas

Dato corto - *La llama raramente muerde. Sin embargo, escupen cuando se molestan o agitan, pero generalmente entre ellas, no a las personas. También luchan con el cuello y se patean entre sí cuando se molestan, pero no tienden a atacar a los humanos, a menos que los molesten.*

Usted necesita saber todo sobre el comportamiento de las llamas para cuidarlas adecuadamente. Es importante ser capaz de predecir y entender sus reacciones. Curiosamente, las llamas son animales fáciles de cuidar, especialmente cuando sabe cómo se comportan.

En este capítulo, descubrirá todo lo que necesita saber sobre su comportamiento y las formas de manejarlas. ¡Ahora, vamos a sumergirnos!

¿Qué comportamientos exhibe una llama?

Una llama es un animal inteligente que puede ser entrenado fácilmente; con una a cinco repeticiones, aprenderá y recordará muchas habilidades. Puede instruirlos para hacer muchas cosas, como aceptar un cabestro y ser guiados en una pista.

Pueden adaptarse rápidamente al entrenamiento, como tirar de un carro, llevar carga y subir y bajar de un vehículo de transporte. Las llamas son animales amistosos, pero necesitan la compañía de su especie.

Las llamas son animales amables, tímidos y curiosos; son tranquilos y tienen sentido común, lo que hace que sean fáciles de manejar para cualquiera, incluso para los niños. Las llamas son animales agradables, y son divertidas cuando hacen cosas; sin embargo, la mayoría no buscan atención y no les gusta que las manejen excesivamente.

¿Escupen las llamas?

Sí, las llamas pueden escupir, y es una forma de comunicarse entre ellas y mostrar su ira. Otras formas de comunicación entre ellas incluyen la posición de las orejas, el zumbido y el lenguaje corporal.

Las llamas suelen escupir a otras llamas para establecer su dominio, pero no escupen a las personas. Si las llamas escupen a otras llamas mientras están en el granero, es generalmente a la hora de la alimentación cuando se invade el espacio personal.

Las llamas también escupen como mecanismo de defensa. Sin embargo, antes de escupir, suelen alargar sus cuellos y cabezas hacia arriba para mostrar su desagrado, esa es su señal de advertencia. Si lee este lenguaje corporal correctamente, ¡puede alejarse!

Las llamas no le escupirán a menos que se sientan confinadas o perciban que están en peligro. Como los perros no muerden a la gente sin razón, estos animales solo escupen cuando son provocados como mecanismo de defensa.

Las llamas hacen un "mwa" o sonido de gemido para mostrar ira o miedo y ponen sus orejas hacia atrás cuando se agitan. También se puede saber cuán agitada está la llama por el contenido de la saliva. Cuando están muy perturbadas, sacan materiales de su estómago más interno, sacando de sus profundidades una masa verde y pegajosa. ¡Trate de no quedar atrapado en el camino cuando las llamas escupan porque puede ser increíblemente desagradable!

Cuando se entrena a estos animales correctamente, las llamas rara vez escupen a un humano. A veces pueden escupirse entre ellas para disciplinar a las llamas de menor rango, ya que son animales de manada social. Las llamas pueden subir la escala social en sus filas buscando peleas. La mayoría de las veces serán testigos de estas peleas entre llamas macho para obtener la posición alfa.

Estas peleas entre llamas pueden ser entretenidas. Escupen, se golpean con el pecho, luchan con sus cuellos y dan patadas para desequilibrar al otro. Las llamas hembras suelen escupir para controlar a los otros miembros del ganado.

¿Recuerda que hablamos de la necesidad de las llamas de tener una compañía de su tipo? Ahora hablemos de la compañía.

Compañía

Como animal de ganado, una llama necesita otras llamas. Por lo tanto, debe tener, al menos, dos llamas en su pasto. Es triste ver a una llama sola, y aunque quiera que las llamas cuiden a sus ovejas, consiga al menos dos para ese propósito, ya que son más efectivas cuando se trabaja con un compañero. Su aguda vista les ayuda a mantenerse vigilantes de su entorno y tienen una curiosidad natural, que les hace querer ver y oler todo.

Machos berseker

No se puede discutir el comportamiento de la llama sin tocar el Síndrome del macho berserker, también conocido como "Síndrome del manejador novato" o "Síndrome de la alpaca berserk". Es un síndrome de comportamiento causado por los humanos cuando interactúan incorrectamente con los machos jóvenes (llama). La llama puede exhibir un comportamiento agresivo y los humanos malinterpretan el comportamiento agresivo como amigable.

Corredores rápidos

Las llamas pueden correr rápido. El perro promedio puede moverse a unos 30 o 40 kilómetros por hora; una llama, cuando se pone a correr, puede moverse a más de 60 kilómetros por hora. Este es un gran mecanismo de protección, ya que significa que pueden superar a muchos depredadores.

Apareamiento

Cuando se habla del comportamiento de las llamas, el apareamiento es un tema del que oirán hablar mucho. No debe obstaculizar a un macho agresivo durante el apareamiento, ya que estará preocupado por completar su tarea y usted podría resultar fácilmente herido.

Cuando se agregan los elementos de diferentes ambientes y hembras, se verán más diferencias en el temperamento del macho de llama. Sin embargo, no solo los machos de llama tienen variaciones de temperamento. Las llamas hembras también exhiben mal humor, y la personalidad de una llama hembra no entrenada puede cambiar cuando un macho se acerca para el apareamiento. Incluso la llama más alterada puede volverse dulce y dócil durante la sesión de apareamiento.

Siempre hay llamas mirando como espectadoras durante el apareamiento. Cualquier hembra no entrenada se acostará cerca de la pareja de apareamiento mientras que las hembras entrenadas normalmente se quedarán atrás y observarán como si el proceso fuera para su entretenimiento.

Embarazo

Las llamas preñadas también cambian de personalidad. Una llama amistosa puede volverse distante, mientras que una llama tranquila y peculiar puede volverse valiente. Se ven afectadas por el cambio en las hormonas, y se puede ver en el dramático cambio de sus comportamientos.

¿Cómo se comunican? Los sonidos de la llama

Siendo animales de manada, las llamas se comunican usando varios sonidos.

1. El zumbido de la llama

Estos animales usan este sonido para comunicarse desde el nacimiento, similar al zumbido humano. Las llamas hacen este sonido cuando están preocupadas, angustiadas, cansadas, ansiosas o curiosas. Una madre llama también puede hacer este zumbido para dar la bienvenida a su recién nacido. Este sonido les ayuda a comunicarse y a mantenerse conectadas.

2. Chasqueo

Este sonido es como un humano chasqueando su lengua en el techo de su boca. Cuando las llamas chasquean, típicamente vuelcan hacia atrás las orejas. Este sonido expresa preocupación o señala amistad, lo usan para saludar a las nuevas llamas o para coquetear con las hembras.

3. Gorgoteo

Este sonido es como si una persona hiciera gárgaras. Las llamas macho hacen este sonido cuando se acercan a una hembra para reproducirse. Continúa sonando así hasta que la cópula se completa, y puede continuar por veinte minutos a una hora.

4. Llamada de alarma

Las llamas hacen esta llamada cuando sienten miedo o se sorprenden por algo. El sonido es fuerte, agudo y rítmico, y alerta a los demás miembros del ganado de que hay un depredador cerca (especialmente perros).

Las llamas viajan en ganados cuando están en la naturaleza. Cuando un animal se da cuenta de un depredador, hacen este sonido para alertar a los demás.

5. Resoplo

Las llamas resoplarán cuando otra llama invada su espacio, normalmente como un mensaje de advertencia para que se alejen. No todas las llamas resoplan, pero las que lo hacen lo hacen a menudo.

6. Gritos

Cuando una llama grita, es como si alguien soplara una sirena junto a su oído, ¡porque es muy ruidosa! Las llamas gritarán solo cuando no son manejadas correctamente. También comunican sus estados de ánimo con una serie de posturas de cola, cuerpo y orejas.

Al igual que los humanos, las llamas son únicas. No todas son inteligentes o agradables, y averiguar el comportamiento básico de una llama le ayudará a modificar su comportamiento, o al menos a acomodarlo.

Manejo de la llama

Aunque las llamas no son animales que deban ser excesivamente mimados, todavía hay pautas que deben seguirse al manipularlas. Hasta cierto punto, las llamas son animales emocionales y, como miembros de la familia de los camélidos, tienen varios rasgos similares a los del camello. Esto significa que puede usar las pautas de tratamiento de los camellos para manejar sus llamas.

Las llamas son animales de pastoreo, lo que hace que sean reacios a la separación. Una forma de manejar tal situación es seguir dividiendo a las llamas en grupos más pequeños. Tendrá que repetir este proceso hasta que seleccione la que necesite de un grupo relativamente pequeño. Tenga cuidado de no amenazar o asustar a los animales, evite los movimientos bruscos.

Si se debe retirar una sola llama de su ganado para tratamiento u otro propósito, se deben seguir procedimientos específicos.

¿Cómo puedo separar una?

Trate de acercarse a la llama lentamente y agarrar su cabeza. No haga fuerza, pero trate de asegurar un agarre firme usando el brazo y el hombro. La llama puede tratar de impedir que usted la tome, y a veces de manera contundente, pero hay algunos trucos que puede utilizar para restringirla.

Puede aplicar la técnica de la oreja: presione la cabeza de la llama y sujete firmemente su oreja externa. Esta técnica se usa comúnmente en camellos y caballos.

También puede presionar el hombro de la llama, colocando sus manos firmemente en la base del cuello.

La captura de la línea media es otra forma brillante de atraparlas. La llama debe estar en una posición en la que se alinee con el corral con su cabeza en una esquina. Esta posición da un movimiento suave y firme desde un lugar detrás del ojo. Coloque el dorso de su mano en la parte baja de su cuello y luego deslice la mano hacia arriba detrás de las orejas mientras se acerca para poner la otra mano bajo la barbilla. Ponga su dedo índice y su pulgar en la ranura de la mandíbula inferior, dándole una *sujeción de brazalete*. El agarre ayuda a mantener al animal estable.

Algunas llamas pueden ser acorraladas y agarradas por el cuello para su crianza, pero es probable que salgan corriendo. Se puede usar una cuerda de captura y una varita para atrapar al animal y entrar en su zona de escape. Cuando lo haga, la llama se quedará quieta. En ese punto, puede acercarse más. Sin embargo, hay que tener en cuenta la posición del cuerpo de la llama, y luego acercarse.

Con la cuerda alrededor de su cuello, usted estará en un punto de ventaja para ayudar al animal a ganar equilibrio y comportamiento adecuado. Mantenga una distancia segura de la llama. Con esta postura, usted no será una amenaza para ella.

En el manejo de las llamas, necesitará equipo que pueda comprar fácilmente o improvisarlo. Las cuerdas son el equipo más común.

No use la cuerda para mantener al animal quieto, en su lugar, manténgala lo suficientemente apretada para cerrar su ruta de escape. Podría disparar el instinto de huida del animal, así que es mejor usar el corral como contención para el animal, no la cuerda.

Coloque su brazo alrededor del cuello para mantener el equilibrio; el hecho de que un cuidador le saque de equilibrio crea pánico en el animal. Una llama en equilibrio llevará alrededor del 67 por ciento de su peso corporal sobre el frente. El restante 33 por ciento será sobre las patas traseras con la cabeza en línea sobre el cuello y los hombros.

¿Cómo trato a las llamas?

Los procedimientos anteriores le permitirán completar su examen sin estrés innecesario. Las inyecciones se pueden aplicar en el tríceps, o en el ángulo del cuello y el hombro, pero, al inyectar la llama, inclínese sobre el animal para que el movimiento no desplace la aguja.

Cuando realice un examen de sangre en su llama, agáchese para hacerlo, ya que esta posición ocultará los movimientos rápidos y repentinos que podrían asustar al animal.

Las llamas plantean desafíos de manejo debido a su tamaño y fuerza. Aquellas con vellón menos denso son más fáciles de examinar, pero si una llama no puede permanecer quieta para los procedimientos necesarios como el esquilado, es probable que no esté tranquila durante los procesos veterinarios.

En tales casos, se pueden aplicar las técnicas explicadas anteriormente, para dar al animal la oportunidad de permanecer de pie de forma independiente.

¿Cómo arreglo un cabestro para las llamas?

Se recomienda un cabestro bien diseñado para ayudar a sus animales a equilibrarse de manera efectiva. Es una herramienta cómoda y útil para comunicarse con los animales camélidos, especialmente la llama.

Los camélidos respiran por la nariz. Por esta razón, debe usar cabestrillos que no se deslicen hacia adelante sobre la nariz, comprimiendo el cartílago nasal. Para prevenir tales incidentes, asegure firmemente la pieza de la corona detrás de las orejas de la llama. El cabestro que elija debe ser cómodo. Usted sabrá que es cómodo cuando hay suficiente espacio en la cavidad nasal para que la llama coma y rumie. Un cabestro perfecto se sienta cómodamente en la cabeza de la llama en vez de en su nariz.

A veces, puede parecer imposible llevar a cabo un examen, y por lo tanto, se requieren planes alternativos. No persiga a su animal asustado; puede estar arriesgándose a lastimarse a sí mismo y/o a la llama.

De ser necesario, reprograme los exámenes en lugar de poner en peligro a su animal (o a usted mismo). Consiga la ayuda de manipuladores más experimentados o, en casos más graves, sédelo.

Con estos sencillos procedimientos, su manejo no será un problema. Tomarse el tiempo para estudiar a las llamas le ayudará a saber cómo manejarlas en cualquier situación.

Capítulo 6: Nutrición y alimentación de las llamas

Dato corto - Las llamas son vegetarianas, y sus sistemas digestivos son increíblemente eficientes. Tienen tres compartimentos en sus estómagos: el rumen, el omaso y el abomaso. Regurgitan su comida y la vuelven a masticar varias veces para digerirla completamente, un proceso llamado masticar el bolo alimenticio.

Las llamas pertenecen a un grupo de animales llamado el Camélido del Nuevo Mundo. La nutrición y la alimentación son únicas porque tienen un sistema digestivo significativamente diferente al de un rumiante típico, con un mayor coeficiente de digestibilidad.

En este capítulo, exploraremos el sistema digestivo de las llamas, sus requerimientos nutricionales y las recomendaciones de alimentación, explorando brevemente las cosas que no deben recibir.

El sistema digestivo de la llama

Se preguntará por qué es esencial entender su sistema digestivo. Las llamas no se consideran verdaderos rumiantes. Son rumiantes modificados porque tienen un estómago con tres compartimentos comparado con los verdaderos rumiantes, que tienen cuatro.

Las llamas solo mastican su comida lo suficiente para mezclarla con saliva para lubricarla y ayudarla a pasar por el esófago hasta el primer compartimiento llamado rumen. El esófago está directamente conectado al rumen y, en los animales adultos, puede llegar a medir hasta cuatro pies.

El primer compartimiento es alrededor del 83% del volumen total del estómago; está lleno de bacterias, y es donde comienza el proceso de fermentación. Esta bacteria es crucial para su nutrición, así que si se altera la población de bacterias, puede afectar negativamente a su salud.

Debe tener cuidado con lo que les da de comer y cómo hace cambios en su dieta. Hay una sustancia parecida al agua en este compartimento que descompone las células de las plantas y absorbe los nutrientes; un desequilibrio podría significar un problema para la digestión de la llama.

La sustancia en el primer compartimiento se mueve al segundo compartimiento para una mayor fermentación. Aquí hay poca actividad, y el segundo compartimiento es alrededor del 6% del volumen total del estómago.

El tercero está lleno de ácido estomacal, que ayuda a la digestión de los alimentos. El ácido del estómago salpica las membranas celulares de la sustancia ingerida, y una vez que la célula explota, dispersa los nutrientes y la energía de la comida.

Las bacterias que ayudaron al proceso de fermentación en el primer y segundo compartimiento serán digeridas en el tercer compartimiento. Proporciona proteínas y también es una fuente importante de aminoácidos.

El pH en el primer y segundo compartimiento es neutro, mientras que en el tercero es ácido. Por lo tanto, las llamas pueden desarrollar úlceras si no se alimentan adecuadamente. El balance de nitrógeno en su estómago también es crucial. Reciclan la urea para que las bacterias del estómago puedan sintetizar la proteína.

Las llamas mastican su comida en un movimiento de figura ocho. Una vez que las llamas mastican y tragan su comida, esta va a los otros compartimentos del estómago. Las llamas entonces regurgitan su comida y la mastican de nuevo, repitiendo el proceso hasta 75 veces.

Si se observa de cerca a la llama, se notará un bulto similar a una burbuja (conocido como bolo alimenticio) que se mueve hacia arriba por su cuello. Por lo tanto, regurgitar se conoce como *masticar el bolo alimenticio*.

Es esencial para mantener su sistema digestivo en equilibrio. Las llamas necesitan microorganismos para descomponer la celulosa, las proteínas y la urea y mantenerlas sanas; la población de microbios no debe ser afectada.

¿Qué significa esto? Si usted las lleva a otra granja o a un nuevo entorno, proporcióneles los alimentos que estaban acostumbradas a comer y luego añada lentamente nuevos alimentos a su dieta. Si van a realizar actividades extenuantes, es crucial no cambiar su dieta. También se pueden añadir probióticos para aliviar su estrés. Una población microbiana equilibrada y sana en el estómago es igual a una llama sana.

Trastornos digestivos en las llamas

Los trastornos digestivos son enfermedades o trastornos asociados con el tracto digestivo, también llamados trastornos gastrointestinales. Los signos clínicos son anorexia, distensión abdominal, depresión, aumento del pulso, temperatura subnormal y cólicos.

Sin embargo, estos signos no son diagnósticos, por lo que se deben realizar pruebas adicionales para confirmarlos. A continuación se explican algunos trastornos gastrointestinales.

Megaesófago

El megaesófago es un trastorno digestivo en el que el esófago se dilata (se agranda) y pierde la motilidad (la capacidad de llevar comida al estómago). Cuando esto sucede, las sustancias alimenticias se acumulan en el esófago y tienen dificultad para pasar al estómago.

La dilatación del esófago es relativamente común en las llamas, especialmente después de los casos de asfixia. Los signos comunes del megaesófago son la pérdida de peso crónica y la regurgitación postprandial de alimentos. Se desconoce la causa exacta de este trastorno y no hay tratamiento. Algunos animales pueden mantener la condición durante un período prolongado, mientras que otros seguirán perdiendo peso.

Atonía estomacal

La atonía estomacal es un raro trastorno gastrointestinal en las llamas, y la causa de este trastorno es desconocida. Los signos comunes son la reducción o el cese completo del consumo de alimentos, la depresión y la pérdida de condición corporal. También pueden ocurrir otros problemas gastrointestinales, como diarrea. El consumo de líquidos es una forma de corregir este trastorno.

Úlceras

Las úlceras en las llamas se desarrollan en el tercer compartimiento debido a los ácidos estomacales presentes allí. Los signos comunes son la disminución del consumo de alimentos, la depresión, y cólicos intermitentes a severos y el estrés es también un factor significativo. No se recomienda ningún tratamiento en particular, pero normalmente se basa en los signos y la historia clínica. El administrar omeprazol puede ayudar a reducir la producción de ácido. La reducción del estrés, los antibióticos parenterales y otras terapias de apoyo pueden ayudar al proceso de recuperación.

Enfermedad hepática

La enfermedad hepática es un problema relativamente común en las llamas. Puede ser causada por el estrés o un cambio abrupto en la dieta o la alimentación. Los signos más comunes son la disminución de crecimiento, escaso desarrollo (cuando su ritmo de crecimiento es más lento de lo esperado) y la muerte brusca. El tratamiento suele basarse en síntomas específicos, pero el aumento de los ácidos biliares séricos y las concentraciones de enzimas puede ayudar al proceso de recuperación. La tasa de mortalidad en los animales no tratados es relativamente alta, por lo que si se observan los signos, hay que darles el tratamiento adecuado.

Diarrea

Este desorden gastrointestinal no es común en las llamas. Las causas principales de la diarrea incluyen el cryptosporidio, el rotavirus, el coronavirus y las cepas enteropatógenas de Escherichia coli. Algunos crías (llamas bebés) también pueden experimentar diarrea transitoria de 2 a 3 semanas después del nacimiento, pero la diarrea en las llamas mayores suele ser causada por una infección o asociada con un cambio en la alimentación.

Estreñimiento e indigestión

Se recomienda un tratamiento clínico para este trastorno gastrointestinal y la modificación de la dieta. En llamas jóvenes, se debe considerar la ruptura de la vejiga, la retención de meconio y la enterotoxemia clostridial.

Bloqueo

La hinchazón es una condición gastrointestinal de hiperacidez por sobrecarga de granos, reticuloperitonitis traumática y desplazamiento de abomaso. Este desorden gastrointestinal no es común en las llamas.

Prevención y tratamiento de los trastornos gastrointestinales en las llamas

El tratamiento de los trastornos gastrointestinales en las llamas es similar al de los rumiantes domésticos. Sin embargo, cuando se observan signos de trastornos abdominales agudos, debe tratarse como una condición de emergencia que requiere atención inmediata.

En el caso de las úlceras, el trasplante del contenido del estómago de otra llama o vaca puede ser útil. El uso de aceite mineral, vinagre y bicarbonato también puede ayudar, especialmente cuando la atonía está relacionada con la sobrecarga de granos.

La mayoría de los desórdenes gastrointestinales son causados por su dieta. Las llamas deben ser alimentadas principalmente con pastos leguminosos y pastos mixtos. También se puede añadir un suplemento concentrado si la llama requiere mucha energía, especialmente si está preñada/lactando o si son llamas de carga.

Requerimientos nutricionales de las llamas

Debe conocer las necesidades nutricionales de la llama, ya que es esencial para criar un ganado productor saludable. Los requerimientos dietéticos afectarán su reproducción, la salud de sus crías, el estrés por calor, la calidad de la lana y la producción de leche.

Los requerimientos nutricionales pueden variar ligeramente dependiendo del propósito de sus llamas, su ubicación y el pasto que les provea. Pero en general, la dieta de la llama debe consistir en fibra, proteínas, sal, calcio, fósforo, minerales y vitaminas.

Fibra y energía

Las principales fuentes de energía en su dieta son los pastos y el heno. Un buen heno de hierba frondosa que no esté polvoriento o mohoso proporcionará la fibra y la energía necesarias. Un grano como el maíz también es una fuente de alta energía, y se puede añadir a su dieta para ayudarles a obtener la energía que necesitan para mantenerse fuertes y saludables.

Sin embargo, debe ser añadido en la proporción correcta. A las llamas en la última etapa de gestación o en la primera etapa de lactancia se les puede agregar 3/4 de libra de maíz partido a su dieta para darles la energía que necesitan. El maíz partido puede ser añadido a la dieta de la futura madre entre cuatro y seis semanas antes de la fecha de parto.

También se puede seguir alimentándola después del nacimiento, especialmente si la madre pierde mucho peso después de dar a luz. También requerirá mayor energía, ya que estará alimentando a su cría.

Sin embargo, debe tener en cuenta que los granos como la avena o el maíz deben ser utilizados solo como fuentes suplementarias de alta energía y no como la fuente de energía primaria en su dieta. Los granos tampoco deben darse en condiciones de clima extremadamente caluroso.

Proteína

El requerimiento de proteínas para las llamas es relativamente bajo. Por lo general, el heno de hierba de buena hoja proporcionará la ingesta de proteínas necesaria para su llama. Sin embargo, cuando sea necesario un suplemento de proteínas (lactancia o clima frío), puede agregar un 50% de heno de alfalfa a su dieta. Sin embargo, solo debe ser alimentado como un suplemento, no como su alimento principal debido al alto nivel de proteína en él. El heno de alfalfa es el culpable más probable de las almohadillas de grasa en el tejido mamario, y afecta negativamente a las crías al añadir un exceso de grasa durante su temporada de crecimiento primaria.

Además, el exceso de calcio obtenido del heno de alfalfa alterará el equilibrio entre el calcio (Ca) y el fósforo (P), que es vital para el rápido crecimiento de sus crías. Las deficiencias y el desequilibrio del calcio y el fósforo pueden causar una formación anormal de crecimiento óseo, como las patas arqueadas. Esto sucede cuando la madre o la cría comen demasiada alfalfa.

Tengan cuidado con la cantidad de proteínas con la que alimenta a sus llamas. Se recomienda un contenido de proteínas del 6 al 10 por ciento, aunque las crías pueden tener un requerimiento mayor de alrededor del 16 por ciento. La calidad del pasto y el contenido de proteínas son mayores en la primavera cuando las plantas están creciendo activamente.

Sal, vitaminas, calcio y fósforo

La sal, las vitaminas, el calcio y el fósforo también son un buen complemento (alimento). Estos nutrientes son esenciales para su bienestar, pero hay que regular la forma en que se alimentan estos suplementos, asegurándose de que se administren de manera uniforme.

La forma más eficiente de alimentar y controlar sus necesidades alimenticias es proporcionándoles el suplemento por medio de un pellet solamente. La mezcla de minerales y vitaminas en polvo, granos sueltos y pellets no permite una dieta controlable y consistente.

Los ingredientes no se distribuirán uniformemente, ya que la mayor parte caerá al fondo de la bolsa. Mantenga el tamaño de los pellets en aproximadamente 1/8 de pulgada para evitar que se ahogue. Si su llama se atraganta mientras se alimenta del pellet, deje de alimentarla por un par de días. Entonces puede introducir lentamente el pellet de nuevo en su alimentación.

El suplemento generalmente contiene todas las vitaminas, minerales y sal. Sin embargo, también es necesario darles una mezcla de oligoelementos sueltos, ya que la ausencia de un oligoelemento como el selenio en su dieta puede causar problemas. Sus animales pueden llegar a tener crías débiles, problemas de crecimiento, enfermedades del músculo blanco, lactancia e incluso problemas de reproducción.

Compruebe el nivel de selenio de sus animales al azar cuando les tome la sangre en un chequeo periódico. Si el nivel de selenio está por encima de 150 a 200, es normal. Sin embargo, cualquier cosa por debajo de 150 es motivo de preocupación.

Las llamas también necesitan mucha vitamina E en su dieta. La vitamina E en los forrajes secos no es suficiente, por lo que hay que darles suplementos; la falta o insuficiencia de vitamina E en las llamas se manifiesta en patas torcidas y en el desarrollo de crías débiles.

Asegúrese de alimentarlos con una dieta balanceada en climas cálidos y húmedos, ya que esto les ayudará a combatir el estrés por calor. También podría tener que aumentar la dosis de los suplementos cuando sus animales están en el final de la gestación, al principio de la lactancia, y en invierno.

Aunque entender la nutrición de las llamas puede ser complicado y un poco confuso, es un conocimiento esencial para criar un ganado sano y fuerte. Ellos pueden comer diferentes alimentos sin que usted los observe y aun así parecen estar bien. Sin embargo, los problemas eventualmente aparecerán. Puede ser en problemas de parto, costosas facturas del veterinario por enfermedades, o incluso la muerte.

Provea chequeos de rutina para monitorear la salud de sus animales. Realice análisis de sangre regularmente y comprueben al azar el nivel de selenio de la llama. Los chequeos deben incluir pruebas de balance de calcio y fósforo, y niveles de proteínas con un CBC.

Ocasionalmente, se puede hacer un análisis de sangre de IgG (inmunoglobulina) para ver cuáles son sus niveles de zinc y cobre. Además, péselos periódicamente y lleve un registro para asegurarse de conocer su salud y bienestar general.

Recomendación de alimentación para las llamas

Las llamas se adaptan a los alimentos, comen pastos, arbustos, hierbas (vegetación herbácea de hoja ancha, no leñosa) y árboles. Son herbívoros, pastores y exploradores. Necesitan fibra, energía, vitaminas y proteínas para mantenerse saludables y reciben energía y fibra comiendo heno, maíz, pasto y avena.

Como fuentes de proteínas, usted puede alimentarlos con heno de alfalfa, heno de pasto y castrado. Las llamas también tienen un alto requerimiento de vitamina C, que puede ser obtenida de pellets o polvo. Además, el agua siempre tiene que estar disponible.

El heno de alfalfa es una buena elección de heno. Sin embargo, evite usarlo todo el tiempo como alimento, complementándolo con pastos mixtos como hierba y legumbres. También puede complementar su dieta con granos o concentrados si se va a utilizar como animales de carga.

Una llama adulta consumirá alrededor del 2 por ciento de su peso corporal por día. Eso puede aumentar al 3 por ciento si están cargando, tirando de carros o cualquier otra actividad, o al 4 por ciento si está preñada o amamantando. En promedio, las llamas requieren alrededor de un fardo de heno a la semana o una libra de heno al día.

Se puede alimentar aproximadamente de tres a cinco llamas por acre, dependiendo de la calidad del pasto. También puede practicar el pastoreo rotativo de las llamas para ayudar a utilizar el pasto en mayor medida. El uso de los campos para satisfacer la mayoría de sus requerimientos nutricionales es rentable porque el pasto es menos costoso que la compra de heno o granos suplementarios.

Un factor esencial en la alimentación y la dieta es la regularidad y la consistencia. Las proporciones diarias sugeridas para la alimentación son 1 libra de suplementos (grano), 5 libras de pasto y heno, más algunos minerales traza libres.

Cosas para evitar alimentar a sus llamas

1. Cantaridina (Veneno de escarabajo ampolla)

La cantaridina es una sustancia terpenoide tóxica secretada por los escarabajos ampolla y puede dañar o matar a su rebaño, y con solo una pequeña cantidad ingerida, su animal estará en peligro. Las llamas pueden ingerir cantaridina en el heno de alfalfa infestado por escarabajos ampolla.

Por lo tanto, inspeccione el heno de alfalfa a fondo antes de alimentarlas. Cuando el heno de alfalfa tiene una sustancia de aspecto aceitoso, es probable que los escarabajos ampolla lo hayan infestado. No les dé ese heno.

Las llamas que han comido una gran cantidad de esta toxina mostrarán signos de shock, y, por desgracia, mueren en cuestión de horas. Los síntomas de intoxicación por cantaridina son depresión, temperatura elevada, diarrea, micción frecuente y aumento del pulso.

Si cree que han comido cantaridina, contacte con el veterinario inmediatamente. Si se le da el antídoto al animal inmediatamente, tal vez sobreviva. Sin embargo, si el animal ha comido una gran cantidad, puede que no sobreviva.

2. Alimentos con alto contenido de cobre

Un alto contenido de cobre puede ser dañino para su llama, y algunos estudios muestran que los alimentos con alto contenido de cobre pueden causar abortos espontáneos. Los alimentos como los minerales para vacas, para cerdos o la comida de los pollos pueden provocar toxicidad por el cobre.

Cuando su animal tiene toxicidad por cobre, tendrá orina de color cobre y un olor dulce.

3. Demasiados granos

No debe darles demasiados granos, ya que puede provocar una sobrecarga o envenenamiento de los mismos. Esto resulta porque los carbohidratos se fermentan en el estómago del animal en vez de ser digeridos. Se produce ácido láctico, que causa deshidratación y ralentización del intestino —a veces la muerte.

La cebada y el trigo son las mayores causas de la sobrecarga de granos, junto con el exceso de avena y altramuces. Además, un cambio repentino de la dieta de la llama a los granos puede causar la sobrecarga de los mismos; por lo tanto, la regularidad y la consistencia son esenciales para su nutrición y alimentación.

4. Alimentos con un alto nivel de contenido proteínico

El alto contenido de proteínas en su dieta puede provocar complicaciones, principalmente la adición de grasa a las almohadillas mamarias y la obesidad. Además, las crías que ingieren demasiadas proteínas ganan peso excesivo rápidamente, lo que es perjudicial para su salud. En las hembras reproductoras la obesidad puede sumarse al estrés por calor, a la falta de producción de leche y a la distocia, que se define como "parto difícil".

5. Alimento dulce

Evite darles alimentos dulces, ya que las altas cantidades de azúcar y almidón pueden causar trastornos digestivos como la acidosis y la hinchazón.

Capítulo 7: Salud y prevención de enfermedades de las llamas

Dato corto - Una llama es un animal resistente y puede desplazarse fácilmente en ambientes difíciles. Son de firme pisada y pueden atravesar terrenos difíciles a grandes altitudes. Sin embargo, aunque son grandes animales de carga, conocen sus límites. Trate de poner demasiado peso en una llama y simplemente se negará a moverse o acostarse.

Tan resistentes como son, las llamas y las alpacas se enferman y sus enfermedades pueden ser difíciles de detectar. Mientras que algunas condiciones son fáciles de reconocer, muchas otras no son detectables hasta que están gravemente enfermas. A menudo, un animal enfermo se comporta como uno sano.

A diferencia de usted, su llama o alpaca no puede hablar. Incluso si tienen dolor, no pueden comunicarle su disgusto con palabras. Para identificar los cambios en su comportamiento normal, debe ser observador y entender el comportamiento normal del animal para que pueda detectar cualquier cosa fuera de lo común.

En este capítulo, examinaremos las enfermedades que afectan a las llamas y las alpacas. También veremos las formas de evitar que se enfermen.

Enfermedades peligrosas que afectan a las llamas y las alpacas

Probablemente ha oído hablar de enfermedades transmisibles y no transmisibles, y vamos a examinar brevemente ambas.

Pero primero, ¿qué causa las enfermedades? Muchas cosas pueden hacer que un animal se enferme. Los animales están compuestos por sistemas químicos y biológicos, y en un animal sano hay un equilibrio entre estos sistemas. Un animal se enferma cuando se altera este delicado equilibrio. En otros casos, la causa de la enfermedad es genética.

Pero las enfermedades pueden ser causadas por la ingesta de químicos (o drogas) que actúan como un agente tóxico para inclinar el delicado equilibrio de la salud.

En las causas genéticas y químicas, la enfermedad no es transmisible, lo que significa que no puede ser transferida a otro animal.

Otras veces, el cuerpo del animal es invadido por un virus, un parásito, un hongo o una bacteria; seres vivos que se alimentan de su animal y alteran el equilibrio interno. Estos pueden vivir en el interior o el exterior del cuerpo; de cualquier manera, pueden causar serios problemas.

Estos invasores vivos a menudo se multiplican en su huésped y liberan secreciones nocivas, y a veces los animales enfermos pueden transmitir estos organismos vivos a otros animales. Estas enfermedades se llaman enfermedades infecciosas transmisibles.

Las siguientes son enfermedades que afectan a las llamas y las alpacas.

Anemia

La anemia hace que la piel se vuelva pálida y se puede ver fácilmente revisando el párpado inferior del animal para ver de qué color es la membrana.

Debería ser de color rosa brillante en un animal sano, mientras que los párpados de los animales anémicos serán casi blancos. Su pelaje se verá opaco o desgastado, estará cansado y débil y puede tener poco apetito.

La anemia es más un síntoma que una enfermedad. Ocurre cuando hay una reducción en el número de glóbulos rojos que puede ocurrir debido a una severa infestación parasitaria en la piel del animal, incluyendo pulgas, piojos, garrapatas y otros parásitos similares. Los parásitos internos, como los gusanos, también pueden causar anemia.

Además, la anemia puede ser causada por una pérdida grave de sangre a causa de una lesión, un parto o por alimentar a las llamas con una dieta deficiente, específicamente una dieta que carezca de las cantidades mínimas de cobre que necesitan.

El tratamiento de la anemia puede ser fácil, dependiendo de la causa y la gravedad de la enfermedad. En las primeras etapas, considere la posibilidad de cambiar su dieta a una rica en proteínas, que ayude a reconstruir los glóbulos rojos. También deles suplementos de hierro, vitaminas, minerales y probióticos.

En casos severos, el animal puede necesitar una transfusión de sangre y si no se trata, la anemia puede llevar a la muerte. En cualquier caso, si nota alguno de estos signos, póngase en contacto con su veterinario inmediatamente.

Mandíbula de botella

Esto es causado por un caso severo de anemia, evidenciado por una pronunciada hinchazón en la mandíbula inferior. El gusano polo barbero es una de las causas más comunes de la mandíbula de botella. Esta condición mortal requiere atención veterinaria inmediata cuando se notan los síntomas.

Anaplasmosis

Esta enfermedad se produce cuando los glóbulos rojos de su llama o alpaca se infectan. La enfermedad es rara, no es contagiosa y es transmitida por insectos, como garrapatas y moscas, que depositan un parásito en la sangre del animal.

Dado que esta enfermedad es una infección de la sangre, el primer signo a tener en cuenta es la anemia. El animal parecerá débil y pálido, y su animal tendrá fiebre. Las membranas mucosas de la nariz y la boca también se volverán amarillas.

A medida que la infección se agrava, el animal rechazará su comida y, junto con la deshidratación, notará una gran pérdida de peso.

La anaplasmosis es una enfermedad peligrosa en llamas y alpacas. Aunque hay tratamientos para la enfermedad, debilita al animal, dejándolo con un sistema inmunológico defectuoso y una resistencia débil. Si nota alguno de los signos anteriores, contacte con su veterinario inmediatamente.

Polo barbero

El gusano polo barbero es uno de los gusanos más espantosos que puede afectar a la llama o la alpaca. El gusano se queda en su estómago, perforando las paredes del estómago y succionando la sangre.

El proceso de succión de la sangre lleva rápidamente a la anemia y puede ser peligroso. Los signos de la enfermedad en la etapa inicial son ojos pálidos, pérdida de peso y cansancio.

Posteriormente, notará la mandíbula de botella (un área de edema bajo la barbilla), o el animal puede colapsar. Si se diagnostica a tiempo, el gusano polo barbero puede ser tratado por veterinarios. Como consejo preventivo, asegúrese de desparasitar a sus animales regularmente.

Coccidiosis

La coccidiosis es causada por un parásito microscópico llamado Coccidia. Este parásito vive en las células del animal, causando daños en el intestino delgado.

Las llamas y alpacas más jóvenes tienen un mayor riesgo de infección; sin embargo, las llamas y alpacas adultas pueden infectarse, pero ganan inmunidad a las infecciones.

Esta enfermedad es común en los animales que se mantienen en condiciones no sanitarias. El estrés y el hacinamiento también pueden hacer que los animales sean vulnerables. Es muy contagiosa, por lo que los animales infectados deben ser aislados del ganado.

Al comienzo de la enfermedad, notará una diarrea llena de moco. Si no se atiende, las heces se vuelven sanguinolentas, lo que puede llevar a la deshidratación, pérdida de peso, anemia y retraso en el crecimiento.

Si bien la condición es tratable, la prevención suele ser lo mejor. Siempre se puede prevenir la enfermedad manteniendo limpio el entorno del animal y no alojando a demasiados juntos.

También puedes llevar muestras fecales a una clínica veterinaria para comprobar si hay parásitos peligrosos.

Podredumbre del pie

La podredumbre es una enfermedad común del ganado, no solo en llamas y alpacas. Es una infección bacteriana que afecta a sus patas.

La principal causa de esta enfermedad es la deficiencia de zinc, pero también puede ocurrir cuando el animal se mantiene en condiciones húmedas y fangosas durante demasiado tiempo.

Comienza con una hinchazón entre los dedos de las patas del animal, y se pueden ver bultos en las almohadillas de sus patas. Es probable que caminen cojeando porque la hinchazón suele ser dolorosa.

Cuando la condición se deja sin atención, sus patas se descomponen gradualmente, produciendo líquidos cremosos con un olor fétido, lo que conduce a daños en los nervios y los tejidos de la pata afectado.

Se puede tratar la podredumbre del pie en la etapa inicial, limpiando el área afectada y removiendo las partes podridas. Una vez que la zona esté completamente limpia, aplique yodo y antibióticos.

Afortunadamente, la infección en llamas y alpacas no es tan grave como en ovejas y cabras, ya que tienen dedos en lugar de pezuñas. Sin embargo, hay que tener cuidado porque es contagiosa, especialmente en los primeros siete días.

Si detecta los signos anteriores, póngase en contacto con su veterinario.

Enfermedad del músculo blanco

Esta enfermedad es común en las ovejas, llamas y alpacas, y se produce cuando consumen una dieta pobre en vitamina E, selenio o ambos.

La enfermedad puede afectar a los músculos del animal, a los músculos del corazón o a ambos.

Cuando afecta a los músculos del corazón, notará que el animal lucha por respirar y podrá ver sangre o mucosidad filtrándose por la nariz.

Si afecta a sus músculos, se verán arqueados y su espalda parecerá rígida y encorvada. La enfermedad deja a los animales con un sistema inmunológico debilitado.

Tanto la deficiencia de vitamina E como la de selenio son comunes en los animales que pastan. La deficiencia de vitamina E se desarrolla cuando el animal ingiere hierba baja en vitamina E, mientras que la deficiencia de selenio se produce cuando el animal se alimenta de un suelo que carece de este mineral.

Aunque es fácil tratar una deficiencia, la enfermedad del músculo blanco debe ser tratada por un veterinario. Si usted sospecha una deficiencia en sus animales, deles suplementos, pero si sospecha una enfermedad de músculos blancos, hable con su veterinario.

Urolitiasis

Todos hemos oído hablar de los cálculos renales; algunos hemos tenido la mala suerte de tenerlos. Las llamas y las alpacas también pueden tener estos bloqueos en la vía urinaria, generalmente cuando hay un desequilibrio de fósforo y calcio en su dieta. Estos minerales formarán entonces cristales sólidos que bloquearán el camino de la orina.

La enfermedad es común en los machos, especialmente cuando se alimentan con una dieta rica en granos. También puede ocurrir cuando consumen demasiada alfalfa.

Los animales con esta enfermedad son fáciles de detectar, ya que no orinan con frecuencia. Cuando orinan, parece que están en apuros, y a veces la orina sale en forma de goteo en lugar de un flujo fuerte. También es posible que el animal no quiera caminar o que camine con rigidez o se quede de pie con las patas traseras estiradas.

La condición es grave, ya que puede morir en unas pocas horas. Si nota estos signos, llame al veterinario inmediatamente.

Generalmente, los cálculos renales se presentan más a menudo en las ovejas que en las llamas y las alpacas. En la misma línea, ocurre más en los machos de llamas y alpacas que en las hembras.

En general, se puede prevenir la enfermedad dejando que los animales pastoreen por su cuenta para que puedan seleccionar alimentos saludables. Alternativamente, puede alimentarlos con productos de forraje.

Hay que tener cuidado al dar a las llamas alimentos concentrados – alimentos ricos en proteínas y carbohidratos como granos, legumbres, etc.–, ya que esto puede inclinar rápidamente el balance de minerales en su cuerpo.

Artritis

¡Sí, ha leído correctamente! También pueden tener artritis, y aunque muchas cosas pueden causar esto, la causa fundamental es el envejecimiento. Otras causas de la artritis en las llamas incluyen la desnutrición, la infección, el confinamiento y las lesiones.

Al igual que en los humanos, la artritis en llamas y alpacas no es una enfermedad transmisible. Los animales con artritis tendrán un movimiento limitado debido al dolor, y es posible que los note acostados con frecuencia. También pueden perder peso, desarrollar articulaciones hinchadas y abrigos sin brillo.

El tratamiento de la artritis se hace generalmente tratando la causa de fondo. Por lo tanto, si usted sospecha que su animal tiene esta enfermedad, debe buscar el consejo de un veterinario.

Ojo Rosado

Hay dos tipos de enfermedad de ojo rosado en las alpacas y las llamas: la infecciosa y la no infecciosa. El tipo infeccioso es causado por virus o bacterias y se transmite entre animales a través de insectos voladores.

El tipo no infeccioso suele ser el resultado de la deficiencia de vitamina A, picaduras de insectos, arañazos o toxinas.

Dependiendo de la causa, el ojo rosado puede ser un problema grave. El tipo infeccioso aparece inicialmente como ojos rojos e hinchados con secreción y, luego, notará que la cubierta transparente de los ojos se vuelve gruesa y visible. Si no se trata a tiempo, el animal puede quedar ciego y, en peores casos, la infección puede extenderse al cerebro del animal, provocando su muerte.

En el momento en que se detecta un ojo rosado en cualquiera de los animales, separe a los animales inmediatamente, protegiendo a la llama enferma y previniendo la propagación de la infección al resto del ganado.

El tipo no infeccioso puede ser tratado fácilmente con pomadas para los ojos. Sin embargo, para estar seguros, consulte a un veterinario para un chequeo adecuado para determinar la causa.

Boca dolorida

Esta enfermedad es causada por un virus estrechamente relacionado con la varicela. Al igual que en la varicela humana, esta enfermedad es contagiosa en las llamas y las alpacas. La enfermedad suele penetrar en la piel a través de cortes en la misma.

Las llamas jóvenes pueden entrar en contacto con la enfermedad mientras sus madres las están amamantando y es peligroso para los animales más jóvenes; no solo les transmitirá la enfermedad, sino que podrán no alimentarse adecuadamente.

La enfermedad normalmente sigue su curso en 3 o 4 semanas. Durante este período, se desarrollarán ampollas alrededor de las partes menos peludas del cuerpo del animal, como los labios y el interior de la boca. Con el tiempo, estas pequeñas ampollas se hacen más grandes y se convierten en costras.

Cuando detecte estos signos, separe a los animales enfermos de los sanos. El veterinario le recetará pomadas que podrá aplicar en las partes afectadas. Tómese su tiempo y limpie todos los lugares donde el animal ha estado antes de separarlo y trate las llagas, para que no se infecten con bacterias.

Al igual que en los humanos, un sobreviviente se vuelve inmune a la enfermedad. Si bien esto es una buena noticia, requiere precaución. Los supervivientes, aunque sean inmunes, pueden seguir portando la enfermedad y transferirla a otros animales.

No se conoce una cura para esta infección. El animal es controlado mientras la enfermedad sigue su curso.

Prácticas de cuidado de la salud para la prevención de enfermedades en llamas y alpacas

Su salud no es negociable; dependen de usted para que les ayudes a mantenerse sanos y salvos.

Cuatro factores contribuyen a la enfermedad en cualquier animal: la falta de inmunidad, los organismos causantes de la enfermedad, el medio ambiente y el estrés.

Un animal cuya inmunidad no esté comprometida es poco probable que se enferme, o al menos no seriamente. Lo mismo se aplica a los animales que no entran en contacto con un organismo causante de enfermedades, pero el entorno adecuado los protegerá y reducirá el riesgo de enfermedad.

El estrés se refiere a las condiciones que pueden hacer que un animal esté predispuesto a la enfermedad. Entre ellas se incluyen las lesiones, la malnutrición, el uso inapropiado de medicamentos, etc.

Para que un animal se mantenga sano, todos estos factores deben ser controlados. Aquí hay algunos consejos para ayudarle a hacerlo:

1. Entienda a su animal

Primero debes entender qué es un comportamiento normal para poder detectar un comportamiento anormal. Note que sus animales son individuos únicos y se comportarán de manera diferente. Por ejemplo, las alpacas son animales tímidos y pueden no ser tan activas como las llamas. Por lo tanto, sería un error juzgar a ambos animales en la misma escala de actividad.

Incluso entre las alpacas, usted tendrá algunos animales amistosos y otros que no se mezclan tan bien. La idea es que entienda a cada uno de ellos observando y aprendiendo su comportamiento habitual.

Todas las mañanas, antes de alimentar a las llamas, revíselas, buscando animales que no respondan bien. Mientras se alimentan, busquen a los que no quieren comer o parecen estar menos interesados en comer, y comprueben si hay animales que se aíslan del ganado.

Los animales con salivación excesiva, secreción de la nariz, heces con sangre, diarrea u ojos llorosos requieren atención inmediata. Si ve animales enfermos, retírelos del ganado inmediatamente para evitar la propagación de cualquier enfermedad potencial.

2. Restrinja el contacto humano

Los humanos son uno de los mayores portadores de enfermedades animales. Si usted es dueño de una granja de llamas o alpacas, siempre restrinja la frecuencia con la que la gente accede a sus tierras y a sus animales de granja, incluyendo al veterinario.

Si es necesario que tenga visitantes, encuentre un sistema para desinfectarlos antes de que entren a su granja. Puede hacer uso de baños de agua y un fuerte desinfectante colocado en la entrada de su propiedad y tener listo un desinfectante para lavarse las manos también.

Si tiene un animal enfermo, llévelo al veterinario o haga que este visite sus instalaciones lo antes posible; asegúrese de que vea al animal por separado del resto del ganado.

3. La alimentación adecuada es importante

Las llamas necesitan comer bien, no solo la cantidad adecuada de comida, sino también la calidad adecuada de la misma.

La mejor manera de alimentar a las llamas y alpacas es dejarlas pastar y seleccionar su propia comida. Cuando eso es imposible, debe proporcionarles comida de la más alta calidad, equilibrada y que contenga todos los nutrientes esenciales. Debe estar limpia y presentada en recipientes limpios, y sus llamas y alpacas también deben tener acceso a agua limpia en todo momento.

4. Vacunas y otros medicamentos

Asegúrese de que sus animales reciban todas las vacunas necesarias y manténgase en contacto con su veterinario para asegurarse de que los refuerzos o las vacunas anuales se administren en el momento adecuado.

Tan crucial como las vacunas son, la desparasitación regular es también muy importante. Hable con su veterinario para acordar un programa de desparasitación.

Además, dele a sus animales multivitaminas que fortalezcan su sistema inmunológico, los mantengan activos y reduzcan el estrés.

5. Mantenga un ambiente ideal

El ambiente ideal para sus llamas y alpacas es limpio, sin aglomeraciones, y mantenido a una temperatura confortable. Esto eliminará o al menos reducirá significativamente el riesgo de organismos potencialmente peligrosos causantes de enfermedades.

No debe tener más de siete alpacas o cuatro llamas en un acre de tierra, y necesitará un granero o cobertizo para asegurarse de que puedan escapar de las inclemencias del tiempo. Por último, las llamas deben ser esquiladas en el momento adecuado para asegurar que no se sobrecalienten o sufran del frío.

Capítulo 8: Reproducción de llamas y parto de crías

Dato corto - Las llamas bebé se llaman crías, una palabra española que se traduce como "bebé". Las llamas hembras suelen tener solo una cría a la vez; los gemelos son posibles, pero muy raros. El embarazo de una llama dura alrededor de 350 días y una cría pesará entre 20 y 30 libras cuando nazca.

Sistema reproductivo de la llama/alpaca

Las especies de llamas y alpacas de hoy en día son originarias de América del Sur y comparten una ascendencia salvaje común. Sus sistemas reproductivos son similares, pero distintos.

Hembra

El ovario de la hembra de llama o alpaca no es tan diferente al de una yegua, pero se parece a una vaca. En relación con el tamaño del cuerpo, el tracto reproductivo es pequeño cuando la llama o la alpaca no está preñada.

El óvulo es pequeño y no puede ser detectado claramente por los instrumentos de ultrasonido, al menos no los que tenemos hoy en día. Sin embargo, se pueden detectar los antra folículos, que son pequeños, midiendo alrededor de 1 a 2 mm de diámetro. También hay varios folículos llenos de líquido.

Entre 10 y 12 meses después del nacimiento, las actividades ováricas comenzarán en la llama o la alpaca. Los folículos ováricos asumen una disposición de corteza periférica, y cualquier área en la superficie del ovario puede acomodar la ovulación. El cuerpo lúteo (CL) y los grandes folículos de las llamas y las alpacas son visibles y palpables. El cuerpo lúteo es un conjunto de células que se forman en el ovario de la llama y es lo que produce la hormona progesterona en las primeras etapas del embarazo.

Macho

En relación con el tamaño de su cuerpo, la llama y la alpaca tienen testículos relativamente pequeños. Los testículos de la llama suelen medir al menos 3 x 6 cm al nacer, mientras que los de la alpaca suelen medir al menos 2 x 4 cm. Los testículos suelen estar cerca del cuerpo del animal y el prepucio (vaina) se adhiere al pene en los machos jóvenes, no desprendiéndose hasta alrededor de 2 a 3 años de edad. Un prepucio no estimulado que no es estimulado es usualmente dirigido cautelosamente hacia la parte posterior de la cola, lo que explica por qué parecen orinar hacia atrás. En comparación con otras especies de ganado, los testículos de llama y alpaca son pequeños.

El pene apunta hacia adelante. El prepucio está unido al pene. Cuando el animal alcanza de 1,5 a 2, o incluso 3, años de edad, el pene se desprende.

No todos los animales alcanzarán la madurez sexual al mismo tiempo. La mayoría de los machos se reproducen entre los 18 y 24 meses de edad, mientras que algunos pueden alcanzar la plena madurez sexual cuando llegan a los 30 meses. Generalmente, una llama puede alcanzar la madurez sexual y ser fértil antes que la alpaca.

Los músculos prepuciales craneales, laterales y caudales de la vaina ayudan a la erección. También tienen un papel que desempeñar cuando el animal muestra comportamientos de apareamiento.

Las llamas y las alpacas suelen tener una baja cantidad de semen, lo que hace muy difícil su evaluación. Este es un problema común en la familia de los camélidos.

Las eyaculaciones de los machos fértiles son inconsistentes. Algunas personas recurren a entrenar a sus animales para que se monten en un maniquí, preparándolo con una vagina artificial para dar al macho la sensación de estar escalando a una hembra real.

Normalmente, sedan a los animales, y pueden introducir la electro-eyaculación, aunque esto no siempre es eficiente. Otra opción es recoger el semen de la vagina de la hembra después del apareamiento.

Reproducción de la llama/alpaca

La reproducción en llamas y alpacas comienza en la pubertad. La hembra de llama y alpaca alcanza la madurez sexual entre los 10 y 18 meses de edad y puede comenzar a reproducirse. Sin embargo, siguiendo el consejo de los veterinarios, algunas personas no dejan que sus llamas y alpacas hembras se reproduzcan hasta que pesen hasta 90 kg (200 libras) para las llamas y 40 kg (90 libras) para las alpacas.

Alternativamente, pueden reproducirse cuando pesan dos tercios de su peso corporal maduro. Esta precaución se toma debido al tamaño relativamente pequeño de la hembra de alpaca y llama, y también ayuda a evitar los desafíos asociados a la cría temprana, como la distocia.

Cuando comienza la pubertad, el animal experimenta ondas foliculares, desarrollando un folículo en el intervalo de 12 a 14 días. El macho de llama y alpaca se reproduce entre los 18 y 24 meses de edad, y para entonces, el pene ya no está unido a la vaina y los testículos habrán crecido significativamente.

La ovulación en la hembra de llama y alpaca ocurre cuando se ha apareado porque son ovuladores inducidos. Antes de que pueda ocurrir el apareamiento, la hembra receptiva asumirá una posición que permita al macho acceder a ella y, mientras el macho la monta, comenzará a "orquestar", el sonido que hacen durante el apareamiento. La creencia común es que este sonido ayudará a la hembra a ovular.

La eyaculación dura entre 5 y 45 minutos, aunque el promedio es de unos 20 minutos, acumulando un volumen relativamente pequeño de 2 a 5 ml. Después del apareamiento durante 24 a 30 horas, el semen todavía puede inducir una ovulación refleja.

Una llama o alpaca preñada no será receptiva y rechazará los avances del macho. Después de 2 a 3 días de ovulación, habrá un CL (cuerpo lúteo). Entonces, unos siete días después del apareamiento, el ovocito fertilizado estará presente en el útero.

Habrá una implantación a los 30 días del período de gestación. Un embrión hiperecóico estará allí para mostrar que la llama está preñada a los 21 días de gestación, y a los 45 días del período de gestación —tal vez un poco más— se puede realizar la palpación rectal para saber si la llama está preñada. En el caso de las alpacas, será difícil dado su tamaño, pero si la persona tiene manos relativamente pequeñas, la palpación puede ser posible. Sin embargo, es mejor dejarlo en manos de un médico veterinario.

El período de gestación de las llamas es de 345 a 350 días. Normalmente las madres dan a luz a una cría, aunque a veces dan a luz a gemelos, pero esto es raro.

Problemas reproductivos y gestión

Al igual que otros animales, las llamas y las alpacas se enfrentan a algunos desafíos con sus sistemas reproductivos. En los machos, estos problemas pueden incluir:

- **Hinchazón escrotal aguda**

Este problema puede ser causado por estrés por calor, infección, trauma, etc. También puede haber hinchazón de pene por lesiones en el pene y urolitiasis.

Los síntomas de la hinchazón del pene pueden obstruir el libre flujo de la orina. Dependiendo de la extensión de la hinchazón y de la lesión, se puede recomendar una cirugía, un lavado y una cistotomía.

Si la opción es la cirugía, usted tiene un papel importante que desempeñar después. El animal necesitará cuidados adicionales para recuperarse completamente, mientras que se deben proporcionar terapias y medicamentos.

- **Estrés por calor**

Este problema afecta al pene de la llama o la alpaca y los animales que sufren una lesión en el pene pueden presentar hidrocele (hinchazón del escroto) y experimentar un edema escrotal.

El efecto del estrés por calor puede hacer que el animal no se interese en montar a la hembra. Pueden experimentar una reducción de la fertilidad, que dura hasta dos meses o más, incluso años y, a veces, el animal puede quedar permanentemente infértil.

Cuando el caso es severo, el animal puede deprimirse y tener una debilidad muscular mientras que otros síntomas son el exceso de salivación, la deshidratación, etc.

Hay varias maneras de protegerlos contra el estrés por calor; la más obvia es proporcionándoles sombra. Los animales no deben estar al sol durante largos períodos de tiempo, y si un macho ha estado expuesto al sol durante un período prolongado, debe ser enfriado inmediatamente, hasta que recupere la temperatura corporal normal.

Cuando el animal esté deshidratado, se le debería rehidratar. No le permita tragar grandes cantidades de agua, ya que esto puede provocar problemas como un nivel de sodio diluido en la sangre que puede causar debilidad e incluso convulsiones en el peor de los casos. También se recomienda el esquilado. Si la condición es severa. Lleve al animal a la clínica veterinaria para que reciba los cuidados adecuados, y cuando sea necesario, el veterinario puede tener que administrarle la medicación. En momentos como este, no debe someter al animal a un transporte largo y duro. Esta situación puede requerir una visita a domicilio del veterinario.

• Hipoplasia testicular

Otro problema reproductivo que pueden tener las llamas y alpacas macho es la hipoplasia testicular, causada por un puente en el desarrollo sexual del animal. Esto hace que el tamaño de los testículos sea desproporcionado al tamaño de su cuerpo. Los testículos no se desarrollan como deberían y se vuelven más pequeños de lo que deberían ser para la edad del animal.

A veces, esta situación puede ser causada por una mala nutrición, como la deficiencia de zinc. También puede ser un efecto de las anomalías citogenéticas y endocrinas o puede ocurrir cuando las células germinales son insuficientes.

La hipoplasia de los testículos es el resultado de una esclerosis progresiva irregular y de la degeneración. Por lo general, se hace notoriamente evidente después de la pubertad, pero cuando ambos testículos son de igual tamaño, es difícil de reconocer.

Si uno de los testículos es más pequeño que el otro, se llama *hipoplasia unilateral*. Será fácil de detectar porque se pueden comparar los testículos contralaterales.

Si la situación no es complicada, el animal puede tener una morfología espermática baja. Sin embargo, en casos extremos, puede ser aspérmico.

Hay medidas preventivas que puede adoptar para evitar esta situación. Tenga cuidado de no permitir la reproducción entre los animales afectados porque si la causa es genética, puede ser transferida a la cría.

La castración es otra opción de tratamiento viable. Además, puede que quiera sacrificar al animal por su valor como carcasa.

Las hembras de llamas son más propensas a tener problemas porque su sistema reproductivo es más complejo que el de los machos. Algunos de los problemas más comunes son:

• Distocia

Un desafío que las llamas y las alpacas pueden tener durante el parto es la distocia (dificultad para dar a luz).

La distocia puede ocurrir debido a varios factores.

Si la madre tiene distocia, habrá signos. Por lo general, con el parto, debe estar atento. Cualquier ligera inconsistencia debe ser revisada. Si hay un retraso en cualquier etapa, preocúpese.

Puede que no todo esté bien si la madre permanece en la primera etapa del parto más de lo que se espera razonablemente. Si pasa hasta cuatro horas o más en la primera etapa, puede haber un problema. Además, si el feto es visible, pero la madre no lo ha dado a luz hasta 30 minutos o más, definitivamente hay un problema.

- ## • Torsión uterina

La torsión uterina es otro problema que puede causar un parto difícil. Esta situación es cuando el útero se tuerce; el parto puede no progresar de la primera etapa a la segunda. Esta condición ocurre típicamente en el último mes del embarazo cuando la madre está exhausta.

En la segunda etapa del parto, puede haber un retraso si el feto asume la posición incorrecta. También puede ocurrir si el canal de parto no es lo suficientemente patente (suficientemente abierto) para permitir el paso del feto. A veces, el feto es más grande que el canal de nacimiento. Este problema es una de las razones por las que algunas personas no cruzan la llama y la alpaca. Las llamas suelen ser más grandes que las alpacas. Cuando hay mestizaje, el feto puede ser demasiado grande para que la alpaca dé a luz.

Las situaciones en las que el feto asume una posición incorrecta son comunes entre los camélidos. Este problema debe ser corregido antes del parto y puede ser arreglado manual o espontáneamente. Sin esta corrección, la madre puede no tener un nacimiento normal.

Usted sabrá si la madre tiene torsión uterina cuando muestre síntomas como depresión y cólicos (dolor abdominal). Usted sabrá si la madre tiene cólicos si patea hacia su abdomen.

Un veterinario debe revisar la llama o la alpaca para saber cuán torcido está el útero. Anotará la dirección en la que está torcido y lo resolverá. La resolución puede implicar medicar a la madre para calmarla y que el proceso tenga éxito.

La madre asume una posición de decúbito lateral. La madre se mantendrá en su lugar y el proceso se llevará a cabo. El útero y el feto se mantendrán en una posición estática. Puede hacerse con las manos o colocando una tabla en el abdomen de la madre. Después de esto, la madre será rotada en la dirección opuesta a la que el útero está torcido; este proceso puede repetirse dependiendo de cuán torcido esté el útero.

Si este procedimiento se hace hasta tres veces, y la situación no se resuelve, la madre debe ser operada.

Parto de cría

El parto de cría es el nacimiento de un recién nacido.

Signos de parto

Los signos de parto pueden comenzar antes en algunas madres que en otras. Por lo tanto, monitorice la llama o la alpaca cuando se encuentren a unos 330 días de gestación. En esta etapa, revise a menudo, cada pocas horas, lo que le permite saber cuándo se acerca el parto.

Las llamas y las alpacas no necesariamente experimentan el parto de la misma manera, pero algunos signos son comunes entre ellas. Estos signos son:

• Ubre más llena

La ubre de la llama o la alpaca se llenará más a medida que se acerque el día del parto. Dos o tres semanas antes del nacimiento, la leche comenzará a fluir. Y 3 ó 4 días antes del parto, los pezones tendrán un signo revelador de estar cerosos.

• Tamaño de la vulva

Unos días antes del parto, la vulva aumentará de tamaño, se hinchará y se hará más pronunciada.

• Inquietud

Un signo común de trabajo entre la mayoría de los animales, incluyendo llamas y alpacas, es la inquietud. La madre puede moverse, desplazarse o zumbar, puede rodar, acostarse y levantarse de nuevo, y así sucesivamente. A veces, perderá el apetito y se negará a comer, pero en su lugar masticará su bolo alimenticio.

• Comportamiento inusual

Cuando el parto esté cerca, la llama o la alpaca mostrarán comportamientos inusuales. Cualquier cosa que la madre no haga antes del embarazo, puede hacerla ahora. Si nota algún comportamiento fuera de lo común, es probable que sea una señal de parto.

Etapas del trabajo de parto

Antes del nacimiento, la llama entrará en trabajo de parto. Hay tres etapas de trabajo de parto.

• Etapa 1

Durante este período, el animal orinará con frecuencia. Se separará del ganado, haciendo un zumbido continuo. Estos comportamientos persistirán durante la primera etapa del parto.

En esta etapa, el útero se contrae y el cuello del útero se dilata. El cuello del útero asume el mismo ancho que la vagina, y el feto se mueve hacia la entrada de la pelvis. Esta etapa puede durar de 1 a 6 horas.

- Etapa 2

Esta etapa comienza desde la ruptura de la membrana hasta el nacimiento de la cría. Lleva 30 minutos o más. Puede ver a la hembra acostada y de pie continuamente, el abdomen está tenso, y la bolsa de agua o el saco amniótico puede ser visible en la vulva; incluso puede ver la ruptura. La hembra obviamente tendrá contracciones y serán muy frecuentes. Si la ve descansando entre contracciones y piensa que las cosas van demasiado despacio, no se asuste en esta etapa —se está cansando por las contracciones y quiere descansar.

- Etapa 3

Esta etapa dura cuatro horas o más, hasta seis, y es la etapa en la que se pasa la placenta. A diferencia de muchas otras especies, la madre no ingiere la placenta y normalmente tampoco lamerá las crías recién nacidas. Examine la placenta y asegúrese de que está intacta, llena de líquido y sin desgarros. Deshágase de ella con cuidado, usando guantes (NO use las manos desnudas), ya que puede atraer a depredadores cercanos.

Estas etapas del parto suelen durar más tiempo en los primeros partos.

Cuándo obtener ayuda veterinaria

Llame a la asistencia veterinaria cuando:

- La etapa 1 pasa de las 5 horas y no hay signos de contracciones.
- La etapa 2 pasa de los 30 minutos y el nacimiento no muestra signos de progresión.
- Etapa 3 - si la placenta no ha sido expulsada dentro de las 8 horas después del nacimiento o, si la madre da a luz por la noche, a la mañana siguiente.

Parto de la cría

El parto de cría ocurre en la segunda etapa del parto, y la placenta le sigue en unas pocas horas. Antes de que el parto comience, consiga un kit de parto, que debe incluir:

1. Linterna o antorcha

Si la llama o la alpaca da a luz a última hora del día, lo cual es inusual, ya que la mayoría da a luz entre las 8 de la mañana y el mediodía, puede que necesite luz para ver lo que está pasando y tendrá que anotar la hora del parto.

2. Toallas

Cubra el lecho con toallas limpias durante el parto, y cuando llegue la nueva cría, necesitará las toallas para secarla y limpiar los fluidos del parto.

3. Tijeras e hilo dental

Necesitará esto para cortar y atar el cordón umbilical.

4. Yodo y botella

Esto se usa para sumergir el extremo del cordón umbilical. Utilice un frasco de pastillas vacío y una tintura de yodo al 7%.

5. Lavado quirúrgico con povidona y lubricación estéril

Lo necesitará para esterilizar sus manos y los suministros para el parto, especialmente si necesita ayudar al veterinario.

6. Termómetro rectal

Se utiliza para comprobar la temperatura del crío recién nacido, especialmente si parece estar letárgico o débil.

7. Lubricación estéril

Por si necesita ayudar a la llama con el nacimiento.

8. Biberón y tetina

Si la cría no puede amamantar inmediatamente, usted tendrá que alimentarla.

9. Suplemento

Si la cría no puede amamantarse inmediatamente después del nacimiento, se debe administrar un suplemento de calostro multiespecies, esto es crítico.

10. Sustituto de leche

Si la cría no pueden amamantar correctamente, se debe suministrar un sustituto de leche multiespecies —elija uno con un mínimo de 24% de proteína.

11. Electrolitos

Se utiliza para rehidratar a la madre y revertir el efecto de la pérdida de líquido en la cría después del parto.

12. Bolsas desechables

Se utilizan para deshacerse de la placenta, de las toallas sucias y de otras cosas que hay que tirar.

Las crías de llama recién nacidas pesan entre 20 y 30 libras al nacer, y suelen ser más grandes que las crías de alpaca, que típicamente pesan entre 15 y 20 libras al nacer.

Cómo cuidar a una cría recién nacida

El cuidado de su cría recién nacida comienza antes de que la cría nazca. El período de espera de su cría de recién nacida está lleno de varias emociones, ¡por lo que necesita todos los consejos que pueda obtener!

Naturalmente, algunas cosas irán como deben ir. Sin embargo, usted tiene un papel que desempeñar. Saber qué hacer y cómo hacerlo le ayudará a manejar mejor cualquier situación que pueda surgir. Algunas formas en las que puede cuidar mejor a la cría recién nacida incluyen:

- Prepararse para un parto sin complicaciones

Si el nacimiento no es suave, la cría recién nacida puede no ir bien. Antes de la fecha prevista para el parto, asegúrese de que la llama o la alpaca tengan un lugar limpio y apropiado para dar a luz. Una zona de hierba nivelada estará bien con buen tiempo, pero el lugar debe ser seguro. No debe haber objetos punzantes o innecesarios que desordenen la zona.

Si el clima no es favorable, la llama o la alpaca debe dar a luz en un establo limpio y bien ventilado y tener un lecho cómodo.

Prepare el equipo de parto y téngalo disponible para cuando lo necesite. Asegúrese de que contenga todos los artículos mencionados anteriormente.

- Inmediatamente después del nacimiento

Cuando nazca la cría, comprueba que esté sana. La madre debe estar en un ambiente limpio y cálido, si el tiempo lo permite.

Asegúrese de que la cría está respirando correctamente. A veces, la cría tiene dificultades para respirar porque la nariz o la boca están bloqueadas, así que asegúrese de limpiar todo el líquido de parto de su cara, prestando especial atención a los ojos, la nariz y la boca.

Comprueba si la temperatura de la cría está bien —debe ser de 35 C o 95º F. Si es menor, la cría está demasiado fría y debe calentarse.

Una hora después del nacimiento, la cría debe ser capaz de mantenerse en pie. Dos horas después del nacimiento, debería ser capaz de amamantar, pero si esto no ocurre, puede ayudarla.

Si lo intenta, pero no pasa nada, póngase en contacto con el médico veterinario.

- **Atención médica**

Aunque la atención médica de la cría comienza antes del nacimiento, es necesaria durante y después del nacimiento.

Los chequeos médicos de rutina tanto para la madre como para la cría son necesarios. A las crías nacidas entre octubre y marzo se les debe dar un suplemento de vitamina D, ya que es poco probable que estén a la luz del sol para recibirla de forma natural.
Vacune a las cría del tétanos y el clostridium tipo C y D, y vacúnelas contra las enfermedades que son propensas a contraer. Tendrá que comprobar con su veterinario qué enfermedades son comunes en su región.

Su veterinario puede guiarle contra las prácticas dañinas y aconsejarle sobre los pasos correctos a seguir para cuidar a su nuevo miembro del ganado.

No se asuste cuando tenga una llama preñada; con la preparación adecuada, puede ayudar a su llama durante el embarazo y el proceso de parto.

Los primeros días - La alimentación

El tiempo más crítico para su cría recién nacida son las primeras 18 a 24 horas. Debería verla comenzar a amamantar dentro de las dos horas siguientes al nacimiento. Esto le proporcionará toda la nutrición que necesita, pero si la madre muere, está mal, o tiene otros problemas para amamantar a sus crías, debe tener biberones con tetinas de repuesto y nutrición a mano.

Una madre con buena salud producirá calostro, una leche amarillenta y espesa que da un impulso inicial al sistema inmunológico de la cría y le proporciona los anticuerpos que no le han sido transmitidos durante el embarazo. El cuerpo de la cría tiene un diseño único; sus intestinos pueden absorber estos anticuerpos en su torrente sanguíneo, pero esto solo puede suceder durante las primeras 12 a 18 horas después del nacimiento. Esto le da a su cría el mejor comienzo en una vida saludable porque esos anticuerpos son específicos para los alrededores de su llama y su ganado.

Si su cría no se amamanta en un par de horas o le preocupa que no se amamante lo suficiente, puede darle un suplemento de calostro, pero debe hacerlo rápidamente. Alimente el suplemento cada 3 ó 4 horas usando un biberón y continúe hasta 48 horas después del nacimiento —siga las instrucciones del envase cuidadosamente.

Después de las primeras 48 horas, si su cría aún no se amamanta correctamente, cambie el suplemento de calostro por un sustituto de leche. Asegúrese de que tenga al menos un 24% de proteínas. Esto asegurará que siga recibiendo la nutrición adecuada para crecer y desarrollarse apropiadamente. . Trate de no manipular demasiado las crías mientras se alimenta —esto minimizará el potencial de problemas de comportamiento.

El proceso del nacimiento expone a la cría a muchos microorganismos y patógenos que pueden llevar a problemas digestivos, lo que puede conducir a la diarrea y la deshidratación. Ya sea que la madre esté alimentando a sus crías o usted lo haga, debe suplementarse con electrolitos. Asegúrese de suministrar los electrolitos en una alimentación separada de los productos lácteos.

Capítulo 9: Entrenamiento de la llama

Dato corto - Las llamas son uno de los animales más inteligentes y fáciles de entrenar, pero se requiere paciencia. Se han utilizado durante mucho tiempo para la vigilancia de otros animales, como rebaños de ovejas y a veces ganados de alpacas y requieren poco entrenamiento para ser eficaces en la vigilancia de una zona o de otros animales.

El entrenamiento de gatos y perros es relativamente fácil y algunos de nosotros lo hemos hecho a menudo. Los entrenamos eficientemente para que hagan lo básico, las cosas que queremos o necesitamos que hagan, y les impedimos hacer cosas que no queremos que hagan.

Pocos dueños de llamas y alpacas conocen la posibilidad de entrenar a sus mascotas. Muchos dueños preguntan si es posible entrenar a sus llamas por sí mismos. La respuesta simple a esto es sí. Usted es capaz de enseñar a una si tiene mucho tiempo libre y paciencia. Tendrá que aprender el lenguaje corporal de las llamas y las alpacas, entender el comportamiento normal y anormal y luego seguir los consejos y trucos de abajo para entrenarlas.

Tenga en cuenta que si usted es el tipo de persona que se pone nerviosa con los animales, puede que le resulte difícil entrenarlos usted mismo, y el entrenamiento de "hazlo tú mismo" definitivamente no es para personas con poca paciencia.

Si se siente frustrado por el comportamiento agresivo o lento de los animales, no debería intentar entrenarlos usted mismo. Aunque se puede entrenar a las llamas o las alpacas, solo un tipo particular de temperamento puede hacerlo con éxito; de lo contrario, puede hacer más daño al animal que bien.

Muchos criadores de llamas tratan de entrenar a sus criaturas incorrectamente y luego se enojan con las llamas cuando no funciona. En lugar de cambiar su enfoque de entrenamiento, siguen intentando las mismas cosas repetidamente. Al final, se rinden y concluyen que es imposible.

La mayoría de los criadores de llamas creen que es imposible entrenar llamas por sí mismos, son aquellos que lo han intentado y han fracasado. Lo importante que hay que recordar cuando se entrena una llama es que cuando no funciona, se debe detener. Por favor, considere lo que está haciendo mal. No es culpa de la llama o de la alpaca. Y al igual que cuando se entrena a un perro, nunca se debe terminar una sesión con una nota baja —el animal recordará y asociará el entrenamiento como desagradable y será aún menos cooperativo.

Necesitará entender cómo reeducar a estas llamas. Esencialmente, debe aprender a entrenar una llama perdida. La llama ha identificado a los humanos con el sufrimiento y el dolor, y para volver a encarrilarla requiere de una reeducación. Por eso es mejor que no intente entrenarlas antes de aprender a hacerlo correctamente.

Este capítulo le llevará a través de los conocimientos básicos sobre el entrenamiento de las llamas.

Así que, empecemos.

Lo que debería enseñar a sus llamas o alpacas

Mucha gente cree que los perros aprenden rápido, y probablemente son los que aprenden más rápido de todas las mascotas. Pero, cuando se compara a las llamas con los perros, puede interesarle saber que las llamas aprenden más rápido que los perros que caminan sin correa. Su enfoque debe ser hacer que caminen a su lado sin una correa.

Hay tres categorías de entrenamiento de llamas. Usted decide el nivel al que quiere llevar a sus llamas o alpacas; en este sentido, su decisión depende de la razón por la que mantiene su rebaño.

Si su objetivo para mantener un ganado de llamas es simplemente para la lana de llama, entonces solo tendrá que enseñarles lo básico para hacer el proceso de esquila fácil. Si su llama será un animal de carga y tiene que seguirle a las montañas, debe llevar a cabo lecciones orientadas a llevar una carga.

También puede entrenarlas para que tiren carros, obedezcan órdenes como sentarse o levantarse, y mucho más. Usted decide lo que quiere que sepan y los entrena en consecuencia.

Veamos los niveles de entrenamiento de las llamas y las lecciones de cada grupo.

- **Escuela Básica**

En este nivel, les enseña lo que constituye un "comportamiento socialmente aceptable".

Por ejemplo, la ley exige que cualquier llama que no esté en su propiedad se mantenga bajo control físico mediante una correa y un cabestro. Esta ley implica que usted debe entrenar a cada llama a estar lo suficientemente dispuesta a tomar un cabestro. Cada llama o alpaca también debe entender el concepto básico de conducir. Este es un entrenamiento no negociable que cada llama debe tener.

Sus necesidades físicas exigen que las cepille, les corte las uñas e inspeccione su cuerpo para detectar cualquier condición médica. La implicación es que debe entrenarlas para que estén lo suficientemente calmadas para que usted pueda llevar a cabo estas actividades. Deben saber y estar dispuestas a pararse cuando están atadas, quedarse quietas sin restricciones y levantar las patas cuando se les pida.

Estos son los requisitos esenciales para cualquier entrenamiento con llamas o alpacas. Sin embargo, también pueden llevar la práctica a un nivel más avanzado, que explicamos a continuación.

- **Escuela primaria**

En este nivel, se les entrena en habilidades específicas que les hacen una compañía agradable. Llevarlas a las clases de la escuela primaria no solo es agradable para las llamas, sino también para usted, como manipulador.

Las llamas y las alpacas disfrutan de caminatas regulares, así que hay que entrenarlas para evitar traumas y problemas durante estas excursiones periódicas. Cada llama debe entender conceptos de orientación simples, como el protocolo adecuado para atravesar las puertas. Debe ser capaz de seguir por detrás en un sendero estrecho y entender cómo responder en el tráfico.

No solo eso, sino que también debe entrenar a cada llama o alpaca en el cruce de vehículos y puentes peatonales. Incluso deben saber cómo sortear el barro, árboles cerrados, arbustos, aguas poco profundas y saltar sobre barreras bajas como troncos que caen, y obstáculos hechos por el hombre como rampas y escalones.

Por último, cuando se necesita cargarlas en un vehículo, puede ser un juego desafiante si no se las entrena para ello de antemano. Por lo tanto, debe prepararlas sobre cómo cargarlas en los vehículos con facilidad.

También deben ser entrenadas sobre cómo viajar bien en el sentido de que sepan aprovechar las "paradas de descanso" periódicas. Tal entrenamiento evita que ensucien sus alojamientos de viaje.

Este nivel tiene como objetivo entrenarlos para que caminen sobre una pista suelta y confíen en las señales visuales y verbales.

- **Escuela ocupacional**

Este nivel es para aquellos dispuestos a hacer de su llama una compañera de trabajo agradable. Será mejor si usted tiene más que el conocimiento básico del entrenamiento de la llama para que trabajen para usted. Ninguna llama se entregará de forma natural o voluntaria para el entrenamiento primario o elemental.

Sin embargo, las llamas de rendimiento se ganan su sustento haciendo lo siguiente: cargando, conduciendo y mostrando.

La carga se refiere al uso de las llamas para cargar y descargar. Tales llamas deben ser entrenadas para pararse desatadas en cualquier lugar, llevar y maniobrar cargas alrededor de objetos u obstáculos, haciéndolo solas por medio de cuerdas o dirección verbal.

¿Sabía que las llamas y las alpacas pueden ser entrenadas para tirar un carro? Eso es lo que significa conducir. Requiere el uso de distintos modos de andar y comandos verbales como correr, caminar, trotar y comandos de conducción en tierra como iniciar, girar y detenerse. Por lo tanto, se debe entrenar a la llama sobre estas cosas y cómo aceptar diferentes tipos de vehículos tirados por llamas, conduciendo por caminos, retrocediendo en espacios estrechos, etc.

Bajo este nivel de entrenamiento se está alojando a las llamas como mascotas. Una llama como mascota debe ser entrenada para sortear todo tipo de estructuras internas, obstáculos y restricciones tales como las que se encuentran fácilmente en el piso, en los pasillos, ascensores, etc. Debe saber cómo bajar la cabeza para tener un acceso más fácil y ser "a prueba de sustos".

- **Escuela secundaria**

El aprendizaje en esta etapa es el pico del entrenamiento de las llamas y aquí es donde se entrenan las llamas para el espectáculo. Si desea que su llama participe en un nivel competitivo, tendrá que prepararla para superar varios obstáculos definidos por el reglamento de las asociaciones de espectáculos.

Instalaciones de entrenamiento y seguridad

Es vital considerar dónde va a entrenar a sus llamas. El mejor lugar para hacerlo es en un corral de caza, ya que entrará de buena gana y podrá mantenerse a salvo y segura.

Si usted está tratando con más de una llama y planea entrenarlas a todas, no puede enseñarles juntas. Necesitará un área pequeña para una llama individual cuando empiece a entrenar a las principiantes. El espacio de entrenamiento no debe ser demasiado grande, pero lo suficientemente grande para atrapar la llama y moverla a través del espacio de forma segura.

Además, planee tener un sistema de doble puerta que le permita maniobrar la llama individual dentro del corral y asegurar la puerta. No solo eso, sino que el sistema también ayuda a crear un pequeño corral de forma triangular con un espacio más pequeño. Este diseño le permite permanecer fuera del corral, pero aun así manejar la llama si es necesario.

Mantenga todas las correas y cabestros a su alcance. De esta manera, puede acceder a lo que necesita para esa sesión con facilidad sin necesidad de dejar la llama que está entrenando. Las llamas también se acostumbrarán a ver las correas y los cabestros cuando entren en el establo.

Equipo de entrenamiento

Aunque se necesita poco equipo para que pasen la escuela primaria, hay que asegurarse de tener el equipo correcto a mano para la sesión de entrenamiento.

Es mejor tener un cabestro que encaje y una buena cuerda que sirva de guía. Otros artículos incluyen un palo para ayudar a guiar a la llama a donde quiere que vaya, una bolsa para llevar una pequeña porción de alimento de recompensa, etc.

Es útil tener estos artículos a mano, pero no son esenciales. Podría gastar una fortuna en ellos si quisiera. Sin embargo, si tiene que pagar por un palo, tendrá los mismos resultados usando un tubo de PVC o una caña de bambú puro, y puede usar una bolsa barata hecha por sí mismo para guardar el alimento.

Solo debe saber que lo que más importa es la calidad del entrenamiento, no cuánto gasta en equipo.

Seguridad del entrenador y de las llamas

Más importante que el entrenamiento es la seguridad tanto de la llama como de usted. Al preparar las instalaciones y el equipo para el entrenamiento, asegúrese de que no haya bordes afilados con los cuales usted o las llamas puedan resultar heridos y que no haya objetos alrededor del campo de entrenamiento en los cuales usted o la llama puedan enredarse.

Una llama saludable es un animal poderoso que da una rápida y dolorosa patada de lado. Por lo tanto, recuerde que siempre que esté en el corral, no se quede en una posición comprometedora donde pueda ser pateado.

Recuerde que cada vez que ocurra una patada, lo más probable es que sea su culpa y no la de la llama. Una llama reaccionará naturalmente cuando la toque en un lugar incómodo o inesperado. Por lo tanto, si tiene la mala suerte de que le pateen, observe dónde la tocó y aprenda de la experiencia.

Las llamas y las alpacas son buenas saltadoras, especialmente cuando se asustan. Esté alerta y no pierda la concentración cuando esté cerca de ellas. Cada vez que una llama salte del corral, no hay que preocuparse; tráigala de vuelta, cálmela y empiece de nuevo. Aun así, evalúe lo que hizo para que la llama se asuste y salte.

Lazo de confianza

Todo animal tiene el instinto de auto preservación. Mientras que un perro morderá para defenderse y un gato usará sus garras, una llama huirá como una forma de protección.

Las llamas y las alpacas harán todo lo posible para protegerse del peligro; por lo tanto, el espacio es su amigo. También harán cualquier cosa para proteger su área. Su lenguaje corporal suele transmitir el mensaje, "Este es mi espacio, y no te quiero aquí. Si intentas entrar en mi espacio, te escupiré o saldré corriendo".

Puede usar este conocimiento para su ventaja como entrenador; para ganar la confianza de una llama lo suficiente como para permitirle entrar a su espacio, debe ser meticuloso. Empiece por ir al corral los primeros días para alimentarla, cambiarle el agua y limpiar su entorno. No le prestes atención y no intente acorralarla.

La idea es que la llama sepa que usted no es una amenaza. De esa manera puede estar cómoda con usted alrededor.

El siguiente paso es hablar con la llama y acercarse a ella lentamente. Si se acerca y la llama quiere huir, no la detenga. Deje que se mueva. Después de unos días, puede llevar un tubo de PVC o un palo al corral. Úselo para frotar su espalda suavemente. La llama probablemente se moverá; déjala correr, pero mantenga el contacto con el palo y tenga cuidado de no acorralarla.

Continúe haciendo esto hasta que ya no necesite usar el palo para tocar su espalda. Con el tiempo, descubrirá que la vara no es una amenaza. Cuando eso suceda, puede acercarse y tocar su espalda con sus manos.

Emprenda el proceso con cuidado. Recuerde, usted leyó antes que "una llama reaccionará naturalmente cuando la toque en un lugar incómodo o inesperado". Por lo tanto, toque desde el hombro, trabaje hasta su cuello, alrededor de su cabeza y bajo su vientre.

Háblale a su llama en voz baja mientras la toca. Si se queda quieta mientras está de pie, salga del corral. No salga hasta que esté de pie en silencio, lo que significa que tal vez tenga que retroceder e ignorarla hasta que la llama se sienta cómoda. Continúe hasta que le permita tocar todo el cuerpo, incluyendo la cabeza. Luego preséntele un cabestro.

Frote el cuello de la llama y alrededor de su cabeza, luego póngale suavemente el cabestro. Quítelo y póngalo de nuevo. Repita varias veces hasta que determine que la llama está cómoda con el proceso.

No cometa el error de comenzar el entrenamiento con el cabestro la primera vez que se lo ponga a la llama. Si lo hace, hará que la llama piense que el cabestro es un freno y lo contará como un enemigo. Su objetivo debe ser hacer del entrenamiento algo divertido para que la llama salga a pasear con ella puesta.

Consejos para entrenar llamas con éxito

Las cosas que ha estado leyendo pueden parecer fáciles de hacer, pero eso es solo si lo hace de la manera correcta. Aquí se presentan los consejos que necesita para entrenar a sus llamas o alpacas usted mismo, con éxito:

- Tenga paciencia y no se precipite en el entrenamiento

Esta es la regla de oro para entrenar a cualquier llama o alpaca. Puede caer fácilmente en la tentación de apresurar las cosas cuando empieza a progresar, pero eso es un gran error.

También, sepa que las llamas tienen diferentes personalidades. Cuando entrena a más de una llama, algunas aprenderán rápido, mientras que otras serán lentas para aprender; tenga un poco de paciencia con las más lentas.

- La repetición es la clave

Cualquier llama se resistirá naturalmente al entrenamiento, y no lo conseguirá al primer intento. Es su deber como entrenador hacer que la llama se sienta cómoda haciendo lo que quiera o necesite que haga.

Ya sea vacilando, guiando, cepillando, desensibilizando, colocando una carga, caminando, etc., no se sentirán cómodas en el primer intento. Debe repetir el proceso hasta que las llamas estén contentas con eso.

Otras cosas a considerar incluyen:

- Mantener la sesión corta y simple
- Dedicar la cantidad de tiempo adecuada
- Nunca se enfade delante de su llama o alpaca
- Reconocer el fracaso y saber cuándo retirarse
- Recompensar a las llamas cuando logre progresos

Todos estos constituyen los atributos de un buen entrenador de llamas o alpacas. Si las ha entrenado usted mismo, entonces debe aprender a poner en práctica estos atributos.

Una de las razones por las que debe entrenarlas es porque una llama entrenada le hará ganar más en el mercado. ¿Quiere ganar dinero con la crianza de llamas? Revise el siguiente capítulo sobre consejos para manejar un negocio de llamas.

Capítulo 10: 10 consejos para su negocio de llamas o alpacas

Empezar un negocio puede ser difícil para cualquier empresario, pero no debería serlo para usted. Si sigue este viaje paso a paso, puede empezar su negocio de llamas o alpacas rápidamente. E incluso para criarlos por diversión, puede aprender una o dos cosas.

10 consejos para iniciar un negocio de alpacas y llamas

Estos consejos le ayudarán a establecer un negocio sin estrés y a disfrutar rápidamente de los dividendos.

1. Aprenda sobre las alpacas y las llamas

Como en cualquier nueva aventura de negocios, hay que investigar mucho para no tener problemas en ningún momento del viaje.

Durante su investigación, decida criar alpacas, llamas, o ambas. Le ayudará a aprender sobre sus diferencias, patrones de alimentación, cuándo y cómo esquilarlas, la mejor ubicación para su granja, etc.

¡Hay tantos errores que pueden evitarse si hace sus deberes!

2. Obtenga consejos de un mentor o de la competencia

Un mentor tiene experiencia en la crianza de llamas y le mostrará lo que ha aprendido. Él o ella ya están en el negocio de las llamas y puede servirle de guía. Y si sus granjas están lo suficientemente separadas, no lo verán como una amenaza para su negocio.

Un mentor puede ser de inmenso apoyo, especialmente en las primeras etapas del negocio. Le dirá qué hacer y qué cosas evitar y son las personas a las que siempre puede acudir si se encuentra con un problema.

La competencia es alguien que puede no querer que usted esté dentro. Han estado en el negocio más tiempo que usted, tienen experiencia e incluso pueden estar ubicados cerca de usted.

Por mucho que no le guste, le ayudará aprender sobre la competencia — cuáles son sus fortalezas y debilidades, los servicios que ofrecen, lo que los hace únicos, etc.

Aproveche sus debilidades y proporcione ese servicio.

Por ejemplo, si su competencia no ofrece lavado y secado de fibra, incluya eso en los servicios que usted ofrece.

3. Licencia y registro

Antes de iniciar cualquier negocio, debe registrarlo con las autoridades correspondientes; normalmente hay uno donde vive o cerca. Asegúrese de que entiende los términos y condiciones. Es muy recomendable obtener una membresía en la AOA (Asociación de Propietarios de Alpacas).

También puede requerir un plan de negocios (o propuesta) que muestre sus planes actuales y a largo plazo.

Es esencial hablar con un consultor de negocios o de impuestos para que le guíe a través del proceso. Si planea vender el vellón de los animales, necesitará una licencia del estado.

4. Financiación

La financiación es crucial para la supervivencia de cualquier emprendimiento. En la etapa inicial, se incurre en muchos costos: comprar el terreno, cercarlo, conseguir suministros, ver un veterinario, obtener la licencia y el registro, etc., y la falta de fondos puede retrasar el proceso.

También se necesita dinero para pagar el trabajo manual en la granja.

Se puede solicitar un préstamo al banco si sus fondos personales no son suficientes. Hay subvenciones del gobierno que atienden las necesidades de los criadores de alpacas.

5. Obtenga la propiedad

Si ya tiene la tierra, salte este paso. Sin embargo, debe asegurarse de que la tierra sea apta para que pasten las alpacas y las llamas. Si no es así, considere la posibilidad de expandir o comprar un terreno más grande. Las alpacas y las llamas son animales sociales y aman la compañía.

Para criar 6-7 alpacas se necesita alrededor de un acre de tierra. La tierra debe estar llena de abundante y saludable pasto para el pastoreo.

6. Compruebe que la ubicación sea segura

La ubicación de la granja debe estar a salvo de animales salvajes, parásitos y pastos venenosos.

Construya una cerca alrededor de la granja para asegurarse de que las llamas no se alejen. También debe comprobar que el pasto sea el adecuado para que los animales se alimenten.

Algunas plantas son tóxicas para las alpacas, como la adelfa, el tabaco, la amapola y el alforfón. Deshágase de ellas en su granja.

7. Construya un refugio

Aunque los animales permanecerán al aire libre durante la mayor parte del día, todavía se necesita un establo para mantenerlos seguros durante las condiciones extremas.

Un establo puede ser una estructura simple, no necesita ser elaborada. Sin embargo, debe ser capaz de servir como un cortavientos y mantener a los animales seguros.

8. Consiga otras herramientas y equipos

Además de un establo, necesitará otro equipo en su granja. Estos incluyen herramientas y suministros necesarios para el trabajo práctico, incluyendo guantes, botas, elevadores de heno, equipo de corte de uñas y dientes, y herramientas de esquilado.

Es crucial esquilar a los animales una vez al año. Si los animales no son esquilados a tiempo, la fibra puede enredarse demasiado y ser difícil de quitar.

Si no quiere esquilarlos usted mismo, siempre puede pagar a alguien para que lo haga por usted.

9. Emplee los servicios de un veterinario

Necesitará los servicios de un veterinario experimentado para ayudarle a atender los desafíos de salud de los animales. A medida que pase el tiempo, usted podría ser capaz de manejar los problemas de salud y el cuidado de rutina por sí mismo bajo la orientación de un veterinario.

El asesino número uno de las alpacas son los parásitos. Debe asegurarse de que sean examinadas y desparasitadas regularmente.

10. Tome precauciones para la alimentación

Las alpacas necesitan una dieta altamente nutritiva; deben ser alimentadas con una saludable dieta verde. Si necesita comprar heno, debe ser fresco.

El heno viejo, polvoriento o mohoso no será la elección correcta para sus animales, aunque sea la opción más barata. También provea suplementos minerales además de su heno.

Otras habilidades de gestión necesarias para los negocios

Si se ha metido en el negocio de las llamas y las alpacas, ha tomado una decisión inteligente. Varias personas están prosperando en el negocio, pero este éxito no es sin planificación y organización.

Si quiere que su negocio sea lucrativo, debe tomar medidas estratégicas para asegurarse de que su progreso sea exitoso. En esta sección, le presentaremos algunos consejos que debe conocer. Si establece un presupuesto adecuado y utiliza las habilidades de gestión adecuadas, tendrá éxito en este negocio especializado.

Consejos de presupuesto y gestión

Hay dinero involucrado en todos los negocios —inclusive con las llamas y alpacas. Con el presupuesto adecuado y la guía de gestión, usted está listo para empezar. Le hemos explicado algunas áreas que debe comprobar.

Su presupuesto es la cantidad de capital que ha previsto para gastar en su negocio, al menos como un inicio. Aborde el presupuesto desde la perspectiva de los costos de la puesta en marcha: considere el tamaño de su empresa y cuánto dinero se requerirá para que funcione.

En primer lugar, considere cuánto dinero puede permitirse poner en el negocio y asegúrese de que su presupuesto cubre todas las áreas, incluyendo las siguientes:

- Inicio del negocio

Aquí, debe considerar cuánto dinero le costará comprar el primer juego de llamas y alpacas.

¿Cuántas llamas y alpacas está comprando para empezar? Tenga en cuenta que el número de animales que tiene determina cuántas crías nacerán. También determinará la cantidad de vellón.

Cuando planifique su presupuesto, asigne una cantidad decente para las necesidades. Mientras no intente ir más allá de lo que puede permitirse, consiga el número de animales que mejor satisfaga las necesidades de su negocio.

El número de llamas y alpacas que tiene determina el tamaño de su rancho o granja. Considere la cantidad de heno que necesita comprar si no planea dedicarse al pastoreo al aire libre. Estos artículos requieren espacio y dinero.

- Ubicación

También considere la mejor ubicación para sus llamas y alpacas. Gastará una cantidad de dinero en su rancho o granja, y su estructura y organización determinará lo bien que puede dirigir el lugar. El movimiento y la organización de los animales es una consideración importante.

Los factores esenciales a considerar involucran el número de animales que usted pretende tener. ¿Tiene suficiente tierra de pastoreo o pretende alimentar a sus animales con heno diariamente?

¿Cuál será el estilo y la construcción de su granja? ¿Desea cercarla permanentemente o crear demarcaciones removibles? Recuerde, debe tener secciones para el parto de las crías. ¿O planea usar una parte de su granero?

Si tiene un presupuesto sólido, tal vez quiera cavar un pozo o proporcionar un grifo en su ubicación. Si no, es prudente considerar la proximidad a la fuente de agua al crear su granja.

Si planea complementar su alimentación con pellets o granos, necesita espacio para mantener grandes recipientes de almacenamiento. En el diseño de la gestión de su granja, dele a este factor una amplia consideración.

Debe esquilarlos anualmente. ¿Propone hacerlo en su granja o en otro lugar? Si es en su granja, haga espacio para ello.

El procesamiento del vellón es otra área que influirá en su elección de ubicación. ¿Planea procesar el vellón usted mismo? Si es así, ¿tiene suficiente espacio para acomodar los procesos? Sepa que debe lavar, secar, teñir y empaquetar todo.

Puede que necesite realizar otras actividades dependiendo de lo que quiera, así que asegúrese de tener suficiente espacio para lo que necesite.

Puede que decida no procesar la fibra usted mismo, así que su presupuesto debe cubrir el costo del procesamiento. Recuerde que es un gasto que debe hacer cada vez que las esquile, mayormente anualmente.

La cantidad que asigna a la ubicación depende de las respuestas a estas preguntas; tenga cuidado de considerar cada área cuidadosamente.

- Alimentación

Este factor es crucial cuando se hace un presupuesto para su negocio. ¿Cómo planea alimentar a su ganado? Podría proporcionarles heno todos los días. Si este es su plan, ¿ha incluido el gasto adicional en su presupuesto?

Un plan viable es encontrar una forma de conseguirlo a un costo relativamente menor; ¿hay una cooperativa cerca? ¿Podría intercambiar algunos de sus servicios a cambio?

Otra opción es tener una zona de pastoreo. Si usted provee de pasto, entonces debería tener un plan tangible sobre cómo manejar las áreas en términos de irrigación, deshierbe, fertilización, etc.

Aparte de los pastos y el heno, necesitarán suplementos. Estos son esenciales para mantener sus cualidades minerales y vitamínicas en equilibrio. Alimente a sus animales con pellets o granos.

¿Cuál es su plan en este sentido? Algunas personas compran en bolsas y las reponen según la necesidad, mientras que otras lo compran a granel porque es más barato. Ahorra tiempo en ir a comprar a menudo y algo de dinero.

La compra a granel plantea la cuestión del almacenamiento. Se necesitarán grandes contenedores para almacenar el alimento, y su presupuesto debe acomodar este gasto.

Su ganado también beberá agua. ¿Puede ir a buscar agua diariamente? Si no, ¿tendrá un pozo o un grifo cerca?

• Electricidad

Debe tener electricidad en su granja. Con el cambio de clima, necesitará calentar el granero de las llamas cuando haga frío (piensa en el invierno). Si el clima es cálido y necesitan mantenerse frescas, necesitarán un ventilador para hacer el trabajo.

Su fuente de agua también podría usar electricidad. Durante el invierno, y si tiene aguas congeladas, su tanque de agua debe mantenerse fluyendo.

Si una madre da a luz a una cría y su temperatura exige ayuda, la electricidad será vital entonces.

• Estiércol

La gestión del estiércol es una esfera importante que hay que tener en cuenta. Producirán estiércol todos los días y sus áreas de vivienda deben mantenerse limpias. Es vital tener un plan tangible sobre cómo sacar los residuos.

• Remolque y equipo

La gestión eficaz de su explotación depende de la disponibilidad del equipo esencial. Su presupuesto debe cubrir las herramientas y el equipo vital que necesita para llevar su negocio con éxito. Equipos como esparcidores de estiércol, elevadores, UTVs, tractores, etc. son cruciales.

También necesita un remolque para facilitar el transporte y un vehículo para llevarlas a los controles veterinarios.

Cuando vaya a un espectáculo y juegos de la AOA, necesitará un vehículo para su remolque. La distancia que recorra y el número de animales que transporte a la vez determinará el tamaño del vehículo.

- **Seguro**

Considere la posibilidad de asegurar su granja y sus animales contra la responsabilidad civil. Puede asegurar sus llamas y alpacas contra la mortalidad y el robo, y, en promedio, el costo del seguro se valora en un 4,25% del valor de la llama.

- **Misceláneos**

Debe haber presupuesto para cualquier gasto imprevisto que pueda surgir, en particular las emergencias.

En general, necesita un plan de negocios para asegurar el éxito de su empresa y un buen plan ayudará a su presupuesto.

Cómo redactar su plan de negocios

La gestión comienza con un plan de negocios y para llegar a él se requiere una excelente capacidad de gestión. Este es un plano de su negocio y, si bien se necesitará pensar un poco para llegar a uno, le guiará en los pasos correctos a seguir y en lo que debe hacer.

Sin un plan de negocios, hay mayores posibilidades de fracasar en los negocios. Una planificación adecuada le asegurará que tome las decisiones correctas y evite errores. Un plan de negocios es esencial para un novato e incluso para hombres y mujeres de negocios experimentados.

Un plan de negocios le ayudará a determinar el capital que pone en el negocio, y también le ayudará a estructurar su presupuesto adecuadamente para acomodar las necesidades.

Hay elementos esenciales para un plan de negocios:

1. Análisis/Descripción

Debe analizar su negocio y lo que implica. Muestra lo que usted hace, lo que trae a la mesa, y su mercado objetivo, además es un indicador de sus futuras actividades.

2. Declaración de la misión

Usted declara por qué tiene una granja y a dónde va con ella. Su declaración de misión detalla sus objetivos futuros y dónde pretende estar en, digamos, 5 ó 10 años.

3. Competencia

Su competencia son los agricultores del mismo negocio que usted, incluyendo las granjas locales y nacionales. Si conoce a su competencia y cómo operan en el mercado, puede hacer movimientos estratégicos para impulsar su marca y sobresalir.

4. Oportunidades y amenazas del mercado

Debe saber cómo funciona el mercado y lo que está pasando en un momento dado. La información es la clave para aprovechar las oportunidades. Saber lo que otros están haciendo y cómo hacerlo mejor.

Las amenazas del mercado son factores que pueden obstaculizar su negocio. Estos factores incluyen su entorno, la economía, los recursos, las autoridades, los competidores, etc., y saber qué puede suponer una amenaza y cómo afrontarla será de gran ayuda.

5. Fuentes de ingresos y objetivos

Indique los canales y estrategias para obtener sus ingresos. Puede ganar a través de la venta de llamas y alpacas, deportes, eventos, venta y procesamiento de fibras, y otras actividades secundarias.

Sus metas de ingresos se refieren a la cantidad que usted prevé ganar con su negocio de llamas y alpacas y puede establecer planes semanales, mensuales y anuales. Haciendo esto, usted se mantendrá enfocado en sus prioridades y en la estrategia de cómo dar en el blanco.

6. Gastos

Debería tener una idea de los gastos de su negocio. Los gastos cruciales incluyen el costo de iniciar y mantener su granja. También se deben contabilizar los chequeos médicos rutinarios y eventuales, y las actividades de la granja como la esquila y el procesamiento.

7. Mercadeo y Publicidad

Esta sección incluye cómo prevé promover sus ventas. Podría recurrir a los medios tradicionales de publicidad, como anuncios en periódicos, revistas y otros impresos, y también puedes usar la radio y la televisión.

En el mundo de hoy, casi todo está en línea, y usted debería tener un sitio web para su negocio para asegurarse de que sea visible para el mundo. Si tiene su mercado objetivo fuera de su localidad, entonces haga que su sitio web lo abarque todo.

Utilice varios idiomas y ofrezca traducción a diferentes idiomas. Las plataformas de redes sociales también son un medio viable de publicidad; Twitter, Facebook, Instagram y otros medios son plataformas populares para las empresas.

Una página de negocios en Facebook es otra forma de tener una oficina virtual. El boca a boca siempre ha sido una opción viable, y las empresas prosperan gracias a las referencias. Las recomendaciones son buenas para el conocimiento y el crecimiento de las empresas.

Explore los clubes, espectáculos y eventos que promueven las ventas de llamas y alpacas.

El precio de estas áreas difiere según la ubicación geográfica. Su gusto también determina cuánto gasta; si quiere una construcción de primera categoría esté listo para gastar mucho, o considere una estructura de menor precio, pero funcional.

8. Hitos

Estos son eventos significativos que impulsan su negocio, así que indique los que quiere lograr para impulsar su negocio rápidamente. Cualquier actividad orientada a la construcción de su negocio debe ser parte de su plan.

En esta sección, su plan debe cubrir actividades como la adquisición de ganados de llamas y alpacas, la construcción de un sitio web, la construcción de cercas, la construcción de graneros, etc.

Más consejos sobre la gestión

El éxito de un negocio depende de la gestión diaria. Con una gestión adecuada, su negocio cruzará fronteras. Las áreas a tener en cuenta son:

- Contabilidad

El departamento de contabilidad es vital para cualquier negocio y mantener los registros de ingresos y gastos es esencial. Estos le mostrarán si está ganando dinero o si está gastando más de lo necesario.

Como usted recién está empezando, necesita gastar menos y ahorrar más. Con el tiempo, puede contratar a un contador, pero mientras tanto, varias aplicaciones pueden ayudarle aquí. La mayoría de la gente usa WAVE accounting, QuickBooks, FreshBooks, o similares, pero de buena reputación.

- Asociaciones

Pertenecer a una asociación relevante es esencial para el crecimiento de los negocios. Es una oportunidad para establecer contactos y conocer gente del oficio, y también puede aprender de gente que ha estado en el negocio de las llamas y las alpacas durante algún tiempo.

Hay varias asociaciones a las que puede unirse, como la Asociación de Propietarios de Alpacas, Inc. (AOA). Obtenga la licencia e identifíquese con la asociación y observe las ordenanzas y regulaciones locales y nacionales sobre la propiedad de un negocio de llamas y alpacas.

- **Impuestos**

Tendrá que pagar impuestos y puede prepararlos usted mismo o tener a alguien que lo haga por usted, pero debe considerar el costo si elige lo último.

- **Trabajo/Ayuda**

Para el buen funcionamiento de su negocio, puede que tenga que contratar ayuda. Si no puede pagar el personal permanente en la etapa inicial del negocio, contrate ayuda temporal.

- **Marketing**

Difundir las noticias sobre su negocio y aumentar el tráfico es esencial para el crecimiento del negocio. Administre su sitio web y las redes sociales usted mismo o contrate a un vendedor o alguien que sea experto en redes sociales.

- **Reparaciones**

Tenga el dinero para reparar todos los equipos averiados, grifos y líneas de agua, vallas, etc. para llevar su negocio sin estrés.

Áreas en las que puede ganar dinero

Hay varias áreas en las que usted puede generar ingresos, incluyendo:

- **Ventas**

Lo primero que le viene a la mente al entrar en el negocio de las llamas y las alpacas es la perspectiva de venderlas por dinero. También puede entrar en la cría y vender las crías.

- **Estiércol**

Producirán estiércol todos los días. ¿Qué hará con él? Puede usarlo en su campo o pasto como fuentes prácticas de fertilizante o venderlo a otros agricultores.

Esta fuente es una doble ventaja para usted. Conseguirá ganar dinero manteniendo limpias las zonas de alojamiento de sus animales. Puede interesarle saber que el estiércol de llama es virtualmente inodoro y es comúnmente conocido como "granos de llama". Es uno de los mejores fertilizantes, completamente natural y ecológico. Históricamente, los incas peruanos quemaban el estiércol de llama seco como una forma de combustible.

- Fibra

Debe esquilarlas anualmente. No solo las beneficia en términos de salud, sino que también rinde dinero, y algunas personas prefieren comprar fibra cruda mientras que otras prefieren comprarla procesada.

Aunque usted puede elegir para procesar el vellón, tenga en cuenta que el lavado, el secado, el teñido, hasta el momento de la entrega, puede ser complicado y con cada etapa viene el compromiso financiero. Sin embargo, cada vez que invierte en el procesamiento del vellón le dará más beneficios.

El hilo producido por el procesamiento de la fibra de llama es ligero y suave. También es muy caliente, por lo que la capa interior más suave se utiliza para producir artesanías y prendas de vestir. La capa interna más gruesa se usa típicamente para hacer cuerdas y alfombras.

- Eventos y espectáculos

Usted puede ganar dinero con sus llamas y alpacas llevándolas a espectáculos de animales y eventos donde participan en deportes y trabajo.

Estrategias para prosperar en el negocio de las alpacas y las llamas

Hay estrategias que puede usar para sobresalir en su negocio, incluyendo:

- Obtener información

Haga preguntas a la gente sobre todo. Aprenda más además de lo que ya sabe porque nunca puede tener demasiada información. Siempre trate de entender por qué, cómo, qué y dónde.

- Tome notas y fotos

Puede que tenga un arreglo único en mente, pero puede aprender de los demás. Visite otras granjas y tome notas y fotografías. Añada ideas de otros negocios para crear un estilo único y completo.

- Trabaje en conformidad con sus autoridades locales

Consulte con las autoridades locales para saber qué está permitido y qué no. Si ha elegido un sitio para localizarlos, asegúrese de que está autorizado.

- Comentarios de los clientes

Fomente la retroalimentación de los clientes. Su negocio crecerá si complace al mercado y la satisfacción, la calidad y la consistencia son esenciales para el crecimiento del negocio.

Errores a evitar en los negocios

Cualquiera que sea nuevo en un negocio puede cometer errores. Por eso es necesario un guía. Si usted conoce los caminos a evitar, no tendrá que recorrerlos, al menos no conscientemente. Algunos errores a evitar son:

- **Compra insegura**

Hay mucha gente ahí fuera buscando vender sus animales. Siendo un novato en el negocio, puede que usted quiera aceptar la venta más barata que pueda encontrar, pero a veces estas compras pueden resultar no ser beneficiosas.

Es más seguro comprar sus animales en el mercado general. Si usted está comprando a un individuo, trate de escrutar el animal para descifrar su estado de salud. No compre animales que parezcan desnutridos y enfermos. Recurra a los servicios de un veterinario para estar seguro.

- **Negligencia del cuidado de la salud**

La madre naturaleza jugará un papel masivo en el nacimiento y crecimiento de sus crías. Sin embargo, no debe dejarlas completamente solas. Si no tiene el tiempo y la cantidad de compromiso necesarios para cuidarlas, entonces no tiene por qué ser su dueño. Es así de serio.

Consiga ayuda. Mucha gente que quiere empezar sus granjas se alegrará de obtener la experiencia mientras ganan dinero extra.

- **Ignorando a las autoridades**

Las ordenanzas de su ubicación le obligan, y debe cumplir con estas reglas. Si localiza su granja o tiene a sus animales pastando donde no están permitidos, usted está violando las reglas. Las consecuencias de esta acción pueden ser graves para su negocio.
No infrinja las reglas por error.

- **Ignorando las necesidades**

Cuando se trata de dinero, puede estar tentado de pasarlo por alto. Por favor, no lo haga. No olvide las necesidades como reparaciones, compras, reemplazos, etc.

Capítulo extra - Terminología de la Llama

Para tener éxito en su negocio de llamas o alpacas, hay varios términos que debe entender:

- **Alas** - usada para describir un movimiento defectuoso. Cuando se mueve una pata delantera hacia adelante, las patas delanteras se balancean y luego se alejan del cuerpo de la llama antes de ser colocadas de nuevo en el suelo. Típicamente, esto se ve en las llamas de rodillas y es peor en las que están severamente golpeadas.

- **Bajando** - cuando la hembra es receptiva al macho, ella caerá a una posición baja, conocida como "bajando" para el semental.

- **Calostro** - la primera leche que una llama hembra produce alrededor del momento del nacimiento, rica en anticuerpos que la cría necesita en las primeras 24 horas después del nacimiento.

- **Caminata** - una marcha de cuatro tiempos donde tres patas mantienen el contacto con el suelo en cualquier momento. Es la más lenta de todas las caminatas.

- **Cargador** - una llama que puede llevar grandes cargas para viajar a grandes distancias, por lo general con una cubierta de lana más ligera y más grande que una llama promedio.

- **Concentrados** - un alimento suplementario denso en energía y más bajo en fibra. Esto incluye múltiples tipos de granos que se combinan en un alimento.

- **Cría** - describe una llama desde el nacimiento hasta el destete.

- **Destete** - una llama de menos de 12 meses de edad - ya destetada.

- **Forraje** - un componente alimenticio que es más bajo en energía y más alto en fibra, incluyendo heno, legumbres y pastos.

- **Galope** - tres tiempos de marcha en los que las cuatro patas nunca están en el suelo simultáneamente - el más rápido de todos los pasos.

- **Golpe de rodilla** - una condición de la llama en la que las rodillas delanteras están anguladas hacia adentro, conocido médicamente como valgus carpiano. Esta condición causa un movimiento incorrecto en la llama y puede conducir a una enfermedad degenerativa en las articulaciones. Estas llamas también "alas" cuando caminan - ver arriba.
- **Hembra abierta** - una hembra que no está preñada.
- **Hembra soltera** - una hembra sin crías, normalmente demasiado joven para reproducirse.
- **Hoz falciforme** - una falla de la llama en la que las patas traseras se adelantan demasiado, creando una forma de hoz en los cuartos traseros cuando la llama es vista de lado.
- **Hueso** - un término que describe el tamaño del esqueleto de la llama - se dice que los que tienen marcos grandes tienen "mucho hueso".
- **Inseminación artificial (IA)** - un proceso donde el semen se toma de un macho y se coloca manualmente en el útero o el cuello del útero de una llama hembra.
- **Kush** - un término que describe a una llama acostada y es también el comando usado para hacer que una llama se acueste.
- **Lama** - el género de las llamas y las alpacas se clasifican en.
- **Lana** - a veces se utiliza para describir las llamas con una cobertura de lana muy pesada.
- **Línea superior** - comúnmente usada para describir la espalda de una llama cuando se la ve de costado. La línea superior ideal está nivelada desde la cruz hasta la cola.
- **Llamada de alarma** - el sonido que hacen los machos de llamas cuando sienten que su ganado está amenazado. Suena como una llamada de pavo, un motor que gira o una combinación de ambos.
- **Madre** - una llama hembra que ha dado a luz.
- **Marcha** - locomoción o movimiento. Los pasos de la llama incluyen la caminata, el trote, el paso, el galope y la puntería.
- **Muestra del semental** - una clase de espectáculo de llamas donde tres llamas con el mismo semental y dos o más madres se muestran en grupo, el juez quiere ver la consistencia en la influencia del semental.
- **Orejas de plátano** - un término que describe las orejas de la llama que se curvan hacia adentro y se ven similares al tamaño y la forma de un plátano.
- **Orejas en punta** - un término que se refiere a las orejas de la llama no del todo erguidas. Esto es causado por el cartílago en las puntas de las orejas que no es lo suficientemente fuerte para mantenerse en pie y

puede ser genético, causado por congelación o por prematuridad. No se considera una falta importante de la llama.

- **Padre** - una llama macho que ha engendrado al menos una cría.

- **Pila de estiércol** - un área donde las llamas defecan y orinan - por lo general deciden el área por sí mismas y puede haber varias áreas en un pastizal o campo.

- **Pila de polvo** - un área donde las llamas ruedan.

- **Prematuro** - un cría prematura.

- **Producto de la madre** - una clase en un espectáculo de llamas donde un par de llamas con la misma madre, pero con diferentes padres se muestran juntos - el juez quiere ver la consistencia en la influencia de la madre.

- **Puntuación corporal** - un valor dado basado en lo delgado o gordo que es un animal. Los valores van de 1 a 9, donde 1 es demacrado, 5 es óptimo y 9 es obeso.

- **Remo** - un término que describe un movimiento defectuoso en el que las patas delanteras de la llama se balancean hacia afuera del cuerpo mientras la pata se mueve hacia adelante. Usualmente causado por que la llama tiene un pecho demasiado ancho, a veces genéticamente, pero más típicamente en llamas con sobrepeso y con mucha grasa en sus pechos.

- **Ritmo** - una marcha de dos tiempos donde las extremidades traseras y delanteras del mismo lado se mueven hacia atrás o hacia delante simultáneamente. Una velocidad media, es la menos estable.

- **Rodar** - una actividad que las llamas hacen mucho; se tumban de lado y ruedan varias veces, ya sea completamente o a mitad de camino, lo hacen para mantener sus fibras abiertas, creando bolsas de aire que proporcionan un aislamiento adicional.

- **Salto** - un término que describe una marcha en la que una llama rebota con las piernas rígidas en el aire, por lo general cuando juega o escapa de los depredadores.

- **Semental** - un macho de llama utilizado para la cría.

- **Semental del ganado** - un macho de llama en una granja de llamas usado puramente para la reproducción.

- **Síndrome del macho berserker** - una condición que describe a una llama macho que se impresiona sobre los humanos de manera incorrecta y, al llegar a la pubertad, se vuelve agresiva hacia los humanos. Una vez que comienza, este comportamiento no puede ser cambiado.

- **Sobreacondicionado** - la manera educada de decir que una llama es gorda.

- **Subcondicionado** - usado para describir una llama de bajo peso.

• **Transferencia de embriones (ET)** - donde los embriones tempranos son tomados de una hembra y transferidos a otra.

• **Tres en uno** - comúnmente usado para describir una llama hembra, vendida cuando está preñada y con una cría. Efectivamente, se obtienen tres llamas por el precio de una - la madre, la cría no nacido y la cría no destetada.

• **Trote** - una marcha de dos tiempos donde las extremidades diagonales traseras y delanteras se mueven hacia atrás o hacia delante simultáneamente. A velocidad media, es un andar estable.

• **Yearling** - una llama entre uno y dos años de edad.

• **Zumbido** - un sonido hecho por las llamas cuando están calientes, estresadas, cansadas, preocupadas, curiosas, incómodas o cansadas.

Conclusión

Hagamos una rápida recapitulación de todo lo que usted ha aprendido de este libro.

Aprendió por qué debe criar llamas o alpacas en el primer capítulo. En el segundo capítulo, explicamos las diferencias entre las llamas y las alpacas, y ahora debería ser relativamente fácil identificar las razas.

También debería saber cómo diseñar instalaciones para ellas a partir de nuestras pautas en el tercer capítulo. Su primera compra de llamas y alpacas no tiene por qué ser un desastre porque hemos proporcionado todos los detalles que necesita para comprar su primer par de llamas del mismo sexo en el cuarto capítulo.

No debe ser un fenómeno extraño para usted que su llama escupa, ya que ahora ha entendido todo el comportamiento y el manejo de estos animales del quinto capítulo. También aprendió lo que puede y no puede alimentar a sus llamas en el sexto capítulo.

El séptimo capítulo cubrió lo que necesita saber sobre la salud, el cuidado y la prevención de enfermedades en las llamas y alpacas. El nacimiento de una nueva vida viene con sus desafíos en todos los animales, incluso en los humanos. Le hemos ayudado a entender el proceso de nacimiento y cómo cuidar de la cría de la llama.

Puede que no se haya dado cuenta de que las llamas pueden aprender a hacer muchas cosas antes de leer este libro, pero ahora sabe cómo entrenar a sus llamas o alpacas para hacer varias tareas importantes.

¿Está listo para empezar su negocio de llamas ahora? En nuestro último capítulo se ofrecen consejos que le ayudarán a asegurar que su negocio sea un éxito.

Este libro no es para que lo lea y lo olvide. Siempre puede consultarlo durante su viaje con la llama o la alpaca.

Tiene en sus manos una herramienta vital para criar llamas. ¡Úsela sabiamente!

Quinta Parte: Criar cerdos

La guía imprescindible para criar cerdos en su granja

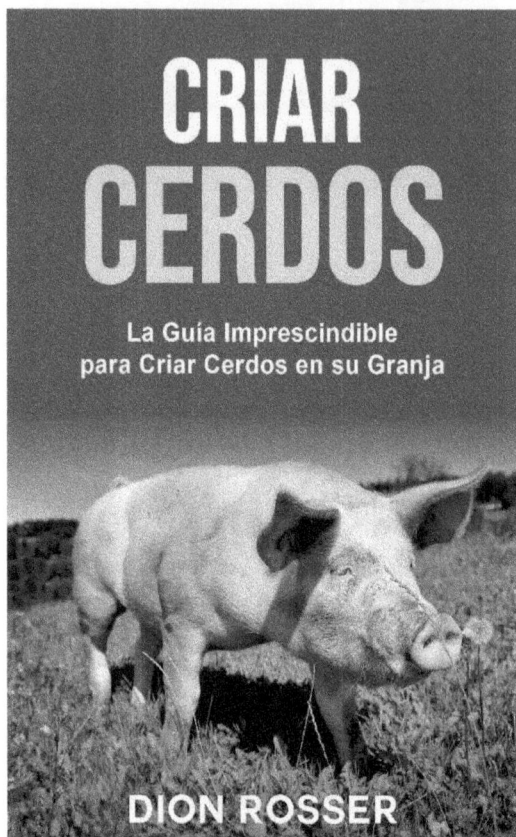

Introducción

La cría de cerdos es una empresa rentable que resulta fácil si tiene esta guía a mano. Cada capítulo proporciona información detallada para ayudar tanto a los principiantes como a los criadores experimentados en su camino hacia la cría de cerdos. Siguiendo las recomendaciones de este libro es posible disfrutar de la vida mientras cría cerdos sin enfrentar los retos de la mayoría de los criadores.

Algunos libros del mercado afirman tener conocimientos profundos sobre la cría de cerdos. Este libro está actualizado y presenta todas las prácticas modernas asociadas a la cría actual. Este libro tiene un lenguaje fácil de entender, tanto para los principiantes como para los criadores de cerdos con experiencia.

La cría de cerdos requiere un enfoque práctico. Por ello, este libro contiene métodos e instrucciones prácticas con un lenguaje accesible y cercano. Además, el libro responde a las necesidades de los distintos criadores de cerdos de todo el mundo. Tanto si se encuentra en Estados Unidos como en Sudáfrica, las acciones prácticas de este libro beneficiarán a todos los criadores de cerdos, independientemente del tamaño de sus operaciones o de su ubicación.

Capítulo 1: Por qué criar cerdos - Carne, compost o mascotas

A pesar de su reputación, los cerdos no son animales «sucios». De hecho, son animales limpios que se revuelcan en el barro como mecanismo para refrescarse en un entorno caluroso. Los cerdos que viven en climas fríos no necesitan revolcarse en el barro y, por tanto, se mantienen «limpios». Los cerdos son excelentes animales domésticos que pueden ser fuente de alimento o mascotas. Los siguientes datos le ayudarán a comprender mejor a los cerdos.

Datos sobre los cerdos y sus finalidades

Historia

Los cerdos, también conocidos como chanchos o puercos, son animales domésticos cuya carne se consume popularmente en todo el mundo. Los historiadores empezaron a documentar la cría de estos animales en Europa, Asia y el norte de África hace unos 9.000 años. Desde entonces, muchos granjeros criaron cerdos, y a finales del siglo XX, los cerdos tenían un nombre familiar, debido a las mejoradas técnicas de cría y alimentación.

Hay muchas especies de cerdos, incluido el jabalí, que es un cerdo doméstico macho no castrado. El término jabalí se utiliza generalmente para referirse a un cerdo salvaje. Un cerdo puede pesar desde 300 lbs. (136 kg) a 1000 lbs. (454 kg). En promedio, un cerdo puede llegar a medir 70 cm de largo.

En la actualidad, hay más de dos mil millones de cerdos domésticos en todo el mundo. Estos animales están distribuidos en diferentes partes del mundo. Pueden sobrevivir en diferentes hábitats, y los científicos han atribuido su increíble resistencia a altos niveles de inteligencia. Pero los cerdos se sienten cómodos en ambientes fríos y en climas cálidos.

Medio ambiente

En contra de la creencia popular, los cerdos son animales relativamente limpios. Revolcarse en el barro les ayuda a regular su temperatura corporal porque biológicamente no pueden sudar como los humanos u otros animales. También les permite crear un entorno desfavorable para los parásitos. Estas fascinantes criaturas mantienen sus desechos lejos de donde viven o comen.

Inteligencia

Los cerdos son animales inteligentes. Las personas que trabajan con cerdos saben que son animales muy inteligentes. Por ejemplo, ¿sabía que los cerdos pueden recordar objetos, lugares y otros elementos que les ayudan a orientarse en su entorno? Tienen una memoria excelente y pueden recordar información durante años. Y también pueden percibir el tiempo. Los cerdos son curiosos y les gusta buscar comida mientras exploran el terreno.

Habilidades sociales

Aunque no siempre parece la primera opción, muchas personas tienen cerdos como mascotas. Al ser bastante juguetones, junto con otros atributos sociales, los cerdos han sido descritos por muchas personas como grandes mascotas debido a la variedad de características que muestran.

Prefieren viajar en grupos íntimos, conocidos como piaras, formados por hembras y sus crías. Estos grupos les ayudan a mantenerse calientes durante las estaciones frías. Los cerdos deben mantenerse dentro de sus círculos sociales, ya que el aislamiento les causa estrés e incomodidad, pero cuando están preñados o enfermos, el aislamiento es la estrategia a seguir.

Comunicación y defensa

Los cerdos se comunican mediante gruñidos y chillidos. El gruñido de un cerdo depende de la «personalidad» del animal y de la exposición al peligro. Los gruñidos y los chillidos largos son la forma que tiene el cerdo de alertar a los demás sobre amenazas inminentes. En tal caso, el principal mecanismo de defensa de un cerdo es huir, y le sorprenderá descubrir que los cerdos son reconocidos velocistas. Pueden correr hasta a diez millas por hora (17 km/h), y los cerdos salvajes pueden correr a velocidades de hasta 30 millas por hora (50 km/h). Este ritmo no es sostenible, ya que se cansan rápidamente. Si correr no es una opción, los cerdos pueden utilizar sus colmillos como armas si se sienten amenazados. Algunos tienen colmillos de gran tamaño, muy afilados, que pueden causar heridas importantes. Hay que tener cuidado cuando se manipula a las cerdas con lechones, pero en general los cerdos no son animales agresivos.

Reproducción

La reproducción del cerdo tarda unos cuatro meses. Esta es una característica muy deseable en el ganado, especialmente en comparación con la vaca que gesta durante aproximadamente nueve meses. Además, un cerdo puede tener una camada de entre seis y doce lechones, en comparación con una vaca, que da a luz a una o dos crías como máximo cada vez. A diferencia de otros animales de ganadería, un lechón puede duplicar su tamaño una semana después de su nacimiento. Los lechones recién nacidos aprenden rápidamente a responder a la voz de su madre, que suele utilizar gruñidos para comunicarse con sus crías mientras las amamanta. Por eso, en el pasado, los ganaderos preferían criar cerdos más que cualquier otro animal, ya que pueden producir mucha carne a un ritmo muy veloz.

Visión y oído

Por último, los cerdos no tienen una buena visión. Pueden distinguir los colores, pero su rango de visión es limitado. Para compensarlo, tienen un gran sentido del olfato y del oído. Rápidamente se dará cuenta de que los cerdos no se sienten cómodos con los sonidos fuertes. La exposición prolongada a este tipo de ruidos sobresalta a los cerdos y puede causarles mucho estrés, así que considere la posibilidad de mantenerlos en un ambiente tranquilo. No entre a las pocilgas dando portazos o haciendo ruidos fuertes. Como mascotas, disfrutan escuchando música suave y recibiendo masajes ocasionales.

Razones para tener cerdos

Carne

La cría de cerdos para carne comercial es una de las empresas agrícolas más rentables, independientemente del tamaño de la granja. En todo el mundo, la cría de cerdos con fines comerciales es un negocio bastante lucrativo. Por ejemplo, China es el país con mayor número de cerdos, con más de 310 millones, seguido de Europa, EE. UU. y Brasil.

Ventajas de la cría de cerdos para carne comercial

Los productos porcinos, como la carne de cerdo y el tocino, están siempre en demanda. Existe una demanda creciente de ambos productos procedentes de cerdos de granjas tradicionales. Aproximadamente el 35% de toda la carne consumida por los humanos es de cerdo. Y, aún mejor, este porcentaje crece a un ritmo constante cada año. No podría haber época mejor para criar cerdos para carne, ya que la producción mundial ha descendido aproximadamente un 7% debido a la crisis del 2020, y un 2% más por cortesía de la gripe porcina africana, que asoló el mercado asiático. Esto ha generado que los ganaderos amplíen sus rebaños para hacer frente a la creciente demanda de carne de cerdo.

La cría de cerdos para carne es relativamente sencilla y elemental. La mayoría de los ganaderos tienen una idea aproximada del tipo de carne que les gustaría vender o conservar para consumo personal. Para mucha gente, las opciones en cuanto al cerdo giran en torno al tocino y la carne; algunos nichos requieren un tipo especial de producto porcino. En dado caso, hay que utilizar métodos únicos para satisfacer la demanda. Las opciones más populares son las salchichas de cerdo, las hamburguesas, las chuletas y el tocino.

El mantenimiento de los cerdos es relativamente barato, sobre todo en comparación con otros animales como las vacas. Por ello, los ganaderos prefieren criar cerdos para la producción de carne comercial por su coste de mantenimiento relativamente bajo, junto con la capacidad para producir mucha carne rápidamente. Los cerdos, a diferencia de la mayoría de los animales de granja, pueden comer prácticamente de todo. Son animales omnívoros. Estos animales tienen una capacidad de reproducción única que hará que su inversión se vea rápidamente recompensada. Una cerda puede parir dos veces al año una camada de hasta doce lechones. En un corto periodo de tiempo, está casi garantizado que duplicará el número de cerdos de su granja.

Mientras que las vacas necesitan pastos y campos en los que pastar, los cerdos comerán más o menos cualquier cosa que les ponga. Por ejemplo, puede darles de comer residuos de cocina o incluso restos de comida. Son animales versátiles que pueden criarse en cualquier parte del mundo con residuos orgánicos. Además, la tasa de conversión de alimento en carne es mejor que el de cualquier otro ganado. Esto significa que cuanto más alimento comen, más crecen y convierten el alimento en carne. La combinación de estos factores hace que la cría de cerdos sea una buena inversión.

Desafíos de la cría de cerdos para carne comercial

La cría de cerdos para carne requiere una buena cantidad de procesamiento. Para los pequeños ganaderos, esto puede suponer un reto importante. Por ejemplo, en Estados Unidos, los pequeños ganaderos informaron este reto en Minnesota. Aproximadamente el 17% de todos los ganaderos declararon tener acceso adecuado al procesamiento. Considere la posibilidad de disponer del procesamiento de su carne si tiene previsto distribuirla directamente a un mercado determinado. Alternativamente, considere la posibilidad de reservar fondos para cubrir los gastos del procesamiento.

Otro reto que encuentran los ganaderos al criar cerdos para carne comercial es la gestión de los cuerpos de los cerdos. Muchos ganaderos, tanto a pequeña como a gran escala, tienen dificultades para distribuir la carne de cerdo, incluido el cuerpo entero. Aprovechar todo el valor del cerdo será un reto constante. En la mayoría de los mercados, especialmente en EE. UU. y Europa, los componentes del cuerpo del cerdo, incluidos los subproductos, no contribuyen a los ingresos globales que recibe el ganadero. En este caso, debe vender los cerdos enteros si se presenta la oportunidad.

Criar cerdos para compost

Si tiene una granja, una de las cosas con las que debe lidiar es el estiércol. Criar cerdos es una buena manera de convertir los residuos en compost para las plantas y el jardín. El compost, también conocido como «oro negro», trae beneficios porque añade nutrientes y organismos benéficos al suelo. Además, es bueno para el medio ambiente en general, al igual que el compostaje y el reciclaje de los residuos de la cocina y el jardín.

Los primeros agricultores solían labrar la tierra con estiércol de cerdo para que se descompusiera y se convirtiera en nutrientes fundamentales para los siguientes cultivos. Hoy en día, esta práctica es poco habitual, ya que el estiércol de cerdo es portador de una serie de bacterias y parásitos perjudiciales. El compostaje de cerdos es una de las principales razones por las que debería criar cerdos en su granja.

Cómo utilizar el estiércol de cerdo para el compostaje

La clave para un compostaje eficaz es mezclar los ingredientes adecuados a una temperatura elevada. Una forma de trabajar cómodamente es añadir estiércol de cerdo a una pila de compost formada por residuos vegetales, hojas muertas, malas hierbas y hierba seca y dejar que la mezcla se descomponga. Considere también la posibilidad de calentar la pila de compost, ya que la temperatura y el abono van de la mano. La temperatura debe oscilar entre 30 y 60 grados Celsius. El calor destruirá los organismos vivos no deseados, incluidas las semillas y las posibles malas hierbas. El calor también ayuda a que la pila de estiércol se convierta en compost rápidamente.

Un aspecto crucial del compostaje es la aireación. Hay que dejar que el aire fluya en la mezcla para que la pila se convierta en compost. Remover la mezcla con frecuencia utilizando un rastrillo, una pala o una horquilla es una buena manera de aumentar el flujo de aire en la pila. Introduce cualquiera de estos equipos agrícolas en el fondo de la pila y llévalos a la parte superior. Considere la posibilidad de repetir este movimiento al menos una vez cada tres semanas. El compost debería estar listo para su uso después de aproximadamente cuatro meses, pero cuanto más tiempo permanezca el compost, más rico será.

La humedad es clave para activar el compost. Si el abono está demasiado seco, todos los nutrientes y microorganismos que viven en su interior morirán, y no podrán activar el compost de forma eficaz. Considere la posibilidad de añadir bastante humedad a la pila. Una forma de comprobar rápidamente si hay humedad en el abono es meter la mano y apretar. Si no se siente como una esponja húmeda, entonces la pila está bastante seca.

Desafíos de la cría de cerdos para estiércol y compostaje

Si no calienta bien la pila de estiércol de cerdo y residuos vegetales o no lo hace durante el tiempo suficiente, se producirá un olor bastante desagradable. Además, puede tardar aún más en descomponerse y convertirse en compost. Este es uno de los retos que los agricultores, especialmente los de pequeña escala, encuentran al convertir el estiércol de cerdo en compost.

Y el exceso de humedad solo provoca mal olor, moscas y crea un caldo de cultivo para bacterias y organismos vivos nocivos. Esto ocurre cuando se añade material fresco, como verduras y hojas, sin el equilibrio adecuado.

Tener cerdos como mascotas

Los cerdos son animales inteligentes, simpáticos y sociales. Todas estas cualidades combinadas hacen de los cerdos uno de los mejores animales para tener como mascotas. Los cerdos de compañía también se llaman «minicerdos o *minipig*», cerdos miniatura. Entre las razas más comunes de cerdos para mascotas se encuentra el cerdo de la isla de Ossabaw. El número de propietarios de minicerdos aumenta cada año. Por ejemplo, en Canadá y Estados Unidos había más de 200.000 minicerdos en 1998. Desde entonces, esta cifra se ha disparado a más de un millón en los últimos años.

Y es que estos animales son divertidos: su vida media oscila entre los 10 y los 15 años. Los criadores de cerdos deben tener en cuenta algunos factores antes de tener un cerdo como mascota.

Consideraciones legales

Aunque considere un cerdo como mascota, en la mayoría de los países del mundo están reconocidos legalmente como animales de granja. Afortunadamente, algunos estados conceden permisos que permiten a los residentes tener cerdos como mascotas. Debe revisar las normas y reglamentos respecto a la domesticación de estos animales, dependiendo de su país y ubicación. Por ejemplo, Escocia no permite a los residentes pasear cerdos con correa como si fueran un perro.

Consulte a las autoridades locales antes de tener un cerdo como mascota. Además, guarde todos los registros, incluidas las vacunas, los medicamentos, las visitas a la clínica veterinaria, etc., para evitar complicaciones legales.

¿Qué comen los cerdos de compañía?

Al igual que los perros y los gatos, los cerdos tienen sus propias necesidades alimentarias, que difieren de las de otros animales de compañía. A la hora de alimentar a un cerdo de compañía, es esencial recordar que estos animales tienen una de las mejores relaciones entre alimento y carne, lo que significa que crecen rápidamente con un mayor consumo de comida. Para evitar la obesidad de su cerdo mascota, considere la posibilidad de alimentarlo con alimentos comerciales regulados.

Sin embargo, a la mayoría de los cerdos de compañía les gusta alimentarse con pienso (alimento balanceado), que se pueden conseguir fácilmente en muchos proveedores de granjas. Considere la posibilidad de dar al animal un puñado cada mañana y cada noche, y considere la posibilidad de complementar la dieta con frutas y verduras, ya que los cerdos también disfrutan de estas opciones. Tenga en cuenta que la mayoría de los países no recomiendan alimentar a los cerdos con desechos o restos de comida. De hecho, muchos lo consideran ilegal.

Por último, su mascota, al igual que nosotros los humanos, necesita una buena cantidad de agua cada día. La cantidad de agua que necesita un cerdo varía según el tamaño del animal. Por ejemplo, un «minicerdo» o un cerdo miniatura puede beber hasta cinco litros de agua al día. Pero su cerdo necesitará tener acceso a agua fresca y limpia todos los días. Recuerde que a los cerdos les gusta forrajear y de vez en cuando meten las patas y el cuerpo en el abrevadero, lo que ensucia el agua. Por ello, es posible que tenga que cambiar el agua varias veces al día para mantenerla fresca y limpia.

Bienestar

Como se ha mencionado anteriormente, los cerdos son animales inteligentes. Su enriquecimiento cognitivo, físico y social es una parte vital de su bienestar. Considere la posibilidad de dar a su cerdo juguetes duraderos con los que pueda jugar y forrajear, y considere la posibilidad de mantenerlos en parejas o grupos para su bienestar social.

Los minicerdos necesitan un alojamiento y un refugio decentes. Debe ser seco, seguro, ventilado y estar bien mantenido. Afortunadamente, los cerdos suelen ser limpios y limitan sus actividades de aseo a una sola zona. Considere la posibilidad de dar a sus cerdos un refugio decente para que formen un hogar. Recuerde también que los lechones jóvenes son vulnerables, así que considere la posibilidad de mantenerlos en una zona cálida y segura durante las primeras semanas.

Desafíos de tener cerdos como mascotas

Los cerdos plantean varios retos a los propietarios de mascotas. En primer lugar, no hay forma de predecir hasta qué punto crecerá el cerdo. La mayoría de los propietarios de cerdos compran estos animales cuando son relativamente jóvenes y pequeños. Los cerdos pueden crecer hasta alcanzar tamaños enormes y, como ya se ha dicho, su proporción de comida por carne es relativamente alta. Un cerdo puede crecer y pesar hasta 450 kg, lo que dificulta su mantenimiento como mascota. Hay razas específicas, como la raza *Ossabaw*, los minicerdos *Göttingen* y los cerdos Juliana, que no alcanzan estos tamaños astronómicos. Pero sigue siendo algo difícil determinar hasta qué punto crecerán los cerdos cuando los adquiere por primera vez.

Los cerdos requieren muchos cuidados. Por ejemplo, a medida que crecen, necesitarán un nuevo alojamiento o refugio debido al considerable aumento de tamaño. En segundo lugar, los minicerdos necesitan que se les engrase antes de salir al sol debido a la sensibilidad de su piel. En tercer lugar, una dieta y nutrición deficientes pueden provocar convulsiones y artritis, que son difíciles de tratar en los cerdos. También son vulnerables a los ataques de los perros. En muchos sentidos, estos animales necesitan cuidados, atención y tiempo, que los propietarios no siempre tienen.

Los cerdos son buscadores y exploradores por naturaleza. Su comportamiento natural de búsqueda de comida puede destruir objetos de la casa, como muebles, o del exterior, como flores y equipos de jardinería. Si se aburren, su naturaleza curiosa les llevará a explorar los entornos cercanos. En el proceso, pueden perderse o herirse si se encuentran con animales como los perros.

Las cerdas (hembras de cerdo) entrarán en celo unas semanas después de nacer, y este proceso continuará cada tres semanas. Si tienen hijos, las cerdas se vuelven agresivas y territoriales. Lo mismo ocurre con los verracos. El comportamiento agresivo puede provocar lesiones o la destrucción de la propiedad. Considere un comportamiento amistoso y tranquilo cuando maneje estos animales para reducir cualquier posibilidad de ansiedad o comportamientos agresivos.

La mayoría de estos problemas de los cerdos pueden evitarse con un conocimiento más profundo del animal. Los cerdos son divertidos y han demostrado ser compañeros leales. Un conocimiento profundo de estos animales le ayudará a evitar la mayoría de estos retos si quiere convertirse en propietario de un minicerdo.

Capítulo 2: Elección de la raza adecuada

Los cerdos son animales inteligentes. Es muy beneficioso tenerlos cerca y se les considera animales sociales. Son omnívoros, lo que significa que se alimentan de plantas, animales y casi todo lo demás. Los cerdos domésticos se crían con fines comerciales para producir carne de cerdo, jamón o tocino. Otros cerdos se mantienen como mascotas, como los *Kune Kune*.

Existen diferentes tipos de cerdos. Se pueden elegir cerdos machos, comúnmente llamados *verracos*, o hembras, conocidas como *cerdas*. Estos cerdos vienen en muchos colores, como marrón, blanco, tostado, rojo, dorado, jengibre, crema y negro. Tendrá que elegir si quiere solo cerdas o una mezcla de cerdas y verracos, en función de sus necesidades y capacidades comerciales o domésticas. Esto puede ser un reto, pero puede elegir lo que más le convenga utilizando la siguiente lista.

Diferentes razas de cerdos

Los cerdos tienen muchas formas, tamaños y colores. Esto puede resultar abrumador para cualquier ganadero a la hora de hacer la mejor compra. La siguiente lista le ayudará a conocer los varios tipos de cerdos, las diferencias y la facilidad de criar cada uno de ellos.

Los principales tipos de cerdos son los comerciales y las tradicionales. Los cerdos comerciales se crían en fábricas en grandes cantidades. El objetivo principal de la cría de estos cerdos es producir carne. Requieren mucho alimento y no son tan gordos como los cerdos tradicionales.

Las razas porcinas tradicionales son la mejor opción para los pequeños ganaderos. Son fáciles de criar y proporcionan una carne deliciosa. Son relativamente fáciles de manejar, ya que se alimentan de pastos.

Estas son las mejores razas para criar en su patio trasero:

1. Mangalica

El Mangalica es famoso por su pelaje lanoso; ningún otro cerdo presenta esta característica. Es una raza muy recomendada por los pequeños ganaderos. Producen una carne de gran calidad y muy sabrosa. Su carne es tierna y conserva deliciosos jugos de grasa. Proporciona un fantástico tocino.

Pros

- Son de fácil mantenimiento
- Tienen un temperamento manejable
- No dependen excesivamente de las proteínas
- Se adaptan rápidamente a la temporada de invierno
- Tienen un alto rendimiento

Contras

- Producen mucha grasa, lo que puede resultar agobiante

2. *Red Wattle*

El *Red Wattle* es uno de los cerdos más amables que existen. Tienen un comportamiento humilde, lo que los convierte en un gran compañero. Son de color rojo con manchas en todo el cuerpo. Pueden ser bastante pesados y grandes. ¿Por qué debería comprar este cerdo?

Pros

- Tienen un alto índice de crecimiento
- La carne es tierna, magra y sin grasa
- Las cerdas son muy maternales, lo cual reduce considerablemente su trabajo
- Tienen una alta tasa de natalidad

El *Red Wattle* es un buen cerdo para criar por primera vez. Son fáciles de manejar y no son agresivos. Son muy amistosos y le facilitarán la cría. También favorecen al suelo cuando buscan comida. Son excelentes para lugares pequeños, por lo que no es necesario ampliar el corral. Pueden llegar a pesar hasta 1.000 libras, lo que puede traer rendimientos sobresalientes después de unos meses.

3. Cerdos *Gloucestershire Old Spots*

Este cerdo es blanco con grandes manchas negras en el cuerpo. Es conocido por su docilidad e inteligencia.

- **Pros**
- Gran instinto maternal
- Alta tasa de natalidad
- Se adaptan mejor al aire libre
- Carne de alta calidad

4. *Kune Kune*

El *Kune Kune* es conocido por su naturaleza dócil, su carne dulce y su excelente temperamento. Son de tamaño medio y se adaptan muy bien al confinamiento. ¿Por qué debería comprar este cerdo?

Pros

- Su olor no es abrumador
- Son tranquilos y silenciosos
- Son excelentes para los cruces

Contras

- No tienen pelaje, por lo que necesitan refugio cuando llueve
- Necesitan una alimentación particular

5. *Chester White*

El *Chester White* es el cerdo más común en la mayoría de las granjas. He aquí algunas de las razones por las que los ganaderos los prefieren:

Pros

- Tienen una larga vida útil
- Las cerdas son muy maternales
- Son voluminosos y musculosos
- Requieren un mantenimiento mínimo

6. Cerdo *Yorkshire* americano

El cerdo *Yorkshire* americano es un miembro popular en diferentes granjas. Su bonita piel rosa es común en las granjas de muchos lugares. He aquí las razones por las que debería tener uno.

Pros

- Tienen una alta tasa de crecimiento
- Tienen una alta tasa de natalidad
- Son musculosos
- Son fáciles de criar
- Tienen una carne sabrosa
- Las cerdas son increíblemente maternales, lo que reducirá sus rondas de control

7. Cerdo *Berkshire*

Se trata de pequeños cerdos negros con medias blancas, punta blanca en la cola y orejas puntiagudas. El cerdo *Berkshire* es una opción popular entre los ganaderos a pequeña escala, y son la raza más antigua. ¿Por qué debería comprar un cerdo *Berkshire*?

Pros

- Tienen una carne deliciosa
- Son buscadores activos
- Tienen una alta tasa de crecimiento
- Son muy amigables

8. *Large Black* (Cerdo negro grande)

También se les conoce como *Devon* o *Cornwall*. Suelen tener una forma alargada. La mayoría de los pequeños ganaderos los compran porque:

- Son fáciles de manejar
- Son grandes productores de tocino
- Son adaptables
- Son resistentes a las quemaduras del sol

9. Cerdo *Hampshire*

El cerdo *Hampshire* es fácilmente identificable por el cinturón blanco en sus hombros y patas delanteras. Tienen orejas grandes. Son muy activos y son conocidos por sus orejas erectas.

Pros

- Tienen una alta tasa de crecimiento
- Tienen una alta tasa de natalidad
- Son generalmente grandes
- Tienen buen temperamento
- Las cerdas tienen un gran instinto maternal

Contras

- No pesan tanto en comparación con otras razas de cerdos
- Tienen jamones más pequeños

10. *Landrace*

Es un cerdo excelente para criar en el interior o incluso en el exterior. El cuerpo del cerdo es excepcional para el tocino y la carne. El *Landrace* tiene la piel blanca con pelo negro. También tiene las orejas caídas con una ligera inclinación hacia delante. Sus cuartos delanteros son largos.

Pros

- Desarrollan un excelente jamón
- Las cerdas tienen una alta tasa de natalidad
- Los lechones tienen una alta tasa de crecimiento
- Carne magra de alta calidad
- Es ideal para los cruces

Contras

  • Son propensos a las quemaduras solares debido al color del pelaje y de la piel

11. *Duroc*

El *Duroc* suele llamarse Cerdo Rojo. Tiene una estructura grande con orejas pequeñas y caídas. Es un cerdo bastante musculoso con una longitud media. La cabeza y el cuello son de complexión ligera. El *Duroc* tiene una piel dura con un color rojo sólido.

Pros

  • Pueden sobrevivir a temperaturas extremas
  • Carne suculenta con mucha musculatura
  • Son extremadamente amistosos

Contras

  • Tardan en madurar

12. *Large White* (gran cerdo blanco)

Está bien adaptado para la vida al aire libre. Es un cerdo largo y grande con piel blanca, pelo blanco y orejas largas que sobresalen.

Pros

  • Pueden soportar climas extremos
  • Tienen altas tasas de natalidad
  • Tienen una alta producción de leche
  • Las cerdas tienen un gran instinto maternal
  • Son propensas a las quemaduras solares debido a su falta de pigmentación

Contras

  • Sus jamones son de menor calidad

Cómo seleccionar la mejor raza

La selección de los reproductores adecuados para su granja es crucial para el éxito de la misma. Es esencial tener en cuenta el crecimiento de la camada, el tamaño y la eficiencia alimentaria antes de realizar cualquier compra. También hay que tener en cuenta varios rasgos del cerdo, como la duración de la vida, la adaptabilidad a diferentes alojamientos y temperaturas, la calidad de la carne, la resistencia a las enfermedades y la facilidad de reproducción.

Si es la primera vez que se dedica a la cría de cerdos, recuerde estos factores. Ser un proveedor de alimentos implica tener en cuenta la producción de cerdos, las creencias locales (religión), la disponibilidad de la raza porcina, los requisitos locales, las condiciones del mercado local y global, y las enfermedades locales que podrían contraer los cerdos. Estos factores son decisivos para orientarse hacia el tipo de cerdo que va a seleccionar y su sostenibilidad.

Estos pasos le ayudarán en el proceso de selección:

¿Por qué quiere criar cerdos?

Hay varias razones por las que los ganaderos crían cerdos. Puede ser para consumo personal, para la venta, como mascota o incluso para la cría. La razón de la cría cambia los requisitos exigidos. Los cerdos destinados a la venta requerirán una estructura rutinaria con un alto grado de mantenimiento por parte del ganadero. Los cerdos destinados a ser mascotas necesitarán un entorno menos vigilado.

¿Qué tamaño tienen sus instalaciones?

Los criadores de cerdos a pequeña escala tienen ventaja respecto a los que tienen una granja grande. Esto facilitará el mantenimiento. Este es un elemento importante de la cría de cerdos.

¿Cuáles son sus preferencias?

Elija los cerdos que le gusten, tanto si quiere que sean manchados, marrones, blancos o negros, como si prefiere que sean pequeños, medianos o grandes. Hay muchos cerdos simpáticos disponibles en el mercado.

¿Cuáles son sus capacidades?

Los cerdos grandes requieren mucho trabajo. Si usted es activo y libre, puede elegir los cerdos grandes. Elija los cerdos pequeños si no tiene tanto tiempo para dedicarles, especialmente si está empezando a criar cerdos. Esto le permitirá crecer a su ritmo, adquiriendo conocimientos y experiencia.

Tras responder a las preguntas anteriores, podrá identificar fácilmente los siguientes factores.

Seleccione una granja adecuada

Hay muchos criadores de cerdos, y puede ser una tarea desalentadora encontrar la granja adecuada para comprar sus cerdos. La calidad de la raza se ve afectada por el entorno. Una granja adecuada debe gestionar sus razas con un alto nivel de limpieza y programas previamente planificados. La vida útil de un cerdo confinado puede llegar a los diez años. Esto depende del manejo y de su composición genética.

Los cerdos tienen diferentes rasgos de carácter que son fácilmente identificables. Se puede evaluar el rendimiento de la raza comprobando la capacidad materna. La cerda madre debe ser capaz de amamantar a los lechones hasta la fase de destete, compruebe el número de lechones y la tasa de aumento de peso.

Un buen criador no solo le venderá los cerdos, sino que hará un seguimiento después de la venta. Responderá a cualquier pregunta y dará más información sobre los cerdos. Algunos incluso le ofrecerán entrega gratuita en el lugar que usted proponga.

Elija cerdos registrados

Elija siempre cerdos registrados, ya que así se asegurará de obtener la calidad que presume el criador. Sin el registro, será difícil determinar los distintos aspectos del cerdo. Las etiquetas en las orejas o notas identifican fácilmente a un cerdo con pedigrí.

Seleccionar la mejor raza es fácil una vez que se han establecido los rasgos. Los siguientes son aspectos vitales que debe comprobar antes de decidirse a realizar cualquier compra.

Compruebe las características de las mejores razas

Antes de comprar cualquier cerdo, asegúrese de que son de alto nivel. Por lo general, puede medir su salud comprobando su estado de alerta; sus ojos deben ser brillantes y deben mostrar facilidad de movimiento. También puede comprobar la rapidez con la que devoran la comida y si las costillas son visibles. Compruebe si el cerdo está activo o apagado. Un cerdo desnutrido estará apagado y retraído.

Compruebe el temperamento del cerdo. No elija un cerdo agresivo o tímido. Los cerdos agresivos no son adecuados para la cría, especialmente para un ganadero nuevo. Elija cerdos jóvenes en lugar de cerdos mayores; compre cerdos de unas diez semanas de edad.

Características del cuerpo

El cuello debe ser más largo que la media. Esto hará que los hombros parezcan tener una inclinación hacia abajo. Cuando está de pie, debe parecer que el cerdo tiene los antebrazos inclinados.

La cuartilla es el lugar entre la pezuña del cerdo y la articulación con los espolones. Esta zona debe tener una ligera inclinación hacia delante. Los dedos de todas las patas deben ser moderadamente grandes.

Compruebe también las nalgas. Esto se llama la grupa. La línea superior debe parecer plana, con la cola fija en alto. Las patas traseras deben ser rectas, pero curvadas después de la articulación de la rodilla.

La articulación del corvejón se encuentra en el «talón» del pie. Esta es una zona importante la cual hay que revisar antes de comprar. Compruebe la forma de la articulación del corvejón para saber si está sana.

Compruebe también los pezones del cerdo. Un cerdo sano tendrá las mamas bien espaciadas, largas y delgadas. Los cerdos tienen casi 32 pezones paralelos en la parte inferior desde la ingle hasta el pecho. El cerdo promedio tiene entre 10 y 14 pares de pezones para la leche. El número de pezones es esencial, ya que determina el número de lechones que puede alimentar a la vez.

Qué hay que tener en cuenta

Inspeccionar un cerdo antes de comprarlo es extremadamente importante. En primer lugar, compruebe los pezones de los cerdos. Si no sobresalen de la piel, la madre no podrá alimentar a los lechones, ya que las glándulas mamarias se secarán tras el parto, quedando inservibles. Los cerdos con pezones de más tampoco son una buena compra; los pezones no darán leche después del parto.

Compruebe el informe que tiene la granja sobre los distintos cerdos. Fíjese en la tasa de nacimiento del cerdo, el rendimiento materno, la tasa de crecimiento de las cerdas y la presencia de deformidades genéticas, si las hay. No se debe comprar ninguna madre que destete menos de diez lechones a la vez. Compruebe la tasa de mastitis en las cerdas. Se trata de una infección que se produce en las glándulas mamarias de la madre. También hay que comprobar si hay metritis, una infección del útero, y agalactia, que es la falta de producción de leche.

A la hora de comprar el cerdo, acuda a alguien con mucha más experiencia en la cría de cerdos. Le ayudará a identificar los mejores criadores y cerdos para la cría. Un criador con experiencia detectará fácilmente los defectos de sus cerdos. Recuerde que el precio del cerdo es un factor importante a tener en cuenta. El precio suele ser diferente de un criador a otro. Los cerdos más jóvenes suelen ser más baratos, mientras que los verracos y las cerdas son más caros porque han demostrado ser fértiles.

Es fundamental comprobar si han sido vacunados contra alguna enfermedad. Los cerdos rara vez tienen una medicación rutinaria, pero debe haber inyecciones básicas contra enfermedades comunes de los cerdos, como la erisipela. Obtenga todos los documentos de registro del criador. Los necesitará como prueba de la vacunación.

Selección de cerdos destinados a la cría cruzada

Si usted es un criador de cerdos a pequeña escala que busca mejorar su ganado, debe estar atento al proceso de selección. Entre los factores importantes que hay que tener en cuenta a la hora de cruzar cerdos se encuentran el coste y el tiempo. El factor más importante es que no se reduzca el nivel de la población existente ni se introduzcan enfermedades. Debe consultar a su médico veterinario antes de embarcarse en cualquier compra.

Obtenga información sobre el historial de enfermedades de los cerdos y el estado de salud actual. Examine los informes sanitarios de los cerdos y conozca el historial médico detallado de los animales.

Recuerde su demanda en el mercado, la genética, la disponibilidad y la calidad de los cerdos que llegan a su granja.

Capítulo 3: Alojamiento, cercado e instalaciones

Durante los días soleados, cuando las noches son cortas y los días calurosos, los cerdos pueden dormir al aire libre bajo el sol. De todas formas, tendrá que proporcionarles alojamiento y cobijo. Antes de adquirir sus cerdos, asegúrese de que dispone de un alojamiento seco y fresco, a salvo de las amenazas de las duras temperaturas y de otros animales. Para su bienestar y productividad general, estos animales necesitan un espacio adecuado y acceso a agua y comida.

Hay muchas casas para cerdos en el mercado, por lo tanto, hay muchas opciones para elegir. No construir el alojamiento adecuado para sus cerdos puede provocar graves problemas que afectarán su bienestar general y su productividad. A la hora de alojar a los cerdos, considere cuidadosamente los siguientes factores.

El entorno y la ubicación

El lugar en el que se construya el alojamiento de los cerdos debe ser elevado, por lo menos ligeramente. Esta ubicación es necesaria para evitar inundaciones cuando llueve. Además, el lugar debe estar protegido del sol para proporcionar sombra. La zona debe ser fresca, con aire limpio para mantener a los cerdos frescos.

Temperatura

Como ya se ha mencionado, las altas temperaturas hacen que los cerdos se sientan incómodos, ya que no pueden sudar para refrescar su cuerpo. Para conseguir la mejor productividad de sus cerdos, considere la posibilidad de respetar un rango de temperatura específico. Por ejemplo, la temperatura más favorable para los lechones recién nacidos oscila entre 27 C y 35 C, pero las temperaturas superiores a 27 C se consideran desfavorables para la mayoría de las razas de cerdos.

Los cerdos pueden tolerar las temperaturas frías, pero no se sienten cómodos en zonas con corrientes de aire. Una zona con corrientes de aire es un espacio cerrado en una zona abierta caracterizado por muchas corrientes, normalmente de aire frío. Considere la posibilidad de trasladar el alojamiento a una zona fresca, sin vientos ni corrientes de aire frío. Si esta ubicación no es una opción, lo mejor sería comprobar de dónde vienen las corrientes de aire y ponerles freno.

Higiene

La higiene general de la pocilga afectará la salud y la productividad del cerdo. Muchas enfermedades son causadas por condiciones insalubres, que crean un entorno adecuado para el crecimiento de organismos nocivos. Estos microorganismos habitan en el intestino del cerdo y provocan un retraso en el crecimiento y problemas con el estiércol.

Agua y drenaje

El suministro de agua dulce es esencial para la cría de cerdos. Considere la posibilidad de disponer de un suministro de agua potable durante todo el año para el consumo de los animales y su higienización. El agua será muy útil para diluir las lagunas o apagar los incendios. Si el agua subterránea no es suficiente, considere la posibilidad de utilizar fuentes adicionales, como estanques y sistemas de agua comunitarios.

Si la pocilga de los cerdos está en una zona con mucha lluvia o nieve, piense en construir una pendiente o una escorrentía alrededor de la nave para reducir la cantidad de agua cerca del lugar. El agua de escorrentía puede estar contaminada, poniendo en peligro la salud de sus cerdos. Además, los niveles freáticos altos afectan a la construcción de edificios y al almacenamiento de estiércol.

Gestión del estiércol

A la hora de seleccionar un lugar para la cría de cerdos, considere la posibilidad de disponer de un espacio adecuado para la gestión del estiércol. Dependiendo de su lugar de residencia, habrá diferentes directrices sobre la mínima superficie necesaria en función de las necesidades de nitrógeno para los cultivos. Sin embargo, el lugar en el que críe los cerdos debe ser lo suficientemente grande como para poder esparcir el estiércol. Evite las zonas empinadas o elevadas que puedan provocar escorrentías de estiércol, causando la contaminación del agua y la tierra en los alrededores.

Piense en una fosa rectangular de 3 metros x 2 metros x 2 metros. con 50-70 cerdos adultos, esta fosa tardará aproximadamente cinco meses en llenarse.

Seguridad y protección

La seguridad y protección de los cerdos es un factor esencial a la hora de elegir la ubicación. Recuerde que hay problemas de robo y vandalismo en todo el mundo. Además, los visitantes pueden infectar a los animales con enfermedades potencialmente mortales, así que considere una zona con acceso humano limitado para controlar las enfermedades y reducir al mismo tiempo la interferencia con otras operaciones de la granja.

Zona de alimentación y bebida

Los cerdos deben tener estas áreas construidas sistemáticamente, preferiblemente en línea, dentro de la estructura. Es aconsejable que cada cerdo tenga su propio comedero, pero una zona general de bebida que todos puedan compartir. El tamaño recomendado del comedero debe medir aproximadamente 12" x 12" x 6". Aunque estas medidas son estándar, es posible que los cerdos más jóvenes no necesiten áreas de alimentación tan grandes.

Requisitos de espacio

Dado que la cría de cerdos es una inversión que vale la pena, sería prudente recordar que pueden duplicar su tamaño al cabo de relativamente poco tiempo. Cada animal requiere un alojamiento diferente. A continuación, se ofrecen sugerencias de alojamiento para diferentes cerdos.

Cerdos de engorde

La fase de engorde de un cerdo comienza en cuanto los lechones empiezan a madurar (normalmente entre las semanas 8 y 15). Este período no se detiene hasta que los cerdos son llevados al matadero después de alcanzar un peso mínimo de 85 kg a 170 kg. Para estos cerdos, considere un espacio mínimo de 0,5 a 1 metro cuadrado para cada uno. Esto le proporcionará un espacio adecuado para la alimentación, el estar y tener soluciones antiestrés.

Considere la posibilidad de utilizar un modelo de pocilgas/espacio con un suelo sólido y plano hecho de hormigón, tierra dura o cemento. El suelo debe estar ligeramente inclinado para facilitar la limpieza con agua fresca.

Cerdas preñadas

Las cerdas gestantes requieren un entorno tranquilo y silencioso. Recuerde que la pocilga debe estar libre de todo tipo de elementos que puedan estresar a estos animales, como la temperatura, la ventilación, la higiene y el ruido. Dicho esto, cada cerda preñada necesita al menos entre 1,5 y 2,0 metros cuadrados. En climas cálidos, considere la posibilidad de mantener a las cerdas en grupos de dos o tres.

Cerdas lactantes

Hay muchos factores relacionados con la productividad y la eficiencia que afectan a las cerdas. Uno de ellos son los programas de alojamiento y alimentación inadecuados. Las cerdas lactantes necesitan ser alimentadas más de dos veces al día para obtener los mejores resultados. No hay que pasar por alto la importancia de una nave adecuada para eliminar el pienso húmedo y estropeado de los comederos. Además, estos animales necesitan un entorno tranquilo.

Por lo tanto, es aconsejable utilizar corrales individuales. Estos corrales deben tener provisiones para las parideras, la refrigeración, la calefacción de un nido para lechones y el alimento inicial de los mismos. El tamaño del alojamiento recomendado para cada cerda es de aproximadamente seis metros cuadrados.

Lechones destetados

Los lechones destetados suelen ser pequeños, pero crecen hasta alcanzar unos 25 kg en seis o siete semanas. Cada lechón necesitará entre 0,3 y 0,5 metros cuadrados. El suelo del alojamiento debe ser de hormigón para que sea más fácil de mantener o limpiar. No debe estar pulido para evitar resbalones. Al igual que los demás corrales, el suelo debe estar ligeramente inclinado para facilitar la limpieza con agua.

Verracos reproductores

A menudo se pasan por alto los requisitos de alojamiento de los verracos reproductores. Si las condiciones no son óptimas para estos animales, se «descompondrán», limitando su rendimiento general.

Los verracos reproductores necesitan un corral fuerte y bien aislado para dormir y alimentarse. Los verracos reproductores suelen estar solos y son propensos a los cambios de temperatura. Y los verracos maduros tienen poca cobertura de grasa para protegerlos cuando hace frío. En las estaciones de invierno, considere la posibilidad de dar a estos animales una cama grande para proporcionarles calor adicional.

Las zonas con altas temperaturas también afectan al rendimiento de los verracos. La libido suele verse afectada antes de que haya un impacto en la calidad del esperma. Si se tienen altas temperaturas de forma prolongada, la calidad del esperma puede verse afectada durante aproximadamente seis u ocho semanas. Todos estos factores sugieren que el alojamiento de los verracos reproductores es crucial para su productividad y rendimiento general.

El suelo del alojamiento de los verracos debe ser de cemento para facilitar su limpieza. No debe estar pulido porque los cerdos suelen resbalar, con el consiguiente riesgo de lesiones graves.

El tamaño del corral debe ser de al menos siete u ocho metros cuadrados (3 x 3 o 2,3 x 3). Las puertas y la estructura general de los corrales deben ser fuertes para evitar que se escapen. Cuando están en celo, buscan formas de escapar del corral para conseguir una pareja.

Planos de construcción de una buena pocilga/cobertizo para cerdos

Como pequeño ganadero, hay varias buenas opciones que debe considerar para alojar a sus cerdos. En primer lugar, debe tener en cuenta el tipo de alojamiento necesario para las distintas clases de cerdos.

Planes de construcción para un solo cerdo

Considere la posibilidad de utilizar materiales locales. Los materiales locales no solo son rentables, sino que además le resultará más fácil ensamblarlos.

- El suelo de la pocilga/corral debe tener al menos 9 metros cuadrados (3 m x 3 m)
- El suelo de la pocilga debe estar elevado al menos 0,6 m (1,9685 pies/ 60 cm)
- Considere la posibilidad de espaciar las tablas del suelo (al menos 2 cm).
- El tejado debe estar hecho de materiales resistentes al agua; debe ser impermeable o resistente a la lluvia.
- La pocilga debe construirse de forma que provea sombra como refugio de la luz solar para proteger a los cerdos. Se puede disponer para permitir que entre un poco de luz solar, pero siempre debe haber sombra en la pocilga.

Planos de construcción de un corral para cerdas

La unidad más pequeña que se puede construir es un corral que albergue a una cerda y sus lechones. Estos corrales pueden utilizarse para una cerda y su camada, dos camadas de lechones destetados, unas cuatro cerdas gestantes, nueve lechones o un verraco.

Planos de construcción

- Longitud: 4 metros, con 1,4 metros destinados a la gestión del estiércol.
- Anchura: 2,7 metros
- Altura: 3,4 metros (la más alta) o 1,1 metros (la más baja)
- 60 cm elevado del suelo. Se puede construir el suelo con cemento, tablas de madera o láminas de madera o ladrillos.

• Dos comederos (aunque con un jabalí o cerdos de engorde, considere la posibilidad de utilizar uno)

• La mayor parte de la superficie debe destinarse a la alimentación y su gestión

• La zona debe estar ligeramente elevada para permitir el drenaje cuando se limpie con agua

Planes de cercamiento

Los cerdos pueden plantear retos cuando se trata de poner cercas. Como se ha mencionado anteriormente, estos animales son inteligentes y curiosos por naturaleza. Eso significa que en ocasiones buscarán zonas débiles en el sistema de vallado intentando liberarse para explorar otras zonas. Disponer de un perímetro sólido es importante, ya que evitará problemas de responsabilidad con los cerdos, sobre todo cuando corran a zonas vecinas y causen estragos.

Si construye una estructura permanente que le sirva en un futuro próximo, lo mejor será utilizar una cerca de alambre enrollado de tamaño medio. Esta opción es estupenda, ya que este material es resistente y puede soportar los esfuerzos de liberarse de los cerdos.

Los cerdos suelen escapar por la parte inferior de la cerca. No es necesario construir la valla de más de cuatro pies de altura (48 pulgadas). Si está dentro de su presupuesto, considere la posibilidad de añadirle electricidad. Si los cerdos se acercan demasiado, la descarga eléctrica los hará retroceder rápidamente. Compruebe siempre el estado de la cerca eléctrica, ya que algunos elementos podrían interrumpir el flujo de la corriente, con el riesgo de que los cerdos se escapen.

Si la electricidad no es una opción, los alambres de la parte inferior deben estar estrechamente unidos para evitar que se escapen tanto los cerdos maduros como las crías.

Efectos de un mal alojamiento

Infección parasitaria

Si no se construye un alojamiento adecuado para los cerdos, pueden contraer enfermedades e infecciones. Como cuidador de cerdos, considere la posibilidad de proporcionarles el entorno óptimo necesario para su seguridad, reduciendo las posibilidades de hospitalización por agentes causantes de enfermedades. Por ejemplo, las cerdas pueden contraer mastitis (que se caracteriza por la reducción de la producción de leche, la pérdida de apetito y la elevada temperatura corporal) si el alojamiento es húmedo y poco higiénico. Además, un alojamiento inadecuado puede provocar la propagación de enfermedades contagiosas tanto a los cerdos como a los seres humanos.

Pérdidas económicas

El alojamiento puede afectar negativamente su inversión. Por ejemplo, si la pocilga no es lo suficientemente resistente, los cerdos se escaparán debido a su naturaleza curiosa. Además, un alojamiento deficiente afectará negativamente la producción de carne, ya que las condiciones no serán favorables para el desarrollo de los animales y pueden provocar un retraso en el crecimiento, lo que no es deseable para la producción general de carne.

Capítulo 4: Comportamiento y manejo del cerdo

Comprender bien cómo se comporta un cerdo es vital para garantizar que el animal satisfaga sus necesidades diarias. El comportamiento natural puede observarse cuando está en su hábitat natural o incluso en la naturaleza. El comportamiento de un cerdo se ve alterado en función del lugar y de muchos otros factores. A continuación, describimos los distintos comportamientos que cabe esperar. Esto afectará significativamente la forma de manejar un cerdo y la calidad de su producción. Una vez que comprenda adecuadamente cómo se comporta un cerdo, podrá

- Facilitar el manejo del animal
- Reducir el estrés y la frustración
- Reducir el riesgo del manipulador
- Reducir las pérdidas debidas a la fatiga, las lesiones y las magulladuras

Por supuesto, es mucho más fácil manejar cerdos tranquilos que agitados o estresados. Si un manipulador utiliza prácticas básicas de manejo, será menos probable que los cerdos se agiten. El manipulador debe tener en cuenta

- Punto de equilibrio
- Zona de lucha
- Sentidos

La zona de lucha

Es la zona que un cerdo considera como su espacio individual. Los cerdos intentan activamente mantener una cierta distancia entre el cuidador y ellos. La distancia difiere de un cerdo a otro. Cuanto más amenazante parezca el cuidador, más distancia necesitará el cerdo. Cuando un adiestrador se vuelve demasiado aterrador, el cerdo se pone a la defensiva y su lenguaje corporal cambia inmediatamente. Como cuidador, debe reconocer las señales de los cerdos estresados y aumentar la distancia o retroceder hasta que se calmen de nuevo.

Punto de equilibrio

El cerdo lo utiliza para determinar la dirección que debe tomar cuando se aleja del cuidador. El punto de equilibrio suele estar situado en el hombro, pero se ajusta en función del entorno. Las distintas condiciones provocan reacciones diferentes en los cerdos. Para lograr resultados óptimos, el cuidador debe trabajar adelante de los cerdos. Por ejemplo, si un cuidador quiere que los cerdos pasen por las puertas, debe evitar tocar el trasero del cerdo mientras delante. Los cuidadores no deben bloquear, mover o interferir con los cerdos desde la posición delantera. Los cerdos tienden a rehuir cuando se les obliga a pasar por delante de las personas.

Sentido del oído

Un cerdo utiliza su sentido del olfato y del oído para ubicarse en diferentes entornos. Utilizan su vista para complementar ambos sentidos. Tienen un punto ciego que no les permite ver la parte trasera; los ojos están a los lados, lo que les da una cobertura de 310 grados. Los cerdos tienen una extraña habilidad para detectar cualquier amenaza o presión. Siempre se aseguran de que sus cuidadores estén dentro de su línea de visión, y también utilizan su oído para seguir el movimiento de las personas que no pueden ver. Un cuidador debe conocer el alcance de la visión de los cerdos para facilitar su movimiento de forma eficaz. Su sentido del tacto también es esencial.

Comportamiento del cerdo

Se puede determinar a qué presta atención un cerdo observando sus orejas, su cabeza, sus ojos y su lenguaje corporal. Los cuidadores deben fijarse en las direcciones a las que miran los cerdos, cómo giran el cuerpo, la cabeza y la posición de las orejas. Los cerdos tienden a seguir a sus cuidadores aún más cuando se sienten amenazados. Los cerdos se estresan más en espacios cerrados. La presión del cuidador durante este tiempo hará que los cerdos se acerquen en lugar de alejarse. Cuando se agitan, se acuestan en grupo y se niegan a moverse. El lenguaje corporal de los cerdos cambia a medida que se excitan.

Liberar la presión

Se trata de cualquier acción destinada a reducir el nivel de frustración de un cerdo. Implica dar a los cerdos mucho tiempo y espacio. He aquí algunas formas de reducir la presión:

- Retroceder y evitar el contacto constante con los cerdos
- Haga una pausa y permita que los cerdos se alejen
- Simplifique su lenguaje corporal para que los cerdos se sientan seguros
- Permita que los cerdos le rodeen
- Deje de hacer demasiado ruido
- Mire hacia otro lado para no ver a los cerdos
- Reduzca el tamaño del grupo: esto depende del tamaño, el entorno, la puerta y el pasillo

Los cerdos pueden comunicar eficazmente sus emociones a través de la cabeza, las orejas, los ojos y los movimientos del cuerpo. Estos son los signos que indican que los cerdos tienen miedo al moverlos:

Cerdos tranquilos

Los cerdos tranquilos tendrán estas cualidades

- Capacidad de mantener una distancia segura con el cuidador para aliviar la presión
- Las cabezas y las orejas suelen estar bajas, y el cuerpo relajado
- La atención suele estar dirigida hacia delante
- La vocalización es mínima y en tonos bajos

Cerdos ligeramente estresados

Estas son las razones/signos de que su cerdo está mostrando un miedo leve:

- Un cuidador se acerca demasiado a los cerdos y no les deja liberar la presión
- Las cabezas y las orejas están siempre altas
- Los cerdos se alejan, pero fijan su atención en el cuidador
- La zona de lucha se amplía
- Los cerdos aumentarán su velocidad brevemente
- La liberación de la presión del cerdo los calmará
- Si se mantiene continuamente la presión, se vuelven temerosos

Cerdos a la defensiva

Estas son las razones/signos de que un cerdo está experimentando mucho miedo:

- El adiestrador está ejerciendo demasiada presión y se está acercando demasiado
- Su atención se centra en el adiestrador
- El cerdo adopta diferentes tácticas en lugar de alejarse: detenerse, retroceder o dar la vuelta

- Los cerdos se ven apagados y se niegan a moverse, mostrando signos de fatiga
  - Si se libera la presión, el cerdo se calmará con el tiempo
  - Aumentar la presión hará que el cerdo intensifique sus tácticas
  - Tienden a agruparse y se niegan a separarse

Extremadamente a la defensiva

Los signos de que un cerdo está experimentando un miedo intenso:

- Pánico
- Vocalización aguda
- Se disponen a cargar contra el cuidador agrupándose y siendo difíciles de separar

Comportamiento en manada y patrones de grupo

Los cerdos buscan consuelo en los demás para protegerse. El grado en que los cerdos se asocian entre sí depende de su nivel de miedo, su atención y el espacio disponible.

Comportamiento dinámico de la manada

Ocurre cuando los cerdos se mueven juntos. El movimiento dinámico se produce cuando:

- Los cerdos se sienten atraídos por el movimiento de otros cerdos
- La respuesta de los cerdos es tranquila
- La atención se dirige hacia el movimiento y la permanencia en la piara
- El movimiento de los animales que van adelante fomenta el movimiento del resto
- Los animales están poco espaciados
- El cuidador no está coaccionando el movimiento de los cerdos. Los cerdos no tienen obstáculos

Interrupción del flujo

El movimiento y las distracciones delante o a los lados pueden acaparar la atención de los cerdos, impidiéndoles moverse. Factores como el ruido excesivo, la presión y la aglomeración también detendrán su movimiento. Estos cambios pueden afectar al movimiento de los cerdos:

- Pisada/tracción
- La temperatura
- Iluminación

• Superficie del suelo

Otros factores que pueden afectar el movimiento del cerdo

• Personas en su camino
• Corrientes de aire o viento
• Un rayo de luz que brille a través de una grieta
• Equipos, basura u objetos en el camino
• Ruidos o actividades fuertes o repentinas
• Charcos de agua
• Objetos brillantes o reflectantes
• Cambio de color del equipo
• Objetos que se mueven o agitan
• Otros animales
• Cambios de altura en el suelo

Los cuidadores que pueden leer estas señales con facilidad mantienen a sus cerdos tranquilos dándoles espacio y tiempo. Tómese el tiempo necesario para eliminar todas las distracciones del entorno antes de comprar una nueva raza. Preste atención al lenguaje corporal de los cerdos. Cuando los cerdos se asustan más, el cuidador debe liberar la presión.

La mayoría de los cuidadores se agitan al transportar y descargar los cerdos, debido al nuevo personal que recibirá, contará, tatuará y moverá los cerdos. Es vital que el transportista minimice el contacto con los cerdos, y les dé mucho espacio y tiempo para subir al camión.

Comportamiento de la piara

Esto ocurre cuando los cerdos permanecen quietos cuando se detiene al grupo. El amontonamiento es una respuesta defensiva de los cerdos para detener el movimiento, especialmente durante el marcado de orejas o la vacunación. Es causado por cualquier cosa que atrape, aglomere, detenga o confunda a los cerdos. Ocurre cuando los cerdos están de espaldas al cuidador. Tienden a estar muy cerca y a escuchar atentamente.

Esto se puede identificar fácilmente al principio revisando las orejas o el apiñamiento del grupo. Los cerdos optarán por permanecer en grupo en lugar de abandonarlo para alejarse del cuidador. Cuando un cuidador incrementa la presión o la agresividad, los cerdos se apretarán más en el grupo.

Burbuja del cuidador

La burbuja del cuidador también puede considerarse como la *zona de lucha de los cuidadores*. La burbuja ocupa un espacio real que conduce a la aglomeración. Cambia en función del nivel de miedo del cerdo o de la presión del cuidador. Actúa como una barrera real que se mueve con el cuidador.

Los cerdos se mueven según el arco de la burbuja. Los cuidadores pueden observar el movimiento de los cerdos para actualizar el arco de la burbuja, utilizando esta información para dirigir a los cerdos adecuadamente. Los cerdos pequeños tienden a amontonarse para alejarse de la burbuja. Los cerdos grandes se mantienen quietos dentro de la burbuja. Los animales grandes pueden orientarse en una dirección determinada para que el resto les siga.

Comportamiento de forrajeo

El cerdo utiliza su hocico para empujar algo repetidamente. Los cerdos hozan para encontrar comida como trufas, larvas y raíces. El forrajeo se considera una necesidad de comportamiento exploratorio. Se trata de una gran actividad, sobre todo si se necesita cultivar o desherbar el terreno; sin embargo, puede suponer un reto para quienes tienen jardines. Para evitar este comportamiento, se inserta un anillo en el tabique de la nariz.

La falta de regímenes de alimentación adecuados aumenta la frecuencia del forrajeo. Los diferentes niveles de forrajeo dependen de las necesidades nutricionales de los cerdos. Por término medio, la cerda pasa al menos una cuarta parte de su vida forrajeando. Esto puede ser una ventaja para quienes tienen grandes extensiones de terreno que necesitan ser cultivadas.

Si se quiere reducir el forrajeo, se puede optar por plantar cultivos de raíces en el terreno, pero no es la mejor alternativa en comparación con los aros nasales. Puede utilizar un enriquecimiento nutricional para evitar daños en el prado. Las cerdas prefieren las ramas y la turba como materiales de forrajeo.

Enriquecimiento ambiental

Se refiere a proporcionar a los cerdos la oportunidad de hozar, jugar e investigar su entorno para que se sientan más cómodos. Esto suele verse cuando se da a los cerdos una paja larga, y ellos juegan con ella y la guardan para usarla más tarde. Hay que ponerlo en práctica teniendo en cuenta las necesidades de los cerdos. El enriquecimiento puede estimular el forrajeo si se utiliza adecuadamente. Gracias a él, los lechones tienden a ascender en el estatus social del corral. Puede identificar la necesidad de enriquecimiento detectando lesiones en el cuello, las orejas y la cabeza del cerdo.

Los cerdos suelen utilizar el comportamiento de hozar como forma de encontrar comida y obtener el equilibrio nutricional. Los cerdos suelen utilizar el hocico y la boca para hozar. Incluso sin la recompensa de la comida, hozarán. Los cerdos de granja pasan gran parte de su tiempo investigando y explorando el entorno, una excelente forma de establecer el estado de salud de los animales. No proporcionar una distracción para mantener a los cerdos ocupados puede llevar a que se muerdan la cola.

El enriquecimiento afecta en gran medida a los destetados, a diferencia de los cerdos mucho más viejos. Todos los cerdos prefieren tener un estimulante que les impida hacerse daño.

Comportamiento maternal

Hay un comportamiento recurrente entre las cerdas que pasan por el aislamiento, la integración en la comunidad y la convivencia. El entorno del parto afecta en gran medida a las cerdas. Las hembras necesitan construir su propio nido y parir en su entorno; esto se hace con mayor frecuencia cuando la cerda está en apuros.

Aislamiento

Esta etapa dura dos días antes de dar a luz al primer lechón. La cerda tiende a aislarse del grupo y busca un nido. La cerda puede recorrer hasta seis kilómetros investigando los alrededores para encontrar el lugar perfecto. Las cerdas eligen zonas alejadas del grupo, así como terrenos inclinados. Construye el nido con paja y se asegura de que las paredes del nido sean fuertes.

Construcción del nido

Este proceso se realiza por etapas, ya que la cerda debe comprobar varios factores antes de decidirse por la nueva zona. La cerda debe asegurarse de que el lugar tiene unos diez centímetros de profundidad antes de construirlo correctamente. A continuación, busca hierba, hojas y raíces para revestir el nido con el fin de que sea más cómodo. Coloca ramas grandes sobre el nido y lo cubre con materiales ligeros para formar un techo.

Parto

Lo hace después de construir el nido. La cerda suele ser muy pasiva durante el proceso. Olfatea e investiga los lechones que nacen. La cerda apenas se levanta para ayudar a los lechones a salir de su membrana. El cordón umbilical se desprende cuando el lechón se desplaza hacia la ubre. La inactividad de la cerda se debe a los numerosos lechones que ha parido, pero suele recuperar su energía tras dos días de descanso. Es una gran adaptación que evita que la cerda aplaste al recién nacido.

Ocupación del nido

Esto ocurre una semana después del parto. Los instintos maternales de la cerda dictan la rutina de lactancia. La cerda puede iniciar la lactancia tumbándose de lado o por los chillidos de los lechones. La cerda gruñe mucho durante este periodo. Cuando los gruñidos se hacen más rápidos, los lechones se callan y siguen mamando. A continuación, los lechones dan golpes y se acercan a la ubre. Algunos lechones se separan y se van a dormir o a jugar. La cerda puede terminar la lactancia poniéndose de pie o dándose la vuelta.

Integración social

Los lechones no se presentan al resto de la piara hasta que tienen una semana de edad. En los dos primeros días, la cerda no come tanto como antes, pero a medida que pasa el tiempo, la cerda se aleja del nido y acaba por reincorporarse a la piara. La camada tarda unos días más y luego se une también a la manada. La cerda introduce a sus crías en la manada, estableciendo su relación inmediatamente. Durante los primeros siete días, la camada se mantiene cerca de la cerda. La camada comienza gradualmente a interactuar con otros lechones de la piara. La camada no debe integrarse con el resto de la piara hasta que tenga al menos catorce días.

Destete

La frecuencia de la lactancia disminuye después de la primera semana. Los lechones comienzan a destetarse cuatro semanas después del nacimiento. A las ocho semanas, el lechón solo consume alimentos sólidos en su dieta. Las distintas camadas tienen diferentes etapas de destete, pero suele oscilar entre las ocho y las diecisiete semanas después del parto.

Mezclas y peleas

Cuando los cerdos se mezclan, pasan por una fase de establecer relaciones sociales. Algunos cerdos dominan, mientras que otros se subordinan. Es crucial estar seguro de que el corral es estable socialmente. El establecimiento de relaciones sociales requiere que algunos cerdos se peleen. Los cerdos que no se pelean son consecuentemente subordinados.

Durante estas peleas, los cerdos no comen. Su peso disminuye considerablemente (los cerdos recién destetados no se ven afectados ya que no comen tanto como los demás). Los subordinados son los que más sufren, ya que no se alimentan tanto como quisieran. Los cerdos viejos, que son reservados a la hora de comer, tienden a experimentar una importante pérdida de peso debido a la alteración.

El tamaño y la edad de los cerdos determinan el efecto de la pelea. Cuanto más grande es el cerdo, más daño causa. Es fundamental evitar juntar a los cerdos grandes, ya que pueden causar daños y lesiones irreversibles. Si se observa que un cerdo más pequeño está siendo acosado, es esencial reubicarlo en otro corral.

Manipulación de los cerdos

La gente manipula a los cerdos por diversas razones, desde la medicación, el transporte, el destete o incluso el parto. Los animales manipulados adecuadamente son más amistosos y productivos. Un manejo brusco puede provocar una menor producción. Por lo tanto, la persona debe tratar a los cerdos sin procedimientos dolorosos, ya que puede dificultar la producción.

El bienestar de los animales tiene mucho que ver con el manejo de los cerdos. Si el cerdo se maneja de forma inadecuada, se le induce estrés y miedo, lo que puede afectar la calidad de la carne. También puede reducir la seguridad del cerdo y del manipulador. La carne de un cerdo manejado incorrectamente tiende a ser pálida o exudativa. Un manejo adecuado puede aumentar el bienestar de los animales, la calidad de la carne y la seguridad.

En un sistema al aire libre, el manejo y el cuidado de los cerdos requerirá mucha observación. A diferencia de los sistemas de interior que se mantienen a una temperatura determinada, el exterior ofrece una experiencia diferente para los cerdos. Por lo tanto, es esencial tener en cuenta que esto afectará su comportamiento.

El ganadero debe desarrollar una rutina de revisión de todos los cerdos a diario. Inspeccione a los animales recorriéndolos con tranquilidad. Este es un ejercicio vital para detectar los animales que están enfermos o lesionados. Acariciar al cerdo amistosamente es también un factor importante a tener en cuenta, ya que ayudará a que el cerdo gane más confianza. También es esencial revisar los bebederos.

A continuación, se exponen las mejores prácticas para el manejo adecuado de los cerdos.

Cuidadores

No es una tarea fácil manejar a los cerdos, tanto para el cuidador como para los cerdos. Ser amable y paciente puede facilitar el proceso reduciendo los niveles de estrés. Recuerde siempre que, a pesar del elevado coeficiente intelectual de los cerdos, no entienden del todo lo que usted quiere que hagan. Cuando tenga que moverlos, será mucho más fácil si están tranquilos que excitados. Como cuidador, debe moverse despacio y en silencio para no molestar a los cerdos.

El cuidador debe familiarizarse primero con los cerdos. No se recomienda a los cuidadores sin experiencia, especialmente para mover a los cerdos. También se requiere que no se apresure ni grite a los cerdos. Puede ser frustrante mover a los cerdos, ya que pueden no estar de humor, pero no permita que esto le afecte. Practicar la paciencia dará resultados más positivos.

Nunca se apresure a utilizar métodos agresivos simplemente porque los cerdos quieren explorar el entorno.

Herramientas de manejo

El equipo de manejo se utiliza para proporcionar barreras y estímulos, como barreras físicas, barreras visuales, estímulos visuales y estímulos auditivos. Varias herramientas de la granja son amigables para los cerdos y no suponen ningún peligro o daño para ellos.

Se recomienda encarecidamente el uso de una bandera de nylon, una capa, una cinta de plástico o tablas de clasificación para mover a los cerdos o darles dirección. Los operarios no deben utilizar nunca picas eléctricas. Estas harán que los cerdos sean más agresivos y les causarán estrés, lo que afectará la calidad de la carne. Las tablas de clasificación son más eficaces para mover a los cerdos.

No se recomienda pinchar a los animales porque les provoca miedo y estrés. La picana eléctrica aumenta la temperatura de los cerdos y el ritmo cardíaco. Nunca se debe pinchar a un cerdo en los ojos, testículos, ano o nariz. Se trata de zonas extremadamente sensibles que pueden causar la muerte o problemas de salud.

A continuación, se muestra en detalle del equipo recomendable mencionado anteriormente:

Bandera de nylon

Este es un excelente equipo para estimular visualmente a los cerdos. La bandera de nylon es especialmente efectiva entre los cerdos grandes. Se utiliza para bloquear la trayectoria óptica de un cerdo o para llamar su atención.

Capa de torero (capa de bruja)

La capa es útil para actuar como barrera visual para todos los cerdos. Crea la ilusión de que el cerdo ha llegado a un callejón sin salida.

Cintas de plástico en un palo

Proporcionan un estímulo visual cuando se agitan o excitan. Puede crear una distracción adecuada para mover al cerdo en la dirección correcta.

Sonajero de plástico

El sonajero es una herramienta muy útil para proporcionar estímulos auditivos, visuales y físicos. Como cuidador, también puede improvisar y utilizar latas o botellas como sonajero. El ruido no debe ser demasiado fuerte y continuo, ya que esto inhibirá el movimiento de los cerdos. Las ráfagas cortas son bastante eficaces para controlar a los cerdos.

Las tablas sonoras también son una forma eficaz de manejar a los cerdos. No las levante por encima del hombro cuando golpee a los animales. El golpe debe ser muy suave para no asustar a los cerdos. Tocar suavemente al cerdo con el sonajero atraerá su atención. Los cerdos tienden a acercarse a la tabla y a sujetarla.

Evite el contacto recurrente y el ruido, ya que impedirán que los cerdos se muevan. Las tablas son muy eficaces para proporcionar a los cerdos una ayuda visual. No mueva la paleta demasiado, ya que puede estimular a los cerdos negativamente.

Tabla de clasificación

Esta es la herramienta más versátil disponible en la granja. También se conoce como panel de clasificación que viene como un solo panel o *plegable*. El tablero de clasificación puede utilizarse como ayuda visual o como barrera física.

Palo eléctrico

Esta herramienta no se recomienda durante el manejo de los cerdos. Hay casos en los que existen directrices estrictas que pueden requerir su uso. Puede haber una situación en la que los cerdos estén agrupados en una puerta, y la pica eléctrica puede ser necesaria para hacerlos avanzar.

Cuando se aplica una descarga al cerdo líder, este saltará y preparará el camino para el resto. Si se da una descarga al cerdo líder, no significa necesariamente que los demás cerdos se moverán en la dirección deseada. El cerdo que le sigue puede asustarse y retroceder para evitar que le den la descarga. En este caso, no hay que dar una descarga a todos los cerdos; simplemente hay que darles tiempo. Después de que el cerdo se dé cuenta de que el cerdo líder está ileso, los cerdos lo seguirán y entrarán en el corral.

El uso de la picana es el último recurso cuando todas las demás herramientas han fallado y debe guardarse inmediatamente.

Mezcla de cerdos

Al transportar los cerdos a un nuevo corral, debe ser muy meticuloso. Asegúrese de que el corral no está abarrotado, ni mal ventilado, ni con equipos rotos o afilados. Mezcle todos los cerdos simultáneamente en un corral completamente nuevo. Mezclarlos en diferentes momentos puede hacer que los recién llegados se golpeen. Es aconsejable mezclar muchos cerdos al mismo tiempo, en lugar de unos pocos. Esto último también dará lugar a muchas peleas.

Asegúrese de que el corral construido tenga una vía de escape. Es una medida de seguridad cuando se produce una pelea en el corral. Tampoco se recomienda agrupar a los cerdos grandes en corrales de tamaño estándar.

Como cuidador, es esencial conocer los signos de un cerdo estresado. Puede saber fácilmente si un cerdo está bajo presión si tiene la piel manchada, rigidez, temblores musculares, reticencia a moverse, chillidos y jadeos. Estos indicadores son útiles para establecer la comodidad de un cerdo y cambiar a una mejor táctica.

Adiestramiento de los animales

Los cerdos necesitan ser adiestrados para fomentar su seguridad y la de los cuidadores. Hay que acostumbrar a los cerdos a la manipulación para minimizar el estrés. La manipulación de los cerdos se produce en diferentes etapas durante la estancia. Los cuidadores pueden tener que limpiar el corral, mostrarlos y prepararlos, transportarlos, moverlos en el entorno y realizar los procedimientos de cría. Estas actividades requerirán mucha manipulación que puede estimular a los cerdos negativa o positivamente. Por lo tanto, es vital establecer una rutina que ayude a los cerdos a acostumbrarse. Las rutinas entrenarán a los animales de forma eficiente y les ayudarán a adquirir buenos hábitos.

Equipo de protección

Para determinar el equipo que necesitará, puede evaluar las tareas de carga, transporte y descarga de los cerdos. Es esencial anotar las lesiones que encuentre durante el proceso para protegerse. El equipo mínimo que debe tener un cuidador es una tabla de clasificación y botas de seguridad. Los cuidadores que viajan dentro del camión con los cerdos también deben considerar el uso de rodilleras, canilleras y casco para protegerse. Las lesiones en la cabeza son frecuentes entre los cuidadores que viajan en los remolques. Es fácil que se produzcan contusiones en la cabeza, cortes y golpes.

Otros equipos necesarios para el manejo diario de los cerdos son

- Cascos
- Canilleras
- Protección para los ojos
- Protección auditiva
- Máscara anti-polvo
- Guantes
- Tablas de clasificación
- Rodilleras

Capítulo 5: Nutrición y alimentación de los cerdos

Los cerdos, al igual que la mayoría de los animales de granja, requieren nutrientes y vitaminas esenciales para satisfacer sus necesidades de sustento. Si no se proporciona a los cerdos estos requisitos nutricionales, aumenta el riesgo de que sufran un retraso en el crecimiento, una mala reproducción y una mala lactancia, entre otras funciones. La buena alimentación es una necesidad para estos animales. Se pueden utilizar piensos locales disponibles y asequibles.

Recuerde que el pienso es el mayor factor de costo en la cría de cerdos y puede suponer entre el 60% y el 80% del costo total de producción. Se puede alimentar a los cerdos con desechos de cocina y vegetales. El alimento debe tener la cantidad y la mezcla adecuadas. Y debe centrarse en las fuentes de energía valiosas más que en lograr la eficiencia alimentaria o la tasa de crecimiento. Sin embargo, sus necesidades nutricionales pueden dividirse en cinco categorías: carbohidratos, grasas, proteínas, minerales y vitaminas.

¿Cómo digieren los alimentos los cerdos?

Los cerdos consumen los alimentos con la boca, donde comienza el proceso de digestión. Los cerdos son animales omnívoros, con una de las mejores tasas entre alimento y carne. Cuando son lechones, nacen con dientes de aguja. A medida que crecen, a los jabalíes les salen colmillos y caninos, que utilizan como armas si se sienten amenazados. Sus molares tienen numerosas protuberancias, lo cual los hace ideales para triturar la comida.

La comida es masticada en trozos más pequeños, que luego se mezclan con la saliva, facilitando su deglución. A continuación, los alimentos pasan por el esófago y llegan al estómago, donde son descompuestos por otras enzimas para formar el quimo. Este quimo se descompone posteriormente en el intestino delgado y se absorbe. No se detiene ahí, ya que las partículas de comida se abren paso hacia el intestino grueso (ciego y colon), donde el agua y los nutrientes restantes son absorbidos por el cuerpo del cerdo. El colon forma las heces, que se expulsan por el ano.

¿Qué puede dar de comer al cerdo?

Granos

Puede alimentar cómodamente a sus cerdos con granos preparados comercialmente o fabricados localmente. Los granos de cereal son la principal fuente de energía en los alimentos, tanto en humanos como en animales. Para sus cerdos, considere una mezcla total de alimentos que se constituya aproximadamente entre un 55% y un 65% de granos. Los cereales son principalmente alimentos que aportan energía, pero también contribuyen a aproximadamente el 20-50% de todo el contenido de proteínas de la mezcla de alimentos.

Por ejemplo:

• El arroz partido contiene aproximadamente un 8% de proteínas.

• El maíz también es una gran opción de alimentación con alto contenido de energía digerible. Puede ser la principal fuente de energía en la mezcla de alimentos. El maíz es una opción alimentaria asequible en muchos países, especialmente en Sudamérica y África.

• La avena es una buena fuente de energía, pero no puede constituir más del 40% de una mezcla para cerdos en crecimiento y menos del 60% en cerdos maduros.

• El sorgo tiene propiedades similares a las del maíz. Considere la posibilidad de utilizar uno como sustituto del otro.

• El trigo (para piensos) también es una gran fuente de energía y proteínas que puede utilizarse en la mezcla de piensos. Es una gran alternativa al maíz, pero es ligeramente más caro en comparación con este. Sin embargo, el uso de trigo puede suponer un gran ahorro en gastos de alimentación, ya que no es necesario comprar más proteínas.

• La cebada es una fuente de energía con alto contenido en fibra dietética, que es excelente para la digestión. Considere la posibilidad de mantener el contenido de cebada en la mezcla de piensos por debajo del 70%.

Hay subproductos de los cereales, como el salvado de maíz, el salvado de trigo y las mazorcas de maíz, que se utilizan para reducir la energía digerible de la mezcla de alimentos. Además, estos salvados son ricos en proteínas y son relativamente asequibles. El subproducto de grano más popular es el salvado de trigo. Es rentable y rico en proteínas. Sin embargo, tiene un efecto laxante en los cerdos.

Harina de pescado

La harina de pescado es un polvo/harina de color marrón derivado de la cocción, el secado y la trituración del pescado crudo. El pescado es una conocida fuente de proteínas. Los criadores de cerdos utilizan ampliamente la harina de pescado en las mezclas de piensos en todo el mundo.

Harina de sangre y de cadáveres

La harina de sangre es una forma de alimentación animal elaborada a partir de la sangre del ganado vacuno o porcino como subproducto del matadero. Tiene un alto contenido de proteínas y es una de las mayores fuentes no sintéticas de nitrógeno. Pero su denso valor nutricional no justifica el uso extensivo de esta harina porque la harina de sangre es poco apetecible. Considere la posibilidad de limitar la harina de sangre al 5% en la mezcla de alimentos.

Verduras y frutas

Observará que la mayoría de los cerdos son bastante felices comiendo brócoli, tomates, naranjas, col rizada, espinacas, coles, melones, papas, remolachas, zanahorias, manzanas y pepinos. La mayoría de las verduras, frutas e incluso los restos de pan (que no han sido manipulados) son golosinas para los cerdos. Si son subproductos, deben cocinarse adecuadamente.

La alfalfa es una opción vegetal común utilizada en las mezclas de piensos. Tiene un alto contenido de fibra, pero un bajo nivel de energía digerible. Por lo tanto, considere la posibilidad de limitar la alfalfa en la mezcla de piensos. Otras opciones vegetales comunes son la torta de soja y la torta de girasol, que tienen un alto contenido en proteínas vegetales.

La soja puede actuar como suplemento proteico para los cerdos de más de 25 lbs. (aproximadamente 11 kg). Los cerdos en crecimiento tienen una capacidad limitada para procesar las proteínas complejas que suelen encontrarse en las harinas de soja. Además, los cerdos en desarrollo pueden desarrollar alergias a ciertas proteínas que se encuentran en esta harina.

Fuentes de minerales para los cerdos

Para los cerdos, los minerales desempeñan un papel vital en su desarrollo, rendimiento y bienestar general. Los minerales son útiles para la formación y el desarrollo de los huesos, la lactancia de las cerdas y ciertas reacciones químicas del organismo. Por ello, los cerdos necesitan unos 13 minerales diferentes. De los 13 minerales, los siguientes deben añadirse de forma rutinaria a su mezcla de alimentos: calcio, zinc, yodo, manganeso, fosfato, cobre, sodio, hierro y selenio. Los minerales para los cerdos se dividen en dos grupos: microminerales (oligoelementos) y macrominerales.

• El calcio es uno de los minerales principales más deficientes en las dietas compuestas por harinas oleaginosas y cereales. Además, el calcio afecta a la absorción de otros minerales, como el zinc. La cal de los piensos es una fuente excelente y asequible de calcio, pero no contiene fosfato. Para este mineral, considere la posibilidad de dar a los cerdos harina de huesos.

• El sodio es esencial, ya que contribuye a la función nerviosa. La deficiencia de este mineral conduce a una alteración del crecimiento y a la pérdida de apetito. Los granos mencionados anteriormente son excelentes para la energía, pero pobres en cuanto a suplementos minerales. Este problema puede resolverse simplemente añadiendo sal (cloruro de sodio) a la comida. Si el alimento es demasiado salado, considere la posibilidad de proporcionar abundante agua para reducir la toxicidad. Si no lo hace, puede causar debilidad, convulsiones o incluso la muerte de los cerdos.

• El hierro es necesario para la síntesis de la hemoglobina necesaria para el oxígeno en los glóbulos rojos. Los lechones nacen con altas concentraciones de hierro en el hígado. Las cerdas lactantes suelen necesitar hierro, ya que su leche es la única forma en que los lechones pueden obtener sus nutrientes y no contiene hierro. Considere la posibilidad de dar a estos cerdos un suplemento de hierro en forma de inyecciones o comprimidos administrados a través de la mezcla de alimentos. La deficiencia de hierro en los cerdos provoca estos síntomas: palidez de las membranas mucosas, agrandamiento del corazón, respiración espasmódica (contracción de la tráquea), reducción de la inmunidad.

• El selenio es un mineral importante utilizado en el desarrollo de enzimas que protegen a las células contra el daño oxidativo. En Estados Unidos, la mayoría de las zonas carecen de este mineral en el suelo, pocos lugares lo tienen en abundancia. Por este motivo, compruebe el suelo de su granja o criadero de cerdos. Los signos de deficiencia de selenio incluyen distrofia muscular, muerte súbita, especialmente en lechones en crecimiento, alteración de la reproducción y necrosis hepática, entre otros.

- El zinc es un mineral importante necesario para el desarrollo de la piel normal y de muchas enzimas. Los síntomas de deficiencia incluyen una piel áspera, agrietada o escamosa, pérdida de apetito y alteración del desarrollo sexual. La concentración de zinc es baja en las plantas y los cereales; sin embargo, este mineral se encuentra en abundancia en los productos animales, como la harina de huesos.

- Al igual que el zinc, el cobre es un mineral esencial necesario para la formación y el funcionamiento de un par de enzimas. Además, este mineral es necesario para la absorción del hierro en el tracto intestinal y el hígado. La mayoría de los cultivos tienen un suministro suficiente de este mineral. La suplementación con cobre es necesaria, ya que estimula el crecimiento y la ingesta de alimentos en los cerdos, especialmente en los destetados. Los síntomas de la deficiencia de cobre incluyen el agrandamiento del corazón, el retraso en el crecimiento, los trastornos nerviosos, el escaso desarrollo de los huesos y glóbulos rojos deficientes en hemoglobina. Sin embargo, la exposición a niveles elevados de cobre produce alteraciones del crecimiento, anemia y, en casos extremos, la muerte.

- El manganeso es necesario para el funcionamiento de las enzimas que influyen en el desarrollo de los huesos, el metabolismo y la reproducción. Los signos y síntomas de la deficiencia de manganeso incluyen un desequilibrio general en los cerdos en desarrollo, problemas de lactancia en las cerdas, corvejones agrandados y retraso en el crecimiento (que incluye patas irregulares), entre otras cosas. El manganeso no se encuentra de forma natural en los cereales, por lo que es aconsejable complementar este mineral en la dieta del cerdo.

¿Qué no debe dar de comer a su cerdo?

La mayoría de los propietarios de cerdos no saben que darles ciertos alimentos puede ser perjudicial para ellos o incluso ilegal. Por ejemplo, alimentar a los cerdos con carne o productos cárnicos en Australia es ilegal. Alimentar a los cerdos con esto podría introducir enfermedades mortales tanto para los cerdos como para el resto del ganado presente en la granja. Los siguientes son los alimentos que no debe dar a sus cerdos.

Carne o productos cárnicos

No debe alimentar a los cerdos con carne o productos cárnicos. Esto es ilegal en algunos países. Además, las pruebas del Laboratorio Australiano de Salud Animal CSIRO sobre productos de cerdo mostraron en 2019 que, de 418 muestras analizadas, 202 dieron positivo a la Peste Porcina Africana (PPA). Los estudios y encuestas relacionados con los cerdos han demostrado que existe una relación directa entre la PPA y la carne o productos cárnicos.

Evite alimentar a los cerdos con carne para reducir las posibilidades de que se produzca un brote de peste porcina africana. Si observa alguna muerte inusual en los cerdos, póngase rápidamente en contacto con las autoridades locales.

Desechos y restos de comida

Los desechos o restos de comida que han estado potencialmente en contacto con carne o productos cárnicos pueden ser portadores de virus peligrosos, incluida la gripe porcina africana. Como resultado, estos virus podrían obtener un punto de entrada para infectar a otros animales de granja. Es aconsejable evitar estos productos porque muchos virus pueden sobrevivir cómodamente durante largos periodos en la carne o los productos cárnicos. Algunos dicen que el brote de fiebre aftosa de 2011 en el Reino Unido tuvo su origen en los productos de desecho con los que se alimentaba a los cerdos. Los residuos alimentarios contenían productos cárnicos portadores del virus.

Absténgase de alimentar a sus cerdos con restos de cocina, alimentos procedentes de minoristas, incluidos supermercados o panaderías, vertederos, carne, sangre o huesos de otros mamíferos o aves, ya sean cocinados o crudos. Si no sabe si algún producto alimenticio ha estado en contacto con carne o productos cárnicos, no debe alimentar a los cerdos con este.

Alimentos tradicionales para cerdos

Hay ciertos alimentos que los cerdos necesitan comer para satisfacer sus necesidades nutricionales para el crecimiento, la reproducción y el bienestar general. Los siguientes son alimentos tradicionales que puede dar a sus cerdos.

• Salvado de arroz - Es excelente para proporcionar energía. También contiene un 11% de proteínas.

• Maíz- Es la mejor fuente de energía, es muy barato y tiene un 9% de proteína.

• Granos de soya- Tiene un alto valor nutricional y contiene un 38% de proteínas. Debe cocinarse con otros alimentos como el salvado de arroz o el maíz.

• Arroz partido- Otra gran alternativa para proporcionar energía. Contiene alrededor de un 8% de proteínas.

• Salvado de trigo- Contiene una importante fibra dietética con proporciones significativas de proteínas, carbohidratos, minerales y vitaminas.

• Cultivos de raíz- Como su nombre indica, los cultivos de raíz son partes subterráneas de las plantas que consumen con frecuencia tanto los seres humanos como los animales. Nunca deben constituir más del 30% de la mezcla de piensos. Deben lavarse, pelarse, cortarse en rodajas y secarse debido a las sustancias tóxicas que se encuentran en la piel de las raíces.

- Frutas - Las frutas pueden darse frescas a los cerdos. Si han sido manipuladas durante el transporte, considere la posibilidad de hervirlas antes de alimentar a los cerdos. Las frutas adecuadas son los plátanos, la papaya, los melones y las manzanas, por mencionar algunas.

- Residuos de restaurantes o cocinas examinados - Los residuos pueden darse a los cerdos, pero deben examinarse primero por su posible contaminación. En cualquier caso, considere la posibilidad de hervir o cocinar adecuadamente estos alimentos antes de alimentar a los cerdos.

- Verduras - Las verduras pueden darse mientras estén frescas. Si se dañan o manipulan durante el transporte, deben hervirse. Son alimentos complementarios para los cerdos, por ejemplo, las espinacas, la col, la ipomea y la lechuga, entre otros.

- Ipil-Ipil- Son cultivos arbóreos disponibles localmente. Estas plantas son nutritivas y ricas en proteínas. Considere la posibilidad de mezclarlas con otros piensos antes de alimentar a los cerdos.

- Tallos de plátano- Los cerdos disfrutan comiendo tallos de plátano. Considere la posibilidad de cortarlos en trozos pequeños y añadirles sal antes de alimentar a los cerdos.

- Cassia-cola- Esta planta es rica en proteína bruta, calcio, hierro, tiamina, fósforo, vitamina C, niacina y riboflavina.

- Planta de soja verde

- Calabaza- Son una excelente fuente de vitaminas, incluida la vitamina B. Tenga cuidado al preparar las calabazas, ya que muchas vitaminas se pierden durante el proceso de preparación.

- Otras plantas con las que debe alimentar a su cerdo son el jacinto de agua, los tréboles, la alfalfa, la morera, el chayote y el melón de invierno.

Los cerdos y sus necesidades alimentarias

Verracos

A la hora de alimentar a los verracos, es importante recordar que no deben estar ni gordos ni demasiado flacos. Considere la posibilidad de alimentar a sus verracos con 2 kg de mezcla de piensos al día. Vigílelos de cerca; si adelgazan demasiado, considere la posibilidad de añadir más pienso cada día. Si engordan demasiado, considere la posibilidad de reducir la alimentación diaria. Si utiliza el verraco regularmente para la cría, aumente el alimento a unos 2,5 kg diarios.

Cerdas no lactantes/preñadas y cerdas jóvenes

Tras el proceso de destete, considere la posibilidad de dar a las cerdas una mezcla de alimentos de aproximadamente 2 kg diarios. Mantenga a las cerdas en buenas condiciones durante este período, es decir, al igual que los verracos, controle el peso y la grasa de las cerdas preñadas. El pienso en el destete debe ser de unos 0,25 kg adicionales por cada lechón.

Cerdas lactantes

Las cerdas lactantes (cerdas con lechones) requieren una mezcla de lactancia, especialmente las que tienen muchos lechones. Además, no deben perder peso, o perder el menor peso posible. Una cerda en buena forma debe ser alimentada con más de 2 kg. y las cerdas con más de seis lechones deben ser alimentadas con al menos 6 kg. de pienso y mezcla de lactancia cada día. Además, deben tener siempre acceso a agua limpia y fresca.

Lechones jóvenes (hasta 10 semanas de edad)

Cuando se alimente a los lechones jóvenes, es importante que el pienso esté siempre seco. Considere la posibilidad de utilizar un alimentador automático para que no se desperdicie el alimento. Recuerde que los cerdos en esta etapa necesitan comer lo máximo posible para estimular su crecimiento rápido. La alimentación debe ser de aproximadamente 0,25-100 kg por día desde los siete días hasta el día en que comience el destete.

Cerdos en crecimiento (de 11 a 13 semanas)

Una vez destetados los cerdos, crecerán a un ritmo increíble. Los cerdos en crecimiento son excelentes para obtener una carne de buena calidad con un bajo porcentaje de grasa. Sin embargo, al igual que los lechones jóvenes, considere siempre la posibilidad de alimentar a estos cerdos con un alimentador automático.

Recuerde que el apetito de los cerdos es importante para su crecimiento y desarrollo general. Los cerdos son animales limpios que se alimentan de comidas frescas y limpias en lugar de comidas rancias o incluso contaminadas. Debe limpiar sus comederos y bebederos con frecuencia; recuerde también que es importante mantener un espacio adecuado en el comedero para que los cerdos puedan alimentarse cuando lo deseen.

Capítulo 6: Salud, cuidados y mantenimiento de los cerdos

El bienestar del cerdo es un aspecto importante que afecta directamente a la calidad de la carne. El bienestar de un cerdo incluye su bienestar físico, su bienestar mental y su vida natural. Estos aspectos pueden verse comprometidos por periodos prolongados de confinamiento, ambientes estériles o mutilaciones. El transporte de los cerdos durante largas distancias también puede afectar negativamente su bienestar.

Este capítulo le mostrará cómo cuidar adecuadamente su cerdo y las enfermedades a las que es propenso, así como los tratamientos disponibles en la actualidad. Estos temas le ayudarán a proporcionar los mejores cuidados a su cerdo para obtener una carne de calidad.

Enfermedades y bienestar de los cerdos

Bienestar de los cerdos

El bienestar de un cerdo no es solo una cuestión de salud o enfermedad; su bienestar también implica el aspecto ético de la cría. Esto es especialmente cierto en lo que respecta al sacrificio y el transporte. Existen diferentes perspectivas sobre el bienestar de los animales, dependiendo de los antecedentes culturales. En las pequeñas granjas, la producción porcina está directamente relacionada con las prácticas de bienestar. Su productividad y su salud mejoran a medida que mejora el trato.

Transporte y sacrificio

Un transporte inadecuado genera estrés en los cerdos. Los cerdos no tienen glándulas sudoríparas, por lo que son muy sensibles al calor, especialmente durante el transporte. Muchos cerdos mueren cada año durante el transporte.

Problemas de bienestar en la castración

La mayoría de los ganaderos castran a los cerdos sin darles analgésicos o anestésicos. Esto hace que los cerdos sufran dolor a corto y largo plazo. La castración también hace que los cerdos sean más susceptibles a las infecciones debido a la herida abierta. La mayoría de los ganaderos no administran analgésicos debido al tiempo y los costes adicionales que conlleva.

El anestésico debe administrarse una hora antes del procedimiento. Asegúrese de que el anestésico no sea aversivo. NOTA: Hay algunos países, como Suiza, que han prohibido la castración.

Recorte de dientes

Los dientes de los lechones se suelen recortar inmediatamente después de nacer. El objetivo es evitar que se produzcan lesiones. Esto ocurre con frecuencia cuando intentan localizar la teta de la cerda. Las cerdas no siempre son capaces de atender a la camada en crecimiento debido a mala salud, o a que la camada es demasiado grande para manejarla. Para aumentar la tasa de supervivencia, el recorte de los dientes es crucial, o los cerdos más fuertes abrumarán al resto.

Los pezones situados en la parte delantera del cuerpo tienen la mayor cantidad de leche. Los pezones situados en la parte trasera tienen progresivamente menos leche. Una vez que un lechón ha elegido una teta, la defenderá a toda costa.

Casa de cerdos de engorde

Los cerdos destinados a la producción de carne se mantienen en condiciones de hacinamiento y esterilidad. Suelen estar en suelos de hormigón emparrillado sin dispositivos de forrajeo. Los cerdos no pueden acceder al exterior y no experimentan el aire fresco ni la luz del día. No se comportan de forma natural y tienden a sentirse frustrados y aburridos. Suelen pelearse y morderse entre ellos, lo que provoca lesiones. Los cerdos también sufren por el corte de la cola, lo que les provoca estrés, infecciones y conflictos.

Parideras

La cerda se trasladada a una paridera antes de la fecha del parto. A menudo se confunde con una pocilga para cerdas. La diferencia significativa es el espacio para los lechones. Los barrotes de la jaula impiden que la cerda aplaste a los lechones. Al igual que en las pocilgas para cerdas, el movimiento de la cerda está muy restringido. La cerda no puede deambular libremente para construir un nido para los lechones, ni puede alejarse de los lechones cuando le muerden las tetas.

Las parideras están permitidas en la mayoría de los países, pero esta práctica está prohibida en Suecia, Suiza y Noruega.

Pocilga de cerdas

Aunque es habitual meter a una cerda preñada en una pocilga durante 16 semanas, esta práctica puede ser bastante perjudicial. Las pocilgas sirven de jaula mental para la cerda. Suelen tener suelos de hormigón desnudos y estrechos, que impiden a la cerda incluso darse la vuelta. La cerda solo puede tumbarse o levantarse, y con mucha dificultad.

Las pocilgas para cerdas les impiden sus comportamientos naturales. No pueden socializar, forrajear, hacer ejercicio o explorar, e impiden que la cerda salga al exterior. A los cerdos les gusta naturalmente explorar el entorno; enjaularlos les hace sentirse frustrados y estresados.

Las pocilgas para cerdas aumentan su comportamiento anormal. Tienden a morder, lo que indica niveles de estrés muy elevados. Muchos investigadores han comparado su comportamiento en dicha pocilga con la depresión clínica. Se suele limitar la alimentación durante la gestación, lo que aumenta los niveles de frustración de la cerda.

Estas pocilgas están prohibidas en el Reino Unido y Suecia, pero son populares en el resto del mundo. Se implementan cuando la cerda aún está destetando la camada anterior hasta el final de las cuatro semanas de gestación.

Enfermedades

El factor más decisivo a la hora de poner en marcha su granja de cerdos es asegurarse de que los cerdos que adquiere gozan de buena salud. Debe obtener los informes sanitarios de cada cerdo para determinar su estado y bienestar. Puede pedir a su médico veterinario que le acompañe durante la compra para que le ayude a conocer (y evaluar) las enfermedades comunes a las que son propensos los cerdos; muchas pueden ser mortales. A continuación, se indican las enfermedades más comunes de los cerdos, junto con sus síntomas y las medidas preventivas.

Enfermedades de la etapa previa al destete

1. Dermatitis exudativa

También se conoce como la *enfermedad del cerdo graso*. Es una infección provocada por una bacteria llamada *Staphylococcus hyicus*. Su síntoma principal son las lesiones cutáneas que parecen manchas negras en la piel. Se extienden y se vuelven escamosas y/o grasientas. La enfermedad puede ser mortal si no se trata.

Se puede tratar fácilmente esta infección con una serie de antibióticos, vacunas autógenas y protectores de piel. Para evitar que la enfermedad se extienda o se produzca, asegúrese de que las normas de higiene del corral sean elevadas. Considere la posibilidad de evitar la inmersión de los pezones durante el proceso de curación. Reduzca las posibilidades de que se produzcan abrasiones en la piel para evitar que la infección entre en el sistema cutáneo. Las abrasiones pueden producirse debido a equipos afilados y suelos rugosos.

2. Coccidiosis

Es un parásito increíblemente frecuente entre los lechones, causado por tres tipos de coccidios. Los síntomas principales son diarrea con manchas de sangre en lechones de más de 21 días de edad. Los padecimientos extremos pueden remediarse con coccidiostáticos y fluidoterapia. Debido a los daños en los intestinos, los cerdos son propensos a infecciones secundarias.

Las cerdas deben ser tratadas para evitar la propagación de la enfermedad. Las heces de las cerdas pueden suponer un gran riesgo, ya que son portadoras de muchos tipos (y en gran cantidad) de bacterias. La mejor manera de prevenir esta enfermedad es mantener un entorno limpio y seco para los cerdos.

Enfermedades posteriores al destete

1. Enfermedades respiratorias

Es fácil identificar una enfermedad respiratoria entre los cerdos, ya que toserán, estornudarán, experimentarán una respiración pesada, retraso en el crecimiento y, en casos extremos, la muerte. Hay que administrar antibióticos a través del agua, la comida o inyecciones. Una ventilación inadecuada también puede aumentar las enfermedades respiratorias.

Algunas cepas de neumonía pueden reducirse administrando vacunas, por lo que es crucial identificar el tipo de cepa presente para combatirla eficazmente. El hacinamiento y la falta de higiene en las pocilgas también son factores críticos para las infecciones respiratorias.

2. Disentería porcina

Los cerdos con este tipo de infección suelen tener diarrea con restos de sangre en las heces. Esta infección está causada por una bacteria conocida como *Brachyspira hyodsenteriae*. Los cerdos que han completado el destete padecen una tasa de crecimiento reducida o incluso la muerte cuando están infectados.

La infección puede tratarse fácilmente con antibióticos administrados a través de la comida, el agua o inyecciones. Se puede reducir la densidad del ganado para minimizar la infección y se puede mejorar fácilmente la higiene del corral y controlar los roedores que hay en él. La enfermedad es más frecuente cuando se introducen nuevos animales en el corral.

Enfermedades de la etapa de cría

1. Mastitis

Es una infección bacteriana que prevalece en las cerdas y que causa una infección en las glándulas mamarias, dando lugar a una decoloración de la piel. Los síntomas significativos de la mastitis son la reducción de la producción de leche, la pérdida de apetito y el aumento de la temperatura corporal. La mastitis puede tratarse eficazmente con antiinflamatorios o antibióticos.

La mejor manera de prevenir esta enfermedad es aumentar las normas de higiene. Es esencial mantener una nutrición saludable durante las últimas etapas del embarazo. El estrés también puede causar esta enfermedad, sobre todo si los pezones están dañados por las instalaciones de alojamiento.

2. Parvovirus porcino

Esta enfermedad se da sobre todo en las cerdas preñadas y es común en las cerdas jóvenes, afectando enormemente a la reproducción. Si está presente en las camadas de cerdos, sufrirán una gran disminución de tamaño debido al anquilosamiento y a los animales que nacen muertos. Esta enfermedad es bastante difícil de diagnosticar, ya que sus síntomas son transversales a otras enfermedades reproductivas. El parvovirus puede sobrevivir fuera del organismo durante varias semanas.

No existen tratamientos para esta enfermedad, de ahí la necesidad de tomar medidas preventivas.

Otras enfermedades

1. Desnutrición

Se trata de una enfermedad común de los cerdos que es muy fácil de identificar. Los síntomas son un retraso en el crecimiento y una delgadez visible. Los cerdos sanos no son huesudos; los únicos huesos visibles son los omóplatos. Si el ganadero puede ver también la columna vertebral, las costillas o las caderas, los cerdos están demasiado delgados. Los cerdos crecen rápidamente en pocas semanas; si crecen lentamente, hay que considerar que el factor principal es la desnutrición.

La desnutrición se debe a la mala calidad del pienso. Los lechones que han completado el destete requieren un alimento de alta calidad en comparación con los adultos. Las cerdas lactantes también necesitan alimentos de alta calidad para producir leche.

2. Piojos y moscas

La infestación de piojos y moscas puede provocar la propagación de enfermedades infecciosas. Es fácil detectar los piojos en los cerdos, ya que son inusualmente grandes. Provocan pérdidas de sangre e infecciones bacterianas. Las moscas son una amenaza porque pueden posarse en las heridas abiertas y provocar enfermedades. Tratar a los cerdos con polvos puede reducir las moscas y los piojos. Hay que mantener un alto nivel de higiene y utilizar trampas para moscas.

3. Parásitos

Los cerdos son propensos a muchos parásitos, como ascárides y tenias. Las lombrices viven en el intestino y tienen el aspecto de un gusano. Los cerdos con parásitos experimentan una pérdida de peso repentina. Los cerdos jóvenes son los más propensos a las infecciones parasitarias. Si no se tratan, los parásitos pueden obstruir todo el intestino y provocar la muerte. Los antiparasitarios son eficaces para expulsarlos del sistema intestinal.

Las tenias suelen residir en los músculos de los cerdos, lo que da lugar al sarampión porcino. Los cerdos suelen tener dolor y dificultad para moverse. No es aconsejable comer carne infestada de tenias, ya que puede causar problemas de salud a los humanos. No hay cura para los cerdos infectados, por lo que los ganaderos deben tomar medidas para evitar que estos cerdos deambulen por la granja.

4. Intoxicación

Esto ocurre debido a una alimentación inadecuada. Alimentar a los cerdos con comida de varios restaurantes puede no ser lo ideal. Los cerdos pueden sufrir ceguera, perder el equilibrio, vomitar y sufrir convulsiones. Los ganaderos deben comprobar siempre la calidad de los alimentos que dan a sus cerdos.

5. Peste porcina africana

Está causada por la familia de virus *Asfarviridae*, que difiere de la peste porcina clásica; la fiebre puede ser causada por alimentos contaminados, picaduras de piojos, garrapatas, otros cerdos infectados y equipos médicos contaminados.

No hay tratamiento para esta enfermedad, por lo que es esencial prevenirla en primer lugar. Los cerdos infectados deben ser aislados inmediatamente después de la detección de la enfermedad.

6. Fiebre aftosa

Está causada por el *aftovirus picornaviridae*. Sus síntomas son salivación excesiva, fiebre y pérdida de apetito; puede ser mortal.

El ganadero debe vacunar sistemáticamente a sus cerdos para proteger a los reproductores, ya que es una enfermedad frecuente durante el invierno. Otros animales de la granja pueden propagarla.

7. Rabia

Esta enfermedad es transmisible a los humanos. Sus síntomas son trastornos nerviosos, agresividad, parálisis y a menudo conduce a la muerte. Los síntomas evolucionan muy rápidamente en los cerdos, y tienden a volverse temblorosos, agresivos, chillan, atacan rápidamente y tienen la voz ronca. La rabia suele ser mortal y no tiene cura.

Consejos para prevenir las enfermedades de los cerdos

Como ganadero, debe conocer las medidas a tomar para evitar que las enfermedades infecten su ganado. Hay algunas enfermedades que se pueden tratar, pero otras pueden ser muy perjudiciales. A la hora de prevenir enfermedades, tenga en cuenta lo siguiente:

• Los cerdos deben estar encerrados en espacios con altos niveles de higiene. La zona no debe ser proclive al hacinamiento ni a la mala ventilación.

• El ganadero debe comunicarse constantemente con el veterinario para prevenir enfermedades inminentes, identificar las existentes y curar los problemas de salud. Debe ser notificado en caso de muerte.

• Todos los cerdos deben adquirirse de fuentes registradas. Hay que asegurarse de que el área está limpia y bien gestionada.

• El ganadero debe saber con qué alimenta a los cerdos. No es aconsejable alimentar a los cerdos con los residuos generales de los restaurantes o de los hogares

• Ayudaría si también cumpliera con las normas de bienestar de los cerdos. Esto es crucial, sobre todo cuando se transportan los cerdos.

• Es vital colaborar con los veterinarios para evitar cualquier contratiempo. Esto garantizará una transición sin problemas a la hora de examinar a los cerdos desde el punto de vista médico.

• Asegúrese de que la carne fresca que vende o consume sea examinada por expertos veterinarios para evitar repercusiones graves.

- Las unidades de neutralización o las autoridades locales deben ocuparse de los cuerpos de los animales muertos o de los cerdos infectados.

Medicamentos

La medicación puede administrarse de diferentes maneras, según el medicamento. Algunos pueden ser mortales cuando se inyectan y, por tanto, deben administrarse por vía oral. Otros medicamentos solo pueden aplicarse por vía tópica para absorberse a través de la piel. A continuación, se indican algunos de los métodos convencionales de administración de medicamentos:

Por vía oral

La mayoría de los antibióticos se administran por la boca.

Tópico

El medicamento se aplica sobre la piel. El ganadero puede utilizar un spray para aplicarlo en la superficie.

Por inyección

La inyección puede ser intradérmica, intramuscular, subcutánea o intravenosa.

Por vía uterina

Los antibióticos pueden introducirse en la parte anterior de la vagina cuando está infectada.

Vía rectal

Este no es un método habitual de administración de fármacos. Se utiliza en cerdos que sufren intoxicación por sal.

Utilice la información del frasco para orientarse sobre el método de administración. Si tiene problemas, consulte siempre a un médico veterinario.

Cómo cuidar a un cerdo

Los cerdos son animales inteligentes y, si se les educa en la limpieza desde su nacimiento, no se desviarán. Hay diferentes etapas de los cerdos a medida que crecen; inicial, crecimiento, final y reproductora. Al criar los cerdos, el hormigón es más limpio que otros entornos. El hormigón reduce la exposición a los parásitos. Sus cerdos necesitan mucha sombra y protección de la lluvia, el viento y la nieve.

La exposición a demasiado calor puede hacer que los cerdos sufran un paro. La exposición puede causar toxicidad por sal, especialmente si no hay agua. Debe proporcionarles agua limpia y fresca. Añada agua cada treinta minutos hasta que los cerdos hayan bebido hasta saciarse. La falta de hidratación adecuada puede causar problemas cerebrales.

El tamaño y la edad de los cerdos determinarán las necesidades de espacio en el corral. Proporcione a la cerda una jaula durante el parto para evitar que se acueste sobre otro cerdo. A medida que los cerdos crecen, asegúrese de que disponen de un metro de espacio.

La nutrición del cerdo depende de las edades. Los cerdos en fase de crecimiento necesitan piensos diferentes que les proporcionen más energía. Sus piensos requieren un contenido energético más elevado.

Debe haber tratamientos de parásitos externos e internos. El tipo de alojamiento y el historial afectan a la inoculación. La cerda se trata antes de la cría y quince días antes del parto. Se debe tratar a los cerdos en crecimiento, especialmente si están en un suelo sucio. También, tomar una muestra fecal de los cerdos en crecimiento para determinar el producto adecuado para desparasitar. Los restos de comida humana, especialmente los que contienen carne, no deben darse a los cerdos.

No se sienta presionado para vacunar a los cerdos, especialmente durante la temporada de calor, ya que esto puede ser una fuente de estrés adicional. Administre la vacuna individualmente a los cerdos para evitar el hipo. Utilice el peso de los cerdos para determinar su estado de salud general.

Al transportar cerdos, debe obtener sus certificados de salud. Asegúrese de tener la factura de venta de los cerdos en sus registros. En algunos estados es un requisito proporcionar tales documentos al sacrificar o vender. El certificado de salud es crucial cuando se viaja a través de diferentes estados. El uso de muescas y tatuajes en los cerdos ha demostrado ser un aspecto esencial para su identificación.

Cuidado de los cerdos durante las diferentes estaciones del año

Los cerdos experimentan un calor extremo durante el verano, ya que disminuye la alimentación, crecen y producen leche. También sufren lo mismo durante la temporada de invierno. Las estaciones frías provocan un crecimiento lento, una menor eficiencia alimenticia, una alta tasa de infección, pérdida de grasa corporal y una alta tasa de mortalidad.

Cuando hace demasiado frío, los cerdos intentan mantenerse calientes minimizando la pérdida de calor; tiritan para aumentar la producción de calor metabólico y aumentar la ingesta de alimentos. Sin embargo, cuando un cerdo está estresado, evita comer. Es esencial mantenerlos calientes, especialmente dos semanas después de su llegada.

Puede utilizar estos mecanismos específicos para reducir la pérdida de calor. Acomodar sus patas bajo el cuerpo y acurrucarlos. Los lechones y los cerdos jóvenes pueden cambiar su forma de dormir y defecar para obtener calor de sus excrementos. Estos pasos le ayudarán a garantizar que sus cerdos se mantengan siempre calientes:

- Es fundamental que sepa identificar cuándo los cerdos tienen frío. Tienden a acurrucarse y a meter las patas debajo del cuerpo. Los cerdos desarrollarán un pelo largo y áspero y se volverán flacos.
- Asegúrese de que los cerdos estén secos y de que su cama se cambie con frecuencia.
- Reduzca la ventilación de la habitación durante los meses fríos. Asegúrese de que las puertas y ventanas estén siempre cerradas.
- Aísle las paredes y los techos.
- Utilice la calefacción por zonas, como los focos, las cajas de arrastre y las esteras con calefacción.
- Evite los factores de estrés múltiples. La vacunación, el destete, la castración, el transporte, el cambio de entorno y el cambio de alimentación pueden inducir al enfriamiento.

¿Cuándo debe ponerse en contacto con un veterinario?

La prevención de enfermedades sigue siendo un reto importante para los ganaderos, y continuamente aparecen nuevas enfermedades en los cerdos. La enfermedad es una amenaza para los cerdos y para el suministro de alimentos en la granja. Para prevenir las enfermedades se adoptan algunas medidas: la seguridad alimentaria y las actividades adecuadas de cría de cerdos. Sin embargo, la más importante es la bioseguridad. Se trata de una importante herramienta de gestión para reducir la propagación de enfermedades.

Los veterinarios participan día a día en el cuidado de los cerdos. Hoy en día, su papel ha evolucionado más allá del mero tratamiento de los cerdos enfermos. Son útiles a la hora de ser consultados, gestionar e incluso construir una nueva granja.

Los veterinarios son cruciales a la hora de hacer un inventario de medicamentos, tener en cuenta el clima y la alimentación, tomar muestras de laboratorio para realizar pruebas, gestionar los brotes de enfermedades y calcular las fechas de retiro. Los siguientes son ejemplos de los casos en los que un criador de cerdos debe consultar a un veterinario:

- Realizar pruebas de detección de virus y administrar vacunas
- Supervisar los planes de gestión sanitaria
- Evaluar a las cerdas individualmente
- Garantizar un parto seguro de recién nacidos y cuidar de las nuevas madres

Las necesidades básicas de un cerdo moderno son aumentar la producción y la eficiencia. Para obtener la máxima rentabilidad, un médico veterinario es clave. Una revisión mensual rutinaria puede ahorrarle muchos problemas. La visita mensual debe servir para crear una mayor conciencia de los problemas relacionados con la granja y desarrollar procedimientos para resolverlos. Un médico veterinario aumenta la eficacia, contribuye a la gestión, educa al ganadero, controla las enfermedades y las previene.

El ganadero debe acompañar al veterinario en sus revisiones rutinarias para hacerle observaciones. Es vital que, durante este tiempo, el ganadero discuta con el veterinario los puntos débiles y fuertes de la raza. Obtenga un informe escrito como prueba. Servirá como recordatorio de las discusiones y como punto de referencia de las recomendaciones.

Capítulo 7: Reproducción y cría del cerdo

La reproducción es un factor importante de rentabilidad en la industria porcina. Esto se debe a que el número de cerdos, cerdas y cerdos destetados cada año es crucial para las ganancias de muchos inversores en la industria porcina. Este número depende en gran medida del número total de cerdos por camada de cada cerda. Desde la reproducción al destete de los lechones, la cría depende de estos animales. Los lechones deben ser capaces de crecer rápidamente en un periodo corto y producir cuerpos de calidad, con poca grasa y mucha carne.

Es esencial comprar animales reproductores de alta calidad. Los cerdos deben proceder de una granja con altos niveles de nutrición, higiene y gestión general. Si es su primera vez, considere la posibilidad de contar con un profesional o una persona con experiencia que le ayude a tomar la decisión correcta. Este tema le ayudará a comprender mejor la cría y reproducción de los cerdos.

Una raza puede definirse como un grupo de animales que comparten la misma ascendencia con rasgos identificables. Cuando este grupo de animales se aparea, produce una descendencia con las mismas cualidades. El objetivo principal de la cría es conseguir los rasgos deseados que se consideran rentables.

Sistemas de apareamiento o reproducción de cerdos

Como se ha mencionado anteriormente, la cría de cerdos requiere un conocimiento o experiencia importante en el manejo de estas prácticas. A la hora de comprar cerdos de cría, considere los que han sido bien alimentados y mantenidos en condiciones sanitarias. Si tiene una granja a pequeña escala, tenga en cuenta los siguientes criterios de selección a la hora de elegir verracos, cerdas jóvenes y cerdas:

• Considere la posibilidad de comprar verracos de raza pura por encima de la media. La cría pura consiste en criar cerdos de la misma raza. El objetivo principal de la cría pura es la identificación y propulsión de genes «superiores» para su uso en la producción comercial de carne.

• Al comprar verracos, considere la posibilidad de adquirir las razas más destacadas que se utilizan en su país.

• Al comprar cerdas jóvenes, es fundamental adquirirlas de un vendedor de confianza que lleve un registro de los cerdos. Las cerdas jóvenes pueden ser de raza pura o cruzadas. También hay que considerar la posibilidad de comprar cerdas jóvenes al mismo vendedor. Es importante buscar la opinión de un experto en estas cuestiones para que le ayude a identificar la política de cría adecuada.

• Si decide seleccionar sus propias cerdas jóvenes, aplique medidas estrictas y mantenga registros precisos de crecimiento y conversión alimenticia.

• Su selección de cerdas jóvenes debe basarse en el tamaño de la camada, es decir, considere la posibilidad de elegir una cerda joven con 12 pezones para atender una camada grande.

• Considere elegir cerdas jóvenes de por lo menos ocho meses de edad y aproximadamente 120 kg (264 lbs.) antes de su primer parto.

• Las cerdas jóvenes elegidas de cerdas que destetan aproximadamente de ocho a diez lechones por cada camada están relacionadas con una buena maternidad. Las cerdas deben tener su primer parto al cabo de un año y el segundo parto a los siete meses del primero.

• La elección de las cerdas o de los verracos debe basarse en su capacidad de crecimiento rápido. En un futuro próximo, esto resultará menos costoso de mantener, ya que consumen menos a medida que ganan peso saludable con una grasa corporal razonable.

• Considere la posibilidad de elegir cerdas jóvenes con pezones adecuados, es decir, no invertidos o con depósitos de grasa en la base de los pezones.

• Lo mejor sería elegir cerdas jóvenes con jamones bien desarrollados. Antes de iniciar el proceso de apareamiento, considere la posibilidad de exponer a las cerdas jóvenes al celo durante unos dos o tres días. Sin embargo, en el caso de las cerdas jóvenes, deberían aparearse después del primer día de su periodo de celo, mientras que las cerdas deberían aparearse en el segundo día del mismo.

• Los verracos deben estar bien desarrollados, con una alimentación sana, jamones adecuados y una buena longitud total. Además, estos desarrollos deben extenderse a los pezones; deben tener 12 pezones primarios para aumentar las posibilidades de transmitir este rasgo deseable.

• Considere el verraco más grande de la camada para utilizarlo como padre. Si se va a realizar la castración, tiene que ser cuatro semanas después de que se haya completado el proceso de cría.

• Al igual que las consideraciones sobre la edad de la cerda, el verraco también debe tener al menos ocho meses antes de su primera cubrición.

Los sistemas de cría y apareamiento son métodos utilizados para emparejar verracos y cerdas (y a veces cerdas jóvenes) con el fin de conseguir rasgos rentables y deseados en la descendencia. La genética desempeña un papel fundamental en la productividad y el rendimiento generales de los cerdos. Se insta a los criadores de cerdos a que se familiaricen con estos métodos.

Se trata de dos estrategias principales: el apareamiento asertivo positivo y el apareamiento asertivo negativo. Con la aserción positiva en el apareamiento, la cría se lleva a cabo para aumentar las posibilidades de conseguir los rasgos deseados, al tiempo que se reducen las probabilidades de los indeseables. El apareamiento asertivo negativo implica la cría de dos cerdos diferentes para rectificar la expresión de un determinado rasgo. Los siguientes son los sistemas de cría más comunes que utilizan los criadores de cerdos.

Cruce externo

El cruce externo implica el apareamiento de cerdos de la misma raza, pero con ligeras relaciones con la raza promedio. También se conoce como exogamia. En pocas palabras, no debe haber un ancestro común entre los cerdos apareados durante un par de generaciones.

Cruce interno

Este sistema de cría implica la unión de dos cerdos estrechamente relacionados dentro de la misma raza. El parentesco puede ser desde madre e hijo, hija y padre, o hermanos con hermanos. Como resultado, se pueden concentrar genes comunes y deseables en la descendencia. Sin embargo, hay que contar con una reducción del tamaño de la camada. Estos son otros efectos de la endogamia

Efectos de la endogamia

- La consanguinidad aumenta las tasas de mortalidad en los cerdos. Se observan ciertas limitaciones en la función física general con inestabilidad. Además, cuando la cerda no puede moverse, el riesgo de mortalidad aumenta considerablemente.
- Los verracos endogámicos tienden a tener un bajo impulso sexual.
- La separación de las crías o de los padres afecta gravemente a los cerdos. El objetivo principal de la cría es crear rasgos deseables en los cerdos con fines comerciales. Una vez que se retiran los lechones macho o hembra, el estrés puede afectar negativamente a los cerdos o lechones restantes.
- La cría entre hermanos no siempre da el resultado deseado.
- Aproximadamente entre el 25% y el 50% de los lechones suelen nacer más pequeños y débiles en comparación con la primera cerda. Además, algunos de los lechones nacen muertos.
- El número total de lechones de una camada es significativamente menor.

Cruce

El cruce implica un enfoque cuidadoso y planificado del apareamiento de los cerdos. Implica el apareamiento de dos cerdos con diferentes antecedentes. Esto da lugar a la heterosis, que es la mejora de la productividad y el rendimiento de la descendencia, especialmente en comparación con la generación anterior. La heterosis se produce cuando se cruzan diferentes razas de cerdos como mecanismo de corrección de los rasgos exhibidos en las generaciones anteriores.

Estrategias de cruzamiento

- **Sistema terminal**

Este sistema de cría es uno de los más comunes en los Estados Unidos. Los criadores de cerdos que dirigen operaciones comerciales a gran escala suelen utilizar un vástago de cría cruzada terminal. El sistema terminal implica un terminal que proporciona los rasgos genéticos deseados para maximizar el crecimiento del cerdo, el desarrollo, la eficiencia alimentaria y la calidad del cuerpo. El padre terminal puede ser de raza pura o cruzado. Los sistemas terminales dan como resultado el desarrollo de cerdos «superiores» que deberían satisfacer las demandas de su público o mercado objetivo. Este sencillo sistema ha creado grupos de cerdos genéticamente uniformes año tras año en Estados Unidos. Además, este sistema hace aflorar el vigor híbrido en todas las hembras y su descendencia.

El vigor híbrido es la tendencia de la descendencia a mostrar rasgos genéticos superiores, especialmente en comparación con la generación anterior. Una de las principales desventajas asociadas a los sistemas terminales es la compra perenne de verracos y cerdas. Se verá obligado a sustituir todas las cerdas y verracos después de venderlos a su mercado objetivo. Este proceso puede ser costoso. Además, algunos cerdos pueden introducir agentes patógenos, causando enfermedades a la piara restante.

- Sistemas de rotación

Si considera que sus operaciones agrícolas son de pequeña escala, entonces considere la posibilidad de utilizar un sistema rotativo. Al igual que los sistemas terminales, los sistemas rotativos también son sencillos y eficaces. También se conoce como sistema de retrocruzamiento o sistema rotativo de razas, que incluye solo dos razas. Este sistema es barato y asequible para la mayoría de los pequeños criadores de cerdos. A diferencia de los sistemas de sementales terminales, los sistemas rotativos no maximizan el vigor híbrido. Pero con la tecnología y la compra de semen, algunas de estos obstáculos de los sistemas rotativos se han reducido significativamente.

- Sistema de combinación

Como su nombre indica, esta estrategia de cruces combina la funcionalidad de los dos métodos mencionados anteriormente. Por ejemplo, un pequeño grupo de la piara se mantiene en el sistema rotativo para producir hembras para toda la granja. Después, las cerdas jóvenes se cruzan con sementales terminales para garantizar que la mayoría (si no todos) los rasgos genéticos de la descendencia sean fácilmente vendibles en el mercado. Para un pequeño ganadero, este sistema puede ser difícil debido a la insuficiencia de mano de obra. Y este método requiere una gestión y un registro meticulosos para tener éxito.

Los sistemas de cría influyen en la composición genética de los cerdos; estos métodos desempeñan un papel fundamental en la calidad del cuerpo y el rendimiento general de su cerdo. Debido a las ventajas de la heterosis, los cruces en países como Estados Unidos se han hecho populares. Para los criadores de cerdos a pequeña escala, los sistemas de rotación son los más asequibles y prácticos, especialmente cuando se utiliza la inseminación artificial.

Efectos de los cruces

- Da lugar a lechones con cerdas locales.
- Produce lechones con cerdas exóticas.
- La cerda local puede parir lechones más grandes y sanos.

- Los lechones nacidos del cruce son fuertes, sanos y crecen rápido.

- Desde el punto de vista financiero, el cruce es rentable, ya que la mayoría de los lechones se venden y unos pocos se seleccionan para el cruce.

- Los cerdos más fuertes y sanos se venden o se castran para la producción de carne, dejando los lechones débiles que no se pueden utilizar para los cruces.

- La selección negativa de la raza da lugar a lechones más pequeños y débiles, el 50% de los cuales morirán durante o después del parto.

- La selección negativa tiene como resultado un tamaño de camada pequeño.

Reproducción lineal

La transmisión de rasgos indeseables es el resultado de la selección negativa de la consanguinidad. Cuanto más estrecha sea la relación de los padres, mayor será el riesgo de transmitir rasgos indeseables a la siguiente generación. Los rasgos son fenotípicos, lo que significa que los resultados afectarán a la salud, la productividad y el bienestar general del cerdo. Este método de reproducción es como la cría, pero se centra en una característica concreta.

No es fácil de conseguir, ya que el acervo genético puede ser limitante. Afortunadamente, la tecnología ha ayudado a los criadores a identificar la relación entre los cerdos. Además, se puede utilizar la inseminación artificial para ayudar a reducir el riesgo de utilizar verracos emparentados en el proceso de reproducción. Un error que cometen los criadores es utilizar varios verracos de la misma camada para el proceso de reproducción. Considere un máximo de un verraco por camada; de lo contrario, podría estar reduciendo la diversidad genética no solo en su granja sino también en su país.

Apareamiento aleatorio dentro de una raza

El apareamiento aleatorio implica la selección de cerdos sin consideraciones, es decir, relaciones, composición genética, etc.

Tipos de apareamiento

• En corral

El apareamiento en corral es uno de los tres tipos de apareamiento que los criadores de cerdos suelen utilizar. Este proceso consiste en poner a los verracos y a las cerdas o cerdas jóvenes en el mismo corral durante un periodo específico de tiempo, normalmente de 20 a 40 días, sin una estrecha supervisión. Este método suele ser rentable, ya que los criadores de cerdos se ahorran la mano de obra. Sin embargo, afecta la tasa de partos.

- Apareamiento manual

Este método de apareamiento de cerdos es utilizado por granjas de tamaño pequeño y mediano. El apareamiento manual es la colocación de una hembra en celo con un verraco en el mismo corral, con la estrecha supervisión de un ganadero. Esta persona ayudará al pene del verraco a entrar en la vagina de la cerda o de la cerda joven. El apareamiento manual es eficaz para aumentar el rendimiento de las cerdas y los verracos.

- Inseminación artificial

La inseminación artificial del ganado porcino es una práctica común en todo el mundo. Solo en Europa, la mayoría de los cerdos se han criado por inseminación artificial en las últimas décadas. La inseminación artificial es muy útil, ya que reduce el riesgo de enfermedades y genes débiles al introducir genes deseables y «superiores».

Signos comunes del celo/estro en cerdos

El celo, también conocido como estro, es la manifestación física de una necesidad biológica de aparearse debido al aumento de las hormonas en los cerdos. La detección del celo es el proceso de observar e identificar a las cerdas receptivas al apareamiento. Una hembra madura que no esté lactando o preñada debería celar al cabo de tres semanas. Por lo tanto, el ciclo de celo debe durar aproximadamente 3 semanas. Los signos del celo incluyen

- Malestar general o inquietud.
- Descarga de moco blanco, viscoso y pegajoso.
- Un deseo general de montar o ser montada por otros cerdos; puede ser vista montando a otros compañeros de corral.
- Movimiento de orejas.
- Rigidez (en las piernas y en la espalda), también conocida como bloqueo.
- En las hembras, la vulva se hincha y adquiere un color rojo.
- La hembra no se sienta, pero se queda quieta si se le aplica presión en la espalda. Si alguien aplica presión sobre su espalda simplemente empujando o sentándose sobre ella, la cerda se quedará quieta.
- Los cerdos pueden chillar con frecuencia o elevar su voz.

Inducir el celo a los cerdos

Estimulación del verraco, la cerda y la cerda joven

Se suele estimular los verracos para preparar la inseminación artificial. Recuerde que la estimulación del verraco requiere un contacto físico, incluyendo el olfateo o empujones ocasionales, para excitar a la hembra. Se debe tener precaución; considere la posibilidad de realizar el contacto tras la línea de la cerca.

Después de parir por primera vez, una cerda puede tardar en entrar en celo. Considere estas técnicas utilizadas por los ganaderos para inducir el celo;

• Acariciar suavemente la vagina/vulva de la cerda con un tallo de papaya recién cortado por la mañana. Hacer esto durante tres a cinco días.

• Lleve a la cerda junto al corral del verraco. Además, acérquelos antes de que se alimenten. Considere la posibilidad de acercar la cerda al verraco todos los días durante un breve periodo de tiempo justo antes de que se espere el periodo de celo.

• No debe aparear a estos animales durante el calor del día. Elija el mejor momento para que el verraco sirva dos veces en 24 horas, asegurando un intervalo de unas 12 a 14 horas entre cada apareamiento.

• Rocíe el corral de la cerda con la orina del verraco. Haga esto todas las mañanas durante aproximadamente tres a cinco días.

• Para evitar peleas y lesiones de los verracos, manténgalos en corrales/recintos diferentes. Considere la posibilidad de llevar la cerda al macho para el apareamiento.

• Antes de la cubrición, haga que las cerdas/cerdas jóvenes consuman uno o dos kilos (aproximadamente cuatro libras) de pienso extra al día. Después de la cubrición, prolongue el alimento extra durante una semana más.

• Si la cerda o la cerda joven no concibe, entrará en celo en unos 21 días.

• Si la cerda o cerda joven consigue concebir, considere la posibilidad de darle 0,5 kg (1 libra) de pienso extra cada día. Una semana antes del parto, reduzca gradualmente esta cantidad, sustituyéndola por abundante agua para evitar la congestión del intestino de la cerda.

• Si la cerda ha tenido su primer parto, retire todos sus lechones antes de que cumplan seis semanas. Todos los lechones deben ser retirados a la vez. Lleve a la cerda a un corral/recinto de cerdas no lactantes.

• Coloque a la cerda en un lugar cercano al verraco de manera que puedan entrar en contacto, es decir, que puedan olerse y verse.

Cómo proporcionar asistencia en el proceso de apareamiento

En ocasiones, los verracos jóvenes pueden necesitar ayuda, ya que pueden tener dificultades para alinear a la cerda. Antes de empezar, asegúrese de limpiarse las manos y las muñecas. También ayudará que sus uñas estén cortas y limpias.

El proceso de apareamiento es lento. El verraco debería tardar aproximadamente un minuto y medio en alcanzar el punto de eyaculación. Para mejorar la concepción, considere la posibilidad de triturar un kilo de semen nelumbinis, también conocido como *semilla de loto*, en la mezcla de pienso del cerdo. Dé este alimento al cerdo dos veces al día durante unos tres a cinco días.

Culling o sacrificio

El sacrificio es un término que se aplica a la baja productividad y fertilidad de los cerdos debido a la edad o a ciertos problemas como enfermedades o lesiones físicas. Considere la posibilidad de vender las cerdas difíciles de fecundar. Además, si esas cerdas tienen camadas pequeñas, deben venderse. Considere la posibilidad de sustituirlas por cerdas de reposición o nulíparas (hembras que nunca han parido o que han parido lechones muertos). Por otro lado, los verracos infértiles deben ser sacrificados, incluso los ligeramente fértiles.

Razones para no concebir

1. Infertilidad

Solo en el Reino Unido, la infertilidad es la principal causa de los elevados costes de la producción porcina. En Estados Unidos, las tasas de concepción están por encima del 92%, con tasas de partos del 90%. Cualquier cosa por debajo de estos estándares se considera un problema de fertilidad o de rendimiento. Hay un par de cosas que conducen a la infertilidad en los cerdos como se explica a continuación.

• Mala detección del celo

La detección de celo es un proceso de reproducción porcina que se pasa por alto. La mayoría de los criadores de cerdos que no registran su primer y segundo ciclo de celo se arriesgan a perder el tercer ciclo cuando las cerdas están en su mejor ciclo reproductivo.

Es importante observar y registrar los ciclos de celo del cerdo. Es aconsejable observar a la cerda durante aproximadamente 18 a 25 días para el primer, segundo y tercer ciclo de celo para los mismos intervalos cuando la cerda esté lista para ser servida. No es aconsejable presentarle la cerda/cerda joven al verraco o inseminarla artificialmente antes de que se identifique con precisión que la cerda está en celo, es decir, el periodo en el que la cerda demuestra su receptividad sexual.

Considere la posibilidad de aparear a los dos cerdos más adelante en el tercer ciclo de celo, cuando el cerdo se mantenga firme sin avanzar. Los niveles de fertilidad son altos cuando se sirve a la cerda seis días después. Las cerdas mostrarán signos de celo antes de tres días, pero servirlas solo conduce a resultados indeseables.

- Agentes bacterianos/parasitarios/virales

Numerosos agentes pueden causar potencialmente infertilidad en cerdas y cerdas jóvenes. Por ejemplo, las micotoxinas son causadas por mohos y hongos que normalmente se encuentran en las mezclas de piensos, incluidos los cereales. Normalmente, todos los cerdos son susceptibles a estas toxinas, pero en los cerdos de cría es perjudicial, ya que provoca daños en el sistema de reproducción, causando abortos y mortinatos. Otros agentes son la brucelosis, la eperitrozoonosis, las bacterias en el semen, la erisipela y el síndrome reproductivo y respiratorio porcino (PRRS), entre muchos otros. Considere un buen protocolo de vacunación para evitar que estos agentes infecten a sus cerdas y cerdas jóvenes. Además, un entorno estable y de alta calidad evitará la infertilidad estacional.

- Deficiencia nutricional

Como se ha mencionado anteriormente, la nutrición juega un papel muy importante en el rendimiento y la capacidad de reproducción de un cerdo. La deficiencia de ciertos minerales, vitaminas, proteínas y grasas puede afectar a la capacidad de los cerdos para concebir.

- Mala gestión

La gestión desempeña un papel crucial en la fertilidad y el rendimiento general del cerdo. Desde el destete hasta el apareamiento, todo el proceso de crecimiento y reproducción debe planificarse y supervisarse adecuadamente. La evaluación de la solidez reproductiva debe realizarse cuando el cerdo es bastante joven (dos semanas y media). Hay otros criterios que se pueden utilizar al evaluar la solidez reproductiva de los cerdos, como se explica en el siguiente subtema.

- Temperaturas desfavorables

Estudios recientes han demostrado que las temperaturas extremas están relacionadas con una baja fertilidad en las cerdas y una reducción del deseo en los verracos.

2. Cerda con sobrepeso

Si la cerda está demasiado gorda o tiene sobrepeso, su capacidad para concebir se ve comprometida.

3. El verraco es demasiado joven

Hay edades óptimas para la reproducción de cerdos, como se ha explicado anteriormente. El apareamiento de cerdos a una edad temprana, es decir, cuando tienen menos de cinco o seis meses, podría provocar la incapacidad de concebir. Es aconsejable evitar el apareamiento prematuro en un intento de optimizar la reproducción en la medida de lo posible.

4. El verraco ha sido sobreexplotado

La sobreexplotación de un verraco afecta a su capacidad para dejar preñada a la cerda. Sobreexplotar a un verraco puede significar aparearlo más de cinco veces en una semana.

Factores que afectan a la productividad de los cerdos

Genética

La genética de un cerdo puede tener una gran influencia en su productividad y, en última instancia, en la rentabilidad de la empresa. La combinación de la nutrición, el entorno y el manejo acabará teniendo una gran influencia en la productividad, el tamaño y la calidad del cuerpo.

Las razas de cerdos más comunes son la blanca, la landrace y la duroc. A la hora de seleccionar un verraco, considere la posibilidad de elegir estas razas prominentes utilizadas en todo el mundo, pero preferiblemente en su país de origen. Los productores comerciales utilizan una mezcla de estas razas principales para aprovechar al máximo los efectos positivos de los cruces. Existen programas de mejora genética que tienen en cuenta diversos rasgos de rendimiento, como la relación alimento-carne, la calidad del cuerpo y la capacidad de lactancia, entre otros.

Nutrición

Las necesidades nutricionales deben cumplirse para que su cerdo tenga un rendimiento óptimo. Los distintos cerdos tienen necesidades nutricionales diferentes, como se ha explicado en los capítulos anteriores. Por ejemplo, los verracos requieren una dieta diferente a la de las cerdas lactantes para su rendimiento y producción general. Además, la cantidad de alimento influirá en los niveles de grasa del cerdo. Para conseguir una productividad óptima, no hay que descuidar la nutrición de los cerdos.

Enfermedades

Las enfermedades están estrechamente relacionadas con la nutrición. La salud y la nutrición son dos de los factores más críticos que afectan al rendimiento físico y económico de los cerdos desde la fase de destete hasta su sacrificio. Es fácil argumentar que una buena nutrición puede actuar como prevención de la mayoría de las enfermedades. Además, una buena dieta contribuye en gran medida a mantener un peso saludable de los cerdos, independientemente de la fase de desarrollo.

Las enfermedades están asociadas a la pérdida de peso, dependiendo de la gravedad. Las enfermedades afectan a la productividad de los cerdos de las siguientes maneras:

• Algunas enfermedades se han relacionado con una disminución del factor de crecimiento similar a la insulina, que desempeña una función integral en el crecimiento y el desarrollo de los cerdos.

• Las citoquinas son un gran grupo de proteínas que suelen segregarse como parte de la respuesta inmunitaria del cerdo a las enfermedades. Las citoquinas están asociadas a la supresión de ciertas hormonas del crecimiento. Esto es perjudicial para las tasas de crecimiento del cerdo y el tamaño corporal general.

• Ciertas enfermedades o la anorexia debido a patógenos específicos que comprometen la inmunidad del cerdo. Como resultado, las enfermedades pueden afectar a la capacidad del cerdo para comer y convertir el alimento en carne.

• Cuando el cuerpo está luchando contra los patógenos, causantes de infecciones y enfermedades, redirige los nutrientes del crecimiento fuera de los tejidos para apoyar al cuerpo en su lucha contra la enfermedad.

Medio ambiente

El entorno es un factor importante a tener en cuenta a la hora de evaluar los posibles resultados para alcanzar los objetivos previstos en relación con la producción de carne en los cerdos. Demasiado calor estresará a los cerdos, haciéndoles revolcarse en el barro mientras intentan refrescarse. Y si el entorno es ruidoso, los cerdos estarán continuamente estresados, lo que afectará su capacidad de comer y, en última instancia, de convertir el pienso en carne.

El alojamiento individual de estos animales sociales podría ser muy estresante para ellos y, en última instancia, comprometer su bienestar y productividad. Es esencial tener en cuenta el enriquecimiento ambiental. Recuerde que los cerdos son animales sensibles e inteligentes que requieren cuidados especiales para una productividad óptima. Considere la posibilidad de utilizar materiales absorbentes para la cama que creen un entorno limpio, cómodo y, sobre todo, seco.

Ciertos factores del entorno podrían afectar el sentido de exploración y el apetito del cerdo. Por ejemplo, las botellas colgantes, las pelotas de juego y otras cosas deben cambiarse después de un tiempo para mantener el interés de los cerdos. Es importante tener en cuenta que el metabolismo del cerdo se ve afectado por las actividades de su comportamiento natural.

Gestión

En la cría de cerdos, es esencial tener en cuenta que es posible aumentar su crecimiento y reducir la mortalidad mediante la mejora de las instalaciones y prácticas de gestión específicas.

Cuidado y manejo de los verracos

Debe darse un alto grado de cuidado y prioridad a los verracos introducidos en la piara de cría. El manejo de estos animales influye en la eficacia general de la reproducción. Hay que recordar que un buen cuidado y manejo mejora la reproducción y produce carne de alta calidad.

- Los verracos deben estar bien alimentados. Una vez realizadas las pruebas y el examen de estos animales, el siguiente paso será alimentarlos adecuadamente. Una buena dieta proporcionará al verraco la energía suficiente para el proceso de apareamiento. Además, una buena alimentación evitará que el verraco engorde en exceso. La alimentación del verraco contribuye en gran medida a garantizar que el animal se mantenga sexualmente activo sin malas consecuencias físicas.

- Después de probarlos, es importante ser consciente de que el objetivo principal de estos animales es la reproducción. Por ello, deben ser manejados y tratados en consecuencia. Es crucial llevar a cabo procesos de fortalecimiento físico para el cerdo, además de procedimientos de estimulación sexual. Considere la posibilidad de cambiar la ubicación del verraco, proporcionando un amplio contacto con las hembras a través del método de la línea de cerca, especialmente cuando los verracos muestran un comportamiento agresivo hacia las hembras.

- Los verracos deben tener al menos siete u ocho meses antes de que puedan ser considerados para la reproducción. La evaluación debe hacerse antes de esta edad para facilitar la eliminación de los verracos problemáticos.

- Observe la libido del cerdo. El deseo de aparearse es crucial para la reproducción. Observe su agresividad a la hora de aparearse porque algunos pueden necesitar ayuda al menos una vez en su vida de apareamiento. Lo mismo ocurre con la monta, ya que algunos pueden estar físicamente lesionados o padecer artritis, lo que les impide realizar la monta con éxito.

Capítulo 8: Parto y cuidado de los lechones

Un buen manejo y cuidado puede influir en la salud de los lechones recién nacidos y en su número. También afectará sus niveles de producción más adelante. La mayoría de las muertes se producen debido a la inanición y al destete precoz. Esto es común en los primeros días de vida del lechón.

Un cuidador excelente debe conocer a los lechones recién nacidos y sus características. Esto hace que los cerdos dependan en exceso de cuidados y un manejo adecuados. Los lechones nacen sin anticuerpos y su cuerpo tiene un contenido de grasa que solo puede durar un día. Los lechones solo pueden regular su temperatura corporal durante unos días. Hay que cuidarlos y protegerlos de las enfermedades que pueden comprometer su salud.

El proceso de parición

Es necesario conocer la anatomía de la pelvis y del aparato reproductor para facilitar el proceso de parto. Cuando se inicia el parto, la vulva se agranda y la vagina, lo que lleva a la apertura del útero. Lubrique sus brazos antes de introducirlos en la vagina para no causar daños. El cuello del útero conduce a dos largas trompas que contienen a los lechones.

El cordón umbilical del lechón termina en la placenta que está adherida a la superficie del útero. El cordón tiene el valor nutricional para complementar a los lechones. La placenta encierra al lechón en un saco que transporta sus fluidos y productos de desecho. La placenta y el saco se conocen como la placenta.

El comienzo del parto

Una vez que el lechón alcanza la fase final de madurez tras 115 días, comienza el parto. La hipófisis y las glándulas suprarrenales son activadas por el lechón para producir corticosteroides. Las hormonas son transportadas por el torrente sanguíneo hasta la placenta. La placenta es estimulada para producir prostaglandinas que son transportadas al ovario. Estas son las responsables de terminar la gestación; por lo tanto, las hormonas inician el parto.

Duración del parto

El periodo mínimo de gestación es de 115 días. Las cerdas jóvenes tienen una duración más corta en comparación con las cerdas maduras. La duración se ve afectada por el entorno, el tamaño de la camada, la raza y la época del año.

Preparación del parto

El proceso se desarrolla en tres etapas:

Etapa 1: Período previo al parto

La preparación debe comenzar catorce días antes del día del parto. Los pezones comienzan a agrandarse, las venas de la parte inferior sobresalen y la vulva se hincha. El parto reduce el apetito de la cerda, que se vuelve inquieta. A doce horas del parto, las glándulas mamarias de la cerda pueden ser estimuladas para secretar leche. Esta es la mejor señal del parto. También se puede observar una pequeña secreción mucosa en la vulva y la presencia de bolitas de heces. Las bolitas indican que el lechón las está segregando. Se debe realizar un examen.

Etapa 2: El proceso de parición

El proceso puede durar hasta ocho horas con una variación de 20 minutos en medio; hay que controlar a la cerda y a la camada en caso de que se produzca algún daño. El intervalo entre el primero y segundo cerdo puede durar hasta 45 minutos. La mayoría de los cerdos nacen de cabeza, pero algunos salen al revés. Notará el movimiento de la cola cuando esté lista para parir.

Etapa 3: Expulsión de la placenta

Esto puede durar hasta cuatro horas e indica que el proceso de parición se ha completado. La cerda parecerá estar en paz, y los temblores y el movimiento de las patas traseras cesarán. Después del parto suele haber una fuerte secreción durante cinco días. A veces, las bacterias entran en el útero y provocan una inflamación conocida como endometritis.

Problemas probables del parto

Paso 1

La cerda tendrá dificultades si se presenta alguno de estos problemas. Notará la falta de lechones, jadeo lento y angustia o sangre en la región de la vulva. No poder dar a luz los lechones puede llevar a estas condiciones:

- Rotación del vientre
- Enfermedad de la cerda
- La inercia del vientre
- Cerdos anquilosados
- Cerdos muertos en el vientre
- El nerviosismo de la cerda
- Cerda con exceso de grasa

Paso 2

Es conveniente examinar internamente a la cerda con agua tibia y un antiséptico suave. Evite utilizar detergentes, ya que pueden irritar a la cerda. Asegúrese de que tiene las manos bien lavadas y las uñas cortas. Examine a la cerda cuando esté tumbada de lado.

Problemas que puede encontrar durante el parto

Inercia uterina

Es cuando el útero deja de contraerse, y dos o tres lechones están justo después del cuello del útero. Si los lechones están en posición anterior con las patas por encima de la cabeza, puede sacarlos fácilmente. En una gestación interrumpida, los lechones pueden salir al levantarles las patas traseras y sujetarles las manos con el primer y segundo dedo.

Presentaciones difíciles

Hay ciertas ocasiones en las que un lechón grande es difícil de parir. Puede utilizar un trozo de cordón y hacer un bucle en el centro alrededor del tercer dedo. Utilice muchos lubricantes para pasar el cordón por la vagina. El cordón se coloca entre la oreja derecha y la izquierda, y luego se asegura en la mandíbula. La tracción puede ayudar a asegurar el lechón.

Rotación de las trompas uterinas

Esto ocurre cuando hay camadas grandes. El cruce de las trompas tuerce el cuello uterino. Pasando la mano a través del cuello uterino, se palpa el cerdo hacia abajo. Debe utilizar los brazos completos para sacar los lechones.

Estimular al lechón para que respire

Si un lechón nace y no respira, coja una pajita y métasela suavemente por la nariz. Esto hará que el lechón tosa y elimine la mucosidad que bloquea la tráquea. Coloque su tercer dedo sobre la boca con la lengua afuera. Coloque su mano alrededor de la cabeza y gire el cerdo hacia abajo para eliminar la mucosidad de la garganta.

Paso 3

Si examina a la cerda y detecta inercia uterina, puede inyectar oxitocina para ayudarle a contraerse. Esto puede evitarse, ya que el brazo en la vagina estimulará más contracciones. Las cerdas adultas son capaces de hacerlo. Sin embargo, a las cerdas jóvenes les puede resultar difícil y da lugar a que nazcan muertos. Se puede colocar un lechón en la teta de la cerda para ayudar a estimular las contracciones.

Paso 4

Una vez que haya completado el examen y el parto, administre antibióticos a cada lechón. La penicilina es adecuada para prevenir cualquier infección. Si se produce la muerte de los lechones, es crucial poner antibióticos en el cuello del útero de la cerda.

Paso 5

Vigile a la cerda durante 24 horas para detectar cualquier signo de infección.

Cómo cuidar a los lechones después del parto

El cuidado de los cerdos recién nacidos requiere un buen entorno, una nutrición adecuada y seguridad frente a enfermedades y aplastamientos. La atención individual del cuidador a los cerdos reduce considerablemente la tasa de mortalidad. El trabajo de parto afecta directamente el tiempo que se pasa en la paridera.

Diferentes categorías de lechones

Los lechones nacen en dos categorías: normales y desfavorecidos. Un cuidador debe saber identificar cada una de ellas para proporcionarles los cuidados adecuados. Los lechones normales nacen rápidamente y pueden dar algunos pasos. Se amamantan a los quince minutos de nacer. Si la cerda está en buenas condiciones y el entorno de parto es estupendo, los lechones prosperarán.

Los lechones en desventaja tienen poco peso, llevan defectos congénitos, son más fríos y tardan en localizar una teta. Cuanto más tarda una cerda en parir, peor es el estado de los lechones. Suele faltarles oxígeno y sufren traumas físicos. Su estado de debilidad les hace incapaces de competir con otros lechones. Los lechones fríos tienen una temperatura baja que aumenta la tasa de mortalidad.

Estas técnicas le ayudarán a cuidar de sus lechones.

Parto atendido

Según las investigaciones, un parto adecuado puede aumentar la tasa de supervivencia de los lechones y el número de lechones destetados. Estar presente en la fase de parto es vital para identificar a los lechones que puedan necesitar más atención.

Prevenir el enfriamiento

Las salas de partos deben tener dos climas. La cerda necesita una temperatura fresca de 65 F, y los lechones requieren 80 F. Puede mantener la sala a temperatura ambiente y proporcionar calefacción para los lechones.

Asegúrese de supervisar las respuestas de la camada para establecer la temperatura específica de sus necesidades térmicas. Verá que los lechones se alejan de la zona de calefacción si la temperatura es demasiado alta. La temperatura de la zona debe fijarse 24 horas antes del parto. Puede utilizar almohadillas térmicas, radiadores y focos para proporcionar el calor necesario. Tenga cuidado de no colocar la lámpara directamente en la parte trasera de la cerda durante el parto para reducir la mortalidad.

Toma de calostro

La leche inicial de los pezones se conoce como calostro. Esta leche es rica en anticuerpos que ayudan a los lechones a combatir las infecciones. Los lechones deben ingerir esta leche para su bienestar general. He aquí una táctica para asegurarse de que los lechones reciban suficiente calostro:

• Regule la temperatura, para que los lechones se mantengan calientes y activos.

• Divida los turnos de mamadas para asegurarse de que todos los lechones tengan suficiente tiempo para alimentarse. Puede separar a los más fuertes de las tetas durante una o dos horas. Esta es una gran técnica para asegurarse de que los lechones tomen mucho calostro.

Crianza cruzada

Esta es una gran estrategia para disminuir la mortalidad de los cerdos reduciendo la variación del peso de la camada. También es una gran manera de determinar el número de pezones funcionales. Una buena crianza cruzada ayudará a asegurar el buen estado de salud de los lechones y aumentar el suministro de leche. Consejos para una crianza cruzada eficaz:

• Asegúrese de que los lechones obtengan calostro de sus madres. Esto debe ocurrir mínimo seis horas después del nacimiento.

• Es esencial acoger de forma cruzada a los lechones 48 horas después de su nacimiento. Los lechones identifican la cerda que los amamantará y se apegan hasta el destete. Esto es crucial para reducir la competencia y la lucha en la teta. Cuando no se establece la fidelidad al pezón, el lechón sufre una pérdida de peso.

Procesamiento de los lechones

El procesamiento de los lechones comienza con el recorte de los dientes, el corte y el tratamiento del cordón umbilical, el corte de la cola, la administración de hierro, el tratamiento de los lechones con las patas separadas, la castración y el suministro de nutrientes suplementarios. Estos procesos pueden ser realizados por un especialista o por un cuidador, según se prefiera. Se recomienda que estas actividades se lleven a cabo cuatro días después del nacimiento para reducir los niveles de estrés de los recién nacidos.

Equipo

Disponga todo el equipo en un remolque con ruedas. Los suministros y el equipo deben estar desinfectados. Reúna los cortadores, el suplemento de hierro, las jeringas, las agujas y las pinzas de plástico en una bandeja.

Transferencia de enfermedades

Minimice las posibilidades de infección durante el traslado de los lechones. Procese la camada enferma en último lugar. Limpie y desinfecte la caja o los carros después de mover a los lechones.

Seguridad de la persona

Las cerdas son más territoriales después de dar a luz a los lechones. La cerda puede morderle por proteger la camada, así que asegúrese de que haya un tabique entre usted y la cerda.

Sujetar al lechón

Cuando intente cortar los dientes, la cola y el cordón umbilical, sujete al cerdo con firmeza. Tenga cuidado de no ahogar al lechón al realizar estos procesos. Puede sostener el peso del lechón colocando sus dedos bajo la mandíbula. Si esto le resulta demasiado duro, coloque el lechón sobre su rodilla con cuidado.

Cuidado del cordón umbilical

El cordón umbilical puede fomentar las bacterias y los virus si no se cuida adecuadamente. El cordón es importante para ayudar al feto a obtener nutrientes y expulsar residuos durante el embarazo. Es posible que las bacterias provoquen un sangrado excesivo en los lechones.

Si hay un sangrado excesivo del cordón, átelo con una cuerda o una pinza. Los lechones recién nacidos no necesitan que se les pince o ate el cordón. Sin embargo, si el cordón es corto, puede causar una pérdida excesiva de sangre y, finalmente, la muerte.

Recorte de dientes de aguja

Un lechón recién nacido tiene ocho dientes de aguja, conocidos comúnmente como caninos. Están situados a los lados de la mandíbula superior e inferior. La mayoría de los cuidadores prefieren recortar los dientes en las 24 horas siguientes al nacimiento para reducir la laceración entre ellos. Es crucial realizarlo si tienen enfermedad del cerdo graso o cuando las cerdas no están lactando bien. He aquí algunos consejos para ayudarle.

• Use cortadores sin cuchillas cuando recorte. No utilice cortadores de alambre normales y reemplace los cortadores laterales.

• Recorte la mitad del diente. Evite quitar todo el diente y no lo aplaste ni lo rompa. Esto impedirá que el lechón se amamante correctamente.

• Corte el diente de forma plana y no en ángulo. Las posibilidades de que el lechón tenga problemas con los dientes planos son menores.

Cortar la cola

El corte de la cola es crucial para reducir el canibalismo y el mordisqueo de la cola. El proceso debe realizarse 48 horas después del parto. Esto se debe a que puede ser estresante para el lechón. Este momento es crucial para que la camada no mordisquee la cola recién cortada y los cuartos de parto estén limpios. Corte la cola a unos dos centímetros de la articulación. Si se corta demasiado, la actividad muscular alrededor del ano se ve afectada. Utilice cortadores esterilizados para realizar este procedimiento. Evite los objetos extremadamente afilados, como el bisturí, ya que pueden provocar una hemorragia excesiva.

Hierro suplementario

Se debe prevenir la anemia en los lechones. La deficiencia de hierro se desarrolla rápidamente en los cerdos lactantes, ya que el calostro no es suficiente para mantenerlos. Las reservas del lechón recién nacido son escasas, la interacción con el suelo es mínima y el crecimiento es rápido.

El hierro puede administrarse por inyección o por vía oral. La inyección es una forma más eficaz de administrar el hierro, ya que se absorbe más rápidamente, reduciendo el déficit. El hierro por vía oral puede provocar enfermedades entéricas, ya que es necesario para los microorganismos del tracto digestivo. Puede dar hierro a los lechones cuando tengan tres días. Procure no excederse en la dosis; 200 mg son suficientes.

Alimentación suplementaria

Además de la leche de las cerdas, los cerdos necesitan un *creep* (alimento suplementario) para maximizar el aumento de peso en el destete. Se debe dar un alimento suplementario la primera semana lejos de la cerda. La ración debe ser de alta calidad y estar lista para comer. Las raciones suplementarias pueden mezclarse en la granja o comprarse. Utilice un pienso de alta energía que satisfaga los nutrientes necesarios para el cerdo.

Castración

Se trata de la extirpación quirúrgica de los dos testículos y se considera una práctica rutinaria para los lechones destinados al sacrificio. Los verracos o lechones no castrados tienden a producir un mal olor durante el sacrificio. El mejor momento para la castración es cuando el lechón tiene dos semanas de edad. Es más fácil castrar a los lechones, ya que son más fáciles de sujetar y sangran menos. No se recomienda castrar antes porque puede provocar hernias escrotales.

Examine cada lechón cuidadosamente antes de castrarlo. La hernia escrotal causará un giro intestinal en el escroto. Sostenga al lechón en posición vertical permitiendo que el escroto caiga, luego apriete las patas traseras. Si se observa un agrandamiento en uno de los escrotos, el lechón tiene una hernia. Evite castrar al lechón a menos que sea un profesional y pueda tratar la hernia adecuadamente. La mayoría de las hernias son genéticas.

Cuidados después de la castración

Debe revisar regularmente a los animales castrados para ver si hay hemorragias o tejidos infectados. Intente aplicar presión sobre la herida durante dos minutos para evitar que siga sangrando. Puede consultar a un profesional para confirmar que la herida está cicatrizando bien.

Mantenimiento de registros

Es muy recomendable que los cuidadores utilicen los registros para establecer los puntos fuertes y débiles de los cerdos. Los rasgos reproductivos son heredables para los lechones, y es crucial tenerlo en cuenta. Es una buena manera de establecer cerdas superiores. Esto mejora el rendimiento de la lactancia de las cerdas. Tenga en cuenta la fecha de nacimiento y la causa de la muerte, la información del pedigrí, el número de lechones destetados y el peso al destete. Anote las observaciones sobre cualquier característica inusual de los lechones.

Prevención de la propagación de enfermedades entre los lechones

Asegúrese de que los lechones están seguros y sanos. Tenga en cuenta la procedencia y el manejo de los reproductores primarios y de reposición, las normas que rigen el movimiento de personas, la disposición de la granja, la ubicación de la nueva granja y la limpieza de los cuartos de parto. El periodo más crítico del ciclo vital del cerdo es el que transcurre entre el nacimiento y el destete. Durante este periodo tan crítico se pierden dos cerdos por camada. El mal manejo es la principal causa de muerte. Los lechones pueden morir por aplastamiento, sangrado del ombligo, hambre, anemia o enfermedad.

Capítulo 9: Carnicería y procesamiento en casa

Advertencia de responsabilidad: En los capítulos anteriores se ha promovido la cría de cerdos de forma ética y respetuosa con los animales. El siguiente capítulo contiene detalles gráficos sobre la carnicería, el sacrificio y el procesamiento de los cerdos. Basta decir que el tema puede no ser para todo el mundo. Algunos pueden encontrar la información perturbadora y alarmante. Si piensa criar cerdos como animales de compañía y nada más, puede considerar saltarse este capítulo.

La crisis que puso al mundo de rodillas en 2020 provocó grandes alteraciones en las cadenas de suministro de todo el mundo. Casi todas las materias primas del mercado, incluidos los artículos de la industria porcina, han sufrido en sus cadenas de suministro y distribución. Muchos criadores de cerdos se han visto obligados a buscar opciones alternativas para comercializar o distribuir sus productos, y los clientes también se han visto obligados a buscar opciones alternativas para abastecerse de carne.

Una opción que busca reducir los costes de producción es la carnicería a domicilio. Los criadores de cerdos con un mercado listo pueden vender cerdos (vivos o muertos) directamente a los consumidores. Lo que sigue pretende ayudarle a comprender las técnicas adecuadas para sacrificar cerdos en casa. Por muy inhumano que parezca el sacrificio, hay procedimientos que, cuando se siguen, dan como resultado un sacrificio humano seguido de la producción segura de carne. Si no se hace de forma adecuada, pueden aumentar los riesgos para la seguridad personal, el bienestar de los animales y la seguridad de la carne.

Habilidades y equipo necesario para destazar un cerdo

Antes de destazar un cerdo en casa, hay varias habilidades y equipo que debe tener.

• Saber manejar un arma de fuego. El sacrificio de un cerdo empieza por quitarle la vida. La mayoría de la gente prefiere utilizar un rifle de calibre 22. Sea cual sea el caso, debe saber cómo utilizar un arma de fuego.

• Su habilidad para manejar cuchillos debe ser impecable. La cosa no acaba ahí; hay otras herramientas afiladas, como las sierras, que debe conocer a fondo. El conocimiento del manejo de los cuchillos le ayudará a sacrificar el cerdo con rapidez y eficacia. Por ejemplo, ¿sabía que un cuchillo sin filo es más peligroso que uno afilado? Los cuchillos sin filo requieren una mayor presión al cortar. Esto aumenta el riesgo de lesiones tanto para usted como para los suyos.

• Debe saber cómo tratar a los animales de forma humanitaria. Es imprescindible que aprenda a sujetar al cerdo de forma segura. Lo mejor sería que aprendiera a restringir el movimiento del cerdo porque si no lo hace, será mucho más difícil aturdirlo de forma humanitaria.

• Lo mejor sería que aprendiera los procedimientos correctos antes de empezar. Hay un cierto grado de paciencia y atención a los detalles que debe conocer para asegurarse de que tanto el animal como el cuerpo se manipulen de forma correcta.

La destreza y los conocimientos sobre el manejo de los animales y el equipo correspondiente son absolutamente necesarios cuando se trata de manipular cerdos. Una vez que haya adquirido estas habilidades, el siguiente paso es evaluar el inventario de sus equipos.

• Armas de fuego y equipo de aturdimiento

El aturdimiento eléctrico del cerdo con un aturdidor de perno cautivo lo deja inmediatamente inconsciente. Una vez que el cerdo ya no está consciente, dispararle con un rifle de calibre 22 es la forma más humana de matarlo.

• Cuchillos

Es aconsejable tener un par de cuchillos afilados. Desde cuchillos para desollar hasta sierras para huesos, considere tener unos cuantos cuchillos que midan al menos 15 centímetros.

- Suministro constante de agua

Debe considerar tener un barril de metal para calentar el agua. Si un barril de metal no es posible, considere una fuente de calor diferente capaz de calentar el agua a unos 150° F (65° C). La matanza de cerdos requiere una cantidad importante de agua.

- Cadenas y cuerdas

Se utilizan para transportar al animal después de matarlo. (Mientras esté vivo, en ningún momento se debe sujetar al animal con cadenas o cuerdas, y la sujeción nunca debe hacerse manualmente).

- Tractor

Resulta eficaz elevar al animal y seguir procesándolo. Un tractor le ayudará a realizar dicha tarea. Si un tractor no es una opción, considere un sistema de poleas.

- Contenedores para residuos y otros materiales no comestibles
- Considere la posibilidad de contar con un amigo experimentado que le guíe durante todo el proceso
- Artículos de limpieza
- Nevera

Disponga de un sistema de almacenamiento que le ayude a conservar la frescura de la carne; un frigorífico funcionará. Si eso no es una opción, entonces considere tener un mecanismo de almacenamiento capaz de bajar a 40° F (4° C) lo más rápido posible.

Una vez que tenga todas las herramientas y habilidades mencionadas anteriormente, el siguiente paso es sacrificar el cerdo. Considere la posibilidad de retener el alimento del animal durante aproximadamente 12 a 24 horas. Esto reduce el riesgo de contaminar el cuerpo con materia fecal y facilita el eviscerado del animal. Dicho esto, asegúrese de que el animal ha tenido un suministro constante de agua fresca para beber.

Pasos para el sacrificio de cerdos

Consideraciones meteorológicas

Si vive en una zona húmeda o calurosa, considere la posibilidad de comenzar el proceso a primera hora de la mañana para evitar el calor desfavorable del día. Además, tenga en cuenta el polvo, el viento y los desechos que podrían contaminar la carne en caso de sacrificar al animal en el exterior.

Preparación del animal para el sacrificio

En el momento del sacrificio, el cerdo debe estar normal, psicológica y físicamente. Además, el animal debe estar bien descansado. Considere la posibilidad de hacerlos descansar la noche anterior, especialmente si han sido trasladados de un lugar a otro. Los cerdos suelen ser sacrificados a su llegada, ya que mantenerlos en corrales es estresante para estos animales. El animal no debe ser golpeado ni sujetado manualmente.

Preparación del equipo

Después de preparar al animal, asegúrese de que todo el equipo es fácilmente accesible para garantizar un trabajo eficiente. La organización hará que el proceso sea más fluido.

Zona de aturdimiento o sujeción

La zona de aturdimiento o retención debe ser pequeña para evitar que el animal se escape. Además, el animal debe ser aturdido entre los ojos para una muerte rápida e indolora. Se puede dibujar un símbolo imaginario para marcar el lugar. Si el animal ha sido correctamente aturdido, no debe parpadear cuando se le tocan los ojos ni emitir ningún sonido, y no debe respirar rítmicamente.

El proceso de desangrado

Inmediatamente después del aturdimiento, el cerdo pateará enérgicamente. Estas patadas son imprevisibles, y siempre debe conocer la ubicación de su cuchillo cuando proceda a desangrar al animal. Siga el procedimiento que se indica a continuación para un eviscerado eficaz;

• Dé la vuelta al animal para que su vientre apunte hacia el cielo y poder acceder a la parte inferior.

• Con los dedos, pase la mano por el animal y localice el esternón

• Apuntando con la punta del cuchillo hacia la cola, introduzca el cuchillo justo detrás del esternón.

• A continuación, gire la muñeca 45° y saque el cuchillo. La sangre debería salir inmediatamente. Si no es así, repite este movimiento de nuevo hasta que lo haga. El animal se desangrará rápidamente, ya que el movimiento se dirige a una arteria principal, la carótida.

Colgar el cadáver

Lo mejor es que utilice su tractor, pero si no es posible, utilice un sistema de poleas. Utilice las cuerdas o cadenas alrededor de los corvejones, pero tenga cuidado porque el animal podría resbalar. También puede hacer una incisión en cada lado de la pata del cerdo para aprovechar el resistente tendón de la articulación del corvejón. Sin embargo, hay que tener cuidado, ya que se podría cortar el tendón y el cuerpo podría caerse.

Escaldar

Una vez que haya montado el cuerpo en un gancho de forma segura, el siguiente paso es el escaldado. Desde su posición colgante, baje el animal al agua caliente, preferiblemente a 150° F, y muévalo continuamente para quitarle el pelo. Si lo sumerge en el agua sin girarlo constantemente, la carne empezará a cocerse.

Después de unos minutos, comience a raspar y a pelar el pelo del cuerpo. Si no tiene un tanque grande para sumergirlo, utilice un par de toallas empapadas en agua caliente para obtener los mismos resultados. Si decide conservar las patas, utilice una pinza para retirar las uñas de los pies. Si el raspado se convierte en un reto, vierta agua caliente en la superficie. Si es necesario, utilice el fuego de un soplete para eliminar el pelo, pero tenga cuidado de no quemar el cuerpo.

Desollar

Desollar un cerdo es, en muchos sentidos, como desollar un ciervo. Tenga cuidado de no contaminar el cuerpo durante el proceso. Utilice un cuchillo afilado, manteniendo el lado afilado de la hoja alejado del cuerpo para evitar cualquier tipo de daño, incluyendo la contaminación de la carne. Algunas personas prefieren trabajar con una mano limpia y otra sucia. Si utiliza este método, no confunda ninguna de las dos manos, ya que podría correr el riesgo de contaminar la carne. Comience a desollar el cerdo desde las patas a medida que avanza hacia el centro del cuerpo. Si el cerdo era macho, tendrá que quitar también el pene.

Retire la cabeza

Diríjase a lo que consideraría la parte trasera del cuerpo. En la base de la cabeza del cerdo, haga una incisión que deje al descubierto la columna vertebral (vértebras). Aquí será útil la sierra, ya que la utilizará para separar la cabeza del resto del cuerpo. Un cuchillo puede funcionar, pero requiere una mano hábil.

Siga cortando hasta que encuentre la tráquea, que es una estructura rígida punteada por un par de anillos de cartílago. Siga cortando hasta que la cabeza quede separada del cuerpo.

Eviscerado

También conocido como evisceración, el eviscerado es el siguiente paso después de desollar y quitar la cabeza. En primer lugar, hay que quitar el tapón, comúnmente conocido como ano. Corte alrededor de esta zona con el cuchillo. Tenga cuidado de no cortar el jamón de los músculos de la pata. El tapón debe estar suelto. Retírelo y póngalo a un lado para seguir destripando.

Diríjase al vientre, donde se unen las patas traseras, y mantenga el cuchillo en una posición adyacente a la longitud del cerdo. Evite apuñalar el cuerpo, ya que esto solo daña la carne y posiblemente perfora los intestinos y otros órganos. Esto debería abrir el cuerpo y dejar espacio para la inserción de una mano. Introduzca un cuchillo con la mano dentro del vientre y asegúrese de que la hoja esté en ángulo recto para destripar el cuerpo hasta el esternón. Una vez abierto, continúe eviscerando otras zonas con cuidado para evitar dañar cualquier órgano interno.

Inspeccione el cuerpo

Los órganos son esenciales para su mercado objetivo. Por lo tanto, es mejor inspeccionar primero estos órganos antes de continuar. Compruebe si hay algún signo de daño, enfermedad o infección. Empiece por el hígado y compruebe si hay algún signo de infección parasitaria. Habrá pequeñas líneas blancas que indiquen una posible infección parasitaria. El corazón puede tener abscesos si no está sano. En general, se busca cualquier cosa que parezca inusual. Por ejemplo, los pulmones tendrán bultos duros, que indican nódulos malignos. Crecen rápidamente en los pulmones e indican la presencia de células cancerosas. Si quiere conservar órganos como los riñones, el corazón o incluso el hígado, debe separarlos. Retire primero la vesícula biliar y saque con cuidado los riñones. Suelen tener una fina membrana que hay que despegar al hacerlo.

Quitar la reserva grasa

Los cerdos son conocidos por su alto contenido en grasa. Ninguna parte tiene más que la zona cercana a la cavidad abdominal. La reserva de grasa es el gran depósito de grasa que se encuentra en el revestimiento abdominal interno del cerdo. Para fines comerciales, es esencial eliminar esta grasa. Puede hacerlo usted mismo, ya que esta tarea es bastante sencilla. Comience por separar la grasa del músculo utilizando cuidadosamente la cuchilla. Tenga cuidado con la colocación de la mano para evitar lesiones. Esta grasa tiene muchos fines; uno de ellos es hacer manteca de cerdo. Si no tiene ningún uso para esta grasa, deséchela.

Enjuagar el cuerpo

Antes de enjuagar el cuerpo, corte la cintura pélvica que se abre entre las patas traseras. Si el cuerpo del cerdo es bastante joven, este proceso debería ser fácil. Los cerdos maduros o mayores son un poco más rígidos. Es posible que tenga que utilizar una sierra durante este proceso. Después, utilice la sierra para romper el esternón por la mitad, de modo que la columna vertebral sea lo único que mantenga unido el cuerpo. De cara al interior del cuerpo, divídala en dos forzando una sierra afilada a través de la espina dorsal. Compruebe la firmeza del cuerpo que cuelga para evitar cualquier lesión.

Después, puede enjuagarlo cómodamente con agua caliente. Atomice el cuerpo con un atomizador de jardín lleno de ácido acético al 2%. El ácido acético, que se encuentra sobre todo en el vinagre blanco, ayuda a combatir el desarrollo de infecciones bacterianas. Compruebe la concentración antes de empezar.

Conservación por enfriamiento

Como se ha mencionado anteriormente, necesitará un congelador grande o una cámara frigorífica en la que quepa todo el cuerpo. La temperatura debe ser 38 °F. Si una cámara frigorífica no es una opción, entonces lo mejor sería cortar el cuerpo en trozos más pequeños. Es aconsejable tener cuatro trozos manejables de cada lado del cuerpo para enfriarlo. Coloque estos trozos en una envoltura de plástico antes de ponerlos en la nevera durante un periodo recomendado de 24 horas. Recuerde que las piezas del cuerpo deben estar heladas para garantizar su conservación. Evite envolver las piezas del cuerpo. Asegúrese de que haya espacios alrededor de las piezas del cuerpo para que se enfríen adecuadamente. Recuerde mantener las manos limpias

Elimine los productos no deseados o no comestibles

Hay ciertas partes del cadáver que debe desechar, ya que la mayoría de la gente no les da uso. Por ejemplo, algunos órganos, la cabeza, la piel y las patas. Es aconsejable disponer de una fosa de eliminación para estos fines. Pero antes, póngase en contacto con las autoridades locales para conocer las disposiciones sobre eliminación de restos animales.

Solo en 2015 se sacrificaron más de 100 millones de cerdos para obtener carne con fines comerciales. Por ello, es importante conocer el nivel de producción de carne con el que se trabaja. Los criadores de cerdos a pequeña escala deberían considerar la posibilidad de sacrificar los animales ellos mismos porque tiene sentido desde el punto de vista económico. Sin embargo, hay algunas preguntas de tipo «hágalo usted mismo» (DIY) que puede tener, como se explica a continuación.

¿Es posible subcontratar el sacrificio de cerdos?

La carnicería de animales no es del agrado de todos, y con razón. Comprar todo el equipo es un esfuerzo costoso que quizá no esté preparado para hacer. Además, las habilidades para descuartizar un cerdo requieren años y años de práctica antes de conseguirlo. En este caso, ¿es bueno consultar a un carnicero local para obtener sus servicios?

La subcontratación está bien, pero hay que tener en cuenta un par de factores. Por ejemplo, ¿cuántos cerdos quiere sacrificar? Si son muchos, necesitará un camión o remolque grande para que quepan todos. El principal problema del transporte de estos animales es que se estresan. El estrés puede afectar negativamente la calidad del cuerpo. El estrés hace que el cuerpo segregue hormonas relacionadas con este, lo que podría tener un efecto perjudicial en la calidad de la carne. Además, hay que tener a los cerdos relajados entre 12 y 24 horas antes del sacrificio.

En segundo lugar, hay que tener en cuenta el precio total del sacrificio. Una de las ventajas de hacerlo uno mismo es la rentabilidad. Recuerde que el objetivo es ahorrar lo máximo posible minimizando los costes.

Capítulo 10: Doce consejos para su negocio de cría de cerdos

Ser un criador de cerdos como negocio solo requiere una pequeña inversión en equipos y construcción. Ofrece una rápida rentabilidad gracias al peso comercializable de los cerdos. Los cerdos se consideran uno de los animales más eficientes de criar. Producen más peso vivo a partir de un alimento que cualquier otro animal productor de carne.

Ganar dinero con la cría de cerdos no tiene que ver con el número de cerdos que posea, sino con lo bien que gestione los animales que tiene. Tampoco se trata del número de cerdas que críe, sino del número de lechones y del coste.

Mucha gente se pregunta cuántos cerdos se necesitan para que sea rentable o para mantenerlos. No es una pregunta fácil de responder debido al número de variables. Todo depende de lo bien que conozca a sus cerdos, la nutrición de los mismos y las expectativas del mercado. Por ejemplo, criar 100 cerdas que le den camadas desnutridas con cuerpos pobres hará que su negocio fracase. Criar 20 cerdas que produzcan dos camadas grandes al año puede ser rentable.

Hay varias preguntas que debe hacerse antes de embarcarse en este negocio:

1. ¿De dónde va a sacar los cerdos?

2. ¿De dónde va a sacar el pienso?

3. ¿Dónde está el matadero privado más cercano?

4. ¿Dónde está la venta de ganado más cercana?

La cría rentable de grandes animales no es tan fácil como nos gustaría. El criador de cerdos puede enfrentarse a diferentes retos: el ritmo de crecimiento de la camada, el número de lechones que puede parir una cerda, el tamaño de la camada e incluso la carne de cerdo contaminada. Con los consejos que se exponen a continuación, podrá llevar la cría al siguiente nivel:

1. ¿Por qué empezar a criar cerdos?

La rentabilidad de este negocio depende del tipo de carne que quiera vender. Al ser destazado, el cerdo produce más de la mitad de carne pura. Una libra de carne de cerdo se vende a unos 4 dólares. El cerdo promedio pesa 265 libras y, a su vez, da 146 libras, por lo que puede generar 511 dólares.

Hay otras formas de ganar dinero con la cría de cerdos, además de la venta de carne. Los criadores de cerdos pueden optar por vender cerdos recién nacidos o vender el estiércol como abono. Depende de usted la mejor fuente de ingresos. La carne de cerdo procesada para hacer embutidos es una causa que vale la pena. Es vital tener en cuenta que la rentabilidad del negocio porcino depende de los precios del grano y del cerdo.

2. Conozca su mercado/identifique a su comprador

La pregunta más importante que debe hacerse antes de iniciar su negocio de cría, ¿hay demanda? ¿Quién comprará sus cerdos cuando los haya criado? Una vez que haya averiguado la respuesta a esta pregunta, podrá decidir cuál es la raza más adecuada. Puede vender destetados, *baconers* o *porkers*. Los *baconers* tienen un precio más alto, pero cuesta más criarlos hasta su tamaño estándar.

Si acaba de aprender a criar cerdos, los destetados son la mejor opción. Estos cerdos acaban de ser destetados y pesan algo menos de 40 kg. También son más rápidos de producir y más rentables. Debe calcular bien para pagar los gastos antes de vender un cerdo. Tenga en cuenta también el margen de ganancia, ya que fluctúa cada año.

Los precios del mercado fluctúan en función de la oferta de carne de cerdo. Esto también afecta al precio de los piensos, especialmente del maíz. La harina influirá mucho en el coste total de producción.

3. Comprar su primer cerdo

Es mejor pagar más por un buen cerdo que pagar menos por uno de menor calidad. Debe examinar adecuadamente el cerdo antes de realizar cualquier compra. Las siguientes son algunas de las preguntas que debe hacer:

- La edad del cerdo
- Las dolencias anteriores
- Rondas de vacunación
- ¿Es un adulto?
- Motivo de la venta

Revise al cerdo mientras está tumbado. Observe si está cómodo y relajado. Compruebe la respiración del animal; el pecho debe contraerse y expandirse, no la barriga. Puede comprobar las reacciones del cerdo haciendo ruidos repentinos o silbando; el cerdo debe mirarle si está sano.

Examine al animal mientras está de pie. ¿Cómo se ve el peso del cerdo? ¿Está demasiado gordo o demasiado flaco? Si las caderas, los hombros, las costillas y la columna vertebral son visibles, entonces está demasiado flaco. Si hay rollos de grasa en su cuello, entonces es demasiado gordo. Si está demasiado gordo no es un buen indicio, ya que puede no criarse bien; también indica que puede sufrir problemas de patas y piernas. Hay que revisar la tos, la diarrea, el estreñimiento, los estornudos y los picores.

Es fundamental comprobar si el lomo del cerdo está recto. El pelaje debe ser brillante, la piel debe estar sana y limpia, no debe haber hinchazón en la cabeza, el cuerpo o las extremidades, las patas del cerdo deben ser rectas y fuertes.

4. Métodos de cría de cerdos para obtener beneficios

Hay muchas formas de criar cerdos. Se pueden utilizar corrales, placas de hormigón, pastos o incluso recintos de madera. No es necesario comenzar con una gran operación de cría de cerdos para obtener una ganancia considerable. Pero tendrá que saber cómo se van a criar los cerdos.

Asegure el cercado de su terreno. Si prefiere el cercado eléctrico, deberá entrenar a sus cerdos para que no toquen el alambre. Puede construir la cerca con tablas, postes y palos. Los cerdos, en un entorno natural, pueden buscar raíces y alimentarse tal y como la naturaleza lo ha previsto; luego se puede añadir grano para estimular el crecimiento.

El periodo que transcurre desde la compra de un cerdo para carne hasta su venta puede ser de seis a ocho meses. Existe un amplio mercado para una granja de pequeño tamaño. Los cerdos confinados criados comercialmente no son tan sabrosos como la carne de cerdo de las pequeñas granjas.

5. Razas de cerdos para el negocio

Cuatro razas de cerdos rentables que asegurarán su negocio. Son:

a) Blanco grande

Se trata de una excelente elección a la hora de iniciar su negocio porcino. Es un animal extremadamente grande, magro y activo, que puede adaptarse a diferentes cambios climáticos y tiene una larga vida. El blanco grande también es conocido por su producción de tocino y carne de calidad. La mejor característica es su capacidad para cruzarse con otros cerdos y producir eficazmente la mejor carne.

b) SA Landrace

Se trata de una raza autóctona local que es famosa por su gran potencia. El cerdo puede vivir en cualquier terreno, ya que su resistencia a las enfermedades es muy alta. Es una gran elección si quiere abastecerse localmente.

c) Duroc

Es popular entre los ganaderos a pequeña escala que quieren aprovechar el cuerpo de los cerdos. El cerdo tiene una alta proporción de transformación de la grasa en grasa corporal. Tiene una de las mejores calidades de carne, ya que es jugosa y tierna.

d) Kolbroek

Es un cerdo autóctono mucho más pequeño que la mayoría de los cerdos modernos. Tiene patas más robustas, pies fuertes y es muy resistente. Es famoso por su habilidad para buscar comida y por convertirla en raciones de alto contenido en grasas.

Los cerdos mencionados anteriormente son las mejores razas cuando se quiere iniciar un negocio de porcino. Son eficientes y, por tanto, garantizan un alto rendimiento si se mantienen adecuadamente.

Los cerdos de engorde son estacionales y no son muy necesarios. La mejor temporada para los cerdos es la primavera. Los cerdos no son tan populares en los meses más fríos, por lo que no es buena idea criar esos cerdos en bosques o pastos. La temporada de exposiciones es más frecuente en la temporada de primavera. El tiempo para los cerdos de alimentación es esencial para considerar el precio y la disponibilidad.

6. Productos porcinos

El lechón puede venderse entre las dos y las seis semanas de vida. Es el ingrediente más común de los embutidos. Otras partes del cerdo se utilizan como productos alimenticios, como los laterales para el tocino, las paletas y las patas.

a) Órganos internos

Los órganos internos pueden utilizarse para la alimentación de mascotas, la cirugía de válvulas cardíacas y la insulina (el páncreas).

b) Piel de cerdo

La piel de los cerdos puede utilizarse para fabricar colágeno para la cirugía plástica. El colágeno también es beneficioso para fabricar barritas energéticas, mantequilla, películas de rayos X, pan y cápsulas de medicamentos. Los tatuadores utilizan la piel de cerdo para practicar sus habilidades.

c) Huesos de cerdo

Se pueden utilizar para una gran variedad de cosas, como corchos de vino, papel de inyección de tinta, hormigón, suavizante, frenos de tren, cerveza, vino e incluso helados.

d) Grasa de cerdo

La grasa de cerdo se utiliza para el jabón, el biodiésel, los lápices de colores y el champú.

e) Sangre de cerdo

Se puede utilizar para fabricar filtros de cigarrillos, alimentos para peces, pasta de dientes y colorante en algunos tipos de jamón.

f) Pelo y orejas

El pelo de cerdo se utiliza para fabricar cepillos de cerdas, y las orejas de cerdo se utilizan en las pruebas de armas químicas.

7. Alimentación de los cerdos

Recuerde que la alimentación de sus cerdos afecta en gran medida a la tasa de crecimiento y su salud general. Para producir carne de cerdo de buena calidad, invierta en la alimentación de los cerdos. Los distintos cerdos requieren una nutrición diferente. Estos son los diferentes grupos:

- Verracos y cerdas preñadas
- Cerdos de tres a diez semanas
- Cerdos de más de 60 kg
- Cerdas con lechones

Asegúrese de que las proteínas, las vitaminas, los minerales y la energía digerible estén en las cantidades adecuadas antes de alimentar a los cerdos. Es aconsejable mezclar el pienso en su granja en lugar de comprarlo ya preparado. Consulte a un experto antes de decidir. Asegúrese de que los cerdos tengan siempre acceso a agua limpia y fresca.

Los cerdos pueden comer todo tipo de residuos alimentarios, desde los restos de la cocina comercial hasta los pastos de la tierra. Debe encontrar una fuente fiable para sus cerdos. Mucha gente prefiere los piensos en bolsa o molidos de una tienda o molino local.

El pienso de las fábricas es mucho más barato que comprar bolsas de pienso en la tienda. Asegúrese de que si va a recoger pienso del molino sea suficiente para dos o tres semanas.

8. ¿A qué edad se debe vender?

Los de producción de carne se venden a productores o granjas que quieren criarlos para que alcancen el peso de mercado. Suelen pesar entre 35 y 50 libras. Suelen ser muy jóvenes y estar recién destetados. Los cerdos de engorde no son caros de alimentar.

Los cerdos de cría, también conocidos como cerdos terminales, pesan más de 50 libras y se alimentan para alcanzar el peso de mercado. Los cerdos de cría suelen aportar más dinero, pero también necesitarán más alimento. Conozca la edad de los lechones y su peso antes de etiquetarlos. Los reproductores se componen de cerdas y verracos. Un verraco puede servir para unas cuantas cerdas y cerdas jóvenes.

9. Costes de un negocio de cerdos

Su ganancia depende del número de lechones que produzcan sus cerdas. Para conseguir el máximo beneficio, debe conseguir que las cerdas tengan el mayor número de camadas y que se comercialicen bien. Necesitará

• Un alojamiento adecuado

El alojamiento le permitirá criar a sus cerdos de forma eficiente y cómoda. Asegúrese de que su vivienda esté bien mantenida y limpia. Hay que tener en cuenta la infraestructura a la hora de criar un cerdo.

• Control de enfermedades

Asegúrese de que puede controlar fácilmente la propagación de enfermedades. Las condiciones de su granja deben ser limpias y debe tomar medidas de precaución.

• Alimentación

Los cerdos son animales muy productivos, crecen bien, y su alimentación eficiente les ayuda a producir cuerpos grandes. La comida es la mayor preocupación para la mayoría de los pequeños ganaderos. Para minimizar el coste de la alimentación, tendrá que esforzarse por evitar el despilfarro, seleccionar un pienso rentable y, en ocasiones, mezclar su propio pienso.

Costes adicionales

• Transporte

• Combustible

• Gastos de veterinario

• Medicamentos

• Gastos de sacrificio

- Congelador

- Gastos de reparación y mantenimiento

- Trabajo

- Animales adicionales

Otros gastos varían desde medicamentos desparasitantes, inyecciones de hierro y camas de paja para ayudarle en el cuidado de los cerdos.

10. La necesidad de marketing

Es crucial crear un plan de marketing para su negocio. Tenga en cuenta que los cerdos con peso de mercado pueden venderse a través de subastas y plantas de procesamiento. Para obtener más beneficios, considere la posibilidad de vender cerdos ligeros para asar en las fiestas, cerdos de alimentación a los expositores jóvenes y cerdos de raza pura a los productores. Puede explorar otras vías, como carnicerías, tiendas de comestibles, mercados agrícolas y restaurantes. También hay servicios de reparto de comida ecológica que buscan carne de cerdos bien criados de pequeños productores.

Es esencial tener en cuenta las oportunidades de marketing digital. Puede crear su propio sitio web para su marca, incluir su negocio en directorios electrónicos, ofrecer promociones en línea y hacer publicidad en línea.

11. Necesidad de mano de obra cualificada

El proceso de parto requiere un trabajador cualificado para que las cerdas puedan parir y garantizar una camada sana. Es vital que los cerdos sean alimentados diariamente, vacunados, tratados contra los parásitos, y que su corral se mantenga limpio y saludable. Estos servicios son necesarios durante todo el año para el bienestar del cerdo. Es necesario seleccionar cuidadosamente los cerdos para asegurar la máxima ganancia.

12. Opciones de venta para sus cerdos

Existen diferentes opciones a la hora de vender sus cerdos. Puede utilizar la subasta en vivo, los clientes directos y los cortes al por menor. Las personas que venden sus cerdos directamente a los clientes rara vez se ven afectadas por el mercado de valores. Cuando el mercado de valores se desploma, puede ser necesario participar en subastas en vivo para ayudar al negocio.

Vender a través de las subastas de ganado

Hay mucha gente a la que le gusta la carne de cerdo de cosecha propia en lugar de comprarla en granjas comerciales. El sabor es mejor en la carne de estas granjas. No hay mucho mercado para la gente que quiere vender carne de cerdo en las tiendas de cadena.

Venta directa a los clientes

La mejor manera de obtener el dinero de los clientes en su negocio es vender directamente al consumidor. Para que su negocio prospere, tendrá que invertir dinero en marketing, ventas y horarios. Puede optar por vender sus cerdos enteros, en mitades o en trozos al por menor. Si opta por vender la carne de cerdo al por menor, necesitará una etiqueta de granja de un matadero para que pueda tener un mayor alcance.

Los productos básicos dependen de la oferta y la demanda del mercado. Cuando los precios son bajos en el mercado, los productores dejan de producir para estimular la demanda. Como pequeño ganadero, hay que mantener los costes bajo control. Si vende al mercado privado, no se verá afectado por este. Cuando invierta en cualquier producto del mercado, averigüe las tendencias y los precios.

Sixta Parte: Cría de ovejas

Una guía esencial sobre cómo criar ovejas en su patio o en una pequeña granja

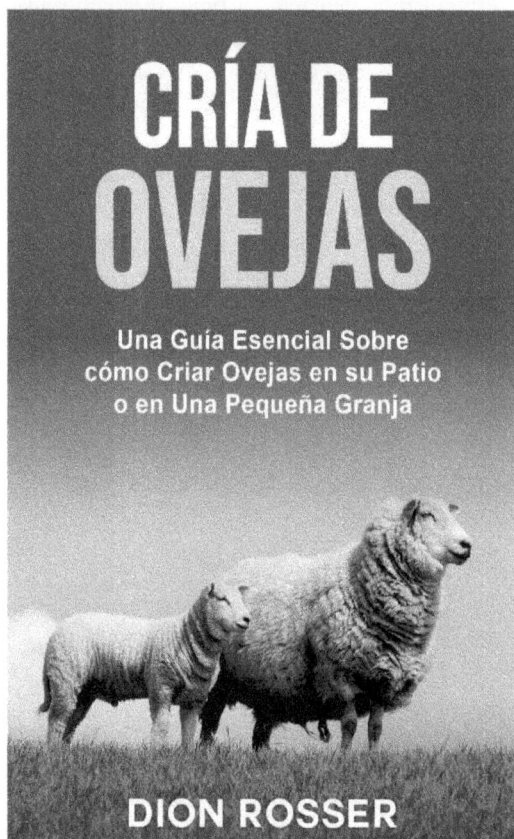

Introducción

La cría de ovejas puede ser una experiencia gratificante. La gente se plantea la posibilidad de criar ovejas en su patio trasero o en pequeñas fincas debido a muchas razones; puede criar ovejas por afición, para obtener beneficios económicos o para ser más autosuficiente. Este libro tiene como objetivo proporcionarle toda la información que requiere la cría de ovejas en pequeña escala para criarlas en su patio trasero o en su minigranja con éxito, a pesar de sus aspiraciones y expectativas.

Al igual que la mayor parte del ganado, la cría de ovejas conlleva muchos retos, especialmente a pequeña escala. Este libro ofrece sugerencias, instrucciones, consejos y directrices útiles, simples y prácticos, tanto para los que se plantean criar ovejas como para los que ya tienen pequeños rebaños. El libro analiza los obstáculos más comunes a los que es muy probable que se enfrente al criar ovejas, como la lucha contra las enfermedades, los depredadores, las garantías de viabilidad financiera y las cuestiones legales y sociales.

La cantidad de espacio de que disponga no debería ser una preocupación importante, siempre que el tamaño de su rebaño se adapte al espacio disponible. El objetivo de este libro es ayudar a los pequeños ganaderos a aprovechar al máximo el limitado espacio de que disponen para garantizar que la cría de ovejas sea emocionante y gratificante.

La mayoría de las personas y familias que viven en zonas urbanas y suburbanas optan por no criar ovejas por diversas razones. Algunos creen erróneamente que la cría de ovejas requiere unos pastos perfectos, a pesar de que las ovejas consumen muchos tipos de hierbas, maleza y matorrales que pueden crecer casi en cualquier lugar. No es necesario tener unos pastos perfectos para criar un pequeño rebaño de ovejas. Este libro le ofrece todos los consejos necesarios para criar un rebaño de ovejas feliz en casi cualquier terreno, incluso en zonas urbanas o suburbanas.

Las ovejas son relativamente más fáciles de cuidar en comparación con otro tipo de animales, como los cerdos, el ganado vacuno, los caballos, las llamas o los burros. Suelen ser mansas y tranquilas, excepto los carneros. Se les puede adiestrar para que sigan indicaciones verbales, como a la mayoría de los animales de granja. Criar ovejas es mucho más fácil de lo que uno piensa.

Puede que le preocupe el tamaño del terreno que tiene, pero la cría de un pequeño rebaño con cinco ovejas y sus corderos solo requiere aproximadamente un acre de tierra. A cambio, usted y su familia podrán disfrutar de la cría de ovejas, de la interacción con ellas, de su carne orgánica, de su leche, de su lana y de un excelente estiércol que puede utilizarse en los huertos familiares.

Las distintas razas de ovejas son más o menos adecuadas para distintos fines. Es importante que escoja la raza adecuada a sus necesidades y expectativas. Las necesidades de las ovejas, como la comida, el agua, los pastos y el cobijo, varían según las razas. Es importante elegir la raza adecuada cuando se trata de criarlas en un patio trasero o en una pequeña granja. Este libro ofrece información valiosa sobre las distintas razas de ovejas para que pueda elegir la más adecuada para su actividad.

La cría de ovejas en el patio trasero o en una pequeña granja requiere una inversión inicial, pero suele ser mucho menor que la necesaria para criar otro tipo de ganado. El objetivo de este libro es indicarle la cuantía de la inversión que necesitará para criar ovejas.

Este libro puede ser una herramienta que le ayude a determinar si debe criar ovejas, al comprender las necesidades básicas de las ovejas, los beneficios de la cría de ovejas, el compromiso que requiere, los retos que hay que superar y la inversión y los costes asociados a ella. Además, le resultará útil como guía a la que podrá recurrir a lo largo de todo el proceso, sobre todo cuando se encuentre con obstáculos.

Capítulo 1. Información sobre las ovejas y su cría

La cría de ovejas se remonta a miles de años atrás, ya que fue uno de los primeros animales domesticados por el hombre. La gente cría ovejas por muchas razones. En primer lugar, proporcionan lana, carne y leche que satisfacen las necesidades humanas básicas. Son fáciles de criar y pueden resistir climas duros si se las protege de los depredadores. Siguen siendo uno de los tipos de ganado más populares del mundo, con más de mil millones de ovejas domesticadas en todo el planeta.

Según Debra K. Aaron y Donald G. Ely, de la Facultad de Agricultura de la Universidad de Kentucky, los primeros indicios de ovejas domesticadas proceden de Asia Central, hace 11.000 años. Hay más de 900 razas de ovejas en todo el mundo, y en Estados Unidos hay 50 razas. Según Aaron y Ely, hay aproximadamente cinco millones de ovejas en Estados Unidos, la mayoría de ellas en Texas, California, Colorado, Wyoming y Utah.

Las ovejas pertenecen a la misma familia que los animales de ganado como las cabras, las vacas y los antílopes, conocida como *bovidae*. Son rumiantes, como las cabras y las vacas, lo que significa que sus estómagos tienen cuatro compartimentos separados. Vuelven a masticar la materia vegetal parcialmente digerida que comen, conocida como bolo alimenticio. Es lo que se conoce como rumia, que estimula la digestión al descomponer aún más la materia vegetal.

Los machos adultos intactos y no castrados se denominan *carneros*. Los carneros castrados se denominan *carneros llanos*. Las ovejas de menos de un año son *corderos*. Un grupo de ovejas se llama *rebaño*. Se las considera herbívoras porque prefieren la vegetación de hierbas, matorrales y legumbres que crecen cerca del suelo. Las ovejas son gregarias, lo que significa que les gusta permanecer juntas en rebaños. Así, son más fáciles de trasladar y de cuidar.

Las ovejas criadas para la lana se suelen esquilar una vez al año. La lana esquilada de una sola oveja se llama vellón. Según WorldAtlas.com, Australia es el mayor productor de lana del mundo. Australia generó un 25% de la producción mundial de lana en 2015 y 2016, lo que contribuyó a que se convirtiera en una industria de aproximadamente tres mil millones de dólares.

Las ovejas criadas para carne tienen menos fibras de lana y más fibras de pelo. Cambian su pelaje cada año y no necesitan ser esquiladas. Los corderos se suelen vender para la carne cuando pesan entre 40 y 60 kilos. China es el primer productor mundial de cordero con cierta diferencia, mientras que Australia y Nueva Zelanda ocupan el segundo y tercer lugar.

Beneficios de la cría de ovejas en patios y minigranjas

La cría de ovejas a pequeña escala ofrece muchas ventajas. Diferentes individuos y familias pueden sentirse atraídos por la cría de ovejas en sus patios y pequeñas propiedades por diferentes razones. La gente puede estar motivada por los beneficios que ofrece la cría de ovejas al utilizar tierras que no se utilizan para ningún otro fin. La lana, la carne y la leche pueden hacer que los hogares sean más autosuficientes y ayudarles a conseguir un ahorro significativo, mientras que el exceso de productos puede generar beneficios. La ganadería a pequeña escala también permite a los hogares disfrutar de ventajas fiscales en algunos estados.

Además de ser atractiva desde el punto de vista económico, la cría de ovejas es también muy agradable. Las ovejas son fáciles de manejar debido a su carácter apacible y son excelentes animales de compañía si se les socializa con los humanos cuando son corderos. La cría de ovejas implica muchas tareas diarias, perfectas para las familias que quieren llevar un estilo de vida más al aire libre.

Muchas personas que crían ovejas a pequeña escala lo hacen como su pasatiempo favorito. Algunos ganaderos a pequeña escala encuentran su motivación en el mantenimiento de un costoso ganado reproductor, mientras que otros pueden encontrar satisfacción en la consecución de altos objetivos de producción. Por ejemplo, un ganadero de ovejas a pequeña escala puede ser el propietario de un excelente carnero con un gran valor de cría. Otro ganadero puede considerar que lograr una cría de corderos de un 200% es un gran éxito, mientras que otro puede encontrar satisfacción en evitar las pérdidas durante la temporada de partos.

El amor y la preocupación por el medio ambiente en el que se vive también es otro de los motivos para criar ovejas a pequeña escala. Esta práctica ofrece una carne y una leche ecológicas mucho más respetuosas con el medio ambiente y con una menor huella de carbono. La lana que proporcionan las ovejas no solo se puede vender, sino que también se puede utilizar para hacer ropa. El estiércol de las ovejas puede utilizarse como abono orgánico en los huertos familiares.

Beneficios económicos

La cría de ovejas suele tener como objetivo principal generar ingresos para el individuo, la familia o la granja a la que pertenecen. Mientras que las ovejas son el principal ingreso de algunas granjas, otras las consideran una fuente de ingresos secundaria o menor, ya que la cría de ovejas complementa bien otras empresas agrícolas. La cría de ovejas en los patios traseros y en las minigranjas ofrece beneficios económicos, aunque normalmente no puede considerarse una fuente de ingresos primaria.

Hace falta criar muchas ovejas para que los ingresos sean suficientes para un individuo o una familia, pero un patio trasero o una minigranja solo pueden albergar unas pocas ovejas. Por ello, los ingresos suelen ser menores. La mayoría de los pequeños agricultores consideran los ingresos de la cría de ovejas como una fuente de ingresos secundaria.

Lana

Aunque la industria de la ropa ha evolucionado mucho en las últimas décadas, la lana sigue utilizándose en gran medida para fabricar prendas de vestir, ropa de cama, muebles e incluso aislantes para los hogares. De hecho, muchos expertos de la industria prevén que la lana volverá a arrebatarle el trono a los materiales sintéticos a medida que el mundo se vaya concienciando con el medio ambiente.

La lana se considera uno de los mejores materiales para el aislamiento, según Good Shepherd Wool. Además, no es cancerígena, es resistente al fuego, es sostenible, reciclable, bloquea los sonidos y absorbe las toxinas. La mayoría de los otros tejidos utilizados para el aislamiento no ofrecen una mezcla tan versátil de atributos beneficiosos.

Quienes crían ovejas en sus patios o pequeñas granjas pueden obtener un buen beneficio vendiendo lana. Una libra de lana puede venderse por al menos un dólar, mientras que un vellón puede reportar ingresos de al menos 10 dólares. Las ovejas se esquilan una vez al año, normalmente en primavera. La lana debe inspeccionarse en busca de suciedad y otros restos antes de venderla.

Carne

El mercado de la carne de cordero y oveja no deja de crecer. La gente está descubriendo los beneficios que aporta el consumo de carne de oveja frente a la de vacuno y pollo. Por ello, hay una buena demanda de cordero y carnero. Los que crían ovejas en sus patios o minigranjas pueden llevarlas a un matadero o al propio mercado.

Hay una gran demanda de carne de cordero y carnero, especialmente de cordero, en los mercados agrícolas locales. Las personas a las que les gusta consumir carnes ecológicas con una menor huella de carbono y los restaurantes que utilizan este tipo de ingredientes suelen recurrir a los mercados de agricultores para abastecerse de cordero y carnero frescos y ecológicos. Por ello, los pequeños ganaderos de ovino pueden obtener mayores beneficios vendiendo cordero y carnero en los mercados agrícolas locales.

Leche

No hace falta decir que la leche de oveja no es tan popular como la de vaca o la de cabra. Pero los expertos creen que la leche de oveja ofrece muchos beneficios nutricionales. Según los nutricionistas, la leche de oveja tiene el doble de calcio que la de vaca. También tiene altos niveles de vitamina C, B, B12, riboflavina y tiamina que ayudan a reforzar los sistemas nervioso e inmunitario del organismo.

La leche de oveja es más bien un alimento básico en algunas zonas del mundo. Se utiliza habitualmente para elaborar varios quesos, como el roquefort, el feta y el ricotta. La leche de oveja puede producir más queso por onza de líquido, ya que contiene más sólidos que la leche de vaca. La leche de oveja también puede producir yogur.

Quien desee criar ovejas a pequeña escala para obtener leche debe optar por una raza lechera. Las razas lecheras, como la Lacaune y la Frisona Oriental, suelen producir el doble de leche que las razas no lecheras. Una oveja sana de raza lechera puede producir aproximadamente 1.000 libras de leche al año. Los ganaderos de ovino pueden vender leche, queso y yogur de oveja en los mercados de agricultores o a granel a los restaurantes para disfrutar de unos ingresos considerables.

Cría

Las ovejas que provienen de buenas líneas de sangre están muy solicitadas. La cría de ovejas es una empresa rentable, sobre todo para los pequeños ganaderos, ya que rara vez disponen de tierras suficientes para albergar grandes rebaños. La salud, la fertilidad, la capacidad de cría, la eficiencia alimentaria y la producción son los factores más importantes en los que deben centrarse los criadores.

Hay un mercado creciente de ovejas con buena genética en los mercados extranjeros. La exportación de ovejas puede ser lucrativa para los pequeños ganaderos, pero las ovejas tienen que estar en muy buena salud para la exportación y los ganaderos tienen que cumplir varias directrices establecidas por los países importadores. Las ovejas con buena línea de sangre también pueden venderse en los mercados locales para obtener considerables beneficios.

Concesiones fiscales

Las personas que tienen suficiente tierra están motivadas para criar ovejas, ya que así tienen derecho a concesiones fiscales. Los distintos estados ofrecen distintas concesiones a los ganaderos, incluso a los de pequeña escala. La cría de ovejas da derecho a una reducción de los impuestos sobre la propiedad a los tipos agrícolas si la propiedad se ajusta a la definición de «granja» según las directrices del estado en cuestión.

Incluso las empresas agrícolas están sujetas a diversos impuestos, como el impuesto sobre la renta. Sin embargo, la cría de ganado, como las ovejas, da derecho a la deducción de impuestos. En estos casos, los gastos comunes de la explotación, como las compras de capital, pueden deducirse de los ingresos, ya que la mayoría de las compras relacionadas con las ovejas están exentas de impuestos sobre las ventas.

Estiércol

El estiércol de oveja es muy fértil. Puede utilizarse en los huertos domésticos en lugar de los fertilizantes comerciales para disfrutar de productos sanos y orgánicos. Un pequeño rebaño de ovejas puede producir fácilmente el estiércol necesario para un jardín casero de tamaño considerable que incluya verduras, hierbas, frutas y flores.

Fácil mantenimiento del terreno

El mantenimiento de una propiedad de varias hectáreas requiere mucho tiempo y esfuerzo. Las ovejas pueden considerarse cortacéspedes vivientes que no cuestan tiempo ni dinero. Les encanta todo tipo de vegetación, incluidas las malas hierbas. Además, dejar que las ovejas pastoreen la tierra para mantenerla ordenada es más ecológico que utilizar los cortacéspedes.

Los agricultores alquilan rebaños de cabras para limpiar la vegetación no deseada, como la maleza, de las propiedades. Los ganaderos pueden alquilar pequeños rebaños de ovejas a particulares y empresas para el mantenimiento de sus tierras. Aunque no hay muchas empresas de este tipo, es una idea que merece la pena explorar en un mundo que busca cada vez más alternativas ecológicas.

Factores del estilo de vida

Cada vez son más las familias que adoptan un estilo de vida rural en el que se exponen a sí mismos, y especialmente a los niños pequeños, al cultivo de plantas, la cría de animales y el disfrute del tiempo al aire libre. Suelen vivir en parcelas que tradicionalmente tienen una extensión de diez acres, aunque a veces pueden ser mucho más pequeñas. Una parcela tradicional ofrece espacio suficiente para criar todo tipo de ganado en pequeñas cantidades, incluidas las ovejas.

En comparación con el ganado común, como el vacuno, las ovejas son mucho más fáciles de manejar, incluso para los niños y los discapacitados, debido a su naturaleza apacible y mansa. Muchas personas con suficiente terreno están motivadas para criar ovejas, ya que les proporciona suficiente ejercicio diario. La cría de ovejas conlleva tareas diarias que deben realizarse, lo que funciona como un factor de motivación para llevar un estilo de vida más activo.

También las personas y familias centradas en la autosuficiencia y la sostenibilidad se animan a criar ovejas, ya que les proporcionan lana, carne y leche ecológicas. La mayoría de estas personas y familias suelen cultivar la mayor parte de sus alimentos en sus tierras. El estiércol de las ovejas puede utilizarse como abono orgánico para promover el crecimiento saludable de las plantas y aumentar el rendimiento.

Muchas personas se dedican a la cría de ovejas por afición. Se enorgullecen de alcanzar ciertos objetivos, como criar ovejas de alta calidad, mantener una alta producción, garantizar una menor mortalidad durante la temporada de partos y evitar los problemas parasitarios. Estos logros les proporcionan una inmensa satisfacción. Y quienes son aficionados a entrenar perros pastores, como los Border Collie, también crían ovejas en sus patios y minigranjas.

Criar ovejas es una actividad estupenda tanto para los niños como para los mayores. Los corderos, también conocidos como bebés de biberón, son excelentes mascotas para los niños, mientras que el cuidado de las ovejas les ayuda a aprender las verdades de la naturaleza y cualidades importantes como la compasión y el amor. Las personas mayores y discapacitadas también se benefician de la cría de ovejas, ya que es una actividad muy satisfactoria para ellos mismos y, al mismo tiempo, no demasiado exigente.

Fijación de metas y objetivos

Hay muchas razones por las que puede estar considerando la posibilidad de criar ovejas en su patio trasero o en su pequeña granja. Es importante que primero establezca los verdaderos motivos de su empresa de cría de ovejas para que tenga éxito. La escala, la raza de las ovejas, el tamaño del rebaño, el tiempo y el compromiso, la inversión inicial y el rendimiento esperado varían en función de sus metas y objetivos.

Si está pensando en criar ovejas para disfrutar de un suministro constante de lana, carne o leche, es posible que necesite un rebaño pequeño solo de una raza que produzca más lana, carne o leche. Algunas razas pueden tener necesidades más específicas, además de las necesidades generales de las ovejas. La inversión inicial que debe realizar también puede variar en función de la raza y la escala de la actividad.

Si está pensando en sacar provecho de la cría de ovejas, puede que tenga que considerar un rebaño de mayor tamaño que se adapte a su terreno. También hay que estudiar detenidamente la demanda del mercado y los precios de los productos ovinos, para decidir si criar ovejas para obtener lana, carne o leche. También tendrá que elaborar planes de comercialización y venta de sus productos después de comprobar cuidadosamente lo que hacen otros pequeños ganaderos. Un rebaño más grande también supondría un mayor compromiso e inversión inicial.

Elabore un plan sólido antes de invertir en la cría de ovejas y hacer los preparativos. Puede empezar estableciendo sus metas y objetivos y analizando su viabilidad, especialmente si sus metas incluyen ganancias financieras considerables. Una vez identificadas las metas y los objetivos, y si está seguro de que su plan es factible, puede criar ovejas en su patio trasero o en su pequeña propiedad.

Capítulo 2. Las razas de ovejas y sus fines

La relación entre el hombre y las ovejas tiene aproximadamente 11.000 años. La cría de ovejas es la industria organizada más antigua que se conoce en el mundo. Las ovejas han sido domesticadas y, durante esos 10.000 años, han surgido y desaparecido varias razas. No se conoce el número exacto de razas de ovejas, ya que varias fuentes identifican un número diferente de razas, tanto actuales como extinguidas.

La Organización de las Naciones Unidas para la Agricultura y la Alimentación (FAO) ha identificado algunos cientos de razas de ovejas. Según las estimaciones de la FAO, existen entre 800 y 1300 razas de ovejas, incluidas las razas ya extinguidas. Hay unas 200 razas de ovejas polivalentes criadas para servir a diferentes fines relacionados con la agricultura. Muchos expertos creen que hay unas 50 razas de ovejas en los Estados Unidos.

La cría de ovejas suele tener dos objetivos principales. Se trata de producir lana de alta calidad o carne de alta calidad. Algunas razas de ovejas también se crían para producir leche de alta calidad. Las populares razas polivalentes que existen hoy en día son el resultado de décadas o incluso siglos de cuidadosa selección para adaptarse a estos fines.

Las razas de ovejas pueden clasificarse en tres grupos. Se trata de las razas de uso general, las razas de sementales especializadas y las razas de hembras especializadas. Las razas ovinas también pueden clasificarse según la fibra que producen. Las razas ovinas de uso general producen tanto lana como carne. Estas se utilizan tanto como razas de machos como de hembras para la cría. Las razas de uso general se desenvuelven bien en muchas condiciones ambientales y, por lo general, se consideran la mejor opción para los rebaños más pequeños en los que no es factible cruzar ovejas.

Las razas de hembras especializadas o razas de ovejas suelen tener la cara blanca y lana fina, media o larga. Se crían por su capacidad y su eficiencia reproductiva, por la calidad y el peso de sus vellones y por su longevidad. Las razas de hembras especializadas suelen adaptarse a diferentes condiciones ambientales.

Las razas de machos especializados o de carneros suelen tener la cara negra y son razas de tipo cárnico con lana media. Suelen criarse para producir carneros y luego se utilizan para aparearse con hembras de razas especializadas. El crecimiento rápido y temprano, las características físicas deseables y la musculatura superior son rasgos comunes de las razas de machos especializados. Los corderos de mercado son el producto del cruce de ovejas de razas de hembras especializadas con carneros de razas de machos especializadas. Las ovejas de pelo suelen tener un pelaje en el que predominan las fibras de pelo en lugar de las de lana. Las razas de pelo rara vez necesitan ser esquiladas y pueden adaptarse a climas más húmedos y cálidos. También son conocidas por su capacidad reproductiva superior, su facilidad para parir y su resistencia a los parásitos internos, pero las razas de pelo son comparativamente pequeñas al alcanzar la madurez. Por otro lado, las razas de pelo compuestas o mejoradas tienen la mayoría de los rasgos deseables mencionados anteriormente, pero son más grandes cuando alcanzan la madurez en comparación con las razas de pelo puras.

Selección de la raza de oveja

Diversos registros, como la información publicada por la Organización de las Naciones Unidas para la Agricultura y la Alimentación (FAO), sugieren que existen aproximadamente 1.000 razas de ovejas en todo el mundo. Alrededor de 200 razas se consideran razas populares en la agricultura a escala mundial. En Estados Unidos hay unas 50 razas de ovejas. Aunque se pueden introducir nuevas razas, solo unas pocas razas ovinas son importantes para la industria comercial en sentido económico. Sin embargo, las diferentes razas tienen mucho valor, ya que desempeñan un papel vital en el aumento de la diversidad genética del ganado ovino.

Si está pensando en criar ovejas en su patio trasero o en su pequeña granja, decidir qué raza de ovejas va a criar es un paso fundamental. Antes de tomar esta decisión, hay que tener en cuenta los motivos, las metas y los objetivos de la cría de ovejas. Por ejemplo, si su intención principal es vender carne en su mercado local, tendrá que optar por una raza que pese más en la madurez y centrarse poco en su lana. Si desea suministrar lana de calidad a los hilanderos locales, su prioridad debe ser conformarse con una raza que produzca lana de alta calidad y que viva más tiempo en comparación con las razas conocidas para la carne. Si desea suministrar leche de oveja y sus subproductos al mercado local, deberá considerar una raza de oveja que produzca más leche.

Los motivos, las metas y los objetivos de la cría de ovejas no son los únicos factores que hay que tener en cuenta a la hora de decidirse por una raza. El precio y la disponibilidad de una raza determinada son importantes para poder reducir la inversión inicial y encontrar fácilmente esa raza. La raza de oveja que elija debe ser capaz de adaptarse a las condiciones ambientales de su zona. Las distintas razas de ovejas son propensas a ciertos problemas de salud. También hay que tener en cuenta estos problemas de salud comunes a la hora de decidir qué raza de oveja es la perfecta para su patio o minigranja.

Decidir si elegir entre ovejas cruzadas, puras o registradas

Otro dilema que puede que tenga que superar es decidir si opta por ovejas cruzadas, de raza pura o registradas. Cada opción tiene sus pros y sus contras, que deben sopesarse en función de diversos factores, como las metas, los objetivos, la escala de la empresa y el presupuesto. Las razas cruzadas son descendientes de sementales (padres) y madres de diferentes razas de ovejas. En cambio, tanto los padres como las madres de ovejas de raza pura pertenecen a la misma raza de ovejas. Las ovejas con ascendencia documentada se conocen como ovejas registradas.

Las razas ovinas con libros de rebaño cerrados proceden de animales 100% de raza pura. Los padres deben estar registrados para que puedan ser inscritos en un libro genealógico cerrado. Las razas con libros de rebaño abiertos, como la Dorper y la Katahdin, permiten registrar en los libros de rebaño a los padres que no son de raza pura. El porcentaje de ovejas, como implica, tiene un cierto porcentaje de sangre de raza pura en ellas y es necesario alcanzar ese porcentaje para obtener el registro.

La mayoría de las razas de ovejas tienen libros de rebaños cerrados y su precio suele ser más elevado que el de las ovejas cruzadas. Las ovejas registradas también son más caras que las no registradas, aunque el registro no garantiza su calidad y productividad. Las ovejas cruzadas suelen ser mucho más sanas y productivas que la mayoría de las de raza pura.

Los animales cruzados suelen ser «mejores» debido principalmente a un fenómeno natural conocido como *vigor híbrido* o *heterosis*. Su rendimiento suele ser mejor que el rendimiento medio de las razas de sus padres. El vigor híbrido aumenta cuando dos animales cruzados se aparean. Los rasgos de la oveja, su madre y su padre contribuyen a la heterosis y se encuentran en menor medida en las razas más nuevas, como la Polypay y la Katahdin.

La complementariedad de las razas es otra de las ventajas de los cruces. Se trata de un fenómeno en el que los puntos débiles de una raza concreta se ven anulados o minimizados por los puntos fuertes de la otra. La utilización adecuada de la complementariedad de razas necesita las razas correctas. Por ejemplo, la producción de corderos cruzados mediante el apareamiento de las razas Katahdin y Suffolk iguala los excelentes rasgos maternos de la Katahdin con la carne y el crecimiento superiores de la Suffolk.

Es muy recomendable criar ovejas de raza cruzada, a no ser que quiera obtener beneficios con la venta de ovejas de raza pura o registradas. Las ovejas de raza cruzada, debido a su naturaleza resistente, son muy recomendables para los principiantes. Además, las razas cruzadas son más adecuadas para los recién llegados al pastoreo, ya que no son tan caras como las ovejas de raza pura o registradas.

Categorías de raza

Considerar los tipos de razas en lugar de las razas ovinas individuales puede ser muy útil a la hora de criar ovejas. Los tipos de razas suelen compartir características raciales comunes. A la hora de criar, pueden sustituirse con éxito unas por otras. Las razas de ovejas se pueden clasificar según el color de su cara, su uso, su finalidad, su tipo de fibra y sus distintos atributos físicos y de rendimiento.

Función principal de las ovejas

La función principal es una de las formas más fáciles y eficaces de clasificar las razas de ovejas. La lana, la carne y los productos lácteos son las funciones más comunes en las que se clasifican las razas ovinas. Las razas de ovejas pueden ser de doble función o incluso de triple función la mayoría de las veces. Por ejemplo, las ovejas de doble función pueden tener dos usos, como carne y lana o carne y leche. Las ovejas de triple función, por el contrario, pueden satisfacer las necesidades de lana, carne y leche. La mayoría de las razas de ovejas suelen destacar en una sola función. Por ejemplo, una raza concreta puede ser excelente para producir carne y buena para producir lana. Otra puede ser excelente en la producción de leche y buena para la carne también. Es raro encontrar razas de ovejas que destaquen en dos o las tres funciones principales.

Si tu objetivo es vender carne con la cría de ovejas en tu patio o minigranja, no debería elegir una raza de lana. Al hacerlo, acabará teniendo un rebaño que produce lana de alta calidad, pero no mucha carne. Del mismo modo, si busca generar ingresos mediante la venta de lana, no compre una raza de carne o —obviamente— obtendrá un rebaño que produzca una buena carne, pero una lana de menor calidad. Incluso si se decanta por una raza de doble o incluso triple función, asegúrese de que la función en la que destaca se ajusta a sus expectativas.

La American Blackbelly, la Barbados Blackbelly, la Katahdin, la Dorper, la Royal White, la Romanov, la St. Croix, la St. Augustine y la Wiltshire Horn son razas de pelo que destacan por su crecimiento. Si quiere obtener beneficios con la venta de corderos, puede optar por una de estas razas. La ventaja de invertir en razas de pelo es que no necesitan un esquilado anual. Además, son muy resistentes y se adaptan bien incluso a los climas áridos.

La Border Cheviot, la Charollais, la California Red, la Hampshire, la Dorset, la Montadale, la Ile-de-France, la Oxford, la North Country Cheviot, la Shropshire, la Rideau Arcott, la Suffolk, la Southdown, la Tunis y la Texel son razas de lana conocidas por su producción de carne. No son las mejores razas si se quiere vender lana. Sobresalen en el crecimiento y la carne. Además, las razas de lana necesitan un esquilado anual.

Las razas de ovejas de doble propósito o incluso polivalentes, como la Corriedale, la Columbia, la Islandesa, la Finnsheep, la SAMM, la Polypay y la Targhee, son razas cuyo objetivo principal es producir lana de alta calidad. Si desea vender lana, considere una de las razas mencionadas. La Frisona Oriental, la Awassi y la Lacaune son razas de doble función o polivalentes, muy recomendadas para quienes buscan obtener beneficios con la venta de leche de oveja y de alimentos elaborados con ella.

Uso para la cría

Las razas ovinas se clasifican a veces en función de su idoneidad como carneros u ovejas durante la cría. Las razas de sementales (carneros) suelen registrar un crecimiento y una carne excepcionales, mientras que las razas de ovejas destacan por su salud física y su longevidad, sus cualidades reproductivas y, a veces, la producción de lana.

Las razas paternas se conocen a veces como *terminales*, ya que la descendencia producida por su apareamiento se comercializa y se sacrifica (termina) para la carne. En cambio, las crías de las razas maternas suelen mantenerse como rebaño, ya sea para crear nuevos rebaños o para sustituir a las ovejas de los rebaños existentes.

La Suffolk y la Hampshire son las razas terminales más populares en Estados Unidos, mientras que la Texel, la más popular en Europa, lo es cada vez más en el continente. Algunas razas de ovejas se consideran de doble función, ya que son aptas como razas paternas y maternas. La Dorset, la Dorper, la North Country Cheviot y la Columbia son ejemplos de razas de doble función.

Otra categoría en cuanto a las ovejas de cría es la raza Landrace o la raza autóctona. Las razas autóctonas se desarrollan a lo largo del tiempo y permiten adoptar las condiciones locales. Por ello, su cría se basa más en la selección natural que en la selección humana o artificial que suele dar forma a las razas más populares hoy en día. La mayoría de las razas de ovejas raras y patrimoniales entran dentro de la categoría Landrace y se consideran valiosos recursos genéticos.

Color de la cara

El color de la cara suele clasificar a las razas ovinas conocidas por su producción de lana. Las razas de cara blanca, como la Targhee, la Rambouillet y la Polypay, suelen destacar por su producción de lana y sus cualidades maternales, mientras que las razas sin cara blanca, como la Shropshire, la Hampshire, la Southdown y la Oxford, sobresalen por su crecimiento y su carne. La lana oscura y las fibras de pelo pueden contaminar la lana, lo que disminuye su valor. Algunos países han desarrollado razas de carne de cara blanca para evitar estos problemas.

Tipo de fibra o el pelaje

Las razas de ovejas se suelen clasificar por la calidad de las fibras y el pelaje que han desarrollado. A todas las ovejas les crecen fibras de pelo y lana. Las razas de lana tienen más fibras de lana que de pelo y necesitan un esquilado anual. Por otro lado, las razas de pelo tienen más fibras de pelo que de lana y no necesitan un esquilado anual.

Las razas de pelo criadas en climas cálidos a veces tienen muy pocas o ninguna fibra de lana en su pelaje. Además de esquilarlas al menos una vez al año, las ovejas de razas laneras necesitan esquilarse alrededor de los genitales si no han sido esquiladas antes del parto. Durante el esquilado, se elimina la lana que rodea la ubre y la vulva.

Las razas de pelo y de lana son tradicionales y lo ideal es no criarlas juntas en el mismo pasto; hacerlo dificulta los objetivos de producción del ganadero, ya que la lana de alta calidad que proviene de las razas de lana puede contaminarse con las fibras de pelo de las ovejas de pelo.

Ovejas de lana fina

Estas razas de ovejas producen las fibras de lana de menor diámetro, aproximadamente menos de 22 micras. Sus vellones son mucho más cortos y contienen una mayor cantidad de cera de lana de lanolina. Los vellones de lana fina suelen contener menores porcentajes de fibra limpia en comparación con los vellones más gruesos y largos, pero la lana fina se considera muy valiosa, ya que se utiliza para fabricar prendas de lana de alta calidad.

Las razas de lana fina suelen ser longevas y resistentes, con un excepcional instinto de rebaño. Se desenvuelven bien en climas áridos como el del oeste de Estados Unidos. La merina española es el ancestro de la mayoría de las razas de lana fina. Aproximadamente el 50% de la población mundial de ovejas es de lana fina. La Booroola Merino, la Rambouillet, la Delaine-Merino Debouillet, la American Cormo y la Panamá son algunas de las razas de ovejas de lana fina más comunes en Estados Unidos.

Ovejas de lana larga

Estas ovejas suelen producir fibras de lana de aproximadamente más de 30 micras con menos lanolina en comparación con las ovejas de lana fina. Sus vellones contienen más fibras de lana también más limpias. Las ovejas de lana larga se desenvuelven bien en climas frescos y húmedos donde la comida es abundante. La Border Leicester, la Bluefaced Leicester, la Coopworth, la Cotswold, la Lincoln, la Leicester Longwool, la Perendale, la Scottish Blackface, la Romney, la Teeswater (de Teesdale, Inglaterra) y la Wensleydale son razas de ovejas de lana larga comunes en Estados Unidos.

Ovejas de lana mediana

El diámetro de las fibras de lana de las ovejas de lana mediana es de entre 20 y 30 micras. Algunas de las razas de ovejas más populares en Estados Unidos pertenecen a esta categoría. Además, un 15% de la población mundial de ovejas es de lana mediana. Las razas Border Cheviot, Babydoll Southdown, Clun Forest, Charollais, Dorset, Gulf Coast Native, Florida Cracker, Hampshire, Ile-de-France, Hog Island, Montadale, Kerry Hill, North Country Cheviot, Panamá, Oxford, Rideau Arcott, Santa Cruz, Romeldale, Shropshire, Suffolk, Southdown, Tunis y Texel son razas de lana mediana habituales en Estados Unidos. De estas razas, la Border Cheviot, la Dorset, la Charollais, la Ile-de-France, la Hampshire, la North Country Cheviot, la Montadale, la Rideau Arcott, la Oxford, la Southdown, la Shropshire, la Texel, la Suffolk y la Tunis son razas de carne que también proporcionan lana.

Ovejas de pelo

Aproximadamente un 10% de la población mundial de ovejas está constituida por ovejas de pelo, que están ganando popularidad, especialmente en regiones como Europa y Norteamérica. Las razas de ovejas de pelo pueden dividirse en dos categorías: «mejoradas» y «no mejoradas». Croix y Barbados Blackbelly son buenos ejemplos de ovejas de pelo no mejoradas. Son razas autóctonas que se han adaptado gradualmente a su entorno a través de la evolución. Las razas de pelo mejoradas son el producto del cruce entre razas de pelo y razas de carne y lana. La Katahdin, la Dorper, la San Agustín y la Royal White son buenos ejemplos de razas ovinas de pelo mejoradas. Las razas de pelo también pueden clasificarse según su lugar de origen. Las razas de pelo como la Barbados Blackbelly y la St. Croix, originarias de climas tropicales, suelen ser buenas contra los parásitos internos. La Damara y la Dorper también son originarias de regiones áridas y se comportan bien en climas similares.

La American Blackbelly, la Barbados Blackbelly, la Katahdin, la Dorper, la Romanov, la Royal White, la St. Croix, la St. Augustine y la Wiltshire Horn son razas de pelo habituales en los Estados Unidos. Estas razas se crían para producir carne, ya que no producen muchas fibras de lana.

Lanas especiales

Varias razas producen lanas especiales. Las ovejas que producen lana «de alfombra» muy gruesa, a menudo se esquilan y su pelo se utiliza para fabricar alfombras, como su nombre lo indica. Otra lana especial es la de doble capa, que consiste en una capa exterior más larga y una capa interior más fina. Algunas lanas especiales son conocidas por sus colores y patrones específicos.

La Awassi, la Karakul americana, la Herdwick y la Scottish Blackface son razas especializadas en lana para alfombras muy populares en Estados Unidos. Con lana de doble capa, la Islandesa, la Navajo-Churro, la Shetland, la Racka y la Soay son razas populares en Estados Unidos. La California Red, la California Variegated Mutant, la Gotland, la Black Welsh Mountain, la Romanov y la American Jacob son razas especializadas en lana conocidas por su color y sus combinaciones de colores.

Capítulo 3. ¿Jardín o pequeña granja?

Puede haber varias razones por las que esté considerando la posibilidad de criar ovejas en su jardín o en su pequeña granja. Estas razones pueden ir desde la cría de una o dos ovejas como mascotas de la familia hasta la cría de un pequeño rebaño de ovejas con la expectativa de obtener beneficios mediante la venta de lana, carne o leche. Recuerde que es importante que la naturaleza y la escala de su proyecto de cría de ovejas se ajusten al espacio del que dispone.

Muchas familias están adoptando la autosuficiencia y la sostenibilidad. Se les anima a convertir cualquier terreno que posean en algo que les proporcione alimentos, materias primas esenciales e ingresos. En un entorno así, los patios traseros —e incluso los delanteros— que antes estaban vacíos se están convirtiendo en exuberantes huertos domésticos y zonas donde se crían gallinas, cabras y ovejas.

Puede que le atraiga adoptar un estilo de vida así, en el que prefiera las plantas y los animales que proporcionan alimentos, materias primas e ingresos, a los patios exteriores, las piscinas y otras comodidades y lujos similares. Convertir un patio trasero en un pasto no es una tarea difícil. Incluso los céspedes delanteros pueden convertirse en pastizales temporales para las ovejas que, además, eliminan el tiempo y los costes relacionados con la siega.

Las minigranjas y los bloques de cultivo son cada vez más populares entre las personas y familias que aspiran a llevar un estilo de vida más sencillo, sostenible, autosuficiente y al aire libre. Una minigranja es una granja residencial que no supera los 50 acres. Los propietarios de las minigranjas suelen tener una fuente de ingresos distinta a la de la granja.

Un individuo o una familia que vive en una minigranja o bloque de cultivo aspira a criar ganado, además de mantenerlo y desarrollarlo. Este tipo de granjas pequeñas suelen incluir un gran jardín, un gallinero, una perrera, un corral para cerdos y, a veces, un granero y un tractor y otras herramientas y equipos agrícolas. Criar ovejas en una propiedad de este tipo es mucho más fácil que hacerlo en un patio trasero, aunque hay que trabajar para gestionar adecuadamente el terreno disponible.

Tanto los patios como las minigranjas tienen un espacio limitado. El espacio disponible suele determinar la escala de su empresa de cría de ovejas y para qué fines es realista criarlas. Por ejemplo, si solo se dispone de un patio trasero para criar ovejas, es posible que solo se críen una o dos ovejas como mascotas o para proporcionar lana, carne o leche a la familia. El rebaño no será lo suficientemente grande como para obtener beneficios, aunque le ofrecerá carne ecológica que le permitirá ahorrar una gran suma de dinero.

Si es usted propietario de una granja con una superficie de 10 acres, tiene la libertad de criar un rebaño de ovejas más grande. En este caso, además de disfrutar de las alegrías de la cría de animales y de la sostenibilidad, podrá obtener unos ingresos considerables con la venta de lana, carne o leche.

Ventajas y desventajas de criar ovejas en el patio trasero

Si dispone de un patio trasero de tamaño considerable, podrá criar algunas ovejas en él. Aunque el número de ovejas que puede criar en un patio trasero puede ser limitado, seguirá disfrutando de muchos beneficios de la cría de ovejas. Al mismo tiempo, la cría de ovejas en los patios traseros u otros espacios reducidos tiene ciertas desventajas. Veamos esas ventajas y desventajas.

Ventajas de criar ovejas en el patio trasero

Las ovejas son fáciles de criar. Existen muchas razas de ovejas que se pueden criar para muchos fines y que se adaptan bien a distintos climas. Son criaturas mansas y obedientes, fáciles de manejar y la mayoría de las razas de ovejas comen todo tipo de hierbas, maleza y matorrales. Criar ovejas en un patio trasero es más realista y práctico de lo que la mayoría de la gente imagina.

Lo cierto es que no se pueden criar docenas de ovejas en un patio más pequeño. También es cierto que no se pueden esperar ganancias económicas significativas de la cría de un rebaño de ovejas más pequeño. No obstante, si mantiene sus objetivos y expectativas bajo control y evita el hacinamiento, podrá obtener muchas recompensas con la cría de ovejas, como un pasatiempo agradable, un buen suministro de carne, lana o leche y mucho más.

Apto para principiantes

Si es nuevo en la cría de ovejas, a usted y a sus ovejas les irá mejor si dispone de un rebaño pequeño. De este modo, podrá aprender rápidamente sin sentirse abrumado. Incluso si comete un error, es muy poco probable que le sea costoso. Podrá observar fácilmente a sus ovejas de forma individual y captar las señales para asegurarse de que son felices y están sanas.

Menor compromiso

La mayoría de los expertos coinciden en que en un acre de terreno caben cómodamente entre seis y diez ovejas, pero este requisito de terreno puede reducirse aún más si el patio trasero tiene un suelo fértil y está en una zona donde llueve mucho. En cualquier caso, si cría ovejas en su patio trasero, es muy probable que tenga un rebaño más pequeño en comparación con alguien que tenga una granja.

Tener un rebaño más pequeño significa que el propietario no necesita comprometerse con un gran número de animales. Cuidar de un rebaño más pequeño es mucho más fácil y se adapta a quienes llevan un estilo de vida ajetreado. También facilita las cosas, especialmente si entre los cuidadores de las ovejas hay niños, ancianos o personas con discapacidad.

Menor inversión inicial

La cría de ovejas requiere una inversión inicial. El patio trasero debe estar bien vallado. Hay que instalar un refugio para que las ovejas estén seguras durante las inclemencias del tiempo. Además de comprar las ovejas, también hay que invertir en comederos y bebederos.

Las ovejas no son muy exigentes. Les gusta todo tipo de hierba, maleza y matorrales. Aunque, si su patio es estéril o carece de mucha vegetación, es posible que tenga que invertir dinero para mejorar el suelo y plantar hierba. Además, si su patio retiene el agua y se convierte en un charco durante la temporada de lluvias, es posible que tenga que trabajar en el drenaje antes de empezar a criar ovejas. La mayoría de estos costes aumentan a medida que aumenta la escala de la empresa. Si quiere criar ovejas en un patio más pequeño en lugar de una pequeña granja, la inversión inicial puede no ser tan grande.

Facilidad de cuidado

Ocuparse de las necesidades de un pequeño rebaño de ovejas es mucho más fácil que gestionar un rebaño de cien ovejas. Es muy probable que cuente con un rebaño pequeño si las cría en su patio. Por ello, le resultará más fácil atender sus necesidades y vigilarlas. Cualquier problema parasitario o de salud similar puede observarse y tratarse con facilidad.

Ideal como pasatiempo

Si es usted alguien que está pensando en criar ovejas como afición, es más fácil mantener un rebaño pequeño. No requiere una inversión considerable por adelantado. Tampoco se necesita mucho tiempo para atender las necesidades de las ovejas cada día. Muchas familias crían ovejas para que sus hijos conozcan las verdades de la naturaleza y crezcan como adultos compasivos y responsables. Criar unas cuantas ovejas como mascotas en su patio puede hacer mucho bien a sus hijos. Aprenderán a asumir responsabilidades al cuidar de sus mascotas y aprenderán a cuidar, amar y respetar a los animales.

Menor mantenimiento

Criar ovejas en un patio trasero no le costará mucho trabajo. Podrá rotar inteligentemente los pastos para que la hierba y el resto de la vegetación tengan tiempo de crecer mientras las ovejas pastan en otro pasto. Se gastará muy poco en medicamentos, suplementos, esquilado y cría.

Autosuficiencia

Puede criar unas cuantas ovejas en su patio para obtener carne, lana o leche. Incluso un pequeño rebaño de ovejas puede recompensar a sus dueños con un suministro constante de estos productos. También se puede utilizar el estiércol de las ovejas para fertilizar las plantas que tiene en su propiedad. Incluso la cría de unas cuantas ovejas en su patio puede hacer que usted y su familia sean más autosuficientes.

Puede disfrutar de algunos ingresos

Es cierto que no se puede criar un gran rebaño de ovejas en un patio trasero, pero eso no significa que no se obtengan ingresos de esta actividad. Incluso un pequeño rebaño de ovejas puede aportar ingresos con la lana, la carne y la leche que dan. Por ejemplo, una familia pequeña no podrá consumir toda la lana, la carne y la leche que proporciona un pequeño rebaño de ovejas. El exceso puede venderse en el mercado agrícola local.

La mayoría de las actividades de cría de ovejas en el patio trasero no generan un beneficio considerable, pero es posible que usted genere suficientes ingresos para el mantenimiento de su rebaño o incluso para compensar la inversión inicial realizada. Se recomienda que planifique su actividad de cría de ovejas en el patio trasero de forma que pueda obtener al menos un poco de ingresos en el futuro.

Desventajas de criar ovejas en el patio trasero

La cría de ovejas en el jardín trasero tiene varios inconvenientes, aunque los aspectos positivos suelen superar a los negativos en la mayoría de los casos. En general, la cría de ovejas se limita a un rebaño más pequeño. Por ello, es posible que no pueda aprovechar al máximo los beneficios de la cría de ovejas. También será más difícil gestionar el limitado espacio disponible. La cría de ganado en espacios reducidos también puede dar lugar a problemas con los vecinos y las autoridades locales. Es importante que esté atento y preparado para estos obstáculos si está pensando en criar ovejas en su patio.

La falta de escalabilidad

Criar ovejas en un patio trasero significa que limitará su actividad a un espacio determinado. No podrá ampliar su proyecto más allá de ese límite. Un acre puede albergar cómodamente entre seis y diez ovejas. Si su patio tiene una superficie de media hectárea, solo podrá criar un rebaño de entre tres y cinco ovejas. Aumentar el tamaño del rebaño puede no ser práctico ni saludable para sus ovejas y es ilegal en varias zonas.

La falta de rentabilidad

Si espera que la cría de ovejas se convierta en una fuente de ingresos considerable, es posible que no tenga mucho éxito criando ovejas en su patio. La lana, la carne y la leche que produzca su pequeño rebaño de ovejas generarán ingresos. La preparación del patio para criar ovejas y la compra de ovejas suelen requerir una inversión considerable, incluso para un patio y un rebaño pequeños. Además, habrá que mantener la operación para que las ovejas sean esquiladas y sacrificadas. Los ingresos de una pequeña explotación ovina difícilmente se convertirán en beneficios.

Amenazas urbanas

Casi todos los ganaderos que crían ovejas en su patio viven en una zona urbana o suburbana. En estas zonas hay varias amenazas que pueden hacer daño a las ovejas. Estas son vulnerables a los animales domésticos, como los perros. Si tiene perros, es importante que estén entrenados para convivir con las ovejas. Las vallas deben ser lo suficientemente sólidas como para que los perros de los vecinos no puedan entrar en su patio y hacer daño a las ovejas.

Las ovejas pueden ser rebeldes. Pondrán a prueba los muros, vallas y puertas de su patio. Si una oveja se escapa, puede ser atropellada, toparse con un perro o comer una planta venenosa. Es importante proteger su patio para que las ovejas no resulten heridas o mueran a causa de estas amenazas urbanas.

Problemas con la normativa local

La zona en la que vive puede tener ciertas normas y reglamentos sobre la cría de ganado en propiedades residenciales. Se recomienda encarecidamente que consulte a las autoridades locales y a otras personas que crían ovejas en sus patios antes de invertir en la cría de ovejas.

Vecinos descontentos

Aunque son criaturas aparentemente tranquilas, las ovejas pueden hacer mucho ruido al masticar, balar e incluso al hacer la digestión. Si usted vive en una zona en la que las casas están situadas justo al lado de su patio, es posible que tenga que asegurarse de que su actividad de cría de ovejas no haga infelices a sus vecinos.

La mayoría de los patios tienen un suelo lo suficientemente adecuado para criar ovejas, pero si tiene un patio con mal drenaje, debe solucionarlo antes de empezar a criar ovejas en él. Cuando se crean charcos de agua y barro en la época de lluvias, los excrementos y la orina de las ovejas pueden crear olores de los que los vecinos pueden quejarse. Estos olores suelen evitarse si se mantiene el patio bien drenado y seco.

Mantenimiento de los pastos

Su patio debería poder cultivar suficiente comida para su rebaño de ovejas durante todo el año. Es muy recomendable que comience con un rebaño muy pequeño y vaya aumentándolo progresivamente. Si parece que hay comida para más ovejas, se puede ir introduciendo gradualmente una o dos ovejas en el rebaño.

Rotar los pastos también es una buena idea si resulta práctico. Dar un descanso a los pastos puede ayudar a que se vuelvan más frondosos y ricos en vegetación. Puede colocar vallas provisionales y determinar dónde puede pastar el rebaño y mantener ciertas áreas del patio trasero fuera de los límites para permitir que crezca la vegetación.

Suministro de refugio

En función del clima y el tiempo de la zona en la que vive, tendrá que proporcionar a su rebaño un refugio. Un árbol alto puede ser suficiente en algunas zonas, mientras que otras pueden requerir un pequeño cobertizo para que las ovejas puedan encontrar refugio durante el tiempo adverso.

Alimentación en invierno

Si vive en una zona con inviernos fríos, es posible que en su patio no crezca comida para su rebaño durante los meses de invierno. En este caso, tendrá que producir heno para mantener a sus ovejas alimentadas durante el invierno. Sin embargo, en los patios pequeños no crece suficiente hierba en exceso para convertirla en heno. Por ello, es posible que tenga que comprar heno para mantener a sus ovejas alimentadas durante los meses de invierno.

Gestión de la tierra

Utilizar su patio para criar ovejas significa que no podrá utilizarlo para la mayoría de los demás proyectos. Las ovejas pueden entrar fácilmente en los jardines de la casa a menos que haya una buena valla alrededor. Es posible que no pueda utilizar su patio para actividades recreativas como antes, ya que las ovejas se asustan con facilidad.

Ventajas y desventajas de criar ovejas en una granja pequeña

Las granjas de menos de 50 acres suelen conocerse como pequeñas granjas, minigranjas, cortijos o granjas de aficionados. También se conocen como fincas rústicas, explotaciones agrícolas y propiedades residenciales rurales en países como Nueva Zelanda y Australia. Una propiedad residencial que es lo suficientemente grande como para albergar ganado, como pollos, ovejas, cabras y ganado, se define como una minigranja o una granja. La superficie de una minigranja varía entre medio acre y 180 acres, según distintas fuentes.

Ventajas de criar ovejas en una granja pequeña

Las granjas pequeñas suelen estar en zonas rurales y ofrecen mucho más espacio que un patio urbano. En este tipo de propiedades residenciales se pueden criar muchas más ovejas. Las granjas pequeñas o minigranjas se clasifican como propiedades residenciales, y el propietario suele tener una fuente de ingresos principal distinta de los ingresos de la granja.

Criar ovejas en una granja pequeña tiene muchas ventajas, sobre todo porque hay más espacio para trabajar. Si está pensando en invertir en una pequeña granja alejada de la ciudad para criar ovejas, hay muchas razones para hacerlo. Si usted es una persona que ya posee una minigranja o una granja, es muy probable que ya esté disfrutando de la mayoría de los beneficios que se mencionan a continuación.

Ideal para granjeros de todos los niveles

Criar ovejas en un patio trasero permite disponer de poco espacio para ampliar el rebaño. Aunque puede ser una forma estupenda de criar ovejas y aprender sobre ellas, puede que no se adapte a quienes aspiran a convertirse en ganaderos de ovejas más serios. Una granja pequeña ofrece una amplia superficie para ampliar el rebaño. Si es usted alguien que aspira a convertirse en un ganadero de ovejas serio y experto más adelante, quizá le convenga más criar ovejas en una granja pequeña en lugar de en un patio trasero.

La gestión de las tierras de la granja puede ser, a veces, difícil, pero incluso quienes se inician en la cría de ovejas pueden beneficiarse enormemente de la posesión de una minigranja. En primer lugar, no tendrán que preocuparse por la escasez de alimentos, ya que las ovejas tendrán más terreno para pastar. También puede hacer heno para alimentar a las ovejas durante los meses de invierno. Y puede dedicarse a otras actividades agrícolas, como cultivar y criar otro tipo de ganado, ya que dispone de más espacio.

Mejor escalabilidad

Quienes crían ovejas en sus patios no pueden permitirse el lujo de ampliar el tamaño de los rebaños. El número de ovejas que puede albergar un determinado terreno tiene un límite. Por ejemplo, en un pequeño patio trasero no se puede hacer mucho, pero cuando se crían ovejas en una granja pequeña, se puede aumentar la escala de la cría de ovejas cuando se esté preparado para ello.

Mayor rentabilidad

La cría de ovejas en una pequeña granja puede convertirse en una fuente de ingresos considerable, ya que se puede mantener un gran rebaño de ovejas. Una vez que esté seguro de aumentar el número de ovejas, puede aumentar el tamaño de su rebaño y superar el punto de equilibrio de su proyecto para llegar a obtener beneficios con la venta de lana, carne o leche.

Mayor facilidad en la gestión de los terrenos

La cría de ovejas en un patio trasero requiere que esté atento a la vegetación y que deje crecer ciertas zonas para que haya un suministro constante de comida para sus ovejas. La gestión de los pastos es mucho más fácil cuando se dispone de más terreno. Puede dejar a sus ovejas en un prado grande durante un mes. A continuación, puede enviarlas a otro para dar tiempo a que se recupere el prado pastado. Del mismo modo, se puede dejar un prado sin tocar para producir el heno necesario durante los meses de invierno.

La cría de ovejas en un patio trasero rara vez permite llevar a cabo otros proyectos, como la jardinería y la cría de otros tipos de ganado. Aunque, como una minigranja tiene mucho más terreno, puede criar ovejas y mantener un gran huerto, criar pollos, cabras o ejercer cualquier otra actividad agrícola.

Desventajas de criar ovejas en una granja pequeña

La cría de ovejas en una pequeña granja tiene algunos inconvenientes, aunque los positivos superan con creces a los negativos. Vivir en una pequeña granja, lejos de las comodidades de la ciudad, es un gran paso. Mantener una pequeña granja con mucho más terreno que una propiedad urbana o suburbana también requiere mucho tiempo y trabajo duro. Criar ovejas en un terreno grande, como una pequeña granja, plantea retos únicos que quizá no se encuentren al criar ovejas en el patio de casa.

Se requiere una mayor inversión inicial

La compra de una pequeña granja o minigranja es un compromiso a largo plazo que debe pensarse con detenimiento. Aunque el propietario de una pequeña granja debe tener una fuente de ingresos principal que no esté relacionada con la granja, esta también debe proporcionarle alimentos para que se cumpla su función.

Criar ovejas en una granja pequeña requiere más dinero que criarlas en un patio trasero. Hay que vallar una zona más grande en función del tamaño del rebaño. Hay que proporcionar a las ovejas un refugio adecuado en función del tiempo y el clima de la región de la granja. Todo esto requiere una inversión considerable por adelantado, sobre todo si se quiere criar un gran rebaño de ovejas.

Es un compromiso más grande

Es muy probable que se críe un rebaño de ovejas más grande cuando se tiene una granja pequeña, ya que hay más terreno. Criar un rebaño grande de ovejas requiere más tiempo y esfuerzo. Deberá asegurarse de que las ovejas estén bien alimentadas y tengan acceso al agua durante todo el día. También tendrá que proporcionarles protección y vigilar que no sufran enfermedades.

Un rebaño de ovejas más grande requiere más comida. Hay que asegurarse de que tengan un suministro constante de comida, especialmente durante el invierno. Si vive en una zona con inviernos fríos, tendrá que producir suficiente heno para que las ovejas estén bien alimentadas hasta la primavera.

Tener un rebaño más grande significa que tendrá que dedicar más tiempo y esfuerzo a la cría de corderos y a la esquila. Antes de introducir más ovejas en su rebaño, debe asegurarse de que tiene el tiempo y la capacidad física para mantener un rebaño grande en una granja pequeña.

Supone un mayor riesgo

La cría de ovejas en una pequeña granja requiere una inversión considerable en vallado, refugio, compra de ovejas, esquilado, cría, medicinas y mucho más. Es una actividad que requiere un mantenimiento mayor que el de un proyecto de ovejas en el patio trasero. Esta inversión conlleva ciertos riesgos. Las enfermedades, la climatología adversa y los depredadores pueden causar daños a las ovejas que pueden reducir el rendimiento de la inversión. Hay que estar preparado para estos incidentes y resultados desagradables cuando se crían ovejas en una pequeña granja.

Amenazas de los depredadores

La cría de ovejas en el patio trasero de una zona urbana o suburbana implica menos riesgos de depredadores en comparación con la cría de ovejas en una pequeña granja en una zona rural. Hay más posibilidades de que existan depredadores comunes, como coyotes, gatos monteses, lobos, zorros, leones de montaña y osos. Es posible que necesite gastar más dinero en la protección de su propiedad contra los depredadores y más tiempo en la protección de sus ovejas, dependiendo de dónde se encuentre su pequeña granja.

Capítulo 4. Cómo alojar y cercar a sus ovejas

Las ovejas deben estar confinadas en determinadas zonas para su propia protección y la de los cultivos. Si una oveja se escapa de su zona de confinamiento, puede sufrir daños de muchas maneras, provocar daños en los huertos familiares y mezclarse con otro rebaño de ovejas. Las zonas en las que se mantienen las ovejas deben estar debidamente valladas para que no puedan escaparse y los depredadores no puedan entrar en ellas.

Todo el perímetro de una parcela destinada a la cría de ovejas debe estar bien vallado. No puede haber puntos débiles en el perímetro, ya que esto puede causar que las ovejas se escapen o que los depredadores entren en la parcela. Tendrá que gastarse una cantidad considerable de dinero en el vallado. No se alarme, ya que suele ser el mayor coste asociado a la cría de ovejas, solo superado por el coste del terreno.

Cercado perimetral

Una parcela destinada a la cría de ovejas debe contar con dos tipos de vallado: el interior y el perimetral. Asimismo, muchos ganaderos de ovino utilizan vallas temporales para delimitar las zonas a las que tienen acceso las ovejas. El vallado perimetral actúa como primera línea de defensa contra cualquier depredador que pueda intentar entrar en la zona de pastoreo. Las vallas perimetrales solo deben instalarse alrededor del límite de la zona de pastoreo. La resistencia y la durabilidad deben ser las prioridades a la hora de seleccionar un vallado perimetral adecuado. Las vallas eléctricas de alta resistencia, de varios hilos, y una combinación de vallas de alambre tejido, alambres eléctricos compensados y alambre de espino son las opciones más preferidas para el vallado perimetral.

Vallas eléctricas de alta resistencia

Estas vallas no solo son muy duraderas, sino también fáciles de construir. Y lo que es más importante, también son menos costosas en comparación con otros tipos de cercado. Mientras que el uso de solo uno o dos cables eléctricos puede confinar al ganado, las ovejas necesitan más hilos para controlarlas y mantener alejados a los depredadores. Una zona utilizada para el pastoreo de ovejas requiere de cinco a siete hilos de alambre eléctrico de alta resistencia de calibre 12,5.

Los cables inferiores deben estar mucho más separados entre sí, con una distancia de 15 a 20 centímetros entre cada hilo. Se recomienda que todos los cables se mantengan en zonas cálidas en las que haya lluvias uniformes y vegetación verde durante gran parte del año. Además, las zonas con suelos secos y pedregosos, con escasas precipitaciones o con frecuentes nevadas o heladas requieren cables de retorno al suelo.

Hay que instalar interruptores para que los cables puedan apagarse en función de las distintas situaciones. Por ejemplo, el cable más cercano al suelo debe apagarse si hay mucha vegetación a su alrededor. Hay que instalar tirantes en los extremos para que haya suficiente tensión en las esquinas del perímetro. Las grapas se utilizan para sujetar los alambres a los postes de la valla. Deben clavarse en los postes para que el alambre pueda moverse durante el tensado, la presión del ganado y los cambios de temperatura.

Conexión a tierra

Una conexión a tierra inadecuada provoca fallos en las vallas eléctricas. Las vallas eléctricas deben estar bien conectadas a tierra para que los circuitos estén completos y proporcionen una descarga efectiva a las ovejas si entran en contacto con la valla. Es necesario utilizar al menos tres varillas de tierra para cada energizador o cargador. También se aconseja medir la carga que proporciona el cercado en diferentes puntos del perímetro utilizando un voltímetro para solucionar los fallos del cercado.

Energizador o cargador

Este dispositivo actúa como el corazón de una valla eléctrica al convertir la energía de la batería en un alto voltaje que puede dar una descarga efectiva a un animal si toca la valla. Los cargadores actuales se han mejorado y pueden dar una descarga a un animal a través de cualquier material extraño o vegetación que esté tocando la valla.

Un buen energizador de 4.000 voltios suele permitir controlar a las ovejas. La cantidad de energía que va a necesitar depende de la longitud de todo el cercado, del número de alambres y de la gravedad de las condiciones. Un solo julio puede proporcionar energía a un alambre de cercado de seis millas de largo. Por lo general, 4,5 julios son suficientes para un área de 20 a 50 acres.

Las vallas eléctricas de alta tensión necesitan un mantenimiento adecuado para un uso prolongado y eficaz. La tensión de las vallas debe ser revisada y mantenida regularmente. Hay que eliminar o rociar la maleza que aparece en el cercado. También se recomiendan los pararrayos y los protectores de sobretensión para evitar que el cargador sufra daños por el impacto de los rayos.

Alambre tejido (alambre estadounidense)

Este es el cercado tradicional utilizado para las ovejas. El alambre tejido consiste en alambres horizontales más lisos sujetos por alambres verticales conocidos como *tirantes*. El espacio entre los alambres horizontales varía de una pulgada y media cerca de la parte inferior a seis pulgadas en la parte superior. En el caso de los animales pequeños, como las ovejas, los alambres suelen espaciarse cada 15 centímetros.

Las vallas de alambre tejido construidas para controlar a las ovejas suelen tener cuatro pies de altura. Cuando una valla de este tipo incluye un par de alambres eléctricos o de púas, constituye un fantástico vallado perimetral para el ganado ovino. Por ejemplo, colocar un alambre de púas a lo largo de la parte inferior de una valla de alambre tejido aumenta su durabilidad al actuar como un «alambre oxidado». Un alambre eléctrico colocado a la altura de los hombros evitará que las ovejas intenten escapar o meter la cabeza en la valla. Otro alambre a medio metro del suelo mantendrá alejados a los depredadores.

Las vallas de alambre trenzado hechas con alambres de alta resistencia son más caras, pero evitan que la valla se estire y se hunda, ya que son más ligeras. Son más resistentes a la oxidación y necesitan menos postes. Las vallas de alambre trenzado son muy eficaces; no solo son muy seguras, sino que funcionan como barrera visual, pero puede que las vallas de alambre trenzado le resulten demasiado caras, sobre todo si tiene que cubrir una gran superficie.

Malla de alambre

Estas vallas constan de aberturas mucho más pequeñas que las vallas de alambre trenzado. Hay dos tipos de alambres de malla: los de malla de diamante y los de malla de nudo cuadrado. Los alambres de malla son más caros que las vallas de alambre trenzado. Por ello, no es económicamente viable utilizarlo para cubrir grandes áreas, pero muchos ganaderos utilizan el alambre de malla para proteger los corrales, donde se requiere más control y se necesita cubrir menos espacio.

Vallas de alambre de púas

Los ganaderos utilizan a veces vallas de alambre de púas para proteger los terrenos destinados a la cría de ovejas, pero no son recomendables debido a su ineficacia para mantener alejados a los depredadores y a los daños que pueden causar al ganado. La lana puede enredarse fácilmente en las púas, y cualquier intento de escapar herirá a las ovejas. Recuerde que debe evitarse estrictamente la carga de alambre de púas debido a los riesgos que supone para los animales.

Vallas móviles

Estas vallas no pueden alejar eficazmente a los depredadores ni retener a las ovejas a menos que vayan unidas a un alambre eléctrico, trenzado o de malla. Las vallas móviles también son más caras de construir y mantener. No suelen utilizarse para cubrir grandes superficies, sino solo para establos y corrales.

Postes para vallas

En la construcción de vallas encontrará todo tipo de postes. Elija los postes según el tipo de vallado disponible y para proteger la zona. Por ejemplo, si quiere construir vallas permanentes, es mejor optar por postes de madera tratada. Para colocar una valla temporal, puede elegir postes de fibra de vidrio o de acero.

Los postes de madera para vallas están disponibles en muchos tamaños y formas. El diámetro superior suele determinar la resistencia de los postes de madera. Se recomienda prestar especial atención a la resistencia de los postes si los utiliza como postes de esquina o de puerta. Para estos fines, se aconseja un diámetro superior mínimo de ocho pulgadas. Los postes de refuerzo, por su parte, deben tener un diámetro superior de unas cinco pulgadas. Los postes de línea no tienen por qué ser tan resistentes como los de esquina o los de refuerzo. Puede utilizar postes con un diámetro de dos pulgadas y media para los postes de línea, pero si dispone de presupuesto, se recomienda utilizar postes de línea más fuertes, ya que hacen que la valla sea más estable y duradera.

Los postes de acero también son una muy buena opción por muchas razones. Son fáciles de clavar y ligeros. Además, son más duraderos que los postes de madera y también son resistentes al fuego. También pueden mantener las vallas conectadas a tierra para protegerlas de los rayos.

Un poste debería ser lo suficientemente alto como para acomodar toda la altura de la valla junto con seis pulgadas adicionales por debajo del suelo. La mayoría de las vallas tienen postes cada dos metros. Las vallas de alta tensión necesitan menos postes. Solo se necesitan postes cada 16 a 90 pies en las vallas de alta tensión. El espacio entre los postes debe decidirse cuidadosamente en función del tamaño del poste, el ganado, la topografía y la tensión del cable.

Reutilización de vallas viejas

Si es usted propietario de un patio o de una pequeña granja que ya tiene vallas antiguas, estas pueden utilizarse eficazmente para criar ovejas en lugar de retirarlas y construir nuevas vallas que requieren una inversión considerable. Se pueden colocar soportes para reforzarlas junto con cables eléctricos a ambos lados de la valla a dos tercios de la altura para controlar a las ovejas. La valla vieja puede funcionar como cable de tierra para completar el circuito y hacerlo efectivo.

Vallado interior

Los cercados interiores se utilizan para dividir la zona de pastoreo en potreros más pequeños. Los cercados interiores no tienen por qué ser tan seguros como los perimetrales, ya que sus fallos rara vez ponen en peligro a las ovejas. Las vallas temporales se construyen con cinta de poliéster, alambre de poliéster, alambre de alta resistencia y malla eléctrica.

Alta tensión

En el caso de las vallas interiores, se suele utilizar un alambre de alta tensión de un calibre entre 17 y 19 para las vallas que no se mueven constantemente. Son ligeras, aunque no son adecuadas para cercas que se mueven con frecuencia. Una valla interior puede construirse utilizando dos o tres alambres de alta resistencia para confinar a las ovejas en determinadas zonas dentro de un prado.

Cable y cinta de poliéster

Estos son los materiales más comunes utilizados para construir vallas temporales o interiores para la cría de ovejas. Ambos contienen plástico y metal y vienen en diferentes colores. Los cables de poliéster están disponibles en diferentes grados según el calibre del conductor y el número de filamentos.

Asimismo, la cinta de poliéster está disponible en varios grados según la calidad del tejido de plástico y el número de filamentos. La cinta de poliéster ofrece más visibilidad que el cable de poliéster. Por ello, es más recomendable para el cercado de ovejas. El cable de poliéster, en cambio, es más barato y más duradero. Tanto el cable como la cinta de poliéster se presentan en bobinas que resultan cómodas a la hora de trasladar las vallas.

Postes de entrada

Son los postes más utilizados para crear vallas interiores o temporales, especialmente los fabricados con productos de poliéster. Son fáciles de usar, especialmente si la valla se mueve con frecuencia. Son fáciles de trabajar y más duraderos que los postes de fibra de vidrio y plástico. Por el contrario, clavar los postes de entrada en la tierra puede ser difícil si el suelo es duro.

Postes de fibra de vidrio

Estos postes de cercado son más adecuados para cercas interiores que no se mueven con demasiada frecuencia. Se clavan en el suelo mediante tapones de arrastre, mientras que los aislantes de plástico o las pinzas de alambre permiten fijar el cable en ellos. Los postes de fibra de vidrio, al igual que los demás postes, son difíciles de instalar en suelos duros y durante el invierno.

Postes en forma de T

Estos postes metálicos para vallas interiores son mucho más resistentes que otros postes para vallas temporales, pero son más caros y difíciles de manejar. Los postes en forma de T no se recomiendan para vallas interiores que se mueven con frecuencia.

Redes eléctricas

Esta opción de vallado crea una barrera tanto física como mental para las ovejas y puede utilizarse tanto como vallado temporal como permanente. Es una combinación inteligente de cable de poliéster y cordeles de plástico y viene con postes de soporte en longitudes fijas de 25 y 50 metros. La malla eléctrica es fácil de usar, ya que es ligera. Proporciona una gran protección contra los depredadores.

La malla eléctrica es adecuada para el pastoreo en franjas, los vallados temporales, la creación de vías para el desplazamiento de las ovejas, la protección de los forrajes al aire libre y mucho más. A menudo, la malla eléctrica también se utiliza como cercado perimetral temporal cuando se realiza el mantenimiento de los vallados perimetrales permanentes, pero existe cierto riesgo de que las ovejas, especialmente los corderos, se enreden en la malla eléctrica. Es necesario observar esto con atención, especialmente durante la temporada de partos.

Refugio para ovejas

Puede decidir dotar a sus ovejas de refugio en función del clima, durante la época de partos, en función de cómo prefiera manejarlas. Por ejemplo, si el parto se inicia durante condiciones meteorológicas adversas, es posible que tenga que proporcionar refugio a las ovejas para proteger a los corderos, pero si el parto tiene lugar durante un clima suave, las ovejas pueden sobrevivir con algún refugio sencillo o incluso sin él. Es cierto que los partos en establo suelen dar lugar a mayores porcentajes de cría. Las condiciones que se pueden dictar sin depender de la naturaleza dan a los corderos más posibilidades de sobrevivir. Las ovejas criadas en el interior de un refugio suelen tener menos necesidades nutricionales, pero las posibilidades de que desarrollen problemas respiratorios son mayores en comparación con las criadas al aire libre.

La cría de ovejas requiere un refugio para albergar el lecho, el pienso y el equipo. Se puede preservar la calidad del heno si se almacena en un granero o cobertizo en lugar de hacerlo al aire libre, aunque sea a cubierto. Lo mismo ocurre con el pienso y el equipo. En algún refugio hay que confinar a las ovejas enfermas, débiles y nuevas, y los carneros también necesitan un refugio separado.

La decisión de ofrecer un refugio para las ovejas suele tener más que ver con su comodidad y conveniencia. Cuidar de sus ovejas durante el invierno o en condiciones climáticas adversas es mucho más fácil cuando las ovejas están alojadas en un refugio. No obstante, debe recordar que el refugio requiere una inversión considerable.

Criar ovejas en el exterior durante todo el año

Muchos ganaderos crían a sus ovejas en el exterior durante todo el año, lo que resulta más natural que darles cobijo. Las ovejas se benefician de estar al aire libre, ya que hacen más ejercicio y tienen una ventilación óptima. También pastan durante el invierno si están al aire libre, lo que permite ahorrar mucho pienso y heno.

Las ovejas suelen poder pastar con unos 30 centímetros de nieve. Así satisfacen su necesidad de agua al comer nieve. Además, usted puede proporcionarles agua durante el invierno, especialmente si hay ovejas lactantes en su rebaño. En resumen, las ovejas adultas pueden sobrevivir a la mayoría de los inviernos con su ayuda.

Las ovejas recién esquiladas y los corderos recién nacidos, en cambio, pueden necesitar un refugio temporal. La combinación de temperaturas bajas y humedad puede ser letal para los corderos, incluso de pocas semanas. Hay que preparar un refugio si el parto tiene lugar durante el invierno o poco antes.

Refugio y sombra

Existe un debate sobre si las ovejas necesitan refugio o sombra para sobrevivir o no. Las ovejas pueden sobrevivir mejor en condiciones de frío y humedad que de calor. La sombra es importante en climas cálidos y húmedos. Las ovejas de pelo pueden buscar más el refugio y la sombra durante el tiempo frío y húmedo que las ovejas de lana.

La mayoría de las veces, las ovejas pueden sobrevivir gracias al cobijo de los árboles o los cortavientos. Si un pasto no tiene árboles dentro de sus límites, se pueden construir estructuras sencillas que proporcionen suficiente refugio y sombra a las ovejas si se considera necesario. Dependiendo del tamaño del rebaño, se pueden utilizar estructuras sencillas que proporcionen cobijo y sombra, como cobertizos para corrales, casetas, porches, cúpulas y estructuras móviles.

Opciones de refugio para ovejas

Para la cría de ovejas puede elegir todo tipo de opciones de refugio, en función de sus necesidades. La gama va desde los graneros tradicionales y los edificios de postes hasta las estructuras metálicas más caras. El coste de estos tipos de alojamiento varía, así como su eficacia y durabilidad. Le recomendamos que elija el tipo de alojamiento en el que vaya a invertir después de haberlo considerado detenidamente.

Las casas con aros son una alternativa rentable a los métodos de alojamiento más tradicionales para las ovejas. Son como los invernaderos comunes, con armazones metálicos arqueados cubiertos con telas pesadas que suelen durar hasta 15 años. Los refugios para ovejas no tienen por qué ser siempre nuevos. Si su propiedad tiene alguna estructura antigua y sin usar, como graneros, puede renovarla fácilmente para albergar ovejas cuando sea necesario.

Cómo elegir el lugar para un refugio de ovejas

El lugar que elija para construir un refugio para ovejas debe estar en un terreno elevado con un buen drenaje. Y lo ideal es que los lados abiertos del refugio estén orientados hacia el sur, a menos que soplen fuertes vientos en esa dirección. Un buen refugio para ovejas debe incluir instalaciones para almacenar el pienso y el equipo y gestionar los residuos de forma eficiente e higiénica. El refugio también debe tener acceso a agua y electricidad.

Necesidades de espacio

Las ovejas confinadas en un refugio generalmente necesitan de 12 a 16 pies cuadrados de espacio. Los corrales de parto en su refugio deben ser más espaciosos, con aproximadamente 16 a 25 pies cuadrados. Para alojar a las ovejas y a los corderos juntos, cada oveja y sus corderos deben tener alrededor de 16 a 20 pies cuadrados de espacio. Los corderos lactantes alojados en un refugio necesitan entre 2 y 3 metros cuadrados cada uno.

Los requisitos de espacio mencionados pueden reducirse si el refugio tiene suelos de rejilla o si las ovejas pueden acceder a un pasto o a una zona de ejercicio. Otra cosa que hay que tener en cuenta es que la capacidad de un refugio para ovejas puede aumentar aproximadamente un 20% si se esquilan las ovejas antes de alojarlas.

La importancia de la ventilación

Una buena ventilación es vital para alojar a las ovejas. Los establos cerrados o con calefacción son muy desaconsejados. La falta de ventilación podría hacer que las ovejas desarrollen enfermedades respiratorias, como bronquitis y neumonía.

Siéntese de manera que su cabeza esté al mismo nivel que la de una oveja y compruebe si hay un fuerte olor a amoníaco alrededor. Si es así, deberá proporcionar más ventilación. Si no es así, su refugio tiene suficiente ventilación, pero haga este ejercicio regularmente para estar seguro.

Se puede proporcionar ventilación a un refugio para ovejas mediante métodos tanto mecánicos como naturales. Las estructuras que se ventilan de forma natural son muy recomendables para las ovejas. Los métodos mecánicos incluyen extractores y métodos similares. Es importante recordar que una ventilación excesiva es mejor que una ventilación insuficiente, ya que las ovejas toleran bien el frío si el refugio está seco y dispone de zonas sin corrientes de aire.

Opciones de lecho

Proporcionar un refugio seco, cálido, cómodo y aislado para las ovejas es más fácil con un buen material de lecho. Se pueden utilizar todo tipo de lechos para los refugios que albergan a las ovejas. Los tipos de material de lecho más comunes son el heno, la paja, las mazorcas de maíz, los tallos de maíz secos, las cáscaras de semillas de algodón, las cáscaras de cacahuete, el serrín, las cáscaras de avena, las virutas de madera, las virutas de pino, papel roto, arena, cáñamo, turba y hojas secas. Cada material de lecho tiene sus ventajas y sus inconvenientes.

Tradicionalmente, la paja es la base preferida para el ganado, como las ovejas. Sin embargo, el heno es más barato que la paja, ya que la paja tiene muchos otros usos. El serrín no es recomendable para los refugios que albergan ovejas de lana, ya que puede penetrar en sus vellones. Las cáscaras de cacahuete y las virutas de madera también son buenas opciones para el lecho, aunque son menos absorbentes.

El papel roto es más barato y más absorbente que la paja. Un aspecto negativo es que puede provocar un gran desorden si los trozos de papel se salen del refugio. Muchos criadores de ovejas prefieren la arena, según la disponibilidad y el coste. Antes de elegir un material de lecho, se puede comprobar la disponibilidad y el coste de los distintos materiales y comprobar su capacidad de absorción. El truco consiste en elegir un material de lecho asequible que pueda mantener el refugio seco y limpio durante el mayor tiempo posible.

Lista de control para el refugio y el vallado

• Sopese las opciones de vallado perimetral e interior en función del tamaño de su terreno, el rebaño, los riesgos de depredadores, los métodos de pastoreo de las ovejas y el presupuesto.

• Si su propiedad ya tiene vallas existentes, evalúe su resistencia e intente renovarlas reparando los puntos débiles y reforzándolas aún más.

• Decida un mecanismo de vallado interior que pueda utilizarse para gestionar los pastos y controlar a las ovejas.

• Infórmese sobre los retos climáticos y meteorológicos de su zona. Hable con los ganaderos locales de ovejas y conozca cómo les dan cobijo a sus ovejas.

• Evalúe su terreno y compruebe si su topografía puede ofrecer suficiente protección a sus ovejas frente a los retos climáticos y meteorológicos a los que seguramente se enfrentarán en su zona.

• Compruebe si en su propiedad existen estructuras que puedan utilizarse como refugio para ovejas y corderos. Renueve cualquier estructura de este tipo para utilizarla como cobijo.

• Construya un nuevo refugio para las ovejas si sus métodos de gestión, el clima local y el tiempo requieren de un refugio para las ovejas.

• Elabore una estrategia de refugio para poner en cuarentena y atender a las ovejas enfermas y a los corderos nacidos durante las condiciones meteorológicas adversas.

• Conozca las opciones de lecho disponibles en su zona. Elija una o dos opciones de lecho en función de su disponibilidad y asequibilidad para proporcionar un refugio limpio y cómodo a sus ovejas.

Capítulo 5. Nutrición y alimentación de las ovejas

Las ovejas, al igual que el resto del ganado, no necesitan una alimentación específica, pero hay que conocer sus necesidades nutricionales esenciales, como energía, proteínas, minerales, vitaminas, fibra y agua. Diferentes alimentos pueden satisfacer estas necesidades nutricionales. También es importante asegurarse de que las ovejas tengan acceso a una nutrición equilibrada para garantizar su salud y bienestar.

Necesidades nutricionales esenciales del ganado ovino

Es importante que entienda claramente las necesidades nutricionales de las ovejas y los corderos para garantizar su salud y bienestar y el éxito de su actividad ganadera. Estas necesidades varían en función de la raza, la edad, el sexo, la genética, el peso, el nivel y la fase de producción. Si está criando ovejas de alto rendimiento, sus necesidades nutricionales son comparativamente mayores.

Las ovejas que no están preñadas o amamantando tienen menos necesidades nutricionales. El nivel de nutrición que reciben las ovejas generalmente dicta si ganan peso corporal o lo pierden, por lo que puede utilizar su peso corporal para medir cómo se cumplen sus requisitos nutricionales.

Energía

Al igual que los humanos, las ovejas necesitan energía para vivir y funcionar. La mayor parte de los carbohidratos y las grasas de la dieta de las ovejas se destinan a la producción de energía, mientras que cualquier exceso de proteínas también se utiliza para la misma causa. Los hidratos de carbono son la principal fuente de energía y suelen encontrarse en los cereales, los pastos y el heno.

La mayoría de los ganaderos de ovino luchan por asegurarse de que las necesidades energéticas de sus ovejas se ajustan a la vez que se evita la sobrealimentación o la falta de alimentación. La falta de alimentación conduce a una deficiencia energética que se manifiesta en la pérdida de peso, la reducción del crecimiento e incluso la muerte. Unas tasas de concepción reducidas, menos partos múltiples y una menor producción de leche son signos de deficiencia energética en las hembras reproductoras.

El bajo consumo de energía también provoca una disminución de la calidad de la fibra y del crecimiento de la lana. Las ovejas que no reciben suficiente energía a través de su dieta son más susceptibles a los gusanos gastrointestinales, ya que la falta de energía debilita su sistema inmunológico.

Los alarmantes resultados de la falta de alimentación no significan que deba alimentar en exceso a sus ovejas. Un consumo excesivo de energía puede provocar un deterioro de la función reproductiva y una toxemia de la gestación. La mayoría de los consumidores consideran indeseables los corderos con sobrepeso, por lo que también debe evitarse la sobrealimentación.

Proteína

El rumen de una oveja produce proteínas mediante aminoácidos. Por ello, la cantidad de proteínas en la dieta de una oveja es más importante que su calidad. Las necesidades de proteínas de las ovejas suelen variar en función de la edad, el peso y muchos otros factores. Los corderos jóvenes y en crecimiento y las ovejas lactantes suelen necesitar más proteínas en su dieta.

La mayoría de los ganaderos de ovino utilizan harina de soja como suplemento proteico. La harina de girasol, las semillas de algodón enteras, la harina de semillas de algodón, la harina de cacahuete, las semillas de soja enteras, la harina de pescado, la harina de colza y los gránulos de alfalfa son fuentes de proteínas menos comunes. Las leguminosas cosechadas en la fase de floración también pueden aportar niveles moderados de proteínas.

Los ganaderos utilizan bloques de proteínas para asegurarse de que sus ovejas reciben suficientes proteínas. Aunque es un método cómodo, los bloques de proteínas son caros. También es difícil controlar la ingesta de proteínas, y cualquier exceso de proteína consumida por una oveja en particular se utiliza para la energía, por lo que hay un cierto desperdicio e ineficiencia asociados a este método. Los animales que reciben regularmente un exceso de proteínas también se enfrentan a efectos negativos para su salud, ya que el exceso se convierte en amoníaco y urea en sangre.

Minerales

La dieta de las ovejas debe incluir dieciséis minerales esenciales. Pueden dividirse en dos grupos: macrominerales y microminerales (también conocidos como oligoelementos). Los macrominerales se necesitan en grandes cantidades, mientras que los microminerales se necesitan en cantidades más pequeñas. Los macrominerales son el sodio, el calcio, el cloro, el magnesio, el fósforo, el azufre y el potasio. Los microminerales son el cobre, el yodo, el hierro, el zinc, el manganeso, el cobalto, el molibdeno, el flúor y el selenio.

Sal (sodio y cloruro)

El sodio y el cloruro que contiene la sal desempeñan una función reguladora vital en las ovejas. Por ello, es importante proporcionar a las ovejas suficiente sal. La deficiencia de sal puede conducir a una reducción de la ingesta de agua y alimento, del crecimiento y de la producción de leche. Las ovejas que lamen la tierra y mastican la madera son signos comunes de deficiencia de sal. La sal se utiliza a menudo para regular la ingesta de alimentos y mezclas minerales de libre elección.

Calcio y fósforo

Estos minerales desempeñan un papel vital en el desarrollo y la integridad del esqueleto de las ovejas. Las deficiencias y desequilibrios de estos minerales pueden provocar raquitismo y piedras en la orina. La mayoría de los piensos contienen suficiente calcio. Las ovejas alimentadas con dietas ricas en cereales corren el riesgo de sufrir una carencia de calcio, aunque dichas dietas sean ricas en fósforo. Se recomienda mantener una proporción de 2:1 de calcio y fósforo en la alimentación de las ovejas.

Vitaminas

La dieta de las ovejas debe incluir vitaminas esenciales como la vitamina A, la D y la E. Aunque la vitamina A no esté presente en los alimentos de origen vegetal, el betacaroteno la sintetiza. El consumo de suficiente vitamina D garantiza que las ovejas estén a salvo de enfermedades como el raquitismo y la osteomalacia (reblandecimiento de los huesos). Asimismo, la vitamina K regula la coagulación de la sangre en las ovejas. Las vitaminas B se sintetizan en el rumen, por lo que no es necesario incluirlas en la dieta de las ovejas.

Fibra

El funcionamiento saludable del rumen requiere el volumen creado por la fibra. Esta aumenta la salivación y la rumia. Los expertos consideran que las ovejas deben consumir al menos una libra de fibra en su dieta. La masticación de madera o lana es un signo común de deficiencia de fibra en las ovejas.

Agua

Al igual que la mayoría de los animales, el agua es el nutriente más importante para las ovejas, pero muchos ganaderos descuidan este importante aspecto de la alimentación. Las ovejas suelen consumir entre dos y ocho litros de agua al día. Las condiciones ambientales y los factores psicológicos desempeñan un papel importante en la determinación de las necesidades diarias de agua de las ovejas.

Las ovejas beben agua de forma voluntaria de dos a tres veces al día. La frecuencia puede aumentar en condiciones de sequía o debido a dietas con alto contenido en sal y proteínas. La falta de agua puede provocar una reducción del crecimiento y de la producción de leche. Las ovejas que consumen suficiente agua suelen tener menos posibilidades de desarrollar problemas digestivos y piedras urinarias.

Nutrición durante la cría

Las necesidades nutricionales de las ovejas suelen ser las mismas durante la cría. Una excepción es el *flushing*, un método practicado por los ganaderos de ovino para acondicionar sus cuerpos para la cría antes o al principio de la temporada de cría. Alimentarlas con grano o trasladarlas a un pasto de alta calidad ayuda a conseguir el *flushing*. Se ha demostrado que el *flushing* aumenta la tasa de partos. Sin embargo, esto no es necesario si las ovejas están en buenas condiciones.

Gestación

Las necesidades nutricionales de las ovejas durante el comienzo y la mitad de la gestación solo aumentan ligeramente. Se puede seguir con la misma alimentación durante esta etapa, aunque se debe asegurar que se evite la carencia de nutrientes. Una mala nutrición durante el comienzo y la mitad de la gestación puede afectar a la implantación del embrión y al crecimiento de la placenta.

Durante la fase final de la gestación, las necesidades nutricionales de la oveja aumentan de forma considerable. Aproximadamente el 70% del crecimiento del feto se produce durante las últimas cuatro a seis semanas de gestación, por lo que una buena nutrición es esencial para garantizar el crecimiento del feto y la producción de leche, especialmente durante las dos últimas semanas.

Durante el final de la gestación, las deficiencias nutricionales pueden provocar diversas enfermedades de la gestación, un aumento de las pérdidas postnatales, una reducción del peso de los corderos al nacer, una menor capacidad de maternidad y una menor producción de leche. Además, es necesario aumentar la ingesta de calcio de las ovejas durante el período final de la gestación.

Lactancia

Las necesidades nutricionales de las ovejas alcanzan un pico durante la lactancia. Esto se multiplica si la oveja da a luz a múltiples crías. Las ovejas que paren gemelos suelen producir entre un 20 y un 40% más de leche en comparación con las que amamantan a un solo cordero.

Ovejas jóvenes

Los cuerpos en crecimiento de los corderos y de las crías de un año requieren más nutrición en comparación con las ovejas físicamente maduras. Por lo tanto, se recomienda asegurarse de que se satisfagan las necesidades nutricionales de los corderos y crías, especialmente de las hembras. También es aconsejable criar a las corderas por separado de las ovejas maduras del rebaño. Se les puede permitir que se unan al rebaño una vez que hayan sido engendradas por segunda vez.

Alimentación de los corderos

Hay diferentes formas de alimentar a los corderos, según los distintos fines que se les quiera dar. La mayoría de los criadores de ovejas que se centran en las ganancias proporcionan alimento concentrado a sus corderos. Los corderos criados en pastos también suben de peso y son menos susceptibles de sufrir problemas de gusanos si se les suplementa con algún tipo de alimento. Las necesidades de nutrientes de los corderos suelen variar en función de su edad y su potencial de crecimiento.

La temperatura del entorno del ganado también desempeña un papel fundamental en su crecimiento. Si la temperatura es inferior a la temperatura límite de las ovejas, estas necesitarán gastar energía para mantener una temperatura adecuada dentro de su cuerpo. La longitud del vellón y la cantidad de grasa que contiene suelen determinar la temperatura crítica de una oveja.

Por ejemplo, la temperatura crítica de una oveja recién esquilada es de alrededor de los 10 grados centígrados. La temperatura crítica de una oveja con un vellón de 5 centímetros de grosor suele ser de alrededor de los -2 grados centígrados. Se recomienda un heno de alta calidad durante los meses más fríos si la temperatura es inferior a la temperatura crítica aproximada de la oveja.

El nivel de actividad de las ovejas también afecta a sus necesidades nutricionales. Si sus ovejas pacen en un gran prado y tienen que recorrer una larga distancia para pastar y beber agua, sus necesidades nutricionales serán mayores. Por el contrario, las ovejas alimentadas en un corral y que hacen poco ejercicio físico tienen menores necesidades nutricionales que las ovejas criadas al aire libre.

Piensos

La dieta más natural y económica para las ovejas es el forrajeo, pero también se pueden satisfacer sus necesidades nutricionales alimentándolas con una variedad de piensos. El rumen también puede ajustarse a los cambios en las dietas y las rutinas si se le da tiempo para adaptarse. También puede ajustar los piensos si se asegura de que se satisfacen las necesidades nutricionales, se evitan los desequilibrios y no se afecta la salud del rumen.

Pastos, praderas, hierbas y vegetación

Estas suelen ser las formas más económicas de alimentar a las ovejas. También son las formas más efectivas y convenientes de asegurar que las necesidades nutricionales de las ovejas estén cubiertas. Los pastos contienen grandes cantidades de energía y proteínas. También son altamente apetecibles para las ovejas.

Sin embargo, los animales de alta producción a veces tienen dificultades para comer lo suficiente cuando la vegetación está mojada o contiene mucha humedad. Esto provoca heces sueltas que suelen acumularse en sus lomos. Para hacer frente a este problema, se suele practicar el *docking*. Las plantas de los pastos deben manejarse bien, ya que su valor nutricional, palatabilidad y digestibilidad disminuyen a medida que maduran, por lo que se recomienda rotar los pastos o incluso recortarlos para mantenerlos en estado vegetativo.

Las hierbas suelen ofrecer más proteína bruta y una mejor digestibilidad en comparación con los pastos en determinadas fases de maduración. La mayoría de las ovejas suelen comer hierbas en lugar de pasto. Un número cada vez mayor de ganaderos de ovino utiliza forrajes hidropónicos como los brotes de cebada para alimentar a las ovejas por su valor nutritivo, aunque el contenido de humedad sea elevado.

Heno

El forraje segado y secado se conoce como heno. Se utiliza como principal fuente de alimento para las ovejas durante el invierno y la estación seca, cuando las plantas no crecen ni prosperan. Las especies vegetales y su nivel de madurez en el momento de la cosecha determinan la calidad del heno. Además, la calidad del heno también depende de lo bien que se almacene.

El heno ofrece cantidades moderadas de energía y proteínas para las ovejas. El heno de hierba de alta calidad ofrece más nutrientes que el heno de leguminosas de calidad baja o media. Sin embargo, el heno de leguminosas de alta calidad ofrece tres veces más calcio y entre un 50 y un 75% más de proteínas que el heno de hierba de calidad baja y media.

Es importante que se dé cuenta de que la alimentación con el tipo de heno adecuado es más importante que la alimentación con el mejor heno. Es seguro asumir que el heno que proporciona la mayor cantidad de nutrientes al menor coste es el «mejor» heno. La palatabilidad del heno es tan importante como su valor nutricional.

Ensilado o henificado

El ensilado es un alimento para el ganado que se elabora mediante la fermentación de hierbas de alta humedad, como los cultivos de forraje o de cereales. Aunque el ensilado puede alimentar a las ovejas, hay que tener cuidado de no alimentarlas con ensilado enmohecido, ya que puede causar listeriosis. La listeriosis a veces provoca abortos en las ovejas, por lo que, si tiene intención de alimentar a sus ovejas con ensilado, hágalo antes de que se forme moho.

Pacas

Otro tipo de pienso que se ha hecho cada vez más popular entre los ganaderos de ovino es la paca. Se elabora con forraje que tiene un alto contenido de humedad. Luego se empaca en pacas redondas envueltas o selladas en plástico. Las pacas se ensilan con una humedad de entre el 40 y el 60%.

Concentrados

Los alimentos que contienen altas cantidades de nutrientes se conocen como concentrados. Si la dieta de los forrajes carece de ciertos nutrientes, deberá suministrar a sus ovejas concentrados para satisfacer sus necesidades nutricionales. La alimentación con concentrados puede resultar más económica que los forrajes en las actividades de cría de ovejas a pequeña escala. Los concentrados pueden dividirse en dos tipos: carbonosos y proteicos, o sea, piensos energéticos y piensos proteicos.

Alimentos energéticos (carbonosos)

Estos concentrados contienen altas cantidades de nutrientes digeribles. Sin embargo, son bajos en proteínas. Los granos de cereales como la cebada, el maíz, la avena, el trigo, el milo y el centeno son alimentos energéticos habituales. Aunque los granos de cereales contienen grandes cantidades de energía, fósforo y otros nutrientes, son bajos en calcio. Por lo tanto, se aconseja complementar el calcio si se alimenta a las ovejas con piensos energéticos. Además, las dietas con más concentrados deben introducirse gradualmente en las ovejas para dar tiempo a que sus rúmenes se adapten. No hacerlo puede provocar muchos problemas metabólicos y de salud digestiva.

Alimentos con proteínas (proteicos)

Estos alimentos contienen altos niveles de proteína. La harina de algodón, la harina de soja y la harina de pescado son alimentos proteicos comunes. La harina de soja es el pienso proteico más económico y común en Estados Unidos. Se aconseja vigilar la ingesta de piensos proteicos, ya que las ovejas no aumentan la productividad con el exceso de proteína ni la almacenan para su uso posterior.

Alimentos comerciales

Varias empresas ofrecen piensos para ovejas equilibrados según las necesidades específicas del ganado ovino. Suelen ser texturizados o procesados y se centran en grupos de edad y categorías de productos específicos. Puede alimentar a sus ovejas con piensos comerciales. Sin embargo, conviene no mezclar estos piensos con otros cereales, ya que pueden provocar desequilibrios en la nutrición.

Suplementos granulados

Estos suplementos son el resultado de la combinación de diferentes ingredientes para controlar los costes de los piensos, como la harina de soja, el maíz y los minerales. Los suplementos comerciales granulados también contienen altos niveles de proteína y varios minerales y vitaminas esenciales. Pueden combinarse fácilmente con dietas integrales.

Alimentación con subproductos

Para reducir los costes de alimentación y el despilfarro, las ovejas se alimentan con muchos subproductos. Estos subproductos son el resultado de varios procesos de elaboración de diversos productos agrícolas. Un buen ejemplo es la harina de gluten de maíz, que se produce mediante el proceso de molienda del maíz. Del mismo modo, la producción de aceite y harina de soja da lugar a las cáscaras de soja. La harina de trigo, la pulpa de remolacha, el grano de cerveza y la pulpa de cítricos son otros ejemplos de subproductos. El valor nutricional de los subproductos puede variar. Por lo tanto, se aconseja que compruebe el contenido de nutrientes si tiene previsto alimentar a sus ovejas con algún subproducto.

Fuentes minerales

Los nutricionistas de ovinos creen que no se pueden determinar los minerales ideales que deben consumir las ovejas, excepto la sal. Por lo tanto, si usted les da a las ovejas ciertos minerales, éstas pueden consumir más o menos de esos minerales en lugar de consumir las cantidades requeridas.

Se pueden adoptar varios métodos para garantizar que las ovejas reciban suficientes nutrientes, especialmente minerales como la sal, el calcio y el fósforo. En el caso de las raciones, se pueden suministrar fácilmente las cantidades ideales de minerales a las ovejas, pero el racionamiento solo es práctico para los rebaños pequeños debido a la dificultad de asegurarse de que todas las ovejas reciban las cantidades necesarias de minerales. Si es usted el propietario de un rebaño más grande, puede mezclar los minerales esenciales con la sal suelta para asegurarse de que todas las ovejas consumen la cantidad necesaria.

Lista de control para la nutrición y la alimentación de las ovejas

• Considere el tamaño de su rebaño y decida qué tipo de métodos de alimentación utilizará.

• Evalúe el tamaño del terreno del que dispone y la comida que puede suministrar.

• Entienda claramente las necesidades nutricionales de sus ovejas en función de su raza, edad, nivel y etapa de producción, actividad física y clima en el que se encuentran.

• Evalúe los alimentos disponibles en su propiedad y en su zona. Investigue sus propiedades nutricionales y elabore una lista de los piensos que puede utilizar.

• Decida cuáles serán los principales piensos en función de su disponibilidad y asequibilidad. Asegúrese de que los piensos que elija proporcionen la nutrición necesaria a sus ovejas.

• Elabore un plan para proporcionar suficiente nutrición a sus ovejas durante el invierno y la estación seca de acuerdo con el clima de su zona.

• Elija un método práctico para proporcionar a sus ovejas minerales esenciales como el sodio, el calcio y el fósforo.

• Pida consejo a los ganaderos locales y compruebe qué es lo que se da de comer a las ovejas.

Capítulo 6. La vigilancia de las ovejas

Muchos ganaderos de Estados Unidos pierden ovejas y corderos debido a los depredadores. El grado de riesgo que suponen los depredadores para sus ovejas suele depender de su finca y de su región. Tal vez no se enfrente a tantos problemas con los depredadores si cría ovejas en su patio y vive en una zona urbana o suburbana.

Las pequeñas explotaciones de las zonas rurales son más propensas a tener problemas con los depredadores. Sin embargo, la amenaza que suponen los depredadores varía de una región a otra y depende de los depredadores habituales en esas regiones. Incluso si su granja se encuentra en una zona con una amenaza menor de depredadores, es muy recomendable que no se arriesgue, ya que incluso las incidencias menos frecuentes pueden causar muchos daños a su rebaño.

Hay muchas formas de controlar a los depredadores y minimizar las amenazas que representan. Los métodos no letales de control de depredadores son los más fáciles, aunque pueden requerir una inversión inicial considerable. Pero los métodos letales pueden no resultarle atractivos, aunque suelan ser eficaces. Además, el uso de animales para vigilar a las ovejas suele requerir un cierto trabajo con distintos niveles de éxito.

Control no letal de depredadores

Los ecologistas, los defensores del bienestar animal e incluso muchos ganaderos están a favor de estos métodos, ya que no implican dañar a los depredadores. Además, estos métodos no ponen en peligro a otros animales, incluidas las ovejas. El control no letal de los depredadores es practicado por casi todos los ganaderos de ovino y puede ser muy eficaz dependiendo del tipo de métodos empleados y de su calidad.

Cercado

Los depredadores pueden controlarse con un buen vallado en la mayoría de los casos. Actúa como primera línea de defensa contra todo tipo de elementos dañinos más allá de ella, incluidos los depredadores. Los depredadores, sin embargo, intentarán varias tácticas para llegar a sus ovejas. Entre ellas, saltar por encima o entre los alambres, cavar bajo la valla, arrastrarse por los huecos de la malla y utilizar la fuerza física para dañar la valla.

Los criadores de ovejas prefieren las cercas de alambre trenzado en las regiones donde hay un alto riesgo de depredación, a pesar de su coste. Si usted vive en una zona de este tipo, se le aconseja que utilice vallas de alambre trenzado con postes a una distancia de solo 15 cm o menos y con alambres horizontales a una distancia de entre 5 y 10 cm.

Otra opción eficaz de vallado a prueba de depredadores son las vallas de alta tensión. Si su región tiene un alto riesgo de depredación, se aconseja utilizar al menos cinco alambres de alta tensión al cercar. Cuantos más hilos tenga el cercado, más eficaz y caro será. Los alambres de la parte inferior deben colocarse más juntos que los de la parte superior. Se aconseja que el vallado de alta tensión tenga una buena combinación de alambres con corriente y de tierra.

Guardianes del ganado

Animales como los perros, los burros y las llamas son populares entre los ganaderos de ovino para vigilar los rebaños frente a los depredadores. Según el Sistema Nacional de Vigilancia de la Salud Animal (NAHMS) del Departamento de Agricultura de Estados Unidos, aproximadamente un 45% de los ganaderos de ovino de ese país emplean animales guardianes. De esos animales guardianes, aproximadamente un 30% son perros, un 14% son llamas y un 11% son burros.

Perros guardianes

Los animales guardianes del ganado más populares son los perros. Se han utilizado para proteger al ganado, como las ovejas, de los depredadores durante siglos y las razas de perros criadas específicamente para vigilar a las ovejas son originarias de Europa y Asia. El Gran Pirineo, el Pastor de Akbash y de Anatolia, el Komondor, el Tatra polaco, el Maremma y el Mastín son buenos ejemplos de razas de perros criadas para cuidar el ganado.

Los perros guardianes suelen tener un cuerpo grande de color leonado o blanco. También tienen el hocico oscuro. Los expertos creen que no hay muchas diferencias en cuanto a la eficacia entre las razas. Los perros guardianes del ganado permanecen cerca de las ovejas para ahuyentar a cualquier depredador que intente dañarlas. Suelen trabajar mejor en pareja, aunque un solo perro guardián puede proteger a un pequeño rebaño de ovejas que pasten en un prado más pequeño.

Factores como el sexo y la esterilización o castración no parecen afectar a la capacidad de guarda de los perros. En cambio, la genética y el adiestramiento son los factores más importantes para determinar la eficacia de un perro guardián. Desde cachorros se les debe criar junto a las ovejas minimizando el contacto humano para que se vinculen más con ellas. Por ello, es habitual que la mayoría de los perros guardianes consideren a los extraños como una amenaza para el ganado.

Llamas

No todos los criadores de ovejas, especialmente los principiantes, pueden permitirse un buen perro guardián o entrenar uno. Sin embargo, una sola llama puede vigilar a las ovejas sin necesidad de adiestramiento. Las llamas deben mantenerse solas, ya que tener más de una las animaría a vincularse con su propia especie en lugar de con las ovejas.

Las llamas son muy eficaces contra los perros y los coyotes. Las llamas hembras o los machos castrados son más preferibles que los machos intactos, ya que a veces pueden intentar aparearse con las ovejas, lo que puede causarles lesiones e incluso la muerte. Las llamas pueden introducirse en un rebaño de ovejas en un pasto más pequeño y no es necesario que se críen con las ovejas desde una edad temprana, a diferencia de los perros guardianes.

Otra ventaja de utilizar llamas para proteger a las ovejas de los depredadores es que su dieta es muy similar a la de las ovejas. No necesitan alimentos especiales ni refugio. Se las puede dejar solas con las ovejas para que se cuiden a sí mismas y a las ovejas sin ningún cuidado o atención especial. Las llamas también viven mucho tiempo, normalmente entre 15 y 20 años.

Burros

Otra opción excelente para vigilar a las ovejas son los burros. Tienen un buen instinto de pastoreo y no les gustan los perros ni los coyotes. Los burros se vinculan fácilmente con las ovejas y hacen un gran trabajo para protegerlas de los depredadores. Se puede hacer que un burro se vincule con las ovejas alojándolo junto a ellas durante unas dos semanas si no se ha criado entre ovejas.

La mejor combinación para los burros guardianes es un dúo de jenny y potro. Un jenny puro también puede hacer un trabajo considerablemente bueno. Los burros castrados no son tan agresivos con los depredadores como las crías y los potros. A pesar de ello, muchos ganaderos los prefieren por su deseable temperamento. Los burros macho intactos no suelen utilizarse como burros guardianes debido a su agresividad tanto hacia las ovejas como hacia sus propietarios.

No todos los burros son buenos guardianes. Algunos pueden ser demasiado agresivos con las ovejas. Los burros son más recomendables para rebaños pequeños con menos de 100 ovejas. Los burros también son beneficiosos porque su mantenimiento es bajo.

Ganado

Algunos criadores de ovejas pastorean las ovejas junto con el ganado vacuno como flerd para protegerlas de los depredadores. Sin embargo, conseguir que los dos tipos de ganado se unan bien a veces puede ser difícil. Si existe un vínculo, las ovejas buscarán la protección del ganado cada vez que se vean amenazadas. Sin embargo, cuando las ovejas no se han vinculado lo suficiente con el ganado, se mantendrán alejadas de él y quedarán en gran medida desprotegidas.

Control adecuado sobre los depredadores

La mayoría de los animales que cazan ovejas actúan de noche. Por ello, mantener a las ovejas cerca de edificios puede disuadir a los depredadores, especialmente si están iluminados. Si cría ovejas en su patio, encerrarlas en un edificio o patio bien iluminado puede reducir la amenaza de depredación.

Para algunos animales, como los coyotes, el carroñeo es el paso previo a la depredación. Por ello, se aconseja a los ganaderos de ovino que eliminen de forma adecuada el ganado muerto. De este modo se evita que los depredadores potenciales comiencen a depredar las ovejas.

Los corderos son más propensos a los depredadores que las ovejas maduras. Por lo tanto, se aconseja el parto en cobertizos en lugar de en pastos, si es posible. Las áreas de una propiedad con un historial de depredación deben evitarse como pasto durante el parto. Asimismo, deben preferirse los terrenos más llanos, ya que los depredadores no utilizarán este terreno en su beneficio.

Dispositivos para asustar

Durante siglos, los pastores han utilizado dispositivos para asustar a los depredadores. Estos dispositivos han evolucionado a lo largo de los años desde simples espantapájaros hasta los modernos sistemas de vigilancia electrónica. Los guardianes electrónicos modernos utilizan tanto el sonido como la luz para asustar. Para los pastos grandes se necesitan varios guardianes y se prefieren los que funcionan con sensores, ya que se encienden automáticamente al caer la noche.

Collares de plástico

La mayoría de los depredadores atacan las gargantas de sus presas. Los collares de plástico se utilizan para proteger esas zonas, sobre todo en los corderos, para evitar que los depredadores les causen lesiones mortales. Los collares de plástico son fáciles de poner y quitar y suelen colocarse a los corderos hasta que tienen al menos un año de edad. Si se opta por los collares de plástico, habrá que asegurarse de ajustarlos cada tres meses.

Control letal de depredadores

Estos métodos de control de depredadores suelen provocar lesiones o, en la mayoría de los casos, la muerte de los depredadores. Deben emplearse solo si los métodos de control no letales resultan infructuosos. Las leyes federales y estatales no permiten matar a determinados depredadores, como las águilas reales, las águilas calvas y los osos, aunque suele ser legal matar a zorros, coyotes y leones de montaña.

Caza

La caza se practica a menudo para controlar las poblaciones de ciertos depredadores, como los coyotes. Una población menor suele suponer una menor amenaza de depredación. Una población menor también significa que habrá suficiente suministro natural de alimentos para dichas especies, lo que también disminuye la depredación. Por el contrario, este método es más eficaz cuando se lleva a cabo a mayor escala en lugar de que usted, como pequeño ganadero de ovejas, mate a unos pocos coyotes con lo que no conseguirá reducir su población en su zona.

Trampas

Una de las formas más eficaces de controlar ciertos depredadores es mediante el trampeo. Los métodos de trampeo más comunes son las trampas de lazo y los cepos. El inconveniente del trampeo es que puede herir no solo a las especies objetivo, sino a otras, incluso a las protegidas. Por ello, algunos métodos de captura, como los cepos, están prohibidos en algunos estados y en 88 países de todo el mundo.

Collar de protección del ganado

Estos collares proporcionan un veneno letal a los depredadores, como los coyotes, que atacan a los corderos que llevan los collares de protección del ganado. El veneno provoca la muerte en un plazo de dos a siete horas. La solución letal también contiene un tinte amarillo o rosa que ayuda a identificar a los animales contaminados.

Los collares de protección del ganado han demostrado tener éxito en zonas con alta depredación y en las que han fracasado métodos más humanos. Los ganaderos de ovino de diez estados de Estados Unidos pueden utilizar este método en colaboración con los Servicios de Fauna Salvaje del USDA. Estos estados son Texas, Dakota del Sur, Nuevo México, Montana, Virginia, Utah, Virginia Occidental, Ohio, Pensilvania y Wyoming.

Inyector de cianuro M-44

Este artilugio consiste en un eyector que libera energía de cianuro en la boca del depredador cuando este tira hacia atrás de la unidad cebada. El polvo de cianuro se disuelve con la humedad de la boca del depredador que crea gas de cianuro de hidrógeno que lo mata en un plazo de 10 segundos a dos minutos. El M-44 debe utilizarse en colaboración con los Servicios de Vida Silvestre del USDA.

Lista de control de depredadores

• Descubra los tipos de depredadores de su zona al hablar con los ganaderos locales.

• Compruebe si su vallado es lo suficientemente fuerte como para proteger a sus ovejas de la depredación.

• Identifique cualquier defecto o punto débil en su vallado y considere la posibilidad de instalar dispositivos para asustar a los depredadores.

• Intente encerrar a sus ovejas en una zona donde haya luz artificial por la noche. Sin embargo, esta opción puede no ser práctica para rebaños grandes.

• Si el vallado y los dispositivos para asustar a los depredadores fallan, considere la posibilidad de utilizar animales guardianes como perros, llamas o burros, en función de su presupuesto y experiencia en el adiestramiento.

• Si su zona tiene un alto índice de depredación, coloque collares de plástico a los corderos hasta que se conviertan en crías.

• Si los métodos de control de depredadores no letales mencionados anteriormente fallan, puede que tenga que considerar métodos de control de depredadores letales como la caza, el trampeo, los collares de protección del ganado o los inyectores de cianuro M-44.

• Averigüe cuáles son los animales depredadores protegidos y cuáles son los depredadores que las leyes de su estado le prohíben herir o matar.

• Se aconseja que consulte con ganaderos locales experimentados y con los Servicios de Vida Silvestre del USDA antes de emplear métodos letales de control de depredadores.

Capítulo 7. Esquilado, cuidado y mantenimiento de las ovejas

Sus ovejas necesitan cuidados y mantenimiento para mantenerse sanas y productivas. La esquila implica la eliminación de la lana. Las razas de ovejas que producen lana necesitan un esquilado al menos una vez al año y un esquilado alrededor de los genitales antes de la temporada de partos. Las ovejas también requieren un mantenimiento, en el que habrá que prestar atención a sus pezuñas. Además, la identificación y el registro también hacen que el cuidado y el mantenimiento de las ovejas sea más eficaz y exitoso.

Esquilado de ovejas

Si cría razas de ovejas que producen lana, es necesario esquilarlas al menos una vez al año. El esquilado suele realizarse en primavera. Es el momento oportuno, ya que los pelajes proporcionan calor durante el invierno y se eliminan antes de que sobrecalienten a las ovejas durante el verano. Además, es preferible esquilar a las ovejas antes del parto.

El esquilado facilita que los corderos beban de sus madres. Las ovejas esquiladas también ocupan mucho menos espacio en los cobertizos que podrían utilizarse para el parto. Si por casualidad usted esquila a sus ovejas durante el invierno o a principios de la primavera, es importante proporcionarles una alimentación extra, ya que necesitarán gastar más energía para conservar su calor corporal.

Esquilado

Puede que piense que el esquilado es un trabajo que puede hacer cualquiera. Aunque puede que tenga razón, no todo el mundo es un buen esquilador. Se considera una habilidad codiciada. Es necesario poder controlar y esquilar a las ovejas sin herirlas. Un esquilado incorrecto no solo puede dañar a las ovejas, sino que también disminuye la calidad de la lana esquilada.

A la mayoría de los pequeños ganaderos les resulta difícil encontrar esquiladores profesionales. Llevar las ovejas a una nave de esquila puede ser una mejor opción si se organiza antes de transportarlas. Los ganaderos de ovejas a gran escala disfrutan de los servicios de los equipos de esquilado que suelen venir con un remolque que puede acomodar el esquilado.

Aunque el esquilado requiere destreza, es una habilidad que se puede dominar con algo de trabajo. Se puede asistir a una escuela de esquileo para aprender más sobre el arte de esquilar. Al terminar, podrá esquilar sus propias ovejas y asistir a competiciones de esquileo

Herramientas para el esquilado

Un buen esquilado requiere unas buenas herramientas para el esquilado. Estas hacen que el esquilado sea mucho más seguro y fácil tanto para el esquilador como para las ovejas. La mayoría de los esquiladores utilizan cortadoras eléctricas. Las hay de muchos precios. Una buena esquiladora eléctrica puede costar entre 250 y 500 dólares. También es importante tener unas cuantas cizallas de repuesto, ya que se pueden desafilar. Se desaconseja esquilar con herramientas desafiladas, ya que puede ser peligroso.

Preparación de las ovejas para el esquilado

En primer lugar, organice el esquileo de sus ovejas. Si quiere que un esquilador profesional haga el trabajo, concierte una cita con antelación. Si lleva sus ovejas a una nave de esquilado, tendrá que recogerlas y llevarlas, asegurándose de confirmarlo con el esquilador.

Si va a realizar el esquilado usted mismo o si un esquilador va a ir a su propiedad para realizar el esquilado, encierre a sus ovejas. Divida los carneros, las ovejas, los corderos y los añojos en grupos separados según su raza o grado. También se recomienda no alimentar a las ovejas antes del esquileo para que el suelo de la esquila esté mucho más limpio.

A veces, las ovejas encuentran el esquilado incómodo si sus estómagos están llenos. Las ovejas deben estar secas cuando se las esquila y es importante mantener el suelo de esquila limpio y seco. También se debe barrer tras haber esquilado a cada oveja para que la superficie esté limpia para la siguiente.

Cómo enrollar los vellones

La lana del vientre y la de las marcas deben separarse del resto del vellón después de la esquila. Coloque el vellón con el lado de la carne hacia abajo. Retire toda la lana que esté descolorida o sucia, la lana corta o enmarañada, las marcas y cualquier otra zona contaminada. Por último, enrolle los dos lados del vellón con faldón hacia el centro y enrolle bien de un extremo al otro. El lado de la carne debe quedar hacia afuera. El enrollado es una habilidad importante, ya que hace que la lana sea más atractiva para los hilanderos y otros compradores.

Cómo empaquetar la lana

Los vellones se pueden empaquetar en bolsas de plástico para la basura o en cajas de cartón. Es importante no utilizar sacos de polietileno ni bolsas de arpillera para embalar la lana, ya que pueden contaminarla. Cuando se empaqueta mucha lana se utilizan grandes paquetes cuadrados. Las bolsas de plástico transparentes para lana son la opción preferida para embalar la lana.

Empaque por separado la lana de vientre, la que no es de color, la que tiene hongos, la que tiene manchas y la que está muerta. Del mismo modo, la lana negra debe guardarse y empaquetarse separada de la lana blanca. Todos los sacos que contengan lana han de estar etiquetados según lo que contengan. Guarde la lana en un lugar seco y limpio antes de venderla. Clasificar y empaquetar correctamente la lana puede hacer que su lana se venda a un precio mayor.

Ovejas de pelo

Si tiene ovejas de pelo en su patio o en su pequeña granja, deben mantenerse separadas de las de lana. Las fibras de pelo en las fibras de lana reducen la calidad de la lana. Las ovejas cruzadas de lana con pelo deben ser las últimas ovejas en esquilarse. Su lana debe mantenerse separada de los vellones de las ovejas de lana.

Muleteo

El muleteo es un tipo de esquilado en el que solo se esquilan la zona de la vulva y la ubre. Si se esquila a las ovejas antes del parto, se las puede muletear al mismo tiempo. El muleteo asegura que la zona esté seca y no atraiga enfermedades.

Cuidado de las pezuñas de las ovejas

Una de las partes más importantes de la gestión del ganado ovino es el cuidado de las pezuñas. Diversas enfermedades de las pezuñas pueden tener importantes efectos negativos en la salud y la productividad de las ovejas. Por lo tanto, se aconseja revisar periódicamente las pezuñas de sus ovejas para detectar signos de enfermedades y exceso de crecimiento. El sacrificio puede ser necesario si su rebaño incluye ovejas que padecen enfermedades recurrentes de las pezuñas y un crecimiento excesivo de las mismas que no responden al tratamiento.

Recorte de pezuñas

Factores como la genética, la raza, la nutrición, el manejo y los atributos del suelo, como el contenido de humedad, determinan el crecimiento de las pezuñas. Las ovejas que pastan en suelos con alto contenido de humedad y libres de rocas necesitan inspecciones regulares de las pezuñas. Además, las ovejas criadas en establos pueden necesitar más mantenimiento de las pezuñas que las ovejas criadas en libertad.

Al recortar las pezuñas de las ovejas, elimine primero la suciedad, las piedras o el estiércol que se haya quedado pegado en ellas. Si notas un olor a podrido, puede ser un signo de putrefacción de las pezuñas. La suciedad y la basura pueden limpiarse con un pequeño cuchillo. A continuación, hay que recortar el perímetro de las pezuñas.

Se debe interrumpir el recorte a la primera señal de enrojecimiento. El recorte debe empezar por el talón e ir hacia su zona córnea. Puede familiarizarse con el aspecto de una pezuña correctamente recortada inspeccionando las pezuñas de los corderos recién nacidos. El recorte de las pezuñas puede combinarse con otras tareas de gestión, como la vacunación o el esquileo y no debe llevarse a cabo cuando haga calor o al final de la gestación.

Enfermedades que afectan a las pezuñas

Muchas enfermedades pueden afectar a las pezuñas de las ovejas. La cojera es un signo de patología de las pezuñas y no debe ignorarse, ya que algunas de estas enfermedades pueden ser muy graves.

Lengua azul

Los insectos que pican suelen contribuir a la propagación de esta enfermedad vírica. Es una enfermedad no contagiosa que puede diagnosticarse fácilmente identificando la presencia de una banda de color rojizo o marrón alrededor de la coronilla.

Absceso en las patas

La inflamación de los tejidos blandos situados inmediatamente por encima de la pezuña y los abscesos que drenan en las zonas entre los dedos son signos de un absceso en la pata. Está causado por la infección bacteriana del tejido alimenticio que está dañado. El absceso afecta sobre todo a las patas delanteras y puede tratarse con compuestos antibacterianos.

Podredumbre del pie

Se trata de una de las peores enfermedades que conoce el sector ovino en todo el mundo. Provoca pérdidas de producción y obliga a sacrificar animales. Además, el tratamiento cuesta mucho dinero, sobre todo en mano de obra. La podredumbre del pie, una enfermedad causada por dos bacterias anaerobias, está presente allí donde haya ovejas.

Las bacterias que causan la podredumbre del pie se introducen en las granjas a través de animales infectados. Una vez introducidas, se propagan en condiciones de calor y humedad. Sin embargo, estas bacterias solo pueden durar en el suelo de dos a tres semanas.

Las ovejas sanas que pisan el suelo o el estiércol infectado con la bacteria pueden desarrollar la podredumbre del pie. A partir de ese momento, la enfermedad seguirá infectando a todo el rebaño, a menos que se sacrifiquen los animales infectados o se destruya eficazmente la bacteria mediante un diagnóstico y un tratamiento tempranos.

Mantener las pezuñas correctamente recortadas es una de las mejores maneras de evitar el desarrollo de la podredumbre del pie. Aun así, debe evitarse el recorte excesivo o agresivo, ya que puede favorecer el desarrollo de la enfermedad. También es aconsejable sumergir las patas de las ovejas en una solución con un 10% de sulfato de zinc.

La vacunación también puede ayudar a prevenir el desarrollo de la podredumbre del pie, pero no garantiza una inmunidad completa contra la enfermedad, ya que las vacunas no cubren todas las cepas de la podredumbre del pie. Es necesario sacrificar las ovejas que no respondan al tratamiento o que tengan antecedentes de la enfermedad. Sin embargo, es más económico controlar la enfermedad mediante la prevención, ya que la vacunación puede ser cara.

Siempre hay que tratar a cada nueva incorporación al rebaño como si fuera una oveja infectada por la podredumbre del pie. Aislar a los nuevos animales durante un mes, recortarles las pezuñas a su llegada, tratarlas después de recortarlas y realizar inspecciones periódicas de las patas durante la cuarentena son excelentes formas de proteger a su rebaño sano frente al riesgo de introducción de la podredumbre del pie. También se aconseja no comprar ovejas infectadas por la podredumbre del pie y no comprar animales de los establos en venta.

Escaldado del pie

El tejido blanco, pálido, rojo e hinchado entre los dedos de las ovejas es un signo de escaldado del pie, que es una enfermedad no contagiosa. Es mucho más fácil de tratar en comparación con la podredumbre del pie. La colocación de las ovejas en pastos más secos, el uso tópico de sulfato de cobre o sulfato de zinc y los baños de patas con una solución de un 10% de sulfato de zinc pueden tratar fácilmente el escaldado del pie.

Identificación y registro de ovejas

No importa lo pequeño que sea su rebaño de ovejas; una identificación y un registro adecuados facilitan mucho las cosas y contribuyen al éxito de su empresa. Llevar un registro es una buena manera de identificar qué corderos son los ideales para mantener como reemplazo, qué ovejas son las que dan los mejores resultados y cuáles son las que hay que sacrificar, y qué carneros producen los mejores corderos.

Además, los Programas Nacionales de Erradicación de la Tembladera le exigen que mantenga registros sobre la situación de los animales. También es cada vez más importante llevar un registro de los productos sanitarios, como los antibióticos y los antihelmínticos.

Identificación de animales

Primero debe identificar a las ovejas de su rebaño para poder empezar a llevar un registro. Puede elegir entre diferentes métodos de identificación en función del número de ovejas de su rebaño, sus preferencias, necesidades y presupuesto. Lo ideal es que las marcas de identificación de las ovejas no se pierdan ni se rompan, que sean fáciles de aplicar, de leer y de comprender.

Crotales

Muchos ganaderos utilizan crotales para identificar a sus ovejas. Hay todo tipo de crotales de distintos tamaños, diseños y materiales, como el aluminio, el latón y el plástico. Los crotales rotativos, los de botón, los de bucle y los giratorios son los más comunes en los Estados Unidos.

Las crotales de latón son perfectas para los corderos recién nacidos, ya que son ligeras. Una pequeña dificultad es que tendrá que sujetar a los corderos para leer sus etiquetas. Aunque las marcas metálicas son una opción más barata, se pueden desprender con facilidad de las orejas, lo que puede causar infecciones. Los crotales de lazo y giratorios no solo son duraderos, sino también más legibles que los de latón. Los crotales de seda suelen ser los que menos riesgo tienen de romperse, pero hay que hacer un agujero en la oreja para insertar el crotal.

Identificación de la tembladera

El Departamento de Agricultura de los Estados Unidos (USDA) ha establecido la obligación de que todas las ovejas y corderos lleven una identificación adecuada en forma de crotales antes de salir de las explotaciones, independientemente del tamaño del rebaño. Cada crotal debe llevar el número de identificación de la explotación y el número de identificación secuencial. Puede utilizar el número secuencial para sus registros. Y el USDA dicta que hay que mantener los registros de las ovejas durante cinco años después de su venta.

Puede obtener el número de identificación de su establecimiento y los crotales metálicos de forma gratuita llamando al número gratuito 1-866-873-2824. Dicho esto, el USDA no proporciona crotales de plástico gratuitos a menos que los esté solicitando por primera vez. Los ganaderos de ovino que participan en el Programa de Certificación de Rebaños con Tembladera deben identificar a todas sus ovejas de más de un año de edad mediante un método de identificación a prueba de falsificaciones, como crotales, microchips o tatuajes.

Tatuajes

Aunque son difíciles de localizar sin agarrar a las ovejas, los tatuajes son un método de identificación permanente. Tatuar un animal no disminuye su valor. Una vez tatuado, la identificación permanece durante toda su vida.

Muescas en las orejas

Este método es más un método de diferenciación que de identificación. Por ejemplo, algunos ganaderos de ovino utilizan las muescas en las orejas para identificar fácilmente a las ovejas que van a ser sacrificadas.

Identificación electrónica

Muchos ganaderos de ovino están empezando a utilizar identificaciones electrónicas para identificar fácilmente a sus ovejas. Este método utiliza la tecnología de identificación por radiofrecuencia. El crotal utilizado en este método contiene un microchip y una pequeña antena de cobre dentro del crotal. Los crotales electrónicos pueden ponerse y quitarse con facilidad.

Lista de control de esquilado, cuidado y mantenimiento de ovejas

• Evalúe la frecuencia con la que sus ovejas deben ser esquiladas en función de su raza y su finalidad.

• Decida cómo va a esquilar a sus ovejas. Si su rebaño es pequeño, puede que tenga que acudir a una nave de esquilado. Si tiene un rebaño más grande, puede que tenga que pedir a los esquiladores que acudan a su pequeña granja.

• Póngase en contacto con ganaderos y esquiladores locales para encontrar la mejor manera de esquilar a sus ovejas.

• Si le interesa aprender a esquilar, busque una buena escuela de esquileo a la que pueda asistir.

• Establezca un calendario para llevar a cabo las inspecciones de las pezuñas y el recorte.

• Compruebe si la podredumbre del pie y otras enfermedades similares son comunes en su región.

• Elabore un plan para poner en cuarentena y tratar a las ovejas que presenten signos de enfermedades en las pezuñas, así como formas de evitar que las enfermedades se propaguen.

• Cree instalaciones para poner en cuarentena a cualquier oveja nueva que compre durante un mes antes de inspeccionarla e introducirla en su rebaño.

• Considere diferentes métodos de identificación de ovejas y elija un método adecuado en función de su presupuesto y sus necesidades.

• Mantenga un registro de todas las ovejas que tenga. Se recomienda encarecidamente que mantenga los registros en formato electrónico y que haga copias de seguridad de los archivos originales.

Capítulo 8. La reproducción de las ovejas: conocer a los carneros y a las ovejas

El siguiente nivel de la cría de ovejas en un patio trasero o en una pequeña granja es la reproducción, pero es posible que no tenga que cruzar ovejas si las cría para la lana. Sin embargo, si cría ovejas para obtener carne o leche, deberá cruzarlas para mantener su rebaño. La reproducción requiere mucho trabajo. Esto requiere alojar a un macho intacto, lo que conlleva ciertos riesgos.

También existe la opción de solicitar los servicios de un carnero de otra persona. En cualquier caso, la reproducción es una opción viable para cualquiera que críe ovejas y quiera ampliar su rebaño sin tener que comprar nuevos animales.

La reproducción debe hacerse con cuidado y tras considerar detenidamente su propósito. ¿Busca mantener unos estándares raciales óptimos? ¿O está intentando producir corderos con características deseables pertenecientes a diferentes razas? La cría es un tema complejo, por lo que debe familiarizarse con él antes de proceder.

La reproducción de las hembras

Se considera que las ovejas han alcanzado la madurez sexual cuando tienen su primer celo. La genética, la raza, la nutrición, el tamaño y la época de nacimiento suelen determinar la edad de la pubertad. Las ovejas suelen alcanzar la pubertad cuando tienen entre cinco y doce meses. Las ovejas nacidas en primavera suelen alcanzar la pubertad en su primer otoño y las que nacieron más tarde pueden tardar más en hacerlo.

Además, las ovejas que nacen solas alcanzan la pubertad mucho antes que las que nacen gemelas o trillizas. Las razas de ovejas de carne y de pelo también alcanzan la pubertad mucho antes que las razas de lana. También es normal que las ovejas de raza cruzada alcancen la madurez sexual antes que las de raza pura.

El ciclo estral (ciclo de celo)

La duración del ciclo estral que regula la reproducción en las ovejas suele variar entre 13 y 19 días. Consta de cuatro fases, conocidas como proestro, estro, metaestro y diestro. Las ovejas suelen responder a los carneros y aparearse durante el estro. En general, esta fase dura entre 24 y 36 horas.

La ovulación suele producirse durante el estro medio o tardío. Es cuando el ovario libera óvulos. El metestro suele durar tres días y comienza cuando termina el celo. El cuerpo lúteo que mantiene la preñez en las ovejas se forma durante el metestro. El cuerpo lúteo es totalmente funcional cuando comienza el diestro.

El proestro suele comenzar cuando el cuerpo lúteo retrocede y permanece hasta el comienzo del siguiente estro. Suele durar de nueve a once días, en los que se produce un rápido crecimiento folicular. El estado en el que el ciclo normal se detiene se conoce como anestro.

Las diferentes estaciones del año afectan a los ciclos estrales en función del número de horas que los ojos de la oveja están expuestos a la luz del día. La mayoría de las ovejas alcanzan el estro cuando la duración del día se reduce. Por ello, octubre y noviembre son las épocas más naturales para la cría de ovejas en Estados Unidos y Canadá.

Razas como la Dorset, la Marino, la Rambouillet, la Karakul, la Finnsheep y de las ovejas de pelo son menos estacionales y pueden reproducirse durante todo el año o tener temporadas de reproducción prolongadas. Los rebaños situados más cerca del ecuador suelen tener temporadas de reproducción más largas que el resto.

Suele ser difícil leer los signos de celo en las ovejas a menos que haya un carnero cerca. Las ovejas maduras en celo suelen buscar al carnero y quedarse quietas, lo que permite que las monte. También pueden mover la cola rápidamente o incluso intentar montar al carnero. Sin embargo, las ovejas jóvenes rara vez muestran estos comportamientos.

Gestación

Esta etapa suele durar unos 150 días tras el apareamiento. Es importante que lleve la cuenta de las fechas para poder empezar a alimentar a las ovejas con grano unas semanas antes de que se espere que empiecen a parir y observarlas cuidadosamente durante los últimos días de la gestación. Se aconseja comenzar con una libra de grano por oveja y aumentar gradualmente la cantidad. La cantidad máxima de grano que debe suministrarse durante el final de la gestación suele depender de la raza.

Además, es necesario muletear a las ovejas al finalizar el periodo de gestación. Las vacunas también deben administrarse cuatro semanas antes de la fecha prevista para el parto. También hay que desparasitar a las ovejas por esas mismas fechas.

La reproducción de los machos

Se aconseja tratar al carnero como el miembro más importante de su rebaño. Lamentablemente, muchos ganaderos de ovino descuidan al carnero, a pesar de que es el que aporta la mayor parte de la genética a sus rebaños. El bienestar de su carnero contribuirá a la reproducción y al éxito final de su actividad de cría de ovejas.

Pubertad

La edad en la que los órganos reproductores de un carnero se vuelven funcionales, él está listo para aparearse y se desarrollan las características sexuales secundarias, se conoce como pubertad. Los carneros suelen alcanzar la pubertad cuando tienen entre cinco y siete meses de edad y cuando alcanzan entre el 50% y el 60% de su peso corporal maduro.

El tiempo que tarda un carnero en alcanzar la pubertad suele depender de la genética, la raza y la nutrición. Las razas prolíficas, de carne y de pelo suelen alcanzar la pubertad mucho antes que otras razas de corderos, las de lana y, especialmente, las que consumen dietas poco nutritivas.

Espermatogénesis

La producción de la célula reproductora masculina o esperma se conoce como espermatogénesis. Los carneros suelen tardar unas siete semanas en producir esperma. Los expertos consideran que un escroto de mayor tamaño y una cola firme son signos en los carneros que suelen indicar una buena producción y reservas de esperma.

La nutrición desempeña un papel fundamental en la producción de esperma. Teniendo esto en cuenta, los expertos recomiendan proporcionar una dieta rica en nutrientes a los carneros, especialmente dos meses antes de que se produzca la cría. Sin embargo, hay que evitar la sobrealimentación, ya que puede reducir la producción de esperma en los carneros.

Efectos estacionales en la reproducción

Los carneros que viven en climas más templados son más estacionales, aunque se ven menos afectados en comparación con las hembras. La capacidad de un carnero para aparearse y producir esperma suele variar en función de la estación del año. Su capacidad reproductora alcanza su punto álgido en otoño, cuando tiene lugar la temporada tradicional de cría.

Algunas razas como la Rambouillet, la Dorset, la Polypay, la Merino, la Romanov, la Finnsheep y las razas de pelo suelen tener una capacidad reproductora y un comportamiento menos estacional. La temperatura desempeña un papel fundamental en la determinación de la fertilidad de los carneros. Por ejemplo, los expertos creen que incluso una variante de medio grado en el calor corporal puede afectar a la libido y la espermatogénesis.

Apareamiento

Las ovejas en celo suelen buscar a los carneros. Olfatean, persiguen e incluso intentan montar al carnero. Es normal que los carneros fallen varias veces antes de montar a la oveja y también pueden aparearse con la misma oveja más de una vez. Algunos carneros eligen a las ovejas más mayores o a las de su propia raza antes que a las más jóvenes o a las de otras razas.

Algunos ganaderos utilizan un solo carnero para un grupo de ovejas. Cuando se utilizan varios carneros, los más viejos pueden dominar a los más jóvenes e impedir que los menos dominantes se reproduzcan. Este comportamiento puede provocar peleas. Otro problema es que es difícil identificar qué carneros son superiores o inferiores en la cría cuando se utilizan varios carneros. Por lo tanto, se recomienda un solo carnero para grupos más pequeños de ovejas.

Libido

La disposición de un carnero a aparearse se conoce como libido. El nivel de testosterona del carnero suele determinar su libido. Cada carnero tiene una libido diferente. Algunos pueden ser estacionales mientras que otros mantienen la misma libido durante todo el año. La edad y la salud también son factores determinantes de la libido.

Algunos carneros heredan naturalmente una libido deficiente. Según los expertos, algunos carneros son homosexuales y pueden negarse a aparearse. La libido de un carnero se puede determinar mediante una prueba de capacidad de servicio. Consiste en exponer al carnero a ovejas en celo y registrar sus actividades de apareamiento durante dos o más semanas. Las pruebas de capacidad de servicio se utilizan a menudo para identificar carneros de alto rendimiento.

También se puede determinar la libido de un carnero de una manera sencilla si se le expone a ovejas en celo y se observa cuidadosamente su comportamiento de apareamiento. Se puede utilizar un arnés de marcaje o pintura de radel para un seguimiento cuidadoso. El crayón de marcado del arnés o el color de la pintura debe cambiarse después de 17 días. Si un carnero no logra aparearse con las ovejas, incluso después de marcarlas y monitorearlas, necesitará ser reemplazado por un carnero de mejor desempeño. Si un carnero vuelve a marcar a las ovejas después de un ciclo de 17 días, es una indicación de un cordero estéril o subfértil.

Gestión de los carneros

Es natural que un cordero pierda aproximadamente un 15% de su peso corporal durante la cría. Por eso se aconseja asegurarse de que los carneros se encuentren en una condición física óptima antes de la cría. Los carneros delgados tienen dificultades para fecundar a las ovejas, mientras que los carneros obesos pueden ser demasiado perezosos para reproducirse o poco fértiles, especialmente cuando hace calor. Hay que esquilar a los carneros, desparasitarlos, someterlos a una dieta rica en nutrientes y recortarles las pezuñas entre dos y cuatro semanas antes de comenzar la reproducción.

Relación carnero/oveja

La experiencia en la reproducción, la edad, el tamaño del pasto, el terreno y el número de ovejas en el grupo son factores que determinan con cuántas ovejas se puede aparear un carnero durante una temporada de reproducción de 34 o 51 días.

Un buen carnero puede aparearse con tres o cuatro ovejas cada día. Los expertos recomiendan utilizar un carnero por cada 35 o 50 ovejas. También es habitual utilizar un carnero por cada 100 o incluso 150 ovejas. El porcentaje de carneros es mayor en los rebaños más grandes.

Sistemas de cría

El enfoque sistemático en el que se evalúa el valor genético del ganado y se lleva adelante es la cría de animales. Una raza de ovejas es un grupo de ovejas que presenta características, apariencia y comportamiento homogéneos que se distinguen de otras ovejas.

Cría pura

Facilitar el apareamiento entre ovejas del mismo tipo o raza se conoce como cría pura. Un rebaño de este tipo puede gestionarse fácilmente como un rebaño único, ya que todos los carneros y ovejas pertenecen a la misma raza. El objetivo de la cría pura es salvaguardar la genética superior que se considera valiosa.

Las mejoras de los rasgos genéticos de las ovejas de raza pura deben documentarse con registros de rendimiento. El Programa Nacional de Mejora del Ovino (NSIP) recoge estos datos. A cambio, los criadores reciben los Valores de Cría Esperados (VCE) de todos los rebaños.

Un VCE proporciona estimaciones del mérito genético de un animal concreto en relación con un rasgo genético determinado. Proporciona una comparación entre el rendimiento esperado del animal en particular y el rendimiento medio de ese rasgo dentro de la raza.

Cruzamiento

Cuando se cruzan animales de la misma raza, a los que separan al menos entre cuatro y seis generaciones, se conoce como cruzamiento. Es la práctica de cría más recomendada.

Endogamia

Cuando se cruzan animales estrechamente emparentados, se habla de la endogamia, que incluye sistemas de cría de hijo a madre, de padre a hija y de hermano a hermana. La endogamia solo se recomienda a los operadores cualificados. Debe evitar permitir o facilitar la consanguinidad entre sus rebaños.

Cruce de líneas

Este tipo de cruce implica a ovejas que no están estrechamente emparentadas, como ocurre en la endogamia. En su lugar, se puede recurrir a sistemas de cría consistentes en el apareamiento entre primos o hermanastros para garantizar que su descendencia esté emparentada con un ancestro de alto precio.

Mestizaje

Cuando se cruzan carneros y ovejas de diferentes razas o tipos, se habla de mestizaje. Se trata de un enfoque sistemático en el que los recursos genéticos deseables se hacen para crear una descendencia comercialmente valiosa y productiva. La complementariedad de las razas y la heterosis son las principales ventajas que ofrece el mestizaje.

La complementariedad de las razas

Las diferentes razas tienen diferentes puntos fuertes y débiles. Los sistemas de reproducción suelen tener como objetivo maximizar los puntos fuertes y minimizar los débiles mediante unos rasgos genéticos superiores. Por ejemplo, si se desea una descendencia con una gran eficacia reproductiva, un menor mantenimiento, una gran musculatura y un crecimiento rápido, será difícil encontrar una raza que reúna todos esos rasgos. Sin embargo, puede cruzar ovejas Polypay, conocidas por su mantenimiento moderado y su eficiencia reproductiva, con carneros Suffolk, que son más musculosos y que crecen más rápido.

Heterosis

El término *heterosis* se refiere a la superioridad de la descendencia en comparación con sus padres cruzados. Se mide por la diferencia entre el rendimiento de la descendencia y el de sus padres de raza pura. Los cruces son más fértiles, crecen más rápido y son más vigorosos que sus padres de raza pura.

Lista de control para la reproducción del ganado ovino

• Considere su propósito de reproducir ovejas. Analice si dispone de espacio, tiempo y recursos para dedicarse con éxito a la reproducción de ovejas.

• Evalúe la rentabilidad de la reproducción de las ovejas y cómo va a comercializar la descendencia.

• Decida el sistema de reproducción que va a utilizar para hacer que sus ovejas se reproduzcan. Los diferentes tipos de sistemas de reproducción son adecuados para diferentes propósitos.

• Decida si cuenta con espacio, tiempo y recursos para criar un carnero. Hay que cuidar bien al carnero y mantenerlo sano para la reproducción. Los carneros también son más difíciles de manejar en comparación con las ovejas.

• Si no dispone de suficiente terreno para criar un carnero, puede solicitar los servicios de un buen carnero. Hable con los ganaderos locales sobre los carneros disponibles para el cruce.

• Si va a traer un carnero a su granja para la reproducción, asegúrese de que llega con tiempo suficiente para ponerlo en cuarentena y asegurarse de que no es portador de ninguna enfermedad.

• Un carnero requiere un pasto dedicado hasta que las ovejas estén listas para aparearse. Tenga un pasto lo suficientemente grande y con suficiente comida para el carnero.

• Asegúrese de que la dieta del carnero sea rica en nutrientes a partir de los dos meses anteriores a la reproducción, al tiempo que se asegura de que no esté demasiado delgado o gordo para cuando comience la reproducción.

• Recorte las pezuñas, desparasite y esquilme al carnero dos o cuatro semanas antes de la monta.

• Observe el comportamiento de las ovejas e identifique cuándo han alcanzado el estro. Deje que el carnero entre en el pasto en el que están las ovejas.

• Vigile la forma en que el carnero se aparea con las ovejas. Si usted es el dueño del carnero, puede ser beneficioso mantener un registro de su desempeño usando pintura o un arnés para marcar.

• Un solo carnero puede aparearse con hasta 150 ovejas. Si tiene un rebaño más grande, es posible que necesite más de un carnero.

• Una vez completado el apareamiento, y cuando las ovejas alcancen el metaestro, saque a los carneros.

• La gestación suele durar 150 días tras el apareamiento. Lleve un registro de las fechas de apareamiento de las ovejas para poder estimar cuándo comenzarán los partos.

• Empiece a alimentar a las ovejas con grano unas semanas antes de la fecha prevista para el parto. También se aconseja muletear y desparasitar a las ovejas antes del final de la gestación.

Capítulo 9. El proceso de parto

Gracias a la evolución a lo largo de miles de años, la mayoría de las ovejas tienen pocas dificultades para parir. El proceso está regulado por una secuencia de cambios hormonales que guían al cordero para decidir el momento de nacer. Hay que conocer a fondo el proceso de parición para saber cuándo las ovejas están a punto de parir y prestarles ayuda si es necesario.

Cuando una oveja se acerca a la fecha de parto, puede dejar de comer, sus pezones y su ubre estarán hinchados y la vulva dilatada. Las madres primerizas encontrarán el proceso un poco confuso, especialmente las ovejas jóvenes. Tiene que estar preparado cuando sus ovejas se acerquen al parto. Debe tener preparadas las instalaciones de parto junto con los suministros de parto. También es necesario manipular y alimentar cuidadosamente a las ovejas antes del parto.

Parto en pastos y parto en establo

Ambos métodos tienen sus ventajas e inconvenientes. Depende de usted sopesar esos factores en relación con sus operaciones, de modo que pueda proporcionar las condiciones ideales para traer al mundo a los corderos de una forma eficiente y económica. Los costes de los piensos, el clima, la disponibilidad de mano de obra, la depredación, el riesgo de enfermedades y las subidas y bajadas del mercado son factores clave que deberá tener en cuenta.

El parto en establo

Los ganaderos de ovejas de Estados Unidos que poseen rebaños pequeños suelen practicar el parto en establo. Así que se sugiere que usted siga el mismo enfoque después de evaluar los pros y los contras asociados al mismo. El parto en establo permite realizar partos tempranos o fuera de temporada que suelen reportar mayores ingresos. El parto se llevará a cabo en una estructura como un establo en el que se puede realizar incluso en invierno.

Puede gestionar mejor los corderos cuando nacen en un establo en comparación con los pastos. De este modo, se pueden controlar mejor las pérdidas. Asimismo, las tareas como el tratamiento de las ovejas y los corderos, la vacunación y el destete son mucho más sencillas.

Un establo de partos debe tener generalmente capacidad para el 10% de su rebaño. Algunas ovejas pueden ser alojadas en el establo hasta que la hierba esté disponible en el exterior, mientras que otras pueden ser trasladadas al exterior cuando el parto sea exitoso. La mayoría de los establos de parición se construyen con jaulas de captura. La disponibilidad de jaulas de captura disminuye las posibilidades de que las ovejas roben los corderos o de que se produzca una mala crianza.

La mayoría de los establos de partos también cuentan con cercas de madera. Cada cerca puede albergar una oveja y sus corderos. Las tareas como la desparasitación, el etiquetado y el anillado pueden llevarse a cabo en cada cerca mientras cada familia está confinada. Las familias se envían a un corral mixto después de 24 a 48 horas, donde se unirán al rebaño.

A veces, algunos corderos necesitarán alimentarse con biberón, por lo que es importante que un establo o corral de partos tenga una zona dedicada a ello. El parto en establo le facilita las cosas, ya que podrá separar fácilmente a los corderos de sus madres si estas no pueden alimentar a los corderos. Podrá permitirse el lujo de dar los corderos a otra oveja o mantener a la familia en una cerca de madera durante más tiempo para asegurarse de que les va bien.

El inconveniente de utilizar el establo para los partos es la elevada inversión inicial que requieren los establos, los corrales y el equipo de alimentación. Los corrales de parto también requieren más trabajo, ya que hay que asegurarse de que estén limpios y secos. Si el parto se produce durante el invierno, deberá gastar más en pienso en comparación con el parto de primavera.

Tendrá que inspeccionar a las ovejas y a los corderos al menos cada pocas horas y alimentar a los animales en cada corral. También tendrá que cambiar regularmente el lecho para mantener un entorno limpio, seco y confortable en el establo de partos. El establo de partos debe estar libre de corrientes de aire, para minimizar los riesgos de neumonía.

El parto en pastos

Para la cría de ovejas en pastos no se necesita una inversión inicial considerable ni una mano de obra especializada. Las ovejas pueden alimentarse por sí mismas pastando y no es necesario limpiar los pastos, a diferencia de los establos de parto. Sin embargo, el parto en pastos solo se recomienda cuando las temperaturas son superiores a los 7 grados centígrados. Aun así, es necesario que tenga planes para proporcionar refugio en caso de un clima adverso.

Las ovejas suelen estar más sanas cuando el parto tiene lugar en los pastos, ya que reciben suficiente ejercicio diario. También se reducen las posibilidades de maltrato, ya que las ovejas tienen un amplio espacio para distanciarse de las demás mientras paren. El parto en pastos tampoco requiere que usted vigile a las ovejas y a los corderos al anochecer, ya que las ovejas tienden a parir cuando hay algo de luz natural disponible.

Sin embargo, el parto en pastos hace que sea difícil ofrecer asistencia y tratamiento durante el parto. La desparasitación, la alimentación con biberón, el destete y el mantenimiento de registros también son más difíciles debido a la dificultad de atrapar a los corderos en los pastos. Los corderos recién nacidos también se enfrentan a importantes amenazas de depredadores cuando nacen en los pastos.

Instalaciones para partos

Si se opta por el parto en establo, preparar las instalaciones es tan importante como preparar a las ovejas para el parto. La zona del establo debe estar limpia y disponer de un lecho seco. También tendrá que comprobar si hay corrientes de aire y eliminarlas de antemano. El área de corrales debe tener por lo menos de 12 a 14 pies cuadrados para cada oveja.

Se aconseja preparar los corrales de parto antes de que la primera oveja empiece a parir. Se recomienda tener suficientes corrales de parto para el 10% del rebaño. Sin embargo, más es mejor, ya que siempre es posible un parto concentrado. Las ovejas más pequeñas pueden tener corrales de 4 x 4 pies, pero las más grandes necesitan corrales de 4 x 6 pies o de 5 x 5 pies.

Suministros para corderos

Si opta por el parto en establo, estará más involucrado en el proceso de parto. En ese caso, necesitará una lista de suministros que le permitirán echar una mano a sus ovejas durante el parto. Mantenga una reserva de guantes de goma o látex para ayudar en los partos difíciles y al manipular a los recién nacidos. Los partos difíciles también pueden requerir lubricación OB, lazo o tirador de patas, cuerda de nylon y desinfectante.

Es posible que tenga que utilizar un retenedor de soporte, un arnés de prolapso o una cuchara para ovejas para retener el prolapso vaginal. Disponga de una caja de calentamiento o una lámpara de calor para calentar a los corderos que tengan frío. También se aconseja disponer de los antibióticos necesarios y agujas y jeringuillas para administrar inyecciones durante y después del parto.

Un termómetro es muy útil para diagnosticar problemas. Hay que mojar las cuerdas del ombligo con betadine o yodo suave. Algunos corderos recién nacidos necesitarán ayuda para alimentarse. Por lo tanto, tenga a mano una sonda de alimentación esofágica, calostro congelado y un sustituto de calostro. También necesitará un sustituto de leche de cordero, pezoneras de cordero y una barra de cordero para alimentar a varios corderos huérfanos. También puede administrar dextrosa en un 50% para los corderos débiles.

También puede ser útil una jeringuilla de dosificación oral y una aguja curva en S para suturar. Puede etiquetar y llevar un registro de los corderos recién nacidos durante el parto en establo. En todo caso, hay que tener una selección de crotales, un aplicador, herramientas para acoplar y castrar, una balanza colgante, un cabestrillo para pesar a los corderos recién nacidos y un cuaderno de bolsillo para llevar un registro. También puede ser útil un puntal de cabeza para injertar corderos y animar a las ovejas a aceptar sus propios corderos.

Distocia o asistencia a partos difíciles

Los partos difíciles son una de las principales causas de muerte de los corderos, según los expertos. Hay varios factores que pueden causar distocia en su rebaño, como el aborto espontáneo, la mala presentación del feto, el tamaño desproporcionado del cordero y la oveja, la falta de dilatación del cuello uterino, la deformación del cordero y el prolapso vaginal. El mayor desafío al que se enfrentará durante el parto será determinar cuándo asistir a la oveja o cuándo pedir ayuda.

Se aconseja revisar a la oveja si lleva una hora haciendo esfuerzos por parir sin que haya señales del cordero. Hay que limpiar el trasero de la oveja y lavarse las manos con agua caliente y jabón antes de tocarla. Utilice guantes limpios siempre que examine a una oveja y lubrique su mano hasta el codo con un lubricante no irritante.

Doble los dedos, creando una forma de cono, e introduzca la mano en la vagina de la oveja. Si el cuello del útero está abierto, sentirá la nariz del cordero. La nariz debe estar suavemente apoyada en las patas delanteras del cordero. Si el cordero se presenta de esta manera, la oveja debería parir sin requerir su ayuda, a menos que el cordero sea demasiado grande para la abertura pélvica de la oveja. Si el cordero parece demasiado grande, se recomienda una leve ayuda.

Evite meter y sacar la mano y cambiar de mano sin limpiarla de nuevo. También puede intentar elevar los miembros traseros de la oveja o hacer que se ponga de pie, para que haya más espacio para el reposicionamiento. Si no tiene éxito en sus intentos durante media hora, llame al veterinario. Se desaconseja mucho el tirón excesivo. El retraso en el parto y los tirones excesivos pueden causar graves lesiones a la oveja y al cordero.

Es importante que nunca intente sacar a un cordero cuando el canal de parto no está completamente dilatado, ya que puede herir gravemente a la oveja. Los corderos suelen asistir a su propio parto hasta cierto punto. Asegúrese de que no queden más corderos en el útero después de cada parto. Se aconseja dar una inyección de antibiótico de acción prolongada a cada oveja a la que se asiste en el parto.

La presentación invertida

A veces el cordero puede presentarse con las patas traseras primero. No es necesario girar al cordero, ya que puede causar lesiones o la muerte del cordero y dañar el útero. El cordero puede nacer normalmente con algo de ayuda. La presentación invertida es común en gemelos y trillizos.

Bloqueo de las rodillas

Un cordero en posición normal puede tener a veces las rodillas bloqueadas dentro del canal de parto. En caso de percibir esta posición, empuje suavemente el cordero hacia atrás para que las piernas se extiendan.

Pierna doblada hacia atrás

Si nota que una de las dos patas del cordero está doblada hacia atrás, alcance suavemente la pezuña y acóplela en la palma de la mano. A continuación, muévela hacia delante. Si no puede enderezar las patas, es posible que tenga que utilizar una cuerda para corderos en una o ambas patas y empujar la cabeza hacia atrás para que las patas puedan enderezarse.

Cabeza posicionada hacia atrás

Si la cabeza está posicionada hacia atrás sin apoyarse en las patas delanteras, empuje suavemente al cordero hacia atrás. A continuación, gire lentamente la cabeza hasta la posición correcta. Se aconseja atar una cuerda de corderos a ambas patas para poder localizarlas después de empujar al cordero hacia atrás. No tire de la mandíbula del cordero, ya que puede lesionarlo. Utilice suavemente las cuencas oculares para hacer palanca y tirar de la cabeza hacia delante.

Parto ajustado

El tamaño desproporcionado causa dificultades en el parto la mayoría de las veces. Usted puede ayudar proporcionando una buena lubricación y tirando suavemente, pero con firmeza. Utilice la piel por encima de la cabeza del cordero para hacer palanca y extienda una pierna cada vez.

Presentación de nalgas

Cuando un cordero está posicionado hacia atrás con la cola cerca de la abertura y las patas metidas debajo, se conoce como presentación de nalgas o podálica. Coloque suavemente las patas traseras del cordero hacia delante. Preste asistencia y asegúrese de que el cordero nazca rápidamente. El cordón umbilical suele romperse antes de que el cordero nazca en esta posición, por lo que puede asfixiarse si se retrasa el parto.

Cabeza hinchada

La cabeza del cordero puede hincharse si ha estado fuera de la vulva de la oveja durante algún tiempo con la lengua fuera. Los corderos suelen sobrevivir en esta posición durante mucho tiempo, aunque pueden parecer fríos y muertos. Asegúrese de que la cabeza esté limpia al lavarla con agua tibia y empujarla de vuelta al útero. Proporcione abundante lubricación y determine la posición antes de proporcionar asistencia en el parto.

Partos simultáneos

Las ovejas que pertenecen a rebaños con una tasa de partos más alta pueden encontrarse a menudo con este problema. Estos corderos tendrán las patas entrelazadas. Primero tendrá que determinar qué pata pertenece a qué cabeza. Luego desenredar las patas y empujar hacia atrás a uno de los corderos para que el otro tenga suficiente espacio para nacer. Normalmente se esperan trillizos en los partos simultáneos.

Corderos muertos y deformados

El parto y la retirada de corderos muertos o deformados suelen requerir la asistencia de un veterinario. Estos corderos rara vez pasan por el canal de parto. Los corderos que lleven un tiempo muertos deberán ser extraídos en trozos y los recién muertos se pueden extraer con normalidad.

Útero anillado

Esta condición tiene lugar cuando el cuello uterino no se dilata. Suele ser necesaria una cesárea, ya que el útero anillado no responde a la manipulación ni al tratamiento médico. No se debería aparear a las ovejas que hayan tenido útero anillado anteriormente.

Desinfección de los ombligos

Los agentes infecciosos pueden entrar en el cordero recién nacido a través de su ombligo. Si el cordón del ombligo tiene más de cinco centímetros de longitud, habrá que recortarlo más cerca del cuerpo. Desinfectar los extremos del ombligo poco después del nacimiento puede evitar infecciones. Puede conseguirlo sumergiendo o rociando la zona del ombligo con betadine o yodo suave.

Después del parto

No es necesario intervenir cuando la oveja ha parido normalmente, ya que puede ocuparse de los corderos recién nacidos. Simplemente limpie cualquier moco que pueda estar pegado en las fosas nasales del cordero y entonces la oveja se encargará de sus corderos y les permitirá amamantarlos. La mayoría de los corderos se levantarán y amamantarán una hora después del nacimiento.

Calostro

La «primera leche» que producen las ovejas tras el parto se conoce como calostro. Contiene grandes cantidades de nutrientes esenciales y anticuerpos clave para la salud y el rendimiento futuros de los corderos. Es fundamental que los corderos tomen suficiente calostro entre las 18 y las 24 horas siguientes a su nacimiento, sobre todo cuando se trata de recibir anticuerpos, ya que no reciben los que están en el torrente sanguíneo de la oveja antes de nacer.

Afortunadamente, los corderos pueden absorber naturalmente grandes cantidades de anticuerpos durante las primeras 18 a 24 horas tras el nacimiento. Se aconseja asegurarse de que el cordero reciba al menos el 10% de su peso corporal de calostro durante este tiempo. Aunque los corderos pueden sobrevivir sin calostro, las posibilidades de enfermedad y muerte son mayores si no lo reciben.

Destete de corderos

Se trata de una parte importante de la cría y reproducción de ovejas. El destete es el proceso de separar a los corderos de sus madres, abandonar su dieta láctea y adaptarse a una basada en plantas. Suele ser un momento estresante tanto para los corderos como para las ovejas. Por lo tanto, hay que proporcionar una transición fácil que cause el mínimo estrés.

Momento adecuado para el destete

Según los estudios realizados por el USDA, la edad de destete de los corderos en Estados Unidos suele ser de unos cuatro meses. No existe un momento ideal para el destete, ya que este viene determinado por muchos factores, como la disponibilidad de pastos o piensos, las instalaciones y los mercados de destino. Algunos corderos se destetan antes de los cuatro meses, mientras que otros se dejan destetar de forma natural, lo que suele durar seis meses.

Destete temprano

Por lo general, se trata de destetar a los corderos entre los 21 y los 90 días desde su nacimiento. Los corderos pueden destetarse con éxito antes de tiempo, siempre que consuman suficiente alimento seco, preferiblemente una libra cada día y beban suficiente agua. El tamaño también puede determinar si los corderos están listos para el destete. Muchos ganaderos destetan a sus corderos a los 60 días de vida o cuando alcanzan las 45 libras.

Los corderos destetados temprano generalmente pueden convertir el alimento eficientemente en tejido magro. Es más económico y beneficioso alimentar a los corderos con grano, ya que la conversión del alimento en ganancias es mucho mayor que la conversión de la leche en ganancias. El destete precoz también reduce el estrés de la lactancia de las ovejas, especialmente de las jóvenes.

Los corderos destetados antes de tiempo también pueden colocarse en pastos secos para el engorde. También permite a los ganaderos vender antes las ovejas, normalmente a precios más altos. El destete temprano también permite comercializar los corderos mucho antes durante el año, cuando los precios suelen ser altos. Por el contrario, eso no significa que destetar a los corderos demasiado pronto sea una gran idea, ya que somete a los corderos y a las ovejas a un inmenso estrés.

Destete de corderos huérfanos

Intente destetar a los corderos huérfanos cuando tengan entre 30 y 42 días de edad o cuando alcancen entre 25 y 30 libras de peso corporal. La mayoría de los ganaderos prefieren el destete brusco, aunque algunos les proporcionan un sustituto de leche diluido. Los lotes secos son los más apropiados cuando se destetan los corderos huérfanos, a menos que se disponga de un pasto de alta calidad.

Destete tardío

También tiene la opción de dejar que los corderos se desteten de forma natural. Suelen tardar entre cuatro y seis meses desde su nacimiento. Los corderos nacidos en primavera suelen tardar más en destetarse de forma natural que los nacidos en invierno u otoño. También se aconseja no dejar a los corderos nacidos en primavera en los pastos con las madres hasta que estén listos para la venta.

El destete tardío es más natural y menos estresante para las ovejas y los corderos. La producción de leche de las ovejas disminuye de forma natural cuando se produce el destete tardío, lo que reduce el riesgo de mastitis. El destete tardío también le permite aprovechar al máximo el forraje disponible para alimentar a los corderos, a la vez que maneja fácilmente a las ovejas y a los corderos como un solo grupo.

El destete natural puede dar lugar a que las ovejas y los corderos compitan por el forraje, especialmente el de alta calidad. Los riesgos de parasitismo e infección con larvas de gusanos también aumentan con el destete tardío. El destete tardío también obliga a castrar a los corderos machos antes de que tengan tres o cuatro meses de edad.

Entorno del destete

Los corderos sufren más estrés durante el destete que las ovejas. Se les separa de sus madres y se les exige que se alimenten por sí mismos sin depender de la dieta láctea a la que están acostumbrados. Por lo tanto, se debe alejar a las ovejas de los corderos en lugar de quitarles los corderos. Permanecer en el mismo lugar puede reducir el estrés que provoca el destete, ya que los corderos ya saben dónde están el agua, el pienso y los minerales.

Se aconseja mantener a las ovejas y a los corderos alejados para que no se oigan. También hay que vigilar de cerca a los corderos durante el destete, porque son más susceptibles a las enfermedades parasitarias y a la enterotoxemia causada por la sobrealimentación. La prevención de la enterotoxemia puede lograrse con la vacunación contra ella cuando los corderos tienen entre seis y ocho semanas de edad, y con una segunda dosis de refuerzo entre dos y cuatro semanas después.

Capítulo 10. Enfermedades del ganado ovino y asistencia sanitaria

Muchas enfermedades pueden afectar a las ovejas y a los corderos. Aunque a continuación resumiremos algunas de las enfermedades más comunes en los Estados Unidos, recuerde que ciertas regiones o estados pueden tener enfermedades comunes diferentes. Por ello, es importante que busque el asesoramiento de los ganaderos de ovino locales y de un veterinario de animales sobre las enfermedades, el tratamiento y los métodos de prevención para asegurarse de que su rebaño esté sano.

Aborto espontáneo

El aborto espontáneo provoca la interrupción de la gestación y la pérdida de corderos. También puede provocar que las ovejas den a luz corderos deformes o muy débiles que mueran poco después de nacer. Aunque es habitual que se produzcan abortos en algunas ovejas, es necesario preocuparse si la tasa de abortos de su rebaño es superior al 5%.

Son muchos los factores que pueden provocar este problema, por lo que se aconseja un buen manejo e higiene para proteger a las ovejas. La administración de antibióticos al final de la gestación y la vacunación contra el vibrio y la clamidia antes de la cría pueden reducir los riesgos de aborto en las ovejas.

Linfoadenitis Caseosa (LAC)

Esta enfermedad afecta al sistema linfático de las ovejas y da lugar a la formación de abscesos en los ganglios linfáticos. La LAC es una enfermedad muy contagiosa que afecta gravemente a los órganos internos si no se le aplica un tratamiento. Existe una vacuna para la LAC que puede disminuir el número de abscesos, aunque no puede evitar que la enfermedad infecte a las ovejas. Sin embargo, no es necesario vacunar a los rebaños que no tengan esta enfermedad.

Escaldado y podredumbre del pie

Estas dos enfermedades son las más comunes que afectan a las ovejas y causan enormes pérdidas al sector ovino en todo el mundo. El escaldado se produce cuando se infectan los tejidos entre los dedos de las ovejas, mientras que la podredumbre se refiere a la infección del tejido subyacente de la pezuña.

Tanto el escaldado como la podredumbre del pie pueden ser muy difíciles de controlar y erradicar. Las medidas más eficaces incluyen el mantenimiento o recorte adecuado de las pezuñas, el remojo de las mismas, las inspecciones de las patas, los tratamientos tópicos, la administración de antibióticos y el aislamiento de los animales nuevos o infectados. El sacrificio puede ser necesario si algunos animales no responden bien al tratamiento para proteger el rebaño.

Aunque existen vacunas contra la podredumbre del pie, no cubren todas las cepas de la enfermedad y es posible que no eviten su aparición. Por lo tanto, se aconseja una higiene y una gestión adecuadas de su rebaño, independientemente del estado de vacunación.

Parásitos internos

El problema sanitario más común que afecta a las ovejas en todo el mundo son los parásitos internos. Son muchos los parásitos que pueden infectar a las ovejas y que varían según la región, el año y la granja. Los parásitos más comunes son los gusanos planos, como las lombrices y las tenias, los gusanos redondos o nematodos y los protozoos u organismos unicelulares.

Los gusanos *Haemonchus contortus* causan anemia o pérdida de sangre y mandíbula hinchada. Las coccidias son parásitos protozoarios que dañan los intestinos y causan malestar y poco peso. Es importante que controle los parásitos internos para conseguir que su rebaño esté sano. Para ello, debe utilizar una combinación de herramientas de tratamiento y gestión.

Buena gestión

Los problemas parasitarios pueden minimizarse con un manejo adecuado de sus ovejas y utilizando el sentido común. Proporcionar agua limpia, pienso, comederos limpios y construidos de forma que se evite una fácil contaminación, evitar la sobrepoblación de los pastos y los refugios, y aislar a las ovejas recién adquiridas son algunos ejemplos de una gestión adecuada de las ovejas.

Proporcionar pastos limpios

Los pastos que usted les ofrece a sus ovejas no deben contener larvas de gusanos. Los pastos en los que no hayan pastado ovejas o cabras durante 6 a 12 meses, los campos en los que se haya retirado la cosecha de ensilado o heno, las tierras pastoreadas por ganado vacuno o equino y los pastos rotados con cultivos de campo son ejemplos de pastos limpios ideales para las ovejas.

Reposo y rotación de pastos

Muchos ganaderos de ovino no entienden cómo la rotación de los pastos puede ayudar a controlar o empeorar los problemas parasitarios. La rotación de su rebaño a través de pastos más pequeños aumenta las posibilidades de que se expongan a las larvas de los parásitos. Un pasto requiere al menos tres meses para que el nivel de infectividad sea bajo. Por lo tanto, debe proporcionar suficiente reposo a los pastos y la rotación de pastos será fructífera solo cuando se proporcione dicho reposo.

Estrategias de pastoreo

Los expertos creen que alrededor de un 80% de las larvas de parásitos se encuentran en los primeros cinco centímetros de hierba. Se aconseja evitar que las ovejas pasten en forrajes de menos de cinco centímetros de altura. Además, se dice que cuando las ovejas se alimentan de hojas y ramas jóvenes de árboles y arbustos, se reducen los problemas de parásitos.

Forrajes alternativos

Los expertos aconsejan que hacer pastar a las ovejas con forraje que contenga plantas ricas en taninos reduce los problemas parasitarios en comparación con las ovejas que pastan en pastizales. Los taninos condensados pueden desparasitar a las ovejas y reducir el desarrollo de las larvas en las heces y la tasa de eclosión de los huevos de los gusanos. Las especies forrajeras como el loto de los prados, la achicoria, el trébol y la sericea lespedeza son muy recomendables como forrajes alternativos.

Gestión nutricional

Las ovejas y los corderos con dietas ricas en nutrientes suelen tener una mejor respuesta inmunitaria contra los parásitos internos. También se ha demostrado que un mayor consumo de proteínas ayuda a solucionar los problemas parasitarios de las ovejas, especialmente en las ovejas después del parto.

Uso adecuado de los antihelmínticos

El uso de antihelmínticos (un grupo de fármacos antiparasitarios que expulsan del cuerpo a los gusanos parásitos y otros parásitos internos mediante el aturdimiento o la muerte de los mismos y sin causar daños significativos al organismo del animal afectado, también llamados *vermicidas*) puede ayudarle a controlar las enfermedades parasitarias. Sin embargo, se utilizan sobre todo para mejorar la eficacia del tratamiento y frenar la tasa de resistencia a los fármacos desarrollada por los gusanos. También hay que medir con precisión el peso de las ovejas para suministrarles la dosis adecuada. Hay que evitar la infradosificación, ya que puede ser contraproducente al hacer que los gusanos sean resistentes a los antihelmínticos utilizados.

Se recomienda utilizar la inmersión oral cuando se administran los antihelmínticos y hacerlo sobre la lengua de cada oveja. De este modo, se cierra el surco esofágico que hace pasar la medicación al rumen de la oveja. Los antihelmínticos son más eficaces cuando el intestino de las ovejas los absorbe lentamente, por lo que se aconseja dejar a las ovejas en ayunas durante al menos 24 horas para mejorar la eficacia de la desparasitación, aunque se debe permitir que las ovejas beban agua.

Todo ganado recién adquirido debe desparasitarse con al menos dos o tres tipos de antihelmínticos diferentes. Se prefieren la moxidectina y el levamisol por su mayor eficacia. Se recomienda soltar a las ovejas desparasitadas en un pasto «parasitado» para que los medicamentos puedan diluir cualquier gusano resistente que esté presente.

Neumonía Progresiva Ovina (NPO)

La NPO afecta a muchos sistemas del organismo de las ovejas, lo que provoca diversos síntomas. Esta infección viral es una de las causas más comunes de muerte en las ovejas. Un síntoma común de la NPO es una ubre dura. Es una forma de mastitis en la que se ven afectados ambos lados de la ubre, lo que provoca una disminución de la producción de leche (o la ausencia de la misma) que causa la muerte de los corderos. Las ovejas con ubre dura también se suelen sacrificar, ya que pueden infectar a las otras ovejas.

La NPO es muy difícil de erradicar —o incluso de controlar—, ya que no hay tratamiento ni cura para la enfermedad. Es necesario realizar análisis de sangre a las ovejas que presenten síntomas y aislarlas o sacrificarlas si se descubre que son portadoras de la enfermedad. Es necesario retirar los corderos y aislarlos de las ovejas infectadas. En estos casos, habrá que alimentarlos con calostro y leche tratados térmicamente.

Enfermedades respiratorias

La neumonía —causada por bacterias, virus y el medio ambiente— afecta al tracto digestivo de las ovejas. Las ovejas afectadas suelen negarse a comer debido a la depresión, al tiempo que muestran signos de dificultad respiratoria que incluyen tos. Las enfermedades respiratorias pueden tratarse con antiinflamatorios y antibióticos, pero no existe una vacuna eficaz para prevenirlas. Se pueden minimizar los riesgos de enfermedades respiratorias si se les proporciona a las ovejas —especialmente a las que están en establos— una buena ventilación.

La tembladera

Esta enfermedad mortal ataca el sistema nervioso central de las ovejas, desarrollándose gradualmente durante años antes de que aparezcan finalmente los síntomas. La tembladera suele transmitirse durante el parto a través de la placenta y, por lo general, se recomienda realizar análisis de sangre para identificar a las ovejas y corderos infectados. El sector ovino se ha esforzado por erradicar esta grave enfermedad y el USDA exige que todas las ovejas lleven una marca auricular o un tatuaje para ayudar a localizar a los animales vivos nacidos donde se haya diagnosticado tembladera a otro animal.

Ectima contagioso (boca costrosa)

Se trata de la enfermedad cutánea más común que conoce la industria ovina. El ectima contagioso está causado por un virus que pertenece a la familia de la viruela y presenta síntomas como ampollas y lesiones en los labios, la nariz, la boca y otras zonas del cuerpo. Los corderos y los animales de un año son más susceptibles de padecer esta enfermedad, mientras que los seres humanos también pueden infectarse. El ectima contagioso puede controlarse mediante vacunas en su rebaño si se produce un brote. Las ovejas infectadas pueden tratarse con antibióticos y aerosoles WD-40.

Bioseguridad

Las medidas adoptadas para minimizar o prevenir la exposición a las enfermedades se conocen como bioseguridad. Se recomienda encarecidamente que introduzca medidas estrictas de bioseguridad en la forma de gestionar su rebaño para que se mantenga libre de enfermedades. La propagación de enfermedades puede perjudicar a granjas ovinas de todos los tamaños, así que considere seriamente la posibilidad de utilizar métodos de bioseguridad, incluso si su rebaño es pequeño.

Adquisición de nuevos animales

Las enfermedades pueden introducirse en su rebaño sano de forma accidental al adquirir nuevo ganado; pues se trata de una de las formas más comunes de propagación de enfermedades de una granja a otra. Las ovejas portadoras de enfermedades suelen parecer sanas desde el exterior, por lo que no hay que subestimar la importancia de adoptar estrictas medidas de bioseguridad al adquirir nuevas ovejas.

En primer lugar, asegúrese de que está comprando animales sanos y que proceden de un rebaño sano. Infórmese siempre sobre el estado de las enfermedades y el programa sanitario de la granja antes de comprar los animales. También se aconseja comprar solo animales de criadores reputados, aunque puedan ser más caros. Es más probable que los criadores reputados cuenten con buenos programas sanitarios. Por tanto, la probabilidad de acabar con animales portadores de enfermedades es muy baja.

También es muy recomendable comprar ovejas de rebaños cerrados, es decir, un grupo de animales que no han estado expuestos a otro rebaño durante al menos tres años. Los expertos no recomiendan comprar ovejas en establos, corrales o subastas públicas de ganado, ya que las enfermedades pueden propagarse rápidamente entre los animales en esos entornos.

Aisle las ovejas recién adquiridas

Los expertos recomiendan aislar o poner en cuarentena a las ovejas nuevas durante al menos un mes para comprobar que están libres de enfermedades. Al hacerlo, se minimiza en gran medida la probabilidad de introducir enfermedades en su rebaño sano a través de las ovejas recién adquiridas. La zona de cuarentena debería estar idealmente a 30 metros o lo más lejos posible de su rebaño.

Se aconseja recortar las pezuñas de las ovejas mientras están aisladas e inspeccionarlas en busca de podredumbre y escaldado. También es muy aconsejable sumergir las patas en una solución de sulfato de zinc al 10%. También hay que desparasitar a los animales con las tres clases, para evitar que se introduzcan en la granja gusanos resistentes a los medicamentos.

Los riesgos de la exhibición de ovejas

Existen algunos riesgos asociados a la exhibición de ovejas en exposiciones y ferias de ganado ovino. Si presenta a sus ovejas en este tipo de eventos, evite el contacto directo con otras ovejas y el uso compartido de equipos, comederos y bebederos. Recuerde desinfectar cualquier equipo que le presten los organizadores del evento o que preste a otros ganaderos durante dichos eventos. Además, es importante aislar a sus animales de exhibición durante un mes a su regreso de las exhibiciones y concursos de ovinos.

Esquilado

Existe la posibilidad de que las enfermedades se propaguen a través del esquileo. Es necesario desinfectar el equipo de esquila cuando los animales que se esquilan pertenecen a rebaños diferentes. Los pequeños ganaderos de ovino pueden tener que llevar sus ovejas a las naves de esquila, especialmente si solo tienen unos pocos animales. En tales situaciones, hay que poner en cuarentena a los animales a su regreso e inspeccionarlos para detectar cualquier signo de enfermedad antes de soltarlos para que pasten en sus tierras.

Gestión adecuada

Se aconseja gestionar su granja de una forma adecuada, por muy pequeña que sea. Una mala gestión de su granja puede provocar la propagación de enfermedades a través de roedores y otros animales salvajes. La gestión adecuada de los residuos y el almacenamiento seguro de los piensos suelen ayudarle a evitar la atracción de roedores. Tome medidas para controlar los roedores si hay un problema de roedores en su propiedad.

Si tiene gatos en su granja, asegúrese de mantenerlos alejados de sus almacenes de grano y heno. También es muy aconsejable vacunar y castrar a los gatos, para que la población felina de su propiedad se mantenga sana y estable. Retire inmediatamente los cadáveres y deséchelos adecuadamente para evitar la propagación de enfermedades a las ovejas sanas. Nunca hay que dar de comer los cadáveres a los perros u otros animales, ni dejarlos fuera para que se los coman los animales salvajes y los roedores.

Capítulo 11: La venta de productos ovinos: lana, carne y productos lácteos

El objetivo de la cría de ovejas puede ser obtener importantes beneficios. Incluso si obtener beneficios no es una gran prioridad para usted, tener ingresos por la cría de ovejas le ayudará a mantener su rebaño. Las actividades de cría de ovejas permiten ganar dinero con la venta de corderos, carne, lana y productos lácteos. Para ello, tendrá que comercializar sus productos ovinos de forma adecuada; cada producto tiene sus pros y sus contras.

Carne de oveja

La carne que procede de ovejas de menos de un año se conoce como carne de cordero, mientras que la de carnero procede de ovejas de más edad. Los consumidores prefieren el cordero, ya que este suele tener un sabor más fuerte. Los dientes son buenos indicadores de la edad si no se dispone de papeles, etiquetas o tatuajes para confirmarla.

La mandíbula inferior de los corderos suele tener ocho dientes de leche. Los corderos de un año tienen dos dientes incisivos, mientras que las ovejas tienen dos pares. Los jarretes delanteros de un cordero suelen tener dos articulaciones de rotura que son rojas, porosas y húmedas. Los carneros tienen dos articulaciones en forma de carrete, mientras que el cuerpo de un cordero de un año presenta al menos una única articulación en forma de carrete.

La demanda de carne de cordero

Según el Journal of Food Distribution Research, el consumo per cápita actual de cordero es de aproximadamente una libra por persona y año. Todavía se considera un producto exclusivo en Estados Unidos, ya que aproximadamente un 30% de los ciudadanos no ha probado nunca el cordero. Solo un 24% de la población consume cordero al menos una vez al año, mucho menos que en países como Australia y Nueva Zelanda.

La clasificación de los corderos

En la clasificación de los corderos se aplican varias normas. Los corderos se clasifican en función de su canal, de los corderos vivos, de los corderos de engorde, de la edad, el sexo y el peso, y de la merma o desviación. Estos grados de calidad suelen indicar las características de consumo y la palatabilidad de la carne. Prime, Choice, Good y Utility son las categorías de cordero del USDA.

Corderos vivos y su carne

Para clasificar los corderos se utiliza a veces el índice de calidad de la carne. Los corderos más gordos tienen más probabilidades de ser clasificados como *Prime*. En los mercados tradicionales, la demanda de cordero clasificado como *Good* es relativamente buena, ya que se prefiere el cordero más magro o ligero. El cordero recibe una calificación estándar de rendimiento según el porcentaje de su grasa externa. El cordero más magro se clasifica como 1, mientras que el más gordo se clasifica como 5. El USDA clasifica los corderos vivos con los mismos grados utilizados para los degollados. Sin embargo, algunos estados tienen diferentes grados de clasificación para los corderos vivos.

Corderos de engorde

Estos corderos solo pesan entre 60 y 90 libras y se venden principalmente a pastores o a lotes de alimentación. Los corderos de engorde se venden como grandes, medianos y pequeños, según su peso y estructura. Algunos estados tienen normas de clasificación únicas para los corderos de engorde. Según los expertos, estas clasificaciones son cada vez menos importantes, ya que se consideran corderos potenciales para el sacrificio. Los mataderos tradicionales compran ahora corderos de engorde para abastecer a los mercados que prefieren corderos más ligeros y magros.

Edad, peso y sexo

La edad y el peso de los corderos en el momento de su consumo varían. El peso medio de los corderos consumidos en Estados Unidos es de unas 135 libras, aunque los pesos varían entre 30 libras y 200 libras. Los corderos se consumen en Estados Unidos cuando tienen entre dos y quince meses de edad.

Los consumidores rara vez tienen una preferencia considerable por la carne procedente de ovejas, machos cabríos o carneros. La carne de carnero tiene un sabor fuerte que no gusta a la mayoría de los consumidores, pero algunos mercados tradicionales prefieren la carne de machos intactos.

Encogimiento o deriva

El peso que pierden los corderos durante el transporte al mercado se conoce como encogimiento o deriva. El encogimiento se debe generalmente a la pérdida del contenido del estómago durante las primeras 20 horas después de salir de la granja. El cuerpo compensa entonces la disminución de agua y alimento utilizando los nutrientes y la humedad de los tejidos, lo que hace que el peso se reduzca aún más.

Según los expertos, la duración y el modo de transporte, la temperatura, la dieta y la edad de los corderos son algunos factores que determinan el encogimiento. También es muy probable que los corderos se encojan más si se les quita el pienso la noche anterior al día de la venta. Así que, en esas circunstancias, se aconseja dar a los corderos la misma dieta la noche anterior y clasificarlos el día de la venta.

Opciones de comercialización de la carne

Hay muchas maneras de comercializar sus corderos. Los métodos de comercialización de los corderos pueden dividirse en dos grupos principales: productos básicos y directos. También es importante entender que los métodos y prácticas de comercialización de los corderos varían según la región y el tamaño de la explotación. Por ello, se aconseja seleccionar la opción más adecuada a la hora de vender sus corderos.

Comercialización de productos básicos

La mayoría de los corderos se venden en varios mercados de productos básicos que incluyen subastas públicas de ganado, centros de compra y mataderos. Los mercados de productos básicos son para los productores que venden productos genéricos a granel y favorecen a los productores más grandes y de bajo coste, especialmente a aquellos cuyas explotaciones están situadas más cerca de los mercados terminales. Los corderos se sacrifican poco después de su compra en los mercados terminales.

Subastas públicas de ganado

La mayoría de los productores de corderos venden sus corderos en subastas públicas de ganado en establos de venta. Algunas ventas clasifican los corderos en grandes lotes donde los corderos de diferentes productores pueden mezclarse en diferentes lotes. Otras ventas, en cambio, venden los corderos de cada productor en lotes separados.

Muchos ganaderos de ovino prefieren vender los corderos en los establos de venta, ya que es una opción muy cómoda. También hay más oportunidades, ya que la mayoría de los establos de venta tienen ventas todas las semanas. Además, el pago suele ser rápido. Pero la venta de corderos en los establos de venta tiene sus desventajas. No sabrá el precio y este puede variar de una semana a otra, dependiendo de la oferta y la demanda locales. Los establos de venta suelen conllevar tasas, comisiones, seguros y costes de corral.

Distribuidores, intermediarios y compradores por encargo

También puede vender los corderos a comerciantes de ganado, intermediarios o compradores por encargo que actúan como intermediarios. Este método suele ayudarle a ahorrar los costes asociados a la venta de sus corderos en los establos de venta. El precio se negocia antes de la venta y, a veces, se organiza el transporte.

Matadero

También tiene la opción de comercializar sus corderos directamente a un matadero o a un procesador de carne. También puede beneficiarse de la comercialización basada en el valor y la fijación de precios en red cuando vende directamente a un procesador de carne.

La fijación de precios basada en el valor implica que el precio de los corderos se basa en el valor individual de cada cordero, mientras que la fijación de precios por red se basa en el peso del animal, el grado de calidad y el rendimiento. Los corderos que están más cerca de la red se valoran más, mientras que los que «no llegan a la red» se valoran menos.

Comercialización directa

Cuando se venden productos ovinos directamente al consumidor, se habla de comercialización directa. La comercialización directa de productos ovinos adopta diversas formas, como la venta de productos en los mercados de agricultores, la venta por Internet, los corderos congelados, la venta en la explotación y la venta de productos a establecimientos minoristas y restaurantes. La principal diferencia entre la comercialización de productos básicos y la directa es el volumen. Los volúmenes de la comercialización directa suelen ser mucho menores que los de la comercialización de productos básicos.

La comercialización directa de los productos ovinos es aconsejable para los pequeños agricultores, ya que los beneficios suelen ser mayores. Al mismo tiempo, los costes como el transporte, la transformación y la mano de obra también pueden ser elevados. La comercialización directa puede ser la mejor opción para usted si vive cerca de una ciudad en la que la gente prefiere las pequeñas empresas en lugar de los productos que provienen de granjas comerciales.

Venta de carne en canal

La forma más habitual de comercializar directamente el cordero es la venta de carne en canal o de medios corderos. También se conocen como «corderos para congelar», ya que los consumidores suelen comprar por completo o la mitad del animal y lo guardan en su congelador. Puede vender los animales por su peso en suspensión si utiliza una planta inspeccionada por el gobierno federal para procesar la carne según las preferencias del cliente y a costa de él. La carne será sellada como «no apta para la venta».

Hay una mayor demanda de cordero alimentado con cereales debido a su sabor más suave, mientras que el mercado del cordero alimentado con hierba también está en alza, ya que se cree que son mucho más saludables. Las preferencias de los clientes también varían según la edad, el tamaño y la dieta de los corderos. Si tiene una buena planta de procesamiento de carne cerca, la venta de «corderos para congelar» es muy recomendable.

Mercados de agricultores

Un número creciente de pequeños agricultores vende cordero en los mercados de agricultores. Los mercados de agricultores son cada vez más populares, ya que los consumidores buscan comprar productos locales, preferentemente de empresas más pequeñas. Si desea vender cordero en los mercados de agricultores, tendrá que procesar la carne en una planta inspeccionada por el USDA. La carne vendrá etiquetada. Algunos mercados de agricultores y estados pueden exigir licencias y seguros para vender cordero en los mismos.

Opciones de comercialización de la lana

La venta de lana es la principal fuente de ingresos de algunas empresas de cría de ovejas. Si usted cría ovejas de lana, la venta de lana puede ayudarle a obtener ingresos para mantener su rebaño o incluso obtener beneficios, dependiendo del tamaño de su rebaño y de la calidad de la lana. Algunas razas de lana pueden esquilarse dos veces al año. Además, la lana producida por ciertas razas es de gran valor. La lana obtenida también debe almacenarse, prepararse y envasarse correctamente para maximizar las ganancias.

Características que determinan el valor de la lana

El valor de la lana viene determinado por varias características, como el rendimiento, la ondulación, el diámetro de la fibra, la pureza, el color, la resistencia de la fibra y la longitud. El diámetro de la fibra de la lana, que también se conoce como su finura, se refiere al grosor o diámetro de las fibras de lana.

Las distintas partes de un vellón suelen tener diámetros diferentes. Una mayor variación de las fibras de lana es indeseable en la lana, ya que las fibras más uniformes son más valiosas. Por ello, el diámetro medio de las fibras es uno de los factores clave que determinan el valor de la lana.

Las fibras de lana suelen tener una curvatura natural, lo que se conoce como *ondulación*. Las fibras de pelo no suelen tener ondulación y las lanas más gruesas tienen menos. Las lanas finas suelen tener más ondulación. El rendimiento se refiere a la cantidad de lana que queda después del lavado, lo que se conoce como *desgarre*. La lanolina o grasa de la lana, la suciedad, el polvo, la arena y la materia vegetal contribuyen a la «contracción» de la lana. El rendimiento de las diferentes lanas suele variar entre el 40% y el 70% y los vellones más voluminosos suelen indicar un mayor rendimiento.

Las fibras de color son muy poco deseables en el mercado de la lana, principalmente porque no aceptan el tinte. Sin embargo, algunos nichos de mercado pueden tener una gran demanda de lana de color. Algunos tejedores e hilanderos manuales que prefieren trabajar con lana de color natural pueden pagar precios elevados por la lana de color. Sin embargo, encontrar a estos consumidores es difícil en comparación con la venta de lana en el mercado de productos básicos.

La longitud de las grapas se refiere a la longitud desde la base hasta la parte superior de una fibra de lana sin estirar. La lana con longitudes de grapas más largas suele ser más valiosa. La resistencia de las fibras determina la capacidad de la lana para resistir la limpieza y la fabricación, por lo que las lanas más resistentes se valoran más.

Opciones de comercialización de la lana

Australia, China y Nueva Zelanda dominan el mercado de la lana, y China es también el mayor consumidor de lana del mundo. Estados Unidos, en comparación con estos gigantes del comercio de la lana, es solo un actor menor. La lana más fina es la más demandada a nivel mundial, ya que se utiliza para fabricar prendas de vestir y productos de moda de alta calidad. Las formas de comercializar la lana pueden dividirse en dos categorías: como producto básico y a través del marketing directo.

Mercados de productos básicos

Estos mercados suelen ser más adecuados para los grandes productores de lana. Sin embargo, eso no significa que no pueda comercializar la lana en el mercado de productos básicos. Le aconsejamos que sopese sus opciones y elija los mercados de productos básicos si los encuentra convenientes y rentables.

Pools de lana

Los grandes productores de lana tienen suficiente producción para comercializar directamente a las fábricas y almacenes de lana. Sin embargo, la mayoría de los productores de lana, especialmente los pequeños, rara vez tienen suficiente lana para hacerlo. Los pools de lana son grandes reservas de lana que consisten en las aportaciones de múltiples productores.

Los países, las regiones y los estados los explotan para que haya suficiente lana para comercializarla directamente a los almacenes y las fábricas de lana. La lana se clasifica en los pools de lana antes de su venta en función de su calidad y tipo, y en los últimos tiempos se ha reducido el número de pools de lana. Puede explorar esta opción si hay un pool de lana operativo en su región.

Almacén de lana

Tanto los almacenes de lana privados como las cooperativas desempeñan el papel de intermediarios en la comercialización de la lana. El almacén de lana de Roswell, en Nuevo México, es el mayor almacén de lana de los Estados Unidos, mientras que el almacén de lana más antiguo de los Estados Unidos es la Mid-States Wool Growers Cooperative Association de Ohio.

Cooperativas de fibra

Se han formado cooperativas de diversos tamaños para maximizar el valor ofrecido a la lana por productores de diferentes escalas. Estas alianzas suelen tener socios internacionales y pueden comercializar diferentes cantidades de lana.

Comercialización directa

Se puede comercializar la lana directamente a los consumidores de diferentes maneras. El método de comercialización directa más habitual es la venta de vellones enteros a tejedores, hiladores manuales y otros artesanos. Los distintos consumidores suelen tener preferencias diferentes. Por lo tanto, antes de comercializar su lana, debe entender qué prefieren esos consumidores.

Las preferencias de los hilanderos manuales suelen variar según el tipo y el color. Las lanas largas suelen ser las más populares entre ellas, ya que son más fáciles de hilar. Algunos hilanderos manuales prefieren más variedad, ya que utilizan diferentes tipos y colores de lana.

Casi todos los hilanderos manuales prefieren la lana limpia, por lo que habrá que repasar los vellones (eliminar la lana «mala», los segundos cortes, las manchas o la materia vegetal antes de procesarlos). Es habitual que algunos ganaderos cubran a sus ovejas para asegurarse de que sus vellones se mantengan lo más limpios posible, lo que suele reportar precios más altos.

También existe la opción de comercializar la lana en forma de mechones (*rovings*), que se fabrican lavando y peinando la lana en mechones trenzados. Los *rovings* se utilizan para afieltrar, hilar, acolchar, rellenar y hacer manualidades. También puede ir un paso más allá y hacer hilo con su lana. Algunos criadores de ovejas a pequeña escala comercializan muchos productos acabados hechos con la lana que producen sus ovejas, como alfombras, prendas de vestir exteriores, ropa de cama y mucho más.

Opciones de comercialización del ganado de cría

Toda empresa de cría de ovejas no tiene por qué esperar ingresos de la comercialización de la lana, la carne y la leche. Se puede cruzar ovejas para su cría como afición o como empresa con ánimo de lucro. Existe una gran demanda de ejemplares de raza pura y de cruce. También puede comercializar carneros y ovejas registrados y no registrados.

Es importante que haga un estudio de mercado suficiente para identificar las razas y los cruces de razas que tienen una gran demanda en su región. Algunas razas y cruces de razas tienen mercados establecidos, mientras que otras pueden tener mercados especializados. Estos mercados suelen variar geográficamente. Se recomienda encarecidamente realizar un análisis de mercado adecuado antes de criar, especialmente si desea obtener ingresos mediante con la venta de ejemplares criados.

Características importantes del ganado de cría

Con las razas de hembras, la fertilidad, la pubertad temprana, la capacidad de maternidad, el rendimiento, el peso de los corderos destetados, la producción de leche, la facilidad de cuidado, la eficiencia, la resistencia a la podredumbre del pie, los problemas parasitarios y otras enfermedades, los rasgos del vellón y la longevidad son rasgos clave. La libido, la supervivencia de los corderos, el vigor de los corderos, la eficiencia alimentaria, los rasgos de la carne, el crecimiento tras el destete y la resistencia a la tembladera son rasgos importantes para las razas paternas.

Registros de razas

Las asociaciones de razas establecen los estándares para razas específicas. Estos estándares determinan la elegibilidad para el registro de las ovejas de raza pura. Por lo tanto, los registros de razas son muy importantes para la producción y la comercialización del ganado de cría de alta calidad.

Normas sanitarias

Los ganaderos de ovino que venden ganado de cría deben mantener altos estándares de salud para que sus animales sean más deseables para otros ganaderos. Sus rebaños deben estar encerrados en su mayoría por razones de bioseguridad. Se aconseja encarecidamente a los ganaderos que se inscriban en el Programa de Certificación Voluntaria de Rebaños contra la Tembladera. Esto ayudará más adelante haciendo que su ganado de cría sea más atractivo para los compradores potenciales debido a su resistencia a esta enfermedad.

Su rebaño debe estar también libre de muchas otras enfermedades comunes, especialmente de la podredumbre del pie, boca costrosa, la conjuntivitis, la epididimitis y la linfadenitis caseosa. También se aconseja analizar el rebaño para detectar la linfadenitis caseosa, la neumonía progresiva ovina, la fiebre Q y la enfermedad de Johne.

Registro del rendimiento

Es muy recomendable llevar un registro detallado del rebaño de ovejas cuando se cría el ganado para la reproducción. Los registros de nacimiento, los pesos al destete y la tasa de ganancia después del destete son muy importantes. También se recomienda ajustar los pesos al destete según el sexo de los corderos, el tipo de parto, la cría y la edad de la madre.

Si usted produce razas de sementales terminales, se le aconseja que recoja datos sobre las características de la carne. Puede utilizar ecografías para determinar características como la grasa dorsal y la longitud del lomo. Al igual que otros datos, debe ajustar los datos de la carne para poder realizar comparaciones adecuadas. Considere también la posibilidad de inscribir a su rebaño en el NSIP, que calcula el VCE, un índice del valor genético de los animales.

También puede utilizar las pruebas centrales de rendimiento como alternativa al NSIP. Estas pruebas se realizan evaluando el rendimiento de los carneros llevándolos a un lugar central. Las pruebas centrales de rendimiento se recomiendan especialmente para las razas de sementales terminales como la Suffolk, la Hampshire y la Texel.

Cómo anunciar su ganado

Una forma fácil de anunciar el ganado de cría es colocar carteles en la entrada de su propiedad y en sus vehículos. Los periódicos y las revistas también ofrecen opciones publicitarias eficaces. Considere también los directorios web, un sitio web propio y la presencia en las redes sociales para comercializar el ganado de cría. Otro método habitual de promoción es la exhibición de sus mejores animales en ferias, exposiciones y festivales de ganado ovino.

Exportación

Según la United States Livestock Genetics Export, Inc. (USLGE), el mercado de exportación de la genética ovina de Estados Unidos está creciendo. Sin embargo, la exportación de ganado de cría implica mucho trabajo, especialmente en términos de salud animal. Los distintos países tienen normas y requisitos que hay que respetar y cumplir. Las enfermedades son el mayor obstáculo para el comercio internacional de material de siembra. Por ello, la exportación de semen y embriones es cada vez más popular.

Opciones de comercialización de productos lácteos de origen ovino

La demanda de carne de cordero y lana es mucho menor que el mercado de leche de oveja y productos lácteos. Las personas que buscan una alimentación sana y compran a nivel local pueden comprarle leche de oveja y productos lácteos. La leche de oveja también puede comercializarse a empresas locales que producen productos lácteos de oveja como queso, yogur y helado. Puede utilizar los recursos del sitio web de la Specialist Cheesemakers Association cuando haga un estudio de mercado antes de criar ovejas para obtener leche.

Es posible que descubra opciones de comercialización directa para vender queso, yogur y helado a los propios consumidores o a restaurantes que suelen valorar la calidad por encima del precio. También podría encontrar oportunidades para comercializar la leche de oveja y los productos lácteos a los minoristas locales si existe un mercado para ellos en su región.

Métodos de comercialización

El mercado de la leche de oveja y los productos lácteos es un sector exclusivo. Se recomienda mantener una fuerte presencia en Internet mediante un buen sitio web y páginas en las redes sociales. También es aconsejable anunciarse en los medios de comunicación agrícolas y culinarios locales, como periódicos y revistas, para lograr una buena difusión de sus productos.

Capítulo 12. La exhibición de ovejas

La exhibición de ovejas es ideal para los que crían ovejas por afición y para los que cruzan ovejas. Si le apasionan las ovejas y la exhibición de ovejas, participe en concursos, exposiciones y festivales de ovejas independientemente de su experiencia o de la escala de su empresa. La mayoría de los principios de la exhibición de ovejas son universales, aunque pueden existir ciertos principios regionales.

Mantenga un calendario de exhibiciones

La preparación es un ingrediente clave para el éxito de la exhibición de ovejas. Sepa cuándo es el próximo evento y tenga un plan claro sobre cómo se preparará para él. Mantener un calendario de exhibiciones le garantizará una buena preparación. De este modo, las tareas relacionadas con las exhibiciones de ovejas, como el lavado, el recorte y el tiempo de transporte, resultarán más organizadas y eficaces.

Preparación

Se aconseja hacer un esquilado grueso aproximadamente dos o tres semanas antes de una exhibición para que sus ovejas sean más fáciles de lavar y esquilar. Hacerlo también hará que sus ovejas parezcan mucho más frescas, limpias y llamativas. La exhibición de razas de carne requiere el «corte» alrededor de un mes antes de la exposición. Se trata de esquilar la mayor parte de los lados y el torso de la oveja, para que haya tiempo suficiente para que la lana vuelva a crecer. También facilita y acelera los preparativos finales.

El cardado, el rizado y el recorte final deben hacerse varias veces los días previos a la exhibición, para que la lana tenga un acabado más firme y suave. También hay que llegar a tiempo a las exhibiciones de ovejas y dedicar la hora anterior a la exposición a peinar, aplicar el acondicionador de pieles y cepillar.

La exhibición de razas de carne requiere esquilar la zona del vientre unas dos semanas antes de la exhibición. Esto asegura que sus ovejas se vean más limpias y atractivas en el circuito de exhibición, a la vez que permite que la lana recupere su color para proporcionar una apariencia natural. También se recomienda el esquilado (un esquilado muy corto sin que las cuchillas toquen la piel de la oveja) unos días antes de la exhibición.

Las razas de ovejas no se lavan para las exposiciones para permitir la evaluación de la lana natural. Aun así, la limpieza es muy importante cuando se exponen ovejas, así que preste atención a las orejas, los ojos, la nariz y otras zonas de sus ovejas, limpiándolas para eliminar cualquier resto o suciedad antes de su exhibición.

Cómo entrenar a sus ovejas

Lleva tiempo adiestrar a las ovejas para la exposición. La mayoría de los ganaderos, especialmente los principiantes, utilizan cabestros para domar y exhibir a sus corderos. Es necesario hacerlo antes de la fecha de la exposición. A los que planean exponer ovejas sin cabestro se les aconseja que entrenen a sus ovejas con un paso natural para que tengan un buen rendimiento en el ring de exhibición.

Dedique también tiempo a entrenar a sus ovejas para que estén en una posición de «preparación». Asegúrese de que sus corderos se sientan cómodos cuando se les tocan las patas o se les cambia de posición. Esto evita incidentes en los que los corderos entran en pánico mientras están en el ring de exhibición.

Su código de vestimenta

El aspecto es importante a la hora de exhibir ovejas. Se recomienda que compruebe detenidamente los códigos de vestimenta específicos de cada exposición y que lleve el atuendo adecuado. Si no se menciona ningún código de vestimenta, vístase de todos modos de forma profesional; recójase el pelo para poder mantener el contacto visual con los jueces. Preste mucha atención a los pequeños detalles de su apariencia.

La importancia de llegar a tiempo

No solo debe evitar llegar tarde a su exhibición, sino también llegar demasiado pronto. Llegar tarde le causará estrés e interferirá con sus preparativos finales. Llegar demasiado pronto le hará esperar con su cordero y creará una congestión en la entrada del recinto, lo que hará que su animal se canse y se estrese. Por lo tanto, se le aconseja que compruebe el orden de exhibición con antelación para que pueda llegar con tiempo suficiente para entrar en el recinto cinco minutos antes de que sea su turno.

Preste atención al juez

Mantener el contacto visual con el juez es algo que muchos principiantes olvidan hacer. Le permite estar atento a la posición del juez en el recinto y a las indicaciones que pueda dar a los expositores. Es sensato evitar preocuparse demasiado por la posición de su animal.

Es importante que usted sea consciente de lo que está ocurriendo en todo momento en la pista de exhibición, incluyendo la posición del juez en la pista y las posiciones de los otros animales y sus expositores. Estar al tanto de sus posiciones le ayudará a prepararse para colocar a su cordero, creando una buena impresión de su animal y para evitar perderse las indicaciones del juez.

Prestar atención a la posición del juez es primordial durante las exhibiciones para asegurarse de que sus movimientos permiten una visión sin obstáculos de su animal. Por último, mantener el contacto visual y esbozar una sonrisa puede contribuir en gran medida a que usted —y su animal— causen una buena impresión.

Cómo preparar y sujetar a su cordero

Se le pedirá que se ponga en fila para que el juez pueda evaluar a los animales en el ring al entrar en él. Cada juez trabaja de forma diferente. Es importante ver algunas pruebas en el evento antes de que se le llame a usted, lo que le dará una idea clara de cómo se colocan y evalúan los animales. La mayoría de los jueces son coherentes con su forma de hacer las cosas, por lo que estar familiarizado con su forma de trabajar puede ayudarle a preparar y mover a su animal de la forma más agradable.

Preparación de los corderos para las exhibiciones

Cuando se exhiben ovejas, la colocación de sus pezuñas para que parezcan más equilibradas, naturales y cuadradas mientras están de pie se conoce como «preparación». Es importante que se dé cuenta de que no hay una posición «correcta» para todas las ovejas. Algunos corderos pueden tener un aspecto más atractivo con las patas más anchas en la parte trasera, mientras que otros pueden tener mejor aspecto con las patas estiradas. Usted puede obtener consejos de los líderes de la 4H y de los expositores experimentados en las exposiciones y ferias. Luego puede practicar esos consejos en su puesto de recorte mientras se prepara para la exhibición.

Por lo general, la mayoría de las ovejas se colocan con las patas colocadas justo debajo de las esquinas del cuerpo. Los corvejones de las patas traseras deben estar media pulgada más allá de una posición perfectamente vertical. Las patas delanteras deben estar colocadas directamente debajo de los hombros. La oveja debe parecer recta cuando el juez la evalúa tanto por delante como por detrás.

La cabeza del animal debe estar en una posición natural con la nariz hacia adelante. Coloque su mano debajo de la barbilla de la oveja extendiéndose hacia el cuello. Esto le permitirá mantener la cabeza alta mientras comprueba que la nariz baja lo suficiente para que la mandíbula permanezca nivelada con la espalda.

Cómo sujetar a su cordero en la pista de exhibición

El juez tocará su oveja al menos una vez para comprobar la condición, el grosor, la longitud y la estructura del animal. Un apoyo adecuado asegura que su oveja se pueda manejar cómodamente, dándole una ventaja sobre sus competidores. La mejor posición de apoyo requiere que usted coloque su rodilla contra el pecho del animal mientras presiona suavemente la cabeza del animal para mantenerla en alto. Esto anima al animal a empujar ligeramente contra usted mientras flexiona sus músculos.

Practique la posición de apoyo antes de asistir a las exhibiciones de ovejas y pida ayuda a otra persona. Su cordero debe sentirse cómodo con el apoyo para que no se asuste cuando el juez lo toque. Un animal asustado es muy difícil de juzgar y los resultados raramente van a su favor.

Los principiantes tardan en aprender a sujetar a los animales. Con experiencia, se puede conseguir que cualquier oveja se sujete correctamente. NOTA: Se recomienda evitar levantar el cordero o torcer su cuello en los intentos de sujeción.

Séptima Parte: Criando cabras

Una guía esencial sobre cómo criar cabras sanas y consejos para iniciar un negocio de cría de cabras desde cero

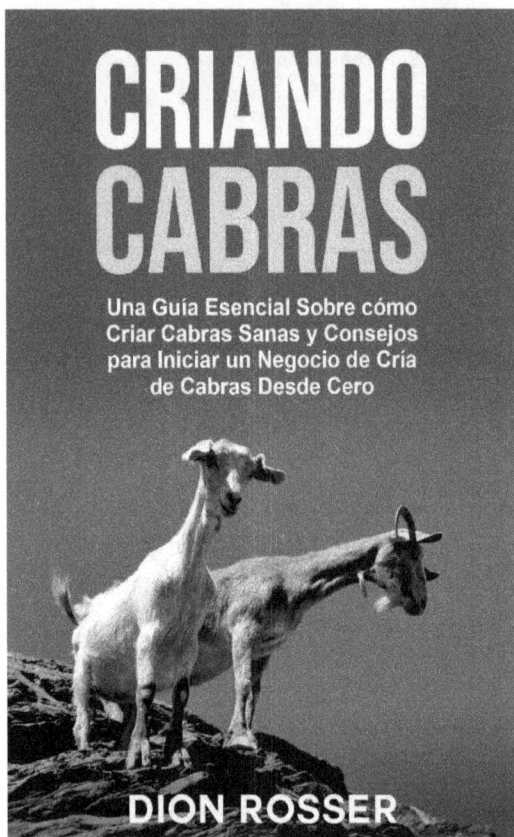

Introducción

Este libro te ayudará a comprender todo lo que necesitas saber para criar una cabra sana. Aprenderás todos los aspectos relacionados con la cría de una cabra con éxito en casa, comprendiendo los pros y los contras, el comportamiento, los cuidados básicos, el alojamiento, la alimentación y las necesidades sanitarias del animal.

La cría y la venta de animales se realiza desde hace muchos miles de años, pero muchas personas hoy en día desconocen que pueden criar un animal de granja en sus terrenos. Sin embargo, en los últimos tiempos han evolucionado los métodos y las formas que rigen el proceso. Este libro proporciona toda la información, paso a paso, que necesitarás para criar cabras correctamente.

Como cualquier otro animal doméstico, la cabra es un precioso mamífero que necesita cuidados y cariño por parte de los humanos. Como muchos otros animales domésticos, pueden compartir un vínculo con sus dueños, pero también existen posibles escollos. Puedes tener un perro o un gato como mascota, pero tener una cabra es muy diferente. Las cabras pueden ser difíciles de manejar; muchos nuevos criadores, empresas o particulares se enfrentan a múltiples problemas cuando crían cabras por primera vez. Si, por casualidad, estás pensando en comprar y criar cabritas, lee atentamente este libro.

Este libro te proporcionará los problemas comunes, los trucos y los métodos de cuidado necesarios para criar una cabra bebé hasta convertirla en adulta. También te proporcionará conocimientos e ideas para cuidarlas como criaturas individuales y darles el mejor entorno para que prosperen y crezcan hasta estar sanas, en forma y activas. Tanto si quieres emprender un negocio, como si quieres montar una granja o un cortijo, o si simplemente quieres tener una mascota fuera de lo común, este libro te ofrece una guía detallada de todos los aspectos de la cría, el cuidado y el manejo de cabras. También cubre todos los posibles errores, comunes y no comunes, que puede cometer un nuevo propietario.

Después de leer este libro, tendrás todos los conocimientos necesarios antes de comprar una cabra y llevarla a casa. También aprenderás varios trucos y consejos para tener éxito; estos te servirán de guía rápida cuando busques diferentes maneras de divertirte con tu mascota. Podrás conocer sus comportamientos básicos, sus hábitos alimenticios, sus necesidades de alojamiento, su aseo y sus técnicas de adiestramiento.

En resumen, el libro te ayudará a ser un mejor propietario al aprender todo sobre el animal. Esto le ayudará a crear un vínculo duradero con la mascota. Estoy seguro de que encontrarás muchas cosas que te sorprenderán y deleitarán al iniciar el viaje hacia la comprensión de estas inusuales criaturas. Me complace contar con tu compañía al iniciar nuestra exploración del extraordinario, intrigante -y a menudo francamente hilarante- mundo de las cabras.

Ahora, ¡comencemos!

Capítulo 1: ¿Por qué criar cabras?

Saber qué quiere que tus cabras te ayuden a conseguir es el primer paso para determinar qué raza de cabra es la adecuada para ti. Las cabras están dentro de la clasificación que se conoce como rumiantes. Esta denominación incluye a los animales que poseen cuatro estómagos.

Las cabras no deben mantenerse solas; deben formar parte de un rebaño. Dado que pueden vivir más de siete años, si estás pensando en adquirir un rebaño de cabras, prepárate para cuidarlas durante ese tiempo.

Las cabras ofrecen varios beneficios: alimentos como la leche o la carne, ropa en fibra o piel, y combustible como el estiércol.

Estos animales también ofrecen beneficios indirectos. Uno de estos beneficios es que las cabras tienen la costumbre de ayudarnos a darnos cuenta de dónde vienen nuestros alimentos. Al ser consciente de tu fuente de alimentación y de cómo mejorarla, puedes aumentar tu nivel de autosuficiencia.

Las cabras lecheras pueden ayudarte a reducir o incluso eliminar tu necesidad de comprar productos lácteos. Las cabras necesitarán tener crías para proporcionarte leche. Una vez que esto ocurra, estarán disponibles para el ordeño durante otros tres años sin necesidad de tener más cabritos.

Debes dejar de ordeñar a las cabras preñadas al final de la gestación, durante los dos últimos meses, para ayudarlas a proporcionar suficiente nutrición a sus crías.

Una cabra lechera de tamaño normal puede proporcionar tres o cuatro litros de leche al día. También se puede hacer queso con la leche. Este proceso suele producir alrededor de una libra de queso por cada galón de leche.

Además de ahorrar dinero, al producir tus propios productos lácteos tendrás un control total sobre la calidad y la seguridad de la leche y los alimentos lácteos que consumes. Y la leche de cabra es una excelente opción para quienes pueden ser intolerantes a la lactosa. Siempre que se respeten las leyes locales, se podrá vender el exceso de leche para obtener beneficios o ayudar a minimizar los gastos de la cría de cabras.

La carne de cabra también es cada vez más popular. Siempre ha sido popular en los países en desarrollo porque las cabras son más baratas que las vacas. Pero, a medida que más personas se trasladan de estos países a otros más desarrollados y traen consigo sus costumbres y recetas, la carne de cabra crece en popularidad en todo el mundo. Otra ventaja de la carne de cabra es que es una fuente de proteínas magras.

Cuando uno cría sus propias cabras, también puede controlar el modo en que se crían. Con demasiada frecuencia, los animales criados en un espacio reducido no hacen ejercicio ni comen hierba fresca. Para tu tranquilidad, criar tus propias cabras para obtener leche o carne te permitirá conocer lo que consumen y los medicamentos que han tomado.

Tus cabras pueden servir como una fuente de ingresos alternativa, pero es importante investigar antes de empezar este emprendimiento.

Investiga si hay demanda de la carne de cabra en tu zona. Para ello, visita las tiendas locales o consulta la sección de agricultura del periódico local para conocer los precios actuales.

A continuación, es crucial determinar cuántos animales pueden mantenerse en el terreno que tienes disponible. Esto será necesario para poder calcular el beneficio potencial.

Para criar cabras de carne, primero tendrás que realizar el proceso de compra. Esto significa que debes comprobar cuánto cuesta la adquisición de las primeras cabras.

Hay varias formas de sacrificar tus cabras. Puedes hacerlo tú mismo, venderlas en una subasta, hacer que alguien vaya a tu granja o llevar tus cabras a un matadero. Si tienes que llevarlas a algún sitio, también hay que tener en cuenta el transporte adecuado. No todos los mataderos son iguales y hay que identificar la instalación certificada por la USDA más cercana. Las leyes y las finanzas jugarán un papel importante en tu decisión sobre que métodos de sacrificio utilizar.

La fibra es otra razón para criar cabras. Las distintas razas de cabras producen diferentes tipos de fibra, como cachemira, mohair y cashgora.

Las angoras adultas pueden proporcionar entre 8 y 16 libras de mohair cada año, mientras que una cabra joven, llamada cabrito, puede proporcionar alrededor de 3 a 5 libras.

Las cabras que producen cachemira y cashgora no pueden proporcionar tanta fibra como las angoras, pero la fibra tiene mayor valor. La fibra de las cabras se utiliza para hacer productos como mantas, ropa y gorros.

Mucha gente cree que existe una raza de cabra llamada cachemira, pero no es así. La cachemira, en cambio, se refiere al pelo velloso de ciertas razas. Asia Central es la principal región donde se cosecha la cachemira. Estos jerséis son tan caros porque se necesita la fibra de cuatro cabras para hacer un jersey.

Las cabras también pueden resultar muy útiles como paisajistas. Es sabido que son hábiles para eliminar las malas hierbas. Prefieren las plantas ásperas. La gente incluso alquila sus cabras para que las utilicen las alcaldías para eliminar los arbustos de mora y las malas hierbas que se han apoderado de un terreno.

Las cabras no solo eliminan las molestas malas hierbas, sino que también pueden reducir la necesidad de herbicidas, mejorar la fertilidad del suelo, ampliar la gama de plantas de la zona y reducir el peligro de que se produzca un incendio.

Otros animales, como las vacas o las ovejas, pueden coexistir con las cabras en la misma zona.

Incluso si tienes intención de utilizarlas para otros fines, pueden ser útiles a la hora de limpiar el terreno. Basta con que las mantengas a salvo con vallas o con un animal de guardia.

Las cabras se alimentan de hierbas, no de pasto. Las ovejas son mucho más adecuadas para comer pasto.

La cría suele ser una parte importante de la posesión de cabras. Si las utilizas para producir leche, tendrás que criarlas para que produzcan suficiente leche a largo plazo. Las cabras vendidas o sacrificadas también necesitarán ser reemplazadas, lo que se consigue más fácilmente mediante la cría.

También se puede ganar dinero con la venta de cabritos. Otra posible fuente de ingresos es la prestación de un servicio de celo. El servicio de celo es cuando se alquila un macho para su reproducción.

La gente contrata este servicio por varias razones. Muchos no tienen espacio o no quieren lidiar con las complicaciones que conlleva tener su propio macho. Otros buscan ciertos aspectos genéticos que solo pueden obtenerse mediante la cría con líneas de sangre externas.

Además del potencial para obtener beneficios, las cabras son excelentes compañeras.

Las razas de cabras en miniatura son cada vez más populares, sobre todo entre los habitantes de las ciudades. Entre estas razas están la pigmea, la enana nigeriana y otras razas lecheras en miniatura. Las cabras son criaturas inteligentes que también pueden servir de entretenimiento.

Muchas razas en miniatura son aptas para el hogar y para el coche. Si las sacas a pasear, es probable que conozca a gente nueva y pueda ayudar a educar a los demás sobre las maravillosas características de las cabras.

Si te planteas tener una como mascota, es importante saber que son animales de rebaño. Esto significa que siempre hay que tener al menos dos.

Las cabras también se pueden adiestrar con correa y salir a pasear como un perro. De este modo, tanto tu como tu cabra podrán socializar y hacer ejercicio.

Una vez que tú y la cabra hayan establecido un vínculo, le gustará pasar tiempo contigo. Puede ir de excursión contigo y ayudarte a llevar tus cosas. Pueden encontrar comida en la naturaleza la mayor parte del tiempo y son útiles sin pedir mucho a cambio.

Los que se planteen seriamente llevar su cabra de viaje deben elegir una raza grande y robusta y dedicar mucho tiempo a entrenarla para el viaje.

Las cabras pueden ser incluso excelentes animales de terapia. Deben estar especialmente entrenadas para este tipo de trabajo. Se sabe que estos animales ayudan a los niños autistas. Las cabras también pueden ayudar a mejorar las habilidades sensoriales y sociales de pequeños y mayores.

Enseñar a los niños a cuidarlas y mantenerlas es una buena manera de que aprendan a ser responsables. El cuidado de una cabra requiere tareas dos veces al día, y los niños que las cuidan pueden formar parte de un proyecto 4-H de Estados Unidos.

Los niños que participen en un proyecto 4-H relacionado con el cuidado de las cabras deben crear un presupuesto, hacer un discurso y escribir informes. También deben demostrar conocimientos de los cuidados básicos, como el corte de pezuñas, haber participado en una feria, el ordeño de una cabra, la elaboración de queso, el adiestramiento con correa y deben escribir un artículo sobre el proyecto de las cabras.

Antes de adquirir una cabra, asegúrate de que es la opción adecuada para ti. Esto se puede determinar investigando sobre ellas y sus hábitos. Y deberías pasar tiempo con unas cuantas cabras para conocerlas y conocer su personalidad.

Las cabras pueden vivir más de 15 años. Si las compras como compañeras o para la producción de leche, prepárate para ser responsable de ellas durante ese tiempo.

Como mínimo, los propietarios de cabras deben pasar 30 minutos con ellas por la mañana y otra vez por la noche. Si tiene un número mayor de cabras o las utiliza para la producción de leche, carne o fibra, tendrá que pasar aún más tiempo con ellas.

Hay que alimentarlas con el heno y la hierba que suelen encontrar en los pastos y proporcionarles mucha agua. El tiempo que dediques a tus cabras debe incluir la limpieza, el riego, la alimentación y la comprobación de que están seguras y sanas. Probablemente querrás pasar todo el tiempo que pueda con ellas mientras disfrutas de su personalidad.

Los que no tienen flexibilidad en sus horarios de trabajo deben ocuparse de las emergencias y alguien debe estar disponible para vigilarlas cuando no se esté presente.

Si adquieres una cabra como animal de compañía, debes tener en cuenta algunos aspectos a la hora de seleccionar tu animal: sociabilidad, docilidad y elegir cabras sin cuernos. Nunca se debe tener un macho cabrío como mascota. En su lugar, adquiere un macho castrado. Una hembra puede ser una buena mascota, pero los machos castrados son los que menos mantenimiento requieren y suelen ser dóciles.

Los habitantes de zonas urbanas deberían tener cabras en miniatura. Las miniaturas son más fáciles de manejar y son buenas para las personas con discapacidades físicas.

Las leyes y ordenanzas de su zona suelen regular la tenencia de cabras como mascotas. Compruébalo siempre antes de comprar una. Pueden estar prohibidas y recibir quejas de los vecinos.

Los perros del vecindario también pueden ser una amenaza. Si tus vecinos se oponen con vehemencia a tener cabras en el barrio o tienen un perro agresivo, considere si tener una cabra es una opción factible. Siempre es una buena idea familiarizar a los vecinos con tus cabras e involucrar a sus hijos en proyectos con los animales. Cuanto más cómodos se sientan, menos probabilidades habrá de que surjan problemas.

Terminología caprina

Chiva - una cabra hembra, también llamada "cabrita" cuando es joven

Macho cabrío: macho cabrío, también llamado "chivato" cuando es joven.

Primal: una cabra hembra con rasgos genéticos deseables, mantenida para la cría.

Añojo: chivato de menos de un año de edad.

Chivato: cabra macho joven.

Capón: cabra macho castrada.

Rebaño: conjunto de cabras.

Rumiante: animal con cuatro estómagos y que digiere los alimentos en dos etapas.

Ubre: órgano productor de leche. Las cabras tienen una.

Tetina: lo que se utiliza en la ubre para ordeñar a la cabra. Las cabras tienen dos.

Madre: la madre de la cabra.

Semental – macho destinado a la reproducción.

Las cabras son mamíferos y, como tales, tienen ciertas características comunes con otros mamíferos.

Los términos que se refieren a las partes del cuerpo son: hueso del cañón, barbilla, escudo, cuartilla, espinazo, articulación de la babilla, espolón y cruz.

La cruz se refiere a la zona de los hombros de la columna vertebral. La altura de una cabra se determina midiendo desde la cruz hasta el suelo.

El espolón se refiere a la articulación de la cadera. Los aficionados a las cabras discuten a menudo sobre la nivelación de los espolones. La espina dorsal es el hueso de la cadera.

La articulación de la babilla es la rodilla.

La cuartilla es la parte flexible de la parte inferior de la pierna.

El escudo es la zona donde se encuentra la ubre en una chiva.

La barbilla se encuentra directamente detrás de la cruz en la columna vertebral.

El hueso del cañón se refiere a la espinilla.

Dado que las cabras son rumiantes, también dependen de una dieta basada en plantas. Es importante entender cómo funciona el sistema digestivo de las cabras para asegurarse de que están sanas.

Las cabras son animales de rebaño, por lo que han evolucionado para vivir y alimentarse en grupo. Este es el entorno en el que una cabra es más feliz, y es importante recordarlo a la hora de decidir cuántas debe tener. Como mínimo, deberías tener dos cabras. Yo recomiendo tres, así que, si le pasa algo a una, sigues teniendo la cantidad mínima recomendada de dos.

Aunque las cabras son bonitas, adorables y muy sociables, no son mascotas domésticas y no recomiendo criarlas de esa manera. Esto no significa que no puedas querer a tus cabras como si fueran animales domésticos; por supuesto, hazlo. Aunque pueden establecer vínculos con los humanos, nunca deben criarse solas como cabras individuales. Los humanos no forman parte de su rebaño. Aunque las cabras solas pueden vivir felizmente con otros animales con pezuñas (caballos, ovejas, etc.), no hay garantía de que acepten a otras especies como parte de su rebaño, por lo que es importante tener dos cabras.

Por muy cariñoso y atento que sea, los estudios han demostrado que las cabras criadas sin otros animales pueden sentirse solas, deprimidas y estresadas. Una cabra estresada o infeliz es más susceptible de adquirir alguna enfermedad.

Mi vecina solía tener una cabra como mascota y la paseaba con una correa por el barrio. Era adorable hasta que oías a la cabra balar a toda la noche cada vez que salía de la casa. La pobrecita sonaba como si la estuvieran torturando. Así que recuerda, las cabras son como las galletas: ¡necesitas más de una!

¿Qué raza es la más adecuada para ti?

Existen tres clasificaciones de cabras domésticas: de leche, de carne y de fibra. Algunas razas son polivalentes, lo que significa que pueden ser buenas tanto para leche como para carne o para carne y para fibra. Cada raza tiene su área en la que brilla. Tus necesidades u objetivos determinan la raza que querrás criar, y esta sección destaca las mejores de su clase para cada tipo de cabra. También trataremos otras consideraciones, como el tamaño, el coste y cómo y dónde comprar las cabras. Al final, estarás equipado para decidir sobre tu granja o negocio agrícola.

Vendiendo fibra

Cuando pensamos en animales de fibra, lo primero que nos viene a la mente son las ovejas. Aunque la lana de oveja sea más popular, la fibra de cabra se considera más lujosa y extravagante. Su fibra es suave, resistente, de larga duración y se utiliza en prendas finas.

La venta de la fibra es solo una de las muchas formas en que puedes utilizar las cabras para mantener tu vida autosuficiente y ganar dinero desde casa. Además de rentabilizar tu rebaño con la venta de fibra, también puedes ahorrar dinero haciendo tu propia ropa. Prueba utilizar un huso y un telar o incluso a tejer. Puedes confeccionar hermosas prendas con la fibra de tu cabra. Además, los artículos hechos a mano tienen una gran demanda en las tiendas y mercados de artesanías.

El coste medio de la lana de oveja en Estados Unidos es de 1,75 dólares por libra, mientras que la fibra de las cabras puede oscilar entre 40 y 190 dólares por libra. Muchos ganaderos han criado ovejas por su carne y cabras por su fibra para ganar más dinero.

Tipos de fibra

Hay tres tipos diferentes de fibra que se obtienen de las cabras: mohair, cachemira y cashgora. Echemos un vistazo a cada una de ellas y analicemos las diferencias entre cada una.

El mohair es la fibra más utilizada en la industria textil caprina y procede de las cabras de Angora. Es una fibra fuerte y hermosa. Turquía era el productor original de mohair, pero la demanda superó la oferta, y ahora Estados Unidos es el mayor productor.

La cachemira es el textil más lujoso y muy codiciado, por sus cualidades tiene precios más altos. Muchas cabras, entre ellas la Pygora y la Nigora, producen cachemira.

La cachemira es el feliz resultado del cruce de cabras de mohair y cachemira. Debido a este cruce, no todas las cabras de cashgora pueden producir fibra de alta calidad. A veces es la suerte del sorteo. Debido a esta falta de consistencia en la calidad de la raza, la cashgora se considera rara y demandada.

Esquilando

Al criar cabras de fibra, tienes una de dos opciones para la hora de esquilar: hacerlo tú mismo o contratar a alguien para que lo haga. Contratar la tarea, por supuesto, cuesta más dinero. Dependiendo del tipo de cabra y de su ubicación, puedes esperar pagar un promedio de 16 a 25 dólares por cabra.

Pero aprender a esquilar bien, requiere práctica. No es algo que se haga con prisas, y hay que tener mucha paciencia. Un esquilador bien entrenado puede realizar esta tarea en minutos, mientras que un esquilador novato puede tardar de una a tres horas, lo que puede resultar estresante para la cabra.

Al igual que las ovejas, las cabras de mohair necesitan ser esquiladas dos veces al año para obtener su fibra, pero las cabras de cachemira deben ser cepilladas, lo que hace que el proceso requiera más tiempo.

Si piensas esquilar a tu rebaño, te sugiero que contrates a un profesional para la primera vez y que tomes buenas notas. Así podrás ver el proceso y las técnicas que utilizan. Mientras tanto, he aquí algunos consejos generales:

- Espera cosechar de 5 a 10 libras de fibra por cabra adulta por esquilada.

- Las cabras de Angora deben esquilarse en primavera, justo antes de la temporada de parto, y en otoño, antes de la temporada de apareamiento.
- Las cabras pueden ser esquiladas cuando su pelo alcanza de 4 a 6 pulgadas de largo.
- Ten a mano una buena iluminación y un botiquín de primeros auxilios, incluyendo un anticoagulante.
- Las cabras deben estar limpias y completamente secas antes de ser esquiladas.
- Puedes utilizar tijeras para esquilar o una esquiladora eléctrica para ganado (una diseñada para ovejas).
- Coloca un paño o una lona en el suelo, y luego el soporte en la parte superior para mantener tu cabra en su lugar mientras se esquila.
- Trabaja en un lado de la cabra a la vez.
- Afeita lo más cerca posible de la piel sin cortarla.
- Ten a mano dos contenedores de recogida, uno para el pelo desechado y otro para la fibra que necesita procesar. El pelo desechado es cualquier pelo grueso o indeseable. Utiliza una bolsa transpirable para la fibra que se va a procesar.
- Etiquete la bolsa con la fecha, la edad, el peso y el nombre de la cabra.

Procesamiento

Una vez que tenga la fibra de tus cabras, hay que convertirla en algo para su reventa. Se puede vender la fibra cruda, ya que muchos nuevos granjeros quieren hacer el procesamiento de forma independiente o el producto listo para usar. El primer paso en el procesamiento es el lavado. Es necesario lavar el pelo para eliminar la suciedad, la grasa o las impurezas. Puedes lavar la fibra de cabra en la lavadora, pero recomiendo hacerlo a mano.

Cómo lavar la fibra de cabra a mano

Nivel de habilidad: Principiante | Costo estimado del material: $20 | Tiempo: Al menos 30 minutos

Suministros, herramientas y pasos

- Bolsas de malla de tela para el lavado
- Tina de lavado
- Agua caliente

- Detergente o jabón para platos
- Estante de secado

1. Coloca las fibras sin apretar en la bolsa de lavado. No la presiones demasiado.

2. Llena la tina con agua entre 145 - 160°F.

3. Agrega el detergente para ropa al agua (un cuarto de taza por cada libra de fibra) y mezcla.

4. Añade suavemente la bolsa de fibras al agua y remójala durante un par de minutos.

5. Exprime el agua de la fibra.

6. Repite los pasos 2 a 5.

7. Una vez que la fibra esté limpia (libre de suciedad y brillante), deberás enjuagar el jabón siguiendo los mismos procesos de los pasos 2 a 5 (sin detergente).

8. Coloca la bolsa de malla en una rejilla de secado para seguir escurriendo el agua.

9. Una vez que el agua se haya escurrido, puedes retirar la fibra y colocarla en la rejilla de secado hasta que esté completamente seca.

Solución de problemas

Ten cuidado de no escurrir la fibra ni utilizar el agitador en la lavadora. Hacerlo provocará que las fibras se maltraten, lo cual no es una buena práctica.

Hilando

Después de lavar la fibra, hay que cardarla o peinarla; así se enderezan las fibras y se eliminan los restos que se hayan podido perder en el lavado, por lo que la fibra estará lista para ser hilada.

Para hilar la fibra, puedes utilizar un huso de caída o una rueca. El huso de caída tiene el aspecto de un palo del tamaño de una cuchara de madera. Tiene una peonza en el extremo y un pequeño gancho. Es ligero, fácil de guardar y barato, y puede comprarse por menos de veinte dólares aproximadamente. Es una forma divertida de aprender a hacer hilo.

Si planeas procesar la fibra a gran escala, una rueca puede ser una mejor opción. Mucha gente vende ruedas de hilar usadas en Internet. El gasto puede ser de un par de cientos de dólares en una rueca.

Vendiendo

Como he mencionado antes, puedes vender la fibra cruda sin lavar ni cardar a quienes quieran hacer el procesamiento ellos mismos, a grandes corporaciones textiles, o puedes hacer el procesamiento y vender el producto terminado. El mohair suele venderse a 25 dólares por una madeja de cuatro onzas; sin embargo, el cashgora y la cachemira se venden por más. Algunas ideas para vender tu fibra son las tiendas especializadas, los mercados en línea como Etsy, los clubes locales de punto o ganchillo, las tiendas de artesanía, etc.

Servicios adicionales

Aquí tienes otras estrategias para ganar dinero con tu ganado de cuatro patas. A la hora de decidir qué tipo de negocio debes montar, es importante que pienses en tu mercado y en la magnitud de la demanda de tus productos. Por ejemplo, cuando vivíamos en la ciudad, éramos el único espectáculo del vecindario. Podía, dentro de lo razonable, crear mi propio mercado. Vendía mis productos y suministros agrícolas por un precio elevado, y mis huevos y mi miel siempre tenían una lista de espera. En pocas palabras, era una cuestión de oferta y demanda. Luego me mudé al campo, donde todo el mundo criaba ganado, y no podía vender los productos. Nos alejamos de nuestro objetivo demográfico. Así que hay que saber dónde están los clientes. Hay muchos lugares donde encontrar clientes, como grupos de educación en casa, tiendas de alimentos saludables, cooperativas de alimentos, mercados de agricultores, restaurantes que se abastecen de alimentos localmente, otros agricultores, o en línea. Lo que hay en tu zona puede informarte de cuál de estas empresas se adapta mejor a ti y a tu rebaño.

Vende tus crías: El valor de reventa es una de las razones por las que decidimos tener un rebaño registrado. Con papeles, podemos vender nuestras cabras enanas nigerianas registradas por entre 200 y 700 dólares cada una. Por una cabra no registrada me darían unos 150 dólares. Los machos tienden a venderse por menos dinero que las hembras, y los machos cabríos son los que se venden por menos dinero, ya que no se utilizan para la producción de leche o la cría. El año pasado nos centramos en el crecimiento de nuestro rebaño para aumentar el suministro de leche. Ahora que hemos hecho lo suficiente por adelantado, todos los nuevos bebés se venderán este año. Si tienes cuatro hembras y cada una de ellas tiene dos crías, puedes ganar desde 1.600 dólares hasta más de 5.000 dólares en una temporada de parto. Ahora puedes hacer los cálculos y ver el potencial para hacer dinero de la venta de las crías.

Servicio de apareamiento: Si eres dueño de un macho registrado, puedes cobrar desde $30 hasta más de $100 por servicio de macho. Si tu macho cabrío proviene de cabras de calidad, lo que significa que él o sus padres ganaron premios en exposiciones de cabras, puedes exigir una tarifa más alta. Un macho cabrío de un año puede atender a diez cabras por temporada o mes. Siempre que el macho esté en buen estado de salud, un macho de dos años puede atender a veinticinco hembras al mes, y un macho de tres años puede atender a cuarenta hembras.

Fertilizante o abono: Los excrementos de cabra o las bayas de cabra son excelentes para el jardín. Constituyen un magnífico abono que puedes sembrar directamente en la tierra. Por su composición, no quema tus plantas y no tienes que esperar un año para aplicarlo. Apenas tiene olor y no atrae a las moscas como el estiércol de vaca. A los jardineros o agricultores que trabajan de forma ecológica les interesa este abono. Un amigo agricultor recogió estiércol de cabra, luego lo secó, lo embolsó en bolsas de ocho onzas y las vendió por 7,95 dólares cada una, sin impuestos, en línea y en sus viveros locales.

Control de las malas hierbas: En todo el país, en las zonas propensas'a los incendios, la gente alaba la capacidad de las cabras para limpiar la maleza y ayudar a prevenir la propagación de los incendios forestales. Dependiendo de dónde vives, puedes alquilar cabras para el control de las malas hierbas y la limpieza de la maleza. Un precio razonable sería un precio base de 200 dólares, y luego 125 dólares por semana para limpiar un acre, más comida, gastos de viaje y otros costos relacionados. He visto que otros anuncian alrededor de 1.000 dólares por acre para desbrozar. Una nota importante: como las cabras son ramoneadoras y buscadoras de comida, no pastoras, hacen maravillas para mantener a raya la maleza, pero no sirven para cortar el césped.

Terapia con cabras: Muchos animales se utilizan como terapia, ayudando a dar alegría, calma, relajación y confort a los humanos. Las cabras son uno de los animales que la gente utiliza para sentirse mejor. Las cabras ofrecen la alegría que tanto necesitan las personas con necesidades especiales, las personas mayores y las que padecen TEPT. No es necesario que las cabras estén certificadas para trabajar como animales de terapia; solo tienen que ser amistosas y disfrutar de la compañía de la gente. Otra forma de utilizar las cabras para la terapia es ofrecer yoga con cabras. Todo lo que se necesita son colchonetas de yoga, un instructor de yoga y un grupo de cabras bebé que rebotan. La gente cobra alrededor de 45 dólares por una sesión de una hora para estirarse con las cabras.

Visitas a granjas y cabras 101: Desde grupos de jardinería hasta grupos de excursiones escolares, a personas de todas las edades les encanta visitar granjas y zoológicos de mascotas. Una amiga criadora de cabras solía ofrecer visitas a la granja y cobraba 3 dólares por persona. Los paseaba por la granja, les dejaba acariciar a las cabras, observaba el ordeño e incluso daba muestras de leche de cabra. Una vez que tengas experiencia, puedes ofrecer clases a otros futuros propietarios de cabras sobre el cuidado de las cabras, el ordeño, la elaboración de queso, el jabón de cabra y mucho más. Las clases de elaboración de queso cuestan entre 50 y 100 dólares por persona, y la tutoría individual de cabras puede ofrecerse por más de 50 dólares la hora.

¡Sonría!: ¿A quién no le gusta una adorable foto primaveral con una cabrita en el campo? La primavera es la época perfecta para reservar sesiones fotográficas en tu granja con tus nuevas crías de cabra. Tanto los fotógrafos como los particulares estarán encantados de reservar sesiones fotográficas con tus cabras durante la época de parto. Por lo general, las sesiones de fotos con cabras bebes cuestan alrededor 50 dólares por hora.

Capítulo 2: Razas de cabras, tipos y propósitos

La cría de cabras es un arte, pero tendrás que aprender las habilidades. Saber qué hace que una raza sea distinta de la otra le ayudará a afrontar una situación si esta se produce.

Cabras miniatura

No todos los registros reconocen las razas de cabras miniatura. Obtenemos cabras miniatura cuando cruzamos variedades como la Cachemira, las cabras de campo, la Angora, la Nubia y otras. Los principales rasgos de esta raza de cabras son su carácter amable y adorable y su alto nivel de inteligencia. La cría de esta variedad aporta mucha diversión y emoción a la vida. Las cabras miniatura comen poco y requieren poco espacio. Les gusta pasar el tiempo al aire libre y tienen una buena esperanza de vida de 20 años o más si las cuidas adecuadamente. Producen mucha leche para su tamaño, por lo que son una buena inversión.

Otro aspecto importante de las cabras en miniatura es su relación con otros animales de granja, como las vacas y los caballos. Puedes dejar que pastoreen juntas en el campo. Las cabras prefieren la compañía de los humanos, por lo que son buenas mascotas. Las cabras miniatura no desarrollan problemas de salud si hay un cambio de clima. Siempre que se realicen controles sanitarios periódicos y se les dé suficiente comida, se mantendrán sanas. Es posible comprar cabras miniatura a la tierna edad de 4-12 semanas. Hay que alimentar a la cabra con biberón hasta que esté preparada para comer vegetación.

Cabra enana nigeriana

Las razas de cabras miniatura no producen mucha leche. La enana nigeriana es una de estas cabras, cuyo origen es de África. Tienen una personalidad muy sociable y su pelaje es colorido. Producen una cantidad de leche superior a la media y tienen una altura de entre 17 y 21 pulgadas. Los machos miden entre 19 y 23 pulgadas y pesan alrededor de 75 libras. Vemos numerosos cuatrillizos y quintillizos en esta raza. Tienen una actitud maternal y parecen disfrutar de su experiencia de parto. La cantidad de leche de la enana nigeriana es de aproximadamente 1 galón cada día. Hacen mucho ruido, por lo que pueden no ser adecuados para los habitantes de las ciudades. Aunque su carne es comestible, la gente rara vez las come porque son costosas y producen poca carne.

Raza de cabra pigmea

Otra cabra en miniatura es la cabra pigmea. Son más corpulentas y bajas que las cabras enanas nigerianas. No se consideran cabras lecheras, pero producen una buena cantidad de leche. Tienen problemas para parir debido a su naturaleza fornida. El tamaño de la cabra Kínder se sitúa entre el de la enana nigeriana y el de la cabra pigmea. Esta cabra produce tanto fibra como leche. La cabra mini es un cruce derivado de un macho cabrío enano nigeriano con una hembra de cualquier raza que se quiera miniaturizar. Es útil para quienes quieren criar cabras, pero no tienen suficiente espacio para las cabras normales. Para esta raza es necesario desparasitarla con regularidad, además de recortarle las pezuñas.

Aunque las minis tendrán menos cabritos, seguirán teniendo trillizos y cuatrillizos. Las minis son una gran opción para las personas que viven en la ciudad por el volumen de leche que producen. Para un estilo de vida urbano, las razas más adecuadas son la Mini Mancha y la Oberiana porque son las más tranquilas.

Cabras lecheras

Para conseguir una buena cabra lechera, utiliza cualquier raza estándar. La cabra pigmea se cría para la producción de leche. Para que una cabra sea considerada una raza estándar, la cabra debe tener un peso y una altura mínimos. Su altura debe estar entre 28 y 32 pulgadas, pero esto varía de una raza a otra. Los machos deben tener entre 30 y 34 pulgadas de altura. Todas las cabras estándar producen ½ - 1 galón de leche por día, cada diez meses. La producción de leche será lenta al principio, pero aumentará su velocidad y luego volverá a bajar.

Raza de cabra alpina

Las cabras alpinas son maravillosas cabras lecheras. Son grandes y su pelaje es multicolor. Sus orejas son erguidas y, debido a su gran tamaño, también se utilizan como animales de carga. La Mancha, que también es un animal lechero, tiene por el contrario las orejas muy pequeñas y, en algunos casos, parece que le faltan. Esta raza llegó a EE. UU. desde México, y vemos dos tipos: la manchega y la duende. Son cabras amistosas.

Raza caprina Nubia

La Nubia es otra raza popular de cabras. Sus orejas son caídas y se reproducen fácilmente. La leche de la cabra Nubia tiene una buena cantidad de grasa butírica. También producen una gran cantidad de leche, por lo que estas cabras son ideales para hacer queso. La Oberhasli es un tipo de cabra alpina. Su tamaño es mediano y tiene las orejas erguidas. Su pelaje es rojizo y tiene una marca negra. Algunas tienen el pelaje completamente negro. A la gente le gusta esta variedad porque tienen un temperamento dulce y les gusta ser ordeñadas.

Otras cabras lecheras Oberian

Los colores del pelaje de las razas Sable y Saanen varían. No es frecuente conseguir una cabra lechera con un bonito pelaje. Las cabras Saanen tienen un pelaje blanco. Son las más grandes de todas las variedades de cabras, dan una gran cantidad de leche y tienen un temperamento relajado. Tienen dificultades para mantener limpio su pelaje blanco y, a menudo, las cabras Saanen sufren quemaduras de sol. Podemos reconocer a las cabras Toggenburg por el color de su pelaje que va de capas pardas a chocolate. Son las más antiguas de todas las razas lecheras. No producen una gran cantidad de leche y su contenido en grasa butírica es también medio, en el mejor de los casos.

Razas de cabras de carne

El criador de cabras tiene tantas opciones de cabras de carne como de cabras de leche. En este caso, la líder de la manada es la Boer. La Boer es robusta, con sus orígenes en Sudáfrica, los machos crecerán hasta alcanzar las 300 libras de peso y las hembras llegan a las 220 libras. Los bóers suelen ser totalmente blancos con la cabeza de color marrón, pero también pueden ser totalmente marrones o blancos. Tienen las orejas largas, crecen rápido y ganan peso rápidamente. Al ser muy fértiles, producen múltiples crías. Por naturaleza, son dóciles, por lo que son fácil de cuidar. Esto las convierte en la opción ideal para la producción de carne.

Cabras de montaña

La cabra de montaña es una raza que se encuentra en Norteamérica. Tienen un tamaño tan grande como el de los grandes lobos y pueden trepar por laderas rocosas con facilidad. Por esta razón, también se les llama cabras antílopes. Tienen una esperanza de vida de 12 a 15 años. Como son grandes, la gente las cría por su carne. La cabra adulta puede llegar a pesar hasta 220 libras.

Si quieres cabras para carne, la consideración será diferente. Alrededor del 75-80 por ciento de las personas en el mundo comen carne de cabra. No todas las cabras de carne producen leche. Solo la cabra española es buena tanto para la carne como para la fibra. Podemos utilizar las cabras de carne para limpiar la tierra. Debido a la naturaleza asilvestrada de la mayoría, son autosuficientes. No es necesario dedicar mucho tiempo para el cuidado.

Raza de cabras Boer

Las cabras Boer tienen las orejas caídas y son grandes. Los machos pesan entre 250 y 360 libras, mientras que las hembras son más pequeñas y pesan entre 200 y 250 libras. Las cabras Boer son costosas y tienen su origen en el Sudáfrica. Son muy adaptables, pero tienen muchos trastornos genéticos, como testículos anormales. La cabra desmayada de Tennessee recibe su nombre porque se cae al ser sorprendida. Los criadores fomentaron este defecto, por lo que se hizo popular. Los músculos se vuelven rígidos cuando la cabra se cae, por lo que con el tiempo estos músculos se fortalecen. Esta es una de las razones por las que son tan buenas cabras de carne. Son más pequeñas, tienen una actitud dulce y pesan entre 50 y 70 libras. Los ganaderos de cabras de carne con espacio limitado encontrarán esta cabra ideal para ellos.

Raza caprina Kiko

La Kiko es una cabra neozelandesa, y es una raza más reciente. Es una cabra de carne y gana peso sin necesidad de alimentarla. Son incluso más duras que las cabras Boer. Las cabras españolas tienen cuernos largos y son de tamaño medio. Tiene una larga historia, ya que fue traída a Estados Unidos desde España durante el siglo XVI. Aunque la Kiko es una raza resistente, hay menos criadores, por lo que es necesario un esfuerzo para preservarla.

Cabra Roja Kalahari Nueva raza de pelaje rojo Moatcashier

Con orígenes en Sudáfrica, la cabra roja de Kalahari es una cabra de carne que figura entre las mejores razas desarrolladas, como las razas de cabra Savana y Boer. Al ser una raza caprina nueva, está ganando rápidamente el reconocimiento en Sudáfrica y otros países vecinos como una de las mejores cabras de carne. La primera parte del nombre proviene del desierto de

Kalahari, mientras que la segunda parte se debe a su pelaje rojo. El desierto de Kalahari se extiende por vastas extensiones de Sudáfrica, Namibia y Botsuana.

Mucha gente sospecha que el Kalahari Rojo es una raza derivada de las cabras Bóer por su asombroso parecido. Pero los análisis de sangre demostraron que la Kalahari Red es una especie caprina distinta, no relacionada con ninguna otra raza. El Consejo de Investigación Agrícola de Sudáfrica realizó estas pruebas. En términos comparativos, la Kalahari Roja tiene muchas ventajas sobre la Boer. Lo vemos en su camuflaje, la tasa de supervivencia de los cabritos, la rusticidad de la cabra y la ternura de la carne. Debido a la calidad superior de su carne, se cría mucho en Sudáfrica. Esta raza también se cría en lugares como Estados Unidos, Brasil y Australia.

Características del rojo de Kalahari

El Kalahari Red es un hermoso animal con una apariencia gloriosa. Se trata de una raza de cuerpo grande con un pelaje rojo. Puede tener tonos más claros de rojo e incluso blanco, pero no se prefieren, ya que estos colores no dan a las cabras la protección necesaria en su hábitat nativo. Tienen un fuerte instinto de pastoreo que les sirve para protegerse. Sus orejas son largas y caídas, y la piel de la zona del cuello está suelta. La piel está pigmentada y tienen cuernos inclinados de tamaño moderado.

Forrajean durante todo el día, incluso cuando hace calor. Los pezones y las ubres de la cabra están bien adheridos. Se puede cruzar con cualquier otra cabra para aumentar el tamaño de la canal y mejorar la rusticidad. Los machos son más grandes que las hembras y tienen un peso medio de 250 libras. Las hembras pesan una media de 165 libras.

Uso: El mayor uso de la Kalahari Red es para la cría de cabras de carne. Crece rápido y produce muy buena carne.

Otras propiedades especiales: la Kalahari Red es un animal resistente que puede sobrevivir a las duras condiciones que prevalecen en la mayoría de las regiones sudafricanas. Al ser muy adaptables, se reproducen bien. También son excelentes buscadores de comida, ya que se alimentan de una amplia gama de plantas, granos y hierba. El rojo del Kalahari recorre grandes distancias en busca de comida y agua. Requieren poco manejo porque son resistentes a la mayoría de los parásitos y enfermedades. Por ello, se pueden criar de forma ecológica. Si lo hace, obtendrá una carne magra de excelente textura y sabor. Dan a luz dos veces cada dos años y los cuidan con esmero.

Los cabritos nacen con muchas ganas de mamar y son fuertes. Los cabritos crecen rápidamente, ganando peso a un ritmo de aproximadamente 3,3 libras cada semana. Esto hace que el criador obtenga un excelente beneficio por su inversión.

Otras razas de cabras

La cría cruzada aumenta el potencial de las cabras. Ejemplos de estas variedades son Savanna, Moneymaker y Texmaster. El cruce de Nubias con Saanens produjo la raza Moneymaker en California. Los Boers se cruzaron con los Tennessee desmayados para producir la cabra de carne llamada Texmaster en Texas.

La Savanna es originaria de Sudáfrica. Es una raza nueva que resiste bien el calor y necesita poca agua. Esto las hace adecuadas para la cría en regiones propensas a la sequía. Estos animales son supervivientes y pueden adaptarse fácilmente a una amplia gama de condiciones de opresión.

Razas de cabras de fibra

Las cabras de fibra necesitan más cuidados que el resto de las otras cabras. El tamaño de estas cabras va de pequeño a mediano. Un tipo de cabra de fibra es la Angora, con un pelaje de fibra larga. La fibra se llama mohair y suele ser blanca. Los criadores también intentan reproducir cabras de Angora de otros colores. Una cabra de Angora completamente madura da entre 2,5 y 3,5 kilos de fibra. Esta raza procede de Turquía, pero Estados Unidos es el país que más fibra de Angora produce. Como no tienen una naturaleza resistente, deben ser protegidas todo el tiempo, así como del frío y el calor extremos. Tienen problemas para parir porque las hembras no son maternas por naturaleza.

Raza de cabras de cachemira

Las cabras de cachemira son un tipo de cabra más que una raza. Cualquier cabra que produzca fibra de cachemira es una cabra de cachemira. Puedes obtener las cabras de arranque para fibra de cachemira en Australia. Puedes utilizarlas como cabras de carne o como cabras de fibra. Las cabras de cachemira son de tamaño medio, pero más resistentes que las angoras. Un macho pesa alrededor de 150 libras y una hembra pesa alrededor de 100 libras. Cada diciembre se extrae la fibra de cachemira de las cabras. La cachemira necesita estar expuesta a la luz para crecer. El rendimiento es de unas 4 libras al año por cabra.

La cría de cabras de carne en miniatura no es económicamente viable, pero se pueden encontrar dos cabras de fibra en miniatura en los Estados Unidos. El cruce de una pigmea con una angora nos da la pigora que produce casi tanto vellón como una angora. Mucha gente las tiene como mascotas, pero no para obtener fibra. Incluso así, es preferible esquilar la fibra dos veces al año. También tenemos la raza de cabras nigora, que se obtiene cruzando una enana nigeriana con una pigmea. De estas cabras obtenemos tanto leche como fibra. Sin embargo, al ser una raza nueva, es reciente su aumento de popularidad.

Capítulo 3: Opciones de alojamiento y vallado

El vallado adecuado de las cabras es crucial. Las cabras, como la mayoría de los animales son curiosas y les gusta vagar. Les gustan los espacios abiertos, cuanto más grandes, mejor. Por eso, si se les da la oportunidad de aprovechar un punto débil del corral, puedes estar seguro de que lo aprovecharán. A un macho o una hembra fuertes no les costará mucho apoyarse en los paneles de la valla para cabras que coloques, hasta el punto de que acabarán empujándolos lo suficiente como para pasar por encima de ellos. Es importante asegurarse de que el suelo para el vallado es firme y de que los materiales que se utilizan son lo suficientemente resistentes para un recinto caprino.

Aspectos básicos del cercado para cabras

Las opciones recomendadas para el cercado de cabras son la cadena y el alambre tejido. Recuerda que, si tu valla está junto a zonas verdes, se pondrá a prueba y la cabra empujará la valla para llegar a su comida. Este tipo de valla es ideal para las cabras jóvenes y en áreas más grandes.

Si se utiliza una valla eléctrica para cabras, la sugerencia común es utilizar una que tenga siete ramales. Si es lo que tu deseas, puede entrenar a tus cabras para que respondan bien a los cercados para cabras con menos filamentos. Una modificación habitual es hacer una valla para cabras típica de Nueva Zelanda de solo cuatro ramales.

Otra opción son los corrales para cabras con vallas eléctricas de alambre tejido. La mayoría de los comentarios son generalmente positivos. Hay historias de animales que se enredan en estos corrales para cabras y reciben repetidas descargas eléctricas.

Para utilizar correctamente el cercado eléctrico para cabras, entrene a la cabra introduciéndola primero en la valla en una zona rodeada más pequeña. Esto se debe a que, si primero se le presenta a la cabra en un área más grande, tendrá suficiente espacio para cargar y pasar a través de ella en lugar de simplemente retroceder. En una zona más pequeña, la cabra aprenderá a respetar la valla porque no podrá embestir a través de ella como lo haría en un espacio mayor.

Las vallas de paneles son otra opción y suelen estar disponibles en tres tamaños diferentes. Los más pequeños son los paneles para cerdos, que tienen una altura de 1 metro. Un corral con este tipo de panel es el más adecuado para los cabritos, ya que aún no están lo suficientemente desarrollados como para trepar o saltar por encima de ellos. También son excelentes porque el propietario puede entrar y salir del corral con facilidad.

Otra opción, y probablemente la más popular para los corrales más pequeños, son los paneles para ganado. Estos paneles son los más adecuados para las cabras adolescentes y adultas por su altura (4 pies), y son difíciles de saltar para el animal. Pero, cuando se trata de cabritos, debido a la separación uniforme del panel de 15 cm, algunas cabras pueden escurrirse entre los paneles.

El panel combinado es el mejor panel que puede utilizar si puede gastar el dinero extra. Es estupendo porque combina el espacio reducido del panel para cerdos en la parte inferior y la altura difícil de saltar del panel para vacas, de 1,2 m.

El único problema y el punto más débil de la valla, será el cerrojo de la puerta. Necesitaras algo que se pueda abrir fácilmente, con una sola mano de manera óptima, pero, al mismo tiempo, se necesita un cerrojo lo suficientemente fuerte como para soportar la presión de una cabra que quiere escapar fuera del corral. Mucho depende de la cantidad de cabras que tenga en el corral, para probar su resistencia. Un pestillo puede parecer una buena opción, pero las cabras inteligentes pueden abrirlos con facilidad.

Puedes probar con una cuerda elástica como solución rápida y a corto plazo. Pero pueden romperse rápidamente con la presión que las cabras pueden ejercer sobre ellos y ser masticados con poco problema. Otra opción, barata y fácil de reemplazar, es el uso de cordeles. Recuerda que tendrás unas cuantas cabras cuya única misión será deshacer los nudos con sus hábiles boquitas.

Cercado eléctrico

A continuación, te ofrecemos una serie de consejos básicos para que la valla eléctrica sea fuerte y funcione bien:

1. Pueden producirse cortocircuitos ocultos en la electricidad cuando se clava una grapa a través de la capa de aislamiento en las vallas aisladas. Por lo tanto, ten cuidado al colocar las grapas.

2. Los cables de abajo pueden conectarse a tierra si están demasiado cerca de la nieve o de la hierba que está húmeda, o al menos, su carga puede ser baja como resultado. La mejor solución es poder apagar estos cables inferiores.

3. Piénsatelo dos veces antes de colocar una valla nueva junto a otra antigua. Es tentador, pero puede provocar un indeseable cortocircuito.

4. No hace falta decirlo, pero si utilizas una valla eléctrica cargada con paneles solares, asegúrate de que estén en una posición en la que den directamente al sol.

5. Utiliza aislantes de buena calidad con tu valla. Dado que la valla estará muy expuesta, concretamente al sol, es importante utilizar un aislante que haya sido tratado para reducir su potencial de ruptura.

6. Debes asegurarte de mantener un espacio de al menos 5" entre los cables para que no se crucen.

7. Utiliza un solo tipo de metal. La electrólisis corroerá los cables. La mezcla de alambres de acero y de cobre es probable que lo haga.

8. Conecta a tierra tu valla adecuadamente utilizando muchas varillas galvanizadas, idealmente de 6 a 8 pies de longitud.

9. Repara cualquier daño en la valla tan pronto como puedas. Los tramos de alambre que se aplastan o se doblan pueden desgastarse y romperse. Empalma las secciones dañadas utilizando un nudo cuadrado atado a mano o una empalmadora de vallas especializada.

10. El espaciado de las ataduras y los postes es importante. Si hay demasiados y están demasiado apretados, la valla no resistirá la fuerza de las cabras. Tiene que haber un poco de elasticidad en la valla.

11. Es necesario que la valla tenga una buena "resistencia". Una valla con un alambre fino que no lleve una buena carga no hará mucho por disuadir a tus cabras de atravesarla. Incluso con cables más gruesos y un aislamiento más caro, una valla de alambre eléctrico sigue siendo una de las opciones más baratas para crear un perímetro para un área grande.

12. Utiliza un voltímetro para comprobar la carga de la valla en lugar de utilizar la mano.

Refugio para las cabras

Lo principal es proteger a tus cabras del viento y la lluvia. Por lo demás, las cabras son resistentes tanto a las altas como a las bajas temperaturas. Si te aseguras de que tu cabra está protegida de estos dos elementos, habrás hecho tu trabajo y la cabra estará contenta. Esto significa que se puede utilizar casi cualquier estructura, desde una caseta de perro hasta un establo, ya que estos cumplirán bien su función.

Un establo para terneros no es una mala opción por su bajo coste, movilidad y facilidad de limpieza. Sin embargo, tienen un par de contras: se deterioran rápidamente por la constante exposición al sol, y también pueden ser un dolor de cabeza para maniobrar cuando hay que coger a la cabra.

Si es posible, un establo con una mezcla de suelo de hormigón para el tráfico humano y un suelo de tierra ligeramente más bajo para las cabras es probablemente el mejor escenario. El suelo de tierra absorbe los desechos y facilita la limpieza, mientras que los caminos de hormigón hacen que sea un espacio móvil para los propietarios.

Las cabras también son estupendas porque no les importa estar cerca unas de otras. Pero eso no significa que no haya que proporcionarles espacio en su habitáculo. Se recomienda disponer de unos 16 pies cuadrados por cada cabra adulta que se tenga. Así se garantiza que los desechos se reparten y se mantiene más limpia la cama. Si no se dispone de un espacio adecuado, el riesgo de que aparezcan diferentes enfermedades, como los parásitos, aumenta considerablemente.

Unas palabras sobre las moscas

Creo que no hace falta decir que donde haya ganado, habrá moscas. Pero eso no significa que no debas hacer lo posible por reducir su número. Las moscas son atraídas de forma natural por el amoníaco presente en los desechos de los animales. Ponen sus huevos y crecen en poco tiempo; en una sola temporada de verano, es probable que pasen muchas generaciones de moscas.

Tu mejor apuesta contra las moscas es un enfoque mixto en el que puede emplear métodos caseros junto con la ayuda de un experto en control de plagas. La forma más sencilla combina papel adhesivo para moscas y trampas para moscas. Estos contienen un líquido atrayente, y la parte superior permite que las moscas entren, pero no salgan, por lo que finalmente se ahogarán.

Con los diversos pájaros, murciélagos e insectos que son depredadores naturales de las moscas, es de esperar que puedas mantenerlas a raya.

Disponer de un buen recinto y refugio para las cabras es importante y es algo en lo que debes pensar e investigar un poco. Elije materiales de calidad para construir la valla, tanto si es eléctrica como si no, ya que los puntos débiles de cualquier valla serán aprovechados por la tenacidad de las cabras. En cuanto al refugio, la idea es la misma. Haz lo mejor que puedas con lo que tienes, pero recuerda que las opciones menos costosas suelen venir con sus defectos inherentes.

Capítulo 4: Construcción de un establo para cabras

Nuestras cabras necesitan un lugar seguro al que llamar hogar, un lugar que las proteja de los elementos y de los depredadores. Un refugio para cabras -o lo que nos gusta llamar un pesebre para cabras- puede ser tan elaborado o tan sencillo como prefieras. Es posible que tengas que instalar un refugio temporal cuando recibas tus cabras por primera vez, pero los planes de alojamiento a largo plazo deben comenzar antes de comprar el rebaño.

Componentes esenciales de un refugio

El refugio para cabras debe mantener a las cabras secas, darles un lugar para protegerse de los elementos naturales y mantenerlas a salvo de los depredadores. Como mínimo, esto significa que las cabras necesitan un techo y tres paredes. Recuerda también que, independientemente del aspecto del refugio, cada cabra del rebaño debe tener al menos 6 metros cuadrados de espacio vital dentro del mismo. Echemos un vistazo a los componentes esenciales.

Techo: Todos los refugios para cabras necesitan un techo sin goteras.

Paredes: Las paredes deben ser lo suficientemente resistentes para evitar el viento y la lluvia.

Suelo: El mejor suelo para un pesebre es la tierra o la grava. El hormigón es demasiado frío y la madera absorbe los olores. La tierra y la grava permiten que el estiércol se disperse y descomponga. Además, necesitas un par de centímetros de heno, virutas de madera o paja para ayudar a dar calor y absorber los olores.

Alojamiento y comida: Si se piensa en criar cabras o en mantener tanto a las cabras como a los machos, hay que separar las habitaciones. Los separadores no tienen por qué ser lujosos, pero deben ser a prueba de cabras, es decir, que separen a tus cabras para que no tengan acceso unas a otras. Puedes utilizar palets de madera, vallas de alambre, tablones de madera o lata para dividir los establos.

Zona de partos: Si tienes pensado criar cabras, necesitarás una zona de partos separada de la vivienda principal, lejos del resto del rebaño. Esta zona proporciona a la madre privacidad, seguridad y tiempo para establecer un vínculo con sus crías. Esta zona debe tener al menos 1,2 metros por 1,2 metros, estar bien aislada con heno, paja o virutas de madera, y estar libre de corrientes de aire y de los elementos. También necesitará espacio para los cubos de pienso y agua.

Descanso y Camas

La cama ayuda a mantener a las cabras secas, absorbe el amoníaco del estiércol y proporciona calor. Se necesita algo absorbente, suave y económico. Los materiales de cama más comunes son:

Heno o paja. Esta es mi preferencia. No es tan absorbente como los otros dos, pero siempre lo tengo a mano para alimentar a las cabras y los cerdos.

Virutas de pino. Asegúrese de que es de pino y no de cedro, ya que el cedro puede causar problemas con las cabras.

Pellets de madera. Son los mismos pellets que se utilizan para las camas de los caballos o las estufas de pellets de madera.

Añada un par de centímetros de lecho en todo el suelo y en cualquier estantería en la que se acuesten.

Mantener limpio el refugio

El número de cabras que posea y la temporada determinarán la frecuencia con la que debes limpiar el refugio. Tenemos nueve cabras enanas nigerianas, y limpiamos su refugio cada dos semanas en el verano para ayudar a mantener la población de moscas bajo control. Utilizamos el método de la cama profunda en el invierno, lo que significa que sigo añadiendo material de cama fresca a la existente sin quitar la vieja. La descomposición de la cama vieja emite calor, lo que ayuda a mantener a las cabras calientes en los meses de invierno.

El refugio de las cabras debe oler a "cabra" o a humedad. Nunca debe oler a amoníaco ni quemar los ojos. Si huele a amoníaco, es hora de limpiar el refugio de las cabras y sustituir el material de cama vieja por otra nueva.

Cómo construir un refugio temporal

Nivel de habilidad: Principiante | Coste estimado del material: 100 dólares o menos | Tiempo: 2 horas

Este plan es para un refugio que debe usarse solo para alojamiento temporal hasta que se pueda construir el refugio permanente. También puede necesitar un refugio temporal cuando mueva las cabras de un área a otra en su tierra o cuando separe las cabras. Este refugio debe tener un piso de tierra.

Suministros, Herramientas y Pasos

- 2 (4' × 16') paneles de alambre soldado para el ganado
- Ataduras de cremallera de alta resistencia
- 5 (4') postes en T
- 1 (16' × 20') lona resistente
- Martillo

1. Coloque los dos paneles de ganado en el suelo uno al lado del otro para cubrir un área de 8 × 16 pies. A continuación, empuje un panel sobre el otro, de modo que se superpongan 4 pulgadas (un cuadrado del panel). Utilice los cierres para asegurar los paneles cada tres cuadrados.

2. Utilizando dos de los postes en forma de T, introduce cada poste en el suelo a unos 30 cm de profundidad en el lugar en el que quieres que esté uno de los lados de tu refugio. Asegúrate de que los postes estén firmes y sólidos en el suelo y en cada extremo de la sección de 8 pies.

3. Coloca el extremo más corto de los paneles para el ganado contra los postes en T asegurados en el suelo. (Es más fácil si tienes un ayudante).

4. Sujeta el extremo opuesto de los paneles para ganado y camina lentamente el extremo hacia el lado, presionando contra el poste T. Esto formará los paneles en un arco.

5. Una vez hecho el arco (el arco debe tener unos 9 pies de ancho), una persona debe seguir sosteniendo el arco en su lugar mientras el ayudante clava los dos postes T restantes en el suelo en la parte exterior del panel para asegurar el lado suelto.

6. Cubre el arco con la lona y fíjala a los paneles con cierres. Cubre completamente la parte trasera y los laterales del refugio, dejando la parte delantera abierta.

7. Añade paja al suelo y coloca un estante de madera o una mesa de plástico plegable en el interior para que tus cabras puedan tumbarse.

Solución de problemas

Las cabras son personajes curiosos, y les gusta comer cosas que no deberían, incluida la lona de su alojamiento. Procura asegurarte de que todos los cabos sueltos estén bien sujetos y que no haya ningún saliente que no esté asegurado, o se lo comerán.

Cómo construir un refugio permanente

Nivel de habilidad: Principiante | Coste estimado del material: 500$ o menos | Tiempo: 2 días

Este refugio tiene en cuenta las necesidades a largo plazo de tus cabras y acomodará un rebaño más grande. Empezarás por enmarcar tres lados. A continuación, trabajarás en el tejado. Las tablas de 2" × 4" × 10' son las vigas del tejado. El tejado se elevará en la parte delantera para ayudar a la escorrentía, y tendrá un voladizo de 1 pie en la parte delantera y trasera. Este refugio será lo suficientemente amplio como para que puedas dividirlo en habitaciones separadas si es necesario. Si construyes este refugio usando tornillos para madera en lugar de clavos, es posible desmontar la estructura y moverla si lo necesitas. Este refugio debe tener un suelo de tierra.

Suministros y herramientas para el armazón

- Brocha desechable
- Alquitrán
- 3 postes de madera (4" × 4" × 8')
- 3 postes de madera (4" × 4" × 10')
- Excavadora de agujeros para postes
- Nivel
- Cinta métrica
- 2 tablas (2" × 6" × 16')
- 1 caja (3½") de tornillos para cubiertas
- Taladro eléctrico
- 4 paneles de valla de madera (6' × 8')
- Para el techo
- 10 (2" × 4" × 10') tablas
- 6 (1" × 4" × 16') tablas
- 8 (26" × 10') soporte metálico para techo
- 1 bolsa de tornillos

Para hacer el marco

1. Mide y marca un área para tu refugio. Cada lado tendrá 8 pies de largo, y el frente y la parte trasera tendrán 16 pies de ancho cada uno. Elige un lugar plano y nivelado con la abertura orientada al sur, si es posible.

2. Con la brocha desechable, pinta los 2 pies de la parte inferior de cada poste de 8 y 10 pies de 4" × 4" con el alquitrán, y luego desecha la brocha. El alquitrán protege el poste de madera para que no se pudra en el suelo.

3. Mirando hacia el refugio, comenzarás su construcción en la esquina posterior izquierda.

4. Con la excavadora de postes, cava un agujero de 2 pies de profundidad. Coloca uno de los postes de 2 metros, con el lado del alquitrán hacia abajo, en el agujero.

5. Utiliza el nivel para comprobar que la posición del poste quede correctamente. Una vez que esté a nivel, rellena la tierra y empáquela firmemente alrededor del poste. Comprueba nuevamente el nivel.

6. Desde la esquina exterior del poste, mida hacia la derecha 2,5 metros para el segundo agujero. Repita los pasos 4 y 5, colocando el segundo poste a 8 pies del centro (el centro del segundo poste debe estar a 8 pies de la esquina exterior del primero).

7. Desde el centro del segundo poste, mide 8 pies hacia la derecha. Repite los pasos 4 y 5, utilizando el último poste de 8 pies.

8. Obtén la medida desde el borde exterior del tercer poste hasta el borde exterior del primer poste; la medida total debe ser de 16 pies.

9. Mide desde el borde exterior del primer poste hacia adelante 8 pies. Repite los pasos 4 y 5 utilizando un poste de 3 metros. Esto se convertirá en el poste de la esquina de la parte delantera del refugio.

10. Mide desde la esquina exterior izquierda 8 pies. Repite los pasos 4 y 5 con el segundo poste de 10 pies, colocándolo a 8 pies del centro.

11. Desde el centro del segundo poste, mide 8 pies hacia la derecha. Repita los pasos 4 y 5 con el último poste de 10 pies.

12. Ahora tienes seis postes en el suelo. Los tres postes traseros tienen 6 pies de altura, y los tres postes delanteros tienen 8 pies de altura.

13. Coloca un poste de 2"×6" contra la parte trasera de los postes de 4"×4", a ras de la parte superior de los postes, y fíjalo con los tornillos de la cubierta; este es el soporte transversal trasero del refugio.

14. Asegura la tabla restante de 2"×6" en la parte superior de los postes delanteros de 4"×4".

15. La parte superior de cada tabla de 2"×6" debe quedar al ras de la parte superior de los postes de 4"×4".

16. Instala las secciones de la valla en la parte posterior y en los laterales de los postes de 4"×4" con tornillos para cubiertas. Ahora tienes las tres paredes instaladas en tu refugio.

Para hacer el techo

17. Empezando por la parte delantera izquierda, coloca la primera tabla de 2"×4" encima de las dos tablas de soporte transversal de 16 pies, dejando un voladizo de 1 pie en ambos lados del refugio (delantero y trasero). Fíjalo con tornillos de cubierta. Asegúrate de alinear el borde exterior de la tabla 2"×4" con el borde exterior del soporte transversal de 16 pies.

18. Desde el lado exterior izquierdo del primer travesaño, mide más de 2 pies e instala la segunda tabla 2"× 4" como se hizo en el paso 1. Repite este proceso con las 8 tablas restantes (2"× 4") hasta que tengas diez travesaños.

19. A continuación, instale los soportes metálicos para techo que se colocan a lo largo de los travesaños. Instala la primera tabla de 1"×4" a ras del borde frontal de la viga delantera y fíjala con tornillos para cubiertas.

20. Desde el borde frontal de este primer soporte metálico, mide 2 pies hacia atrás e instala la segunda tabla de 1" × 4" y fíjala con tornillos de cubierta. Repite este proceso con las 4 tablas restantes (1" × 4") hasta que tengas seis soportes metálicos.

21. Asegura los soportes metálicos con tornillos metálicos.

Solución de problemas

El techo debe ser hermético. Los tornillos metálicos llevan una junta de goma para evitar las fugas de agua. Puedes añadir calafateo de silicona en el exterior de los tornillos para un nivel extra de protección contra el agua en el techo.

Cómo limpiar su refugio para cabras

Nivel de habilidad: Principiante | Coste estimado del material: 10 dólares al mes por refugio de 8' x 16' | Tiempo: 30 minutos

Suministros, herramientas y pasos

- Máscara antipolvo o respirador
- Guantes
- Pala
- Un cubo de basura grande o una carretilla
- Material de cama fresca (virutas de pino)

1. Ponte la mascarilla y los guantes, y asegúrate de que todos los animales están fuera del refugio.

2. Saca con una pala la cama vieja y colocarla en el cubo de basura o en la carretilla para su compostaje.

3. Retira las telas de araña e inspecciona si hay roedores.

4. Una vez que hayas retirado toda la ropa de cama usada, deja que el refugio se airee durante aproximadamente 1 hora.

5. Añade un par de centímetros de material de cama nueva. Haz abono con el estiércol y los deshechos de la cama vieja.

6. Limpia la pala y aplica un desinfectante como la lejía.

Capítulo 5: Cómo alimentar a las cabras

En la naturaleza, las cabras son más bien ramoneadoras que pastoras. Las cabras salvajes se alimentan principalmente de árboles y otras fuentes de alimento que no están en el suelo. Estas plantas suelen tener raíces profundas que aportan minerales desde el subsuelo. Podemos aprender de esto y organizarlo para que nuestras cabras puedan comer alimentos ricos en minerales, que están fuera del suelo en un entorno de patio trasero. Cuando aprendemos de la naturaleza y lo aplicamos al entorno del corral, nuestras cabras pueden disfrutar de una vida sana y libre de parásitos y enfermedades.

Las cabras son muy propensas a los parásitos si comen su comida demasiado cerca del suelo. En el caso de las cabras que pastan, el pasto debe tener una altura mínima de 16 pulgadas (15 cm) si se quiere que coman algo de él. El heno y otros alimentos que se traigan también deberán mantenerse alejados del suelo, bien con un comedero de heno o un pesebre, o con bolsas baratas para heno o con cubetas de goma que puedan fijarse a la valla. Los sacos de heno se pueden encontrar en cualquier lugar donde haya suministros para caballos. Evite el estilo de red si tus cabras tienen cuernos.

El estricto orden de los rebaños de cabras y la cantidad de tiempo que pasan comiendo significa que debes asegurarte de que cada cabra pueda acceder a la comida cuando lo desee. Para ello, hay que proporcionar un saco de heno o una cubeta para cada cabra adulta, así como un comedero con espacio más que suficiente para todo el rebaño a la vez.

Las cabras pueden ser muy exigentes con el heno. La alfalfa, el trébol y otros henos de leguminosas suelen ser fáciles de encontrar y son los preferidos por las cabras (evite el heno de trébol rojo para las cabras blancas, ya que puede tener alto contenido de cobre para ellas). El heno de hierba de segundo corte, elaborado con cuidado a partir de pastos fértiles, puede ser aceptable. Si a los caballos les gusta el heno que estás buscando, tus cabras probablemente también lo harán. También prefieren el heno de los cultivos de grano que hayan sido empacados mucho antes de que hayan germinado mientras la hierba estaba todavía blanda.

Si no estás seguro del heno, lo mejor es comprar una paca y darles un poco para ver si les gusta. Nunca les des heno enmohecido y procura mantenerlo alejado de la luz directa del sol y en una zona muy ventilada. El pajar tradicional de un granero es el lugar ideal para almacenar el heno, ya que tiene mucha ventilación. Los garajes y las cocheras también son adecuados para almacenar el heno.

Si se dispone de espacio y dinero por adelantado, merece la pena organizar el suministro de un año en el momento de la cosecha en lugar de comprar pequeñas cantidades a lo largo del año. Muchos granjeros se quedan sin heno antes de que el siguiente lote esté listo, y puede ser estresante buscar otro proveedor. Cuando vivíamos en terrenos de alquiler con cabras, siempre comprábamos dos o tres semanas de suministro a la vez. En algunas épocas del año, hemos tenido que soportar un heno muy caro y habríamos preferido evitarlo, pero al menos nuestras cabras tenían alimento.

La cantidad de heno que comerán tus cabras depende de si tienen otros alimentos. Si solo se les alimenta con heno, sin pastoreo, dos cabras adultas suelen consumir entre una y dos balas rectangulares pequeñas cada semana, y normalmente unas tres balas cada dos semanas. Esto depende de la calidad del heno y de lo compactado que esté.

Se calcula que el peso seco de la comida que come una cabra está entre el 3,5 y el 5 por ciento de su peso corporal cada día, así que para una cabra de 65 kg esto supone entre 2,27 kg y 3,1 kg (5 lb. y 7,1 lb.) de alimento seco al día. Todos los alimentos tienen un cierto contenido de humedad, por lo que su peso real será mayor que el peso seco. Si tu cabra come muchos restos, pasto fresco y hojas, su peso será mayor que si solo comiera alfalfa. Si el alimento que están comiendo es bajo en nutrientes, pueden comer más, y si es denso en nutrientes, comerán menos. La observación es siempre lo mejor recomendación: si tu cabra parece estar hambrienta, probablemente lo esté. Siempre es mejor permitir el acceso a alimentos básicos como la alfalfa o las ramas de los árboles. Las cabras ajustarán su propia ingesta de alimentos en función de sus necesidades energéticas y de nutrientes.

Las cabras son rumiantes, lo que significa que tienen cuatro estómagos, uno de los cuales contiene bacterias que fermentan su comida para digerirla. Debido a esta bacteria, es importante dar tiempo a las cabras para que se adapten a cualquier alimento nuevo que se les dé. Aliméntalas con restos de jardín con moderación. Alterar la digestión de la cabra introduciendo demasiados alimentos nuevos de una sola vez puede provocar graves problemas de salud, incluso la muerte.

Alimentar con restos de comida

Las cabras disfrutan de la mayoría de los restos de frutas y verduras, como los corazones de las manzanas, las cáscaras de las naranjas, las pieles de los plátanos, las hojas exteriores de las coles, los tallos del brócoli, la piel de las calabazas y las verduras que no comemos. También disfrutan de los restos de pan y otros productos horneados. No se debe alimentar a las cabras con carne, ni con nada que las pueda intoxicar, como patatas que se hayan puesto verdes o con moho. Cada cabra parece tener una preferencia diferente por los restos de comida. Una de las cabras que cuido cree que las cáscaras de plátano son lo mejor que hay, pero las otras cabras ni las tocan.

Alimentar a los árboles

A las cabras les encanta comer ramas y hojas de los árboles. Si tienes acceso a árboles adecuados, puedes prescindir de comprar heno. En general, las cabras adoran los árboles que fijan el nitrógeno, como las acacias y el tagasaste. Les gustan la mayoría de las hojas de arce (aunque el arce rojo es venenoso), los helechos arbóreos, otras especies de helechos, los sauces, los manzanos y los perales. Les gusta el fresno, el olmo, el roble, los álamos y los pinos.

Las cabras tienen un buen sentido de lo que pueden y no pueden comer, así que si no estás seguro de si algo es un alimento adecuado para ellas, puedes darles una pequeña cantidad, con bastante de su comida habitual. De este modo, no se les obliga a comer solo lo nuevo, y puedes ver su reacción a la nueva comida. He comprobado que las cabras prefieren diferentes árboles en diferentes épocas del año, y algunas prefieren plantas diferentes a las de otras cabras.

En épocas anteriores, el "heno de árbol" se hacía a menudo en verano con fresno, olmo, hiedra y roble. Si tienes espacio para almacenar, puedes cortar pequeñas ramas de estos y otros árboles forrajeros para cabras y secarlas en haces colgados de las vigas. Las ortigas y otras plantas de hoja también pueden tratarse de este modo. Si las ramas de heno de los árboles que recoges son lo suficientemente finas (alrededor de 1 cm - 1/2" de grosor), las cabras a menudo se las comerán todas, con rama y todo.

Los árboles de forraje para cabras suelen encontrarse en terrenos públicos, así que, si no tienes muchos árboles en tu propia casa, siempre puedes dar un paseo diario con tijeras de podar o una sierra de podar para recoger ramas.

Plantas venenosas

El rododendro y la azalea son muy tóxicos para las cabras. Muchas otras plantas ornamentales de jardín también son un poco sospechosas, así que asegúrate de que, antes de dar algo a tus cabras, lo has investigado para comprobar que no es tóxico para ellas.

Hay listas en Internet de plantas que pueden ser tóxicas en dosis suficientemente altas, pero las cabras suelen comer pequeñas cantidades de ellas sin problemas. La clave para evitar el envenenamiento es tener siempre a mano muchos alimentos que puedan comer. Antes de alimentar a las cabras con cualquier planta nueva, asegúrate de haberla identificado y de que es segura para ellas. Antes de atar a una cabra, comprueba que no hay rododendros a su alcance, que los helechos han sido bien pisoteados o eliminados y que hay muchos alimentos a su alcance que las cabras puedan comer en esta época del año.

Las hojas de ciruelo, melocotón, nectarina y cereza pueden ser tóxicas para las cabras, por lo que hay que asegurarse de no tener estos árboles cerca del prado de las cabras. Muchos creen que las hojas de otras plantas no son buenas para las cabras, pero según mi experiencia con los arces sicomoros, mientras haya muchos otros alimentos para ellas, no hay problema.

Cultivo de alimentos para cabras

En un patio trasero, lo mejor es mantener las plantas separadas de las cabras y llevarlos pequeñas cantidades, o bien ofrecerles un pastoreo controlado, ya sea atándolas cerca durante periodos cortos o cultivando las plantas del lado exterior de su valla, de modo que puedan acceder a unas pocas hojas desde el lado interno del corral, para que no puedan engullir toda la planta ni comerse toda la corteza de los árboles.

Las cabras aprecian la consuelda, ya sea ofreciéndoles un par de hojas en su alimento cada día o atándolas cerca de la consuelda durante un corto tiempo (con mucho acceso a sus otras plantas favoritas en el mismo lugar).

Las rosas son un buen remedio para las diarreas, y las cabras también aprecian su sabor.

Se puede cultivar una variedad de hierbas de cocina y "malas hierbas" y ofrecerlas a las cabras con otros alimentos. Las cabras pueden elegir comer en ciertos momentos y no en otros, pero una variedad de alimentos es buena para su salud, por lo que vale la pena cultivar algunas hierbas extra para compartir.

Minerales y suplementos

El cobre es el mineral más importante que hay que añadir a la dieta de las cabras en las zonas donde es deficiente en el suelo o donde el agua tiene un alto contenido de azufre, hierro o calcio. Las cabras de color más oscuro tienen una mayor necesidad de cobre que las cabras blancas, y a menudo se puede saber cuándo una cabra más oscura tiene una deficiencia de este mineral, ya que su pelaje se vuelve más claro. La pérdida de pelo en la punta de la cola para darle una apariencia de "cola de pescado" es otro signo de deficiencia de cobre. En Centro de Cuidado Natural de Cabras, Pat Coleby afirma que nunca ha encontrado una cabra con problemas de lombrices cuando sus dietas han sido suplementadas con cobre. El sulfato de cobre se puede comprar en las tiendas de alimentos para animales, y a menudo se encuentra con los suplementos para caballos. La forma más fácil de añadirlo a la dieta de los animales de ordeño es mezclar una cucharadita por cabra en las raciones que recibe cada cabra. Otra forma es colocarlo en pequeños recipientes a disposición de las cabras en todo momento, pero asegúrate de que se mantienen en el interior, o se estropearán cada vez que llueva.

El óxido de cobre es más difícil de encontrar que el sulfato de cobre, pero es una opción más segura para quienes se preocupan por la toxicidad del cobre.

Nunca había oído o leído nada que dijera que es posible alimentar a las cabras con demasiado cobre hasta hace poco, y todavía no hay un límite máximo definido para ello. Cuando alimentaba a mis Toggenburgs con sulfato de cobre todos los días (alrededor de media cucharadita al día -más de tres veces más de lo que recomendé anteriormente), se encontraban muy saludables y no tenían problemas de parásitos. Aquí en Australia, el suelo suele ser bajo en minerales calcáreos y cobre, y nuestras cabras se benefician del cobre adicional, pero si tienes un suelo más saludable, mantén una cucharadita a la semana de sulfato de cobre o aliméntalas con óxido de cobre en su lugar.

Si el azufre es deficiente en tu suelo o notas problemas de piel o parásitos externos en las cabras, podría valer la pena ofrecerles yeso o azufre en polvo amarillo. Puedes hacerlo como mineral de libre elección o espolvorearlo en su comida.

Las algas marinas son un excelente suplemento natural que proporciona una amplia gama de minerales, especialmente yodo, que es esencial para la absorción de todos los demás minerales y vitaminas y especialmente importante si se alimenta a las cabras con alfalfa. La mejor manera de alimentar a las cabras con algas es dejándolas a su libre albedrío, ya sea colocando un recipiente en una pared al abrigo de la lluvia para que las cabras lo coman a su antojo u ofreciéndoselo a las cabras a la hora del ordeño dos veces al mes para ver si les interesa. Me gusta espolvorear una pequeña cantidad encima de su pienso todos los días. A veces comen grandes cantidades y otras veces no les interesa o solo comen una pequeña cantidad. Si nunca han comido algas, es posible que coman mucho al principio.

El selenio es un mineral importante para las cabras. Las algas, el trigo, la avena y las semillas de girasol son buenas fuentes de este mineral (siempre que el suelo en el que se cultivan no sea deficiente), por lo que es posible que tus cabras ya obtengan la cantidad adecuada a través de la leche. Si te preocupan los niveles de minerales de las cabras que no reciben grano, dales un puñado de semillas de girasol con regularidad. El azufre es necesario para absorber la cantidad adecuada de selenio, por lo que es buena idea complementar con azufre si el suelo es deficiente o ácido.

La sal es esencial para las cabras si no se las alimenta con algas, pero es posible que obtengan suficiente de su alimento habitual. Las cabras saben cuándo necesitan sal y cuándo no, por lo que es mejor ofrecérsela libremente (preferiblemente como se administran las algas).

A veces, las cabras comen mucha sal cuando necesitan potasio, por lo que añadir vinagre de sidra al agua puede aportar más potasio a la dieta. Las cabras pueden ser quisquillosas a la hora de lamer un bloque de sal que ha lamido otra cabra, por lo que es preferible la sal suelta a los bloques, o conseguir un bloque para cada cabra. Yo he utilizado sal del Himalaya, pero cualquier sal natural sin refinar y sin aditivos servirá. En lugar de tener un salero para que las cabras lo laman cuando quieran, puedes darles puñados de sal gruesa para que la mordisqueen de vez en cuando, ya sea de tu mano o de un cuenco.

El calcio y el magnesio son muy importantes para las cabras lecheras. La cal dolomita, ya sea ofrecida libremente o una cucharada al día añadida al pienso tratado, aportará estos dos minerales.

El potasio es importante para las cabras preñadas cuando se acerca la época de parto. El vinagre de sidra de manzana añadido al agua de bebida es una buena fuente de esto y es un excelente suplemento durante todo el año para estimular la inmunidad y la digestión.

Las cabras preñadas y lactantes también necesitan un suplemento. Por lo general, se trata de una mezcla de cereales cultivados localmente. Se dice que la cebada es especialmente buena para los animales lecheros, ya que aumenta la cantidad de leche. Lo mejor es darles este suplemento como premio en el puesto de ordeño. Alimentar a una cabra preñada de esta manera todos los días hará que se acostumbre a venir al puesto de ordeño y facilitará el ordeño una vez que haya parido. Evita a toda costa los pellets para cabras. Los pellets de cabra se convierten en algo parecido a un cartón blando dentro de la barriga de la cabra, y las cabras necesitan más fibra de la que proporcionan los pellets. Además, trata de evitar todo lo que contenga melaza o esté endulzado, ya que los alimentos dulces las hacen más propensas a los ataques de los insectos. Para comprar piensos preenvasados para darlos como premio, las harinas lácteas diseñadas para las vacas, hechas de granos agrietados y laminados, pueden ser una opción aceptable, o simplemente comprar una bolsa grande de trigo integral y una bolsa más pequeña de semillas de girasol y mezclarlas, o incluso solo trigo o cebada simple es bueno. El remojo de los cereales integrales en agua con un chorrito de vinagre de sidra durante la noche o durante 24 horas mejorará su disponibilidad de nutrientes y los hará más digeribles. Yo suelo poner en remojo un lote de cebada por la mañana cada día. Una parte de la cebada se alimenta por la noche y el resto a la mañana siguiente. Antes de alimentar la cebada, escurro el agua de remojo y luego mezclo en el grano las raciones diarias de sulfato de cobre, azufre amarillo y cal dolomita.

Antes de adquirir tus cabras, investiga las deficiencias de minerales del suelo en la zona en la que vas a comprar el heno e intenta ofrecer estos minerales como opción libre. Alternativamente, añade con cuidado pequeñas cantidades al pienso. Ofrecer minerales como opción libre facilita que la cabra corrija su propia nutrición cuando lo necesite, pero necesitarás encontrar una forma de mantenerlos fuera de la lluvia. Si la cabra no está interesada en los minerales, puedes intentar espolvorear un poco de grano por encima para convencerlas.

Para Australia, donde nuestros suelos son en su mayoría ácidos y deficientes en cobre, Pat Coleby recomienda un lamido básico hecho de 12 libras (6 kg) de dolomita, 2 libras (1 kg) de azufre amarillo en polvo, 2 libras (1 kg) de sulfato de cobre y 2 libras (1 kg) de algas. Estos minerales se pueden encontrar en las tiendas de alimentos para animales y en las tiendas de suministros para caballos. La dolomita se encuentra fácilmente en cualquier centro de jardinería.

Recorte de pezuñas

Las cabras proceden de zonas montañosas en las que sus pezuñas están desgastadas por el vagabundeo diario y los saltos sobre el terreno rocoso. Podemos imitar esto hasta cierto punto teniendo grandes rocas para que las cabras se suban en su prado, pero aun así hay que vigilar sus pezuñas, que generalmente necesitan ser recortadas cada ocho semanas. Las tijeras especiales para recortar las pezuñas diseñadas para ovejas o cabras son las mejores herramientas para este trabajo, pero también se pueden utilizar tijeras de jardinería, o un cuchillo afilado si tienes suficiente confianza y una cabra que se quede quieta. Si no se recortan las pezuñas a tiempo, estas pueden crecer mucho y enroscarse en la base del pie, atrapando barro y caca de cabra, que pueden pudrirse y causar problemas de salud.

Cuando se recorta una pezuña, es mejor empezar recortando primero una pequeña porción uniforme alrededor de la pezuña, y luego recortar otra pequeña cantidad hasta llegar muy cerca del pie. Todo debe parecer uniforme, limpio y cómodo. Es posible recortar demasiado, y la cabra puede sufrir cortes en la piel por ello, así que es mejor probar poco a poco, y si hay alguna duda sobre si has recortado lo suficiente o no, es mejor pecar de precavido y no recortar más. Es bueno hacer esto en el puesto de ordeño con un tazón de comida para que la cabra esté distraída. Dependiendo de la personalidad de tu cabra, puede necesitar que alguien te ayude a mantener la pata quieta. Es posible que tengas que hacer el recorte de pezuñas durante dos o cuatro días, especialmente si has estado ordeñando a la cabra en el puesto antes de empezar, ya que podría decidir que ha comido suficiente y que es hora de volver al prado.

Soportes de ordeño

Esto no es esencial. pero te facilitará mucho la vida cuando tengas que ordeñar a tus cabras o recortarles las pezuñas. Hay instrucciones gratuitas en Internet para fabricarlos con palés y otras maderas. A veces se pueden adquirir de segunda mano en Craigslist, Gumtree y otros anuncios clasificados en internet. Un buen puesto de ordeño te brindara una forma de asegurar a la cabra al puesto, normalmente haciendo que su cabeza pase por una abertura que puede cerrarse a un tamaño lo suficientemente grande como para estar cómodo alrededor de su cuello, pero lo suficientemente pequeño como para que no pueda mover la cabeza hacia atrás. Otra forma es tener a la cabra con una correa asegurada al puesto de ordeño o a una pared junto a él.

Agua

Las cabras necesitan agua limpia disponible en todo momento, y para un pequeño rebaño, esto es fácil de manejar. Lo más fácil es suministrarla en valdes de 16 litros (4 galones). Utilizo uno o dos en invierno y tres o cuatro en los días calurosos de verano. Es importante comprobarlo dos veces al día para asegurarse de que no se lo han bebido todo o de que no se ha congelado en invierno. Fijamos uno de estos valdes a un clip en el extremo de una cuerda atada a la valla. Mi esposo puede pasar por encima de la valla para levantarlo y bajarlo con la cuerda, de modo que podemos rellenar fácilmente el agua sin tener que entrar y salir del prado. Rellenar los valdes con una regadera es otra opción rápida, pero hay que sacar los cubos cuando hay que limpiarlos. Los valdes de goma o de plástico flexible diseñados para los caballos funcionan bien para las cabras. Pueden utilizarse valdes de plástico baratos, pero no durarán mucho.

Comprueba siempre que tus cabras no han defecado en el agua. Si lo han hecho, hay que cambiarla inmediatamente. Intenta tener un par de cubos en distintos lugares del corral. Es menos probable que las cabras los tiren todos o que defequen en ellos simultáneamente.

Si vives en un clima con inviernos muy fríos, deberás aislar el recipiente de agua o utilizar un sistema de calefacción.

Las cabras aprecian el agua caliente en invierno y el agua fría en verano. Puedes poner cubitos de hielo en el agua en los días muy calurosos y, en los días fríos, agradecerán un valde de agua templada si puedes conseguirlo.

Capítulo 6: El ordeño de las cabras

Cómo ordeñar una cabra

Antes de empezar, asegúrate de tener todo lo necesario para el ordeño y el colado. El paño para colar debe estar hervido, así como los tarros y el embudo esterilizados (consulta la siguiente sección para obtener información sobre cómo hacerlo). Llena un cuenco de comida con su pienso y colóquelo en la zona de alimentación en el sitio de ordeño.

La cantidad de alimento a dar a la cabra dependerá de la cantidad de leche que dé. Algunas cabras soportan mayores cantidades de grano que otras. Algunas cabras producen más leche con mayores cantidades de grano, mientras que otras cabras parecen hacerlo mejor con menos grano. Aproximadamente dos tazas de grano es una buena cantidad para empezar. Ten el valde de ordeño cerca, pero no en un lugar en el que la cabra pueda derribarlo fácilmente o en cualquier otro lugar en el que pueda ser fácilmente derribado o contaminado. Yo tengo una pequeña mesa cerca del puesto de ordeño para el valde y los tarros.

Lleva a la cabra hasta el puesto de ordeño, guía su cabeza a través de la compuerta y asegúrala alrededor de su cuello. Ahora tendrás que limpiar su ubre. Cepíllala con un paño seco o con el dorso de la mano para eliminar los pelos sueltos y la suciedad, o si está muy sucia, puedes lavarle la ubre con un paño húmedo. Frótala suavemente con una toalla muy seca, es muy importante que esté seca, ya que es mucho más probable que te enfermes por el agua sucia que gotee en el valde de ordeño que por unos pocos pelos perdidos o trozos de suciedad.

Si lavas y secas la ubre, tendrás que utilizar un paño distinto para cada cabra. Pocos libros sobre cabras recomiendan seguir el primer método (mi preferido) para la limpieza de las ubres y prefieren el enfoque de lavado y secado más exhaustivo. Gran parte de la creencia en el lavado de las ubres de las cabras proviene de las vacas de ordeño, ya que parecen sentirse atraídas por la parte más fangosa del prado y pueden tener las ubres muy sucias. En cambio, las cabras buscan el lugar más seco posible y no parecen ensuciarse a menudo. El método simple funciona para mi familia, ya que mantenemos a nuestras cabras limpias y secas con mucha paja, pero si tus cabras están cubiertas de barro, lavar y secar es la mejor opción. Mi mención del método simple puede ser un enfoque controvertido, pero es mucho más fácil cepillar la ubre rápidamente que lavar y después secarla. Si tienes dudas, o no puedes enfriar la leche rápidamente, o es sensible a la contaminación por alimentos, lava y seca la ubre, asegurándote siempre de secarla bien.

Asegúrate de estar sentado cómodamente. Yo me siento en el borde del puesto de ordeño, pero mucha gente utiliza taburetes en su lugar. Deberías poder sentarte ahí ordeñando a la cabra sin necesidad de doblar la espalda y sin estirar los brazos de forma incómoda para alcanzar los pezones.

Extrae dos chorros de leche de cada teta y ordeña en el puesto de ordeño, en el suelo o en un plato aparte. Al desechar los primeros chorros de leche de cada pezón, se reduce el riesgo de contaminación por cualquier cosa que se encuentre en ellos. Una vez que hayas desechado estos primeros chorros y la ubre de la cabra está limpia, coloca el cubo de ordeño cerca de la ubre y comienza a ordeñar en él.

Para ordeñar a una cabra de tamaño normal, primero coloca el pulgar y el índice alrededor de la parte superior del pezón donde se une a la ubre y ciérrelo, luego cierra los dedos medio y anular (o solo el dedo medio si sus pezones son pequeños) alrededor del pezón para exprimir la leche. Repite esto con una mano tras otra hasta que sea más difícil sacar la leche del pezón. Retira el valde, y luego masajea la ubre o imita la acción que realiza un niño en ella empujando contra ella con su mano, luego coloca el valde de nuevo debajo de ella y continúa ordeñando como lo hacías antes. Esto ayuda a que baje la mayor cantidad de leche posible.

Si se te cansan las manos con ese método de ordeño, puedes alternar con otro en el que no se utiliza el pulgar, y solo se usa el dedo índice para cerrar la parte superior de la ubre. Este método utiliza músculos diferentes a los del ordeño habitual, pero no suele hacerse hasta que la ubre se haya vaciado un poco.

Para obtener lo último de la leche, vacía la ubre usando ambas manos en una mitad de ella a la vez. Exprime suavemente la leche de esa mitad de la ubre en el pezón y luego en el valde. Cuando sea el momento de dejar de ordeñar, estará dando poquita leche (o nada).

Lo más fácil es ver a otra persona ordeñando para aprender y, si no tienes a nadie cerca, intenta buscar vídeos en Internet. Para que tus manos se acostumbren a la acción de ordeñar, haz los movimientos de ordeño con el pulgar. Es una buena idea aprender a ordeñar mientras las crías todavía están tomando la leche de su madre, porque las crías pueden ayudar a beber el resto de la leche, y la cabra no tiene riesgo de tener problemas de ubre o de secarse mientras alguien esté tomando la leche. Una vez que hayas establecido una buena rutina de ordeño con tu cabra, el ordeño te llevará menos tiempo que el colado y la limpieza. Yo tardo unos cinco minutos en ordeñar a una cabra con una buena ubre, un poco más si su leche es más lenta.

Cuando hayas terminado de ordeñar a tu cabra, déjala en el puesto para que termine de comer mientras cuela la leche. Este tiempo extra en el puesto de ordeño ayuda a que el pezón se cierre antes de que cualquier bacteria mala pueda entrar en él. Para colar la leche, coloca un embudo sobre la parte superior de un tarro de cristal, luego cubre el embudo con una tela fina esterilizada, como muselina de mantequilla o gasa, y vierte suficiente leche para llenar el embudo. Si la leche tarda mucho en pasar por el paño, es posible que tengas que buscar un paño más fino o de tejido más suelto para la próxima vez. También puedes juntar los bordes del paño con las manos e inclinarlos con cuidado para que pase más leche. Cuanto más cremosa sea la leche, más tiempo tardará en colarse.

Rutina de ordeño

- Hervir el paño para colar (o hervirlo la noche anterior)
- Preparar todo lo que necesite durante y después del ordeño (por ejemplo, tarros y embudos limpios sobre la mesa, valde de leche limpio cerca del puesto de ordeño)
- Llevar la cabra al puesto, limpia su ubre, ordeña
- Colar la leche
- Llevar a la cabra de vuelta a su corral
- Repetir la operación con las demás cabras
- Cuando hayas terminado de ordeñar a todas las cabras, lava el paño de colado y cuélgalo para que se seque, esteriliza el valde y el embudo

Equipo de ordeño e higiene

Cuando la leche está en la ubre, es estéril y es un alimento perfecto para que beban las cabritas. Rara vez se oye hablar de cabritos que enfermen a causa de la leche cruda de su madre, de la misma manera que los medios de comunicación hacen sensacionalistas los casos de humanos que enferman después de beber leche cruda. Debido a su acidez neutra, cualquier leche que salga de la ubre, cruda o pasteurizada, es un medio fácil para el crecimiento de las bacterias. Esto puede ser beneficioso cuando fomentamos las bacterias buenas para hacer queso, yogur y otros alimentos fermentados, o puede ser malo. Si vas a beber la leche de inmediato, la higiene no es un gran problema. Cuanto más tiempo quieras almacenarla, más cuidado deberás tener con las condiciones de almacenamiento y la probabilidad de que algo entre en contacto con la leche cruda.

Hay dos enfoques principales para evitar la contaminación por bacterias erróneas en el equipo de ordeño. La opción más sostenible y saludable es la esterilización por calor. Cualquier recipiente utilizado para la leche debe calentarse primero a una temperatura segura, y luego se puede añadir la leche. El otro método principal es con productos químicos.

Una vez esterilizado el equipo, hay que mantenerlo alejado de cualquier cosa que pueda contaminarlo. Recomiendo cubos de ordeño con tapa. De este modo, puedes mantener el embudo y el interior del cubo alejados de posibles contaminantes. Yo utilizo un valde de 7 litros, pero la mitad de este tamaño es suficiente. Vacía el valde tan pronto como hayas ordeñado a cada cabra para evitar que lo pateen o pisen y se pierda la leche. Los valdes de más de siete litros serán difíciles de colocar debajo de la cabra, así que busca uno pequeño de acero inoxidable con tapa. Es difícil de encontrar, pero es algo que solo hay que comprar una vez, así que vale la pena conseguir el adecuado para empezar. En lugar de un valde se puede utilizar una olla de acero inoxidable. Intenta encontrar una sin agujeros de aire en la tapa, y tendrás algo que funciona tan bien como un valde con tapa.

La esterilización por calor puede hacerse con agua hirviendo o en el horno. El uso de agua hirviendo puede causar lesiones (y palabras vulgares), por lo que es preferible el horno. Para utilizar el horno, todo lo que pongas en él debe ser de metal o de cristal. El plástico puede secarse después de ser hervido una vez apagado el horno, pero todo lo que se introduzca durante el tiempo suficiente para esterilizarlo debe ser capaz de soportar el calor, por lo que, recomiendo cubos de ordeño de acero inoxidable, embudos de acero inoxidable y tarros de cristal.

Para esterilizar utilizando el horno, coloca el valde limpio y las jarras en él boca abajo, y enciéndelo a 230ºF (110ºC). No utilices hornos con elementos eléctricos visibles (de color naranja) para esterilizar el vidrio, ya que este puede romperse. Deja que el horno se caliente y, una vez que haya estado totalmente caliente durante al menos cinco o diez minutos, pruébalo tocando algo que se esté esterilizando allí: debe estar muy caliente al tacto. Apágalo, cierra la puerta y deja que se enfríe. En primer lugar, las tapas de las jarras y los embudos de plástico deben sumergirse en agua hirviendo durante 30 segundos, y luego escurrir el agua. Colócalos en el horno mientras se enfría para que se sequen y se mantengan estériles hasta que necesites utilizarlos. Ten cuidado de que tu plástico aguante esto, ya que algunos plásticos son más endebles que otros, pero las tapas de plástico de las jarras Ball Mason lo harán sin ningún problema, al igual que los buenos embudos diseñados para la mermelada.

Para el paño de colar, lo enjuago y lo cuelgo para que se seque después de cada ordeño, y luego lo hiervo cuando estamos listos para empezar a ordeñar la próxima vez.

Si hay que esterilizar todo con agua hirviendo, hay que hervir lo suficiente como para verter sobre todo lo que hay que esterilizar. El objetivo es calentar las superficies de las jarras, los embudos y los valdes para eliminar cualquier posible agente nocivo que pudiera estar al acecho, así que vierte lentamente abundante agua hirviendo sobre todas las superficies.

Las jarras deben estar húmedas (pero sin agua estancada) antes de añadir el agua hirviendo para que no se rompan. Vierte el agua en los tarros, llenándolos hasta un tercio de su capacidad, y pon las tapas. Poner las jarras de lado y girar hasta que el agua caliente los tarros y no se puedan manipular cómodamente. Hoy en día tengo una cocina de leña que suele tardar en hervir el agua por las mañanas, así que por la noche pongo el paño para colar en el cubo con el embudo y lo dejo todo sumergido en el agua hirviendo durante la noche, escurriéndolo todo por la mañana.

Cada vez que vacíes una jarra de leche, aclárala dos veces con un poco de agua fría o tibia y déjalo hasta la próxima vez que vayas a esterilizar jarras. Dejar las jarras con un poco de leche dentro dificulta su eliminación posterior.

Manipulación y almacenamiento de la leche

Una vez que la leche esté en las jarras (si no la vas a beber inmediatamente), debes enfriarla rápidamente. Yo rodeé cada jarra de leche con recipientes llenos de hielo (uso los "ladrillos de hielo" hechos para neveras). Incluso puedes enfriar las jarras antes de ordeñar, para que la jarra fría empiece a enfriar la leche en cuanto se cuele. Una vez enfriada la leche, es importante mantenerla a una temperatura baja y no dejar que fluctúe. Mucha gente guarda la leche en la puerta del frigorífico, pero este no es un buen lugar para almacenar la leche a largo plazo. Guárdala ahí solo si la vas a utilizar en las próximas 24 horas. La temperatura fluctúa demasiado en la puerta del frigorífico, y además es la parte más caliente del mismo. Es mejor que la leche esté en un estante del frigorífico, preferiblemente hacia el fondo. Evita dejar la leche a temperatura ambiente durante toda la hora de la comida o periodos similares, a no ser que pienses beber el resto de la jarra pronto.

No coloques recipientes calientes con restos de comida o cualquier otra cosa junto a la leche. Si vas a añadir muchas cosas a temperatura ambiente y más calientes al frigorífico a la vez, añade recipientes llenos de hielo junto a la leche para asegurarte de que se mantiene fría.

Cuanto antes te tomes la leche, más tranquilo podrás estar en cuanto a su conservación. Las bacterias necesitan tanto la temperatura como el tiempo adecuado para multiplicarse hasta alcanzar niveles peligrosos.

Ahora que dependo de un pequeño sistema aislado sin frigorífico, me parece que en invierno nos bebemos toda la leche en unas 24 horas, por lo que la temperatura de una habitación sin calefacción al abrigo del sol (50ºF/10ºC) es suficientemente fría para ello, incluso sin ladrillos de hielo. En verano, hay mucha más leche que manejar. En los días más calurosos, todo lo que no se fermenta a propósito en queso o yogur empieza a fermentar por sí solo en 24 horas, a menos que tenga mucho cuidado de cambiar los ladrillos de hielo.

Los frascos de un litro y las botellas de Passata de 22 onzas (650 ml) son buenos tamaños para almacenar la leche de cabra fresca. Para hacer el queso "chèvre" más fácil con la leche caliente de la ubre, vale la pena tener una jarra de 2 litros.

Exceso de leche

Si tienes suerte en tu búsqueda de cabras, y las cabras que pensabas que solo darían un litro al día dan, en cambio, dos litros o más, es posible que tengas más leche de la que puedas utilizar para beber y hacer queso. Dependiendo de las leyes locales, una opción es vender o regalar el exceso de leche. También puede funcionar un acuerdo para compartir el rebaño. La legalidad de la venta de leche cruda varía según el país y el estado, por lo que hay que informarse antes de vender.

Otra opción es dar la leche a los animales. Los cerdos pueden beber la leche tal cual. Mientras que los pollos beberán la leche, la engullirán en su forma sólida mucho más fácilmente si se hace "ricotta". La leche que se deja a temperatura ambiente durante mucho tiempo suele empezar a convertirse en queso por sí sola y puede servir de alimento para los animales.

La leche de cabra es estupenda para la piel. Se puede añadir a los baños o diluirla y utilizarla en la piel. La leche de cabra fresca aplicada a las quemaduras solares y otras afecciones de la piel puede ser calmante y curativa. También se puede hacer jabón de leche de cabra.

La leche cruda diluida y rociada sobre los pastos o las plantas del jardín funciona como un gran antifúngico y fertilizante. Esta es mi manera de hacer limonada de los limones cuando una cabra pone la pata en el cubo - al menos el jardín está recibiendo una bebida.

El suero sobrante de la fabricación de queso puede alimentar a cerdos y pollos y convertirse en quesos de suero, como el gjetost. El suero con cultivos vivos del chèvre y del queso duro (no el suero cuajado de ácido de la ricotta o el paneer) es estupendo para añadirlo como cultivo iniciador a las verduras fermentadas, como el chucrut y los encurtidos. El suero de leche también puede utilizarse en lugar de agua en el caldo y el pan, como agua de remojo para los cereales y como agua de cocción para las verduras, los cereales y la pasta. El suero de los quesos cultivados (no los cuajados con ácido) puede diluirse (una parte de suero por nueve de agua) y utilizarse para regar las plantas.

Capítulo 7: Aseo, salud e higiene de las cabras

Para mantener la salud de una cabra es necesario mantener su sistema digestivo sano. La dieta de la cabra es de origen vegetal porque es un rumiante. La cabra tiene tres estómagos anteriores, por lo que cada uno tiene un omaso, un rumen y un retículo. El verdadero estómago es el cuarto y recibe el nombre de abomaso. Cuando la cabra come heno, este es digerido en los primeros estómagos. El abomaso ayuda a descomponer las proteínas, los hidratos de carbono y las grasas, y se asemeja al estómago humano en este sentido.

Partes del sistema digestivo

Cada parte del estómago realiza un trabajo único. Entre los primeros estómagos, el rumen es el más grande, con una capacidad de uno a dos galones. Tiene bacterias que ayudan a fermentar el heno y a descomponerlo. Este heno se regurgita, se mastica y se vuelve a tragar. En el proceso, se produce gas metano. La rumia provoca eructos, que tienen un fuerte olor indicativo de un rumen sano. En este proceso se produce calor que ayuda a mantener caliente a la cabra.

La segunda parte del estómago es el retículo, que está cerca del hígado. Este compartimento del estómago trabaja con el rumen y ayuda a descomponer los alimentos que la cabra ingiere en unidades más pequeñas para absorberlas y utilizarlas para su circulación sanguínea, su respiración y otros procesos metabólicos. Todos los trozos de comida más grandes se almacenan aquí. El retículo empuja los alimentos fáciles de digerir a la boca para masticarlos como bolo alimenticio.

Masticación y digestión

Este proceso de masticación y regurgitación continuará hasta que toda la comida sea lo suficientemente pequeña como para entrar cómodamente en el omaso. El alimento se descompone aún más por la acción de las enzimas en el omaso. El abomaso es el único lugar donde se produce la digestión de los alimentos como la leche y los cereales, ya que no necesitan bacterias. Los alimentos descompuestos se envían al intestino, donde se absorbe el material útil y se eliminan los residuos.

Otras partes de la cabra

Las pezuñas

Hay que entender el papel que desempeñan las pezuñas de la cabra. Las pezuñas desempeñan un papel importante en el movimiento del animal. Si las pezuñas se lesionan, esto afecta a todas las demás partes. La cabra sentirá dolor, cojeará y, si no se corrige, puede acortar su vida. El cuidado de las pezuñas mantendrá a la cabra feliz. Recorta las pezuñas para evitar que se escuezan o se pudran, ya que pueden provocar la muerte. Las pezuñas ayudan a la cabra a escalar los terrenos altos, escarpados y rocosos. Las cabras españolas tienen un carácter asilvestrado, por lo que necesitan pocos cuidados para sus pezuñas. Una pezuña buena y bien cuidada tendrá la forma de un romboide.

Dientes

Los dientes de la cabra difieren mucho de los de otros animales. Tiene una almohadilla dura en la parte superior de la boca, en la parte delantera. Allí no hay dientes; solo tiene dientes en la parte inferior. En la parte posterior de la boca hay dientes arriba y abajo que sirven para masticar el bolo alimenticio. Como todos los demás animales, los dientes de leche se caen con la edad. Les crecen los dientes de adulto, y esto ayuda a establecer si la cabra es adulta o no. Los veterinarios comprueban el crecimiento de los dientes en la mandíbula inferior, en la parte delantera de la boca. A los cinco años, la cabra debe tener los ocho dientes adultos.

Barba y pupila

Varias variedades de cabras tienen barba que es más prominente entre los machos. Las ovejas no tienen esta barba. Los machos cabríos utilizan esta barba durante el apareamiento para atraer a la hembra, ya que la barba tiene olor. En las cabras lecheras y en las cabras pigmeas, encontramos la barba, que está unida al cuello. Los ojos de la cabra pueden ser confusos porque tienen muchas formas y colores. La principal diferencia es que las cabras tienen una pupila de forma cuadrada en lugar de circular.

Esta peculiar forma de la pupila ayuda a las cabras a ver en la oscuridad, lo cual es importante porque las cabras necesitan mantenerse alejadas de los depredadores. El color de los ojos va del azul al marrón y al amarillo. Las cabras de angora tienen pelo sobre los ojos, lo que dificulta su capacidad de ver correctamente.

Diferencia entre una oveja y una cabra

Una oveja se puede distinguir desde lejos porque la cola se mantiene baja, mientras que la de la cabra se mantiene alta. Además, los cuernos de la cabra serán rectos, mientras que los de la oveja son curvos. Las ovejas no tienen barba, pero las cabras pueden tenerla. Mientras pastan, la cabra trata de ser independiente, mientras que la oveja intentará seguir a los demás.

Inspección visual

Se puede distinguir una cabra sana por el brillo de sus ojos y su pelaje. Si están sanas, serán juguetonas. Jugarán hasta que llegue la hora de masticar el bolo alimenticio o de dormir. Tendrán una buena postura, con la cola, la cabeza y las orejas erguidas. Si la cabra está enferma, tendrá una postura caída. Las enfermas intentan aliviar el dolor de estómago y otras partes del cuerpo estirándose. Si una cabra intenta estirarse u orinar en exceso, es señal de que no está bien.

Mantenga un registro de la buena salud y el comportamiento

Para estar al tanto de la salud de tu cabra, debes saber cómo se comporta cuando está en plena forma. Observa cómo salta e interactúa. Si hay alguna desviación de este comportamiento, debes actuar. Aunque no tienes que responder a todas sus llamadas porque las cabras emiten muchos sonidos, atiéndelas cuando pidan comida o agua. Si fijas la hora de alimentación, te ayudará a entender perfectamente su llanto.

Además, si tu cabra no se encuentra bien, gemirá o guardará silencio, pero no gritará. La cabra puede llorar cuando está en celo, mientras que los machos en celo harán ruidos peculiares. También hace ruido cuando da a luz. El sonido es más parecido a un quejido que a un grito, pero el grito se volverá distinto y fuerte cuando sea el momento de empujar. El grito de una cabra atrapada o con dolor será frenético y lastimero. Una vez que reconozcas los distintos tipos de llanto, podrás prestarles los cuidados necesarios.

Mantener el calor de la cabra

La temperatura interna de la cabra es de unos 102 °F o 38.8 °C, aunque puede haber una diferencia de uno o dos grados de una cabra a otra. En los días calurosos, su temperatura será más alta. Si hay un cambio profundo (más de un grado) en sus temperaturas, es un signo de enfermedad. Cuando una cabra tiene problemas con el rumen, mostrará una temperatura baja. Hay que calentarla o morirá. Para ello, compra un abrigo hecho para cabras que las mantenga calientes. Si no puedes conseguir uno, hazlo con suéteres humanos u otras prendas.

Cuando estés a cargo de las cabras, registra su comportamiento y estado normales. Toma la temperatura de la cabra a lo largo del día y anótala junto con la hora. Así podrás comparar las lecturas en el futuro. Comprueba el tipo de termómetro que utilizas; puede ser un termómetro digital o de cristal. Agita siempre bien el termómetro de cristal antes de utilizarlo. Ata el termómetro con un trozo de cuerda para poder sacarlo si entra demasiado.

Cómo tomar la temperatura de una cabra

Para tomar la temperatura de la cabra, mantenla quieta. Si se trata de una cabra adulta, es posible que necesites un poste para sujetarla. Utilice vaselina para lubricar el termómetro y, a continuación, coloque el termómetro dentro del recto. Mantenlo ahí durante dos minutos. Retíralo lentamente y anota la temperatura. Limpia y desinfecta el termómetro con alcohol. Masticar el bolo alimenticio es normal, y toda cabra sana debe hacerlo (rumiar). Por lo tanto, observa a tu cabra y comprueba si está rumiando. Puedes comprobar la rumia mirando el abdomen de la cabra. Escucha en el lado izquierdo, y oirás un sonido de gruñido junto con un poco de movimiento una vez cada dos minutos. También puedes utilizar un estetoscopio para escuchar este sonido.

Medición del pulso y la respiración

Las cabras descansan durante el período de la tarde. Este es el tiempo de rumia para ellas, y si encuentras alguna que no lo esté, entonces revísala para ver si no está bien. La forma más fácil de hacerlo es descubrir su pulso. Normalmente, deberían tener un pulso de entre 72 y 85 pulsaciones por minuto. Los niños tienen el doble de esta frecuencia. Antes de tomar el pulso, asegúrate de que la cabra está en reposo. Coloca tu dedo debajo de la mandíbula y sentirás el pulso. Tómelo durante 10 o 15 segundos y multiplica el número por 6 o 4 para obtener las pulsaciones por minuto.

Es posible descubrir el estado de salud de su cabra midiendo su frecuencia respiratoria. En el caso de una cabra adulta, estará entre 12 y 30, mientras que, en el caso de un cabrito, estará entre 22 y 38. Se puede medir fácilmente observando a la cabra mientras descansa y contando el número de veces que sube y baja su costado. A los dos años, la cabra está casi completamente desarrollada. Siguen creciendo hasta los tres años, pero entonces el crecimiento no será tan rápido. Por término medio, todas las cabras viven entre 7 y 12 años, pero pueden vivir mucho más.

Los machos cabríos tienen una mayor esperanza de vida, y la gente suele criarlos como mascotas. La principal causa de muerte es el cálculo urinario. En el caso de las hembras, la muerte se debe más a menudo a problemas de parto. Se acostumbra a dejar de aparearse después de que cumplan diez años porque esto alargará su vida, e incluso pueden vivir otros diez años o más.

Prevención de la aparición de enfermedades

La mayoría de las enfermedades llegan con los animales recién comprados. Pueden llegar a través de la ropa y el calzado de las personas que los manipulan. Otras mascotas, pájaros y ratones también pueden traer gérmenes que causan enfermedades. Para evitarlo, hay que limpiar el refugio, los vehículos, el calzado y las alfombras con lejía o un desinfectante como Virkon S. También se puede utilizar clorhexidina, el cual es un antiséptico.

Las deficiencias de nutrientes en la dieta, como el cobre, el selenio, el calcio, el zinc o las proteínas, podrían provocar una mala salud. Los criadores deben comprobar el suelo para asegurarse de que todos los nutrientes están presentes y son abundantes en los pastos.

Hay que estar atento a los síntomas

Cuando las cabras estornudan, tosen o parecen aletargadas y no siguen el ritmo del rebaño, significa que algo no va bien con ellas. Este indicio le da un aviso 3-4 días antes de que ocurra algo. Utiliza un estetoscopio para comprobar el ritmo cardíaco y medir la respiración. Si compruebas la salud de tus cabras a diario, hazlo a la misma hora.

Enfermedades graves

Puede ser difícil diagnosticar una enfermedad porque muchas tienen los mismos síntomas. Es mejor trabajar con los veterinarios y utilizar sus recomendaciones de tratamiento.

Encefalitis artrítica caprina

Esta infección vírica afecta a los pulmones, las articulaciones, las glándulas mamarias y el cerebro, que se extenderá al calostro una vez que la cabra esté infectada. Los signos y síntomas no aparecerán todos a la vez. Hay que hacer pruebas a los machos y al semen porque puede contagiar a las hembras.

Linfadenitis caseosa

Se trata de una enfermedad contagiosa que se propaga por bacterias a través de los ganglios linfáticos. Se puede controlar esta enfermedad mediante el sacrificio.

Ectima contagiosa

Esta es la enfermedad de la boca dolorida que se puede ver en los labios de los niños. Se propaga por contacto y aparecen costras en la vulva, los pezones, el escroto, la cara y los labios. Las lesiones desaparecerán en dos o tres semanas. Existe la posibilidad de que los animales contraigan una infección secundaria. Utiliza guantes, ya que se trata de una enfermedad zoonótica.

Pediculosis

Se trata de otra infección bacteriana contagiosa que se produce en los tejidos blandos de los dedos de los pies. Se observa hinchazón, pus y enrojecimiento en los dedos de la cabra. Tiene muchas formas, por lo que es mejor hacer un análisis con un hisopo en un laboratorio.

Es necesario recortar la pezuña cuando sea necesario. Es recomendable brindar a las cabras zinc de alta calidad junto con la mezcla de minerales. Para ayudar a prevenir la podredumbre, anima a las cabras a caminar sobre superficies rugosas para fortalecer sus pezuñas. También hay que prestar atención a las patas de los animales durante la selección.

Listeriosis

Esta infección bacteriana provoca la parálisis de los nervios trigémino y facial con decoloración de los ojos, fiebre y depresión. Esta bacteria puede durar años. La infección se produce cuando las cabras se alimentan de ensilado. Se puede tratar con fármacos sin prescripción.

Enfermedad por sobrealimentación

Una bacteria llamada clostridium perfringens causa la enfermedad por sobrealimentación. Esta bacteria se encuentra en el suelo y en el tracto intestinal. Cuando la cabra no está aclimatada al terreno de alimentación de los pastos o se adentra en matorrales con cultivos de cereales de crecimiento rápido, aumentan las posibilidades de infección.

Se puede evitar la propagación de esta enfermedad vacunando a la cabra tres semanas antes de que paran crías, para que la bacteria no se transmita a través del calostro. Vacunar a los cabritos seis semanas después.

Si la cabra se infecta, permanecerá enferma durante varias semanas, mientras que los cabritos pueden morir antes de que se noten los síntomas. No tendrán apetito y tendrán diarrea intermitente.

Neumonía

La neumonía se manifiesta de muchas formas en las cabras. Está relacionada con hongos, bacterias, parásitos o virus. Antes de comenzar el tratamiento, es importante saber con qué forma de la enfermedad se está tratando.

Polio caprina

Se trata de una deficiencia de vitamina B1 que puede curarse administrando a su cabra tiamina (vitamina B1). Los síntomas aparecen si hay algún cambio en la dieta de la cabra. Esto incluye grano o heno enmohecido, raciones mal formuladas, cambios repentinos de alimentación y dar grano a base de melaza que tenga moho. Si no se trata la cabra inmediatamente, morirá en un plazo de 1 a 3 días.

Leptospirosis

Esta enfermedad abortiva puede evitarse vacunando antes de comenzar la cría. Como esta enfermedad es contagiosa, hay que usar guantes para manipular los fetos muertos.

Urolitiasis

Cuando se forman piedras en la uretra del macho, se produce una retención de orina. Esta enfermedad se llama urolitiasis. Viene acompañada de dolor abdominal y puede provocar la rotura de la vejiga. No hay una razón específica para ello, ya que no depende de la estación o de la alimentación. Los machos a veces se rompen el pene durante el apareamiento. Esta afección no es tratable.

Hinchazón

Esto ocurre cuando se alimenta a la cabra con pellets, hierbas de leche, heno húmedo y mohoso, o alfalfa recta. Las cabras no pueden eructar y esto provoca graves problemas. A veces, este problema se debe a una obstrucción en el esófago. Ofrece bicarbonato de sodio a la cabra para regular el funcionamiento de su rumen. Esto ayudará a eliminar los gases de forma natural.

Enfermedad del músculo blanco

Se observan temblores y rigidez repentinos cuando la enfermedad del músculo blanco afecta a la cabra. Cuando el pasto no tiene suficiente selenio, puede provocar esta enfermedad. Aumenta el suplemento de vitamina E y selenio en la mezcla de minerales para superar este problema. Los cabritos deben recibir una inyección nada más nacer si el pasto es deficiente en selenio.

La tembladera

Es una forma de enfermedad degenerativa mortal para las cabras. Ataca el sistema nervioso y es una forma de encefalopatías espongiformes transmisibles. La mortal enfermedad de las vacas locas puede ser transmitida a los humanos a través de esta enfermedad de la tembladera. Hay que eliminar rápidamente las crías, y limpiar y desinfectar los edificios donde se realizan las pariciones.

Infecciones por parásitos

Cuando los parásitos infectan a tus cabras, estas muestran una disminución del apetito y una pérdida de peso. Los parásitos más comunes son el gusano del estómago marrón y el gusano de la asta de la barba. Utiliza un desparasitador químico si crees que las cabras tienen gusanos. Compruebe el interior de los ojos.

Otros parásitos son los gusanos de la navaja de afeitar y los gusanos marrones del estómago. Reducen el apetito, causan diarrea y pérdida de peso. Compara el color del interior del ojo con la tarjeta de puntuación de FAMACHA, y debe ser rosa.

¿Qué es la tarjeta de puntuación FAMACHA?

FAMACHA deriva de FAffa MAlan CHArt y es un método utilizado en Sudáfrica por los criadores de cabras cuando detectaron que, aunque desparasitaban regularmente sus rebaños, los gusanos no desaparecían, sino que empeoraban. Descubrieron que los gusanos creaban resistencia a los desparasitantes químicos que los ganaderos administraban constantemente a sus cabras. Una vez que los gusanos eran resistentes, no había manera de deshacerse de ellos, y el resultado era la pérdida gradual de sus cabras.

Entonces, ¿para qué utilizamos FAMACHA? Se utiliza para determinar los parásitos en ovejas y cabras y para detectar la anemia causada por ellos. Se utiliza una tarjeta de puntuación, con una escala de 1 a 5 - las puntuaciones más bajas indican menos anemias, lo que significa menos riesgo de parásitos. Utiliza siempre esta tarjeta de puntuación; si intentas puntuar de memoria, te arriesgas a tener problemas graves si no puntúas a un animal.

Tu veterinario local debería poder proporcionarle las tarjetas de puntuación de FAMACHA. También puedes ponerte en contacto con el Consorcio Americano para el Control de Parásitos en Pequeños Rumiantes para obtener más información sobre la formación de puntuación de la FAMACHA.

Cómo utilizar el sistema de puntuación

Esto requerirá una tarjeta de puntuación, una persona que le ayude y un soporte.

Necesitas revisar las membranas de los ojos de tu cabra con luz natural - la luz del sol da la mejor oportunidad de precisión. Además, asegúrate de que tu sombra no protege el ojo que estás mirando.

Un método para recordar cómo comprobar la membrana es el siguiente

- **CUBRIR** - el ojo debe estar cubierto con el párpado superior
- **EMPUJAR** - empuja el globo ocular - no con fuerza, solo lo suficiente para que las pestañas del párpado superior se curven hacia atrás sobre su dedo
- **TIRAR** - tirar del párpado inferior hacia abajo. Si lo haces bien, deberías ver la membrana interna

Ahora, comprueba rápidamente el color de la membrana, observando la parte más rosada con respecto a la tarjeta de puntuación de FAMACHA. Debes hacerlo rápidamente porque si tardas demasiado, el párpado de la cabra se secará y la membrana se volverá roja.

¿Qué significan estas puntuaciones? Las puntuaciones van del 1 al 5. Cuanto más bajo sea el número, menos posibilidades hay de que haya parásitos. Si tu cabra tiene una puntuación de 1 o 2, no hay que preocuparse por la desparasitación en este momento. Sin embargo, una puntuación de 4 o más requiere un tratamiento inmediato, ya que no hacerlo podría conducir a la muerte. Si tu cabra tiene una puntuación de 3, debes decidir si la desparasitas o no. Si tienes varias cabras y todas tienen una puntuación de 3, puede ser mejor desparasitarlas para evitar que el problema empeore.

Algunas personas piensan que es más fácil olvidarse de la puntuación FAMACHA y desparasitar a las cabras de todos modos; esto puede ser peligroso, como hemos explicado anteriormente, porque los gusanos desarrollan resistencia. Si no estás seguro, consulta a tu veterinario.

Capítulo 8: Apareamiento y Reproducción de Cabras

Por si aún no te has dado cuenta, la única forma de obtener leche de una cabra es criarla y dejar que tenga crías. La cabra no producirá leche hasta que esto ocurra, y el proceso se conoce como "refrescamiento". Para tener éxito en la cría de tus cabras, quizá te interese conocer estos datos sobre el ciclo de apareamiento de una cabra:

Los machos cabríos pueden empezar a aparearse a partir de las siete semanas de edad. Esto no significa que deba permitirlo, sino que son sexualmente activos y pueden dejar preñada a su hermana o a su madre. Separa a los machos de las hembras antes de que tengan siete semanas.

Los machos pueden aparearse en cualquier momento y lo harán las 24 horas del día si se les permite, a menos que haya condiciones climáticas extremas. Sin embargo, no se reproducen por gusto, sino cuando huelen que una hembra está en celo.

Los machos entran en "celo". Esto significa que tienen una verdadera oleada de hormonas y están listos para aparearse antes de que la hembra esté lista. En ocasiones, cuando un macho entra en celo, puede hacer que las hembras entren en celo. Durante el celo, los machos pueden ser muy dominantes y hacer cosas locas, algunas de las cuales te harán reír, otras te harán sentir vergüenza. Resoplarán, escupirán y orinarán sobre sí mismos para que huelan peor e incluso pueden beber su propia orina.

Una hembra entra en celo en un ciclo de 21 días, y cada celo dura entre 1 y 3 días. Hay razas, como la nubia, la española, la boer, la desmayada, la pigmea y la nigeriana, que pueden aparearse todo el año, pero la mayoría de las cabras lecheras son estacionales. Esto significa que solo entran en celo en otoño, entre agosto y enero.

Una cabra de tamaño normal puede tener crías alrededor de los ocho meses o cuando alcance las 80 libras de peso. Intenta alcanzar la marca del año antes de permitirles tener crías, solo para estar seguro.

Los signos de que la cabra está en celo son el meneo de la cola, las peleas, el intento de montar a otra cabra o dejar que la monten, una secreción clara de la vagina o los balidos sin motivo aparente.

La gestación de una cabra dura cinco meses, aproximadamente 150 días, más o menos.

Las cabras pueden parir cinco cabritos en una misma camada, aunque la media es de dos a tres.

Mucha gente deja que sus cabras se apareen una vez al año para evitar que el suministro de leche se agote.

Se puede ordeñar a una cabra preñada, pero es mejor dejar que se seque unos dos meses antes del parto. Esto permitirá que su cuerpo descanse y acumule reservas nutricionales para sus crías.

Una hembra tendrá crías mientras esté viva, generalmente entre 10 y 12 años, pero cuanto más vieja sea, más posibilidades habrá de que surjan complicaciones.

Una hembra también puede quedarse preñada si está amamantando.

Temporada de apareamiento

El otoño es la temporada de apareamiento. Todas las hembras quieren aparearse y no tendrán ningún reparo en comunicarle este deseo, pero debes recordar que solo debe reproducir a sus mejores ejemplares, por mucho que intenten decirle lo contrario. Las cabras pueden aparearse a partir de los dos meses, pero lo normal es que lo hagan a los cuatro. La mayoría de las cabras experimentan su ciclo de celo en otoño. El momento más seguro para aparearse es después de la marca de los siete meses, con un tiempo de parto aproximado de alrededor de un año.

Antes de la temporada de apareamiento hay que ocuparse de algunos aspectos relacionados con el mantenimiento. Deberás asegurarte de que han recibido una vacuna Bose si se sabe que tu región es deficiente en selenio, recortar sus pezuñas y realizar un análisis fecal y una prueba del virus de la *artritis encefalitis caprina* CAEV. También querrás recortar al menos su región estomacal. Esto no solo facilitará la temporada de apareamiento, sino que también te permitirá dar a tus cabras una revisión más antes de que se reproduzcan para asegurarse de que están sanas y no muestran ningún síntoma indicativo de enfermedad. Si se sienten un poco delgadas, también puedes aprovechar este momento para solucionar cualquier deficiencia en su dieta.

La mayoría de las cabras se aparean por temporadas, pero varias razas miniatura pueden reproducirse durante todo el año. Incluso en este caso, el celo es más evidente en otoño. A medida que la luz del día disminuye cuando el verano se convierte en otoño, comenzará a entrar en celo en un ciclo de tres semanas. Si tu hembra tiene ciclos continuamente cortos, debes ponerse en contacto con el veterinario para ver si hay algún problema. A medida que la luz del día disminuye, los machos comienzan a entrar en celo. Estos cambios harán que tus cabras se vuelvan un poco inquietas. Cuando veas que esto ocurre, haz un plan de apareamiento para estar bien preparado cuando llegue el momento.

Una hembra en celo tendrá la vulva roja e hinchada con flujo vaginal. También agitará la cola rápidamente. Las hembras en celo también serán muy ruidosas y actuarán más como un macho de lo que lo harían normalmente. Además, espera que tu hembra produzca menos leche durante este tiempo.

El olor asociado con los machos en celo se origina cuando el macho orina en su cara y en su boca. La razón por la que hacen esto es para atraer a las hembras y permitir que estas los encuentren. También hacen caras y sonidos muy característicos. Las peleas entre machos aumentan en frecuencia durante esta época. Las montas también son más frecuentes. Los machos no se preocupan de nada más que de aparearse, lo que incluye una falta de preocupación por la alimentación. Asegúrate de complementar su dieta para que mantengan su salud.

Una vez que la hembra ha mostrado signos de estar en celo, puedes colocarla con un macho. Bailarán el uno alrededor del otro, orinando y emitiendo un poco de sonidos al principio. Una vez que se aparean, solo dura unos segundos. Deben hacerlo varias veces para asegurarse de que la hembra está preñada. A continuación, observa si entra en celo. Si no es así, sabrás que ha tenido éxito. A veces, una hembra simplemente se niega a aparearse con un macho específico. Esto puede ocurrir cuando una hembra adulta es puesta con un macho joven. Una vez que nazcan los niños, el macho deberá ser separado de la hembra y del niño. Por un lado, su presencia aumenta el riesgo de que la hembra se aparee demasiado pronto.

Dado que los machos deben ser separados en ciertos momentos y pueden ser una molestia en otros, muchos propietarios de cabras optan por no tener uno. En su lugar, pagarán por el servicio de machos cabríos para criar a sus hembras. Hay que hacer un papeleo para este arreglo, pero es bastante común.

Saber si tus hembras están en celo es un poco más difícil cuando no hay machos presentes. Una solución es utilizar un trapo para detectar a los machos. Este trapo ha sido frotado sobre un macho en celo y luego guardado.

Si la cabra está en celo, debería excitarse y hacer ruido y frotarse contra el trapo. Esto le permitirá saber cuándo es el mejor momento para que le traigan un macho. También puede llevarla al macho o inseminarla artificialmente. Si vas a traer un macho, un método es alquilarlo. Si piensas hacerlo así, necesitarás un recinto separado para el macho, lejos de tus hembras. El macho permanecerá con la hembra durante el tiempo que consideres necesario. El coste de alquilar un macho debería ser mucho menor que el de mantenerlo todo el tiempo. El tiempo mínimo que el macho debe pasar con las cabras es de unas tres semanas. Esto les permite experimentar un ciclo de cría completo. Si esto no es conveniente, es frecuente encontrar propietarios de machos que permitan que la hembra venga y se quede con ellos. Para los que no tienen el lujo de disponer de tiempo, siempre está el apareamiento de paso. Esto implica un acuerdo previo con el propietario de un macho para que esté disponible una vez que su hembra entre en celo. Apenas ella muestre signos, la llevas a la granja donde está el macho. Al llegar, sales con la cabra atada, y el proceso se lleva a cabo sin siquiera quitarle la correa para que puedas cargarla rápidamente en el coche y volver a casa.

La inseminación artificial requiere la recogida de semen del macho y proceder a introducirlo en el aparato reproductor de la hembra. Esto es conveniente porque el semen puede estar congelado y listo para la yegua cuando lo necesites en lugar de coordinar los horarios, pero no es una práctica típica debido al coste. Aun así, una cría de alta calidad se producirá principalmente por este medio. El coste puede gestionarse acudiendo con otros criadores y compartiendo el equipo. También hay recolectores de semen que pueden pasar por allí y recuperar el semen por ti.

Inmediatamente después del apareamiento, no hay mucho que hacer. Ni siquiera se muestra mucho durante los tres primeros meses de la gestación, y el ordeño puede continuar durante este tiempo. Su alimentación también puede seguir siendo la misma inicialmente. Después de los tres meses, habrá que ajustarla. Las cabras gestan durante unos 150 días. Esto puede variar ligeramente, por lo que es una buena idea marcar el calendario con 145 días de antelación por si acaso. Es necesario saber sobre la falsa preñez, es un hecho algo común entre las cabras. Es cuando la cabra muestra todos los signos de estar preñada, pero cuando llega el momento del parto, se libera líquido, pero no nace ningún cabrito. Esto es frustrante, pero no necesariamente peligroso.

La mayoría de los embarazos solo requieren cuidados básicos, como una buena nutrición y un refugio limpio, pero todavía hay casos en los que las complicaciones superan el embarazo. Esto puede provocar un aborto el cual interrumpe el embarazo. Si el embarazo continúa hasta el final, pero la cría muere al nacer, se denomina mortinato. Estas dos cosas pueden ocurrir por diversos motivos.

Si un cabrito va a nacer con defectos o malformaciones genéticas, suelen ser abortados en las primeras fases de la gestación. A menudo se producen tan pronto que es posible que ni siquiera te hayas dado cuenta de que la cabra estaba embarazada. No hay nada que puedas hacer para evitarlo. Una cabra demasiado estresada también tendrá problemas para tener un embarazo saludable. El estrés puede deberse a cualquier cosa, desde el clima hasta la falta de nutrición. Tienes más control sobre esta causa de aborto y debes trabajar para eliminar cualquier cosa estresante asegurándote de que la cabra preñada está protegida por un refugio limpio y bien alimentada con una dieta equilibrada. Debes evitar mover a la cabra hacia el final de su embarazo, lo que probablemente le causará un estrés significativo. Se cree que la mitad de los abortos de las cabras se deben a infecciones. Una infección no solo puede afectar a una gestación, sino que puede extenderse a todo el rebaño y afectar a otras cabras preñadas. Si se producen varios abortos, habrá que llevar el feto al veterinario para que lo analice con un proceso de necropsia. Un embarazo fallido también puede deberse a un veneno o a una lesión. Si una cabra consume una planta o un medicamento equivocado durante la gestación o se le da un golpe en el lugar equivocado, puede abortar.

La hipocalcemia se produce cuando una cabra experimenta una deficiencia de calcio por no recibir suficiente calcio en su dieta para mantenerse a sí misma y a las crías que lleva. Esto le ocurre a una cabra cerca de la culminación de la gestación o incluso durante la fase de lactancia. Las cabras que producen más leche son más propensas a sufrir esta condición. Las cabras que experimentan hipocalcemia no querrán comer nada, especialmente grano. La cabra se debilita al no ingerir suficiente alimento y puede tener fiebre o deprimirse. En este caso, la debilidad se debe a la falta de calcio en los músculos. Esto puede evitarse asegurándose de que la hembra consuma una dieta adecuada durante toda la gestación y la lactancia. Ofrece alfalfa para ayudar a aumentar el calcio. Es posible que tengas que vigilar la cantidad de grano que se le da para asegurarse de que ingiere suficiente alfalfa. La proporción debe ser de dos a uno a favor de la alfalfa. Puedes proporcionarle alfalfa en forma de gránulos, para que pueda alimentarla junto con el grano.

Si descubres que tu cabra está experimentando hipocalcemia, deberás administrar Nutridench lo antes posible. Esto proporcionará la energía necesaria para continuar la gestación o seguir proporcionando leche. Después de esto, querrás ponerte en contacto con tu veterinario para desarrollar un plan de recuperación más a largo plazo. Esto suele incluir una prescripción con potasio, calcio, fósforo y magnesio. Si la cabra está deshidratada, también puede necesitar líquidos intravenosos. Cuando el ritmo cardíaco de la cabra vuelva a su estado habitual, sabrás que está en vías de recuperación. Es probable que tengas que seguir administrando la medicación durante toda la gestación. Las cabras que están a una semana de parir y no se recuperan rápidamente pueden recibir una receta llamada Lutalyse, que inducirá el parto.

La hipocalcemia suele ir acompañada de una condición llamada cetosis, en la que la cabra no obtiene suficiente energía. Esto ocurre cuando una cabra deja de comer, lo que provoca un desequilibrio metabólico que hace que el cuerpo libere ácidos grasos. El hígado suele emplear estos ácidos grasos, que producen subproductos conocidos como cuerpos cetónicos. Las cabras con sobrepeso experimentan esta condición con más frecuencia y pueden experimentarla durante las primeras etapas de la gestación. Un identificador clave para las cabras que experimentan cetosis es un olor dulce de su aliento, agravado por los síntomas habituales de la hipocalcemia. La cetosis debe ser tratada con Nutridench.

Las últimas semanas de la preñez de la cabra requieren un cuidado y mantenimiento adicionales para garantizar un parto sin problemas. Para reducir el riesgo de un parto anormal y de la enfermedad del músculo blanco, cualquier persona que viva en una región conocida por la deficiencia de selenio debería administrar la vacuna BoSe. Quienes vacunen a sus cabras deben administrar una vacuna CDT. Esto permitirá que los cabritos adquieran inmunidad contra el tétanos y la enterotoxemia. Habrá que recortar la zona de la cola y el área alrededor de las ubres. Esto ayuda a que la hembra se mantenga limpia y facilita la alimentación. No se debe ordeñar a la hembra durante los dos últimos meses de la gestación. Asegúrate de ser sutil con cualquier cambio en la dieta durante este tiempo.

El corral de parto deberá estar preparado unos días antes del día 145 de la gestación. El corral debe ser desinfectado con lejía y agua. Se debe colocar una nueva capa de virutas de madera o paja como lecho. También es útil tener cerca un valde limpio y desinfectado. También puedes optar por colocar un monitor de bebés cerca del corral de parto para que poder observar el proceso de parto.

La preparación hará que el proceso de parto sea mucho menos estresante. Para asegurarte de que tienes todo lo que necesitas y de que sabes dónde encontrarlo, puedes preparar un kit de parto. El kit debe tener un 7% de yodo, un frasco con receta, una linterna, hilo dental, una bombilla de succión, toallas, tijeras quirúrgicas, guantes y una jeringa. También es útil tener una lista de números de teléfono importantes de personas como el veterinario u otros amigos criadores de cabras que puedan ayudar. Hay que conseguir un exfoliante quirúrgico de Betadine para ayudar a lavar a las cabras, y un lubricante obstétrico es siempre una buena idea. No olvides tener un biberón vacío con la tetina adecuada por si es necesario dar el biberón. Cuando llegue el momento, necesitarás un valde de agua caliente o una fuente de agua caliente cerca del corral de parto. Si la hembra necesita ayuda, se puede utilizar jabón de platos para tus manos y la vulva de la cabra para limpiar la lubricación.

Por lo general, la yegua puede parir sin tu ayuda, pero querrás estar cerca por si ocurre una emergencia y para asegurarte de que el proceso de parto se desarrolle lo mejor posible. Cuando tu cabra se acerca al momento del parto, su coxis cambia de forma a medida que se eleva, y los ligamentos que conectan la pelvis se estiran. Si se forma una zona hueca a los lados de la cola, esto podría indicar que el parto está cerca. La medida más precisa para saber cuándo es probable que se produzca el parto es palpar los ligamentos de los lados de la cola. Normalmente, estos ligamentos son firmes, pero se volverán blandos y no serán perceptibles. Una vez que ya no los sientas, puedes estar bastante seguro de que el parto se producirá en las próximas 24 horas. Cuando se ablanden, llévela al corral de parto. Cuando una hembra se está preparando para parir, podrás observar algunos cambios de comportamiento. La hembra se aislará, tendrá secreciones vulvares, perderá el apetito, se volverá agresiva o inquieta, y su ubre se volverá firme y brillante. Una vez que el proceso haya comenzado, puedes dejar el monitor de parto encendido y permitirle que se concentre en el parto.

Parto básico

Si eres nuevo propietario de cabras o has tenido cabras durante un año o dos y acaba de aparearlas por primera vez, es posible que te preocupes de que lleguen a parir con seguridad. Lo principal es recordar que tener una cría es normal y que, en la mayoría de los casos, se desarrollará tal y como la naturaleza ha previsto.

Las cabras suelen parir entre los 145 y los 154 días. Utiliza 150 días para estimar el parto, pero vigila de cerca a la cabra a partir de los 144 días.

Según David MacKenzie, en el libro *Goat Husbandry*, siempre que puedas ver el cabrito o los cabritos como un bulto en el lado derecho y veas el movimiento, es poco probable que la cabra para en las próximas 12 horas. El parto se divide en tres etapas:

- La primera etapa del parto es cuando las contracciones uterinas dilatan el cuello uterino forzando la placenta, el feto y el líquido amniótico contra él. Esta etapa puede durar hasta 12 horas en las madres primerizas, pero suele ser más rápida en las que ya han tenido un parto. De nuevo, cada madre es diferente.

- La segunda fase del parto es cuando la madre expulsa a las crías. Suele durar menos de dos horas, pero puede ser más larga.

- La tercera etapa del parto es la expulsión de la placenta y la reducción del útero a su tamaño normal. Normalmente, la placenta se expulsa en una o dos horas después del parto, pero puede tardar horas en algunos casos. El útero no alcanza su tamaño anterior al embarazo hasta unas cuatro semanas después.

La primera etapa comienza con la secreción de estrógenos por parte de los ovarios, que hace que el útero se contraiga.

No se sentirá el movimiento de las crías. La protuberancia en el lado derecho de la cabra cambiará, y la grupa se inclinará más. Esto puede no ser visible sino para el ojo entrenado.

Verás que comienza la inquietud en la hembra. Si tienes preparado un corral de parto limpio, ahora es el momento de trasladarla allí. Como todos los mamíferos, a las cabras les gusta un lugar tranquilo y seguro para tener a sus crías. Debe estar lo suficientemente bien iluminado (o tener acceso a la luz) para que pueda ver lo que está haciendo si necesita ayudar, pero lo suficientemente tenue para estar cómodo. La zona no debe ser demasiado pequeña, para que pueda moverse a medida que avanza el parto.

Evita poner agua en el corral, ya que se sabe que las crías se ahogan en ella. Para dar agua a la madre, asegúrate de que el agua esté caliente y, una vez que haya terminado de beber, retira el agua del corral.

Alrededor de este momento, es posible que veas una secreción espesa. Esto significa que la madre ha perdido el tapón cervical. Es probable que veas un cambio en la secreción a medida que avanza el parto. Se espesa y cambia de color y puede estar teñido de sangre; esto es normal.

Lo que no es normal es una secreción espesa, de color marrón oxidado, que puede indicar la muerte del feto. Si tienes dudas, ponte en contacto con tu veterinario o con un criador de cabras experimentado.

En este momento, es probable que la cabra se cambie de posición con regularidad para intentar ponerse cómoda. Es posible que se lama a sí misma o a ciertos objetos, que emita "sonidos maternos" o, si se trata de una cabra muy mimada, que exija que te quedes allí y la acaricies durante todo el tiempo.

En la segunda fase del parto es cuando empieza el verdadero trabajo. Los bebés se han alineado para nacer, y la cabra los empuja hacia fuera, en sincronía con las contracciones uterinas. Las contracciones se hacen más fuertes y más seguidas.

Algunas cabras paren de pie, mientras que otras prefieren estar tumbadas. La cabra puede gritar en este momento. Depende de lo estoica que sea. El primer signo que indica que el parto está avanzando es lo que parece un globo en la abertura vaginal. Es la membrana que rodea al bebé.

La madre puede empezar a lamerse en serio entre los pujos, a veces situando su cuerpo para poder lamer el líquido amniótico. Con más pujos, es posible que veas dos pequeñas pezuñas y una pequeña nariz, lo que indica que el bebé está bien colocado. El niño se está moviendo por el canal de parto.

Si solo ves la nariz y ninguna patita, y parece que el avance del parto se ha detenido, introduce un dedo bien lavado para palpar las patas traseras dobladas. A veces es necesario tirar suavemente de una de ellas hacia arriba para ayudar al bebé a salir; con otras, pueden ser necesarias dos. Si tiras de una pata ligeramente hacia delante, disminuirá la anchura de los hombros, y el cabrito debería salir ahora fácilmente con solo uno o dos empujones más.

Siempre que tengas que ayudar a una cabra y meter la mano en su vagina, es importante tener las manos limpias y las uñas cortas. Lo ideal es también llevar guantes. A menudo, las cabras, especialmente las minis, nacen en posición de nalgas -las patas traseras primero- no hay problema. La posición de nalgas, en la que las patas traseras se doblan por debajo del cabrito, es potencialmente un problema mayor, pero los cabritos pequeños también pueden nacer así. Si no es así, habrá que corregirla antes del nacimiento, lo que se puede hacer tirando suavemente de las patas y luego de la cría hacia fuera. Así se evita que inhale accidentalmente líquido amniótico y contraiga una neumonía por aspiración o se ahogue.

Otro problema de posición que he encontrado solo una vez en cientos de partos es la posición en corona. Esto es cuando la nariz del niño está apuntando hacia el cuerpo, con la parte superior de la cabeza saliendo. Como no sabía lo que estaba sintiendo y las manos del veterinario eran demasiado grandes, tuvimos que hacer una cesárea. (Esta cría nació cuatro horas después de su hermano y le fue bien).

Otra posición poco habitual es la transversal, en la que la cría está de lado. Esta posición siempre detiene el parto, y hay que girar a la cría con las patas traseras primero y sacarlo con cuidado. Una vez que la cría haya nacido, hay que esperar a que se rompa el cordón umbilical, si es que no se ha roto ya. Una vez que el cordón se rompa por sí solo o se colapse cuando el flujo de sangre se detenga, puedes atarlo firmemente con hilo dental en dos lugares: a uno o dos centímetros del vientre del niño y un centímetro más allá. Solo ahora debes cortarlo.

Durante este tiempo, la madre estará lamiendo y limpiando al bebé. Si la madre no quiere levantarse o no puede alcanzar al cabrito, puedes ir a buscarlo. Ella continuará con este comportamiento hasta que el siguiente cabrito esté listo para nacer, lo cual puede ser rápido o puede tardar otra hora. Los tiempos más largos pueden ser un signo de mala posición, así que si la placenta aún no se ha expulsado y no estás seguro de si hay más cabritos por nacer, puedes comprobarlo. Recuerda que debes pecar de no intervenir a menos que sea necesario. Aquí es donde entra en juego la experiencia.

Hay un par de maneras de comprobar si hay más crías: En primer lugar, se puede comprobar dentro de la cabra introduciendo un dedo. Eso te dirá por lo menos si otra cría está en el canal de parto y necesita ayuda con el posicionamiento. Si eso no te dice nada, puedes "golpear" a la cabra. Ubícate detrás de ella, y con tus manos en el abdomen de la cabra, levántala rápidamente para sentir si hay otra cría. Un método efectivo, pero más invasivo es revisar el interior del útero con una mano y un antebrazo bien lavados y lubricados. He descubierto que tener un valde de agua jabonosa ayuda enormemente a esta labor. Lave el perineo y sea suave con la exploración. Un útero suelto no contendrá otros bebés.

Solo he tenido que hacer esto una vez en mis siete años de experiencia en partos. Allí, la cabra tenía un útero anillado, lo que significa que el cuello uterino no se dilataba lo suficiente, y tuve que deslizar el labio cervical alrededor de la gran cabeza del cabrito. Por lo general, sabrás que la cabra está en parto.

Si pares a un cabrito que no respira y parece muy débil, puedes intentar resucitar al bebé o simplemente sujetarlo con fuerza (una mano en la pierna y otra en el cuello para estabilizar la cabeza) y balancearlo hacia delante y hacia atrás en un arco de 90 grados para eliminar la mucosidad. Esto es lo que hice con el cabrito de la "cesárea", que nació cuatro horas después que su hermano. Si la cría no puede mamar, es posible que tengas que alimentarlo por sonda.

Una vez nacidas las crías, la madre debe amamantarlos, lo que provoca una liberación de oxitocina, también conocida como la hormona del vínculo. No solo ayuda a que la madre y el bebé se vinculen, sino que estimula las contracciones uterinas que conducen al desprendimiento de la placenta y al cierre del cuello uterino. A veces tendrás que ayudar a los cabritos a encontrar las tetas para amamantar; en raras ocasiones (una sola vez en mi experiencia), las madres no sabrán amamantar a sus crías. Los criadores que tiran de los cabritos al nacer deben ordeñar la cabra, ya que esto tiene el mismo efecto. Normalmente solo hay una placenta por camada, y sale después del parto. Tengo entendido que en algunas cabras puede haber más de una placenta, y puede ser expulsada entre los partos de los cabritos. Es de esperar que la cabra tenga una bolsa de líquido amniótico unida al cordón umbilical que cuelga de su vagina. El peso del líquido ayuda a sacar la placenta después de que se desprenda de la pared uterina.

El hecho de que la placenta no se desprenda puede indicar que todavía hay otra cría dentro de la madre. Nunca se debe tirar de las membranas para extraer la placenta, ya que puede causar desgarros y provocar problemas posteriores. La placenta no se considera retenida en una cabra hasta que hayan pasado al menos 24 horas. Puedes obtener una receta de un veterinario para la oxitocina en caso de que haya una placenta retenida, pero NO la uses rutinariamente. No asumas que, si encontraste cabritos ya nacidos y no encontraste una placenta, no significa que esté retenida. Las cabras, como todos los mamíferos que no son humanos, suelen comerse la placenta.

Una vez nacidos los cabritos, sumérgeles en un 7% de yodo para prevenir problemas de ombligo. Asegúrate de que se secan bien, sobre todo si el tiempo es inclemente. Necesitan recibir el calostro en la primera hora, si es posible. Una vez que la madre ha terminado su trabajo, tengo el ritual de llevarle avena caliente con melaza y un valde de agua caliente para ofrecérsela. El agua repone su sistema, y la avena es una gran golosina con el beneficio añadido de ser galactosémica (ayudar a producir leche).

Capítulo 9: Cuidado y mantenimiento estacional del rebaño

En el mundo del ganado, las cabras son las más fáciles de cuidar. Dadas las condiciones y el alimento adecuados, las cabras sanas pueden parecer autosuficientes. Aunque sean fáciles de criar, siguen necesitando cuidados. En este capítulo, aprenderás qué cuidados son necesarios para criar y mantener a las cabras sanas y felices, desde el recorte de sus pezuñas hasta la castración.

Aseo

Nosotros nos cepillamos los dientes y el pelo, nos bañamos y comemos bien, así que ¿por qué deberían ser diferentes nuestras cabras? Hay dos tipos diferentes de aseo. Uno es el aseo para la salud y el bienestar. El aseo rutinario le ayudará a desarrollar un vínculo con sus cabras y le dará tiempo para las inspecciones de salud. El segundo tipo de acicalamiento es para las exposiciones. El aseo para las exposiciones es mucho más complicado - cepillado, baño y afeitado regulares-, ya que tienen que tener el mejor aspecto posible. Esta sección se centra principalmente en el aseo diario.

Acariciar a tu cabra

Tus cabras te rogarán que les rasques, igual que hace Fido. Solo recuerda que a las cabras no les gusta que les acaricien la cabeza. Se asustan cuando intentas acariciarlas en la cabeza porque no pueden ver lo que estás haciendo. Intenta acariciar a tu cabra en la espalda, el pecho o el cuello. Además de evitar la parte superior de la cabeza, trata de no empujar su frente. Aunque es divertido y bonito cuando son pequeñas, se están entrenando para derribarte cuando sean lo suficientemente grandes como para establecer su dominio.

Cepillado y baño

A las cabras les encanta que les rasquen la espalda. Las verás rozando el tronco de un árbol, una valla de alambre o el lateral de un establo para rascarse esa picazón. Nos gusta tomar las cabezas de las escobas de cerdas duras y atornillarlas a los árboles para que las cabras puedan cepillarse contra ellas, y les encanta.

Cuando pasas el tiempo cepillando a tus cabras, creas un vínculo de acicalamiento, similar al que hace una madre cuando acicala a sus crías. También puedes aprovechar este tiempo para inspeccionar a tu cabra en busca de lesiones, anomalías y pezuñas que necesiten ser recortadas.

Durante los meses más fríos, a las cabras les crece un pelaje de invierno. Verás lo que parece una pelusa de secadora cerca de su piel. Es la pelusa de invierno. No intentes cepillarlas cuando todavía hace frío, ya que las necesitan para mantenerse calientes, pero puedes ayudarlas a cepillarlas en primavera, cuando empiecen a desprenderse del pelaje de invierno.

Para cepillar a tus cabras, necesitas un cepillo duro y otro suave. El cepillo duro ayuda a eliminar toda la pelusa del invierno, mientras que el cepillo suave se utiliza para el cepillado diario o semanal. Cepilla su pelaje en la dirección en la que crece, e intenta cepillar su pecho, espalda y patas.

Si solo se crían cabras como ganado, no es necesario bañarlas, a menos que estén enfermas o se atasquen en el barro, o simplemente se quiera que huelan mejor. Recomiendo reservar esta tarea solo para los momentos en que sea absolutamente necesario. Un baño excesivo puede interferir con los aceites naturales que mantienen la piel y el pelaje sanos.

Recuerda que las cabras odian el agua. Bañar a tu cabra no es una tarea divertida ni para ti ni para tu cabra, pero son criaturas de costumbres, y si las bañas pronto, se acostumbrarán a ello.

Si quieres bañar a tu cabra, te aconsejo que utilices un collar con una correa corta y que la ates a una valla o a un soporte de leche para esta tarea. De este modo, se mantendrá quieta mientras se le quita la suciedad y se le aplica el champú.

Los machos huelen peor que las hembras debido a la "colonia" que crean durante la época de celo. Se trata de un residuo pegajoso y maloliente que es bastante difícil de eliminar. Querrás que la colonia permanezca durante la temporada de apareamiento ya que las damas se vuelven locas por ella. El olor de los machos se disipa después de la temporada de apareamiento.

Utiliza jabón de leche de cabra o champú para ganado que se vende en las tiendas de suministros agrícolas. Lava a tu cabra en un día cálido en el que tenga tiempo suficiente para secarse al sol antes de que caiga la noche. Evita los días fríos, húmedos o con viento para bañarlas.

Cuidado de las pezuñas

Aunque pueda parecer desalentador, recomiendo a todos los propietarios de cabras que aprendan a recortar las pezuñas de su rebaño. Puede contratar este trabajo a personas capacitadas, y puede ser la mejor opción para ti, pero esta es una tarea que estoy seguro de que puedes aprender a hacer por tu cuenta con la práctica.

Cuando una cabra vive en su entorno natural, las rocas, el forraje, la corteza de los árboles y otros elementos similares mantienen sus pezuñas recortadas. Cuando se coloca una cabra en un pasto cercado, la realización de tareas rutinarias para el cuidado de sus pezuñas es esencial para proteger su salud. Unas pezuñas demasiado grandes pueden provocar problemas en las patas, las articulaciones y los músculos, así como podredumbre, que se produce cuando las bacterias quedan atrapadas en el pliegue de la pezuña.

Piensa en las pezuñas de una cabra como si se tratara de sus uñas. El crecimiento más allá de la piel es lo que hay que mantener recortado y limpio. Las cabras tienen pezuñas hendidas y un espolón (en la parte posterior del tobillo). La frecuencia con la que hay que recortar las pezuñas de las cabras depende de cada una de ellas y de sus condiciones de vida. Lo mejor es revisar las pezuñas de las cabras semanalmente para determinar su velocidad de crecimiento. Una regla general es recortarlas cada dos o cuatro semanas.

Cuando compres tus cabras, pide al criador que te muestre cómo se recortan las pezuñas en una de sus cabras. Toma fotos o notas sobre el proceso para poder consultarlas cuando lo necesites. Si el criador no puede hacer la demostración, puedes ponerte en contacto con un veterinario de cabras para que te ayude en el proceso hasta que te sientas cómodo recortándolas tú mismo. Las cabras son muy asustadizas y nerviosas. Lo último que quieres hacer es cortar a tu cabra o a ti mismo. Mantén la calma, habla con tu cabra durante todo el proceso, dale tiempo y ten paciencia. Practica un par de veces antes de llevar a cabo el proceso real: lleva a tu cabra hasta el poste, asegúrala, levanta cada pezuña y recórtela, y luego devuélvela a su pasto habitual.

Cómo recortar las pezuñas de las cabras

Nivel de habilidad: Principiante | Coste estimado del material: 10 dólares o menos | Tiempo: 10 minutos por cabra

Suministros, herramientas y pasos

- 1 taza de agua tibia
- Cepillo pequeño de cerdas duras
- Estante o un collar y una correa
- Pienso o golosinas, según sea necesario

- Taburete o banco
- Maquinilla o recortadora de cascos
- Antiséptico
- Polvo astringente

1. Si las pezuñas de la cabra están embarradas, remójalas en agua tibia y utiliza el cepillo para eliminar el barro.

2. Asegura a la cabra al soporte. Ofrécele pienso o golosinas para mantenerla ocupada durante el recorte. Coloca el taburete al lado de la cabra (no detrás), trabajando en una sola pezuña a la vez.

3. Con agua tibia y un cepillo, retira la suciedad y limpia las pezuñas.

4. Rocía la maquinilla con un spray antiséptico. Hazlo entre cada recorte para evitar la propagación de infecciones o enfermedades de una pezuña a otra.

5. Agarra la pezuña y dóblala hacia ti; no levantes la pata hacia delante para recortar.

6. Con la maquinilla, recorta el exceso de crecimiento de la almohadilla de la pezuña. La almohadilla es blanda y flexible, y el borde exterior es la parte que va a recortar. Asegúrate de que la pezuña está nivelada y recta. Cualquier curva debe ser recortada.

7. Si se corta accidentalmente la cabra, utiliza el antiséptico o polvo astringente para detener la hemorragia.

8. Los espolones no necesitan ser recortados con frecuencia, normalmente solo en cabras mayores o cuando los espolones empiezan a enroscarse en la piel de la cabra.

Solución de problemas

Si no se recortan lo suficiente o se recortan demasiado, puede afectar a la forma de caminar de la cabra y causar problemas. Es importante asegurarse de que las pezuñas estén bien recortadas y niveladas.

Descornar o no descornar

El descornado es el acto de eliminar los cuernos de una cabra de forma permanente. El descornado de las cabras es objeto de mucho debate entre los propietarios de cabras, y ambas partes tienen argumentos convincentes. Yo he estado, y sigo estando, en ambos lados. Tengo cabras con cuernos, cabras descornadas y cabras con cuernos naturales, e incluso he tenido una cabra con espolones. Empecemos con los pros y contras básicos de los cuernos.

Ventajas de los cuernos

Los cuernos ayudan a las cabras a defenderse de los depredadores y a proteger al rebaño. Esta capacidad disminuye en las cabras descornadas.

Los cuernos ayudan a las cabras a establecer un orden jerárquico natural. Una cabra con cuernos dominará a una cabra sin cuernos.

Los cuernos ayudan a regular la temperatura corporal. Algunas cabras, como las de Angora, no deberían ser descornadas nunca porque, sin sus cuernos, podrían sobrecalentarse y morir.

Así se evitan los riesgos asociados al descornado. Si no se hace correctamente, el descornado puede causar daños cerebrales permanentes o infecciones.

Desventajas de los cuernos

Los cuernos pueden atascarse en las vallas y causar lesiones. Este riesgo disminuye en las cabras descornadas.

Los cuernos pueden lastimarte o lastimar a otras personas. Las cabras descornadas son menos peligrosas para los humanos.

Las cabras con cuernos suelen ser más difíciles de vender que las descornadas.

Las cabras con cuernos rara vez se permiten en las exposiciones. Si planeas exhibir cabras en el futuro, tu cabra debe estar descornada.

El descornado, o desbotonado, suele hacerse cuando la cabra tiene solo un par de semanas. Se trata de un procedimiento médico en el que se utiliza un hierro caliente para quemar los brotes de los cuernos (los brotes de los cuernos son el principio de la formación de los mismos) de su cabeza. Si quieres una cabra sin cuernos, infórmalo al vendedor antes de comprar la cabra o ponte en contacto con tu veterinario para que realice el procedimiento.

Algunas cabras nacen naturalmente sin cuernos. Una cabra sin cuernos naturalmente proviene de un padre o padres sin cuernos.

A veces, las cabras descornadas desarrollan espolones o cuernos parciales que crecen después de que la cabra haya sido descornada o descornada. Esto puede ocurrir meses o incluso años después. Por lo general, estos espolones se rompen de forma natural, pero a veces siguen creciendo, lo cual está bien. No recomiendo quitar los espolones durante la edad avanzada a menos que esté causando un problema de salud, y si ese es el caso, es el momento de ponerse en contacto con un veterinario.

Capítulo 10: Venta de carne, productos lácteos y otros productos caprinos

Cómo gestionar un negocio paralelo

Si planeas vender carne de cabra, es importante comercializar su carne para llegar a tus compradores. Es probable que hayas visto productos con etiquetas como "orgánico", "totalmente natural" y "alimentado con pasto". A medida que estas etiquetas se hacen más populares, también lo hacen los requisitos de licencia y las regulaciones para utilizarlas. Ya no se puede decir que algo es orgánico sin ser una granja orgánica con licencia, lo que requiere pagar. Si tu granja es ecológica, pero no pagas la licencia, no puedes llamar a sus productos ecológicos.

Todavía hay enfoques de marketing honestos que puedes utilizar sin pagar para llegar a tu cliente objetivo. Por ejemplo, mi amigo granjero que vive en el oeste, donde hay muchos incendios devastadores, anuncia: "Estas cabras se han criado para mantener un entorno seguro contra los incendios", lo que atrae a su mercado local.

Hay muchas maneras de comercializar tu producto para encontrar tu propio nicho y atraer a las multitudes. Estos son los puntos de venta en los que puede pensar para comercializar tus cabras:

- Criado en una granja familiar
- Criado en pastos
- Criado en libertad
- Procesado de forma humana
- Natural
- Producido localmente
- De la granja a la mesa

Aunque en otras partes del mundo la carne de cabra se consume más que la de res o las carnes blancas, en Estados Unidos ocupa el cuarto lugar de la lista, salvo en los mercados étnicos y especializados. Ciertos grupos étnicos - como los que tienen ascendencia asiática, del oriente medio, américa latina, África o el caribe- serán probablemente tus mayores consumidores.

Las celebraciones religiosas en las que la cabra forma parte del menú de las comidas festivas o ceremoniales suelen provocar un aumento de la demanda. Afortunadamente, hay muchas celebraciones a lo largo del año, lo que proporcionara a tu negocio un mercado durante todo el año. Algunas de estas fiestas son

- El Año Nuevo chino
- Pascua griega ortodoxa
- Rosh Hashaná
- Año Nuevo islámico
- Inicio del Ramadán
- Pascua

Para encontrar una base de clientes, tienes que ir allí donde están. Empieza por anunciarte en tiendas especializadas, mercados de agricultores, restaurantes locales, centros religiosos e incluso subastas de ganado. Crea un deseo en las personas que ya conoces invitándolas a cenar y haciéndoles ver lo bien que sabe la cabra. Una vez que la gente vea y experimente la diferencia de la carne criada en granja y tratada de forma ética y humana, podrás crear tu propio mercado. Ayuda a educar a los miembros de tu comunidad sobre los beneficios de la carne de cabra, lo magra que es, lo sostenible que es el ganado y la importancia de prescindir de los intermediarios y obtener la carne directamente de la fuente.

Recuerda que el sacrificio en la granja para la venta es ilegal, y solo se puede vender el animal vivo, lo que llamamos "en la pezuña". El comprador puede entonces transportar el animal al matadero o hacer que un carnicero lo procese.

Capítulo 11: 7 errores mortales que cometen los nuevos criadores de cabras (y cómo evitarlos)

En los últimos años, me he encontrado con personas que han hecho un desastre con el enorme capital invertido en la cría de cabras. Invertir tanto no es el problema, sino que el problema es cuando se empieza a perder todo lo invertido sin el rendimiento deseado a lo largo de los años. Mis padres cometían errores en la cría de animales; era como si todo fuera en contra nuestra, y en aquel momento pensábamos que era un ataque espiritual para poner en peligro nuestros esfuerzos. Cuando no se está bien equipado con conocimientos actualizados sobre la cría de animales, es probable que se pierda el animal y se pierda la inversión.

¿Ganar una fortuna es tu motor para empezar a criar de cabras? Esto será el comienzo del fracaso en el negocio. En su lugar, concéntrate en la producción de calidad y obtendrás buenos beneficios.

La tasa de fracaso del negocio se reducirá al menos en un 70% si evitas estos errores que cometen los novatos en la cría de cabras.

1. Empezar con una sola cabra

Las cabras son criaturas peculiares: son sociales, curiosas e inteligentes. Al igual que la mayoría de los humanos no disfrutan estando solos durante mucho tiempo, las cabras se aburren y se sienten solas con facilidad. Las cabras no son perros ni otros animales que se puedan criar solos. Nunca es buena idea empezar un negocio caprino con una sola cabra. Se necesitan al menos dos cabras para empezar. Aparte del aspecto del apareamiento, a las cabras les encanta la compañía de otras cabras a su alrededor.

Puedes empezar con una cabra y un macho o incluso con una cabra y un capón, pero asegúrate de que tengan al menos un compañero.

Las cabras son animales de rebaño. Dependen de permanecer juntas para estar seguras. Tienen pocos mecanismos naturales de defensa, pero muchos depredadores.

Una cabra solitaria intentará escapar o trepar y meterse en tu jardín, lo que puede tener efectos devastadores.

Ten en cuenta que una cabra sola será una cabra ruidosa, ya que siempre llamará a un compañero.

Si compras una cabra, prepárate para añadir una cabra de compañía.

2. Juntar un macho cabrío con una cabra de ordeño

Los machos cabríos suelen ser apestosos y tienen un olor característico durante aproximadamente la mitad del año. Recuerda esto antes de comprar un semental; el olor del semental llegará sin duda a la leche. La leche maloliente influirá sin duda en el valor de mercado de tu leche y sus productos derivados.

He recibido varias quejas de ganaderos de cabras sobre la calidad de la leche, y algunos se quejan de que la leche tiene un sabor desagradable. La primera pregunta que hago es si han juntado un macho cabrío con una cabra lechera. La mayoría de las veces, obtengo una respuesta afirmativa. La solución es sencilla, ya que consiste simplemente en separar al macho cabrío de la cabra lechera. Si se tiene un macho con una cabra de ordeño en la misma explotación, esta debe ser lo suficientemente espaciosa como para mantenerlos bien separados.

3. Una técnica de apareamiento deficiente

Un conocimiento inadecuado de la cría puede conducir a un resultado extremadamente indeseable. A la hora de aparearse, hay que evitar cruzar un macho cabrío de gran tamaño con una hembra de tamaño moderado. Cuando una cabra no está lo suficientemente madura sexualmente, evita cruzarla con un macho maduro, ya que esto puede causar complicaciones durante el nacimiento de la nueva cría. De nuevo, la joven hembra podría morir durante el proceso de parto debido a los desgarros. Recomiendo a los criadores de cabras primerizos que consulten a un profesional cuando quieran embarcarse en el proceso de cría.

4. Estudio de mercado deficiente

Para cualquier negocio en el que alguien quiera adentrarse, un estudio de mercado intensivo es la clave de la rentabilidad y la sostenibilidad. Antes de comprar una cabra, es obligatorio determinar la demanda de cabras en tu localidad. Si se cría una cabra para ganar dinero, hay que ver la cría de cabras como un negocio y tratarlo como tal.

Cada vez que recibo quejas sobre las escasas ventas de cabras y sus productos, me pregunto si se hizo un estudio de mercado exhaustivo antes de emprender el negocio. Si la demanda del mercado en tu localidad es muy alta para la carne, no deberías centrarte en la cría de cabras productoras de leche. Y lo que es más importante, no deberías pedir consejo a otros productores de cabras diferentes a las tuyas, ya que aplicar sus técnicas a tu rebaño podría causar problemas de salud a tus cabras.

Además, debes comprobar la normativa urbanística de tu localidad y si permite la cría de cabras cuando no vives en una granja en el campo. Es posible que no se te permita criar cabras. Esta es una de las razones por las que es necesario investigar adecuadamente antes de adentrarse en el negocio.

5. Raza inadecuada para un entorno

Las cabras son principalmente animales de clima seco, aunque hay razas que muestran más resistencia y parecen más adaptables a las distintas condiciones climáticas que otras. Es imprescindible encontrar una raza de cabra que se adapte a su clima y a otros factores ambientales.

Una cabra que se desenvuelve bien en una región concreta no significa que lo haga en todas las zonas.

6. El negocio caprino es un juego de niños

Yo les digo a quienes se inician en el negocio caprino que este no es tan simple y fácil como muchos piensan. Es fundamental que alguien que se inicie en la cría de cabras estudie los distintos criadores en función de la demanda económica y del mercado. Para iniciar un negocio caprino a pequeña escala, no hay que intentar producir a la vez cabras para reproducción, cabras de exposición o cabras para el sacrificio, ya que al final nos frustraremos.

Cuando un cliente se dirige a mí para que le ayude a montar una explotación caprina, evalúo muchos factores y luego le hago una recomendación. Una de las recomendaciones es empezar con un tipo de reproducción de cabras y familiarizarse con el *modus operandi* de esa raza en cuestión. Cuando te familiarizas con una raza en particular, puedes maximizar fácilmente su potencial en tu beneficio.

7. Un enfoque urbano para la cría de cabras

Si estás pensando en criar cabras con un enfoque urbano, no lo intentes. Llevo muchos años en el sistema de agricultura integrada y sostenible, y puedo decirte por experiencia que la cría de animales es mucho más complicada que la de cultivos; por lo tanto, necesitas entender cómo hacer las cosas y no confiar en tu intuición, ya que probablemente fracasarás.

He visto casos en los que los novatos en el negocio de la cría de cabras intentan confinarlas en un lugar concreto para evitar que se muevan. En otros casos, algunos restringen sus cabras a un pequeño establo. Las cabras no fueron creadas para permanecer en el interior, así que abandone su enfoque urbanista de la cría de cabras.

Tengo que reiterar que las cabras son el típico animal de granja. No son gatos ni perros, por lo que no están hechas para vivir en la casa contigo: fueron creadas para vivir en el exterior. La consecuencia de encerrar a las cabras es que se vuelven insalubres y mueran debido a la infestación de gusanos y a las enfermedades.

Notas importantes para los criadores de cabras

- A las cabras no les gusta mojarse y, por ello, no se desarrollan bien en zonas húmedas y pantanosas. Necesitan un refugio seco y potreros secos.

- Las cabras lecheras se alteran cuando se les cambia la rutina con frecuencia. No les gusta que se cambien los puestos de ordeño con demasiada frecuencia.

- Las cabras son las típicas ramoneadoras; prefieren el heno, los arbustos y los árboles a la hierba. No esperes que corten el césped.

- Además de ser comedores limpios, las cabras comen mucho. No comen alimentos contaminados e investigan lo que comen. Prepara un presupuesto suficiente para satisfacer sus demandas de alimentación antes de llevarlas a tu granja.

- Las cabras de diferentes razas tienen personalidades y rasgos distintos, así que no esperes que todas las razas de cabras se comporten de la misma manera. Investiga siempre bien antes de comprar una cabra, para conocer su comportamiento distintivo y determinar qué temperamento se ajusta a tus preferencias y personalidad.

- Las cabras saben escuchar. Si confían en ti y se sienten inclinadas hacia ti, responderán a tu llamada y también pueden llamarte siempre que aparezcas.

- Juntar a un macho cabrío con una cabra de ordeño es un error. El olor de un macho puede hacer que la leche sepa mal.

- Si tienes una cabra de ordeño, ordeña al menos una vez en 24 horas. No puedes permitirte dejar una cabra de ordeño e irte de vacaciones.

• Comprueba la normativa local de zonificación para saber si puedes tener cabras fuera de un corral en tu localidad.

• Antes de embarcarte en el negocio de la cría de cabras, tómate tu tiempo para localizar las fuentes de ayuda médica más cercanas a ti, ya que esto te ahorrará tiempo cuando necesites una respuesta rápida de un veterinario de cabras.

• Por experiencia, cualquier especie que experimente una madurez sexual demasiado temprana, una gestación corta y partos múltiples es probable que muera antes de lo previsto, independientemente de tu intervención.

• Llama a un veterinario en caso de emergencia.

Capítulo 12: Seguimiento del progreso de su negocio

Varios factores controlan la beneficiosa actividad de la cría de cabras. La cría de cabras es poco común lo que brinda una posición privilegiada, a diferencia de los animales de granja más citados y utilizados, como los castores, los cerdos y los pollos, lo que significa que hay menos competidores comprometidos. La cría de cabras también requiere menos inversión que otros animales de granja de cuatro patas y dará un mayor beneficio. Otra cosa es que puedes crear múltiples productos para elegir. ¿Te interesa vender productos lácteos como leche y queso? ¿Qué tal si vendes tus pieles? La carne de cabra también es una decisión decente, sobre todo para el mercado cada vez más extravagante, que exige la carne de cabra como algo imprescindible. La venta de cabras puede producir grandes beneficios. Independientemente del mercado en el que esperes estar con ese negocio caprino, he aquí los consejos para una granja caprina productiva:

Lo primero es la raza, debes saber qué raza exacta de cabras es la más adecuada para el establo de cría de cabras que deseas tener. Aunque todas las cabras son iguales, no todas lo son. Algunas cabras se crían para determinados fines, como la producción de carne, mientras que otras son mejores para producir productos lácteos. Por lo tanto, es mejor tener una cabra Boer si te centras en la leche y no en la carne. Después de la compra básica, hay que optar por cabras de calidad aceptable. Elegir la raza adecuada es el camino hacia el éxito de tu negocio.

Aprende a manejar tus cabras adecuadamente y a criarlas bien. Un refugio y un corral para las cabras son una necesidad, así que considéralos como una inversión y un seguro. Además, alimenta a tus cabras con comida común o con alimentos apropiados para su propósito y trabajo. Por ejemplo, utiliza piensos específicamente indicados para un cabrito o cabras lactantes. La ventaja de utilizar piensos es que las necesidades nutricionales ya están cubiertas y no hay que preocuparse por la sobrealimentación, pero hay más gastos e incluso equipo necesario para la alimentación. Apostar por los alimentos característicos poco a poco es una técnica de cría de cabras cada vez más beneficiosa, pero aun así hay que saber que lo que se da de comer a las cabras es seguro para ellas y sigue siendo saludable. Es más, no descuides nunca los servicios de un veterinario para asegurarte de que tus animales están en la mejor forma y así protegerlos de cualquier enfermedad.

Es muy importante tener un plan de negocio para las cabras si se decides invertir en este mercado. La inversión necesaria para criar cabras es mucho menor en comparación con otros animales de mayor tamaño, como las ovejas y los toros, y los rendimientos que se pueden obtener con ellos son realmente aceptables. Dirigir una granja de cabras no es fácil, pero es factible, especialmente para aquellos que son lo suficientemente inteligentes como para prepararse y saber lo que hacen para que las cosas funcionen bien. Para los interesados en este negocio, vamos a ver una estrategia paso a paso para un plan de negocio ganadero:

- Antes de pensar en invertir en cabras, las ovejas son animales versátiles, por lo que hay que conocer los factores negativos de la cría de cabras. La cabra es una buena fuente de muchas cosas, como, por ejemplo

    o Carne: Muy popular en algunos mercados de destino.

    o Productos lácteos: Leche y queso. Por lo general, cuanto más distinto es algo, más caro puede ser, gracias a la oferta y la demanda.

    o Fibra: La piel de cabra es una fuente increíble de textiles, como la cachemira.

    o Cabras: ¿Por qué matarlas si se pueden vender? La cría de cabras es una industria en sí misma. Las cabras son fáciles de criar, y una sola cabra puede tener un alto valor en el mercado, dependiendo de su condición y raza.

- Después de elegir el tipo de cabra para la venta, es el momento de pasar al siguiente paso en su negocio de cría de cabras. Elige una raza de cabra que se ajuste a tus necesidades, porque no todas las razas de cabras son iguales. Por ejemplo, si te gusta la carne, elije las cabras Boer porque se crían específicamente para ese fin. Si quieres que produzcan vellón, busca cabras de cachemira, pero si estás en la fase inicial de cruces, opta por las cabras Kiko. La lista continúa. Elige con cuidado, porque este es un factor importante para el éxito de tu negocio caprino.

- El siguiente paso es un paso urgente para poner en marcha el plan de negocio para la cría de cabras.

Antes de empezar, piensa en tu plan financiero actual o en cuánto puedes permitirte invertir. Además del capital inicial, la cría de cabras requiere un campo grande, un establo para cabras y comida para cabras.

El establecimiento de una explotación caprina favorece el desarrollo continuo de la actividad ganadera. Al iniciar una explotación caprina, infórmate sobre los tipos de cabras que tienes.

Evalúa la naturaleza de la cabra que se adapta a la entrega de la carne. Reúne las que sean adecuadas para este campo. Algunas cabras pueden producir fibras. Para las cabras que se utilizan para producir leche, deben establecerse en la zona de la granja con herramientas de drenaje mantenidas. Las cabras que se van a utilizar para la producción de carne deben estar bien cuidadas. El programa de sacrificio y matanza de las cabras debe ser respetado para permitir la creación de carne inmaculada y de alta calidad. Una alimentación, crianza y sacrificio inadecuados de las criaturas harán que el sabor de la carne cocinada sea desagradable.

La elección de la cría de cabras puede parecer extrema al principio. Sin embargo, con la mejor información posible, el compromiso y el trabajo duro, un negocio de cría de cabras puede ser algo maravilloso.

Conclusión

Criar cabras no es para todo el mundo. Admitámoslo, lo que parece una gran idea, en teoría, a menudo puede acabar siendo abrumador en la realidad. Si no tienes el tiempo, la capacidad de comprometerte o la disciplina, entonces las cabras pueden no ser para ti. No hay que avergonzarse por reconocer las limitaciones de uno, y solo la nobleza en la evitación de acciones puede eliminar los problemas para ti y para los demás.

Pero si tienes tiempo para comprometerte, tienes espacio y dinero para gastar en el vallado y el pienso, y tiempo para construir un refugio, criar cabras puede ser muy gratificante. Si te gustan los animales, sabrás lo gratificante que es ver a tu animal feliz y contento, prosperando y disfrutando de su interacción. A las cabras les encanta la compañía y son criaturas muy sociables. Suelen alegrarse de verte cuando entras en su recinto y rara vez recurren a los cabezazos que se ven en los dibujos animados.

A medida que más personas abandonan las ciudades y se trasladan a zonas rurales, queriendo conscientemente volver a conectar con la tierra y las viejas formas de hacer las cosas, más gente está criando animales de granja como cabras, pollos e incluso cerdos. Mientras que para algunos fue una gran idea que no resultó, otros pueden encontrar una gran satisfacción, una paz interior que solo puede provenir de la conexión con la tierra en la que se vive. La cría de cabras puede ser una forma estupenda de hacerlo. Dentro de unos meses, cuando te sirvas leche de cabra en los cereales una mañana, leche que proviene de cabras que has criado, cuidado y ordeñado, sentirás una tremenda sensación de logro y plenitud. Cada vez más, esa sensación de plenitud falta en la vida cotidiana de la mayoría de la gente, pero para aquellos que vuelven a la tierra y prueban algo nuevo, como criar cabras para obtener leche o fibra, la historia es diferente. El camino hacia la verdadera felicidad no siempre pasa por una tecnología más avanzada. Habla con gente que haya criado cabras y mira lo que dicen al respecto. Puede que te sorprendas.

Vea más libros escritos por Dion Rosser

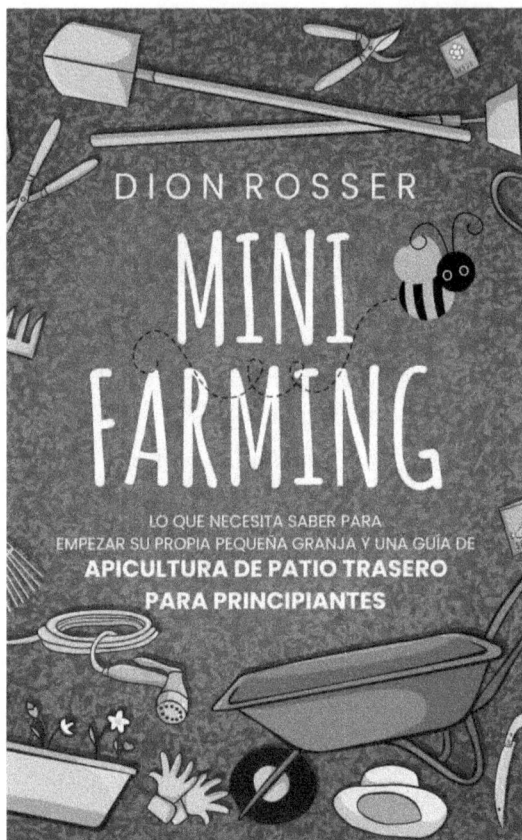

Referencias

8 Tips to Prepare for Goat Breeding Season. (2019, July 22). Hobby Farms. https://www.hobbyfarms.com/goat-breeding-tips-prepare/

12 Popular Goat Breeds. (2015, August 5). Successful Farming. https://www.agriculture.com/family/living-the-country-life/12-popular-goat-breeds

Building the Goat Barn | GottaGoat. (n.d.). http://www.gottagoat.com/gottagoat-goats/building-the-goat-barn/

Cleanliness Is Next To Goatliness. (2015, April 21). Modern Farmer. https://modernfarmer.com/2015/04/cleanliness-is-next-to-goatliness/

DIY: Make a Free Goat House from PALLETS. (2017, August 5). Weed 'em & Reap. https://www.weedemandreap.com/make-free-goat-house-pallets/

Goat Care and Maintenance of Healthy Goats. (2020, January 23). Timber Creek Farm. https://timbercreekfarmer.com/goat-care-and-maintainance/

GOAT FARMING AS A BUSINESS: a farmer's manual to successful goat production and marketing For the Department of Livestock Production and Development Supported by: SNV -Netherlands Development Organization. (n.d.).

Goat Farming (how to start & make money) by Business Tips Zambia. (2017, August 22). Zambia Farmers Hub, Zambia Farmers hub. https://zambiafarmershub.wordpress.com/2017/08/22/%E2%80%8Bgoat-farming-how-to-start-make-money-by-business-tips-zambia/

Goat Reproduction Preparing for the Breeding Season – Goats. (n.d.). Goats.Extension.org. Retrieved from https://goats.extension.org/goat-reproduction-preparing-for-the-breeding-season/

Hot Weather Tips for Goat Enthusiasts. (n.d.). Brazosfeedsupply.com. Retrieved from https://brazosfeedsupply.com/blog/5950/hot-weather-tips-for-goat-enthusiasts

Housing, Fencing, Working Facilities and Predators - Goats and Health - GOATWORLD.COM. (n.d.). Www.Goatworld.com. Retrieved from http://www.goatworld.com/articles/fencing/fencing1.shtml

How a young farmer developed a goatmeat business. (2018, January 22). Farmers Weekly. https://www.fwi.co.uk/livestock/how-a-young-farmer-developed-a-goatmeat-business

How to Build a Goat Barn ★ThePlywood.com. (2018, August 14). ThePlywood.com. http://theplywood.com/goat-barn

https://www.facebook.com/thespruceofficial. (2018). The Spruce - Make Your Best Home. The Spruce. https://www.thespruce.com/

Keeping Goats Warm in the Winter. (2018, October 31). The Hay Manager. https://www.thehaymanager.com/goat-and-sheep-round-bale-hay-feeders/keeping-goats-warm-in-the-winter/

MorningChores - Build Your Self-Sufficient Life. (n.d.). MorningChores. https://morningchores.com

Planning, G. F., & says, S. Y. N.-B. G. P. G. (2017, May 9). My top 3 picks for goat fencing that is secure and safe. Simple Living Country Gal. https://simplelivingcountrygal.com/goat-fencing-101-everything-you-need-to-know/

Preparing and Caring for Your Goats in Winter. (2015). Mannapro.com. https://info.mannapro.com/homestead/preparing-caring-for-goats-in-winter

Raising Goats: Keeping their barn clean - Boxwood Ave. (2018, October 9). Boxwood Ave. https://boxwoodavenue.com/raising-goats-cleaning-barn/

ROYS FARM | Modern Farming Methods. (n.d.). ROYS FARM. https://www.roysfarm.com/

Top 10 Mistakes Made by Goat Owners. (n.d.). Www.Lambertvetsupply.com. Retrieved from https://www.lambertvetsupply.com/wellpetpost-top-10-mistakes-made-by-goat-owners.html

Top Ten Mistakes Made by Goat Producers. (n.d.). Www.Tennesseemeatgoats.com. Retrieved from https://www.tennesseemeatgoats.com/articles2/toptenmistakes06.html

Want to Become a Successful Goat Farmer? Here are the Excellent Tips, Benefits of Rearing Goats & Making Maximum Profit. (n.d.). Krishijagran.com. https://krishijagran.com/animal-husbandry/want-to-become-a-successful-goat-farmer-here-are-the-excellent-tips-benefits-of-rearing-goats-making-maximum-profit/

Wolford, D. (2019a, July 18). Goat Breeding 101 - Weed'em & Reap. Weed 'em & Reap. https://www.weedemandreap.com/goat-breeding-101/

Wolford, D. (2019b, October 19). A Simple Guide to Raising & Milking Goats. Weed 'em & Reap. https://www.weedemandreap.com/raising-goats-milking-goats/

5 preguntas que hay que hacerse antes de criar ovejas. (2016, 1 de marzo). Hobby Farms. https://www.hobbyfarms.com/5-questions-to-ask-before-keeping-sheep-3/ *(en inglés)*

6 razones para criar ovejas - Insteading. (n.d.). Insteading. https://insteading.com/blog/why-raise-sheep/ *(en inglés)*

13 consejos para la cría de corderos al aire libre. (2020, 4 de enero). Farmers Weekly. https://www.fwi.co.uk/livestock/husbandry/livestock-lambing/13-tips-for-lambing-outdoors *(en inglés)*

Una guía para principiantes sobre la cría de corderos... (2015, 26 de febrero). Indie Farmer. https://www.indiefarmer.com/2015/02/26/beginners-guide-to-lambing/ *(en inglés)*

Cría de ovejas: lo que hay que saber. (2018, 23 de julio). Timber Creek Farm. https://timbercreekfarmer.com/breeding-sheep-on-a-small-homestead/ *(en inglés)*

Cómo criar ovejas en un pequeño terreno para obtener beneficios. (n.d.). Small Business - Chron.com. Extraído de https://smallbusiness.chron.com/raise-sheep-small-acreage-profit-55996.html *(en inglés)*

Cómo exhibir ovejas: 7 consejos de exhibición de ovejas a cualquier nivel. (n.d.). Raising Sheep. Extraído de http://www.raisingsheep.net/how-to-show-sheep.html *(en inglés)*

Mckenzie-Jakes, A. (n.d.). *02 Fun Facts About Sheep Fact Sheet II. (en inglés)*

Cría en pastos y cría en establos. (n.d.). EcoFarming Daily. Extraído de https://www.ecofarmingdaily.com/raise-healthy-livestock/other-livestock/pasture-vs-shed-lambing/ *(en inglés)*

Serban, C. (2018, 22 de noviembre). *10 Razas de ovejas más populares criadas para carne, lana y lácteos.* Seradria. https://seradria.com/blog/most-popular-sheep-breeds.html *(en inglés)*

Página de inicio de Sheep 101. (2019). Sheep101.Info. http://www.sheep101.info/ *(en inglés)*

Esquilado de ovejas: cómo esquilar ovejas (guía para principiantes). (2018, 8 de mayo). ROYS FARM. https://www.roysfarm.com/sheep-shearing-information-guide/ *(en inglés)*

Las diferentes razas de ovejas: TheSheepSite.com. (n.d.). The Sheep Site. Extraído de https://www.thesheepsite.com/focus/5m/87/the-different-breeds-of-sheep-thesheepsitecom *(en inglés)*

Bienvenido. (n.d.). 2020 Scottish Smallholder Festival. Obtenido de https://ssgf.uk/exhibitors/beginners-guide-to-showing-sheep/ *(en inglés)*

Board, N. P. (n.d.). Manejo seguro de animales. Portal de información porcina. http://porkgateway.org/resource/safe-animal-handling/

Cooperativa, S. S. (s.f.). 5 Buenos consejos para la cría de cerdos | Southern States Co-op. Www.Southernstates.Com. https://www.southernstates.com/farm-store/articles/5-great-pig-farming-tips

Alimentando a los cerdos. (2014, 2 de abril). The Elliott Homestead. https://theelliotthomestead.com/2014/04/what-to-feed-a-pastured-pig/

Manejo y sujeción de los cerdos. (2019, 8 de octubre). Thepigsite.Com. https://www.thepigsite.com/articles/handling-and-restraining-pigs

Cómo descuartizar cerdos (en casa o en la granja). (2014, 14 de octubre). The Elliott Homestead. https://theelliotthomestead.com/2014/10/how-to-butcher-pigs/

¿La cría de cerdos es un negocio rentable? Análisis del mercado en 2020. (2019, 19 de septiembre). BusinessNES. https://businessnes.com/is-pig-farming-profitable-business-market-analysis/

Norris, M. K. (2015, 13 de marzo). 10 Razones para criar cerdos. Real World Survivor. https://www.realworldsurvivor.com/2015/03/13/10-reasons-to-raise-pigs/

Razas de cerdos: Una guía práctica para elegir las mejores. (2019, 19 de abril). Reformation Acres. https://www.reformationacres.com/2018/01/choosing-pig-breed.html

Corrales de cerdos o praderas para cerdos. (2014, 25 de julio). Timber Creek Farm. https://timbercreekfarmer.com/pig-pens-or-pig-pastures/

La cría de cerdos: Pros y Contras. (2014, 11 de diciembre). The Prairie Homestead. https://www.theprairiehomestead.com/2014/12/raising-pigs.html

Biología reproductiva 101. (2003, 15 de febrero). National Hog Farmer. https://www.nationalhogfarmer.com/mag/farming_reproductive_biology

Snyde, C. W. (n.d.). Cómo sacrificar a un cerdo criado en casa – Ganadería sostenible. Mother Earth News. https://www.motherearthnews.com/homesteading-and-livestock/how-to-butcher-a-homestead-raised-hog-zmaz82sozgoe

¿Cuáles son los beneficios de criar cerdos? | Blog de ganadería de las Montañas Blancas. (2019, 23 de enero). White Mountains Livestock

Company. https://www.whitemountainslivestock.com/blog/swine-blog/general-tips/what-are-the-benefits-of-raising-pigs/

Amaral-Phillips, D., Scharko, P., Johns, J., & Franklin, S. (n.d.). *Alimentación y manejo de terneros bebés desde el nacimiento hasta los 3 meses de edad.*
https://afs.ca.uky.edu/files/feeding_and_managing_baby_calves_from_birth_to_3_months_of_age.pdf

Comportamiento y manejo del ganado vacuno comprender el comportamiento para mejorar el manejo. (n.d.).
https://extension.msstate.edu/sites/default/files/publications/publications/p280 1.pdf

Mejor alimento saludable para ganado vacuno. (n.d.). Cala flecha.
https://arrowquip.com/blog/animal-science/best-healthy-feed-beef-cattle

Blake, E. 'Skip'. (n.d.). *Psicología de las vacas. Lácteos progresivos.*
https://www.progressivedairy.com/topics/herd-health/cow-psychology-handle-them-by-getting-into-their-heads

Razas de ganado vacuno | Razas | | de carne de res | ganadero Agricultura | Agricultura

Victoria. (2018). Vic.Gov.Au.

Candi Johns. (n.d.). *6 razones para criar su propia carne y cuánto tiempo se tarda - Farm Fresh For Life Blog - GRIT Magazine.* Arena.
https://www.grit.com/animals/livestock/6-reasons-to-raise-your-own-meat-and-how-long-it-takes-zb0z1601/

Razas ganaderas de Inglaterra. (n.d.). Beef2live.Com.
https://beef2live.com/story-cattle-breeds-england-89-106430

Equipo de vivienda para ganado. (n.d.). En.Schauer-Agrotronic.Com.
https://en.schauer-agrotronic.com/cattle/cattle-housing-systems

Limpieza de una vaca: Cómo limpiar una vaca (Guía para principiantes). (2018, 14 de marzo). GRANJA ROYS. https://www.roysfarm.com/cleaning-a-cow/

Las vacas y las vaquillas: el parto, mejor más tarde. (2017, 3 de mayo). Progreso de la granja. https://www.farmprogress.com/animal-health/cows-and-heifers-calve-better-later

Gadberry, S., Jennings, J., Ward, H., Beck, P., Kutz, B., & Troxel, T. (2016). *Producción de ganado vacuno de vacuno - MP184.*
https://www.uaex.edu/publications/pdf/mp184/Chapter3.pdf

Instalaciones de manipulación para ganado vacuno. (n.d.). El sitio de la carne de res. Consultado el 5 de noviembre de 2020 de

http://www.thebeefsite.com/articles/912/handling-facilities-for-beef-cattle/

https://www.facebook.com/CloverValleyBeef. (2016, 27 de septiembre). *27 Datos sorprendentes sobre vacas que impresionarán a tus amigos.* Carne de res Clover Meadows. http://www.clovermeadowsbeef.com/amazing-facts-about-cows/

Producción de leche en vacuno. (2017, 14 de marzo). Homestead en la Cordillera. https://homesteadontherange.com/2017/03/14/milk-production-in-beef-cattle/

Niman, N. H. (2014, 19 de diciembre). *En realidad, criar carne de res es bueno para el planeta. Wall Street Journal.* https://www.wsj.com/articles/actually-raising-beef-is-good-for-the-planet-1419030738

Reproducción en ganado vacuno. (2019). Peda.Net.

https://peda.net/kenya/css/subjects/agriculture/form-3/lsab/ric

Siete consejos de crianza de ganado Ag Industry News - Directorio de granjas y ganado. (n.d.). Farmandlivestockdirectory.Com. https://farmandlivestockdirectory.com/seven-fencing-tips-for-cattle/

Novillo Contra Toro. (n.d.). Animals.Mom.Com. https://animals.mom.com/steer-vs-bull-3150.html

Diez consideraciones principales para la producción de carne de vacuno a pequeña

escala. (n.d.). *Sostenibilidad de pequeñas granjas.*

https://www.extension.iastate.edu/smallfarms/top-ten-considerations-small-scale-beef-production